David Ganz

Medien der Offenbarung

Visionsdarstellungen im Mittelalter

Mit 176 s/w Abbildungen und 64 Farbtafeln

Reimer

Bibliografische Information der Deutschen Nationalbibliothek
Die Deutsche Nationalbibliothek verzeichnet diese Publikation in der
Deutschen Nationalbibliografie; detaillierte bibliografische Daten sind im
Internet über http://dnb.d-nb.de abrufbar.

Umschlaggestaltung: Nicola Willam, Berlin
unter Verwendung der Farbtafel II (Foto: Staatsbibliothek Bamberg)

© 2008 by Dietrich Reimer Verlag GmbH, Berlin
   www.reimer-verlag.de

Alle Rechte vorbehalten
Printed in Germany
Gedruckt auf alterungsbeständigem Papier

ISBN 978-3-496-01376-1

Inhalt

Einleitung 9

TEIL I   SCHRIFT-BILDER
              Der Medien-Diskurs der Visio Prophetica 27

1   Der Blick aus der Initiale
         Die Bildprologe der Bamberger Kommentare 30
1.1   Inversion des Äußerungsakts
         Die Miniaturen zu Jesaja 30
1.2   Geschriebene und gemalte Visionstheorien
         Die Miniaturen zu Daniel 38
1.3   Blick auf die Endzeit
         Das Gebrauchsprofil der Miniaturen 41
1.4   Taufe und Visio Beatifica
         Die Miniaturen zum Hohelied 44

2   Versiegeln und Enthüllen
         Apokalypse-Zyklen des Frühmittelalters 52
2.1   Aufgeschrieben von Anbeginn
         Die Eingangsminiaturen der Apokalypse-Zyklen 55
2.2   Der Seher als Christomimetes
         Die Bamberger Apokalypse 64
2.3   Schriftverkehr und Seelenflug
         Die Beatus-Handschriften 80

3   Prophetische Träume
         Bilderfindungen im 12. und 13. Jahrhundert 101
3.1   Ein neuer Prophet
         Der träumende Jesse 101
3.2   Lokalisierung im Körper
         Der Traum als Produkt der Imaginatio 106
3.3   Bildformulare in Bewegung
         Ezechiel und der Leibarzt des Königs 108

4	Schreibflüsse und Visionskritik Die Autorisierung weiblicher Prophetie	117
4.1	Schau geschriebener Bilder Der Liber Scivias Hildegards von Bingen	118
4.2	Worte im Lichtkanal Die Revelaciones Birgittas von Schweden	126

TEIL II SEELEN-RÄUME
Der Ort des inneren Auges 143

5	Betten und Mandorlen Teilhabe am göttlichen Blick	145
5.1	Das Paradigma Traumvision Überblendung von Außen und Innen	145
5.2	Die Erscheinung im Rahmen Christus in der Mandorla	150
5.3	Teilung und Rahmensetzung Martins Traum vom Mantel	156

6	Doppelbilder Die innere Schau als Bildmontage	162
6.1	Re-Visionen Die Maiestas im Blick	162
6.2	Augenöffnende Buchgeschenke Zur performativen Dimension der Diptychen	174
6.3	Seelgeräte Die Renaissance des Diptychons im Spätmittelalter	176

7	Insel und Seitenrand Die englischen Apokalypse-Zyklen des 13. Jahrhunderts	189
7.1	Der Visionär auf der Insel Die Handschriften der Morgan-Gruppe	189
7.2	Rahmentraum und Rahmenfenster Die Getty-Apokalypse	197
7.3	Allegorisierung der inneren Schau Der Insel-Traum in kompilierenden Handschriften	206

8	Bild-Gründe Künstlerische Experimente in Apokalypse-Zyklen des Spätmittelalters	217

8.1	Ein Meer voller Bildinseln Die Stuttgarter Apokalypse-Tafeln	218
8.2	Doppelbühne mit Wolkenrand Die Handschrift Paris néerl. 3	229
8.3	Die Vision im Spiegel Memlings Johannes-Retabel	236
9	Gehäuse Ein neues Paradigma der inneren Schau	247
9.1	Orte der Abgeschiedenheit	248
9.2	Hausgemeinschaft mit Gott	268

TEIL III KÖRPER-ZEICHEN
Visionsbilder und die Logik des Abdrucks 281

10	Visionserfahrung als Transformation des Körpers Die Stigmata des Franziskus	283
10.1	Ein Intervall der Unbestimmtheit Die Stigmatisierung im Diskurs der Vitenliteratur	284
10.2	Brückenschläge Frühe Bilder der Stigmatisierung	287
10.3	Von Punkt zu Punkt Die Stigmatisierung in der Wandmalerei der Giottozeit	297
11	Künstliche Körpermale Heinrich Seuses Exemplar	313
11.1	Der Beginn der Selbstheiligung Das Jesus-Monogramm	314
11.2	Wuchernde Zeichen Die visionäre Glorifizierung des Dieners	318
11.3	Ringe im Herzen Der mystische Kreislauf	323
12	Spuren am inneren Körper Die Stigmata Katharinas von Siena	328
12.1	Unsichtbare Wunden Der Innenraum des Körpers in der frühen Hagiographie	328
12.2	Mediale Paradoxien (Rück)Übertragung der Stigmata ins Bild	331
12.3	Bildkonzepte im Umbruch Stigmata-Bilder nach der Heiligsprechung	337

13	Abdruck und Virtualität Die Gregorsmesse	352
13.1	Der beglaubigte Körper Die Anfänge der Gregorsmesse	352
13.2	Zweierlei Imagination Der doppelte Blick der Betrachter	360
13.3	Die Rückkehr der Wolken Späte Gregorsmessen	376

Schluss 389

Dank 393

Literaturverzeichnis 395

Bildnachweis 435

Einleitung

In Visionen tritt die visuelle Erfahrung innerer, geistiger Bilder mit dem Anspruch auf, ein von Gott Geoffenbartes mitteilen zu können. Der Glaube an die Möglichkeit derartiger revelatorischer Erlebnisse wird von zahlreichen Religionen geteilt. Große Unterschiede werden hingegen in der Beziehung von visionärer Offenbarung und materiellem Bild gemacht. In der christlich geprägten Kultur des Westens besteht zwischen beiden lange Zeit eine enge, wenn auch problematische Verflechtung, die von starker Ähnlichkeit wie von fundamentaler Differenz gekennzeichnet ist. Erst seit der Aufklärung schlägt diese Doppelwertigkeit in eine strikte Trennung um: Der anschauliche Strom des Imaginären wird strikt von jedem revelatorischen Gehalt geschieden. Das Für-wahr-Halten innerer Bilder wird als Halluzination, als Trübung oder Störung des Bewusstseins denunziert. Umgekehrt versucht die nachaufklärerische Theologie die Vision dadurch in ihrem Offenbarungscharakter zu retten, dass sie die visuellen Eindrücke, von denen die Visionäre berichten, als subjektive Imaginationen von einem letztlich bildlosen Erlebnis der Gottesnähe trennt. Eigentlicher Kern der Vision als göttlicher Offenbarung, so Karl Rahner, sei kein irgendwie geartetes Bild, sondern ein abstraktes Berührtwerden durch Gott, um welches sich in der Phantasie des Visionärs dann bestimmte visuelle Vorstellungen gruppierten.[1]

Das in der Visionsforschung häufig konstatierte Auseinanderbrechen von Visualität und Offenbarung seit der Aufklärung hat etwas damit zu tun, dass die Schau geistiger Bilder erkenntnistheoretisch nicht mehr unter die Medien gerechnet wird, über die Menschen mit einem „Anderen", einem transzendenten Ansprechpartner gar, zu kommunizieren vermögen. Eine Zirkulation von Bildern soll ausschließlich über materielle Bildträger möglich sein. Den Visionären wurde so die unbewusste oder sogar vorsätzliche Verwechslung von subjektiven Bewusstseins-Bildern und intersubjektiv wahrnehmbaren Medien unterstellt. Für eine historische Auseinandersetzung mit dem Thema ist aber gerade diese Vermengung der faszinierendste Aspekt. Wie selbstverständlich sie über lange Zeit hin war, lässt sich an Vorgängen der Transkription oder Übertragung in die eine oder andere Richtung ermessen: Die äußeren Bilder konnten, wie verschiedentlich gezeigt wurde, das Formular für die Gestalt einer visionären Schau abgeben. Maria zeigte sich *sub specie* einer verehrten Madonnenfigur, Petrus und Paulus erschienen mit den Gesichtszügen einer Doppelikone, Christus und eine Gruppe von Heiligen in weißen Gewändern so, wie man sie an den Kirchenwänden gemalt fand.[2] Weitaus häufiger aber war der Transfer in die umgekehrte Richtung:

Eine Vision wurde zum Gegenstand bildlicher Darstellung. Die gesamte Bildkunst der Vormoderne hat eine reiche Zahl an gemalten, gezeichneten, gewirkten und skulptierten Visionen hervorgebracht. Wie die dabei von Malern, Bildhauern und anderen Künstlern geleisteten Verhältnisbestimmungen von Bild und Vision aussehen können, ist das Thema der vorliegenden Untersuchung. Anknüpfend an Arbeiten der letzten Jahre zu einzelnen Sektoren der mittelalterlichen, aber auch der frühneuzeitlichen Visionsdarstellung verfolgt sie primär ein bild- und medientheoretisches Erkenntnisinteresse.[3] Die leitenden Fragen lauten: Welches sind die bildkünstlerischen Konfigurationen, die eine Vision als ein „Bild-Medium" definieren? Inwiefern fließt in diese Konfigurationen das erweiterte Erfahrungsspektrum visionärer Bilder ein, in dem sich Geschautes oft mit Gehörtem, bisweilen auch mit Berührtem und Geschmecktem verbindet? Für eine historisch reflektierte Bild- und Medientheorie kann dieser erste Fragekomplex nur in Verbindung mit einem zweiten sinnvoll beantwortet werden: Wann und wo werden Visionen überhaupt als Bildgegenstand ausgewählt, welche Funktionen erfüllen Visionsdarstellungen in ihren jeweiligen Kontexten?

In einer kulturgeschichtlichen Perspektive verspricht die vergleichende Untersuchung von Visionsdarstellungen aus unterschiedlichen Zeiten und zu unterschiedlichen Themen wertvollen Aufschluss über das Wechselverhältnis von Visualität, Medialität und Bildlichkeit im Mittelalter zu geben. Gerade die Geschichte mittelalterlicher Praktiken und Theorien des Sehens ist in den letzten Jahren Gegenstand intensiver Diskussion gewesen: stellvertretend seien die Schaufrömmigkeit im Umgang mit heiligen Kultobjekten, die Praxis der imaginativen Meditation des Lebens Jesu oder der Aufstieg der Optik zur wissenschaftlichen Leitdisziplin des späteren Mittelalters genannt.[4] Die Repräsentation von Visionen in der Bildkunst, um die es im Folgenden gehen soll, ist eng vernetzt mit diesen und anderen Feldern visueller Kultur. Gleichzeitig nimmt sie eigene Akzentsetzungen vor: Im Vordergrund steht der Stellenwert des Sehens im Austausch von Mensch und Transzendenz, steht die visuelle Erkenntnisfähigkeit des Menschen im Hinblick auf Gott und sein Offenbarungshandeln, steht die Rolle von Bildern als Vermittlungsinstanz in diesen Prozessen. Im Rückgang auch auf frühmittelalterliche Bestimmungen von Visualität, die in der gegenwärtigen Diskussion weitgehend ausgeklammert bleiben, könnte sich zeigen, dass auf diesem Weg so etwas wie die mittelalterliche Vorgeschichte der modernen Debatte über innere Bilder oder Repräsentationen freigelegt wird, wie sie die Kognitionswissenschaften angestoßen haben.[5] Gerade weil als Quelle der visionären Bilder eine transzendente Instanz und nicht das Bewusstsein selbst angenommen wird, spricht die mittelalterliche Kultur ihnen einen außerordentlichen Erkenntniswert zu. Unterschiede zwischen äußeren und inneren Bildern spielen dabei ebenso eine wichtige Rolle wie das Verhältnis von sprachlicher Diskursivität und anschaulicher Evidenz.

Wie können wir uns dem Phänomen der mittelalterlichen Visionsbilder annähern, ohne uns von modernen Kategorien sowohl des Bildhaften wie des Visionären abhängig zu machen? Jüngere visualitätsgeschichtliche Studien insistieren zu Recht auf der Pluralität mittelalterlicher Diskurse und Praktiken in den genannten Bereichen. Es wäre daher verfehlt, für Visionsberichte und Visionsbilder des Mittelalters ein einheitliches

„skopisches Regime" zu postulieren.[6] Ebenso unfruchtbar wäre es, von allzu einsinnigen Bildbegriffen auszugehen, die der mittelalterlichen Kunst übergestülpt werden.[7] Um die Differenzen unterschiedlicher Visions- und Bildkonzepte und so etwas wie historische Entwicklungslinien jedoch überhaupt benennen zu können, halte ich es für wichtig, eine Matrix von elementaren Koordinaten zu definieren, anhand derer sich eine Positionsbestimmung differenter Spielarten sowohl der visionären Erfahrung wie ihrer bildlichen Darstellung vornehmen lässt. In beiderlei Hinsicht, so die Ausgangshypothese dieses Buches, sind die topologischen Kategorien des „Ortes" und der „Grenze" zentral: Sie erlauben es zum einen, das Medienproblem der visionären Offenbarung prägnant zu rekonstruieren, und sie ermöglichen zum anderen einen differenzierten Zugriff auf die spezifischen Bildkonzepte von Visionsdarstellungen des Mittelalters.

Irdischer vs. himmlischer Blick
Die unterschiedliche Sehkraft von Mensch und Gott

Am Ausgangspunkt christlicher Vorstellungen von visionärer Erfahrung steht eine elementare Spaltung, welche die Welt durchzieht: Menschenwelt vs. Gotteswelt, Immanenz vs. Transzendenz, *terra* vs. *coelum*. Mit dem Sündenfall, so die herrschende Überzeugung, wurde die Welt in zwei Hemisphären aufgeteilt, denen eine unterschiedliche Zugänglichkeit und Durchlässigkeit eignet: Während Gott in den Bereich der Immanenz hineinzuregieren vermag, bleibt den Menschen die Sphäre der Transzendenz weitgehend verschlossen. Diese grundlegende Asymmetrie manifestiert sich vorrangig auf zwei Interaktionsfeldern, der Kommunikation über Sprache und der Erkenntnis durch das Sehen. Einerseits vermag Gott die Dinge durch Aussprechen seines Logos zu schaffen, lässt er das präexistente Wort Fleisch werden.[8] Auf der anderen Seite ist es erst Gottes Blick, der die geschaffenen Dinge für gut befindet und ihren Wert innerhalb des Gesamten der Schöpfung erkennt.

Im Zentrum der christlichen Anthropologie des Mittelalters steht damit eine Differenzierung von Modi und Reichweiten des Visuellen. Von der menschlichen Erfahrungsmöglichkeit des *videre* aus geurteilt, bewohnt Gott eine Zone der *invisibilia*, einen Bereich des Unsichtbaren. Doch dieser unsichtbare Gott vereinigt das höchste Maß an Sehkraft auf sich. Nach einer im Mittelalter immer wieder aufgegriffenen Etymologie leiten sich das griechische θεός wie das lateinische *deus* von griechisch θεωρειν (schauen, betrachten) ab.[9] Die Vorstellung vom allsehenden Gott kommt auch dort zum Ausdruck, wo von „göttlicher Vorsehung" die Rede ist: „Die Dinge, die du gemacht hast, sehen wir, weil sie sind; sie sind aber, weil du sie siehst."[10] Bereits im Voraus sieht Gott die Stimmigkeit des Heilsplans, nach dem er selbst den Gang der Heilsgeschichte lenken wird.[11]

Umgekehrt erscheint der vom Menschen bewohnte Bereich der *visibilia* aus der höheren Warte Gottes durch ein defizitäres Sehen, durch Verdunkelung und Verblendung regiert.[12] Wenn die mittelalterliche Etymologie das griechische ἄνθρωπος auf ein Nach-oben-Schauen zurückführte, war diese Wesensbestimmung des Menschen als stets neu einzulösende Aufgabe gemeint.[13] Als Normalzustand galt das, was Augustinus den „caecus mente"[14] nennt: der Mensch, der unfähig ist, das Wirken göttlicher Vorsehung in der Welt zu erkennen.

In diesem Zwiespalt zwischen den Modalitäten menschlichen Sehens und göttlicher Vorsehung fungiert die Vision als ein Mittleres, welches den Bereich des sonst Opaken und Hermetischen für einzelne Menschen transparent macht. In Visionen lässt Gott ausgewählte Empfänger an der höheren Visualität der „Schau" partizipieren.[15] In göttlichen Offenbarungen teilt sich die Transzendenz der Immanenz mit, rückt das Jenseits, wie Gregor der Große in den *Dialogi* formuliert, den Menschen näher.[16] Aus dieser vermittelnden Funktion von Visionen – insbesondere der zahlreichen „Erscheinungen" des Auferstandenen, von denen die Evangelien berichten – leitet der amerikanische Kirchenhistoriker Bernard McGinn das grundsätzliche Urteil ab, das Christentum sei „eine Religion, die sich auf Visionen gründet."[17] Akzeptiert man diese Einschätzung in ihrer generalisierten Form – und dafür liefert die Visionsforschung einige Anhaltspunkte – dann ist das herkömmliche Bild vom Christentum als einer Religion des Gotteswortes und der Heiligen Schrift von Grund auf zu revidieren. Das Wort, in dem sich Gott offenbart, ist allein nicht ausreichend. Es bedarf aus verschiedenen Gründen einer komplementären Ergänzung durch Akte visionärer Schau: Visionen holen die göttliche Rede aus einem unsichtbaren „Off" an einen sichtbaren Ort, sie statten die Bewohner und Boten des Jenseits mit Körpern aus, die konkrete Gestaltmerkmale aufweisen, und sie liefern jene Bilder, an denen sich der Visionär und die Gemeinschaft der Gläubigen in ihrem Handeln orientieren sollen. In der von Aleida und Jan Assmann entwickelten Religionstypologie verbinden Visionen demnach das Prinzip „Schleierreligion" mit dem Prinzip „Offenbarungsreligion": Als Repräsentationen des Göttlichen haben sie den Charakter einer schleierartigen, semi-transparenten Hülle, welche Transzendenz erst sichtbar werden lässt. Als Botschaften göttlichen Ursprungs haben sie den Charakter einer Offenbarung, die speziell im Modus der Anschaulichkeit erkenntnisstiftend wirkt.[18]

Halten wir fest: Den Visionserfahrungen des Christentums liegt eine systematische topologische Struktur zugrunde, sie sind unauflöslich an die Spaltung von Immanenz des Sehens und Transzendenz der göttlichen Schau gekoppelt.[19] Konstitutiv für die Analyse von Visionen und ihren bildlichen Darstellungen ist die Kategorie der Grenze, die im Moment der visionären Erfahrung überschritten wird. Dies bedeutet, dass die Erfahrung der „Schau" sich auf der Reise durch das Diesseits an einem liminalen Dazwischen abspielt, an ausgezeichneten „Schwellenorten".

Die Orte der Schau im Diskurs der mittelalterlichen Theologie

Der Ort der Bilder, so die heutige Bildwissenschaft, ist der Mensch selbst, ist sein Körper und sein Gedächtnis.[20] Genau in die gleiche Richtung argumentiert auch die mittelalterliche Visionslehre: Das Reden über „die Vision" ist ein Reden über die unterschiedlichen Orte des menschlichen Wahrnehmungs- und Erkenntnisapparates, in denen die visuelle Offenbarung des Göttlichen verarbeitet wird. Die Dignität eines Sehaktes bemisst sich folglich nach dem Ort, an dem er sich innerhalb des Menschen vollzieht. Die Spaltung der Welt in Diesseits und Jenseits kehrt dann als Spaltung des Menschen in den *homo interior* und den *homo exterior* wieder, die mit einem je eigenen Sehsinn begabt sind: Was das Auge des inneren Menschen zu sehen vermag, bleibt dem des äußeren verborgen.[21] Dabei kann die Verdoppelung des Menschen in ein äußeres und ein inneres Wesen, wo sie streng dichotomisch gehandhabt wird, ebenso redundant wie widersprüchlich anmuten: Wie kann die höhere Leistung der inneren Sinne begründet werden, wenn diese lediglich die äußere Disposition des menschlichen Körpers mit seinen Wahrnehmungsorganen duplizieren? Und umgekehrt: Weshalb werden für die äußere und für die innere Wahrnehmung die gleichen Begriffe verwendet (*visio* und *oculus*), wenn es im ersten Fall um etwas ganz anderes gehen soll als im zweiten?

Spannender und fruchtbarer wird die theologische Reflexion dort, wo sie das Feld solcher unvereinbarer Kontrapositionen aufgibt und die Möglichkeit zugesteht, Wahrnehmung und Erkenntnis von einer Seite zur anderen hinüberwechseln zu lassen. Ein eindrucksvolles Plädoyer für eine Verschränkung von äußerem Sehen und innerer Schau findet sich in Nikolaus von Kues' Traktat *De visione Dei*: Ein an der Wand aufgehängtes Bildnis wird zum Ausgangspunkt eines Geflechts von Blickvektoren, welches Gottes Wesen auf dem Wege eines geometrischen Experiments erfahrbar werden lässt.[22] Geht Cusanus von der Geometrie als einem Bereich des Zusammenfalls der Gegensätze aus, so formuliert Augustinus in seiner Lehre von den *genera visionum* ein semiotisch fundiertes Vermittlungsmodell.[23] Was im letzten Buch von *De genesi ad litteram* unter dem Stichwort *visio* verhandelt wird, ist nichts anderes als eine allgemeine Erkenntnistheorie, die einer langen, bis zu Platon zurückreichenden Tradition entsprechend in visuellen Kategorien entfaltet wird.[24] Der Dualismus von Innen und Außen wird von Augustinus zu einem dreigliedrigen Schema erweitert: *corpus – spiritus – intellectus*. Das innere Sehen fällt dabei in zwei separate Erkenntnisräume auseinander: Der eine, nämlich die *visio spiritualis*, operiert bildhaft („in imaginibus animo inpressis"), der andere, die *visio intellectualis* operiert bildlos („non imaginaliter sed proprie").[25]

Die Dreierskala der *genera visionum* soll eine differenziertere Sortierung im Hinblick auf die Visionsberichte der Heiligen Schrift ermöglichen: die körperliche Schau des Moses am brennenden Dornbusch, das geistige Sehen von Jesaja und Ezechiel bei ihren Gottesvisionen, die in 2. Korinther 12, 2–4 geschilderte Entrückung Pauli in den dritten Himmel. Die Diskussion dieser Fälle zeigt, dass sich die unterschiedlichen Erkenntnis-Niveaus für Augustinus nicht allein nach dem jeweiligen Sehgegenstand, sondern auch nach dem jeweiligen Sehmodus bemessen. Zwei Blicke auf ein und denselben Gegenstand können zu einem unterschiedlich weitreichenden Verständnis des Gesehenen führen. Die schlagendsten Beispiele hierfür sind die Träume Pharaos und Nebukadnezars im Alten Testament: Die gleichen Bilder, die den beiden Herrschern unverständlich bleiben, können von Joseph und Daniel mit Gottes Unterstützung richtig ausgedeutet werden.²⁶ Gerade an diesem Punkt wird der starre Gegensatz von bildhafter und bildloser Vision also durchbrochen: Ausgangspunkt beider Erzählungen ist eine *visio spiritualis* (das körperhafte Bild der Traumvision), die durch eine *visio intellectualis* in ihrer höheren, von Gott intendierten Bedeutung erkannt wird, ohne dabei ihren bildhaften Charakter einzubüßen. Die dreifache Auffaltung der augustinischen *genera visionum* lässt hier Zonen eines „Hindurchsehens" entstehen, das von Augustinus als fortschreitender Deutungsprozess beschrieben wird. Dieses Verschwimmen klarer Trennlinien eröffnet letzten Endes auch Möglichkeitsräume, in denen ein positives Verständnis materieller Bilder ins Spiel kommen kann.²⁷

Dass sich die theologischerseits zweifellos starke Tendenz zur Entgegensetzung und hierarchischen Abstufung von sichtbarer Wirklichkeit und unsichtbarer Idee auch in der Folgezeit nie ungebrochen behaupten konnte, dürfte letztlich auf die elementaren Glaubensprinzipien des Christentums zurückzuführen sein: Gott wurde als die sinnstiftende Instanz einer Heilsgeschichte angesehen, deren Kulminationspunkt Gottes eigenes Sichtbarwerden in Gestalt des inkarnierten Logos bildet. Gerade im Abgrenzungs-Diskurs gegenüber dem ebenfalls heilsgeschichtlich fundierten Judentum zeigt sich, wie die Hierarchien zwischen körperlichem und geistigem Sehen prinzipiell umkehrbar waren: Galten die Juden auf der einen Seite als „idolatores" *par excellence*, die an Texten, Bildern und kultischen Handlungen nur die äußere, materielle Seite wahrnahmen, so leiteten die Christen ihren höheren Heilsstatus von einer körperlichen Gottesschau ab, wie etwa Gregor der Große betont: „Somit haben sie [die Apostel] mehr göttliches Wissen besessen als die Propheten, denn was jene nur im Geist erblickten, das haben diese leibhaftig gesehen."²⁸

Die ambivalente Haltung des Christentums gegenüber dem Verhältnis von äußerem und innerem Sehen hat für die Behandlung der jeweiligen „Schauplätze" die Konsequenz, dass der äußere Aufenthalt des Visionärs ähnlich großes Gewicht erhalten kann wie der innere Ort des Sehens, den die Visionstheorie der Theologen favorisiert. Der innerhalb der paganen Kulturen der Antike verbreitete Glaube an die Inkubation, an den entscheidenden Einfluss des äußeren Orts auf das Zustandekommen visionärer Erfahrungen, war von den christlichen Theologen zwar energisch bekämpft worden, doch wurde er in der gesamten jüdisch-christlichen Erzähltradition bereitwillig aufgegriffen.²⁹ Ob Jakob mit seinem Traum von der Himmelsleiter auf der Stätte Bethel, Moses mit der Schau des brennenden Dornbuschs am Berg Horeb, Jesaja mit seiner Gottesschau im Jerusalemer Tempel, Johannes mit der Vision der Apokalypse auf der Insel Patmos, ob Franziskus auf dem La Verna oder die Mystiker des Spätmittelalters vor dem Altar und im Bett – in zahllosen Visionserzählungen kommt solchen „hierophanen" Orten konstitutive Bedeutung als Möglichkeitsgrund der Gotteserscheinung zu.³⁰

Einleitung

Ein Medium an der Grenze
Zwischen direkter Schau und bildlicher Mitteilung

Als Seherfahrung, welche die Grenzen des Sichtbaren überschreitet, hat die Vision einen kritischen Status. Dieser erweist sich auch an der Frage, wie über die Medialität visionärer Erscheinungen gesprochen wird. Im Jahr 1598 bezeichnet der jesuitische Theologe Louis Richeôme die große Gottesvision in Jesaja 6 als „Vision, die Gott mit einem unsichtbaren Pinsel in die Imagination des Propheten malte."[31]. Nahezu gleichzeitig wird im Auftrag des Karmeliterordens ein Stich Antoine Wiericx' verbreitet: Unter dem Titel IMAGINARIA VISIO zeigt er die Vision eines Mönchs, dem die Madonna wie ein gerahmtes Tafelbild erscheint *(Abb. 1)*. Die lateinische Beischrift erweitert die Analogie zwischen Vision und Bildwerk auch um die Position des Künstlers: DUM MAIORA MENS ATTINGIT, MIRA DEUS IPSI PINGIT VELUT IN IMAGINE („Während der Geist sich mit Höherem befasst, malt Gott wie in einem Bild wunderbare Dinge für ihn").[32] Vor dem Beginn der frühen Neuzeit äußern sich Theologen zurückhaltender. Der mediale Status der Vision wird nicht bis zu einem konkreten Vergleich zwischen Gott und einem Bildkünstler vorangetrieben.[33] Nur widerstrebend und vage lässt sich Augustinus überhaupt darauf ein, den Übertragungsweg von Visionen näher zu charakterisieren:

> *Ebenso liegen auch in jener Gattung des geistigen Schauens, worin die Körperbilder in einem gewissen, ihnen zugehörenden unkörperlichen Licht gesehen werden, bestimmte, sehr erhabene und wahrhaft göttliche Dinge, die uns die Engel auf wunderbare Weise zeigen. Ob sie hierbei ihre eigenen Schauungen durch eine gewisse Art von Vereinigung oder Vermischung leicht und doch wirksam zu den unseren machen, oder auf eine mir unbekannte Weise bereits unsre Vision in unsrem Geist einzubilden wissen: Das ist schwer zu begreifen und noch schwieriger sachlich zu besprechen.*[34]

Wenn in der Theologie des frühen Christentums und des Mittelalters überhaupt so etwas wie eine mediale Konturierung der Vision entwickelt wurde, dann geschah dies im Diskurs über die *visio beatifica*, über die direkte Gottesschau, die den Erlösten mit dem Jüngsten Gericht zuteil werden sollte. „Wir sehen jetzt mittels eines Spiegels in rätselhafter Gestalt, dann aber von Angesicht zu Angesicht"[35] – mit dem vielzitierten Paulus-Wort aus 1. Korinther 13, 12 war eine negative Medientheorie der Vision vorgegeben, welche die vermittelnde Instanz eines geschauten Bildes primär als Begrenzung und Beschränkung begriff, die am Ende der Zeiten aufgehoben werden sollte.

„Die Heiligen werden also nach der Auferstehung den Herrn nicht mittels Bildern und in rätselhafter Gestalt sehen […], sondern die Gemeinschaft der Seligen wird durch den Glanz Gottes selbst erleuchtet werden"[36] – so fasst Isidor von Sevilla die Grundsatzposition zur *visio beatifica* zusammen, welche die westliche Theologie über viele Jahrhunderte hinweg vertrat. Anderslautende Stimmen werden erstmals mit Eriugena vernehmbar, der das von Dionysius Areopagita entwickelte Konzept einer festen Hierarchie von Seinsstufen in den Westen importiert: „Das Wesen Gottes kann an sich selbst von keinem körperlichen Sinn, keiner Vernunft, keinem Verstand eines

Abb. 1 Antoine Wiericx, Imaginaria Visio, um 1591, Brüssel, Bibliothèque Royale, Cabinet d'Estampes

Menschen oder Engels begriffen werden."[37] Jede Gottesschau, so Eriugena, verdanke sich einer Theophanie, einem Hinabsteigen Gottes in das Medium einer sichtbaren Gestalt.[38] Diese Meinung gewann im 12. und 13. Jahrhundert unter dem Eindruck neu rezipierter medizinischer und naturphilosophischer Schriften zahlreiche Fürsprecher: Ausschlaggebend für die Inkommensurabilität von göttlichem und menschlichem Blick ist jetzt eine Konzeption des menschlichen Wahrnehmungs- und Erkenntnisapparats, die diesen vom Ansatz her als nicht mehr hintergehbare Größe begreift.[39]

Der Streit um die *visio beatifica* wird im Hoch- und Spätmittelalter zu einer zunehmend hochtheologischen Angelegenheit, die nicht mit der allgemeinen Einstellung zu Visionen gleichgesetzt werden kann. Dennoch repräsentiert er eine breitere Tendenz des 12. und 13. Jahrhunderts, stärker als bisher die Angewiesenheit des Menschen auf Konkretion und Anschaulichkeit in den Blick zu nehmen. Als Beispiel für solche Bestrebungen wäre die mystische Spekulation der Viktoriner zu nennen.[40] Obwohl der höchste Grad der Vision wie gehabt eine unvermittelte und bildlose Gottesschau ist, geht es nunmehr verstärkt darum, Übergänge zwischen unten und oben einzurichten. So ist der Platz des Visionärs Johannes im Apokalypse-Kommentar Richards von St. Viktor ein doppelter: Johannes dringt zunächst zur höchsten Stufe der bildlosen *contemplatio Dei* vor. Doch auf den Appell des Engels hin begibt er sich auf die niedrigere Stufe der bildhaften Schau.[41] Wichtig ist die Begründung für diesen Schritt: Nicht um den Visionär selbst geht es, sondern um die Weitergabe der empfangenen Offenbarung an die Gläubigen: „Ich wandte mich um von den Dingen, denen ich vormals durch *contemplatio* anhing, hin zur Bildung der Untergebenen [...]. Ich wandte mich um von der *contemplatio* Gottes hin zur Bedürftigkeit des Nächsten [...]."[42]

Der Visionsbericht wird bei Richard von vornherein als Botschaft an ein Publikum verstanden, auf das die mediale Struktur der Visionsbilder abgestimmt ist. An deren Produktion ist anders als noch bei Eriugena auch der Visionär selbst beteiligt. *Per visibilia ad invisibilia*, das ist für die Theologie des 12. Jahrhunderts nicht nur der Leitspruch einer eingehenden Beschäftigung mit diagrammatischen Schemata gewesen, sondern auch das Motto einer positiven Bewertung figurativer Visionsbilder.

Bildkonzepte der kunsthistorischen Visionsforschung

Mittelalterliche Visionstheorie, so können wir festhalten, gibt für die Untersuchung bildlich dargestellter Visionen zwar einen vagen Begriff von Medialität, aber kein entwickeltes Bildkonzept an die Hand. Umgekehrt hat sich die kunsthistorische Forschung von einem relativ engen Bildbegriff der Vision leiten lassen, dessen Prämissen weitgehend unhinterfragt als unumstößliche „Gesetzmäßigkeiten" akzeptiert werden. Noch für die jüngere Diskussion sind Überlegungen symptomatisch, wie sie Erwin Panofsky 1955 am Beispiel von Dürers Holzschnitt-Apokalypse so formuliert:

Um eine Vision in einem Kunstwerk zu „verwirklichen" – das heißt, sie überzeugend darzustellen ohne die Hilfe von konventionellen Zeichen oder Inschriften –, hat der Künstler zwei scheinbar gegensätzliche Erfordernisse zu erfüllen. Auf der einen Seite muss er ein vollendeter Meister des „Naturalismus" sein, denn nur da, wo wir eine Welt wahrnehmen, die offenbar von dem, was wir als Naturgesetze kennen, kontrolliert wird, können wir jener zeitweiligen Aufhebung dieser Gesetze gewahr werden, die das Wesen eines „Wunders" ausmacht; auf der anderen Seite muss er die Fähigkeit haben, das wunderbare Geschehen von der Ebene der Tatsächlichkeit auf die einer imaginären Erfahrung zu versetzen.[44]

Ein mimetisches Bildkonzept und seine Aufhebung für den Bereich der visionären Erscheinung, diese doppelte Forderung mündet üblicherweise in ein Modell negativer Analogie. Die Visualisierung von Unsichtbarem muss über die Negation der Darstellungsmodalitäten für die äußere Wirklichkeit erfolgen: Vagheit, Unbestimmtheit, Überbelichtung, Wolkigkeit etc. Den Bildern wird dann die Aufgabe zugewiesen, genau diese Differenzqualität auszuspielen und die Vision mit einem Kordon mimetischer Negativität zu umkränzen.[45]

In der kunsthistorischen Visionsforschung ist das Konzept des mimetischen Bruchs eng an rezeptionsästhetische Prämissen zur Position des Betrachters gekoppelt. Victor Stoichita bietet dazu im Rahmen seiner „Einundzwanzig Thesen zur Darstellung von Visionserfahrung" folgende Grundsatzüberlegung an: „Der Betrachter eines Visionsgemäldes [spielt] die Rolle eines Beobachters des Visionsakts, der die ‚sichtbare Wirklichkeit' der Erscheinung bezeugen kann. [...] Dem Betrachter des Visionsgemäldes wird eine Rolle zugewiesen: Er ist ‚derjenige, der dem Schauenden bei seiner Schau zuschaut'."[46] All diese Bestimmungen passen hervorragend auf die frühneuzeitliche Situation, über die Stoichita in seinem Buch eigentlich handelt. Entschieden in Zweifel ziehen möchte ich dagegen die epochenübergreifende Verabsolutierung, die er abschließend mit seinen „Thesen" vornimmt.

Die Anwendung des hier skizzierten Paradigmas auf die mittelalterliche Situation scheint allerdings auch einer der wichtigsten Grundsatzbeiträge zu unserem Thema zu rechtfertigen: In einem Aufsatz von 1980 verfolgt Sixten Ringbom die Frage nach den Konventionen indirekten Erzählens in der spätmittelalterlichen Kunst, worunter für ihn ausdrücklich die Darstellung von Träumen und Visionen fällt.[47] Ringbom schlägt vor, vier Spielarten der Relationierung von Erzähler (in unserem Fall der Visionär) und Erzähltem (die Vision) zu unterscheiden *(Abb. 2)*. Zwei eher simple Lösungen bestehen in der Nebeneinanderstellung von Visionär und Vision, entweder in angrenzenden Bildfeldern eines Zyklus („contiguity") oder innerhalb eines gemeinsamen Bildfeldes („juxtaposition of dreamer, speaker etc. and content"). Eine stärkere Separierung der Erzählebenen wird im dritten und im vierten Modell erreicht: Die Vision wird durch Wolkenbänder aus dem Bildraum des Visionärs ausgegrenzt („differentiation of levels"), oder sie wird in ein Bild im Bild oder einen Fensterdurchblick verlegt („appendage of subordinate motif").

Aus den Erläuterungen Ringboms geht klar hervor, dass er lediglich die letzten beiden Möglichkeiten für eine bildsprachlich differenzierte Kennzeichnung des Visionären hält. Damit aber ist ein Modell favorisiert, welches analog zu Panofsky die Vision als allseitig umgrenzte Bildeinheit bestimmt und analog zu Stoichita ein klares Analogieverhältnis zwischen Visionär und Betrachter voraussetzt: So wie die Visionäre

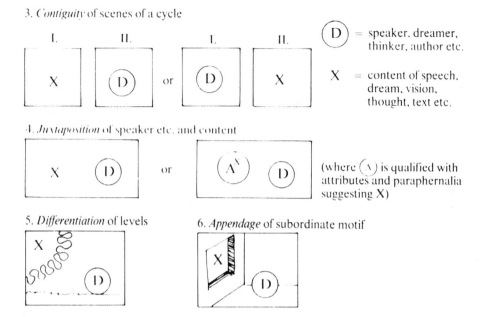

Abb. 2 Sixten Ringbom, Devices for depicting the content of speech, dreams, visions, thoughts etc. (Indirect Narration)

auf das eingegrenzte Bild der Vision selbst blicken, so blicken die Betrachter auf das Bild der Visionsdarstellung.[48]

Ob zur frühen Neuzeit oder zum Mittelalter: Die kunsthistorische Forschung betrachtet weitgehend unhinterfragt den Visionär als Dreh- und Angelpunkt der visionären Offenbarung. Mit dieser Perspektive wird eine spezifisch neuzeitliche Prämisse mitgesetzt: der Erkenntnisapparat des Subjekts als autonome Größe. Für das Mittelalter müssen wir jedoch mit anderen Konstellationen rechnen – beispielsweise derjenigen, dass das göttliche Sehen vom inneren Auge des Visionärs Besitz ergreift, dass Gott mithin die Letztinstanz ist, die darüber verfügt, wie viel der Einzelne zu sehen und zu erkennen vermag. „Die aber durch deinen Geist deine Werke sehen, in denen bist Du es, der sieht. Wenn sie also sehen, dass das Geschaffene gut ist, so siehst du, dass es gut ist."[49]

Die höheren Stufen der Schau können daher immer auch als eine Art Blicktausch verstanden werden, der, wie partiell auch immer, ein Sehen mit den Augen Gottes ermöglicht. Wenn visionäre Erfahrungen als *ex-cessus mentis* oder *ex-stasis*, als *alienatio* oder *raptus*, als *videre in spiritu* oder *inhabitatio spiritus* beschrieben werden, dann zielen diese Formulierungen auf ein Übersteigen der Grenzen des visionären

Subjekts.⁵⁰ Grundsätzlich ist damit für die Visionsdarstellungen des Mittelalters immer nach drei Sehmodi zu fragen: dem äußerem Sehen, der inneren Schau und dem göttlichen Blick.

Visionsdarstellung als mediales Dispositiv

Konstitutiv für die Bestimmung der Vision als eines Bildmediums, so können wir festhalten, sind weder die (a)mimetischen Qualitäten des Geschauten noch seine tableauartige Geschlossenheit, sondern topologische Konstellationen, welche die Position des Visionärs in einem erweiterten Bezugsfeld von Innen und Außen, Mensch und Gott, Diesseits und Jenseits verorten. Möglichkeiten zu einer entsprechenden bildtheoretischen Modellbildung sehe ich im medienwissenschaftlichen Konzept des „Dispositivs", wie es von Jean-Louis Baudry und anderen ursprünglich für eine kritische Theorie des Kinofilms entwickelt wurde.⁵¹ Das Dispositiv wird dabei zuallererst als „räumliche An-Ordnung" verstanden, „in der ein Betrachter zu einer bestimmten Ordnung der Dinge so in Beziehung gesetzt wird, dass seine Wahrnehmung dieser Situation dadurch bestimmt wird. [...] Bilder konstruieren [...] eine spezifische und von Fall zu Fall unterschiedliche An-Ordnung des Betrachters."⁵² Auf die Kinosituation bezogen bedeutete das, Faktoren wie die Verdunkelung des Zuschauerraums, die Platzierung der Zuschauer auf unbeweglichen Sitzmöbeln, die Distanz zwischen Betrachter und Projektionsfläche und deren Form und Einfassung mit in die Analyse des Mediums Film miteinzubeziehen. Dabei ging man anfänglich davon aus, dass das Dispositiv des Kinos seine wichtigste Bezugsgröße im zentralperspektivischen Bild der frühen Neuzeit habe, mit dem es Merkmale wie Einäugigkeit, Unbeweglichkeit der Betrachterposition etc. teile.

Die jüngere medienwissenschaftliche Diskussion hat den Dispositiv-Ansatz für eine allgemeine Geschichte apparativer Bildmedien zwischen früher Neuzeit und Moderne fruchtbar gemacht. In diesem Zusammenhang erfolgte eine grundsätzliche Neubewertung des zentralperspektivischen Bildes der frühen Neuzeit.⁵³ Forschungen zur Camera obscura, zur Laterna magica, zum Panorama oder zur Stereoskopie haben ein differenziertes Spektrum räumlicher Konstellationen zutage gefördert, welche auf alternativen Möglichkeiten der Betrachterkonstitution basieren und so das ursprüngliche Leitkonzept des allseitig gerahmten, perspektivisch angelegten *tableau* entscheidend relativieren.⁵⁴

Der Ausgangspunkt der vorliegenden Untersuchung ist ein ähnlicher. Denn wie wir sehen konnten, begreift die kunsthistorische Visionsforschung Vision und Visionär als Bild und Betrachter im Sinne eines frühneuzeitlichen *tableau*, für das Kategorien wie Rahmung, Mimesis und Subjektorientierung konstitutiv sind. In kritischer Auseinandersetzung mit dieser Position soll rekonstruiert werden, welche alternativen An-Ordnungen für das Feld der mittelalterlichen Visionsdarstellungen geltend gemacht werden können. Dazu können wir bei einer bereits von Stoichita getroffenen Unterscheidung ansetzen: Jeder Repräsentation visionärer Erfahrungen

Einleitung

inhärieren zwei Bildebenen, die Ebene der Visionsdarstellung selbst und die Ebene der von ihr repräsentierten Vision.[55] Wenn wir von Dispositiven der Visionsdarstellung reden, dann sind also immer zwei Bezugsgrößen auseinanderzuhalten und nach ihrem Verhältnis zu befragen:
- das Dispositiv der materiellen Bilder selbst, die ihr Trägermedium in Buchseiten, Kirchenwänden, Holztafeln, Teppichen, Elfenbeinplatten etc. haben und in dieser räumlichen Konfiguration auf ein bestimmtes Gebrauchsprofil abgestimmt sind.[56]
- das Dispositiv der visionären Bilder, deren Trägermedium allein mittels „Transkription" oder „Übertragung" durch materielle Bilder sichtbar gemacht und definiert wird.[57]

Was letzteren Punkt angeht, so sollen im Rahmen dieser Arbeit zwei Konzepte der Erstellung eines solchen übertragenden Dispositivs unterschieden werden:
- „Lageplan": eine An-Ordnung, welche ein spezifisches räumliches Verhältnis zwischen den am Visionsgeschehen beteiligten Instanzen (dem Visionär, Gott und den visionären Bildern) zur Anschauung bringt. Mittels topologischer Merkmale (begrenzt/unbegrenzt, zugänglich/unzugänglich, Einschluss/Ausschluss, Nähe/Ferne, Zentrum/Peripherie) können Visionsdarstellungen den Prozess der göttlichen Offenbarung näher definieren und seine Grenzen, Schwellen und Kanäle lokalisieren.
- „Simulation": eine An-Ordnung, die einen spezifischen Sehmodus des dargestellten Visionsbildes zur Anschauung bringt.[58] Hierunter fallen alle im vorigen Abschnitt angesprochenen Merkmale negativer Analogie, welche das Visionsbild aus dem irdischen Wahrnehmungsraum des Visionärs herauslösen. Hierunter fallen auch Anstrengungen, am Körper des Visionärs einen Zustand der Entrückung, Ekstase, Absorption etc. sichtbar werden zu lassen. Und nicht zuletzt fallen hierunter bildliche Übertragungen einer göttlichen Perspektive, wie sie Madeline Caviness und Christel Meier in geometrischen Schema-Bildern des 12. Jahrhunderts erkennen.[59]

Während die Künstler der frühen Neuzeit mit mimetischen Mitteln darauf hinarbeiteten, visionäre Offenbarung als das schlechthin Andere, als das Undarstellbare und allem Irdischen Entrückte vor Augen zu stellen, lässt sich an vielen mittelalterlichen Visionsdarstellungen kein vergleichbarer Sprung in den Modus einer anderen Sichtbarkeit beobachten. Häufig genug hat es vielmehr den Anschein, die Differenz zwischen äußerem und innerem Sehen habe für die Konzeption der Bilder gar keine große Rolle gespielt. Prinzipiell, so möchte ich als allgemeine These dieses Buches formulieren, steht in der mittelalterlichen Bildkunst weniger die „Simulation" der Visionserfahrung im Vordergrund als die Repräsentation des Visionsgeschehens im Sinne eines „Lageplans", weniger ein mimetisches als ein relationales Bildkonzept. Die Differenz zwischen geistiger Schau und körperlichem Sehen wird primär über einen Diskurs der Orte vermittelt, insbesondere über die Definition von Innen- und Außenverhältnissen. Indem der Betrachter anschaulich vorgeführt bekommt, wie die Visionserfahrung Grenzen zwischen Innen und Außen überschreitet, soll er nachvollziehen können, wo sich die Erfahrung visionärer Bilder gegenüber dem gewöhnlichen Sehen lokalisiert.

Joachim Paech hat den Dispositiv-Ansatz als Weg zu einer „Theorie medialer Topik"[60] charakterisiert. Für die Dispositive der Visionsdarstellung besteht genau hier ein erheblicher Bedarf an Differenzierung, die eine Rekonstruktion von Bildern als topologischen Beziehungsgeflechten überhaupt erst möglich macht. Die elementare topologische Kategorie der Grenze, die für die Handlungsstruktur der Vision selbst als konstitutiv angesehen werden darf, kann sich in der bildlichen Repräsentation sehr verschiedengestaltig und mitunter in sehr komplexen Formationen ausprägen: Sie ist nicht mehr nur Schwelle zwischen zwei Sphären, die distinkt voneinander gedacht werden, sondern verläuft in Ausfaltungen und Verflechtungen. Eine bild- und medientheoretisch reflektierte Kunstgeschichte kann hier das ureigenste Instrumentarium formaler Bildanalyse mit dem topologischen Diskurs verschiedener Disziplinen und Denkschulen zusammenbringen.[61] Einige Beispiele: In der Psychoanalyse lacanscher Prägung dienen komplexe topologische Formationen wie das Möbiusband oder der Knoten als visuelle Modelle, um das Verhältnis zwischen dem Innen und dem Außen des Subjekts zu beschreiben.[62] Jacques Fontanille hat im Rahmen der Pariser Greimas-Schule einen Katalog topologischer Beschreibungskategorien zusammengestellt, welche es erlauben sollen, Rollenprofile des „Observators" in der visuellen Rahmenhandlung von Erzählungen zu rekonstruieren.[63] Und schließlich hat Charles S. Peirce mit seinem System der Existentiellen Graphen eine oft übersehene, für uns aber sehr fruchtbare Grundlagentheorie des Topologischen vorgelegt.[64] Peirce war der Überzeugung, dass jegliches Kommunizieren und Verstehen nicht in abstrakten Begriffen, sondern in einer Art Bild-Denken erfolge. Um diese anschauliche Qualität aller menschlichen Zeichenprozesse offen zu legen, erfand er ein graphisches Notationssystem, mit dem Prädikate, Aussagen, Verneinungen und Konditionale durch Punkte, Verbindungslinien und Einschlüsse dargestellt werden konnten.[65]

Die vielleicht entscheidende Konsequenz aus dem Dispositiv-Ansatz für eine Geschichte der mittelalterlichen Visionsbilder dürfte darin bestehen, die Betrachtung über die Grenzen des Einzelbildes hinaus auszudehnen: Dies betrifft zum einen den intermedialen Dialog zwischen Visionsbildern und Visionstexten, wie er sich beispielsweise auf den Seiten mittelalterlicher Handschriften ergibt. Dies betrifft zum anderen die wenig beachtete Pluralität der Visionskunst, das Beziehungsnetz mehrerer Visionsdarstellungen untereinander: Darstellungen ganzer Visionsbücher wie der Apokalypse oder der Schriften Hildegards von Bingen bringen bislang kaum beachtete Möglichkeiten ins Spiel, die Dispositive einzelner Bilder in mehrteiligen Bildsequenzen miteinander zu vernetzen. Darstellungen einzelner Visionsszenen sind oft in größere Zyklen etwa eines Heiligenlebens integriert, innerhalb derer sie eine wichtige syntagmatische Funktion übernehmen.[66]

Aufbau des Buches

Anliegen dieser Studie ist es, zentrale Entwicklungslinien, Umbrüche und Neuorientierungen einer Geschichte der Visionsdarstellung in der mittelalterlichen Bildkunst erkennbar werden zu lassen. Bei der Auswahl der Fallbeispiele war die Absicht leitend, den Blick für drei große bild- und medientheoretische Paradigmen zu schärfen, welche die Produktion gemalter Visionen im Mittelalter bestimmen: Das erste Paradigma, das ich hier als „Schrift-Bild" bezeichne, kreist um das Verhältnis von Bild, Wort und Schrift als eng miteinander verzahnter Offenbarungsmedien der Prophetie (Teil I). Für das Frühmittelalter lässt sich dabei ein besonderes Verständnis von prophetischer Offenbarung rekonstruieren: Das visionäre Bild wird als ein von Gott vorformulierter Text konzipiert, den der Prophet nachträglich zu „durchschauen" hat. Insofern wird hier die Position einer allmächtigen göttlichen „Vorsehung" stark gemacht, in deren Abhängigkeit sich die äußere Wahrnehmung des Menschen wie der innere Blick des Visionärs bewegen. In komplexen, oft über mehrere Bilder hinweg verknüpften Lageplänen wird die Hierarchie dieser drei Positionen topologisch definiert. Das zweite Paradigma, der „Seelen-Raum", umfasst Bildthemen und Bildgattungen, in denen sich das Innere des Visionärs nach und nach zu einem eigenständigen Ort der visionären Erfahrung verfestigt (Teil II). Die Vision im Traum und die Vision im Gehäuse sind die beiden dominierenden Bildformeln der inneren Schau im frühen und im späteren Mittelalter, die die Eckpunkte eines langen Prozesses der Verselbständigung gegenüber dem göttlichen Blick markieren. Dazwischen erstreckt sich ein weites Spektrum an Bildmetaphern des Inneren, mit denen seit dem 13. Jahrhundert vor allem im Kontext von Apokalypse-Zyklen experimentiert wird. Das dritte Paradigma schließlich, das „Körper-Zeichen", betrifft visionäre Erfahrungen, die sich komplementär zum Typus der inneren Schau verhalten (Teil III). In Körper-Visionen hinterlässt das visionär geschaute Bild einen bleibenden Eindruck, hinterlässt die ungreifbar-flüchtige Erscheinung eine materielle, körperlich-greifbare Spur, die dann von Außenstehenden beglaubigt werden kann – das bekannteste Beispiel für diesen Visionstypus ist die Stigmatisierung des Franziskus. In Konkurenz zum Auge Gottes wird nun zunehmend das Auge eines externen Beobachters im Bild verankert, für dessen Blick der äußere Hergang des Visionsgeschehens simuliert wird.

Anmerkungen

1. RAHNER 1958 (1989), S. 31–75.
2. Zu diesem vor allem im Spätmittelalter bedeutsamen Phänomen, bei dem ein Artefakt Ausgangspunkt für eine mystische Erfahrung wird, vgl. MEISS 1951 (1999), S. 182–207; KRÜGER 1989; BELTING 1990, S. 459–470; SCHMITT 1994; HAMBURGER 2000a.
3. Vgl. als allgemeinen Überblick über die thematische Bandbreite im Mittelalter DINZELBACHER 2002. Zu neueren Untersuchungen über Einzelfragen der Visionsdarstellung vgl. die Literaturhinweise in den Kapiteln zur Apokalypse (2, 7 und 8), zu Hildegard von Bingen (4.1, 9.1), zur Traumdarstellung (3, 5) und zu Franziskus (10). Ergänzend wären zu nennen die in Anm. 3 zitierte Literatur zur Bildvision sowie BOESPFLUG 1992 und ZCHOMELIDSE 2003 zum Brennenden Dornbusch. Zu Visionsbildern der frühen Neuzeit vgl. KROSS 1992; STOICHITA 1994; ROHLMANN 1995; STOICHITA 1995 (1997); MÜHLEN 1998; WIMBÖCK 2002; GANZ 2003a, S. 240–260; ROSEN 2004.
4. Einen Überblick zur gesamten Breite der Diskussion bietet Silke Tammen, Wahrnehmung. Sehen und Bildwahrnehmung im Mittelalter, IN: METZLER LEXIKON KUNSTWISSENSCHAFT 2003, S. 380–385. Zur neueren Diskussion um die Schaufrömmigkeit vgl. DIEDRICHS 2001; BIERNOFF 2002, S. 133–164; SCHNITZLER 2002; LENTES 2003b. Zur Optik vgl. LINDBERG 1976 (1987); TACHAU 1988; EDGERTON 1991 (2003); BIERNOFF 2002, S. 63–107.
5. Zu dieser Diskussion vgl. SACHS-HOMBACH 1995; BREIDBACH 1999; KRUSE 2003, S. 34–37.
6. Vgl. BIERNOFF 2002, S. 12. Dieser Einwand trifft u.a. eine Studie wie HAHN 2000, die für das Frühmittelalter pauschal ein skopisches Regime des flüchtigen *glance* annimmt, das im 13. Jh. vom meditativ-ruhenden *gaze* abgelöst worden sei.
7. Vgl. BELTING 1990.
8. Vgl. RINGLEBEN 1996, S. 221: „Indem Gott durch sein Wort die Schöpfung hervorbringt, sein Schaffen also Sprechen, ‚Autorhandlung' ist, sind alle geschaffenen Dinge ‚Worte'."
9. Referenzpunkt der mittelalterlichen Tradition ist DIONYSIUS AREOPAGITA 1857, Sp. 969C (XII.2), vgl. ERIUGENA 1996, Bd. 1, S. 18 (I, 440–442): „Nam cum a uerbo ΘΕΩΡΩ deducitur, ΘΕΟΣ uidens interpretatur. Ipse enim omnia quae sunt in se ipso uidet, dum nihil extra se ipsum aspicit quia nihil extra ipsum est." THOMAS AQUIN 1961, Bd. 1, S. 97–98 (I.13.8); NICOLAUS CUSANUS 2000, S. 10 (5.6).
10. „Nos […] ista quae fecisti videmus, quia sunt, tu autem quia vides ea, sunt." AUGUSTINUS 1955, S. 840–841 (XIII.38).
11. Zum Providenzbegriff vgl. PARMA 1971 (zu Plotin und Augustinus); FICHTE 1996 (zu Boethius und der Boethius-Rezeption im Mittelalter).
12. „Cum homo ante peccatum haberet cognitionem veritatis et tunc sine medio posset Deum videre, per superbiam excaecatus est." HUGO ST. VIKTOR 1879, Sp. 117C (IV.1). Zum Zusammenhang Sündenfall/Verlust der Sehkraft in der theologischen Diskussion des 12. und 13. Jhs. vgl. TROTTMANN 1995, S. 160–175; BIERNOFF 2002, S. 42–46.
13. „Graeci autem hominem ανθρωπον apellaverunt, eo quod sursum spectet, sublevatus ab humo ad contemplationem arrtificis sui." ISIDOR 1850, Sp. 397C (XI.1).
14. „Sed quis tam caecus est mente, ut quicquam in mouendis corporibus rationis quod praeter humanam dispositionem ac uoluntatem est, diuinae potentiae moderationique dare dubitet?" AUGUSTINUS 1956, S. 122 (*De ordine*, I.1.2, 7–9).
15. Eine Sammlung entsprechender Passagen aus Patristik und geistlicher Literatur des Mittelalters bringt SCHLEUSENER-EICHHOLZ 1985, Bd. 1, S. 931–1075. Für einen kursorischen Abriss vgl. Pierre Adnès, Visions, in: DS 1937–95, Bd. 16 (1994), Sp. 949–1002; HAAS 1995, S. 179–222. In den letzten Jahren sind mehrere Sammelbände erschienen, in denen Visionen im Rahmen einer allgemeineren Visualitätsgeschichte des Mittelalters verhandelt werden: Heft 6 der Zeitschrift *Micrologus* (1997); KRÜGER/NOVA 2000; NELSON 2000; GANZ/LENTES 2004; DE NIE/MORRISON/MOSTERT 2005; HAMBURGER/BOUCHÉ 2006.
16. „Futurum saeculum ipsa iam quasi propinquitate tangitur, et signis manifestioribus aperitur." GREGOR 1924, S. 300 (IV, 43).
17. MCGINN 2000, S. 321.
18. Vgl. ASSMANN/ASSMANN 1998. Zur Anwendung des Schleiermodells auf die spätmittelalterliche und frühneuzeitliche Kunstgeschichte vgl. KRÜGER 2001; WOLF 2002; ENDRES/WITTMANN/WOLF 2005.
19. Eine topologische Definition der Vision schlägt auch DINZELBACHER 1981, S. 29 vor: „Von einer Vision sprechen wir dann, wenn ein Mensch das Erlebnis hat, aus seiner Umwelt auf übernatürliche Weise in einen anderen Raum versetzt zu werden, er diesen Raum beziehungsweise dessen Inhalte als beschreibbares Bild schaut, diese Versetzung in Ekstase (oder im Schlaf) geschieht, und ihm dadurch bisher Verborgenes offenbar wird." Von der Vision unterschieden sieht Dinzelbacher das Phänomen der Erscheinung: „Bei einer Erscheinung erscheint also in eben dem Raum, in dem sich der Charismatiker befindet, eine natürlicherweise nicht sichtbare bzw. dort nicht

vorhandene [...] Person oder Sache, ohne dass die Kontinuität der Perzeption des gegebenen Umraumes gestört würde." (ebd., S. 33).
20 Vgl. BELTING 1999; BELTING 2001, S. 57–86 (Der Ort der Bilder II).
21 „Duplex est autem homo, interior et exterior. Interior homo, anima, exterior homo, corpus." ISIDOR 1850, Sp. 398B (XI.6). Vgl. André Derville, Homme intérieur, in: DS 1937–95, Bd. 7 (1969), Sp. 650–674; ASSMANN 1993; Christoph Markschies, Innerer Mensch, in: RAC 1950ff, Bd. 19 (2001), Sp. 266–312.
22 Vgl. DE CERTEAU 1990, S. 329–331.
23 Vgl. KORGER 1962; DULAEY 1973; MARKUS 1981. Eine weitere ausführliche Verhältnisbestimmung unterschiedlicher Arten des Sehens findet sich in Buch XI von *De trinitate*, vgl. AUGUSTINUS 1968, S. 333–355 und dazu MILES 1983; AKBARI 2004, S. 26–28.
24 Zur Verbindung von Sehen und Erkenntnis im Vokabular indoeuropäischer Sprachen vgl. TYLER 1984; zur visuellen Semantik philosophischer Erkenntnistheorien vgl. JAY 1993; BOEHM 1997; KONERSMANN 1997b; PAPE 1997.
25 AUGUSTINUS 1894, S. 387 (XII.6, 20) und S. 386 (XII.6, 22).
26 Vgl. AUGUSTINUS 1894, S. 391–392 (XII.9). Zu dieser oft übersehenen Passage in Augustinus' Visionslehre vgl. BOGEN 2001, S. 54–55. Speziell zu Augustinus' Deutung des Nebukadnezar-Beispiels vgl. die ausführlichere Diskussion in Kapitel 1.2.
27 Auch rein dualistische Modelle, die zwischen einem körperlichen und einem geistigen Auge unterscheiden, implizieren mitunter eine Nähe oder Verwandtschaft der Sehmodi, wie MILES 1983 exemplarisch an Augustinus' *De trinitate* zeigen kann. Zur Verflechtung von körperlichem und geistigem Sehen im Mittelalter vgl. auch SOSKICE 1996; BIERNOFF 2002.
28 „Plus ergo quam prophetae de diuina scientia nouerunt quia quod illi solo in spiritu uiderunt isti etiam corporaliter uiderunt." GREGOR 1971, S. 267 (II.4.12, 364–366), dt. Übersetzung: GREGOR 1983, S. 330.
29 Vgl. Manfred Wacht, Inkubation, in: RAC 1950ff, Bd. 19 (2001), Sp. 179–265.
30 Vgl. STOCK 2004, S. 31–32.
31 „Vision que Dieu peignt d'un pinceau invisible en l'imagination de ce Prophète". RICHEÔME 1598, S. 549–550 (zit. nach MÜHLEN 1998, S. 109, Anm. 387).
32 STOICHITA 1995 (1997), S. 62; MÜHLEN 1998, S. 202.
33 Der im Mittelalter geläufige Topos des *Deus Pictor* bezieht die Analogie zwischen Gott und einem Maler auf die Erschaffung des Menschen als *imago Dei*, vgl. WALDMANN 1995, S. 37–41; KRUSE 2003, S. 155–173.
34 „Sic in illo genere spiritali, in quo uidentur corporum similitudines luce quadam incorporali ac sua, sunt quaedam excellentia et merito diuina, quae demonstrant angeli miris modis: utrum uisa sua facili quadam et praepotenti iunctione uel conmixtione etiam nostra esse facientes, an scientes nescio quomodo nostram in spiritu nostro informare uisionem, difficilis perceptu et difficilior dictu res est." AUGUSTINUS 1894, S. 424 (XII.30, 17–24), dt. Übersetzung: AUGUSTINUS 1964, S. 285.
35 „Videmus nunc per speculum in enigmate, tunc autem facie ad faciem." Soweit keine andere Quelle angegeben ist, folgen alle lateinischen Bibelzitate dieses Buches BIBLIA SACRA 1994. Grundlage für deutsche Bibelzitate ist HEILIGE SCHRIFT 1972, wobei der Wortlaut bei Bedarf an den für das Mittelalter maßgeblichen Vulgatatext angepasst wurde.
36 „Sancti ergo post resurrectionem non per figuras et aenigmata Dominum uidebunt [...] sed Domini ipsius majestate Ecclesia illuminabitur." ISIDOR 1862a, Sp. 951 B–C (15.6-7)
37 „Nonne uniuersaliter diffiniuimus diuinam essentiam nullo corporeo sensui, nulli rationi, nulli seu humano seu angelico intellectui per se ipsam comprehensibili esse?" ERIUGENA 1996, Bd. 1, S. 11 (I, 227–229). Vgl. auch ERIUGENA 1853, Sp. 448C: „Non ergo ipsum Deum per semetipsum uidebimus, quia neque angeli uident: hoc enim omni creaturae impossibile est [...] sed quasdam factas ab eo in nobis theophanias contemplabimur."
38 Zum Epiphanie-Konzept Eriugenas vgl. GREGORY 1963; TROTTMANN 1995, S. 74–83; DUTTON 2005.
39 Nach dem Verbot entsprechender Lehrsätze im Jahr 1241 verwendet die scholastische Philosophie große Anstrengungen darauf, die Unmittelbarkeit der Gottesschau unter den neuen Anforderungen an eine diskursive Begründung solcher Glaubenssätze noch einmal zu retten, vgl. DONDAINE 1952; TROTTMANN 1995, S. 91–365; TROTTMANN 1997.
40 Vgl. KAMLAH 1935, S. 108–114; CAVINESS 1983, S. 115.
41 „Nam [...] in exilium relegatus [...] cunctaque visibilia, et visibilibus similia post se longe reliquerat, et [...] per puram intelligentiam omni imaginatione remota, solis supernis ac invisibilibus intendebat, [...] ac de his quae scribenda erant secundum sensibilium similitudines edocetur [...] et dum eum Spiritus sanctus ad illos quos coelestibus per simplicem contemplationem intentus non respiciebat, secundum formales rerum qualitates respicere monuit, quasi post tergum vocem audivit." RICHARD ST. VIKTOR 1880, Sp. 703D–704A (I.4).
42 „Conuersus sum ab anterioribus quibus per contemplationem inhaerebam ad subditorum eruditionem [...].

Conuersus a contemplatione Dei ad necessitatem proximi […]." RICHARD ST. VIKTOR 1880, Sp. 705B (I.4). Ähnlich argumentiert Hugo von St. Cher, *De prophetia* (um 1230): „Quandoque autem datur cognitio rei enonciande sine impressione imaginum in spiritu, sed non uult Deus ut prophete ita enoncient ut uident, et ideo creantur imagines in spiritu ut sub illis sacramentum Dei enoncietur minoribus. Sicut Iohannes qui uidit Apocalypsim uisione intellectuali, tamen enonciauit sub similitudinibus et signaculis et figuris multis volens celare sacramentum Dei." TORRELL 1977, S. 29 (II, *solutio*, 1–7).

43 Vgl. MEIER 1990.
44 PANOFSKY 1955 (1977), S. 74–75. Vgl. auch DAMISCH 1971.
45 Vgl. hierzu STOICHITA 1995 (1997); ROSEN 2004.
46 STOICHITA 1995 (1997), S. 200.
47 Vgl. RINGBOM 1980. In RINGBOM 1992 löst der Autor seine Kategorien vom Bezug zur mittelalterlichen Kunst und erklärt sie zu universalen bildsprachlichen Strukturprinzipien.
48 Kritisch zu Ringbom äußert sich bereits BOGEN 2001, S. 66–68 und 74–75. Der gleiche Einwand lässt sich auch gegen KESSLER 1998 (2000) (s. dazu unsere Diskussion in Kapitel 5) und gegen Hans Holländers an sich sehr innovativen Beitrag zum Verhältnis von Bild, Vision und Rahmen anführen: „Das wichtigste Mittel" der Grenzziehung, so HOLLÄNDER 1986, S. 77, sei die „Abbildung eines tafelbildähnlichen Rahmens".
49 „Qui autem per spiritum tuum uident ea, tu uides in eis. Ergo cum uident, quia bona sunt, tu uides, quia bona sunt." AUGUSTINUS 1955, S. 830–831 (XIII.31). Zum Ganzen vgl. KÖRNER 1956.
50 Überlegungen in diese Richtung bei LEVIN 1988, S. 110–116 und 256–259, der für das mittelalterliche Sehen die Kategorie der „beholdenness", d.h. des Betrachtetwerdens des Menschen durch Gott, als zentral ansetzt. Zur Terminologie vgl. NEWMAN 2005, S. 6–14.
51 Zum Dispositiv-Ansatz vgl. die „Gründungstexte" BAUDRY 1970 (1993); BAUDRY 1975 (1994). Eine Zusammenfassung der weiteren Diskussion bieten PAECH 1997; BRAUNS 2003, S. 25–60. Zum Potential des Dispositiv-Ansatzes für bildtheoretische Fragen vgl. BOGEN 2005, S. 162–167.
52 PAECH 1991, S. 43.
53 Vgl. GRONEMEYER 2004, S. 11–36.
54 Zu den Dispositiven des „Pre-Cinema" in der frühen Neuzeit und der beginnenden Moderne vgl. CRARY 1990 (1996); HICK 1999; BRAUNS 2003; GRONEMEYER 2004.
55 Vgl. STOICHITA 1995 (1997), S. 29–46.
56 Auf dieser Ebene schließt meine Untersuchung an einen semiotischen Medienbegriff an, wie ihn KRUSE 2003, S. 15–47 entwickelt. Vgl. auch die Diskussion des Medienbegriffs in SCHWARZ 2002 und SCHLIE 2004b. Überlegungen zur topologischen Struktur mittelalterlicher Bildmedien bei CARRUTHERS 1998, S. 3–6.
57 Zur (intermedialen) „Transkription" vgl. JÄGER 2002. Zur „Übertragung" vgl. HAUSMANN/KREFT 2004.
58 Diese Ebene entspricht den unterschiedlichen Sehmodi, wie sie ALPERS 1983 (1985), BRYSON 1983 (2001) und JAY 1988 an den Bildstrukturen neuzeitlicher Malerei rekonstruieren.
59 Vgl. CAVINESS 1983; MEIER 1990.
60 Vgl. PAECH 1997.
61 Wichtige Überlegungen in Richtung einer solchen „Grenzwissenschaft" bietet der Sammelband ENDRES/WITTMANN/WOLF 2005, vor allem NEUNER/PICHLER 2005 unter Rekurs auf Walter Benjamins *Passagen-Werk* in der Interpretation von MENNINGHAUS 1986, S. 26–58.
62 Vgl. RAGLAND/MILOVANOVIC 2004.
63 Vgl. FONTANILLE 1989.
64 Die entsprechenden Texte ediert in PEIRCE 1986–93. Vgl. PAPE 1997, S. 378–460; SHIN 2002.
65 „Das System der existentiellen Graphen lässt sich mit großer Wahrheitstreue als etwas beschreiben, das unserem Auge ein bewegtes Bild des Denkens präsentiert." PEIRCE 1986–93, Bd. 3, S. 193.
66 In diese Richtung argumentiert bereits BOGEN 2001, der mittelalterliche Traumdarstellungen auf ihre Funktion innerhalb größerer Bildsysteme befragt.

I SCHRIFT-BILDER
Der Medien-Diskurs der Visio Prophetica

Zur genuinen Faszinationskraft von Visionen zählt der Wunsch, die Kontingenz der Gegenwart durch einen Blick in die Zukunft überwinden zu können.[1] In der antiken Kultur des Mittelmeerraums waren es die Träume, denen das Potential zugeschrieben wurde, eine den Menschen jetzt noch verborgene Zukunft zu enthüllen. Autoren wie Artemidor entwickelten ausgefeilte Traumdeutungslehren, in denen die verschiedenartigen Ursachen von Träumen ebenso auseinandergefaltet wurden wie die unterschiedlichen Deutungsmöglichkeiten einzelner Traumbilder.[2] Die Position des Christentums gegenüber diesem Glauben an eine solche menschliche Zukunftsschau war überaus kritisch: Die Verfügung über die Zukunft sollte allein und ausschließlich bei Gott liegen. Und doch berichteten die Erzählungen der Heiligen Schrift von zahlreichen „Gesichten", die ein zukünftiges Geschehen ankündigten.[3] Mit dem antiken Glauben, dass im Schlaf geschaute Traumbilder per se schon auf tatsächliche Ereignisse der Zukunft verweisen, hatten die Zukunftsvisionen der Bibel allerdings wenig gemein.[4] Stets nämlich handelte es sich um die Erfahrungen einzelner, von Gott ausgewählter Menschen. Unter systematischen Gesichtspunkten lassen sie sich in zwei große Gruppen einteilen:

– die eine Gruppe waren von Gott geschickte Traumbilder, die in einen größeren Erzählzusammenhang eingebunden waren. Die Träume Jakobs, des alttestamentlichen wie des neutestamentlichen Joseph, aber auch die Träume Pharaos, Nebukadnezars, der Heiligen Drei Könige und zahlreicher Heiliger, sie gingen bereits auf der Ebene des biblischen oder hagiographischen Textes tatsächlich in Erfüllung. Die Geschehnisse im Anschluss an den Traum sollten die Bedeutung des visionär geschauten Bildes offenlegen. Auf diese Weise konnten die Traumbilder die Funktion übernehmen, die Lenkung der Heilsgeschichte durch Gott zu verdeutlichen.[5]

– die zweite Gruppe waren Visionsberichte prophetischen Charakters. Ihre Visionen handelten von einer noch nicht eingetretenen Zukunft und ließen die Frage, was mit dem von Gott Geoffenbarten gemeint sein könnte, erst einmal offen. Prophetische Visionäre waren keine Akteure der Heilsgeschichte, an deren späterer Vita sich die Bedeutung visionärer Zeichen erkennen ließ. Ein Blick auf den Kanon des Alten wie des Neuen Testaments lehrt, dass solche Visionen für Juden- und Christentum ein unverzichtbares Gut waren: Visionäre Prophetien nehmen nicht nur unter den Büchern des Alten Testaments breiten Raum ein, auch an den Schluss des Neuen Testaments wurde mit der Johannes-Offenbarung ein umfangreiches prophetisches Visionsbuch gestellt. Neben der Erinnerung an das Handeln Gottes in der Vergangenheit, so kann man daraus folgern, wurde als zweite Koordinate das Wissen um Gottes Handeln in der Zukunft gebraucht – insbesondere die Aussicht auf die Parusie, von der die prophetischen Visionen in schwierigen, gezielt auf Uneindeutigkeit hin angelegten Bildern künden.

Aus kirchlicher Sicht ging von diesem zweiten Visionstypus eine schwer zu kontrollierende Brisanz aus. Wo der erzählerische Kontext der Traumvisionen eine „Disambiguierung"[6] der Visionsbilder bewirkte, waren die Bilder der *visio prophetica* durch eine starke Polysemie gekennzeichnet, die eine nachträgliche Ausdeutung verlangte und zu aktualisierender Inanspruchnahme einlud. Bekanntermaßen hat die theologische Praxis des Schriftkommentars im Umgang mit diesem Problem Techniken entwickelt, dasjenige, was auf den ersten Blick ein noch Kommendes ankündigte, als Offenbarung eines bereits Eingetretenen auszudeuten. Maßgeblich für das gesamte spätere Prophetieverständnis des Mittelalters war dabei die Definition der drei Zeiten der Weissagung, die Gregor der Große in seinen Predigten zum Buch Ezechiel formulierte:

> *Es gibt drei Zeiten der Weissagung: Vergangenheit, Gegenwart und Zukunft. [...] Wenn es daher heißt: „Das Verborgene seines Herzens wird offenbar" [1 Kor 14, 25], so liegt es auf der Hand, dass der Geist durch diese Art von Weissagung nicht Künftiges voraussagt, sondern aufzeigt, was ist. Wie aber kann er der Geist der Weissagung genannt werden, da er nichts Zukünftiges aussagt, sondern von Gegenwärtigem spricht? Hier ist nun zu bedenken, dass die Weissagung zu Recht als solche bezeichnet wird, nicht weil sie Kommendes ankündigt, sondern weil sie Verborgenes offenbart. Wie die Zeit etwas in der Zukunft Liegendes unseren Blicken entzieht, so ist die Ursache von etwas Gegenwärtigem vor unseren Augen verhüllt.*[7]

Gregors Grundsatzbemerkung ist für unsere Fragestellung gleich in mehrfacher Hinsicht bedeutsam: Sie umreißt ein Programm der „Entschärfung", das es ermöglichen sollte, die prophetischen Bücher der Heiligen Schrift über weite Strecken als bereits eingelöst zu betrachten. Mit dem Kommen Christi sollte ein wichtiger Teil dessen, was die Propheten geschaut und gehört hatten, schon in Erfüllung gegangen sein. Selbst die Johannes-Offenbarung konnte über große Strecken als Ankündigung von Vergangenem und Gegenwärtigem gelesen werden. Um diese Umdeutung zu legitimieren, wurde eine enge Allianz zwischen Prophetie und Exegese angestrebt: Der Exeget sollte die Arbeit des Propheten im Zeitalter des abgeschlossenen Kanons vollenden, er war gewissermaßen der neue Typus des Propheten, der sich nunmehr streng auf dem Boden der Schriftauslegung zu bewegen hatte.[8] Die Gemeinsamkeit zwischen Prophet und Exeget war aber explizit auf eine visuelle Relation gegründet: Beide definierten sich über ein Sehen dessen, was normalerweise verborgen war. Anders als wir den Begriff der Prophetie heute gebrauchen – im Sinne von Vorhersage – verstand man ihn im Mittelalter als besondere Seh-Kraft.[9]

Damit aber sind wir genau an dem Punkt, bei dem die Fragestellung der folgenden Kapitel ansetzt: Wenn Prophetie *per se* mit einem besonderen Modus des Sehens von Verborgenem zu tun hatte, dann war es prinzipiell eine naheliegende Option, im visuellen Zeichensystem der Bilder „Lagepläne" prophetischer Offenbarungen zu entwerfen. Kennzeichnend für derartige Darstellungen ist im frühen Mittelalter eine Medienkonstellation, welche göttliche Offenbarung bimedial, als Verbindung von Bild und Schrift begreift. An einem Ensemble alttestamentlicher Prophetenbilder aus dem frühen 11. Jahrhundert soll in die Grundprinzipien dieser paradoxen, einem Möbiusband vergleichbaren Verschränkung der Medien eingeführt werden (Kapitel 1). Im Anschluss möchte ich die bedeutendste Gruppe bebilderter Prophetien des Frühmittelalters, die illuminierten Apokalypse-Handschriften, genauer in den Blick nehmen. Allein schon die außerordentliche Länge dieser Zyklen bot die Möglichkeit, komplexe Beziehungsgeflechte der Visionserzählung zu knüpfen, die flexibel auf unterschiedliche Gebrauchsprofile abgestimmt werden konnten (Kapitel 2). Mit dem 12. Jahrhundert setzten dann Versuche ein, das Paradigma der Prophetie zu öffnen und neue Propheten zur bildlichen Darstellung zuzulassen. Die Erfindung des prophetischen Traums, wie sie in der Wurzel Jesse und anderen neuen Bildtypen greifbar wird, zeugt von einer stärkeren körperlichen Ausrichtung des Visionsgeschehens, welche die alte Medienkonstellation der Prophetie in Frage stellt (Kapitel 3). Doch bleibt das Paradigma des prophetischen Schrift-Bilds bis weit ins Spätmittelalter hinein aktuell: dort nämlich, wo es darum geht, die Visionen weiblicher Prophetinnen gegen Zweifel und Anfeindungen abzusichern, wie in Kapitel 4 am Beispiel Hildegards von Bingen und Birgittas von Schweden gezeigt werden soll.

Anmerkungen

1 Kontingenzbewältigung als Triebfeder des „Glaubens an die göttliche Vorsehung" wird diskutiert von SCHELIHA 1999, S. 13–17 und S. 117-172.
2 Vgl. KRUGER 1992, S. 7–16; MILLER 1994, S. 74–91.
3 Zu Visionen in der Bibel vgl. Pierre Adnès: Visions, in: DS 1937–95, Bd. 16 (1994), Sp. 949–1002, hier: 952–957; FRENSCHKOWSKI 1998.
4 Vgl. hierzu die Einleitung von Kapitel 5.
5 Vgl. hierzu die ausführliche Diskussion in Kapitel 5.1.
6 FRENSCHKOWSKI 1998, S. 11.
7 „Prophetiae tempora tria sunt, scilicet praeteritum, praesens et futurum. […] Cum igitur dicitur: Occulta cordis eius manifesta fiunt, profecto monstratur quia per hunc modum prophetiae spiritus non praedicit quod futurum est, sed ostendit quod est. Quo autem pacto prophetiae dicatur spiritus, qui nihil futurum indicat, sed praesens narrat? Qua in re anidmaduertendum est quod recte prophetia dicitur, non quia praedicit uentura, sed quia prodit occulta. Rem quippe quamlibet, sicut ab oculis nostris in futuro subtrahunt tempora, ita ab oculis nostris in praesenti subtrahit causa." GREGOR 1971, S. 5 (I.1, 4–28), dt. Übersetzung GREGOR 1983, S. 36–37.
8 Vgl. ASSMANN 1995, S. 22–31.
9 Vgl. etwa die in Kapitel 1, Anm. 23 zitierte Passage aus HIERONYMUS 1963.

1 Der Blick aus der Initiale
Die Bildprologe der Bamberger Kommentare

Eine der bemerkenswertesten Anstrengungen des Frühmittelalters, die *visiones propheticae* des Alten Testaments ins Medium materieller Bilder zu übertragen, ist uns in Gestalt der *Bamberger Kommentare* überliefert. Bei den beiden heute getrennten Manuskripten Msc. 76[1] und Msc. 22[2] der Bamberger Staatsbibliothek handelt es sich um zwei Teile „einer planmäßigen Gesamtkomposition"[3], die ursprünglich wohl in einem zusammengehörenden Kodex vereint waren.[4] Sie enthalten drei alttestamentliche Bücher, deren Text von Interlinear- und Randglossen begleitet wird: Jesaja, Daniel und Hohelied *(Abb. 3)*.[5] Doch das außergewöhnlichste Element der *Bamberger Kommentare* sind zweifellos die doppelseitigen „Bildprologe"[6], die jedes der biblischen Bücher einleiten. Alle drei Bildprologe bieten Darstellungen visionärer Gottesschau, die sich außerhalb der Standardikonographien der ottonischen Buchproduktion bewegen.[7] Ich konzentriere mich zunächst auf die Bilder zu Jesaja und Daniel, bevor ich auf die Stellung der Miniaturen zum Hohelied in diesem Bildzyklus eingehe.

1.1 Inversion des Äußerungsakts
Die Miniaturen zu Jesaja

Der erste der Bildprologe konfrontiert uns auf zwei gegenüberliegenden Seiten mit der Berufungsvision aus Jesaja 6: Links wird der „dominus sedens" auf einem goldenen Thron sichtbar, der das geläufige Motiv von Sphäre und Mandorla variiert, umflogen von Seraphim in verehrendem Habitus *(Taf. II–III)*. Blitze und fiedrige Wolken, die in vielerlei Farben aus der Mandorla hervorschießen, verleihen dem Ganzen den Charakter einer plötzlich sich darbietenden, dynamisch pulsierenden Epiphanie – „wie eine Explosion"[8]. In ihrer frontalen, streng axialsymmetrischen Anlage ist die Darstellung suggestiv auf den Betrachter ausgerichtet. Dieser erblickt die Gottesschau wie durch eine ovale Öffnung, welche in den Purpurgrund der Seite eingelassen ist.

Das Angebot, die Epiphanie des Thronenden in das eigene Hier und Jetzt zu verlegen, wird auf dem gegenüberliegenden Blatt jedoch systematisch durchkreuzt: Eine große Doppelsäulenädikula rahmt das erste Wort, mit dem das Buch Jesaja überschrieben ist: VISIO. In der Initiale dieses Wortes spielt sich der zweite Teil der Berufungsgeschichte ab: Einer der Seraphim – es ist der gleiche, der sich unterhalb des

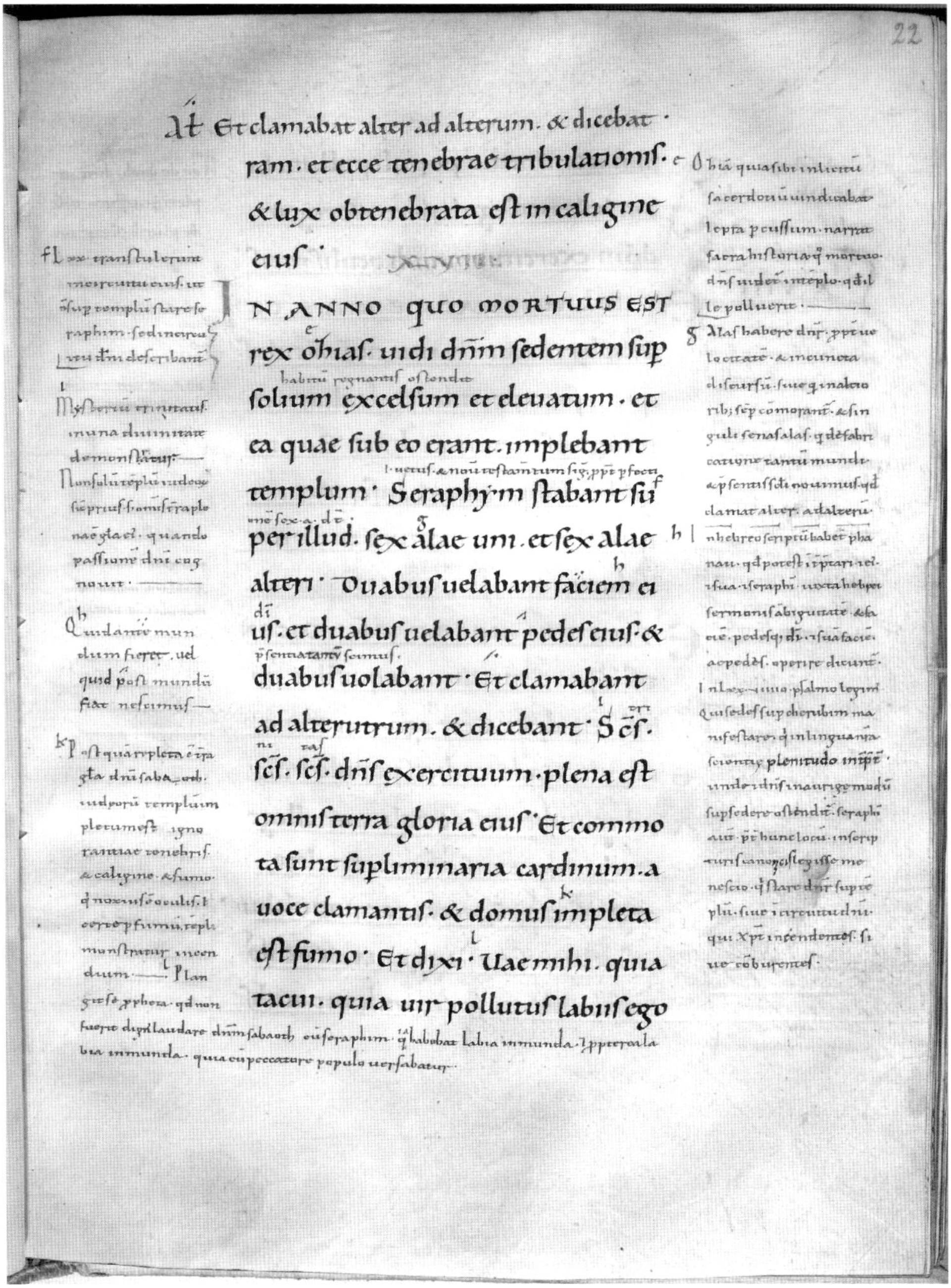

At Et clamabat alter ad alterum. & dicebat
ram. et ecce tenebrae tribulationis.
& lux obtenebrata est in caligine
eius
IN ANNO quo MORTUUS EST
rex ozias. uidi dnm sedentem sup
solium excelsum et eleuatum. et
ea quae sub eo erant. implebant
templum. Seraphym stabant su
per illud. sex alae uni. et sex alae
alteri. Duabus uelabant faciem ei
us. et duabus uelabant pedes eius. &
duabus uolabant. Et clamabant
ad alterutrum. & dicebant. Scs.
scs. scs. dns exercituum. plena est
omnis terra gloria eius. Et commo
ta sunt superliminaria cardinum. a
uoce clamantis. & domus impleta
est fumo. Et dixi. Uae mihi. quia
tacui. quia uir pollutus labiis ego

Abb. 3 Schriftseite mit dem Anfang von Jesaja 6, Bamberger Kommentare, um 1000, Bamberg, Staatsbibliothek, Msc. Bibl. 76, fol. 22r

Abb. 4 Liuthar und Otto III., Liuthar-Evangeliar, um 996, Aachen, Domschatzkammer, fol. 15v–16r

Thronenden an einem Altar zu schaffen macht – nähert sich dem greisen Propheten, um ihm mit glühenden Kohlen die Lippen zu reinigen. Beim Anblick des Thronenden, so der Bibeltext, hatte Jesaja die „Befleckung" seiner Lippen bemerkt, die ihm vom Kontakt mit der „unreinen" Sprache des Volkes zurückgeblieben war. Die Handlung des Engels, der die glühende Kohle von einer Miniatur in die andere transportiert, verknüpft die Vision mit einem bildinternen Adressaten: dem Propheten Jesaja.

Die Orte der Vision

Obwohl die beiden Seiten zwei aufeinander folgende Szenen der Berufungsgeschichte enthalten, sind sie auch als simultane Veranschaulichung einer Ganzheit des visionären Geschehens zu lesen. Grundlegend für diese simultane Lektüre ist das Formular der Doppelseite, das verschiedene Möglichkeiten bietet, die beiden Orte des visionären Geschehens sowohl zu separieren wie aufeinander zu beziehen.[9] Die Ausgestaltung derartiger „Diptychen" gehört zu den grundlegenden Möglichkeiten der Buchmalerei, die materielle Struktur des eigenen Bildträgers als mediales Dispositiv fruchtbar zu machen.[10] Zweifellos das größte Spektrum an bebilderten Doppelseiten der Ottonenzeit finden wir im Bereich von Stifter- und Dedikationsbildern – Darstellungen, für die

Abb. 5   Heinrich II. und Maria, Seeoner Perikopenbuch, um 1002/14, Bamberg, Staatsbibliothek, Msc. Bibl. 95, fol. 7v–8r

eine Abgrenzung unterschiedlicher Sphären von ebenso elementarer Bedeutung ist wie für Visionsbilder.[11] Beim Vergleich solcher Bildpaare zeigt sich, wie das Verhältnis zwischen links und rechts durch Symmetriebrüche, aber auch Symmetriebildungen genauer definiert werden kann: Im Aachener *Evangeliar Ottos III.* verläuft ein extremes Gefälle zwischen dem Schreiber Liuthar und dem von ihm beschenkten Kaiser, ihre Bildorte bleiben inkommensurabel *(Abb. 4)*.[12] Im *Seeoner Perikopenbuch* nähert sich Heinrich II. Maria auf gleichartiger Bühne an, beide befinden sich an einem identischen Ort *(Abb. 5)*.[13] In den *Bamberger Kommentaren* hat man sich für die erste Variante entschieden und das Verhältnis zwischen Verso und Recto zu äußerster Gegensätzlichkeit getrieben: Das Visionsbild wird von einem zweidimensionalen Passepartout gerahmt, das den gesamten Seitenrand mit Purpur bedeckt, der Visionär ist von einer plastisch gestalteten Architektur umgeben, welche auf den bloßen Seitengrund gemalt ist. In ihrer Unterschiedlichkeit transportieren die beiden Einfassungen auch eine klare semantische Opposition: Das Oval des Passepartouts mit den bewohnten Zwickeln ist ein kosmologisches Formular, das zeitgenössische Betrachter an Darstellungen der *Maiestas Domini* denken lassen musste *(Abb. 6)*.[14] Die Ädikula des Propheten hingegen ist eine auf festen Boden gegründete Kulisse, deren irdische Verankerung noch durch die Schollenformation in der Öffnung betont wird.

Abb. 6   Maiestas Domini, Hitda-Kodex, um 1000, Darmstadt, Hessische Landes- und Hochschulbibliothek, Hs. 1640, fol. 7r

Ausgehend von der Lektüre der biblischen Erzählung könnte der Eindruck entstehen, dass die Opposition zwischen *locus caelestis* und *locus terrestris* als „realistische" Repräsentation einer von der Erde aus geschauten Vision aufzufassen sei. Jesaja 6, 1–4 verortet die Gotteserscheinung nämlich auf einer vertikalen Achse zwischen dem Himmelsraum und der irdischen Bühne des Jerusalemer Tempels:

In dem Jahre, da der König Usia starb, sah ich den Herrn auf einem hohen und erhabenen Throne sitzen, und seine Säume füllten den Tempel [...]. Da erbebten die Grundlagen der Schwellen [...], und das Haus ward voll von Rauch.[15]

Die Randglossen aus dem Jesaja-Kommentar des Hieronymus messen dem irdischen Schauplatz eine besondere Bedeutung für die gesamte Botschaft der Vision zu. Nach dem Ableben des sündigen Königs Usia, das der Vision unmittelbar vorausgeht, habe Gott den geweihten Ort des Jerusalemer Tempels durch sein Erscheinen reinigen wollen:

Die Heilige Schrift erzählt, dass Usia von Lepra heimgesucht wurde, weil er ein unrechtmäßiges Priesteramt beanspruchte. Nach seinem Tod erschien der Herr in dem Tempel, den jener befleckt hatte.[16]

Bei der Betrachtung der Jesaja-Miniaturen mag es zunächst so scheinen, als sei die mit Velen behängte Ädikula der Rectoseite eine Abbreviatur des Tempels von Jerusalem. Diese Identifizierung wird jedoch bei genauerem Studium der Versoseite fraglich: Denn das im Text genannte Heiligtum ist ganz zweifellos in Gestalt jenes Miniaturgebäudes mit Altar dargestellt, das unterhalb des göttlichen Thrones frei in der Luft schwebt. Der Jerusalemer Tempel wird von den ottonischen Buchkünstlern in eine himmlische Sphäre verlagert. Zu dieser Entrückung kommt eine weitere auf der Gegenseite: Jesaja steht nicht auf dem Boden seiner Rahmenarchitektur, sondern auf dem Steg des Initial-V.[17] Ebenso wie der ihm sich nähernde Engel ist er aufs engste mit den Rankenausläufern dieses Buchstabens verflochten. Die rahmende Ädikula wird infolge dieser doppelten Dislozierung frei für andere, von der Jesaja-Geschichte unabhängige Lesarten: Ihr semantischer Anknüpfungspunkt ist eine lange Tradition der „Umbauung" von Räumen der Schriftlichkeit mittels frei auf das Pergament gesetzter Architekturen, die durch zur Seite geschlagene Vorhänge „revelatorisch" inszeniert werden. Als Beispiel wären Autorenbilder von Evangelisten und Kirchenvätern zu nennen, aber auch Kanontafeln und gerahmte Initialzierseiten.[18]

Die bisherigen Überlegungen haben zum Vorschein gebracht, dass die Asymmetrie zwischen Verso- und Rectoblatt aus der Überlagerung zweier Antinomien beruht: Zur kosmologischen Opposition zwischen Himmel und Erde kommt eine mediale Opposition zwischen einer Sphäre des Bildes und einer Sphäre der Schrift. Auf dieser zweiten Ebene bringen die ottonischen Miniaturen eine Polarität zum Vorschein, die als konstitutiv für das gesamte Genre der prophetischen Vision gelten kann: An die visionäre Schau des Propheten schließt in einem zweiten Schritt die Übermittlung der göttlichen Botschaft an ihren eigentlichen Adressaten, die Gemeinschaft der Gläubigen, an. Gegenüber anderen Arten visionärer Erfahrung ist die *visio prophetica* also durch die Verknüpfung von zwei Akten der Offenbarung gekennzeichnet. In diese Grundstruktur ist in der jüdisch-christlichen Tradition ein Medienwechsel eingelagert: Ist die vom Propheten geschaute Vision eine Art Bild, so wird die Übermittlung an die Gläubigen der Sprache, genauer dem „kanonischen" Medium der Schrift anvertraut. Gerade diese mediale Auffächerung lässt den Begriff der „Privatoffenbarung", den die moderne Theologie auf Visionen anwendet, zu einer problematischen Charakterisierung werden.[19] Denn der in schriftlicher Form fixierte Visionsbericht ist kollektiv adressiert und erhebt Anspruch darauf, dass seine Empfänger ihn als Ankündigung künftiger Ereignisse für wahr halten.

Kontaminierung der Medien

Reflexe der Spannung zwischen visueller und sprachlicher Offenbarung finden sich bereits in den Büchern der biblischen Propheten. Aufschlussreich ist in dieser Hinsicht ein vergleichender Blick auf die Texteingänge, die in den mittelalterlichen Handschriften durch unterschiedliche Formen der Auszeichnung (Initiale, Versalien, Rubrizierung) den Status von Überschriften erhalten: Neben Jesaja („Visio Isaiae quam vidit") beginnen vier weitere prophetische Schriften mit einem Rekurs auf die Vision als Medium der göttlichen Offenbarung.[20] Die Mehrzahl der prophetischen Bücher wird dagegen mit der Formel „Verbum Domini quod factum est" oder einer ähnlich lautenden Wendung eröffnet, die das Zeichensystem der Sprache in den Vordergrund stellt.[21] Nicht in allen Fällen steht die Wahl der Eingangsformel in direktem Zusammenhang mit der Art der von Gott gewährten Offenbarung: Unter dem Oberbegriff *visio* kann beispielsweise eine reine Wortbotschaft Gottes angekündigt werden.[22] Vor allem aber gibt es Mischformen wie die „Verba [...] quae vidit" bei Amos.[23] Hier liegt eine aus moderner Perspektive verwirrende Vermengung semiotischer Sphären und kommunikativer Akte vor, die ihr Fundament letztlich jedoch in der Natur der prophetischen Offenbarung selbst hat.

Auch in der Erzählung von Jesaja 6, die das Thema des Bamberger Bildprologs ist, tritt eine wechselseitige „Kontaminierung" von Rede und Schau zutage. Werfen wir dazu einen Blick auf die Worte, mit denen Jesaja die Befleckung seiner Lippen beklagt:

> *Weh mir, dass ich schwieg, denn ich bin ein Mann mit unreinen Lippen und wohne unter einem Volk mit unreinen Lippen – und habe den König, den Herrn der Heerscharen, mit meinen Augen gesehen. (Jes 6, 5)*[24]

Das Unbehagen des Propheten gilt zunächst seiner mangelnden Eignung, in den Chor der Engel einzustimmen („quia tacui"). Doch der Nachsatz lässt erkennen, dass hier ein klassischer Unwürdigkeits-Topos formuliert wird, der sich auf die Vision als ganze bezieht. Warum also, so könnte man fragen, sind nicht die Augen, sondern die Lippen des Propheten beschmutzt? Schuld an der Befleckung der letzteren, so muss man vermuten, ist die „Ansteckung" durch den eigentlichen Adressaten der prophetischen Botschaft, das israelische Volk, das selbst unreine Worte im Mund führt. Der Dialog mit dem Engel hat also damit zu tun, dass die biblische Erzählung zwei Dinge eng miteinander verschränkt, den visuellen Akt der Gottesschau und den sprachlichen Akt der Übermittlung der göttlichen Botschaft an ihren eigentlichen Adressaten, die Gemeinschaft der Gläubigen.

Zurück zu den Bamberger Miniaturen: Die Haltung Jesajas ist ein Echo des verehrenden Habitus der Seraphim und veranschaulicht so den Wunsch des Propheten, in das „Sanctus, Sanctus, Sanctus" der Engel einzustimmen. Doch der Vorgang der Lippenreinigung, der auch in älteren Darstellungen der Berufungsvision hervorgehoben ist,[25] übernimmt im Kontext der Initialseite eine wesentlich weiter gefasste Funktion: Er wird zu einem Akt der Initiation, der Jesaja auf die mündliche Weitergabe dessen vorbereitet, was er gesehen hat. In einer Studie zur Medialität frühmittelalterlicher Initialen hat Ulrich Rehm zuletzt auf das Konzept des Buchstabens als Verkörperung der Stimme hingewiesen, das in zahlreichen historisierten Initialen seinen Niederschlag fand.[26] Die Jesaja-Initiale bietet eine schöne Bestätigung für Rehms Argumentation. Das Initial-V, so könnte man sagen, enthält beide Momente als Möglichkeit in sich: nicht nur V-ISIO, sondern auch V-OX oder V-ERBUM. Dabei ist zu beobachten, wie der

Auftrag zur Rede des Propheten von der Figur des Thronenden ausgeht: Der (geöffnete) *rotulus* in ihrer Rechten steht gewissermaßen für den Urtext der zu verkündenden Botschaft, während die segnende Linke eine gestische Brücke hinüber zu Jesaja und dem Engel schlägt.[27]

Der Übertragungsprozess des Visionären, wie ihn die Miniaturen charakterisieren, umfasst demnach drei Stationen, die im Übergang von links nach rechts nachgezeichnet werden: Visualität – Oralität – Schriftlichkeit. Gerade die Tatsache jedoch, dass die Initiale mit der Reinigungsszene „historisiert" wird, eröffnet Spielraum für Lesarten, die die lineare Sukzession des Schauens, Sagens und Schreibens auf den Kopf stellen: Wer die Verortung des Visionärs im ersten Buchstaben seiner Erzählung „wörtlich" nimmt, blickt auf einen Akteur, der den Text, in dem er sich befindet, eigentlich erst selbst hervorbringen müsste. Für eine Rekonstruktion dieser Äußerungshandlung ergibt die Platzierung des Sehers inmitten der verschlungenen Rankeninitiale streng genommen überhaupt keinen Sinn. Wie ist der Seher in das Dickicht der Schrift gelangt, die erst im Anschluss an die Gotteserscheinung niedergeschrieben worden sein kann? Die Eintragung der Visionärsfigur in das Rankengeflecht der Initiale stellt klar, dass die Übertragung vom Bild zur Schrift nicht das Werk eines menschlichen Autors, sondern ein von Gott selbst gesteuerter Vorgang ist. Die Vision des Propheten ist keine Handlung, welche der Herstellung des Textes vorausgeht, sie findet vielmehr in dessen Innerem statt. Urheber von Buch Jesaja, so impliziert es das Dispositiv der Doppelseite, ist allein Gott – eine Lesart, die durch den geöffneten *rotulus* in der Rechten des Thronenden noch einmal szenisch expliziert wird. Der unmittelbare Blick des Betrachters auf ein scheinbares Hier und Jetzt wird so konterkariert durch eine Schau, welche vom Boden des Gotteswortes aus erfolgt.

Die ungewöhnliche Verortung des Visionärs im ersten Buchstaben seines Buches unterläuft unsere neuzeitlich geprägte Vorstellung vom Prozess göttlicher Offenbarung und hat deshalb in allen neueren Beiträgen zur Geschichte der Visionsdarstellung keine Rolle gespielt. Gerade aber die Tatsache, dass das Wort *visio* in dieser Konstellation einen so zentralen Platz erhält, lässt es legitim erscheinen, die ottonische Doppelseite als Aussage über die Orte und Wege der Gottesschau zu deuten.[28] Man könnte einwenden, die Lokalisierung im Buchstaben sei angesichts der Verbreitung historisierter Initialen in der Buchkunst des Frühmittelalters nicht weiter signifikant.[29] Demgegenüber ist zweierlei in Erinnerung zu rufen: Gegenstand des doppelseitigen Bildprologs ist nicht „irgendeine" Episode aus Buch Jesaja, sondern eine Etappe der Rahmenhandlung, welche vom Zustandekommen dieses Textes, von der Beauftragung seines Autors durch Gott erzählt. Zweitens ist die historisierte Initiale hier in das Dispositiv einer Doppelseite integriert, welche das Geschehen im Buchstaben qua Blickvektor mit einem externen Bildfeld verknüpft. Beides zusammengenommen ergibt eine Anordnung, welche das implizite Sinnpotential der historisierten Initiale – die Heilsgeschichte als ein von Gott geschriebener Text – auseinanderfaltet zu einer visionstheoretischen Paradoxie.

1.2 Geschriebene und gemalte Visionstheorien
   Die Miniaturen zu Daniel

Eine wichtige Bestätigung für unsere Überlegungen liefern die Miniaturen zum Daniel-Kommentar, die den Diskurs um die Gottesschau nach dem gleichen Bauprinzip entwickeln *(Taf. IV–V)*. Wiederum ist links eine Vision, rechts ein Visionär angeordnet, wiederum ist dieser innerhalb eines architektonischen Rahmenwerks auf der Initiale des *Incipit* platziert: A-NNO.[30] Und während zu Jesaja ein Engel tritt, um ihm die Lippen zu reinigen, schwebt bei Daniel ein Engel, um ihm zu erklären, was er zu schreiben hat. Erneut also geht es auf der Rectoseite um die sprachliche Weitergabe der visionären Offenbarung, wenn auch in einer Perspektive, die direkt auf die Verschriftlichung des Gesehenen bezogen ist.

Die zweite Doppelseite bietet aber nicht nur eine Reprise der ersten, sondern auch ein qualitatives Mehr. Denn auf der Versoseite ist hier ein weiterer Visionär eingefügt: der schlafende Babylonierkönig Nebukadnezar, dessen Bett von vier Soldaten bewacht wird. Die Verdoppelung der Visionäre geht zurück auf die komplexe und mit hohem „suspense" inszenierte Erzählung von Daniel 2, die vom Nacheinander zweier Visionen berichtet: „Im zweiten Jahr seiner Herrschaft" hatte Nebukadnezar einen erschreckenden Traum, dessen Sinn er sich nicht zu erklären wusste. Aus Misstrauen gegenüber seinen Traumdeutern und Wahrsagern verrät der König nicht, was er geträumt hat. Der Interpret des Traums soll seine Kunst dadurch unter Beweis stellen, dass er den Inhalt des nächtlichen Gesichts errät. Zur Lösung dieser Aufgabe ist allein der junge Daniel in der Lage. In einem zweiten Traum träumt der Prophet das, was Nebukadnezar gesehen hatte, ein weiteres Mal. Im Unterschied zum König bekommt er in seinem Traum aber auch den Sinn des Traumbildes mitgeteilt.

Die Geschichte des Nebukadnezar-Traums wurde in mehreren Handschriften des frühen und hohen Mittelalters zur Illustration ausgewählt, etwa in der zweiten Redaktion der Beatus-Handschriften oder in der *Roda-Bibel*. Üblicherweise hat man sich dabei für eine Sequenz getrennter Handlungsstationen entschieden, die Daniel nur als Traumdeuter, nicht aber als Traumvisionär ins Spiel bringen.[31] In den *Bamberger Kommentaren* wird hingegen der ingeniöse Versuch unternommen, die Visionen von König und Prophet visuell ineinander zu schachteln. Die linke Miniatur bietet vordergründig allein die Schilderung des Nebukadnezar-Traums. Dabei folgt sie der gängigen Konvention, den schlafenden Träumer direkt in das von ihm geschaute Traumbild zu integrieren.[32] Die am Bett kauernden Soldaten sind „Wächter", die gerade durch ihr Versagen die vollständige Ausschaltung des „äußeren Menschen" Nebukadnezar sicherstellen. Keiner der vier bemerkt den Engel, der als Überbringer der Traumbotschaft an das Bett des Königs heranschwebt.[33] Neben dem Bett steht die Statue aus vier Metallen, die der König zuerst gesehen hatte. Sie ist durch den herabfallenden Stein vom Einsturz bedroht. Weiter nach rechts hin erhebt sich bereits der Berg, zu dem sich der Stein schließlich auswachsen sollte. Die Spitze des Berges jedoch ist figürlich besetzt. Der gekrönte Christus mit dem Kreuzstab, der dort zu sehen ist, verkörpert etwas, das Nebukadnezar erst von Daniel erfahren sollte: dass der Berg für das zukünftige Gottesreich steht, welches die weltlichen Herrschaften in ihren Grundfesten erschüttern wird. So stellt die Miniatur der Bamberger Handschrift zusammen mit dem Traum des Königs bereits dessen Deutung vor Augen. Diese gehört zur Schau des Propheten Daniel auf der rechten Seite, dem ein Engel den Sinn der Statuenvision erläutert.³⁴

Die Doppelseite des Daniel-Kommentars verknüpft zwei Schauende und zwei Visionsbilder. Der defizitäre Einblick des träumenden Königs wird kontrastiert mit dem weiter reichenden Durchblick des schreibenden Propheten. Diesem Kontrast entsprechen spezifische Schauplätze und Bildorte: Bett vs. Buchstabe, Einfügung in das Traumbild vs. Verflechtung in den Schriftraum. Ein elaboriertes System vertikaler Abstufung zwischen dem Träumendem und dem Schreibenden, zwischen der Statue und Christus, das durch eine Schichtung unterschiedlich gefärbter Hintergrundzonen betont wird, macht den Niveauunterschied der beiden Visionen wie auf einer Skala ablesbar.

Stufen des Sehens

Mit der Abstufung unterschiedliche Grade der *visio* rücken die Daniel-Miniaturen ein Moment in den Vordergrund, das für den theologischen Diskurs über Visionen charakteristisch ist. An verschiedenen Stellen rufen auch die erläuternden Glossen des Bamberger Manuskripts dieses Konzept in Erinnerung. Ohne weitergehenden systematischen Anspruch rekurriert Hieronymus in seinem Kommentar zu Daniel 2 auf ein dualistisches Modell von äußerer, körperlicher und innerer, geistiger Schau, wie es zur gängigen Münze der Väterliteratur gehört:

> *„Mit deinem Traum und der Schau deines Geistes in deinem Bett hat es folgende Bewandtnis." Er sagte nicht „Schau deiner Augen", damit wir nicht an irgendetwas Körperliches denken, sondern „[deines] Geistes": Denn „die Augen des Weisen sind in seinem Geist", und zwar in erster Linie im Herzen.*³⁵

Die Visionen Nebukadnezars und Daniels fallen Hieronymus zufolge beide in die Kategorie der *visio cordis*. Was den Unterschied zwischen beiden ausmacht, so der Kirchenvater, ist die göttliche Unterstützung, die allein dem Propheten zukam, dem Babylonierkönig und seinen Weisen jedoch versagt blieb. Lediglich eine Einflüsterung Gottes erlaube es den Menschen, Zukünftiges zu erkennen, ohne sich grob zu täuschen:

> *Es gestehen die Weisen, es gestehen die Wahrsager, dass das Vorauswissen der Zukunft nicht der Menschen, sondern Gottes Sache sei. Dies beweist, dass die Propheten, die Künftiges wahrsagten, mit göttlicher Inspiration sprachen.*³⁶

Das Insistieren des Hieronymus auf dem menschlichen Unvermögen zur Prophetie belegt, wie gerade in der Frühzeit des Christentums Gott eine Omnipotenz der Offenbarung zugeschrieben wurde, die wir auch in den Dispositiven der Jesaja- und Daniel-Doppelseiten wiederfinden. Der Engel, der dem Propheten als himmlischer „Souffleur" zur Seite gestellt wird, verleiht gerade diesem Moment menschlicher Unvollkommenheit noch einmal besonderen Nachdruck.

Die beiden Zitate aus den Glossen zeigen aber auch, dass Hieronymus die höchste Stufe des Zukunftswissens nicht auf der bildlichen Ebene des Schauens, sondern auf der sprachlichen des Verkündens situiert. Anders verfährt in diesem Punkt Augustinus, der in Buch 12 von *De genesi ad litteram* gerade den Traum des Nebukadnezar und seine Auslegung durch Daniel als Lehrbeispiel für die Unterscheidung von *visio spiritualis* und *visio intellectualis* heranzog:

> *Der geringere Prophet ist also, der im Geist nur die Zeichen der Dinge in körperähnlichen Bildern sieht, und der größere Prophet ist, der bereits mit der Fähigkeit, sie zu verstehen begabt ist. Aber der größte wird der sein, der sich in beiden Fähigkeiten auszeichnet, im Geiste die bedeutungsträchtigen Ähnlichkeiten der körperhaften Dinge sieht und sie zugleich mit der Lebhaftigkeit des Verstandes auffasst. So ist Daniels Auserlesenheit auf die Probe gestellt und erwiesen worden, als er dem König sowohl das Traumgesicht erzählt als auch seine Deutung geoffenbart hat. Ihm wurden eben im Geist die Körperbilder als solche hervorgerufen und zugleich im Verstand ihr Sinn enthüllt.*[37]

Augustinus' Ausführungen zur visionären Prophetie unterscheiden sich, wie einleitend dargelegt wurde, dadurch von anderen Stufenmodellen des Visionären, dass der Weg zu höheren Formen der Erkenntnis nicht mit einem Wechsel zur Sprache oder mit einer zunehmenden Abstraktion und Entsinnlichung einhergeht, sondern mit einer zunehmenden Ausdeutung ein und desselben Bildes. Gerade dies ist auch der Punkt, der im Schachtelmodell der Daniel-Doppelseite stark gemacht wird: Der Prophet lauscht nicht nur den Erläuterungen des Engels, er wendet seinen Blick zurück, wo er das gleiche Bild wie Nebukadnezar sieht, nur von einem externen und erhöhten Standpunkt, der das Entscheidende zu erkennen gibt.

Insgesamt halte ich es für sehr wahrscheinlich, dass die Bamberger Bildprologe auf einen visionstheoretischen Diskurs der lateinischen Patristik Bezug nehmen, der Daniel 2 als *exemplum* der *visio prophetica* begreift. Angesichts der großen Verbreitung sowohl von Abschriften von *De genesi ad litteram* wie von Kompilaten speziell ihrer Visionstheorie spricht einiges für die Annahme, dass die Miniaturen ihr Argument vor dem Hintergrund des augustinischen Lehrbeispiels entwickeln und dessen Kenntnis als intendierten Verständnishorizont voraussetzen.[38] Dabei bringen die bebilderten Doppelseiten zwei mediale Aspekte zusammen, die in den Hieronymus-Glossen wie bei Augustinus unverbunden bleiben: Bild und Sprache fügen sich im Weg von der ursprünglichen Offenbarung zur Mitteilung an die Gläubigen in ein komplexes Miteinander und Ineinander. Wo die biblische Erzählung auf den Traum Nebukadnezars den Traum Daniels und dann die Unterredung der beiden Träumer folgen lässt, steht in den Miniaturen eine Wachvision Daniels im Zwiegespräch mit dem Engel. Mit der Initiale des *Incipit* wird ein eigener Ort für die höhere Form der Schau gefunden, die damit aus dem Modus der Traumoffenbarung heraustritt.

1.3 Blick auf die Endzeit
Das Gebrauchsprofil der Miniaturen

Die bisherigen Beobachtungen haben gezeigt, dass die Miniaturen zu Jesaja und Daniel als reflektierte Äußerungen zur Topologie des Visionären zu bewerten sind. Die auffälligen strukturellen Übereinstimmungen zwischen den beiden Doppelseiten sind ein wichtiges Indiz für eine sehr überlegte visionstheoretische Stellungnahme. Dies bringt uns zur Frage nach der historischen Gebrauchssituation der *Bamberger Kommentare*. Wofür wurde um das Jahr 1000 ein Manuskript mit einer solchen Textauswahl hergestellt und weshalb wurde es derart aufwendig mit Bildern ausgestattet?

Verschiedene Autoren haben die für eine Kommentarhandschrift außergewöhnlich reiche Bildausstattung der *Bamberger Kommentare* als Hinweis auf eine kaiserliche Auftraggeberschaft gewertet. Von weiten Teilen der Forschung wird angenommen, dass sie der Bibliothek Ottos III. angehörten.[39] Sicher ist, dass die Manuskripte bereits seit dem 11. Jahrhundert dem Bamberger Domschatz inkorporiert waren. Mit hoher Wahrscheinlichkeit waren sie also Teil jener umfangreichen Schenkung, mit der Heinrich II. den Domschatz begründete.[40] Diese Nähe der *Bamberger Kommentare* zum ottonischen Herrscherhaus hat in den letzten Jahren großes Interesse von Seiten der Geschichtswissenschaft auf sich gezogen. Johannes Fried erkannte in den Manuskripten der Staatsbibliothek herausragende Belege einer von Otto gepflegten herrscherlichen Endzeitideologie, welche die letzten Tage nah wusste und das Wann und Wie des Weltendes vom Handeln der Kaiser abhängen ließ.[41] Schon die Auswahl der Bücher Jesaja und Daniel spreche für ein gesteigertes Interesse an der Wiederkunft Christi und am Weltgericht.[42] Wie die beiden alttestamentlichen Propheten am kaiserlichen Hofe gelesen wurden, darüber gebe die spezifische Redaktion des Hieronymus-Kommentars in den Glossen Aufschluss. Als Beleg für den programmatischen Charakter der Bamberger Handschriften wertet Fried die Pilgerfahrt nach Gnesen, die Otto III. im symbolträchtigen Jahr 1000 unternahm: „Alles, was der Kaiser auf seiner Gnesen-Fahrt inszenierte, war Teil eines Rituals, das im Lichte des Propheten Jesaja und seiner Exegese durch den hl. Hieronymus konzipiert worden war."[43]

Die Auswertung der Bildprologe durch die geschichtswissenschaftlichen Diskussionsbeiträge bleibt indes auf einem sehr reduktiven Niveau stehen: Fried und auch Werner Freitag sehen den Beitrag der Bilder vor allem in einer selektiven Fokussierung all dessen, was bereits im Text geschrieben steht, im Transport bestimmter Inhalte. Bezeichnenderweise konzentrieren sie sich ausschließlich auf die Bilder der Versoseiten, ohne den Zusammenhang mit der gegenüberliegenden Rectoseite auch nur zu erwähnen.[44] Trotz dieser Unzulänglichkeit sehe ich in der These vom Endzeitdenken, das die Konzeption der Handschriften geleitet habe, einen wichtigen Impuls zur historischen Kontextualisierung der *Bamberger Kommentare*. Für ein differenzierteres Verständnis ist dabei der gesamte Komplex der eschatologischen Bildaussage noch einmal genauer zu prüfen.

Schnell zeigt sich, dass die Bilder sowohl zu Jesaja wie zu Daniel mehr an Prophetie sichtbar machen, als die biblischen Urtexte eigentlich hergeben. Die Erscheinung des Thronenden, so haben wir bereits festgehalten, orientiert sich am Bildformular der *Maiestas Domini*, die ja nichts anderes ist als eine endzeitliche, auf den Tag des Gerichts bezogene Darstellung Christi *(Abb. 6)*.[45] Der von Jesaja geschaute Thronende hat christomorphe Züge und ist damit in noch höherem Maße Künder der Endzeit als in der Erzählung des Alten Testaments.[46] Die aus der Mandorla hervorschießenden Blitze evozieren die große Thronsaalvision nach Apokalypse 4 und nehmen damit die meteorologischen Begleiterscheinungen der letzten Tage vorweg.[47] Ikonographische Fingerzeige dieser Art lassen erkennen, wie sehr die Jesaja-Bilder als Vorschau dessen gemeint sind, was sich mit der Wiederkunft Christi erfüllen soll. Im Vergleich zu ähnlichen „Christianisierungen" alttestamentlicher Visionen in der mittelalterlichen Kunst ist hervorzuheben, wie konsequent diese proleptischen Bezüge im Stadium bloßer Andeutungen belassen werden: Das diagrammatische, auf geometrischen Formen beruhende Bauprinzip der Maiestas-Bilder ist „aufgeweicht" zugunsten einer Dynamik des scheinbaren Hier und Jetzt, die christomorphe Figur des Thronenden ist nicht Christus (es fehlt der Kreuznimbus), die Tiere in den Zwickeln sind nicht die vier Wesen des Tetramorph, sondern harmlose Nager und Vögel.[48]

Noch deutlicher wird der prophetische Charakter der Vision in den Daniel-Miniaturen herausgearbeitet. Die Figur, die auf dem Gipfel des Berges erscheint, geht über die von Daniel verkündete Deutung des königlichen Traums weit hinaus: Mit Nimbus, Krone und Kreuzstab versehen, verleiht sie der Auslegung des Geträumten eine christologische, auf den Christus der Auferstehung und der Parusie gerichtete Perspektive, wie sie erst in den Glossen des Hieronymus-Kommentars zu finden ist:

> *Am Ende aber all dieser Reiche des Goldes, des Silbers, des Erzes und des Eisens: „Ein Stein brach los" – der Herr und Erlöser – „ohne Zutun von Menschenhand" – das ist ohne Zeugung und menschlichen Samen aus jungfräulichem Schoß – und, da alle Reiche zermalmt waren: „wurde zu einem großen Berge und erfüllte die ganze Erde".*[49]

Die christologische Einfärbung der Traumszene wird von den ottonischen Buchkünstlern noch dadurch verstärkt, dass sie ikonographische Modelle aus der Christus-Vita anklingen lassen: Die am Bett des Königs wachenden Soldaten sind der Bildtradition der Grabwache Christi entlehnt, der von Engeln flankierte Christus Darstellungen der Himmelfahrt.[50]

Die gemalte Vision als Modell der Exegese

Die christliche Aufladung alttestamentlicher Bilder ist eine gängige Praxis der mittelalterlichen Bildproduktion. In den *Bamberger Kommentaren* haben wir es jedoch mit einer sehr speziellen Konstellation zu tun, die diesem Moment eine ganz eigene Signifikanz verleiht. Denn der Textapparat dieser Handschrift besteht aus einer Kombination von alttestamentlichem Text und christlichem Kommentar. Die christologische Ausrichtung der Bilder tritt damit deutlich in Parallele zur christlichen Auslegungsperspektive der Glossen.

In der Forschung ist verschiedentlich betont worden, wie sehr die theologische Kommentarpraxis des Mittelalters einem visuellen Modell der „Durchsicht" verpflichtet war: Der „Buchstabe" des Wortsinns galt ihr als „Schatten", „Schleier", „Kleid" oder „Körper", hinter dem das Eigentliche, der „Geist" oder die „Seele" des Textes verborgen sei.[51] Eine zeitgenössische Formulierung für eine solche visuelle Modellbildung enthält die Eingangsminiatur des *Bamberger Ezechiel-Kommentars (Taf. I)*.[52] Im oberen Teil des Bildfeldes ist dort in goldenen Lettern auf purpurfarbenem Grund folgende Würdigung des Kommentators Gregor zu lesen: PRAESUL GREGORIUS SEPTENO PNEUMATE PLENUS OBSCURUM VATEM DILUCIDAT EZECHIELEM („Vom siebenfachen Geist erfüllt, erleuchtet Papst Gregor den dunklen Propheten Ezechiel").[53] Nicht nur das Herausleuchten der Buchstaben aus dem dunklen Grund, auch das Sichtbarwerden der gemalten Figuren innerhalb des geschriebenen Textes sind dabei als visuelle Angebote zu werten, den Sinn dieser Aussage anschaulich nachzuvollziehen.[54]

In den *Bamberger Kommentaren* kommt zu den genannten Visualisierungsmodellen dasjenige der Vision hinzu. Über die Rectoseiten werden die exegetisch aufgeladenen Bilder in einen Handlungsrahmen visionärer Schau gestellt. Das Verfahren der Textkommentierung, das den eschatologischen Sinn der prophetischen Schriften erschließt, wird so in einen direkten Vergleich mit einer göttlich inspirierten *visio* gebracht: Daniel sieht nicht nur mehr als Nebukadnezar, sondern auch mehr, als er dem Wortlaut der Bibel nach zu sehen imstande war. Die höhere Schau des jüdischen Propheten wird parallelisiert mit der Fähigkeit des christlichen Exegeten, den Wortlaut der Bibel einem höheren Verständnis zuzuführen. Zusammenfassend können wir damit drei verschiedene Funktionen der „Bildprologe" zu Jesaja und Daniel festhalten:

– Die Miniaturen leisten erstens, das soll gar nicht bestritten werden, eine hochgradig selektive Fokussierung der weitgespannten biblischen Erzählung auf den Stoff jeweils eines Kapitels. Diese Fokussierung hat, verglichen mit anderen möglichen Schwerpunktsetzungen, eine eindeutig eschatologische Ausrichtung.
– Die Miniaturen bieten zweitens eine Reflexion auf den Modus der prophetischen Offenbarung, die gleichgesetzt wird mit der visionären Schau. Aus der Zusammenschau der Doppelseiten lassen sich visuelle Modelle gewinnen, welche dem Visionsbild und dem Visionär Orte innerhalb bestimmter Grenzen zuweisen. Der Ort des Visionärs wird folgendermaßen bestimmt: In dem Moment, in dem Gott den Empfänger seiner Visionsbilder auserwählt, ist dieser bereits Teil eines von Gott gestifteten Textes.[55]
– Dadurch, dass die Visionsbilder Elemente enthalten, welche die alttestamentliche Schilderung einer christologischen Deutung unterwerfen, wird die *visio* der alttestamentlichen Propheten drittens in Parallele gesetzt zur Inspiration des christlichen Kommentators. Die Betrachter konnten beim Blick auf die beiden Visionsbilder der Versoseiten erfahren, wie im und durch den Wortsinn der Spiritualsinn sichtbar wird.

Medientheoretisch ergibt sich aus Punkt 2 und 3 eine paradoxe Konstellation, was den Status von Bild und Schrift betrifft: Ist die Schrift nach Punkt 2 die unmittelbare Offenbarungsform Gottes, die im kanonischen Bibeltext eins zu eins weitergegeben wird, so ist sie nach Punkt 3 jener erleuchtungsbedürftige Schatten, welcher der Durchsicht auf die darin verborgene Wahrheit bedarf. Aus dieser unterschiedlichen Bewertung wächst den gemalten Bildern dann die spezifische Aufgabe einer Visualisierung endzeitlicher Offenbarung zu: Denn gerade im Hinblick auf das Weltende konnten die theologischen Kommentare keine abschließenden Deutungen bieten, das Wann und das Wie der Wiederkunft Christi blieb auch in der Auslegung des Hieronymus ungewiss. Wenn das Interesse der ottonischen Kaiser an der Endzeit nicht durch die Ausarbeitung neuer exegetischer Schriften, sondern durch das Malen von Bildern gestillt wurde, dann bedeutet dies, dass es ihnen darum ging, visuelle Modelle zu erarbeiten, die den Durchblick auf die Zukunft vor Augen führten, eine Anleitung zur Wahrnehmung der letzten Dinge in den Phänomenen der Gegenwart.[56]

1.4 Taufe und Visio Beatifica
Die Miniaturen zum Hohelied

In den Visionsbildern der ersten beiden Bildprologe erfährt der Medien-Diskurs von Prophetie und Exegese eine sehr eigenständige Ausarbeitung. Bleibt abschließend die Frage, was der letzte Teil der von den ottonischen Buchmalern konzipierten Bildtrilogie, der Bildprolog zum Hohelied, zu diesem Thema beizusteuern hat *(Taf. VI–VII)*. Die außergewöhnlich komplexen Bilderfindungen auf fol. 4v–5r von Msc. Bibl. 22 vermitteln schnell den Eindruck, dass sie den eigentlichen Schluss- und Zielpunkt des dreiteiligen Bilderzyklus abgeben: Sie greifen die doppelseitige Struktur aus Vollminiatur und Initialzierseite auf, bauen gleichzeitig aber die Darstellung auf dem Recto zu einer ganzseitigen Miniatur aus. Vor allem aber ist es die Farb- und Materialsprache der Hintergründe, die von einer Steigerung des Vorangegangenen kündet: der mit Purpur überzogene Seitenrand, der beide Miniaturen wie mit einem kostbaren Stoff zusammenbindet, ebenso wie die Ausstattung des rechten Bildfeldes mit durchgehendem Goldgrund.

Inhaltlich kann man sich hingegen fragen, wo die Gemeinsamkeiten der bedeutungsgeladenen Kompositionen mit den Prophetenbildern liegen könnten.[57] Bildgegenstand ist kein bestimmtes Kapitel aus dem Hohelied, sondern das Wirken der irdischen (links) und der himmlischen Kirche (rechts).[58] Auf einer recht allgemeinen Ebene knüpfen die Miniaturen damit an die in Spätantike und Frühmittelalter vorherrschende Auslegung der im Text erwähnten Sponsa als Ecclesia an, wie sie auch im Glossenapparat der Handschrift vertreten wird.[59] Links ist eine von Petrus vollzogene Taufhandlung der Ausgangspunkt für eine Prozession der Seligen, die über einen spiralförmigen Weg aus Erdschollen zum gekreuzigten Christus in der rechten oberen Bildecke schreitet. Dieser Zug repräsentiert sowohl eine historische Abfolge von Lebenden und Toten, an deren Spitze die Gottesmutter und die drei Marien kommen, wie auch eine gesellschaftliche Rangfolge mit einer genauen Abstufung geistlicher und weltlicher Stände.[60] Vor dem Gekreuzigten, aus dessen Seitenwunde noch Blut strömt, spendet Ecclesia den Ankommenden den Kelch. Rechts tritt Christus ein zweites Mal, als Himmelsherrscher des Jüngsten Tages inmitten der neun Engelchöre in Erscheinung. Ecclesia fällt hier die Aufgabe zu, die erneut prozessionsweise in den Himmel einziehenden Seligen zu einem weiteren Chor zu formen, der die ursprüngliche Zehnzahl der himmlischen *ordines* komplettieren wird.[61] Engel und Selige, so zeigt es das Bild, werden in symmetrischer Ergänzung die himmlische Kirche bilden.[62]

Was die Anbindung an die prophetischen Bildprologe zu Jesaja und Daniel angeht, so ist zunächst einmal zu hervorzuheben, dass auch das Hohelied der patristischen und frühmittelalterlichen Auslegung als prophetisches Buch galt, wie etwa Isidor bezeugt.[63] Der Dialog zwischen Sponsus und Sponsa wurde als Weissagung des Werdens der Kirche von der Zeit vor der Inkarnation bis zum Jüngsten Tag ausgelegt – eine Sichtweise, die den Apokalypse-Kommentaren der Zeit recht nahe kam.[64] Auf dieser Ebene kann also ein erster gemeinsamer Nenner des gesamten Bildzyklus benannt werden: Wie die Miniaturen zu Jesaja und Daniel enthält auch diese Doppelseite eine bildliche Ankündigung des Endzeit-Christus, welche auf der christlichen Auslegung alttestamentlicher Prophetien fußt. Mehr noch: Der Maiestas-Typus des thronenden Gottessohns mit der Kombination aus Mandorla und Sphären-Thron sowie den flankierenden Seraphim ist eine Reprise der Theophanie des Jesaja. Was im ersten Bildprolog angedeutet wird, kommt im letzten klar und unverhüllt zum Vorschein.

Erleuchtung durch die Kirche

Mit dem zuletzt Gesagten ist zugleich ein wichtiger qualitativer Sprung angesprochen, der mit der abschließenden Doppelseite vollzogen wird: Die alttestamentliche Referenz tritt hier vollständig hinter die christliche Auslegung zurück, womit die in den beiden ersten Bildpaaren zu beobachtende Engführung von prophetischem und exegetischem Blick entfällt. Der Weg zur *visio Dei*, um den es auf fol. 4v-5r geht, ist ein anderer. Denn theologisch gesehen ist die Aufnahme der Seligen unter die Himmelschöre gleichbedeutend mit der Möglichkeit zu einer direkten Gottesschau.[65] Dieses Sehen Gottes wird in der rechten Miniatur auch deutlich thematisiert: Ecclesia scheint dem ersten der Neuankömmlinge durch Auflegen ihrer Linken die Augen zu öffnen und ihm mit der Rechten den Weg zum Anblick Christi zu weisen. Die *visio* wechselt so in eine andere Modalität, die *visio beatifica* der unverhüllten Präsenz Christi, die im Gegensatz zur andeutenden Vorschau Daniels und Jesajas der Mithilfe der Engel nicht mehr bedarf.[66]

Das Augen öffnende Wirken der himmlischen Kirche hat seine Vorgeschichte im Wirken der irdischen Kirche auf der Gegenseite. Der Weg zur Gottesschau nimmt seinen Ausgang in der Nachfolge des historischen Christus, deren Parcours durch die beiden Sakramente Taufe und Eucharistie abgesteckt wird.[67] Wer genau hinschaut, kann erkennen, dass das Thema des Sehens auch für die Handlungsstruktur des linken Blattes konstitutiv ist: Der Blick der Täuflinge wie der letzten unter den Getauften, die statt Heiligenscheinen Kronen tragen, geht hinüber zum himmlischen Christus auf der Gegenseite.[68] Der Weg nach der Taufe läuft zunächst geradewegs auf den thronenden Himmelsherrscher zu, um dann mit den ersten Trägern runder Heiligenscheine sukzessive einzuschwenken auf den irdischen Christus – eine Kehrtwende, die auch von den Blicken der Seligen mitgetragen wird. Die Konzeptoren der Bilder haben sich hier von der Vorstellung der Taufe als *illuminatio* leiten lassen, wie sie in den Taufkommentaren der Patristik formuliert wird: Wo die Ungetauften mit ihrem dunklen Inkarnat sich noch in einer Schattenzone aufhalten, erstrahlt der Täufling in hellem Licht. Man kann dies als Hinweis darauf bewerten, dass er bereits das zu sehen vermag, was dem Blick der anderen noch verwehrt ist.[69]

Der Weg der Menschheit zum Heil, so die Quintessenz des Diptychons, wird durch das Wirken der Kirche bereitet, deren sakramentale Zeichen den Sehsinn ihrer Empfänger stärken und so einen ersten Widerschein der *visio beatifica* auf die Menschen fallen lassen. Wie dieses thematische Gefälle von den ottonischen Buchkünstlern erneut in visuelle Relationen der Ankündigung und Präfiguration übersetzt wurde, streicht Christoph Winterer heraus: „Für das Bild der irdischen Kirche [...] greift man auf Pfingstbilder [...] zurück [...]. Allerdings öffnet sich der sonst übliche Kreis in eine ungewöhnliche, aus einem Zug gebildete Spiralform. [...] Gleichzeitig avanciert der Taufstein zum Gegenstück der Weltkugel, auf der Christus auf der Seite gegenüber thront. Vergleicht man die beiden Blätter weiter, erweist sich die Spirale als ein unvollkommenes, weil irdisches Abbild der perfekten Kreisform um Christus. [...] Die Mitglieder der Kirche sind in gebrochener Widerspiegelung der Engel auf der nächsten Seite in verschiedene Gruppen unterteilt, während sie ihren Weg durch die Zeit antreten."[70]

Verschmelzung von Bild und Buchstabe

Mit dem Übergang von der *visio prophetica* zur *visio beatifica* wird dem Leser-Betrachter der *Bamberger Kommentare* eine andere Perspektive auf die bildlich dargestellte Gottesschau eröffnet. Dem eher auf Ausschluss bedachten Diskurs der Bildprologe zu Jesaja und Daniel wird im dritten Bildpaar ein Anderes entgegengestellt, das auf eine universale Sichtbarkeit Gottes für die erlöste Christenheit abzielt. Eine entscheidende Rolle wird dabei der Kirche zugewiesen: In ihrem sakramentalen Zeichenhandeln finden die mit den prophetischen Visionen gegebenen Zusagen ihre Einlösung. Der Blick von der einen Seite zur anderen ist nicht mehr in einer Initiale, sondern in einem Taufbecken, nicht auf dem Boden des Gottesworts, sondern auf dem der kirchlich gespendeten Sakramente verankert. Und doch ist auch in diesem Fall eine bewohnte Initiale in die Beziehung von Sehendem und Gesehenem integriert: das O des O-SCULETUR ME OSCULO O//RIS SUI („Er küsse mich mit dem Kuss seines Mundes", Hld 1, 1).[71] Im Zusammenspiel mit den beiden anderen Bildprologen birgt dieses Element eine entscheidende Pointe: Bei Jesaja und Daniel ist ja der prophetische Visionär in der Initiale der Rectoseite lokalisiert, um vom Text seines Buches einen Blick auf Gott zu werfen. Im Prolog zum Hohelied hingegen wandert die Gotteserscheinung auf die Rectoseite und bildet selbst das Zentrum der bewohnten Initiale. Die Initiale mutiert vom Ausgangspunkt zum Zielpunkt der heiligen Schau, gleichzeitig wirft sie ihre labyrinthischen Ranken ab zugunsten einer klar erkennbaren einfachen Form. Diese strukturellen und formalen Verschiebungen machen die Leser-Betrachter der Handschrift darauf aufmerksam, dass es nicht mehr der angekündigte, sondern der inkarnierte Logos ist, der in der *visio beatifica* geschaut wird.[72] Wenn die Propheten auf dem Boden der Schrift zu Visionären wurden, dann auch deshalb, weil der Gegenstand ihrer Schau das versprochene „Wort" war.

Heiliger Buchstabe und Gottesvision werden im Bild der *visio beatifica* in eins gesetzt. Einen entscheidenden Beitrag zur Visualisierung dieses Ineinanders leistet die Verwendung der Farbe Gold. Wie in den anderen Bildprologen kommt sie auch hier für die große Initiale und die daran anknüpfenden Schriftzeichen zum Einsatz.[73] Die Kombination der Chrysographie mit einem durchgehenden Goldgrund der Miniatur verschiebt jedoch das Verhältnis zwischen Schriftzeichen und Schriftträger. Die bildumspannende Goldfläche ist nicht nur Träger der figürlichen Bildelemente, sondern gleichsam potentiell unbegrenzter heiliger Text, dessen konkrete Aussagen nur durch Abdeckung sichtbar gemacht werden können. Die Spannung zwischen Bild- und Schriftmedien, die für die prophetische Vision konstitutiv ist, weicht mit der Jenseitsschau einer Verschmelzung ihrer jeweiligen Trägerelemente.

Kommen wir am Schluss noch einmal auf die Gesamtdisposition des Bildzyklus zurück. Die beiden ersten Bildprologe der *Bamberger Kommentare* wählen für die Veranschaulichung einer christlich gedeuteten Prophetie das paradoxe Dispositiv von Sehern, die den Gegenstand ihrer Visionen vom Boden des von ihnen niedergeschriebenen Textes aus erblicken. Der Einschluss in die Initiale soll verdeutlichen, dass der eigentliche Autor der prophetischen Bücher Gott ist. Das dritte Bildpaar lässt sich als komplementäre Ergänzung dazu verstehen; seine topologische Struktur soll vor Augen führen, dass der Buchstabe als Ausgangspunkt der prophetischen Schau gleichzeitig das Ziel der Gottesschau der Seligen ist. Aus diesem Unterschied resultiert ein anderes Verhältnis zum Betrachter: Sind die Bildprologe zu Jesaja und Daniel eher auf den Ausschluss Dritter bedacht, zielt das Bildpaar auf eine Partizipation an der Gottesschau ab, in die sich prinzipiell auch der Betrachter eingeschlossen fühlen kann. Eine entscheidende Rolle als Brückenbauerin wird dabei der Kirche zugewiesen: Ein ebenso ungewöhnliches wie auffälliges Merkmal beider Miniaturen sind ja die ausgedehnten Wege, welche die Seligen zu Christus führen. Während die Verankerung der alttestamentlichen Propheten in den Initialen den Charakter einer exklusiven Schwelle hatte, der die Vorausschau Christi nach außen hin abschirmte, fungieren die Sakramente Taufe und Eucharistie als Einbindung in einen Zeichenzusammenhang, welcher diese Schwelle kollektiv überschreiten hilft.

Anmerkungen

1 Reichenau um 1000. Bamberg, Staatsbibliothek, Msc. Bibl. 76. Pergament, 24,5 x 18,5 cm, 143 Blatt. Aufbau: Prolog des Hieronymus zum Buch Jesaja (fol. 1r–2v); Kapitelübersicht zum Buch Jesaja (fol. 2v–6v); Vorrede des Hieronymus zum Jesaja-Kommentar (fol. 7r–10r); Bildprolog mit dem Initium von Buch Jesaja (fol. 10v–11r); Buch Jesaja mit Kommentar (fol. 11v–143r). Vgl. LEITSCHUH/FISCHER 1895–1912, Bd. 1.1, S. 19–21; HOFFMANN 1995, S. 309; Gude Suckale-Redlefsen, Das Buch Jesaja mit Kommentar, in: AUSST. KAT. BAMBERG 2002, S. 311–312 (Nr. 139).

2   Reichenau um 1000. Bamberg, Staatsbibliothek, Msc. Bibl. 22. Pergament, 25 x 18,5 cm, 88 Blatt. Aufbau: Bildprolog mit dem Initium zum Hohelied (fol. 4v–5r); Hohelied mit Kommentar (fol. 5v–17v); Proverbia 31, 10–31 mit dem Kommentar Bedas *De muliere forti* (fol. 18r–20v); Auszüge aus Bedas *De temporum ratione* als Nachtrag zum Daniel-Kommentar auf fol. 69r, Brief Cuthberts über den Tod Bedas (fol. 20v–21v); Überschrift zum Buch Daniel (fol. 23v); Prolog des Hieronymus zum Buch Daniel (fol. 24r–26v); Kapitelübersicht zum Buch Daniel (fol. 26v–27v); Prolog des Hieronymus zum Daniel-Kommentar (fol. 27v–31r); Bildprolog mit dem Initium von Buch Daniel (fol. 31v–32r); Buch Daniel mit Kommentar (fol. 32v–88r). Vgl. LEITSCHUH/FISCHER 1895–1912, Bd. 1.1, S. 19–21; HOFFMANN 1995, S. 308; Gude Suckale-Redlefsen, Das Hohe Lied und das Buch Daniel mit Kommentar, in: AUSST. KAT. BAMBERG 2002, S. 310–311 (Nr. 138).

3   FISCHER 1926, S. 2.

4   Zu den Gemeinsamkeiten von Msc. Bibl. 22 und 76 vgl. FISCHER 1926, S. 1–2 u. 12–13 (Format, Linierungssystem, Textanordnung, Buchschmuck, Illustrationsprinzip, inhaltliche Konzeption). Nach Fischer stammen beide Manuskripte vom gleichen Hauptschreiber, was HOFFMANN 1986, S. 308–309 und BERGMANN 1987, S. 552–553 bestätigen. Dass die heutige Anordnung der Texte von Msc. Bibl. 22 auf eine nachträgliche Umstellung zurückzuführen ist, geht aus dem Hinweis „plenius habebis in fine libri" (fol. 69r) hervor, der sich in der heutigen Zählung auf fol. 20v–21r bezieht, also die Seiten zwischen Hohelied und Buch Daniel, vgl. FISCHER 1926, S. 12–13; MAYR-HARTING 1999, S. 31.

5   Für Jesaja und Daniel wurden die Glossen aus dem Standardkommentar des Hieronymus ausgezogen, während sie beim Hohelied auf eine bislang nicht näher bestimmte Beda-Alkuin-Redaktion zurückgehen, vgl. FISCHER 1926, S. 13; MAYR-HARTING 1999, S. 31. Der Hieronymus-Kommentar ediert in HIERONYMUS 1963 und HIERONYMUS 1964. Zu Bedas und Alkuins Hohelied-Kommentaren vgl. BEDA 1862; ALKUIN 1863a. Die gesamte Redaktion des Glossenapparats ist, wie zuletzt noch einmal von FRIED 1998, S. 59, Anm. 66, betont wurde, bislang nicht aufgearbeitet.

6   WINTERER 2002, S. 125. Bereits MESSERER 1952, S. 13, nennt die Bamberger Miniaturen „Bilder der Ordnung als eines Inbegriffs [...] am Anfang der Texte, die sie als Ganzes deuten."

7   Erste Hinweise in diese Richtung finden sich bereits in AUSST. KAT. BAMBERG 2002, S. 310–312; WINTERER 2002, S. 120–126.

8   MESSERER 1952, S. 14.

9   Zum oft übersehenen Stellenwert der Doppelseite für die mittelalterliche Buchkunst vgl. JAKOBI-MIRWALD 2004, S. 15.

10 Im Sinne der in der Einleitung getroffenen Unterscheidung sind die doppelseitig angelegten Bildprologe ein Dispositiv auf Ebene 1 (materielle Anordnung des Bildträgers), das für die Konfiguration eines Dispositivs auf Ebene 2 (dargestellte Anordnung der Vision) fruchtbar gemacht wird, und zwar im Sinne eines „Lageplans". Ausführlicher zu visionären Doppelseiten in der Buchmalerei vgl. Kapitel 6.

11 Zu Stifter- und Dedikationsbildern allgemein vgl. PROCHNO 1929; SCHNEIDER 1988, S. 229–323; BEUCKERS 2002b.

12 Reichenau, um 1000. Aachen, Domschatzkammer, Inv. Nr. G. 25. Pergament, 30,0 x 22,0 cm. Zum Stifterbild vgl. PROCHNO 1929, S. 36; KELLER 1985, S. 303–305; KUDER 1998, S. 162–190; SCHNEIDER 2000a, S. 573–581; KÖRNTGEN 2001, S. 178–211; BEUCKERS 2002b, S. 97.

13 Seeon, 1002–1014. Staatsbibliothek Bamberg, Msc. Bibl. 95. Pergament, 24,5 x 17,6 cm, 124 Blatt. Vgl. LEITSCHUH/ FISCHER 1895–1912, Bd. 1.1, S. 80–81. Zum Stifterbild vgl. PROCHNO 1929, S. 85; SCHNEIDER 2000a, S. 564; BEUCKERS 2002b, S. 84; Gude Suckale-Redlefsen, Evangelistar, in: AUSST. KAT. BAMBERG 2002, S. 273–274 (Nr. 113).

14 So bereits FISCHER 1926, S. 3.

15 „In anno quo mortuus est rex Ozias, uidi Dominum sedentem super solium excelsum et eleuatum et ea quae sub eo erant implebant templum [...] et commota sunt superliminaria cardinum [...] et domus impleta est fumo." Msc. Bibl. 76, fol. 22r.

16 „Oziam, quia sibi illicitum sacerdotium uindicabat, lepra [fuisse] percussum, narrat sacra historia; quo mortuo, Dominus uidetur in templo, quod ille polluerit." Msc. Bibl. 76, fol. 22r. Vgl. HIERONYMUS 1963, S. 84 (III, 6.1, 21–24).

17 Zur Initiale vgl. SCHARDT 1938, S. 150; GUTBROD 1965, S. 172–174.

18 Zu Autorenbildern vgl. Ursula Nilgen, Evangelisten, in: LCI 1968–76, Bd. 1 (1968), Sp. 696–713; NORDENFALK 1983; BRENK 1994; MEIER 2000.

19 RAHNER 1958 (1989) unterscheidet zwar zwischen „mystischer" und „prophetischer" Vision, ohne letzterer jedoch wegen ihres kollektiven Appellcharakters einen höheren Offenbarungsrang zuzugestehen, der dem der Heiligen Schrift vergleichbar wäre. Dass diese Einschätzung für die biblischen Visionen des Alten oder Neuen Testament zu Widersprüchen führen muss, ist offensichtlich, wird von Rahner aber nicht thematisiert.

20 Ezechiel: „Et factum est [...] cum essem in medio captivorum [...] aperti sunt caeli et vidi visiones Dei." Obadja: „Visio Abdiae [...]." Nahum: „Onus Ninive liber visionis Naum Helcesei [...]." Habakuk: „Onus quod vidit Abacuc propheta [...]."
21 „Verbum Domini quod factum est [...]." (Osea, Johel, Micha, Sofonias). Varianten: „Verba Hieremiae [...] quod factum est verbum Domini ad eum [...]." (Jeremias). „Et haec verba quae scripsit Baruch [...]." (Baruch). „Et factum est verbum Domini ad Ionam." (Jona). „In [Zeitangabe] factum est verbum Domini." (Aggeus/Zacharias). „Onus verbi Domini ad Israhel [...]." (Malachi).
22 Dies gilt für die in Anm. 20 erwähnten kleinen Propheten.
23 Vgl. auch Mi 1, 1: „Verbum Domini quod factum est ad Micham [...] quod vidit super Samariam et Hierusalem". In seinem Jesaja-Kommentar spricht Hieronymus diesen bimedialen Zusammenhang direkt an: „Non solum autem hic propheta, sed et alii cum habeant in titulo: Visio quam uidit Esaias, siue Abdias, non inferunt quid uiderint [...] sed quae dicta sunt, narrant [...]. Prophetae enim prius uocabantur uidentes, qui dicere poterant: Oculi nostri ad Dominum." HIERONYMUS 1963, S. 5–6 (I, 1.1, 31–40). Diese Passage fehlt in den Glossen von Msc. Bibl. 76.
24 „Vae mihi, quia tacui, quia uir pollutus labiis ego // sum et in medio populi polluta labia habentis ego habito. Et regem dominum exercituum uidi oculis meis." Msc. Bibl. 76, fol. 22r–22v.
25 Vgl. Cosmas Indicopleustes (?), *Topographia Christiana*, Konstantinopel, 2. Hälfte 9. Jh. Vatikan, Bibliotheca Apostolica Vaticana, Cod. gr. 699, fol. 72v. Gregor von Nazianz, *Homilien*, Konstantinopel, um 880. Paris, Bibliothèque nationale, Ms. gr. 510, fol. 67v; vgl. BRUBAKER 1999, S. 281–284 und 288–290. Christus zwischen Jesaja und Ezechiel (?), elfenbeinerner Buchdeckel, Mittelrhein, frühes 11. Jh. Orléans, Musée historique et archéologique, A 6955; vgl. GABORIT-CHOPIN 1978 (1978), S. 196 (Nr. 93). Allgemein zur Jesaja-Ikonographie vgl. Hans Holländer, Isaias, in: LCI 1968–76, Bd. 2 (1970), Sp. 354–359.
26 Vgl. REHM 2002.
27 Für zeitgenössische Betrachter war die Lippenreinigung auch als biblisches Modell liturgischen Handelns lesbar: Vor der Lesung des Evangeliums segnete der Zelebrant Herz und Lippen des für die Lesung zuständigen Diakons (z. B. mit den Worten „Dominus sit in corde tuo et in labiis tuis" im *Ordo Romanus I*). Zu den unterschiedlichen Formeln, die dafür im Mittelalter gebräuchlich waren, und zu ihrem Bezug auf Jes 6, 6 vgl. JUNGMANN 1962, S. 581–583.
28 Teil dieser Definition des Visionären ist neben den schon erwähnten verknoteten Vorhängen möglicherweise auch das von zwei Profilköpfen flankierte, frontal aus dem Bild starrende „Medusenhaupt" im Tympanon, das in der gleichzeitigen Darstellung des Evangelisten Johannes im *Evangeliar Ottos III*. (München, Staatsbibliothek, Clm 4453, fol. 206v) wiederkehrt, vgl. HOFFMANN 1965, S. 39.
29 Die umfassendste neuere Darstellung zur Entwicklungsgeschichte historisierter Initialen in der frühmittelalterlichen Buchkunst bietet JAKOBI-MIRWALD 1998, die S. 26–32 eine Systematisierung der älteren uneinheitlichen Terminologie vorschlägt und dabei zwischen inhaltlichen und formalen Klassifizierungen unterscheidet. Die Initialen der Bamberger Bildprologe wären demnach unter inhaltlichen Gesichtspunkten als „historisiert" („Initiale mit textbezogener figürlicher Darstellung" ebd., S. 26), unter formalen Gesichtspunkten als „bewohnt" („Initiale, deren Buchstabenkörper als konkreter Gegenstand von den ihn bevölkernden Menschen oder Tieren begriffen wird, beispielsweise als Standfläche" ebd., S. 28, zu den *Bamberger Kommentaren* ebd., S. 28–29) einzustufen. Vgl. auch die älteren Darstellungen des Themas bei GUTBROD 1965; ALEXANDER 1978, S. 11–20 und PÄCHT 1984, S. 76–94. Eine kritische Revision der Überlegungen von Jakobi-Mirwald bieten REHM 2002 und MOHNHAUPT 2006.
30 Zur Initiale vgl. SCHARDT 1938, S. 150; GUTBROD 1965, S. 170–172; ALEXANDER 1978, S. 64.
31 Zum Daniel-Zyklus der Beatus-Handschriften vgl. NEUSS 1931, S. 222–236; WILLIAMS 1994–2003, Bd. 1, S. 58–61. Zum Daniel-Zyklus der *Roda-Bibel* vgl. NEUSS 1922, S. 89–95; OPENSHAW 1985. Die erste mir bekannte Darstellung, welche Nebukadnezar *und* Daniel als Träumer zeigt, ist das Daniel-Frontispiz der *Lambeth-Bibel*, vgl. RIEDMAIER 1994, S. 180–189; zur Handschrift vgl. Kapitel 3, Anm. 16. Zu weiteren Beispielen im Hoch- und Spätmittelalter vgl. CAMILLE 1989, S. 281–287.
32 Vgl. dazu Kapitel 5.1.
33 Zu den Aufgaben und der historischen Entwicklung solcher Wächterfiguren vgl. BOGEN 2001, S. 342–348, zum Bamberger Beispiel ebd., S. 345–346.
34 Die Verdoppelung und Verschränkung der Visionen erstmals von WINTERER 2002 klar angesprochen, die ältere Literatur zögert, einen direkten szenischen Bezug zwischen Verso und Recto herzustellen, vgl. VÖGE 1891, S. 107–108; FISCHER 1926, S. 4; MAYR-HARTING 1999, S. 35.
35 „Somnium tuum et uisiones capitis tui in cubili tuo hiuscemodi sunt. Non dixit *uisiones oculorum tuorum* ne quid putaremus esse corporeum, sed *capitis*: Sapientis enim *oculi in capite eius*, in principali uidelicet cordis." Msc. Bibl. 22, fol. 37v. Vgl. HIERONYMUS 1964, S. 791 (I, 2.28c, 325–328).
36 „Confitentur magi, confitentur harioli [...] praescientiam futurorum non esse hominum, sed Dei. Ex quo probatur prophetas Dei spiritu locutos qui futura cecinerunt." Msc. Bibl. 22, fol. 35v. Vgl. HIERONYMUS 1964, S. 785 (I, 2.9b, 195–198).

37 „Minus ergo propheta, qui rerum, quae significantur, sola ipsa signa in spiritu per rerum corporalium imagines uidet, et magis propheta, qui solo earum intellectu praeditus est; sed maxime propheta, qui utroque praecellit, ut et uideat in spiritu corporalium rerum significatiuas similitudines et eas uiuacitate mentis intellegat, sicut Danihelis excellentia temtata est et probata qui regi et somnium, quod uiderat, dixit et, quid significaret, aperuit. Et ipsae quippe imagines corporales in spiritu eius expressae sunt et earum intellectus reuelatus in mente." AUGUSTINUS 1894, S. 391–392 (XII.9), dt. Übersetzung: AUGUSTINUS 1964, S. 246.
38 Zur Verbreitung der augustinischen Visionslehre im Mittelalter vgl. KRUGER 1992, S. 59–62.
39 Stilgeschichtliche und paläographische Kriterien sprechen für eine Datierung in enger Nähe zum *Liuthar-Evangeliar* Ottos III. (vgl. Anm. 12). Als Anhaltspunkt für eine Provenienz aus der vermuteten Bibliothek Ottos III. werden angegeben: das in den Miniaturen sich manifestierende Anspruchsniveau (KLEIN 1984, S. 418–422) und die inhaltliche Orientierung an eschatologischen Themen (MAYR-HARTING 1999, Bd. 2, S. 31; FRIED 1998, S. 59; RAMONAT 2000). Zum Problem, ob eine Bibliothek Ottos je existierte vgl. HOFFMANN 1995, S. 5–34, zu den *Bamberger Kommentaren* als möglichem Bestandteil der Bibliothek, ebd., S. 32.
40 Vgl. MESSERER 1952, S. 48; HOFFMANN 1995, S. 88–102.
41 Vgl. FRIED 1989; FRIED 1998, S. 59–68.
42 „Bereits für Jesaja steht Gottes Gericht nahe bevor. Daniel belehrte über sein Kommen." FRIED 1998, S. 68.
43 FRIED 1998, S. 62. Ähnlich formuliert, anknüpfend an Fried, RAMONAT 2000, S. 795: „als hätte Otto […] den Kommentar des Hieronymus wie eine die Zukunft beschwörende Handlungsanweisung gelesen."
44 FREITAG 1998, S. 238–239.
45 Köln, um 1000. Darmstadt, Hessische Landes- und Hochschulbibliothek, Hs. 1640. Vgl. WINTERER 2002, S. 109–112; KESSLER 2005. Zur ikonographischen Tradition der *Maiestas Domini* im Frühmittelalter vgl. MEER 1938; KASPERSEN 1981; KÜHNEL 2003, S. 25–64 und 222–246. Wie stark die Endzeitkomponente der Maiestas zu werten ist, wird in der Forschung unterschiedlich diskutiert. Vor allem Yves Christe geht von einer eher präsentischen Lesart im Sinne einer „realisierten Eschatologie" aus, vgl. u.a. CHRISTE 1974. Zum Problem eschatologischer Zeitstufen in der christlichen Kunst vgl. KEMP 1994, S. 253–262.
46 Eine entsprechende Passage im Kommentar des Hieronymus – „uisus est autem Filius in regnantis habitu" HIERONYMUS 1963, S. 84 (III, 6.1, 47) – ist nicht in den Glossenapparat der Handschrift aufgenommen worden.
47 Vgl. FISCHER 1926, S. 3. Als zeitlich nahestehende Darstellung der Thronsaalvision wäre fol. 10v der *Bamberger Apokalypse* anzuführen, vgl. dazu Kapitel 2.2.
48 Vgl. etwa die sehr viel radikalere Überschreibung des Thronenden in der Jesaja-Miniatur von Cod. Gr. 699 der Bibliotheca Vaticana, vgl. KESSLER 1993 (2000), S. 54.
49 „In fine autem horum omnium regnorum auri, argenti, aeris et ferri: *Abscisus est lapis* – Dominus et Saluator – *sine manibus* – id est absque coitu et humano semine de utero uirginali – et, contritis omnibus regnis: *Factus est mons magnus, et impleuit uniuersam terram.*" Msc. Bibl. 22, fol. 39r. Vgl. HIERONYMUS 1964, S. 795 (I, 2.31–35, 406–411). Der Bezug der Miniatur auf den Hieronymus-Kommentar bereits gesehen bei FISCHER 1926, S. 4 und WINTERER 2002, S. 125. DESHMAN 1976, S. 371 verweist darauf, dass Krone und Kreuzstab auch in einem anderen Manuskript der Zeit, Staatsbibliothek München, Clm 4454, fol. 25v (Matthäus), die Attribute des Parusie-Christus sind.
50 Vgl. VÖGE 1891, S. 107; FISCHER 1926, S. 4.
51 Zu den unterschiedlichen Varianten dieser Metaphorik umfassend SPITZ 1972. Allgemein zur mittelalterlichen Bibelhermeneutik vgl. OHLY 1958 (1977); SMALLEY 1964, S. 1–3; LUBAC 1999.
52 Süddeutschland, 1. Viertel 11. Jh. Bamberg, Staatsbibliothek, Msc. Bibl. 84. Pergament, 40 x 29 cm, 122 Blatt. Inhalt: Gregor der Große, *Homiliae in Hiezechihelem*. Die Miniatur auf fol. 1av im 17. Jh. ausgeschnitten und auf ein vorgebundenes Papierblatt geklebt. Vgl. PROCHNO 1929, S. 87; SCHRAMM/MÜTHERICH 1962–78, Bd. 1, S. 161 (Nr. 122); BEUCKERS 2002b, S. 81; Gude Suckale-Redlefsen, Gregor der Große. Kommentar zum Buch Ezechiel, in: AUSST. KAT. BAMBERG 2002, S. 290–291 (Nr. 125).
53 Die Dunkelheits-Metaphorik wird bereits von Gregor selbst in der Vorrede zu Buch 2 der *Homilien* gebraucht: „Haec eadem uisio tantae obscuritatis nebulis tegitur, ut uix in ea aliquid intellectu interlucente uideatur. […] Obscurum quidem ualde est opus quod aggredimur, sed ponamus in animo quia nocturnum iter agimus." GREGOR 1971, S. 231 (II, *praef.*, 8–9 und 23–25).
54 Herbert Kessler hat gezeigt, wie die gesamte visuelle Metaphorik der Exegese konkret auf Vorgänge der Bildherstellung bezogen werden konnte: So wurde die Vorstellung vom verhüllenden Schatten auch auf die Vorzeichnung des Künstlers übertragen, die erst in der Ausmalung konkrete Gestalt erreicht, vgl. KESSLER 1993 (2000).
55 In diesem Punkt ist der Analyse von WINTERER 2002 zu widersprechen, der S. 126 folgendes Fazit zieht: „Die Niederschrift Daniels selbst wird als sekundäres Produkt gegenüber seiner Vision dargestellt, das zwar geheiligt und bestätigt ist, aber dennoch Übersetzung in ein anderes Medium bleibt."
56 Nicht zuzustimmen ist jedoch insbesondere Fried in seiner These von einer aktualisierenden Lektüre biblischer

Endzeitprophetien, der hier Vorschub geleistet werde. Im Gegenteil: Die Positionierung der beiden Propheten innerhalb der Texteingänge kann geradezu als Warnung vor einer allzu leichten Ausdeutbarkeit der alttestamentarischen Visionen aufgefasst werden. Skeptisch zu einer Nähe sowohl der *Bamberger Kommentare* wie der *Bamberger Apokalypse* zur Endzeiterwartung um das Jahr 1000 äußern sich auch Mayr-Harting 1999, Bd. 2, S. 45–53 und Klein 2000b, S. 114–118.

57 Zur intensiven Forschungsdiskussion über die Ikonographie der Miniaturen vgl. Vöge 1891, S. 100–106; Fischer 1926, S. 4–6; Steinen 1965, S. 142–143; Skubiszewski 1985, S. 153–164; Thürlemann 1985, S. 144–146; Toubert 1990, S. 57–59; Mayr-Harting 1999, Bd. 2, S. 35–45.

58 So der Tenor der Forschung seit Fischer 1926, S. 4–6. Vgl. Steinen 1965, S. 142–143; Winterer 2002, S. 125.

59 Zur frühmittelalterlichen Auslegungstradition vgl. Ohly 1958. Der auf Alkuin basierende Kommentar des Glossenapparats vertritt ebenfalls eine ekklesiologische Deutung des Hohelieds. Die Anknüpfungspunkte der Bilder an die Glossen bleiben jedoch vage, wie die Aufstellung möglicher Textreferenzen bei Vöge 1891, S. 102–105 demonstriert. Fischer 1926, S. 6 und Mayr-Harting 1999, Bd. 2, S. 44 sehen die eigentliche Textreferenz in Bedas Traktat *De muliere forti*, der sich auf fol. 18r–20v an den Hohelied-Text anschließt.

60 Zur Identifikation der Frauen an der Spitze des Zuges als Maria mit den drei anderen Marien vgl. Mayr-Harting 1999, Bd. 2, S. 35.

61 Die Bildung eines zehnten Himmelchores angesprochen von Winterer 2002, S. 125. Zu unterscheiden sind zwei theologische Modelle, welche einen solchen Chor als Ersatz für einen ursprünglich vorhandenen *decimus ordo* vorsehen: Die sog. Zehn-Engelchor-Lehre, auf die sich Winterer bezieht, besagt, dass es bis zu Luzifers Sturz zehn Engelchöre gegeben habe, deren Zahl am Ende der Zeiten durch einen zehnten menschlichen Chor vervollständigt werden soll. In der Bamberger Miniatur, in der nichts auf den Sturz Luzifers hindeutet, sehe ich eher einen Bezug zur ungleich verbreiteteren Neun-Engelchor-Lehre: Wie Gregor der Große in Gregor 1849, Sp. 1246–1259 (*Homilia XXXIV*) ausführt, wurden die neun Engelchöre schon vor dem Sündenfall durch einen zehnten menschlichen Chor ergänzt. Die Schar der Auserwählten wird diesen *decimus ordo* wiederherstellen, wobei die Seligen genauso viele Mitglieder zählen werden wie die Engel insgesamt und intern nochmals in neun Gruppen unterteilt sein werden – hier sehe ich deutliche Berührungspunkte zur Bamberger Miniatur. Vgl. zum Problem und zur Überlieferung im Frühmittelalter Babilas 1968, S. 173–213 und Lutz 1983. Zur Zehnzahl in der Bildkunst vgl. Bruderer Eichberg 1998, S. 96–109.

62 Vgl. u.a. Gregor 1971, S. 236 (II.2.15, 392–393): „[...] aedificium quod inhabitat Deus ex angelica simul et humana natura perficitur."

63 „Ocurrunt dehinc Prophetae, in quibus est [...] Salomonis libri tres, Prouerbiorum scilicet, Ecclesiastes, et Cantica canticorum." Isidor 1862b, Sp. 158A (*Prol.*, 8).

64 Vgl. Ohly 1958, S. 64–72 zu den für die Bamberger Handschrift maßgeblichen Kommentaren Bedas und Alkuins. Zur Verbindung zwischen Hohelied und Apokalypse gerade im Frühmittelalter vgl. Matter 1992, S. 46–47.

65 Allgemein zur *visio beatifica* in Patristik und Frühmittelalter vgl. Trottmann 1995, S. 54–83.

66 Vgl. Augustinus 1969, S. 83 (XVI.63): „Cum uero aequales angelis dei fuerimus, tunc quemadmodum et ipsi uidebimus facie ad faciem [...]."

67 Zur Verbindung von Sakramenten und Gottesschau in den Bamberger Miniaturen vgl. Palazzo 1999, S. 103–104.

68 Nach Thürlemann 1985, S. 145 sind die Kronen der vier Figuren rechts neben dem Taufbecken als eckige Heiligenscheine und damit als Markierung der Heiligkeit lebender Personen zu deuten. Auch Kahsnitz 1997, S. 85 hält die Kronen für Heiligenscheine. Trotz der Schlüssigkeit dieser Argumentation scheint mir – gerade im Hinblick auf den herrscherlichen Adressatenkreis der Handschrift – wichtig, dass es sich bei den Kronen prinzipiell um mehrdeutige Zeichen handelt, die auch als Merkmal von Herrscherfiguren gelesen werden können, wie dies Skubiszewski 1985, S. 154; Mayr-Harting 1999, Bd. 2, S. 42–43 vertreten. Anknüpfungspunkt für diese Polysemie ist die frühmittelalterliche Vorstellung von der Königssalbung als Taufe, vgl. dazu ausführlich Hoffmann 1968. Für eine hohe symbolische Aufladung der von Petrus vollzogenen Taufhandlung spricht auch die Tatsache, dass der Täufling im Taufbecken einen Nimbus trägt, die Taufe hier also als Heiligung verstanden wird.

69 Vgl. Neunheuser 1983, S. 47. Ich danke Thomas Lentes und Andreas Matena für wichtige Hinweise zu dieser theologischen Tradition.

70 Winterer 2002, S. 125.

71 Zur O-Initiale vgl. Gutbrod 1965, S. 187–188, allgemein zur Initiale als Mandorla vgl. ebd., S. 186–195.

72 „Synagoga Deum incarnari desiderat" lautet der Kommentar zu Vers 1 des Hohelieds im Alkuin-Kommentar, vgl. Alkuin 1863a, Sp. 642. In Msc. Bibl. 22 ist diese Stelle nicht aufgenommen. Zur Initiale als Hinweis auf die Logos-Natur Christi vgl. Winterer 2002, S. 125.

73 Vgl. Ernst 1994.

2 Versiegeln und Enthüllen
Apokalypse-Zyklen des Frühmittelalters

Auch Johannes […], wie er auf kaiserlichen Befehl auf die Insel Patmos verbannt war […] und voll der himmlischen Geheimnisse gewisse Dinge hörte und erblickte, die ihm Gott enthüllte, erhielt den Befehl, diese in ein Buch zu schreiben, nicht sie zu malen. Und als er in Gestalt der sieben Gemeinden die eine, heilige, katholische Kirche ermahnte, die vom Geist der siebenfachen Gnade erfüllt ist, tat er dies nicht malend, sondern schreibend. […] Dies ist ein weiterer Beweis dafür, dass nicht Bildern, sondern Schriften die Erziehung unseres Glaubens zukommt.[1]

Das Zitat der *Libri carolini* führt uns zur wichtigsten prophetischen Visionsschrift des biblischen Kanons, der Apokalypse des Johannes.[2] In selten deutlicher Weise reflektieren die Äußerungen des Bilderkritikers Theodulf von Orléans die Frage nach den Trägermedien im prophetischen Offenbarungsgeschehen. Dies geschieht freilich auf sehr einseitige, die Rolle geschriebener Texte privilegierende Weise: Die Medienfrage wird nur für die zweite Stufe der prophetischen Offenbarung gestellt, die Weitergabe der Botschaft an die Gemeinde.[3] Was sich vor der Verschriftlichung zwischen Gott und Johannes abspielte, scheint für Theodulfs Offenbarungstheorie ohne Bedeutung zu sein – wäre da nicht die Frage nach dem Malen, die impliziert, dass Gott sich Johannes gegenüber einer bildähnlichen Form der Kommunikation bediente. Doch werden mögliche Zweifel an der Adäquatheit der Niederschrift dadurch entkräftet, dass schon für die erste Stufe prophetischer Offenbarung ein Primat des Wortes vor dem Bild behauptet wird – „audire" kommt vor „cernere". Geschickt klammert Theodulf schließlich auch den Themenkomplex Rückübertragung aus, also die Anfertigung von gemalten Bildern nach dem geschriebenen Text. Denn gerade die Apokalypse wurde schon früh in reich bebilderten Abschriften überliefert, die sich bis zum Spätmittelalter zu einer der verbreitetsten Gattungen illuminierter Manuskripte überhaupt auswachsen sollten – eine Tendenz, die umso bemerkenswerter ist, als es sich nicht um eine im strengen Sinne liturgische Buchform handelt.[4] Eine der auffälligsten Besonderheiten der bebilderten Apokalypse-Bücher ist ihre Bilderfülle, die zwischen 50 und 100 Miniaturen schwankt. So ist die bei Theodulf formulierte Frage – warum wurden die Visionen von Johannes nicht gemalt, sondern aufgeschrieben – um eine zweite zu ergänzen – warum wurden auf der Grundlage dieses Textes dann doch wieder so zahlreiche Bilder der Visionen angefertigt? Bevor wir diese Fragen an die Bilder selbst richten, ist ein Blick auf den biblischen Text instruktiv, der selbst schon in hohem Maße medientheoretisch aufgeladen ist.

„Quod vides scribe in libro"
Schauen und Schreiben als Thema des Bibeltexts

„Unter allen biblischen Büchern", so kann Michael Camille mit Fug und Recht sagen, „ist die Apokalypse dasjenige, das auf den Sehsinn gegründet ist."[5] Das Thema der Schau ist von Beginn an in der Erzählung der Apokalypse präsent. Johannes, so der Eingangsvers, „legte Zeugnis ab [...] von allem, was er *sah*" („testimonium perhibuit [...] quaecumque *vidit*", Apk 1, 2). Während der Vision der sieben Leuchter erteilt der „Menschensohn" explizit den Befehl, „was Du *siehst*, das schreibe in ein Buch" („quod *vides* scribe in libro", Apk 1, 11). Der Primat des Sehens behauptet auch in den folgenden Kapiteln unangefochten seinen Platz: 45-mal begegnet die Wendung „vidi" als Einleitung neuer Handlungsabschnitte gegenüber nur 26 Vorkommnissen von „audivi". Wenn Theodulf von Orléans den Offenbarungsvorgang in den *Libri carolini* als „audire et cernere" beschreibt, so stellt er damit den textuellen Befund geradezu auf den Kopf.

Schon der Titel *Apocalypsis*, mit dem der Text sich gleich zu Beginn selbst beim Namen nennt, rekurriert auf ein visuelles Mitteilungsmodell: Re/*velatio*, Ent/hüllung, Ent/fernung eines Schleiers, den Gott über eine den Menschen ansonsten verborgene Zukunft gebreitet hat. Einer solchen Schleiermetaphorik eignet jedoch oft eine paradoxe Struktur – bei jeder Enthüllung treten nur wieder neue Hüllen zutage – was sich auch in diesem Fall bestätigt: Was Johannes nach dem Beiseiteziehen des Schleiers sieht, hat selbst wieder nur den Charakter eines Verschleierten, das die letzten Dinge, wie sie sich eines Tages ereignen werden, verrätselnd und verfremdend andeutet. Kurz: Das Gesehene ist prinzipiell stark auslegungsbedürftig, was der himmlische Urheber der Visionen dort anklingen lässt, wo er den Visionär mit erläuternden Kommentaren versorgt:

> *Schreibe nun auf, was du gesehen hast [...]: Das Geheimnis der sieben Sterne, die du in meiner Rechten gesehen hast, nebst den sieben goldenen Leuchtern bedeutet: Die sieben Sterne sind die Engel der sieben Gemeinden und die sieben Leuchter sind die sieben Gemeinden. (Apk 1, 19–20)*[6]

Indirekt geht aus der Auslegungsbedürftigkeit der Visionen deren Zeichenstatus hervor, der in späteren Kapiteln der Apokalypse dann auch explizit angesprochen wird:

> *Und ein großes Zeichen erschien im Himmel, ein Weib angetan mit der Sonne [...] Und es erschien ein anderes Zeichen im Himmel, und siehe da, ein feuerroter großer Drache [...]. (Apk 12, 1–3)*[7]

Erst die semiotische Brechung des Geschauten lässt die Visionen zu „Bildern" werden, die an Johannes vorüberziehen. Doch für die Medialität dieser Bilder hat der Text keinen Begriff, ja er erweckt oft genug den Eindruck einer direkten „Immersion" des Visionärs in eine virtuelle Bilderwelt.[8] Wenn von Medien die Rede ist, dann ausschließlich im Hinblick auf Bücher, womit die bisweilen übersehene zweite

Seite des apokalyptischen Medien-Diskurses angesprochen wäre.[9] Im Gegensatz zu den prophetischen Büchern des Alten Testaments ist in der Apokalypse der Akt der schriftlichen Aufzeichnung selbst Thema der Visionserzählung. Gott selbst gibt, wie der Autor der *Libri carolini* richtigerweise betont, Johannes den Befehl, das Gesehene aufzuschreiben, und bestimmt damit selbst schon das Medium seiner Tradierung: „Was Du siehst, schreibe in ein Buch" (Apk 1, 11). Auf den Schreibbefehl zu Beginn antwortet am Ende ein Schreibverbot, das alle Leser eindringlich davor warnt, in den Bestand des Textes einzugreifen:

> *Ich, Jesus [...] bezeuge jedem, der die Worte der Weissagung dieses Buches hört: Wenn jemand zu ihnen etwas hinzufügt, wird Gott ihm die Plagen zufügen, die in diesem Buch beschrieben sind. (Apk 20, 16–18)*[10]

Mit der gleichen Berechtigung wie Michael Camille kann Bernard McGinn daher eine Charakterisierung der Johannes-Offenbarung vornehmen, die ganz andere Akzente setzt: „Der apokalyptische Modus der Offenbarung ist primär textorientiert: Es geht um etwas, das dafür bestimmt ist, aufgeschrieben zu werden."[11] Kein anderes Buch der Bibel thematisiert so offen seinen eigenen Status als Geschriebenes, ist so dicht gefüllt mit paratextuellen Informationen über Anfang und Ende, Titel und Autor. Diese Imprägnierung der Ränder des Textes mit einer von Gott angeordneten Schreibtätigkeit speist sich gewissermaßen aus dem Inneren der Visionen, das selbst wieder von großen Büchern beherrscht wird. „Die Apokalypse", so McGinn weiter, „ist nicht nur ein Buch, das eine geheime Botschaft enthält, sondern ein Buch voller Buch-Bilder, allen voran das geschlossene Buch mit den Sieben Siegeln (Apk 5, 1ff.) und das offene Buch, das der ‚Starke Engel' Johannes zu essen befiehlt (Apk 10, 2–11). Die Rolle des Buchs als ein Symbol, ja sogar als ein Talisman von Autorität und Macht geht in nicht geringem Maße auf die Apokalypse zurück."[12]

Das Geschehen der göttlichen Offenbarung, so könnte man diese Überlegungen noch einmal bündeln, ist in der Johannes-Apokalypse durch eine bimediale Vermittlungsstrategie geprägt, welche die übrigen prophetischen Bücher der Bibel in puncto Konkretion und Komplexität bei weitem hinter sich lässt. Johannes schaut von Gott geschaffene Bilder, in deren Zentrum ein Schriftstück, das Buch mit den Sieben Siegeln steht. In göttlichem Auftrag schreibt Johannes das ihm Enthüllte seinerseits in einem Buch nieder. Zustandekommen und Entwicklung der visionären Kommunikation lassen sich nach den Angaben des Bibeltextes auf verschiedene Weise denken, immer wieder werden ihre Konturen durch Ambivalenzen und Unbestimmtheitsstellen verwischt.[13]

2.1 Aufgeschrieben von Anbeginn
Die Eingangsminiaturen der Apokalypse-Zyklen

Mehr als alle anderen Prophetien der Bibel stand die Apokalypse seit der Frühzeit des Christentums unter dem besonderen Druck der ultimativen Verheißung, von deren Einlösung kein Mensch Genaueres wissen konnte. Die notwendige Offenheit einer Erzählung, welche vom Kommen einer neuen Welt spricht, dürfte über den gesamten Zeitraum des Mittelalters als Stachel im Fleisch der Interpreten gewirkt haben: als Ansporn, die unerfüllte Botschaft der Bilder durch Praktiken der Kommentierung, aber eben auch der „Übertragung" in verschiedenen Medien zu ergänzen und zu komplettieren. Was erstere angeht, so arbeiteten die Theologen bekanntlich schon seit der Spätantike daran, die Wogen apokalyptischer Zukunftsangst durch allegorische Auslegung zu glätten: Die von Johannes berichteten Visionen wurden als allgemeine Aussagen zum Schicksal der Kirche und der Rolle Christi in der Heilsgeschichte gedeutet. Die apokalyptischen Katastrophen wurden größtenteils in die Vergangenheit verlegt, mit den Personen und Ereignissen der Gegenwart sollten sie nichts zu tun haben. Erst im 12. Jahrhundert sollte sich mit Rupert von Deutz und Joachim von Fiore etwas an dieser eschatologischen Standortbestimmung ändern.[14] Doch die Annahme, das Aktualisierungspotential der Apokalypse sei damit für das Frühmittelalter kein Thema gewesen, muss im Sinne eines erweiterten kulturwissenschaftlichen Ansatzes als überholt gelten.[15] Jenseits der Schultheologie waren Endzeiterwartungen und Jenseitshoffnungen fester Bestandteil der mittelalterlichen Kultur und prägten auf vielfältige Weise die politischen, naturwissenschaftlichen, historischen und zeichentheoretischen Diskurse ihrer Zeit.[16]

Die Produktion von Bilderzyklen zur Apokalypse sehe ich in einem erweiterten Feld von Deutungs- und Aneignungspraktiken angesiedelt, in dem die Perspektive der theologischen Kommentatoren wie diejenige der Apokalyptiker keineswegs die einzig möglichen Positionen markierten.[17] Wie ich im Folgenden zeigen möchte, ging es dabei weniger um klare inhaltliche Deutungsangebote als um eine Thematisierung der medialen Verfahren prophetischer Offenbarung. Das Leitmedium der bebilderten Apokalypse war das gesamte Mittelalter hindurch der „iconotext" der illuminierten Handschrift, selbst eine Hybridform von Bild- und Schriftelementen.[18] In dieser speziellen Umgebung konnte eine bemerkenswerte Reflexion auf die Bimedialität der Apokalypse selbst gedeihen, die weder in ihrem Umfang noch in ihrer Komplexität bislang hinreichend gewürdigt ist.

Das Portal der Visionen

Wohl der gewichtigste Ort für derartige Positionsbestimmungen ist der Anfang der Zyklen, er ist die Schwelle, welche das Verhältnis der visionären Offenbarung zur Außenwelt definiert. Im Frühmittelalter beziehen sich diese Darstellungen stets auf den sog. Briefeingang der Apokalypse:

Offenbarung Jesu Christi, die ihm Gott gegeben hat, seinen Knechten zu zeigen, was in Bälde geschehen soll. Und er hat es durch Sendung seines Engels seinem Knecht Johannes kundgetan, der das Wort Gottes und das Zeugnis Jesu Christi bezeugt, alles, was er gesehen hat. (Apk 1, 1–2)[19]

Die kompakten und handlungslogisch nicht leicht zu ordnenden Informationen dieser beiden Verse erfuhren durch die Bildkünstler klar pointierte Ausdeutungen und Umerzählungen. Ein ausgezeichnetes Beispiel für diesen freien Umgang mit dem Bibeltext ist die älteste noch erhaltene Bilderhandschrift, die *Trierer Apokalypse*, die im frühen 9. Jahrhundert in einem westfränkischen Skriptorium entstand.[20] Umfang und Aufbau des Kodex weisen bereits die typischen Merkmale auf, die auch die späteren Vertreter der Gattung kennzeichnen: eine gemessen an der Länge des Textes extrem hohe Zahl von Miniaturen (insgesamt 74) und ein reißverschlussartiges Ineinandergreifen von Bild- und Textteil (auf eine Textseite folgt in Trier eine Bildseite und umgekehrt). Der Eingangsminiatur auf fol. 1v *(Abb. 7)* ist dabei schon äußerlich ein Sonderstatus zugewiesen, denn sie besitzt eine andere Rahmung als alle übrigen, einheitlich von einer roten Leiste umschlossenen Miniaturen.[21] Aus korinthisierenden Säulen und Giebelschrägen ist hier gewissermaßen das Portal zum Eintritt in den Bildzyklus errichtet. In seinem Inneren finden wir zwei Akteure in dialogischer Wechselrede begriffen: rechts den Visionär und Autor Johannes, links den Engel, den die Bibel als Überbringer der heiligen Botschaft qualifiziert („et significavit mittens per angelum suum").

Nichts unterscheidet die etwas steifen Regungen der beiden Akteure von einer alltäglichen Gesprächssituation: Segnend erhebt der Engel die Hand zum Willkommensgruß, den Johannes mit dem Ausstrecken seiner Rechten erwidert. Von einer visionären Kommunikation mit besonderen Zugangsbedingungen und einer spezifischen Aktivität des Schauens ist wenig zu bemerken. Man könnte an diesem Punkt schnell geneigt sein, den Buchkünstlern des Trierer Kodex jegliches Interesse am visionären Charakter der johanneischen Erzählung abzusprechen.[22] Ein genauerer Blick auf die frühe Tradition christlicher Visionsdarstellung lehrt allerdings, dass gerade das Unspezifische der Begegnung mit dem Engel, gerade das Überspielen der Grenze zwischen Diesseits und Jenseits auf einer gezielten medialen Strategie beruht, die sich an mehreren Vergleichsfällen belegen lässt. Im Zyklus der Kindheit Christi am Triumphbogen von Santa Maria Maggiore etwa haben die Mosaizisten des frühen 5. Jahrhunderts die Vision, welche Joseph von der Jungfräulichkeit seiner Verlobten unterrichtet, in eine ähnlich dialogische Form gekleidet *(Abb. 10)*. Nach dem Bibeltext des Matthäus-Evangeliums wäre zu erwarten gewesen, die Begegnung Josephs mit dem Engel als nächtliche Traumerfahrung dargestellt zu finden.[23] Gegenüber der vermittelten Äußerungsform des Traumbildes gibt das Mosaik der direkten Face-to-face-Kommunikation der mündlichen Mitteilung den Vorzug. Der Körper des Himmelsboten wird nicht, um es mit Kategorien Hans Beltings auszudrücken, gegen ein „Stellvertretermedium" eingetauscht.[24] Ähnliche Beobachtungen lassen sich auch an anderen frühen Traumdarstellungen machen, welche zwar auf die Formel des liegenden Träumers zurückgreifen, die Botschaft aber allein durch einen Traumboten repräsentieren.[25]

Versiegeln und Enthüllen 57

Abb. 7 Johannes und der Engel, Trierer Apokalypse, frühes 9. Jahrhundert, Trier, Stadtbibliothek, Ms. 31, fol. 1v

Abb. 8 Erscheinung des Menschensohns in den Wolken, Trierer Apokalypse, frühes 9. Jahrhundert, Trier, Stadtbibliothek, Ms. 31, fol. 3v

Die Trierer Handschrift, die wohl auf spätantik-frühchristliche Modelle zurückgeht, steht zweifellos stark in einer solchen Tradition körpergebundener Offenbarung. Allein, ein leicht zu übersehendes Detail macht einen wichtigen Unterschied: In seiner Linken hält Johannes eine Schriftrolle. Der kleine *rotulus* ist über den gesamten Verlauf des Trierer Zyklus hinweg der stete Begleiter des Heiligen *(Abb. 8–9)*. Es wäre zu wenig, in ihm nur ein bloßes Attribut zur leichteren Identifizierung zu sehen. Denn der *rotulus* ist nichts anderes als das Aufzeichnungsmedium der Visionen, als das Buch der Johannes-Offenbarung selbst, und damit im wahrsten Sinne des Wortes ein „Rollenzeichen" des Autor/Visionärs. So ergibt sich an dieser Stelle ein ähnliches Paradox wie im Fall der *Bamberger Kommentare*: Der Text, dessen Niederschrift erst nach dem Visionserlebnis oder allenfalls während desselben durch die Hand des Johannes erfolgen sollte („quod vides scribe in libro"), ist von Beginn an als fertig geschriebenes Buch präsent. Als primäres Medium der göttlichen Botschaft an Johannes werden die symbolischen Zeichen der Schrift eingeführt.[26]

Abb. 9 Leuchtervision, Trierer Apokalypse, frühes 9. Jahrhundert, Trier, Stadtbibliothek, Ms. 31, fol. 4v

Übergabe-Rituale

Die Entscheidung für die vorgängige schriftliche Fixierung der Visionsbilder wird von allen Apokalypse-Zyklen der frühmittelalterlichen Buchmalerei geteilt. Beispiele finden sich in allen „Familien", welche die Forschung rekonstruiert hat.[27] Auf fol. 1r der *Bamberger Apokalypse*[28] aus dem frühen 11. Jahrhundert ist das himmlische Gegenüber des Johannes eine Stufe höher positioniert, die Achse der Kommunikation von der Horizontalen in die Diagonale gedreht *(Taf. VIII)*.[29] Aus einem kreisförmigen Himmelssegment in der rechten oberen Bildecke beugt sich kein geringerer als Christus selbst herab, um Johannes einen gewichtigen Kodex zu überreichen, den dieser mit verhüllten Händen entgegennimmt. In Gestalt des prächtig gebundenen Buches ist es hier der Apokalypse-Text selbst, der ins Zentrum der Begegnung von Autor/Visionär und Transzendenz rückt. Die unmittelbare göttliche Herkunft verleiht diesem Schriftstück eine starke Aura, die durch das Verhüllen der Hände des Johannes noch intensiviert wird.

Abb. 10 Verkündigung an Maria und Engelsvision des Joseph, um 432/40, Rom, Santa Maria Maggiore, Triumphbogen

In der bildlichen Ausgestaltung des Anfangs nehmen die Zyklen in Bamberg und Trier unterschiedliche Akzentuierungen des Briefeingangs vor. Dieser skizziert ja, genau gelesen, eine fünfteilige Übertragungskette der göttlichen Offenbarung: Gott – Christus – Engel – Johannes – Christenheit.[30] Von den möglichen Ansprechpartnern des Visionärs wird in den bisher betrachteten Miniaturen jeweils ein einzelner (der Engel bzw. Christus) herausgegriffen. In anderen Bildlösungen wird hingegen das Prinzip der mehrfachen Vermittlung stark gemacht. Die nordspanischen Handschriften der Beatus-Tradition erweitern den Vorgang der Buchübergabe zu einer zweistufigen Handlungsfolge, die in übereinander gestellten Registern erzählt wird *(Taf. XII).*[31] In der Mitte des oberen Bildstreifens sitzt Christus zwischen zwei ihn flankierenden Thronengeln, genau unter ihm ist es Johannes, der die göttliche Offenbarung demutsvoll gesenkten Hauptes erwartet. Wie in Bamberg ist die Botschaft durch ein Buch repräsentiert, das von oben nach unten wandert, wozu es in diesem Fall aber der Mithilfe eines der Thronengel bedarf. Die jeweils dritten Figuren auf der rechten Seite wären für ein rein handlungsorientiertes Erzählen eigentlich überflüssig. Ihre Aufgabe besteht allein darin, eine strenge Parallelführung der beiden Szenen zu gewährleisten und den Hauptakteuren Christus und Johannes einen Platz in der Bildmitte zu verschaffen.[32]

Die Übergabe der Apokalypse als vorgefertigtes Schriftstück impliziert eine Struktur des Offenbarungsgeschehens, die mit den prophetischen Bildprologen der *Bamberger Kommentare* prinzipiell zur Deckung kommt. Der Einschluss des Visionärs in einen vorab niedergeschriebenen Text wird hier allerdings nicht durch die Topologie der Buchseite, sondern durch die Handlungsstruktur der Bilderzählung deutlich gemacht. Ein Bild des karolingischen *Juvenianus-Kodex* kombiniert diese beiden Verfahren *(Abb. 11).*[33] Auf der Ebene der Bilderzählung haben wir es mit einer mehrfachen Stufung von Übermittlungsinstanzen zu tun, die ein überraschendes bildliches Äquivalent für die komprimierten Angaben des Briefeingangs bietet: Christus,

Abb. 11 Christus und der Engel überreichen Johannes die Apokalypse, Juvenianus-Kodex, frühes 9. Jahrhundert, Rom, Biblioteca Vallicelliana, Ms. B.25.2, fol. 67v

der Engel, der versiegelte Kodex und Johannes sind zu einer Kette der Offenbarung zusammengeschlossen, die auf wechselseitiger Berührung beruht. Auf der Ebene des *iconotexts* hingegen ist zu beobachten, dass die drei Akteure den Buchstaben A formen, die Initiale des Wortes A-POCALIPSIS. Mit dem Offenbarungsakt werden Überbringer wie Empfänger der prophetischen Botschaft zum Bestandteil des göttlichen Textes.

Prolepsis und Logos-Konzept

Wie ist der hier erhobene Befund zu bewerten? In den Eingangsversen der Bibel lastet das gesamte Gewicht des apokalyptischen Mitteilungsprozesses auf dem „significavit mittens per angelum". Nichts an dieser Beschreibung lässt zwingend daran denken, dass der Engel als „Postbote" agiert, der die göttliche Botschaft bereits in schriftlich abgefasster Form mit sich führt, zumal der Bericht damit fortfährt, dass Johannes „testimonium perhibuit". Gerade in diesem Punkt aber sind sich die Schöpfer der frühen Apokalypse-Bilder erstaunlich einig: Alle nutzen den Beginn des Visionsberichts, um ein Konzept von visionärer Autorschaft zu definieren, das sehr stark auf dem Prinzip der Vorgängigkeit beruht. Die Aushändigung der Botschaft durch einen himmlischen Akteur stellt den direkten göttlichen Ursprung des Apokalypse-Texts unter Beweis. In der Mehrzahl der Fälle (*Bamberg*, Beatus-Handschriften, *Juvenianus-Kodex*) tritt als erste auktoriale Instanz der Apokalypse Christus selbst in Erscheinung. Aus dieser Absicherung himmlischer Autorität resultiert jedoch eine paradoxe Zeitlichkeit des eigentlichen Visionsgeschehens: Was Johannes in den folgenden Szenen an Bildern schauen soll, ist von Beginn an in schriftlicher Form zwischen den Buchdeckeln eines Kodex aufgezeichnet.

Verschiedene Diskussionsbeiträge der letzten Jahre haben gezeigt, dass das Antizipieren von Resultaten einer Geschichte zu den grundlegenden Erzählstrategien der mittelalterlichen Sakralkunst gehört. Der Gang der Handlung wird nicht einfach Schritt für Schritt berichtet, sondern permanent mit seinem von Gott bestimmten Ausgang überblendet.[34] Besonders prägnant ist dieses Verfahren im ersten Bild der *Trierer Apokalypse* umgesetzt *(Abb. 7)*: Der Akt der Buchübergabe entfällt hier, weil Johannes den *rotulus*, zu dessen Empfang er seine Rechte vorzustrecken scheint, von Beginn an in Händen hält – die „perfektische Aktionsart"[35], die Wolfgang Kemp am spätantiken *Quedlinburger Itala-Fragment* festmacht, ist auch in der Eingangsminiatur der karolingischen Apokalypse-Handschrift bis in die letzte Konsequenz durchgehalten. Ein reizvolles Wechselspiel zwischen dem Griff des Sehers um den *textus* der Rolle und dem Griff des Engels um das *textum* des Gewandes scheint genau dazu bestimmt, die Spannung zwischen einem „Immer schon" und einem „Erst noch" szenisch zu entfalten. Doch ist der *rotulus* in der Hand des Johannes weit mehr als eines der üblichen „Ergebnismomente", mit denen mittelalterliche Bilderzählungen das Ende einer erzählten Geschichte vorwegnehmen: Er steht nicht für den Ausgang der erzählten Handlung, sondern für den der Erzählhandlung, für den Äußerungsakt der Apokalypse. Ein Kollabieren dieser beiden Ebenen ist im Bamberger Titelbild zu beobachten *(Taf. VIII)*: Die siebenfache Markierung des Buchdeckels weist das Buch, welches Christus Johannes überreicht, als das Buch mit den Sieben Siegeln aus, das der Thronende in Kapitel 6 dem Apokalyptischen Lamm übergibt – eine semiotische Implosion gewissermaßen, welche die Johannes-Offenbarung als ganze zu einem doppelt geheiligten Text werden lässt.

Halten wir als Zwischenbilanz fest: Ähnlich wie die gemalten Prologe der *Bamberger Kommentare* verschmelzen die Eingangsbilder der frühen Apokalypse-Zyklen die Rolle des Visionärs mit derjenigen des Autors. Das Schreiben des Textes, seine Aufzeichnung durch Johannes, wird ausgeblendet, das Buch der Johannes-Offenbarung ist ein immer schon von Gott abgefasstes und schriftlich fixiertes. Ein solches Modell widerspricht nicht nur unseren heutigen Vorstellungen von literarischer Urheberschaft, es war auch nach den Maßstäben christlicher Inspirationslehre keineswegs selbstverständlich.[36] Als mögliches Vorbild drängt sich im speziellen Fall der Apokalypse der Eingang der anderen großen johanneischen Schrift auf, das „In principio erat verbum" des Johannes-Evangeliums. Wie karolingische Evangelistenbilder belegen, konnte die Präexistenz des Logos, die dort formuliert wird, immer auch als Präexistenz des Wortes verstanden werden: Im *Abbeville-Evangeliar* der Hofschule Karls des Großen sind die Autoren der Evangelien im Akt des Schreibens vor leeren Pergamentseiten dargestellt, während die Evangelistensymbole über ihnen Schriftstücke mit den Anfängen der Evangelien präsentieren. Nur im vierten Bild halten sowohl der Adler wie Johannes einen bereits geschriebenen Text in der Hand.[37] In dieser Unterscheidung, die sich auch in anderen Evangelistenbildern wiederfindet, kann man einen Sonderstatus erkennen, der dem Johannes-Evangelium unter den vier Berichten vom Leben Jesu eingeräumt wurde.[38]

Gerade im Hinblick auf die Evangelistenbilder ist aber auch festzuhalten, dass die Eingangsminiaturen der Apokalypse nicht an die üblichen Formulare frühmittelalterlicher Autorenbilder anknüpfen: Johannes thront nicht, er steht und nimmt den Text von einem transzendenten Gegenüber entgegen, dem er teilweise – siehe *Bamberg* und Beatus – vertikal untergeordnet ist. Eine solche Überreichung des Textes an den Autor entspricht nicht der gängigen Ikonographie der Evangelisten oder Kirchenväter, sie erinnert eher an die Gesetzesübergabe an Moses.[39] Eine theologische Wurzel dieser Bildlösungen könnte im Sinne des johanneischen „In principio" die Auffassung sein, Buch oder Rolle repräsentierten die Logos-Natur Christi selbst, der sich so in einem ihm adäquaten Medium offenbare. Denn zweifellos konnte (und sollte) der Titel des Buches, *Apocalypsis Iesu Christi* in einem doppelten Sinn verstanden werden: Jesus Christus als der Absender, aber auch als der letzte Gegenstand der in Aussicht gestellten Enthüllung. Die in *Bamberg* und in den Beatus-Handschriften zu beobachtende Übergabe eines Buches aus der Hand Christi wäre dann die szenische Konkretisierung einer solchen Selbstoffenbarung des präexistenten Logos.

In der theologischen Auslegung von Apokalypse 1,1 hat der Gedanke an den Logos-Begriff nie eine Rolle gespielt. Die Bildkünste beschritten diesbezüglich eigene Wege der Interpretation, wie sich gerade auch an der *Bamberger Apokalypse* demonstrieren lässt: So wurde für die einzige figürlich gestaltete Initiale des gesamten Kodex bezeichnenderweise das I des I-N PRINCIPIO im Evangelistarteil gewählt, der auf den Apokalypse-Text folgt.[40] Der Johannes-Adler, der hier geradezu in die Initiale eingeflochten ist, kehrt auch im ersten Bild zur Thronsaalvision wieder *(Abb. 12)*.[41] Gemäß einer verbreiteten Variante des Maiestas-Schemas hält er nicht wie die übrigen drei Wesen ein Buch, sondern eine Rolle in seinen Klauen.[42] Der Sonderstatus des Johannes unter den Evangelisten bekommt hier noch dadurch zusätzliches Gewicht, dass der im Zentrum thronende Christus ebenfalls eine Rolle und nicht einen Kodex präsentiert.[43] An verschiedenen Stellen der Handschrift wird so eine Brücke geschlagen von der Apokalypse zum Johannes-Evangelium, ja die zuletzt angesprochene Miniatur kennzeichnet letzteres als Analogon und Gegenstück zum Buch mit den Sieben Siegeln in der Hand des Thronenden.

Die eben angestellten Überlegungen erlauben es, die religionsgeschichtlichen Hintergründe zu rekonstruieren, welche gerade die Johannes-Apokalypse immer wieder zur Anfertigung aufwendiger Bildhandschriften prädestinierten. Das letzte Buch der Bibel, das theologisch alles andere als unkontrovers war, konnte unter bestimmten Voraussetzungen als *der* biblische Offenbarungstext schlechthin betrachtet werden. Die Präferenz der Eingangsbilder für das Zeichensystem der Schrift ist dabei im Sinne einer Grenzabsicherung zu sehen, die das Außen und das Innen der Offenbarung von Beginn an vollständig getrennt hält. Eine „Abwertung" des Zeichensystems der Bilder war damit sicher nicht verbunden. Denn auf den folgenden Seiten der Handschriften trafen die Leser-Betrachter auf eine ausgedehnte Sequenz sorgfältig komponierter Miniaturen. Die Überreichung des Buchs ist in den frühmittelalterlichen Apokalypse-Zyklen nur der Einstieg in ein komplexes Dispositiv von unterschiedlichen Orten der Offenbarung. Diese, das werden die folgenden Abschnitte zeigen, sind gleichermaßen in der Sphäre der Schau beheimatet wie in der Sphäre der Schrift.

Abb. 12 Thronsaalvision, Bamberger Apokalypse, um 1000/20, Bamberg, Staatsbibliothek, Msc. Bibl. 140, fol. 10v

2.2 Der Seher als Christomimetes
Die Bamberger Apokalypse

Ich bleibe zunächst bei der *Bamberger Apokalypse*, die unter den Apokalypse-Handschriften des Frühmittelalters nicht nur durch ihre kostbare Ausstattung, sondern auch durch ihre außergewöhnliche konzeptionelle Sorgfalt herausragt. Welche Orte werden der visionären Kommunikation im Inneren des Zyklus angewiesen, nachdem die Schwelle der Titelminiatur passiert ist? Wer innerhalb des ottonischen Prachtkodex weiterblättert, stößt nach drei Textseiten auf das Bild zur Schau der sieben Leuchter *(Taf. IX)*.[44] Im Text der Handschrift liest sich der Bericht dieser Vision folgendermaßen:

> *Ich Johannes euer Bruder [...] geriet am Tage des Herrn in Verzückung und hörte hinter mir eine starke Stimme wie von einer Posaune, die sprach [...]. Und ich wandte mich um, die Stimme zu sehen, die mit mir gesprochen hatte. Und als ich mich umwandte, sah ich sieben goldene Leuchter und inmitten der goldenen Leuchter einen, der einem Menschensohn ähnlich war [...]. Und als ich ihn sah und hörte, fiel ich zu seinen Füßen nieder wie tot. Und er legte seine Rechte auf mich und sprach: „Fürchte dich nicht!" (Apk 1, 9–17)*[45]

Die Miniatur der Leuchtervision versammelt die gleichen Akteure wie das Titelbild, doch in einem überraschenden Szenenwechsel: Christus ist aus der Himmelssphäre in die Bildfläche eingetaucht, Johannes hat seinen Bart abgelegt. Die Interaktion zwischen den beiden ist, wie Peter Klein zuletzt betonte, ausdrücklich als eine visuelle gekennzeichnet: Johannes vollführt in auffälliger Bewegung die Geste des *aposkopein*, ein Beschirmen der Augen mit der Hand, welches ein Zuviel für das irdische Sehen anzeigt.[46] Die Bedeutsamkeit dieser Handbewegung wird durch das heftige Flattern von Johannes' Manteltuch gesteigert. Es ist, als ob Johannes beim Anblick Christi in das Kraftfeld eines anderen Sehraumes einträte, welches den herabhängenden Zipfel des Tuches zur Mitte des Bildfeldes hin ausschlagen lässt.

Die topologische Matrix

Der entscheidende Beitrag zur Definition solcher Sphären des Schauens wird über die Hinterlegung der Akteure mit monochromen Streifen unterschiedlicher Farbigkeit geleistet. Nur auf den ersten Blick erscheint die Schichtung von Grün, Grauviolett und Gold als Abstraktion eines prinzipiell realistisch zu lesenden Landschaftsraumes, in dem Johannes und Christus agieren. Denn ersichtlich besteht eine wesentliche Funktion der drei Farbstreifen darin, eine Matrix zu konstituieren, welche die Vision des Menschensohnes als einen Vorgang der Grenzüberschreitung kenntlich macht. Die Reichenauer Buchmaler erzielen diesen Effekt, indem sie die Höhe der Farbzonen genau auf die Extremitäten der beiden Akteure zuschneiden: So wie Christus ein Moment des Übergangs stiftet, indem er mit seinen Füßen in die blaugraue Zone des irdischen Luftraums ausschreitet, so dringt das Haupt des Sehers in den transzendenten Bereich der Gotteserscheinung vor. Die Grenzüberschreitung ist eine wechselseitige, sie geht von Gott und Mensch aus.

Die Konstruktion des Bildgrundes als Matrix unterschiedlich semantisierter Orte ist ein wichtiges Gestaltungsprinzip schon der Eingangsminiatur, die ja ebenfalls eine Begegnung zwischen Himmel und Erde schildert *(Taf. VIII)*. Dem Spiel der farbigen Zonen fehlt in diesem Fall jedoch das Moment der beidseitig durchlässig gemachten Grenze: Allein Christus ist es, der sich aus dem Himmel auf Johannes zu bewegt, ohne für diesen vollständig sichtbar zu werden. Aufgrund dieser abschirmenden Funktion mag es so scheinen, als sei das Himmelssegment ein vorgewölbtes Stück des Bildrahmens, welcher in ähnlicher Weise aus drei Leisten zusammengesetzt ist. Der Akt der Buchübergabe, der handlungslogisch den Einschluss des gesamten Visionsgeschehens zwischen zwei Buchdeckel impliziert, ist auch in der Topologie der Bildfläche an ein Dispositiv des Umschlossenseins geknüpft. Umgekehrt ist die visionäre Kommunikation des zweiten Bildes durch ein Dispositiv der Durchlässigkeit zwischen Transzendenz und Immanenz gekennzeichnet.

Die Verwandlung des Bildgrundes in eine Matrix farbig differenzierter Orte durchzieht den gesamten Bildzyklus der *Bamberger Apokalypse*. Bekanntermaßen kann sie als generelles Merkmal ottonischer Buchmalerei gelten. „Neues Thema" der

Raumdarstellung um 1000, so Lieselotte Saurma-Jeltsch, ist „dasjenige der Zuordnung und Definition von Beziehungen": „Eine zentrale Aufgabe der Bilder scheint es [...] zu sein, die Verhältnisse, in denen bestimmte Akteure zueinander zu stehen haben, zu visualisieren. Dies wird mit Hilfe der strengen Verortung der Figuren im Bild-Ganzen lesbar gemacht."[47] In dieser Hinsicht, so die Autorin weiter, bestehe ein grundlegender Unterschied zum „narrativen Raumkontinuum" karolingischer Buchmalerei.

Im Hinblick auf die Darstellung apokalyptischer Visionen lässt sich der hier beschriebene Paradigmenwechsel noch präzisieren durch eine Gegenüberstellung mit der rund 200 Jahre älteren *Trierer Apokalypse*. Die karolingischen Buchmaler erzählen das Geschehen der Leuchtervision nicht in einer, sondern in drei Szenen, die sich auf zwei Miniaturen verteilen, so dass der Eindruck einer „ungeschnittenen" kinetischen Sequenz entsteht *(Abb. 8–9)*.[48] Wichtig für diesen Effekt ist die Wiederholung von Bildmotiven, die eine Miniatur mit der nächsten verzahnen: neben Christus und Johannes vor allem die ondulierende Linie, welche das Bildfeld in wechselnder Amplitude in zwei Zonen, ein Oben und ein Unten, teilt. Der obere, himmlische Bereich ist der Figur Christi zugeordnet, um dessen erstmalige „Erscheinung" es an dieser Stelle geht. Das Unten ist das Menschenreich und damit auch die Wohnstätte des Johannes, der sich (mit der Schriftrolle in der Hand) an den abbreviaturhaft angezeigten Gestaden seines Verbannungsortes aufhält, der Insel Patmos.

Im ersten Bild muss Johannes sich seinen Platz mit einer größeren Gruppe teilen, welche die Menschheit am Ende der Tage repräsentiert.[49] Johannes sitzt mit dem Rücken zur Christus-Erscheinung und ist damit zunächst als Nicht-Sehender gekennzeichnet. Und doch wird schon an diesem Punkt genau über ihm eine Brücke zur Transzendenz aufgebaut: Die Posaune, die die „vox magna tamquam tubae" verkörpert, durchstößt die Grenzlinie zwischen Himmel und Erde, die über Menge der endzeitlichen Menschheit geschlossen bleibt. Auf dem nächsten Blatt vollzieht der Visionär dann in einer Zweiphasendarstellung jene Kehrtwende, welche den visionären Kontakt herstellt. Johannes, zunächst noch am Ufer, hat sich erhoben und blickt zurück zu Christus, der nun annähernd die Mitte des Bildfeldes einnimmt. In einer zweiten Verkörperung führt der Seher die Drehbewegung noch einen Viertelkreis weiter und wendet sich direkt dem „Menschensohn" zwischen den Leuchtern zu. Gleichzeitig hat eine Bewegung des Aufstiegs stattgefunden, die Johannes vom festen Grund des Inselbodens ins Irgendwo eines leeren Raumes katapultiert hat. Das Entscheidende aber geschieht nun zwischen Christus und Johannes. Die vornüber geneigte Haltung des Sehers deutet den Akt der Proskynese an, von dem der Bibeltext spricht. Christus berührt das Haupt des Johannes, dessen Oberkörper im gleichen Moment die Grenzlinie zwischen Diesseits und Jenseits durchbricht.[50]

Die *Trierer* teilt mit der *Bamberger Apokalypse* ein starkes Interesse daran, den Beginn der apokalyptischen Visionen als eine visuelle Erfahrung zu beschreiben. Komplementär zum Konzept des Vorgefertigten und Vorgewussten, das die Eingangsminiaturen stark machen, wird in den Miniaturen zur Leuchtervision der Anteil des Sehers am Zustandekommen der Jenseitserfahrung unterstrichen: Seine Aktivität ist es, welche die Grenze des Alltagssehens durchstößt und in Bereiche des Unsichtbaren vordringt. Der Gegensatz zwischen karolingischem und ottonischem Raumkonzept ist also kein absoluter. In der jeweiligen Handhabung der topologischen Matrix manifestieren sich aber unterschiedliche Bestimmungen des visionären Bildmediums: Die karolingischen Buchmaler haben die Vision als ein *präfilmisches Fluidum* konzipiert, das vor einer Folie von Konstanten die dynamische Entwicklung der Handlung sichtbar macht. Die *conversio* des Sehers wird als Folge von Körperbewegungen choreographiert, die visionäre Kommunikation als synästhetisches Geschehen begriffen, das vom Sehen der Stimme zum Sehen der Erscheinung und schließlich zum direkten Körperkontakt übergeht. Die ottonischen Künstler hingegen streben eine Übersetzung des Konkreten ins Allgemeine an, eine Verdichtung von Handlungssequenzen hin zu einzelnen Bildern, eine Verengung der visionären Kommunikation auf die Dimension des ausschließlich Visuellen. So entfällt nicht nur die Repräsentation der „vox magna", sondern auch die Berührung durch Christus, an deren Stelle die Geste des *aposkopein* tritt. Indem Johannes die Finger genau an die *Augen* führt, betont er den okularen Kontakt als den Ort der visionären Vermittlung und signalisiert den Übergang von alltäglichem Sehen zu visionärem Schauen.[51]

Die spezifisch bildlichen Qualitäten, mit denen die Miniaturen zur Leuchtervision einen visuellen Kommunikationsmodus definieren, haben mit der visuellen Sprache des biblischen Texts wenig gemeinsam. Dieser reichert seine Schilderung mit polychrom aufleuchtenden Details an, die von einer langen Tradition apokalyptischen Schreibens topisch ererbt waren: das Gesicht und die Haare so weiß wie weiße Wolle und wie Schnee, die Augen wie Feuerflammen, die Füße wie aus Glanzerz, dieser ganze Bildervorrat des Bibelberichts mit seiner visuell so stark aufgeladenen Sprache erhält keinen Einlass in das Geviert der Miniaturen. Die Qualitäten des visionären Sehens werden auf einer anderen Ebene gesucht und gefunden: im Beziehungsgefüge der Sphären und Grenzziehungen, der Orte und ihrer Relationierung.

Vision als Erlangung von Christusähnlichkeit

Die Zuspitzung der Leuchtervision auf das Zustandekommen des visionären Kontakts wird in der *Bamberger Apokalypse* aber noch auf einer anderen Ebene forciert, die in keinem anderen Apokalypse-Zyklus des Frühmittelalters anzutreffen ist. Vergleichen wir noch einmal die zweite mit der ersten Miniatur *(Taf. VIII–IX)*: Der anfänglich greisenhafte, weißhaarig-bärtige Autor/Seher wirkt im zweiten Bild beträchtlich verjüngt, genauer: aller individuellen Züge entledigt, die ihn von seinem jugendlichen Gegenüber unterscheiden. In der Tat kann einem aufmerksamen Betrachter kaum die starke Ähnlichkeit entgehen, die zwischen dem Visionär und Christus hergestellt wird.[52] Im Akt der Schau, so könnte man sagen, wird Johannes zum Spiegelbild Christi, der dafür sogar seinen Kreuznimbus ablegt.[53] Vor die topologische Matrix der von unten nach oben geschichteten Hintergründe schiebt sich damit ein zweites Bezugssystem visionärer Topoi: der Körper des Visionärs als Schauplatz, der im Reflex, in der Doppelung seines Bildorts ersteht, welcher hier der Körper Christi ist. Die Identität des Sehers verschwimmt dabei nahezu ununterscheidbar mit der Identität Christi. Die Geste des *aposkopein* kann in dieser Hinsicht auch als eine Selbstberührung gelesen werden, welche die in Trier dargestellte Berührung durch Christus substituiert.

Der Vorgang der Spiegelung gibt der visionären Grenzüberschreitung eine sehr starke, kaum noch zu steigernde Bedeutung. Mit der Schau des Menschensohnes ist die Transformation in eine christusähnliche Figur verbunden. In einer unlängst publizierten Studie zu *St. John the Divine* hat Jeffrey Hamburger den lange übersehenen Komplex der christomorphen Darstellung von Heiligen freigelegt und die These entwickelt, dass es die Vorstellung einer ansonsten unerreichten Nähe zu Christus war, welche die Bildkünstler dazu bewog, ausgerechnet Johannes immer wieder mit den Zügen oder Attributen Christi auszustatten.[54] Seit den Kirchenvätern hatten Theologen Johannes' Einsicht in die verborgensten Glaubensgeheimnisse auf einen visionären Aufstieg zurückgeführt, der den Evangelisten über das Menschenmögliche hinaus in die Nähe der Engel, wenn nicht Gottes selbst gelangen ließ. Der offensivste Vertreter dieses Gedankens ist Johannes Scotus Eriugena, der den *ascensus* in einer *deificatio* des Evangelisten kulminieren lässt: „Denn nicht anders konnte er zu Gott aufsteigen, als dass er zuvor Gott wurde."[55] Andere Autoren, wie etwa Alkuin, üben größere Zurückhaltung, rühmen aber ebenfalls Johannes' unübertroffene Gabe zur *visio Dei*.[56] Der übliche Anknüpfungspunkt solcher Überlegungen ist allerdings nicht die Apokalypse, sondern der Beginn des Johannes-Evangeliums, nicht die Schau der letzten Dinge, sondern die des präexistenten Logos. Die Miniaturen der *Bamberger Apokalypse* belegen, dass die Bildpraxis diesbezüglich eigene Wege gehen konnte: Die Verknüpfung von *visio Dei* und *deificatio* wurde von ihnen auf die Johannes-Offenbarung übertragen. Implizit war damit eine klare Aussage über den hohen Stellenwert dieses Buches in der Hierarchie des biblischen Kanons getroffen.[57]

Die Tatsache, dass die Christusähnlichkeit des Johannes innerhalb eines längeren Zyklus eingeführt wird, wirft die Frage auf, wie sich die anderen Miniaturen der *Bamberger Apokalypse* zur *similitudo* des Johannes verhalten. Wer die gesamte Handschrift durchblättert, findet den Typus des alten, bärtigen Johannes ausschließlich in den Bildern zu den sieben Sendschreiben wieder, deren Aufbau deutlich bei der Eingangsminiatur anknüpft *(Abb. 13)*: Christus, der sich aus einem Himmelssegment herablehnt, hält ein Schriftstück, welches die Präexistenz dessen anzeigt, was Johannes niederschreibt.[58] Der greise Johannes ist also nur in den Bildern vertreten, die seine Rolle als Autor thematisieren. Umgekehrt ist es aber nicht so, dass die übrigen Darstellungen Johannes regelmäßig als *christomimetes* inszenieren, ganz im Gegenteil: Die schon angesprochene Miniatur zur Thronsaalvision blendet den Visionär vollständig aus, lediglich die Korrespondenz der beiden *rotuli* deutet die besondere Nähe zwischen ihm und Christus an *(Abb. 12)*. Hier wie für den gesamten Hauptteil der Visionen in Apokalypse 4–22 gilt, dass das Offenbarungsgeschehen der Visionen durch zusätzliche Dispositive noch einmal beträchtlich ausdifferenziert werden kann.

Versiegeln und Enthüllen

Abb. 13 Sendschreiben an Ephesus und Smyrna, Bamberger Apokalypse, um 1000/20, Bamberg, Staatsbibliothek, Msc. Bibl. 140, fol. 4v

Sicherung des Rahmens

Eine der dabei angewendeten Lösungen sieht so aus, dass die physiognomische Ähnlichkeit zwischen Christus und Johannes in ein Verhältnis struktureller Analogie überführt wird. Exemplarisch für diese Möglichkeit stehen die Miniaturen zur Serie der Posaunen: In diesen Darstellungen wird die Bildbühne von den verschiedenartigsten kosmischen Katastrophen beherrscht, während Johannes als Betrachterfigur in eine der unteren Bildecken integriert ist *(Abb. 14)*.[59] Das Vorbild für diese Einfügung des Visionärs sind ältere Zyklen wie die *Trierer Apokalypse*, welche Johannes als ständigen Begleiter der Visionen zeigen *(Abb. 15)*.[60] Durch Johannes' permanente Anwesenheit wird das gemalte Geschehen dem heiligen Text in seinen Händen zugeordnet und auf diese Weise autorisiert. Als Neuerung gegenüber solchen älteren Darstellungsmustern fällt in *Bamberg* die enge Beziehung der Seherfigur zur Rahmenleiste der Bildfelder und insbesondere zur Rahmenecke auf, die noch unterstrichen wird durch die Darstellung in Halbfigur. Die Fragmentierung des „rahmennahen" Visionärskörpers hat eine

Abb. 14 Die vierte, fünfte und sechste Schale, Bamberger Apokalypse, um 1000/20, Bamberg, Staatsbibliothek, Msc. Bibl. 140, fol. 40v

Distanzierung vom Bildgeschehen zur Folge, der Visionär wird zum Bestandteil der semiotischen Schwelle, die das Visionsbild umgibt. Nicht zuletzt aber tritt Johannes über diese spezifische Lokalisierung in Analogie zu Christus, wenn wir an die Eingangsminiatur zurückdenken *(Taf. VIII)*: Die Darstellung von Christus als Halbfigur steht dort für ein fundamentales Privileg, das die Sphäre der Transzendenz für sich beanspruchen kann: Ihr wird die Macht zuerkannt, von außen nur ein Stück weit in das Bildfeld einzutauchen und so nur fragmentarisch sichtbar zu werden. Wie wir oben schon beobachtet hatten, suggeriert die dreifache Unterteilung der Himmelsbögen eine direkte Verwandtschaft zwischen den Grenzen der Himmelssphäre, aus der Christus sich herabneigt, und den Grenzen der Miniatur.

Christi Rolle als Instanz der Rahmensetzung ist ein elementarer Angelpunkt der gesamten visionären Topologie der Bilder. Johannes ist dieser Instanz zunächst ebenso unterworfen wie die von ihm geschauten Visionen selbst. Die Macht zur Eingrenzung der visionären Offenbarung vergegenständlicht sich zunächst in dem Kodex, den Christus zu Beginn in Händen hält, er steht für eine absolute göttliche Autorschaft. Im Anschluss an die Erlangung der Christusähnlichkeit ändert sich dies jedoch in signifikanter Weise: Als Eckfigur übernimmt Johannes die Funktion eines

Versiegeln und Enthüllen 71

Abb. 15 Die fünfte Posaune, Trierer Apokalypse, frühes 9. Jahrhundert, Trier, Stadtbibliothek, Ms. 31, fol. 28r

Rahmenwächters, der die Botschaft der visionären Bilder abgrenzen hilft. Seine Schwellenposition verdeutlicht den Zeichenstatus der Visionen. Nicht von ungefähr sind es fast ausnahmslos Bilder irdischer Katastrophen, auf denen Johannes in dieser Form dargestellt wird.

Es ist daher nur konsequent, dass der fragmentierte Seher seinen wichtigsten (und letzten) Auftritt in der Miniatur zum Jüngsten Gericht hat *(Abb. 16)*.[61] Johannes ist hier in die linke untere Bildecke eingefügt und wird so zum Gegenpol des gefesselten Satans, der die Verdammten in der Hölle erwartet. Beide haben den Blick nach oben auf Christus und die *rotuli* gerichtet, welche die Engel für die Seligen und die Verdammten entrollen. Dem Seher wird damit die Fähigkeit attestiert, den Gegenspieler Gottes seiner Macht zu berauben und zu neutralisieren.

Abb. 16 Jüngstes Gericht, Bamberger Apokalypse, um 1000/20, Bamberg, Staatsbibliothek, Msc. Bibl. 140, fol. 53r

Übersetzungsbedarf

Der Bamberger Zyklus kennt aber noch eine andere Spielart der Lokalisierung des Sehers, die dessen Kompetenzen deutlich beschneidet. Dieses erstmals auf fol. 11v und 13v zu beobachtende Modell ist durch die Anwesenheit eines Engels charakterisiert, der Johannes als Mittler und Verkünder entgegentritt *(Taf. X, Abb. 17)*.[62] Bemerkenswert gerade an den beiden Darstellungen zur Thronsaalvision ist, dass in den zugehörigen Textabschnitten von einem Engel entweder gar nicht die Rede ist oder in einer Funktion, die nicht der gemalten entspricht.[63] In beiden Bildern sind Johannes und der Engel in der unteren Bildhälfte lokalisiert, letzterer übernimmt mit zeigender Geste eine erläuternde Funktion zwischen Schauendem und Geschautem.

Die Miniatur zur Anbetung des Lammes verstärkt den Abstand zwischen unten und oben durch Abgrenzung zweier eigenständiger Register. Johannes erhält dabei zwar seine christusähnliche Bartlosigkeit wieder zurück, doch die Stelle des Gottessohnes nimmt jetzt das Lamm ein. Die jugendliche Gestalt des Sehers ist nunmehr ein Spiegelbild des Engels.[64] Dies wiederholt sich in der Vision der Huldigung des Lamms durch die Auserwählten auf fol. 18v, für die der Bibeltext ebenfalls kein Gespräch zwischen Johannes und einem Engel vorsieht.[65] Vielmehr ist hier, wie schon in den

Abb. 17 Das Lamm auf dem Thron, Bamberger Apokalypse, um 1000/20, Bamberg, Staatsbibliothek, Msc. Bibl. 140, fol. 13v

beiden ersten Fällen, von einem Gespräch zwischen Johannes und einem der Ältesten die Rede.⁶⁶ Der Dialog mit dem Ältesten wird von den Reichenauer Buchmalern durch den Dialog mit einem Engel ersetzt.

Der Engel als „medium", als Mittleres zwischen dem Seher und den Visionsbildern erlangt im Verlauf der Bildsequenz eine gleichberechtigte Stellung neben dem allein am Bildrand agierenden Seher. Gerade in den beiden letzten Miniaturen des Zyklus, die gegenüber der älteren Bildtradition Neuschöpfungen darstellen, entwickelt sich das Verhältnis zwischen Johannes und dem Engel zu einer starken Abhängigkeit. Bei der Vision des Himmlischen Jerusalem führt der Engel den Visionär an jenen erhöhten Ort, der die Schau der Himmelsstadt erst ermöglicht *(Taf. XI)*.⁶⁷ Gegenüber älteren Versionen fällt eine ausgeprägte Dynamisierung dieses Paares auf: Während der Engel bereits den Gipfel des Berges erklommen hat, kommt Johannes, von seinem Geleiter gezogen, gerade erst auf den Ausläufern der Erhebung an.⁶⁸ Diese Höhendifferenz begründet ein unterschiedliches Verhältnis zur oben schwebenden Himmelsstadt: Johannes bleibt durch einen schmalen Zwischenraum von der Mauerkrone getrennt, der voranschreitende Engel hingegen schneidet mit Kopf und Flügeln weit in sie ein. Kraft dieser Grenzüberschreitung fällt dem Engel im wahrsten Sinne des Wortes die Rolle eines *spiritus rector* zu, der den Kontakt zwischen Visionär und Visionsbild erst eigentlich herstellt.

Das distanzierende Prinzip der intermediären, durch einen Engel vermittelten Schau ist auch für das Schlussbild leitend geworden *(Abb. 18)*: Hoch oben schwebt Christus als Herrscher des Himmlischen Jerusalem. Sein Thron ist der Ursprung des großen Stroms, welcher zu den Bäumen des Lebens links unten hinunterfließt.[69] Der Visionär schenkt dem Strom und seiner Quelle jedoch keinerlei Beachtung, sondern konzentriert sich ganz auf den Engel vor ihm, den er fußfällig verehrt:

Und ich Johannes, der ich dies gehört und gesehen habe, fiel dem Engel, der mir dies gezeigt hatte, zu Füßen, um ihn anzubeten. Da sagte er zu mir: „Siehe, dass du das nicht tust! Ich bin dein und deiner Brüder, der Propheten, Mitknecht [...]." (Apk 22, 8–9)[70]

Entscheidend für die Argumentation des Bildes ist wieder das Spiel mit internen Grenzen und Nähe-/Distanz-Relationen: Obwohl Johannes eigentlich am „richtigen" Ort – nämlich zwischen den Bäumen des Lebens – positioniert ist, und obwohl der Paradiesfluss eine visuelle Brücke zwischen ihm und dem Thronenden schlägt, ordnet ihn die Matrix der Hintergrundsfarben der untersten der drei Bildzonen zu. Christus wiederum ist an den höchsten Punkt des Bildfeldes gerückt, nach dem Vorbild von Himmelfahrtsbildern in eine eigene überirdische Sphäre aufgestiegen. So bleibt der Ort, den das Schlussbild dem Visionär zuweist, ein widersprüchlicher: Der von Christus ausgehende Strom könnte als Metapher einer direkten göttlichen Inspiration des Johannes gedeutet werden.[71] Die Erniedrigung des Visionärs, der irrtümlich vor dem Engel niederfällt, lässt hingegen eher darauf schließen, dass der Visionär auf einen transzendenten Interpreten angewiesen bleibt, um sich zu einem richtigen Verstehen des Geschauten vorzuarbeiten.

Die Undurchsichtigkeit der Rahmenhandlung

Unter den Apokalypse-Handschriften des frühen Mittelalters zeichnet sich die *Bamberger Apokalypse* durch eine besondere Vielfalt an Verortungen des Sehers aus. Das Eingangsbild rammt die Pflöcke für eine Lokalisierung des Visionsgeschehens im Raum der Schrift ein *(Taf. VIII)*. Die Tatsache, dass Christus gleichsam aus einem nach innen gestülpten Rahmensegment hervortritt, bindet den Akt der Buchübergabe an eine göttliche Macht der Setzung und Einklammerung von Zeichen. Alles Folgende spielt sich demnach bereits auf dem geheiligten Boden eines göttlichen Textes ab. Jede interne Differenzierung von Schauendem und Geschautem, von Betrachter und Bild scheint damit überflüssig zu werden. Doch es kommt anders: Direkt im Anschluss an die Eingangsminiatur wird mit der Leuchtervision eine Topologie des Schauens etabliert, welche Bereiche unterschiedlicher Sehkompetenz sowohl gegeneinander abgrenzt wie einander wechselseitig durchdringen lässt *(Taf. IX)*. Der Medien-Diskurs der beiden ersten Miniaturen konfrontiert die Leser-Betrachter mit zwei komplementären Dispositiven: der Einschreibung des Sehers in den göttlichen Text und der Kraft der visionären Schau, Christusähnlichkeit zu generieren.

Nach diesem spannungsvoll inszenierten Auftakt warten die Schöpfungen der Reichenauer Buchmaler mit einer überraschenden und für den modernen Blick auch verwirrenden Pluralität verschiedenartiger Lösungen auf. In gewissem Umfang dürfte diese Heterogenität auch auf das Konto des arbeitsteiligen Ablaufs der Illuminierung gehen, die von verschiedenen Buchmalern realisiert wurde. Es wäre aber zu einfach, die Rollenvielfalt des Visionärs mit der Beteiligung mehrerer Hände oder mit dem Fehlen eines Gesamtplans wegzuerklären.[72] Der Mangel an Einheitlichkeit und Konsistenz wurde von den Urhebern der Handschrift zumindest billigend in Kauf genommen. Ein Resultat dieser Vorgehensweise war, dass der göttliche Offenbarungsprozess mit einer Hülle des „Undurchsichtigen" umgeben wurde. So fällt der Anteil des Visionärs an der bildlichen Schilderung der Visionen zwar quantitativ sehr gewichtig aus, die Eigenständigkeit seiner Position bleibt aber unklar: In einigen Miniaturen agiert Johannes als Rahmenhüter der Visionen, der diese nicht nur bezeugt, sondern deren schreckenerregende Gegenstände in semiotische Schranken weist. In anderen Fällen ist Johannes räumlich von den Bildzeichen geschieden und zum Verständnis des Geschauten auf himmlische Unterstützung angewiesen. Neben den göttlichen Text und das vergöttlichende Bild treten als weiteres Medium die Engel mit ihrer Überbrückungsleistung.

Bei Durchquerung des verschlungenen Parcours unterschiedlicher Schauplätze des Sehers zeichnet sich immer deutlicher ab, dass die Mediendifferenz von Schrift und Bild hier wie in anderen Fällen auch als metaphorische Relation aufgefasst werden kann, mit deren Hilfe ein Diskurs um das Innen und Außen der prophetischen Zeichen ausgetragen wird. Denn der Inhalt des Buches, das Johannes überreicht wird, erweist sich ja letzten Endes als Folge von Bildern, die der Visionär von innen her bewacht und interpretiert. Die Gleichsetzung dieses Buches mit dem Buch der Sieben Siegel entfaltet gerade unter diesem Aspekt eine eigene Logik: So wie die Öffnung der Siegel ab Apokalypse 5 eine Flut an visionären Bildern auslöst, so tut dies auch die Öffnung der Apokalypse als ganzer.

Vision und Herrschaft

Ich komme im Anschluss an diese Überlegungen zur Frage nach dem historischen Kontext und dem Gebrauch der Handschrift. Die konkreten Anhaltspunkte, die uns dazu vorliegen, sind sehr spärlich und lückenhaft, so dass wir uns notwendigerweise im Bereich unabgesicherter Hypothesen bewegen. Immerhin: Mehrere Indizien rücken die *Bamberger Apokalypse* in die Nähe der *Bamberger Kommentare*. Entstehungsort, Auftraggeberschaft und Bestimmung sind nahezu deckungsgleich: Herstellung wahrscheinlich auf der Reichenau und in imperialem Auftrag (entweder durch Otto III. oder durch Heinrich II.), unter Heinrich II. Stiftung in das neu gegründete Bistum Bamberg.[73] Thematisch gesehen haben beide Werke einen vergleichbaren Fokus, der sich gut in die von der historischen Forschung rekonstruierte „Endzeitideologie" der Ottonenkaiser fügt. Die gemeinsame Entscheidung, die prophetischen Endzeitvisionen

Abb. 18 Johannes fällt vor dem Engel nieder, Bamberger Apokalypse, um 1000/20, Bamberg, Staatsbibliothek, Msc. Bibl. 140, fol. 57r

im Text eines heiligen, von Gott geschaffenen Buches zu verankern, führt in beiden Fällen dazu, die Grenzen zur Außenwelt der menschlichen Benutzer und Interpreten sehr stark zu betonen.

Gleichwohl sollten auch die Unterschiede zwischen den beiden Buchprojekten nicht übersehen werden: Die *Bamberger Kommentare* sind mit einem umfangreichen Glossenapparat ausgestattet, die Bilder erfüllen im Kontext einer *meditatio* des Bibeltextes die Funktion, das Verhältnis von Urtext und Kommentar in Kategorien der Visualität zu definieren. Für die *Bamberger Apokalypse* wurde auf die Heranziehung exegetischer Texte verzichtet. Den Miniaturen eignet eine narrative, am Literalsinn orientierte Grundhaltung, die ohne allegorische Ausdeutung des Apokalypse-Textes auskommt. Ihre Hauptleistung besteht vielmehr darin, das Verhältnis zwischen dem Visionär Johannes und den von Christus geoffenbarten Bildern immer wieder neu zu umkreisen, auf eine Weise, die auch die Möglichkeit extremer Nähe zu Christus einschließt. Welchem Gebrauchsprofil kann ein solcher Bild-Diskurs zugeordnet werden? Genauere Hinweise darauf geben, wenn nicht alles täuscht, diejenigen Miniaturen

Abb. 19 Geburt Christi und Verkündigung an die Hirten, Bamberger Apokalypse, um 1000/20, Bamberg, Staatsbibliothek, Msc. Bibl. 140, fol. 63v

des Kodex, die an den Apokalypse-Zyklus anschließen: zuallererst das vieldiskutierte Herrscherbild, gefolgt von einem mit fünf Miniaturen ausgestatteten Evangelistar.

Die einzigartige Zusammenstellung der drei Komponenten der Handschrift gibt der Forschung bis heute Rätsel auf: Das Evangelistar ist ein liturgisches Buch zum Gebrauch bei den Messfeiern des Kirchenjahrs, die Apokalypse hingegen ist für eine solche Verwendung gänzlich ungeeignet.[74] Allein vom Textapparat her gesehen fällt es schwer, eine konkrete Nutzungsmöglichkeit für den gesamten Kodex anzugeben. Dieser unbefriedigende Befund hat in der Forschung so große Ratlosigkeit hervorgerufen, dass das Verknüpfungspotential der Miniaturen in den unterschiedlichen Teilen der Handschrift weitgehend unbeachtet blieb.[75] Über dem mittlerweile ermüdenden, da unproduktiven Streit um die Identität des auf fol. 59v dargestellten Herrschers *(Abb. 20)* ist nahezu in Vergessenheit geraten, dass das Herrscherbild „wie ein Gelenk"[76] zwischen Apokalypse und Evangelistar eingefügt ist – eine in der Handschriftenproduktion der Zeit einmalige Konstellation.[77] Für unsere Fragestellung dürfte dabei von Interesse sein, dass das Herrscherbild genau zwischen dem *secundus* und dem

Abb. 20 Doppelseite mit Herrscherbild, Bamberger Apokalypse, um 1000/20, Bamberg, Staatsbibliothek, Msc. Bibl. 140, fol. 59v–60r

primus adventus Christi *(Abb. 19)* positioniert ist, und dass die zugehörigen Miniaturen beide als Vision Christi ausgestaltet sind: Dem vor dem Engel sich niederwerfenden Johannes entsprechen im zweiten Bild die Hirten, denen drei Engel den geborenen Christus verkündigen.

Für die Stellung des Herrschers bedeutet diese Scharnierposition eine enorme Gnadenfülle, er befindet sich „in der Mitte der Zeiten". Dazu kommt, dass gerade das Herrscherbild auf fol. 59v zahlreiche Verweise auf die visionäre Matrix der Apokalypse-Miniaturen enthält: Der zweizonige Bildaufbau erinnert an das dort zu findende Schema, welches den Visionär (und seinen Geleiter) von der visionären Erscheinung abtrennt,[78] die Position des Thronenden in der oberen Bildzone an die Miniaturen zum Paradiesfluss *(Abb. 18)* und zum Weltgericht *(Abb. 16)*, wo Christus ebenfalls von Engeln bzw. den beiden Apostelfürsten flankiert wird. Im Kontext des gesamten Bildprogramms gerät die Darstellung des Herrschers also zum Auftritt eines zweiten *christomimetes*, dem Züge des endzeitlichen Christus eignen.[79]

Doch die Bewertung dieser Christusähnlichkeit bliebe unvollständig ohne den Blick auf die gegenüberliegende Rectoseite: In vierfacher Ausfertigung werden hier alttestamentliche Helden (Abraham, Moses, David, Hiob) von Tugenden zum Sieg über die auf dem Boden liegenden Laster geleitet. „Typologisch verstanden ist es in und mit seinen alttestamentlichen Typoi […] [der Kaiser] selbst, der von den vier Tugend-Personifikationen geführt wird."[80] Ulrich Kuder sieht in dieser Gegenüberstellung

Versiegeln und Enthüllen 79

Abb. 21 Karl der Kahle und die Vision des Lammes, Codex Aureus von Sankt Emmeram, um 870, München, Staatsbibliothek, Clm. 14000, fol. 5v–6r

„konkrete Mahnungen an den Kaiser, Gottes Befehle zu befolgen" und „damit den alttestamentlichen Typoi Christi und somit Christus selbst sich anzugleichen."[81]

Verso und Recto stellen den Herrscher in ein doppeltes Bezugsfeld von bildlich formulierten Rollenmodellen: Der christusähnliche Imperator zur Linken ist wohl weniger als Repräsentation eines Ist-Zustands denn als ideale Zielvorgabe gemeint – die Beischrift spricht vom himmlischen Reich, das der Herrscher nach dem irdischen gewinnen werde.[82] Die Szenen rechts geben vier *exempla* an die Hand, die dem Herrscher den Weg dorthin ebnen sollen. Im Hinblick auf den Apokalypse-Zyklus lässt sich dieser Lesart noch eine andere Wendung geben: Die Tugenden der rechten Seite geleiten die alttestamentlichen Herrscher-Typoi zu einer Schau des christusähnlichen Herrscherbildes, zu dem sie hinüberblicken. Dabei ist zu beachten, dass das Bildschema der vier Szenen sich an der Vision des Himmlischen Jerusalem orientiert, an die Johannes in ähnlicher Weise herangeführt wird *(Taf. XI)*. Gleichzeitig wird das Konzept der mimetischen Schau aufgegriffen, das für die Leuchtervision des Apokalypse-Zyklus zentral ist.[83] Der reale Herrscher konnte sich demnach auf beiden Seiten dieses szenischen Zusammenhangs wiederfinden: links als Geschauter, der die Züge des endzeitlichen Christus trägt, rechts als Schauender in einer Rolle, die derjenigen des Johannes nahe kommt.[84]

Das Herrscherbild der *Bamberger Apokalypse* rekurriert damit nicht nur auf den gängigen Topos des Kaisers als *christomimetes*, sondern auch auf eine bereits in karolingischer Zeit vorgeprägte Identifikation des Herrschers mit Johannes. Im berühmten Herrscherbild des *Codex Aureus von Sankt Emmeram* ist es (wiederum auf einer Doppelseite) Karl der Kahle, der zur Vision des Lamms mit den 24 Ältesten hinüberblickt *(Abb. 21)*.[85] „Und Kaiser Karl schaut mit offenem Angesicht umher, darum bittend, dass er lange mit Dir in Ewigkeit leben möge" heißt es im *titulus* der Darstellung, der enge Berührungspunkte zu einem Gedicht Eriugenas aufweist.[86] Der Kaiser schlüpft hier unmittelbar in die Rolle des Visionärs Johannes, der auf der Doppelseite nicht dargestellt ist. In dieser Konstellation hat die Forschung eine gezielte Anspielung auf die räumliche Situation der Aachener Pfalzkapelle vermutet: Beim Blick von der Thronempore auf das dortige Kuppelmosaik muss sich dem Herrscher ein vergleichbarer Anblick geboten haben, denn dort war ebenfalls die Huldigung der 24 Ältesten zu sehen.[87]

Unabhängig davon, ob der Bezug zu Aachen zutrifft, oder ob die Doppelseite als Bildlösung *sui generis* gedeutet werden muss: Festzuhalten ist, dass in den karolingischen wie in den ottonischen Miniaturen die visionäre Sehkraft entscheidendes Moment der Inszenierung der Herrscherrolle ist, und dies in Verbindung mit einem Bildgegenstand aus der Johannes-Offenbarung. Möglicherweise war auch hier schon die Vorstellung von der Erlangung der Christusähnlichkeit im Moment der Schau leitend, wie sie in der Bamberger Miniatur zur Leuchtervision artikuliert wird.

In den verschiedenen Bezügen zum Herrscherbild war die visionäre Topologie des Bamberger Apokalypse-Zyklus also darauf abgestellt, eine Analogie zwischen dem Herrscher und Johannes zu entfalten. So wie Johannes kraft seines Einschlusses in die göttliche Offenbarung Christus nahe sein und sich ihm verähnlichen kann, so der Herrscher kraft seiner Salbung zum König.[88] Trotzdem bleibt der Status beider fragil, sind beide auf die Mithilfe himmlischer Geleiter angewiesen, um ihre Christusähnlichkeit dauerhaft sicherzustellen.[89]

2.3 Schriftverkehr und Seelenflug
Die Beatus-Handschriften

Nirgendwo sind vor dem 13. Jahrhundert mehr Rückübertragungen der Johannes-Offenbarung in ein Bildmedium unternommen worden als im nördlichen Spanien.[90] Im Gegensatz zu den zentraleuropäischen Bild-Apokalypsen, die allein den biblischen Text enthalten, besteht das Textkorpus der in Spanien produzierten Handschriften aus einem ausführlichen Kommentar zur Johannes-Offenbarung, den der Benediktiner Beatus von Liébana um 770/80 verfasste.[91] Verschiedene Hinweise deuten darauf hin, dass neben dem Text von Beginn an Bilder als fester Bestandteil des Kommentars vorgesehen waren: anfänglich in Form ungerahmt auf den Seitengrund gesetzter Kompositionen von bescheidenen Ausmaßen (sog. „erste Bildfassung"). Im Laufe des 10. Jahrhunderts wurde das Konzept des bebilderten Kommentars noch einmal von Grund auf revidiert (sog. „zweite Bildfassung"): Die Miniaturen erhielten durch

Versiegeln und Enthüllen 81

Abb. 22   Ego sum Alpha et Omega, Facundus-Beatus, 1047, Madrid, Biblioteca Nacional, MS Vitrina 14-2, fol. 6r

Rahmen und bunt gefelderte Hintergründe eine kompositorische Struktur, die auf eine neue Reflexion der Bildfläche als Ort topologischer Grenzziehung schließen lässt.[92]

Die Beatus-Handschriften führen uns noch einmal zurück zum Verhältnis von gemaltem Bild, prophetischer Vision und theologischer Exegese, das uns bereits im Zusammenhang mit den *Bamberger Kommentaren* beschäftigt hat. Das Layout der Handschriften weist den gemalten Bildern einen festen Ort im Aufbau des Kommentars zu: zwischen *storia* und *explanatio*, d.h. zwischen einer bestimmten Portion des Bibeltexts und der zugehörigen Auslegung.[93] Doch was war ihre Funktion an dieser Stelle – Scharnier, Grenzmarkierung oder Supplement?[94]

Massierung der Schriftzeichen

Als Ausgangspunkt meiner Analyse wähle ich den *Facundus-Beatus*, eine 1047 vom Schreiber Facundus für Ferdinand I., König von Leòn, und seine Gemahlin Sancha gefertigte Handschrift, die neben einer sehr sorgfältigen Gestaltung den Vorzug der vollständigen Erhaltung genießt.[95] Wer diesen Prachtkodex aufschlägt, stößt zunächst auf einen ausführlichen Vorspann, der zu den Neuerungen der zweiten Bildfassung gehört. Genau dieser Anfang aber steht weitgehend im Zeichen der göttlichen Schrift: Die allererste Miniatur zeigt Christus in die Schenkel eines riesigen A eingestellt, im

Rekurs auf das „Ich bin das Alpha und Omega" in Apokalypse 1, 8 *(Abb. 22).*[96] Da Christus sich einerseits frei zwischen den Gliedern des Buchstabens bewegen kann – so wie er auch das Omega wie einen Gegenstand in seiner Linken präsentiert –, andererseits mit seinem Heiligenschein die Ornamente des Buchstabens überschneidet – so wie die Engel und Drachen, die seitlich aus den Ausläufern des A herauswachsen –, scheint er sowohl über die Schrift zu gebieten wie gleichzeitig ein Teil derselben zu sein. Drei Seiten weiter ist Matthäus zu sehen, der eine Gruppe von ungewöhnlich aufwendigen Autorenbildern der vier Evangelisten anführt *(Abb. 23)*: Auf jeweils einer Doppelseite sind links der sitzende Evangelist mit seinem Sekretär und rechts zwei Engel dargestellt. Beide Paare präsentieren, ebenso wie die Evangelistensymbole in den darüber gelegenen Lünetten, das geöffnete Evangelium.[97]

Die Botschaft dieser ersten Seiten ist nicht schwer zu entschlüsseln: Das letzte Buch der Bibel, so wird dem Leser signalisiert, ist in der Hierarchie des biblischen Kanons den Evangelien ebenbürtig, mehr noch, es soll geradezu als deren Quintessenz angesehen werden. Diese heute eher befremdliche Bewertung war für das monastische Milieu des frühmittelalterlichen Spanien nichts gänzlich Neues. Beatus selbst hatte es in seiner Einleitung so formuliert: „Du sollst glauben, dass dieses Buch der Schlüssel zu allen Büchern sei."[98] Das für uns Bedeutsame an diesem Bild-Einstieg ist, dass er erneut auf einem Medienargument basiert: Schrift als Offenbarungsmedium schlechthin, welches die Apokalypse mit einer Aura gesteigerter Sakralität versieht.

Dieser Diskurs einer auf Schrift gegründeten Heiligung von Prophetie setzt sich im Inneren des Apokalypse-Zyklus fort. Das oben schon betrachtete Eingangsbild *(Taf.*

Abb. 23 Doppelseite zum Evangelisten Matthäus, Facundus-Beatus, 1047, Madrid, Biblioteca Nacional, MS Vitrina 14-2, fol. 7v–8r

Abb. 24 Johannes fällt vor dem Engel nieder, Rückkehr des Johannes nach Ephesus, Facundus-Beatus, 1047, Madrid, Biblioteca Nacional, MS Vitrina 14-2, fol. 262r

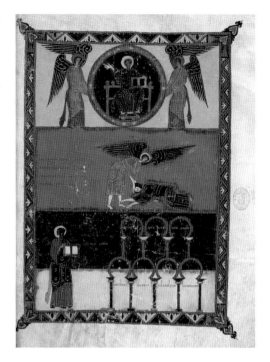

XII) zeichnet sich gegenüber anderen Darstellungstraditionen durch eine „Zerdehnung" der Buchübergabe aus, die das Geschehen in eine Folge ritueller Akte zerlegt und so den Abstand zwischen Christus und Johannes beträchtlich vergrößert. Von Beginn an operiert die Bilderzählung hier im Modus einer vertikal gestuften Mehrzonigkeit monochromer Farbflächen.[99] Oben und Unten sind Christus und dem Autor-Visionär zugewiesen, wobei der Engel die Übermittlung vom einen zum anderen besorgt.

Einige Seiten später nimmt die Miniatur zur Leuchtervision das Schema der Buchübergabe noch einmal auf *(Taf. XIII):*[100] Die Stelle des Engels, der das Buch empfängt, wird nun von Johannes ausgefüllt, der sich vor Christus auf den Boden wirft. Die Berührung durch die Rechte Christi stellt einen unmittelbaren Kontakt mit der Gottheit her. Johannes wird damit gewissermaßen selbst zum Medium, das im unteren Register die Weitergabe des Buches vollziehen darf. Erneut steht Johannes dort, wo im ersten Bild der Engel zu finden war, während die übrige Fläche von den architektonischen Abbreviaturen der kleinasiatischen Gemeinden ausgefüllt wird. UBI IOHANNES EPHESUM REDIT („Wo Johannes nach Ephesus zurückkehrt") lautet die Beischrift der unteren Szene, die auf die Rückkehr des Apostels in seine Diözese anspielt. Die Kette der Übertragung ist damit bis zur Außenwelt, bis zur Gemeinschaft der Gläubigen verlängert.

Nimmt man beide Miniaturen zusammen, dann ergibt sich eine zusammenhängende Narration, welche die apokalyptische Offenbarung in zwei Schritten zu ihren Adressaten gelangen lässt: Die vermittelte Form der Buchübergabe durch den Engel, so scheint es, muss ergänzt werden durch eine direkte himmlische Autorisierung des

Propheten. Erst danach darf Johannes die ihm anvertraute Botschaft an ihren letzten Adressaten weiterreichen. Das Schlussbild des Apokalypse-Zyklus wiederholt diesen Akt der Weitergabe mit identischer Beischrift *(Abb. 24)*.[101] Wie ein allseitig geschlossener Rahmen legt sich so ein schriftgestütztes Übertragungsgeschehen um die übrigen Apokalypse-Miniaturen.

Visio Spiritualis

Unverkennbar ist, dass der sorgfältig konzipierte Prolog der Beatus-Zyklen das Moment der Schau, das Eindringen des Sehers in ein „Bild", erst einmal in den Hintergrund treten lässt – und dies auch in der Darstellung der Leuchtervision, welche in der *Trierer* und der *Bamberger Apokalypse* so sehr auf eine Definition der *visio* als Grenzüberschreitung fokussiert war. Die Autoren der Beatus-Handschriften haben den ersten Teil der Apokalypse vorrangig als sprachlichen, genauer: schriftgestützten Mitteilungsprozess gestalten wollen. Ganz andere Akzente werden dagegen zu Beginn von *Liber III* angeschlagen, der mit der Thronsaalvision in Apokalypse 4 einsetzt *(Taf. XV)*. Die der Miniatur vorangestellte *storia* liest sich für die Benutzer der Beatus-Handschriften folgendermaßen:[102]

> *Und die erste Stimme, die ich wie eine Posaune mit mir hatte reden hören, sprach: Steige hier herauf, und ich will dir zeigen, was nachher geschehen muss. Und ich ward im Geiste verzückt, und siehe da, ein Thron stand im Himmel, und auf dem Thron saß einer. Und der da saß, war anzuschauen wie Jaspisstein und Sardisstein: Und ein Regenbogen war rings um den Thron, anzusehen wie ein Smaragd. (Apk 4, 1–3)*[103]

Gleich den bisher betrachteten Beispielen ist der Miniatur eine vertikale Schichtung farblich differenzierter Streifen hinterlegt. Erstmals aber wird dabei die Zweiteilung in ein irdisches und ein himmlisches Register aufgegeben und ein allseitig zentrierter Aufbau gewählt: Oben und unten sitzen in zwei Reihen die 24 Ältesten, die Mitte nimmt ein großes Medaillonfeld ein, in dem der Menschensohn thront. Eine perfekt geordnete Komposition also, deren Gleichgewicht sich erst bei näherem Hinsehen als gestört erweist: Nicht nur haben oben vier Älteste mehr als unten Platz genommen, auch die gesamte Sitzordnung ist auf eine Symmetrieachse bezogen, die schräg zur Mittelachse des Bildfeldes verläuft. Grund für diese leichte „Unwucht" ist die Einfügung des Visionärs Johannes in ein eigenes Kompartiment am Fuße des Bildfeldes. Mit geschlossenen Augen liegt er flach auf ein Bett gestreckt und ist so dem üblichen Typus des Traumvisionärs angeglichen. Einzigartig innerhalb der mittelalterlichen Traumikonographie ist jedoch die fein gewellte Linie, welche ausgehend vom Mund des Johannes die gesamte Visionsszenerie durchquert. Die Umgruppierung der Ältesten schuf den Platz, um diese Linie ohne größere Umwege in das zentrale Medaillon zu führen, wo sie in den Füßen einer Taube ausläuft.[104]

Die nordspanischen Buchmaler haben den Traum des Johannes in eine Visionserzählung eingefügt, die dem biblischen Urtext nach kein Traumbericht ist. Weshalb diese Entscheidung, die in der frühmittelalterlichen Bildtradition der *visio prophetica* eine Ausnahme bildet?[105] Der Weg zur Beantwortung dieser Frage führt über eine genauere Analyse des Vogelmotivs. Die Miniatur zur Thronsaalvision konfrontiert uns mit dem ungewöhnlichen Fall, dass die in der mittelalterlichen Visionsliteratur des Öfteren zu findende Vorstellung des Seelenvogels, der den Körper des Visionärs durch den Mund verlässt, von Bildkünstlern adaptiert wird.[106] Im Gegensatz zum herkömmlichen Modell der Traumdarstellung lassen die Beatus-Miniatoren den Visionär in zwei unterschiedliche Figurationen auseinander treten, die lediglich durch ein schmales Band verbunden sind. Die Schau der Himmelsvision bewirkt eine Spaltung des Johannes in seinen schlafenden, reglos liegenden Körper und seine wache, schauende Seele. Die zugehörige Beischrift stellt explizit klar, dass es der Modus einer geistigen Schau ist, der in diesem eigentümlichen Bildschema seinen Ausdruck finden soll: UBI IOHANNES FUIT IN SP[IRIT]U AD TRONUM („Wo Johannes im Geist bei dem Thron war") – wie um die Spannung zwischen dem Körper und dem Geist des Sehers noch einmal zu verschärfen, ist dieser Text mit seiner dreifachen Ortsangabe (ubi/in/ad) dem Körper des Johannes beigegeben.[107]

Das Motiv des Seelenvogels ist innerhalb der Beatus-Zyklen noch an zwei weiteren Stellen zu finden.[108] Im Bild zum fünften Siegel sind es die Seelen der Märtyrer, die sich in Vogelgestalt unter dem Altar sammeln, bevor sie mit der Einkleidung in weiße Stolen ihre Menschengestalt wiedererlangen.[109] In der gleichen Rolle kehren die Seelenvögel gegen Ende des Zyklus wieder: Die Miniatur zum tausendjährigen Friedensreich zeigt oben Christus mit der Schar der Richtenden und unten die auf das Urteil wartenden Märtyrerseelen.[110] Aufschlussreich an diesen Parallelen ist die Tatsache, dass die Vögel jeweils die Seelen Toter, genauer: die Seelen der Märtyrer repräsentieren. Die Verbindung der Seele mit dem Körper, die bei Johannes durch die gewellte Linie betont wird, wurde im Fall der Märtyrer bereits endgültig durchtrennt.[111] Der träumende Johannes ist gewissermaßen ein „Untoter". Im Gegensatz zu den zahlreichen Opfern der apokalyptischen Katastrophen liegt er bekleidet und in entspannter, ausgestreckter Haltung auf seinem Bett.

Die Traumszene mit der Spaltung von Körper und Seele führt damit in den Bereich von Tod und Auferstehung, der in den Beatus-Handschriften, gemessen an anderen Apokalypse-Zyklen, auffällig breiten Raum einnimmt. Otto-Karl Werckmeister, der diese Dimension der Beatus-Miniaturen am eindringlichsten untersucht hat, konnte für verschiedene Kodizes einen Gebrauch innerhalb der Totenliturgie nachweisen – im Fall des *Facundus-Beatus* liegen zahlreiche Indizien dafür vor, dass die Handschrift nach dem Ableben Ferdinands und Sanchas für deren Totengedenken verwendet werden sollte.[112] Doch schon zu Lebzeiten konnten die Beatus-Handschriften der Heilssicherung der Nutzer dienen. Den Rahmen dafür gab die monastische Praxis der *Lectio divina* ab, die schon von Benedikt empfohlene Lektüre, Meditation und Kontemplation von Stellen der Heiligen Schrift.[113] Innerhalb dieses Gebrauchsprofils muss gerade die Miniatur zur Thronsaalvision mit ihrem Seelenvogel-Dispositiv von zentraler Wichtigkeit gewesen sein: Der visionäre Blick auf den Thronenden konnte von den Leser-Betrachtern als Antizipation jener Schau verstanden werden, welche den Seelen der Seligen (und damit im günstigsten Fall auch ihrer eigenen) nach dem Tode zuteil werden sollte.

Eine Bestätigung für diese Hypothese finden wir in der zweiten Miniatur des Beatus-Zyklus, die in den oben rekonstruierten „Schriftprolog" wie eine Parenthese eingeschoben ist *(Taf. XIV).*[114] Bildgegenstand ist eine mit Ausnahme von *Trier (Abb. 8)* ansonsten nicht illustrierte Passage der Apokalypse, die von Beatus als Einleitung einer eigenen *storia* gewählt wurde:

> *Siehe, er wird in den Wolken kommen, und sehen wird ihn jedes Auge, auch die, welche ihn durchbohrt haben: Und trauern werden alle Geschlechter der Erde. Ja, Amen.*[115]

Die Erscheinung in Wolken ist ein Vorgriff des Textes auf die Zukunft – gemeint ist die Selbstoffenbarung und Selbstenthüllung Christi am Ende der Zeiten, dessen Gestalt dann von allen Menschen als Sichtbarwerdung Gottes erkannt werden wird.[116] Die Miniatoren nutzen an dieser Stelle die vertikale Abstufung von irdischer und himmlischer Zone, die auch die Bilder zum Briefanfang und zur Leuchtervision charakterisiert, um die Handlungsmomente des Erscheinens und Gewahrwerdens aufeinander zu beziehen. Oben schwebt Christus, allseitig von einem Wolkenwirbel umgeben. Die von vier Engeln gehaltene Wolke mit ihrer ein- und ausschwingenden Kontur scheint als Projektionsfläche zu fungieren, welche die Erscheinung Christi überhaupt erst sichtbar werden lässt.[117] Unten ist eine Gruppe von zehn Figuren versammelt, deren Gesten Überraschung und Anteilnahme ob der schwebenden Epiphanie signalisieren.[118]

Es spricht einiges dafür, in der Erscheinung Christi in den Wolken so etwas wie ein Gegenstück zur Thronsaalvision auszumachen. Mehr als in anderen Darstellungen der Beatus-Zyklen ist gerade hier das Sehen Christi Thema. In aller Deutlichkeit werden dabei zwei Sehmodi herausgearbeitet, die unterschiedliche Niveaus göttlicher Offenbarung markieren. Die Zeugen der Erscheinung „in den Wolken" bleiben auf eine unüberbrückbare Distanz zu Christus verwiesen, weil sie nicht wie Johannes in die Himmelssphäre aufzusteigen vermögen. Der Wolkenkringel, der sich um Christus legt, hat auch den Charakter einer schützenden Hülle.[119] Hingegen dient der mit Sternen besetzte Regenbogen der Thronsaalvision als offene Mündung, durch welche die schauende Seele des Johannes in die unmittelbare Nähe Christi gelangt. Die eine Schau findet auf Erden mit den Augen des Körpers, die andere im Himmel mit den Augen der Seele statt, dem Erkennen Christi am Ende der Zeiten wird ein Erkennen Christi gegenübergestellt, das bereits in der Gegenwart möglich ist.

Visio und Lectio

Mit der Miniatur zur Thronsaalvision wird das *esse in spiritu* als entscheidender Sehmodus der apokalyptischen Bilder herausgearbeitet. Die Benutzer der Handschriften konnten hier durchaus Parallelen zur Behandlung der Sehproblematik im Kommentartext erkennen. Wie Peter Klein zeigen konnte, folgt Beatus jener einfacheren, dualistischen Tradition der Visionstheorie, welche nur zwei Modi des Sehens, die körperliche und die geistige Schau, auseinanderhält.[120] So finden wir zum „fui in spiritu" der Thronsaalvision folgende Erläuterung in der *explanatio*:

> *Wer würde nicht bemerken, dass der von nichts Fleischlichem redet, der von sich sagt, dass er im Geist eingetreten sei? Nichts Körperliches, nichts Irdisches nahm der überaus ehrenwerte heilige Johannes von seinem Gott wahr, sondern er war im Geist, damit er Gott in seiner Hoheit erblicke: Der im Geist folgte, schaute nicht im Fleisch.*[121]

Die im Vergleich zum augustinischen Modell recht einfach gestrickte Visionstheorie des Beatus ist für unsere Fragestellung deshalb von Interesse, weil sie starke Querbezüge zum Modell der *lectio divina* aufweist, jenem Gebrauchskontext, für den die Beatus-Handschriften ursprünglich konzipiert worden waren.[122] Schon lange vor Beatus wurde die Kontemplation als letztes Ziel monastischen Bibelstudiums in Analogie zur visionären Schau verstanden. So wählte Cassiodor in einer der Programmschriften der klösterlichen *lectio*, den *Institutiones divinarum et saecularium litterarum*, folgendes Bild für die Meditation der Heiligen Schrift:

> *Lasst uns deswegen, geliebte Brüder, mit Hilfe der ehrenwerten Schriftkommentare der Väter unverzagt zur Heiligen Schrift emporsteigen, so wie Jakob über die Leiter seiner Vision, damit wir, von der Väter Denkkraft emporgetragen, nachhaltig zur contemplatio des Herrn gelangen.*[123]

Cassiodors Ausführungen sind für unseren Zusammenhang besonders einschlägig, weil sie die Bedeutung der Kommentare für eine „Schau" der biblischen Texte herausstreichen. Auch Beatus scheint seine eigene Tätigkeit als Kommentator in einer großen Nähe zur visionären Schau gesehen zu haben, wie aus seiner anfänglichen Bitte um göttliche Inspiration hervorgeht:

> *Und so rufe ich, da ich mich anschicke, die Apokalypse des heiligen Johannes auszulegen, dessen Bewohner an, den Heiligen Geist, damit er, der jenem seine Geheimnisse enthüllte, uns die Tür des inneren Verstandes öffne.*[124]

Das Verständnis des Apokalypse-Texts, welches der Leser mit Hilfe des Kommentars erreichen sollte, wird immer wieder in einer Terminologie beschrieben, welche an die visionäre Aktivität des Johannes gemahnt. „Die visionäre Gotteserfahrung, von welcher der hl. Johannes in der Apokalypse berichtet, wird als das Ziel der geistigen Lektüre aufgefasst."[125]

Ein Konvergenzpunkt von *lectio* und *visio* ist die Metaphorik des Adlerflugs. Sie ist ein topischer Bestandteil jener Texte, welche jeden der Evangelisten einem der vier lebendigen Wesen zuordneten und dabei die Wesensverwandtschaft zwischen Johannes und dem Adler diskutierten.[126] Auch Beatus greift im Kommentar zur Thronsaalvision auf diese Tradition zurück, um Johannes als den „weitsichtigen" unter den Evangelisten zu preisen, der gleich einem Adler bis zu Gott aufzusteigen vermöge.[127]

Bezeichnenderweise kehrt die gleiche Bildsprache in einer späteren Passage seines Buches wieder, die sich nicht auf die visionäre Schau des Johannes, sondern auf den Weg des Gläubigen zur Kontemplation bezieht:

> *Jeder, der mit vollem Eifer seines Geistes zu Gott umkehrt, ersteht kraft seiner Reue wie ein Toter auf. Und wenn er auferstanden ist, wird er von der vita activa zur vita contemplativa gezogen und weicht mit geöffneten Augen des Herzens, wie ein Adler vor den Sonnenstrahlen, nicht von der Himmelssphäre zurück: Dieser wird dann ein Sohn genannt, der zu Gottes Thron entführt wurde.*[128]

Die Metaphorik des Adlerflugs wird hier mit jener von Tod und Auferstehung verknüpft, eine Kombination, die der Miniatur der Thronsaalvision recht nahe kommt *(Taf. XV)*: Dort ist es Johannes, dessen Körper wie tot daliegt, während seine Seele sich im Vogelflug bis zu Gottes Thron erhebt. Weit entfernt davon, eine Vorgabe für die von den Miniatoren gefundene Bildlösung gewesen zu sein, erlauben uns die zitierten Textstellen die Rekonstruktion eines Verständnishorizonts, in dem sich die Produktion wie die Rezeption der Beatus-Handschriften bewegte. Die Erweiterung des herkömmlichen Traumformulars durch den Seelenvogel, welche die Miniatur auf fol. 112v auszeichnet, könnte durch jene Tradition begünstigt worden sein, welche Johannes eine besondere Fähigkeit zur Überschau zuschrieb.

„Du sollst glauben, dass dieses Buch der Schlüssel zu allen Büchern sei."[129] Wie wir inzwischen gesehen haben, bezieht sich diese Bewertung aus der *Summa* des Beatus-Kommentars auf zweierlei: eine Praxis allegorischer Schriftauslegung, welche die Apokalypse als ein chiffriertes Kompendium der gesamten Heilsgeschichte las, und – in enger Verbindung damit – eine Praxis klösterlicher Schriftmeditation und -kontemplation, zu der die Apokalypse mehr als andere biblische Bücher prädestiniert schien. Schon Cassiodor hatte in seinen *Institutiones* auf die besondere Eignung der Apokalypse als kontemplative Schrift hingewiesen:

> *Die Apokalypse, die die Herzen der Leser mit Nachdruck zu einer überirdischen Betrachtung führt und die Fähigkeit verleiht, mit dem Geist wahrzunehmen, was die Engel in beglückender Schau erfahren dürfen […].*[130]

Die erstaunliche Tatsache, dass sich die Bebilderungstätigkeit spanischer Skriptorien des Früh- und Hochmittelalters vorrangig auf Apokalypse-Kommentare konzentrierte, dürfte in diesem Modellcharakter für die monastische *lectio* begründet liegen. Dies bedeutet aber auch, dass den gemalten Bildern eine zentrale Rolle auf dem Weg über die *meditatio* zur *contemplatio* zuerkannt wurde. Bereits die Urfassung des Beatus-Kommentars war ja allen Indizien zufolge systematisch bebildert. Doch der „zweiten Bildfassung", die im 10. Jahrhundert entstand, liegt dann noch einmal ein neues Nachdenken über die Funktion der Miniaturen zugrunde. Dabei ging es so gut wie nie um eine Verbildlichung der Kommentartexte selbst. Stattdessen wurde ein Bildmodell entwickelt, welches die Bildfläche über geometrische Strukturen und farbige Felderung topologisch strukturierte. Letztlich wurde dabei das alte Rezept

Versiegeln und Enthüllen

der antiken Mnemotechnik aufgegriffen, ein Raster von *loci* mit figürlichen *imagines* zu füllen.[131] An verschiedenen Punkten des Zyklus reicht die Leistung der Bilder aber wesentlich weiter: Gerade die erste Miniatur zur Thronsaalvision ist ja ein visionstheoretisches Lehrbild, welches den äußeren Menschen, seine Seele und Gott in einem System unterschiedlicher Orte vor Augen stellt. Die Spaltung des Johannes in Körper und Seele dient im Gesamtkontext der Beatus-Handschriften als zentrales Argument innerhalb eines komplexen Diskurses über Medialität und Offenbarung. Auf den Aufstieg des Seelenvogels folgt innerhalb des Bildprogramms eine Serie diagrammatischer Schemakompositionen, aus denen der Seher selbst ausgeblendet bleibt *(Abb. 25)*. Man könnte hier einen aquilinischen „Vogelblick" simuliert sehen, der den Visionär Johannes in das göttliche Auge integriert und ihn deshalb seiner eigenständigen Position beraubt.[132]

Neue Routen für den Seelenflug

Vom reflektierten Umgang, den die nordspanischen Buchkünstler mit der Problematik der visionären Schau pflegten, zeugen nicht zuletzt solche Handschriften, welche vom Standardmodell der Verortung des Visionärs abweichen und eigene Positionsbestimmungen vornehmen. Das Verhältnis der jüngeren Handschriften zu den älteren ist lange unter dem Gesichtspunkt von „Abschreibefehlern" und „Missverständnissen" gesehen worden.[133] Dass auch das Gegenteil möglich war, die *inventio* auf der Grundlage vorhandener Bildmuster, und dass dabei große Gestaltungsspielräume für eine eigenständige Übertragung der biblischen Visionserzählung bestanden, mögen zwei prominente Beispiele des 10. und 11. Jahrhunderts verdeutlichen.

Bereits um die Mitte des 10. Jahrhunderts wurde mit dem *Morgan-Beatus* das älteste erhaltene Exemplar der „zweiten Bildfassung" geschaffen.[134] Der Schreiber und Illustrator Maius fügte seiner Miniatur zur Thronsaalvision ebenfalls das Dispositiv des Träumers mit angeschlossenem Seelenvogel ein *(Abb. 26)*.[135] Anders als später die Miniatoren des *Facundus-Beatus* ließ er jedoch die Taube nur bis zur äußeren Grenze des Medaillons mit Christus auffliegen. Peter Klein vermutet hinter dieser Trennung von Visionärs-Seele von Christus ein größeres Bemühen um theologische Korrektheit: Der Modus der apokalyptischen Offenbarung sei ja nicht der höchste (*visio intellectualis*), sondern nur der zweithöchste (*visio spiritualis*) Grad visionärer Schau.[136] Dass die Ausgrenzung der Taube auf solch theologischen Distinktionen gründen kann, wird jedoch unwahrscheinlich, wenn man die letzten Miniaturen des Zyklus aufschlägt. Die Doppelseite zum Himmlischen Jerusalem *(Abb. 27)*[137] zeigt, wie Johannes und der Engel zur Besichtigung der Himmelstadt den Berg Sion ersteigen, was sich im Bibeltext folgendermaßen liest:

> *Und es kam einer der sieben Engel [...] und redete mit mir und sprach: „Komm, ich will dir die Braut, das Weib des Lammes zeigen!" Und er entführte mich im Geist auf einen großen und hohen Berg und zeigte mir die heilige Stadt Jerusalem. (Apk 21, 9–10)*[138]

Abb. 25 Anbetung des Lammes, Facundus-Beatus, 1047, Madrid, Biblioteca Nacional, MS Vitrina 14-2, fol. 116v

Analog zur Thronsaalvision wird auch hier ein *ascensus* des Visionärs beschrieben, der „in spiritu" stattfindet. Maius hat diese Korrespondenz der Schauplätze in eine Korrespondenz der Bildformeln übersetzt: Erneut beginnt beim Mund des Visionärs eine gewellte Linie, die zum thronenden Christus aufsteigt – nur ist diesmal der Seelenvogel innerhalb des Kompartiments lokalisiert, in dem Christus Platz genommen hat.[139] Die zugehörige Beischrift stellt klar, dass nicht Christus das eigentliche Ziel der visionären Schau ist, sondern die Himmelsstadt, zu der Christus mit seiner Rechten hinüberweist: „Hier [befindet sich] der Berg Sion, von welchem der Engel dem heiligen Johannes die Stadt Jerusalem zeigt".[140] Geht man davon aus, dass die unterschiedliche Flughöhe des Seelenvogels bewusst gewählt wurde, dann sollte sie offenkundig eine Steigerung innerhalb des Visionsgeschehens artikulieren: einen Zuwachs an Offenbarungswert von der Thronsaalvision, welche das Ende der alten Welt einläutet, zur Schau des Himmlischen Jerusalem, welche die zukünftige Ordnung der Welt enthüllt. Konsequenterweise wird diese unterschiedliche Höhenlage mit einem Wechsel in der Lokalisierung des Visionärs verbunden: Das Motiv der Traumvision wird ersetzt durch das Motiv der Entrückung auf den Berg. Dass Johannes und der Engel in das göttliche Bild der Himmelsstadt noch einmal selbst eingefügt sind, kann man dann auf diesen gesteigerten Aufstieg der Seele zu Gott zurückführen.[141]

Versiegeln und Enthüllen 91

Abb. 26 Thronsaalvision, Morgan-Beatus, um 940/50, New York, Pierpont Morgan Library, Ms. M. 644, fol. 83r

In späteren Kopien des Beatus-Kommentars wird der Diskurs der Schauplätze und Sehmodi aufgegriffen und weiter ausgebaut. Niemand ist dabei konsequenter verfahren als die Miniatoren des *Osma-Beatus* von 1089, die ausgehend von einem Modell der „ersten Bildfassung" verblüffende neue Bildlösungen erfanden.[142] So lässt sich in der Miniatur des „ecce veniet in nubibus" im unteren Bildbereich eine erstaunliche Entdeckung machen *(Taf. XVI)*:[143] Zwischen die beiden Gruppen der Zeugen, die in einer Vielzahl übergroßer Zeigegesten auf die Erscheinung Christi deuten, ist eine kleine Bogenöffnung eingelassen, wie sie die sonstige Bildtradition nicht kennt. In ihr sitzt der als S[AN]C[TU]S IOHANNES apostrophierte Visionär mit zurückgelegtem Haupt und geschlossenen Augen. In der uns nunmehr schon geläufigen Darstellungsweise ist sein Kopf mit einer Taube verbunden, die zu Christus aufgeschwebt ist. Da Johannes' Augen geschlossen bleiben, muss trotz der aufrechten Haltung abermals eine Traumsituation gemeint sein, die das endzeitliche Sichtbarwerden Christi antizipiert. Mit anderen

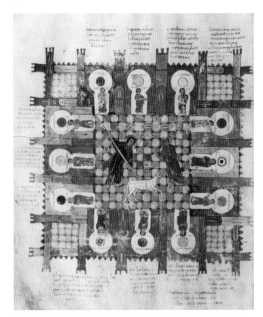 

Abb. 27 Vision des Himmlischen Jerusalem, Morgan-Beatus, um 940/50, New York, Pierpont Morgan Library, Ms. M. 644, fol. 222v–223r

Worten: Die beiden Sehebenen, die ansonsten auf zwei verschiedene Miniaturen verteilt sind, das zukünftige Sehen der Menschheit und die vergangene Schau des Johannes, werden hier innerhalb eines Bildes ineinander geblendet.[144] Pointierter als anderswo kommt so die unterschiedliche Reichweite der beiden Blicke auf Christus zum Ausdruck. Zwei Details sind in diesem Zusammenhang zu beachten: Erstens, die chromatische Matrix der Hintergründe ordnet Johannes' kleiner „Seh-Enklave" die gleiche Farbe zu wie der Erscheinung Christi. Zweitens, der Untergrund des Johannes hat die gleiche Bogenform wie der Thron, auf dem Christus Platz genommen hat. Sehr entschieden findet hier eine Angleichung und visuelle Zuordnung zweier getrennter Positionen statt. Der Ort des Sehers, auch dies ist, so weit ich sehe, ein Novum, ist als INSULA PATHMOS gekennzeichnet.[145]

Die Miniatur zur Thronsaalvision belegt, dass es sich dabei um keine zufällige Konstellation handelt, sondern um eine bewusst gewählte Strategie *(Taf. XVII)*.[146] Die Darstellung des Sehers in horizontaler Position ist diesem Bildformular, wie wir gesehen haben, von Beginn an zu eigen. Doch im *Osma-Beatus* passiert etwas Entscheidendes im Verhältnis Visionär/Visionsbild: Wie schon bei der eben betrachteten Darstellung ruht Johannes nicht einfach im Irgendwo, auf einem nicht näher kontextualisierten Bett, sondern auf einem Kreissegment, das mit INSULA PATHMOS beschriftet ist. Erneut ist es die Farbe des Hintergrundes, die Seher und Gesehenes miteinander verbindet. Zum ersten Mal in der Geschichte der Beatus-Illustration wird die Erfahrung der Schau an einen geographisch benennbaren Ort geknüpft, der dann über Kriterien formaler Analogie dem Ziel der Vision zugeordnet ist. Man kann hier die Anfänge einer Entwicklung sehen, welche die Visionen des Johannes später aus dem medialen Dispositiv der *visio prophetica* herauslösen und seiner Schau einen von Gott unabhängigen Ort zuweisen wird.[147]

Kommen wir mit diesem Befund abschließend noch einmal zur eingangs zitierten Passage der *Libri carolini* zurück: Warum gab Gott Johannes den Befehl, seine Visionen aufzuschreiben und nicht, sie zu malen? Die Anfänge der frühmittelalterlichen Apokalypse-Zyklen scheinen Theodulf recht zu geben: Schrift wird zum primären Offenbarungsträger stilisiert, indem nicht nur die zweite, sondern auch die erste Stufe der prophetischen Offenbarung eine schriftliche Verpackung erhält. Doch auf den Einschluss in den Raum der Schrift folgt im Inneren der Zyklen ein zweiter Anfang, der die *visio* des Johannes als Überschreiten einer Schwelle des Sehens definiert. Auch die Miniaturen der auf den ersten Blick so „schriftfixierten" Beatus-Handschriften legen an den entscheidenden Gelenkstellen eine große Sensibilität gegenüber einem bildlich fundierten Offenbarungsgeschehen an den Tag. Das Potential für einen solchen doppelten Medien-Diskurs ist bereits in der Erzählung des Bibeltextes angelegt. Aber erst der *iconotext* der illuminierten Handschrift, in welcher der heilige Text und die nachträglich hinzugefügten Bilder eine enge Allianz eingehen, macht diesen Diskurs wirklich explizit und denkt ihn in unterschiedlichen Positionsbestimmungen weiter.

Damit wäre die zweite Frage zu beantworten, welche die *Libri carolini* aufwerfen: Was veranlasste die mittelalterlichen Skriptorien, die Johannes-Offenbarung nicht nur in schriftlicher Form zu reproduzieren, sondern dem heiligen Text eine Vielzahl von Bildern beizugeben? Die in diesem Kapitel betrachteten Beispiele lehren, dass sich das Interesse an bebilderten Apokalypse-Büchern aus ganz unterschiedlichen Motiven speisen konnte. Im Fall der *Bamberger Apokalypse* lässt sich der Bedarf an visueller Ergänzung des Textes durch Bilder auf die spezifische Endzeitideologie der Ottonenkaiser zurückführen, die der Apokalypse einen hohen Stellenwert zumaß. Die Gabe der prophetischen Schau galt in diesem Kontext als Vorbild herrscherlicher Sehkraft. Im Fall der Beatus-Handschriften haben die Bilder die Aufgabe, visuelle Muster für eine exegetisch angeleitete Lektüre des Bibeltexts an die Hand zu geben. Ein Diskurs der Orte, des Relationalen und Liminalen, der sich im Eintragen von Grenzlinien und im Definieren von Zonen artikuliert, sollte die entscheidenden Bezugspunkte einer Kontemplation der Heiligen Schrift abstecken, die sich in Analogie zur visionären Schau des Johannes verstand. In beiden Fällen aber war letztlich die Überzeugung am Werk, dass die Übertragung der Visionen ins Bild eine Definition der unterschiedlichen Reichweiten des Sehens leisten konnte, eine Definition des Weges, den das menschliche Auge vom Zunächstliegenden zu den Eschata, den letzten Dingen des Wiss- und Erkennbaren zurückzulegen hatte.

Anmerkungen

1 „Iohannes quoque, [...] dum Caesareis iussibus in Pathmos insula religatus [...] caelestibus plenus mysteriis secreta quaedam Domino reuelante audiret seu cerneret, scribere ea in libro, non pingere iussus est. Et in septem ecclesiis unam, sanctam, catholicam siue apostolicam ecclesiam septiformis gratiae spiritu plenam non pingendo, sed scribendo admonuit. [...] Unde datur intellegi, non picturas, sed scripturas ad nostre fidei eruditionem esse concessas." LIBRI CAROLINI 1998, S. 310–311 (II.30).
2 Zum Charakter der Apokalypse als prophetisches Buch vgl. KRETSCHMAR 1985, S. 21–26; BACKHAUS 2001, S. 31–32.
3 Zur Position der *Libri carolini* vgl. CHAZELLE 1986; FREEMAN 1994; KESSLER 1994 (2000); CHAZELLE 1995; FERRARI 1999, S. 291–357.
4 Eine Aufstellung sämtlicher überlieferter Manuskripte geben EMMERSON/LEWIS 1984–86. Zur Apokalypse-Illustration allgemein vgl. MEER 1978; SCHILLER 1960–91, Bd. 5 (1990–91); KLEIN 1992; CHRISTE 1996.
5 CAMILLE 1992b, S. 277. Ähnlich auch LEWIS 1991, S. 1. BACKHAUS 2001, S. 40–42, spricht von „eidetischer Theologie".
6 „Scribe ergo quae vidisti [...]: Sacramentum septem stellarum quas vidisti in dextera mea, et septem candelabra aurea septem stellae angeli sunt septem ecclesiarum et candelabra septem septem ecclesiae sunt."
7 „Et signum magnum paruit in caelo mulier amicta sole [...] et visum est aliud signum in caelo et ecce draco magnus rufus [...]."
8 Vgl. GRAU 2001, S. 13–24.
9 In der kunsthistorischen Forschung streicht allein LEWIS 1995 die Autorenrolle des Johannes heraus.
10 „Ego Iesus [...] contestor [...] omni audienti verba prophetiae libri huius si quis adposuerit ad haec adponet Deus super illum plagas scriptas in libro isto."
11 MCGINN 1992, S. 6.
12 MCGINN 1992, S. 12.
13 Vgl. etwa zu Ursachen und Umständen des Schauens die unterschiedliche Gewichtung in Proömium (Apk 1, 1) und Eingangsvision (Apk 1, 9–10): Die Übermittlung der Bilder wird einmal ganz auf den Entschluss Gottes abgestellt, einmal komplementär dazu durch immanente Empfangsbedingungen begründet (Sonntag, Inselaufenthalt, Verbannung).
14 Vgl. KAMLAH 1935; NOLAN 1977, S. 3–34; KRETSCHMAR 1985, S. 91–133; MATTER 1992.
15 Dies hält auch MCGINN 1992, S. 19 fest.
16 Im Insistieren auf dieser breiteren Relevanz der Apokalypse sehe ich das grundsätzliche Verdienst der zahlreichen Studien Johannes Frieds zu diesem Thema, trotz mancher Schwächen in religionsgeschichtlicher wie kunsthistorischer Hinsicht, vgl. u.a. FRIED 1989; FRIED 2001. Teilweise im Rekurs auf Fried argumentiert Bianca Kühnel für eine endzeitliche Lesart komputistischer und kosmologischer Diagramme des Frühmittelalters, vgl. KÜHNEL 2003.
17 Gerade die kunsthistorische Forschung hat die Bedeutung der theologischen Exegese mitunter überbewertet. Vgl. etwa CHRISTE 1979 und CHRISTE 1996, S. 7–51, der allerdings vor allem die Monumentalkunst im Blick hat. Zur Buchmalerei vgl. u.a. KLEIN 1981 und LEWIS 1992b. Beide Autoren bleiben den Nachweis schuldig, dass sie mehr in den Blick nehmen als zufällig herausgegriffene Bilddetails oder Ausnahmefälle.
18 Zum Begriff des *iconotext* vgl. WAGNER 1996, S. 16: „Iconotext refers to an artefact in which the verbal and visual signs mingle to produce rhetoric that depends on the co-presence of words and images." Vgl. auch die Diskussion dieses Konzepts in zahlreichen Beiträgen des Sammelbands HORSTKOTTE/LEONHARD 2006.
19 „Apocalypsis Iesu Christi quam dedit illi Deus palam facere servis suis quae oportet fieri cito. Et significavit mittens per angelum suum servo suo Iohanni qui testimonium perhibuit verbo Dei et testimonium Iesu Christi quaecumque vidit."
20 Westfrankreich, frühes 9. Jh. Trier, Stadtbibliothek, Ms. 31. Pergament, 25,7 x 21,6 cm, 75 Blatt. Aufbau: lateinischer Apokalypse-Text, auf jeder Versoseite, ab fol. 21r auf jeder Rectoseite ganzseitige Miniaturen. Vgl. FAKS. TRIERER APOKALYPSE 1974/75; EMMERSON/LEWIS 1984–86, I, S. 315–316 (Nr. 6); SCHILLER 1960–91, Bd. 5.1 (1990), S. 142–144.
21 Vgl. Peter Klein, in: FAKS. TRIERER APOKALYPSE 1974/75, Bd. 2, S. 116; SCHILLER 1960–91, Bd. 5.2 (1991), S. 11.
22 Dies auch der Tenor von NOLAN 1977, S. 58–60; KLEIN 1998, S. 253.
23 Vgl. Mt 1, 20–24. Zu den Traumerzählungen des Matthäus-Evangeliums vgl. FRENSCHKOWSKI 1998, zum Traum der Geburtsankündigung ebd., S. 21–22. Zur Differenz zwischen Bibeltext und Mosaik vgl. BOGEN 2001, S. 30.

24 Vgl. BELTING 2001, S. 143–188. Diese Strategie ließe sich auch sonst im Erzählkonzept der Mosaiken nachweisen, vgl. die Analyse KEMP 1994, S. 149–181. Zu ähnlichen Ergebnissen kommen die mediengeschichtlichen Studien Horst Wenzels zur Bildtradition der Verkündigung im frühen Mittelalter, vgl. WENZEL 1995, S. 274–291.
25 Vgl. BOGEN 2001, S. 64.
26 Vgl. Kapitel 1. Ähnlich wie in den Bildprologen zu Jesaja und Daniel dürfte die architektonische Einfassung, welche die Begegnung des Engels mit dem Visionär umgibt, nicht nur ihres „Portalcharakters" wegen gewählt worden sein, sondern auch als stehendes ikonographisches Motiv zur Markierung schriftlicher *auctoritas*.
27 Vgl. hierzu KLEIN 1979; KLEIN 1992.
28 Reichenau, frühes 11. Jh. Bamberg, Staatsbibliothek, Msc. Bibl. 140. Pergament, 29,5 x 20,5 cm, 106 Blatt. Aufbau: lateinischer Apokalypse-Text mit insgesamt 49 größtenteils ganzseitigen Miniaturen (fol. 1r–57r); doppelseitiges Herrscherbild (fol. 59v–60r); Evangelistar mit 5 ganzseitigen Miniaturen (fol. 61v–106r). Vgl. LEITSCHUH/FISCHER 1895–1912, Bd. 1.1, S. 117–120; HOFFMANN 1995, S. 118; EMMERSON/LEWIS 1984–86, I, S. 340–342 (Nr. 1). Eine Zusammenfassung des aktuellen Forschungsstandes bietet AUSST. KAT. BAMBERG 2000 (entspricht dem Kommentarband zu FAKS. BAMBERGER APOKALYPSE 2000). Wichtige ältere Beiträge: WÖLFFLIN 1918; FAUSER 1958; HARNISCHFEGER 1981.
29 Vgl. KLEIN 2000b, S. 118–119.
30 Vgl. BACKHAUS 2001, S. 33.
31 Vgl. NEUSS 1931, S. 136–138; SCHILLER 1960–91, Bd. 5.2 (1991), S. 11.
32 Vgl. FAKS. FACUNDUS-BEATUS 1994, S. 115–116. Die Identität der rechten Randfigur des unteren Registers bleibt unklar. NEUSS 1931, S. 137 geht in seiner Analyse des Bildschemas vom *Beatus von Saint-Sever* aus, wo die Figur nimbiert ist und ein Buch trägt, und vermutet in ihr eine zweite Darstellung von Johannes, wofür in den meisten anderen Handschriften keine Anhaltspunkte vorliegen. Überzeugender scheint mir der Vorschlag in FAKS. FACUNDUS-BEATUS 1994, S. 116, es könne sich um den Sekretär des Johannes handeln, wie er auch in den einleitenden Evangelistenbildern dargestellt ist.
33 Italien, frühes 9. Jh. Rom, Biblioteca Vallicelliana, Ms. B.25.2. Pergament, 31,3 x 22,0 cm, 101 Blatt. Inhalt: Apostelgeschichte; Epistel; Apokalypse; Beda, *Expositio Apocalypsis*. Vgl. MESSERER 1961, S. 62; SCHILLER 1960–91, Bd. 5.1 (1990), S. 138–139.
34 Vgl. KEMP 1994, S. 118–124 am Beispiel der *Quedlinburger Itala* und BOGEN 2001, S. 124–150 unter Rekurs auf die literaturwissenschaftlichen Modellbildungen Clemens Lugowskis, vgl. etwa LUGOWSKI 1932 (1976) S. 25: „Alle Beispiele zeigen einen Fortschritt in der Handlung [...] so sprunghaft, dass es sofort ein *Vollbrachthaben* mit einem *Ergebnis* ist." Zur Anwendung von Lugowskis Konzepten auf Werke der mittelalterlichen Literatur vgl. DETERING 1996.
35 Diesen Begriff entlehnt Kemp ebenfalls von LUGOWSKI 1932 (1976), S. 26.
36 Vgl. die Zusammenfassung von BEUMER 1968 zu den Inspirationsmodellen der Bibel (S. 1–8), der Patristik (S. 9–31) und der frühmittelalterlichen Theologie (S. 32–34). Wie der Autor herausstreicht, hat es theologischerseits im Mittelalter nie eine einheitliche und verbindliche Inspirationslehre gegeben. Zu mittelalterlichen Konzeptionen von Autorschaft vgl. auch MINNIS 1984; OHLY 1993.
37 Frühes 9. Jh. Abbeville, Bibliothèque municipale, Ms. 4, fol. 153v. Vgl. BRENK 1994, S. 650–653.
38 Vgl. SCHAPIRO 1954 (1977), S. 306–312; WERCKMEISTER 1967, S. 101–108 und S. 129–142; KESSLER 1994 (2000), S. 178–182; HAMBURGER 2002, S. 49–64.
39 WERCKMEISTER 1967, S. 132–133 diskutiert im Hinblick auf die Johannes-Miniatur des *Book of Kells* eine kleine Gruppe von Evangelistenbildern, die als Darstellung einer Überreichung der Evangelien aus dem Himmel gedeutet werden können. Die Interpretation dieser Bilder ist allerdings kontrovers, da häufig auch eine Übergabe an Christus gemeint sein könnte bzw. ein Diktat der Texte durch Christus, vgl. Ursula Nilgen, Evangelisten, in: LCI 1968–76, Bd. 1 (1968), Sp. 696–713 (hier: Sp. 703); NORDENFALK 1983, S. 176–181. Die Evangelisten-Bilder der Beatus-Handschriften, die Werckmeister als Beispiel für den „Übergabe-Typus" anführt, sind mit Sicherheit anders zu lesen, vgl. Anm. 97.
40 Vgl. SUCKALE-REDLEFSEN 2000c, S. 75.
41 Vgl. KLEIN 2000b, S. 120; SUCKALE-REDLEFSEN 2000a, S. 62.
42 Vgl. SCHAPIRO 1977, S. 306–311; BÜTTNER 2000, S. 21.
43 Vgl. KLEIN 2000b, S. 120, bezieht die Rolle in der Hand des Thronenden auf das „scriptum intus et foris" des Buchs mit den Sieben Siegeln nach Apk 5, 1. Angesichts einer breiten Tradition, welche Christus in dieser Szene mit einem Kodex zeigt, überzeugt diese Erklärung nicht.
44 Vgl. KLEIN 2000b, S. 119; SUCKALE-REDLEFSEN 2000a, S. 61.
45 „Ego Iohannes frater uester [...] fui in spiritu in die dominica et audiui post me uocem magnam tamquam tubae dicentis [...]. // [...] Et conuersus sum ut uiderem uocem qui loquebatur mecum. Et conuersus uidi VII

candelabra aurea et in medio VII candelabrorum aureorum similem filio hominis [...]. Et cum uidissem et audissem eum cecidi ad pedes eius tamquam mortuus. Et posuit dexteram suam super me dicens. Noli timere." Msc. Bibl. 140, fol. 2r–2v. Im Gegensatz zur sonstigen Praxis, die Textabschnitte zu den einzelnen Miniaturen mit einer Initiale kenntlich zu machen, ist der Text von Apk 1 (d.h. zu den ersten beiden Bildern) ungegliedert, vgl. SUCKALE-REDLEFSEN 2000e, S. 51. Hier wie im Folgenden werden Ligaturen in aufgelöster Form transkribiert.

46 Vgl. KLEIN 2000b, S. 113, im Anschluss an JUCKER-SCHERRER 1956.

47 SAURMA-JELTSCH 2000, S. 817.

48 Vgl. Peter Klein, in: FAKS. TRIERER APOKALYPSE 1974/75, Bd. 2, S. 117; SCHILLER 1960–91, Bd. 5.2 (1991), S. 13 und 15–16.

49 Vgl. Apk 1, 7: „Ecce venit cum nubibus et videbit eum omnis oculus et qui eum pupugerunt, et plangent se super eum omnes tribus terrae etiam amen."

50 Insofern ist das Urteil Peter Kleins, „all indications of the spiritual experience of St. John and of the visionary character of the Apocalyptic events are missing"(KLEIN 1998, S. 253), zu korrigieren.

51 Dies im Unterschied zu anderen Vorkommnissen dieses Gestus, bei dem Nicht-Visionäre sich die Hand schützend lose über ihren Kopf halten, vgl. fol. 16v (Märtyrer unter dem Altar), fol. 40v (Ausgießen der vierten, fünften und sechsten Schale), fol. 49v (Sieg über das Tier und seine Anhänger).

52 In der Literatur blieb diese Ähnlichkeit bislang unkommentiert. Suckale-Redlefsen wertet die Änderung des Typus als „variatio", vgl. SUCKALE-REDLEFSEN 2000c, S. 85.

53 Das Fehlen des Kreuznimbus könnte man auch so verstehen, dass der Menschensohn hier als visionäres Bild aufgefasst wird, das nicht direkt mit Christus identifiziert werden soll. Für eine solche Lesart gibt es im weiteren Verlauf des Zyklus jedoch keine Anhaltspunkte, da der Menschensohn dort durchgängig einen Kreuznimbus trägt.

54 Vgl. HAMBURGER 2002.

55 „Non enim aliter potuit ascendere in deum, nisi prius fieret deus." ERIUGENA 1969, S. 222 (V, 6–7). Vgl. HAMBURGER 2002, S. 17–18 und 45–49.

56 „Itaque longe a tribus superioribus euangelistis sublimius eleuatus est, ita ut eos quodammodo uideas in terra cum Christo homine conuersari, illum autem transcendisse nebulam qua tegitur omnis terra, et peruenisse ad liquidum coeli lumen, unde acie mentis acutissima atque firmissima uideret in principio Verbum, Deum de Deo, lumen de lumine [...]." ALKUIN 1863b, Sp. 742. Vgl. SCHAPIRO 1954 (1977), S. 308–309. Zur gesamten Tradition seit Augustinus HAMBURGER 2002, S. 45 und VOLFING 1994, S. 7–18.

57 Aus nicht näher genannten Gründen bleiben Bilder zur Apokalypse von Hamburgers Untersuchung ausgeschlossen (vgl. HAMBURGER 2002, S. 1), obwohl sich die dort entwickelten Überlegungen anhand von Apokalypse-Darstellungen erheblich ausweiten ließen.

58 Vgl. fol. 4v (Schreiben an Ephesus und Smyrna), fol. 6v (Schreiben an Pergamon und Thyatira), fol. 8r (Schreiben an Sardes und Philadelphia), fol. 9r (Schreiben an Laodizea).

59 Vgl. fol. 19v (Verteilung der Posaunen), fol. 20r (erste Posaune), fol. 20v (zweite Posaune), 21r (dritte Posaune), 23r (fünfte Posaune), 24v (sechste Posaune), 28v (siebte Posaune). Vgl. auch fol. 32v (Tier aus dem Meer), fol. 33v (Tier aus der Erde), fol. 34v (Anbetung des Lammes), fol. 40v (Ausgießen der vierten, fünften und sechsten Schale), fol. 48v (Reiter Treu und Wahrhaftig), fol. 53v (Jüngstes Gericht).

60 Zu diesem Charakteristikum vgl. KLEIN 1998, S. 253.

61 Vgl. KLEIN 2000b, S. 134–135. Zur Entwicklung der Weltgerichtsikonographie um 1000 vgl. KLEIN 1985.

62 Vgl. KLEIN 2000b, S. 120–121; SUCKALE-REDLEFSEN 2000a, S. 62–63.

63 Der Miniatur auf fol. 11v ist Apk 4, 9–5, 5 (fol. 11r) zugeordnet, wo einer der 24 Ältesten als Gesprächspartner des Johannes genannt wird. KLEIN 2000b, S. 121 plädiert dafür, die dort dargestellte Engelsfigur auf den „angelum fortem praedicantem uoce magna" zu beziehen, der in Apk 5, 2 die Frage stellt: „quis est dignus aperire librum et soluere signacula eius?" Im Text zur Miniatur auf fol. 13v (Apk 5, 6–14, fol. 12v–13r) wird weder ein Engel noch ein anderer Gesprächspartner des Johannes erwähnt.

64 Zur Bedeutung dieser Miniatur für die Darstellung des Visionären bereits KLEIN 2000b, S. 113, der die Einführung des im Text nicht erwähnten Engels als Übernahme aus dem Bild des Himmlischen Jerusalem (fol. 55r) versteht.

65 Vgl. KLEIN 2000b, S. 123; SUCKALE-REDLEFSEN 2000a, S. 64.

66 „Et respondit unus de senioribus dicens mihi [...]. Et dixi illi [...]." Apk 7, 13–14, Msc. Bibl. 140, fol. 18r.

67 Vgl. KLEIN 2000b, S. 135; SUCKALE-REDLEFSEN 2000a, S. 72.

68 Vgl. KLEIN 2000b, S. 113–114, der einen direkten Bezug zwischen diesem Bild und der Miniatur auf fol. 13v sieht.

69 KLEIN 2000b, S. 135–136; SUCKALE-REDLEFSEN 2000a, S. 72.

70 „Et ego Iohannes qui audiui et uidi // haec cecidi ut adorarem ante pedes angeli qui mihi haec ostendebat. Et dixit mihi uide ne feceris conseruus tuum sum et fratrum tuorum prophetarum […]." Msc. Bibl. 140, fol. 55v–56r.
71 So auch SAURMA-JELTSCH 1998, S. 37.
72 Zu Planwechseln im Herstellungsprozess vgl. SUCKALE-REDLEFSEN 2000d, S. 44–46; zur Beteiligung verschiedener Hände an der Ausführung der Miniaturen vgl. SUCKALE-REDLEFSEN 2000c, S. 88–92.
73 Die Datierung ist seit Jahrzehnten der Gegenstand heftiger Kontroversen, die sich auch im unterschiedlichen Votum der Beiträge in AUSST. KAT. BAMBERG 2000 widerspiegeln. Neben stilgeschichtlichen und paläographischen Anhaltspunkten geht es dabei in erster Linie um das Herrscherbild auf fol. 59v, vgl. dazu zusammenfassend SUCKALE-REDLEFSEN 2000b, S. 93–96. In dieser Auseinandersetzung konnte Peter Klein (vgl. KLEIN 1988–89; KLEIN 2000–01) wichtige Gründe geltend machen, die für eine Frühdatierung in die Zeit Ottos III. sprechen. Kleins Hypothese einer nachträglichen Umgestaltung des Kodex unter Heinrich II. überzeugt mich jedoch nicht. Zur Stiftung in die Bamberger Stiftskirche Sankt Stephan vgl. BAUMGÄRTEL-FLEISCHMANN 2000; SCHNEIDMÜLLER 2000, S. 25–30.
74 Wie WÜNSCHE 2000 zuletzt mit großer Klarheit herausgearbeitet hat, ist der Apokalypse-Teil nicht für eine liturgische Nutzung eingerichtet, wie sie in der nachösterlichen Zeit prinzipiell denkbar gewesen wäre. Aber auch das Evangelistar war aufgrund seiner begrenzten Auswahl an Perikopen laut Wünsche „als ein repräsentatives Buch gedacht, dessen Gebrauch auf die Feste des Herrn und des Heiligen begrenzt war und das im liturgischen Alltag keinen Platz hatte" (S. 153). Auf Wünsches Befund reagierend hat Klein die Vermutung geäußert, dass Apokalypse und Evangelistar erst nachträglich zusammengebunden worden seien, „wohl weil Heinrich und Kunigunde [...] auch dem Bamberger Stift St. Stephan ein repräsentatives Geschenk zukommen lassen wollten." KLEIN 2000–01, S. 60–61. Der kodikologische und paläographische Befund macht diese Annahme äußerst unplausibel.
75 Zu einer Ausnahme vgl. PIPPAL 2000.
76 PIPPAL 2000, S. 148.
77 Die ungewöhnliche Positionierung des Herrscherbilds wird von Klein (vgl. KLEIN 1988–89, S. 38–39; KLEIN 2000–01, S. 58–59) als Indiz dafür angeführt, dass dieses ursprünglich am Beginn der Handschrift gestanden haben müsse und in einem zweiten Schritt „in der Mitte der Handschrift gleichsam versteckt" worden sei. Zur Untermauerung seiner These verweist Klein auf die Unvollständigkeit der ersten Lage, die Spuren einer nachträglichen Umarbeitung trage. Hier sei unter Otto III. ein Widmungsbild platziert gewesen, das für die Stiftung Heinrichs II. nach Bamberg entfernt worden sei. Bei genauerer Überprüfung stellt sich dieses Argument als wenig stichhaltig heraus: Die erste Lage des Kodex besteht nur aus zwei Doppelblättern, von denen eines beschnitten wurde. Das verlorene Widmungsgedicht hätte schon sehr umfangreich sein müssen, um eine komplette *quaternio* zu füllen. Die erste Lage war also von Beginn an ein Sonderfall, und das erste Blatt, das wohl erst im 19. Jh. entfernt wurde (vgl. SUCKALE-REDLEFSEN 2000d, S. 45), wahrscheinlich leer.
78 Zur Zweizonigkeit des Herrscherbildes „als Anpassung an die mehrheitlich zweizonig angelegten übrigen Bilder der Apokalypse-Handschrift" bereits KLEIN 1988–89, S. 29.
79 Vgl. die Typologie unterschiedlicher Spielarten von Christomimese bei HAMBURGER 2002, S. 6. Von einer Christomimese des Bamberger Herrscherbildes spricht bereits KLEIN 1988–89, S. 35–36, der Parallelen zum Bildtypus der Dornenkrönung sieht. Der von KÖRNTGEN 2001, S. 309–310 vorgebrachte Einwand, Christus- und Herrscherbilder müssten sich notgedrungen der gleichen ikonographischen Formeln bedienen, ist zwar als methodisches Korrektiv ernstzunehmen, führt in der von Körntgen vertretenen Konsequenz aber dazu, Bildern die genuinen Möglichkeiten visueller Sinnstiftung abzusprechen und ihr Sinnpotential auf ikonographische Formelhaftigkeit zu reduzieren.
80 KUDER 1998, S. 217.
81 KUDER 1998, S. 217–218.
82 UTERE TERRENO. CAELESTI POSTEA REGNO („Walte des irdischen, später dann des himmlischen Königtums"). Transkription und Übersetzung zit. nach: SUCKALE-REDLEFSEN 2000a, S. 72.
83 Es erscheint in diesem Zusammenhang alles andere als zufällig, dass das einzige weitere Beispiel einer Christomimese von Johannes die Miniatur zur Vision der Großen Ernte ist (fol. 37r), die den Menschensohn als *gekrönten* Herrscher zeigt.
84 An dieser Stelle gibt es möglicherweise doch wieder Parallelen zu den *Bamberger Kommentaren*, genauer zum Bildprolog zum Hohelied: Im Zug der Seligen sind es ja allein die gekrönten Figuren neben dem Taufbecken, die zum endzeitlichen Christus auf der rechten Seite hinüberblicken, und die evtl. als Herrscher zu identifizieren sind, vgl. Kapitel 1, Anm. 68.
85 Hofschule Karls des Kahlen, um 870. München, Staatsbibliothek, Clm 14000. Pergament, 42,0 x 33 cm, 125 Blatt. Inhalt: Evangeliar mit Kanontafeln und 7 ganzseitigen Miniaturen. Vgl. WUNDERLE 1995, S. 3–7. Zur

Doppelseite fol. 5v–6r vgl. WERCKMEISTER 1963, S. 76–80; HOFFMANN 1968, S. 51–53; KELLER 1985, S. 302–303; STAUBACH 1993, S. 233 und 261–281; CHRISTE 1996, S. 76–77.

86 ET PRINCEPS KAROLUS VULTU SPECULATUR APERTO ORANS, UT TECUM VIVAT LONGEVUS IN AEVUM. Zu den *tituli* und zu ihrer Verbindung mit den *Aulae siderae* Eriugenas vgl. DUTTON/JEAUNEAU 1983 und STAUBACH 1993, S. 261–281.

87 Es ist unklar, ob dabei als Ziel der Verehrung Christus oder ebenfalls das Lamm dargestellt war. Zur Rekonstruktion und Bewertung des nur in Nachzeichnungen überlieferten Mosaiks vgl. SCHNITZLER 1964; SCHRADE 1965; GRAPE 1974, S. 53–57; KALINOWSKA 1982. DUTTON/JEAUNEAU 1983, S. 116–117 und STAUBACH 1993, S. 277 plädieren hingegen für eine Verbindung der Miniaturen zur Marienbasilika in Compiègne, die Karl als Ersatz für die 870 verlorene Pfalzkapelle seines Großvaters errichten ließ.

88 Durch die beiden Apostelfürsten wird im Herrscherbild zudem ein direktes Berührungsverhältnis zwischen Buch und Krone hergestellt. Dieser Aspekt wird bekräftigt im Schlussbild zum Pfingstwunder (fol. 73r), das Petrus und Paulus analog zur Krone des Herrscherbildes ein geöffnetes Buch umfassen lässt.

89 In diesem Punkt ist KÖRNTGEN 2001 partiell zuzustimmen, der auf die Funktion der Herrscherbilder als Medium persönlicher Heilssorge und Sicherung von Memoria insistiert, vgl. etwa die Zusammenfassung S. 447–457.

90 Den besten Überblick bietet das Korpus WILLIAMS 1994–2003, das insgesamt 26 Handschriften zwischen dem 9. und 13. Jh. verzeichnet.

91 Der Kommentar ediert in BEATUS 1985. Zu den von Beatus benutzten Quellen vgl. ÁLVAREZ CAMPOS 1978; FONTAINE 1980. Zur Stellung des Beatus-Kommentars innerhalb der frühmittelalterlichen Exegese vgl. KRETSCHMAR 1985, S. 122–127; MATTER 1992, S. 45–46.

92 Kennzeichen der „zweiten Bildfassung" ist außerdem die Hinzufügung von Bild- und Textelementen, die nichts mit der Apokalypse bzw. dem Kommentar des Beatus zu tun haben. Vgl. die Rekonstruktion der Filiationsverhältnisse in NEUSS 1931, S. 62–111 und deren Revision durch KLEIN 1976, S. 170–217 und WILLIAMS 1994–2003, Bd. 1 (1994), S. 19–100.

93 Vgl. WERCKMEISTER 1980, S. 167; MENTRÉ 1984 (1996), S. 142–143.

94 In der Forschung besteht weitgehend Einigkeit darüber, dass die Bilder ikonographisch in erster Linie auf die *storia* und nur gelegentlich auf die *explanatio* rekurrieren, vgl. WERCKMEISTER 1980, S. 169; MENTRÉ 1984 (1996), S. 207; WILLIAMS 1994–2003, Bd. 1 (1994), S. 120–129. Zu einzelnen Bildelementen, die sich auf die *explanatio* beziehen vgl. NORDSTRÖM 1976.

95 Königliches Skriptorium in Leòn, 1047, Schreiber und evtl. Illuminator Facundus. Madrid, Biblioteca Nacional, Ms. Vitrina 14-2. Pergament, 36,0 x 28,0 cm, 312 Blatt. Aufbau: Alpha, Kreuz von Oviedo, Labyrinth (fol. 6r–7r); Evangelisten (fol. 7v–10r); Genealogische Tafeln (fol. 10v–17r); Kapitelübersicht und Apokalypse-Text (fol. 18–30r); Vorwort, Prologe und *interpretatio* (fol. 30r–40r); Kommentar zur Apokalypse mit 75 Miniaturen (fol. 40r–264r); *De adfinitatibus et gradibus* (fol. 265–266v); Hieronymus, *In Danielem* mit 9 Miniaturen (fol. 367r–316r); Kolophon (fol. 316r). Vgl. WILLIAMS 1994–2003, Bd. 3 (1998), S. 34–40; FAKS. FACUNDUS-BEATUS 1994.

96 Vgl. ALEXANDER 1978, S. 92; FAKS. FACUNDUS-BEATUS 1994, S. 100–102. In einigen Beatus-Exemplaren ist das Omega an das Ende der Handschrift gestellt, vgl. NEUSS 1931, S. 135. Alpha bzw. Alpha und Omega finden sich auch in anderen nordspanischen Manuskripten der Zeit wie den *Moralia in Hiob* des Florentius von 945 oder dem *Diurnale* Ferdinands I. von 1055, vgl. NORDENFALK 1970, S. 65–67; WERCKMEISTER 1980, S. 173; WILLIAMS 1994–2003, Bd. 1 (1994), S. 79.

97 Vgl. FAKS. FACUNDUS-BEATUS 1994, S. 104–108. Die Bilder für Lukas und Johannes sind im *Facundus-Beatus* zu einer gemeinsamen Doppelseite zusammengefasst (fol. 9v–10r). Die Interpretation der Autorenbilder ist kontrovers. NEUSS 1931, S. 116–119 und NORDENFALK 1983, S. 179–181 deuten die sitzende Figur als Christus und die stehende als Evangelist. WILLIAMS 1994–2003, Bd. 1 (1994), S. 55–58, bezweifelt dies, weil die sitzende Figur in keiner Handschrift einen Kreuznimbus trägt, und der stehenden jeglicher Nimbus fehlt.

98 „Omnium tamen librorum thecae hunc librum credas esse clauiculam." BEATUS 1985, Bd. 1, S. 4 (*Summa*, 8–9).

99 Dieser Bildaufbau ist ein Merkmal aller Beatus-Handschriften der „zweiten Redaktion", vgl. MENTRÉ 1984 (1996), S. 168–176 und WILLIAMS 1994–2003, Bd. 1 (1994), S. 62–73.

100 Vgl. FAKS. FACUNDUS-BEATUS 1994, S. 117–121. Die Evangelistenbilder ähnlich gedeutet bei SCHILLER 1960–91, Bd. 5.1 (1990), S. 125.

101 Vgl. FAKS. FACUNDUS-BEATUS 1994, S. 218. Das Schlussbild als Klammer angesprochen bei LEWIS 1995, S. 26, die aber die Doppelung des Motivs in der Leuchtervision übersieht.

102 Zum Folgenden vgl. GANZ 2006.

103 „Et uox prima quam audiui tamquam tubam loquentem mecum, dicens, *ascende huc, et ostendam tibi quae oportet fieri post ea*. Et fui in spiritu, et ecce thronus positus erat in caelo, et supra thronum sedens. Et qui sedebat similis erat adspectui lapidi iaspidi et sardino: Et iris erat in circuitu sedis, similis adspectui zmaragdino." BEATUS 1985, Bd. 1, S. 442 (III, *storia*, 2–8). Der Bibeltext des Beatus-Kommentars folgt einer Prä-Vulgata-Version.

104 Diese in den meisten Beatus-Handschriften anzutreffende Bildlösung bereits als Unikum „innerhalb der gesamten Apokalypse-Illustration" hervorgehoben bei SCHILLER 1960–91, Bd. 5.1 (1990), S. 128. Eine erste genauere Analyse bringt KLEIN 1998, S. 256–258.
105 Vgl. Kapitel 3.
106 Mittelalterliche Darstellungen des Seelenvogels beziehen sich gewöhnlich auf den Bereich Tod und Auferstehung, vgl. ERICH 1935; Wolfgang Kemp, Seele, in: LCI 1968–76, Bd. 4 (1972), Sp. 138–142, hier: Sp. 141. Zum Seelenvogel in der mittelalterlichen Visionsliteratur vgl. DINZELBACHER 1993b, S. 309.
107 Die Inschrift nimmt das „fui in spiritu" (Apk 4, 1) des Bibeltexts auf, das der Beatus-Kommentar auf folgende Weise auslegt: Zu Ortsangaben vom Typ „ubi" in mittelalterlichen Bildern vgl. KESSLER 1989b, S. 300–301.
108 Auf diese Parallelen erweist bereits SCHILLER 1960–91, Bd. 5.1 (1990), S. 128.
109 Vgl. FAKS. FACUNDUS-BEATUS 1994, S. 141–143. Zur Variation dieser Darstellung in den anderen Beatus-Handschriften vgl. NEUSS 1931, S. 156–158; KLEIN 1976, S. 92–94; SCHILLER 1960–91, Bd. 5.2 (1991), S. 45.
110 Vgl. SCHILLER 1960–91, Bd. 5.2 (1991), S. 159.
111 Bedeutsam für die Verbindung Johannes-Märtyrer könnte die Formel „propter uerbum Dei et [propter] testimonium Iesu" sein, die sowohl zur Charakterisierung der Märtyrertode wie zur Begründung von Johannes' Patmos-Aufenthalt verwendet wird, vgl. Apk 1, 9; 6, 9; 20, 4.
112 Vgl. WERCKMEISTER 1973 (zum *Beatus von Saint-Sever*) und WERCKMEISTER 1980 (zum *Facundus*- und zum *Silos-Beatus*).
113 Dies der Konsens der jüngeren Forschung seit FONTAINE 1980 und WERCKMEISTER 1980, S. 167–170. Vgl. MENTRÉ 1984 (1996), S. 199–208; WILLIAMS 1994–2003, Bd. 1, S. 103–115; KLEIN 1998, S. 258. Allgemein zur *Lectio* vgl. JACQUES ROUSSE, Lectio divina et lecture spirituelle. 1. La lectio divina, in: DS 1937–95, Bd. 9 (1976), Sp. 470–487; LECLERCQ 1957, S. 19–25 und 70–86; McGINN 1994 (1996), S. 208–217; ANGENENDT 1997, S. 174–177. Zur Rolle von Bildern innerhalb der *Lectio* vgl. auch WERCKMEISTER 1967, S. 79–97; RAW 1997, S. 169–186; COHEN 2000, S. 179–182 und 191–196; WINTERER 2002, S. 108–120.
114 Vgl. FAKS. FACUNDUS-BEATUS 1994, Bd. 2, S. 116–117.
115 „Ecce ueniet in nubibus, et uidebit eum omnis oculus, et qui eum pupugerunt: Et plangent se omnes tribus terrae. Etiam. Amen." BEATUS 1985, Bd. 1, S. 86 (I, *storia*, 6–8). Der Text weicht hier stärker als sonst von der Vulgata ab, am markantesten in der Formulierung „in nubibus" statt „cum nubibus".
116 Der Zukunftsaspekt wird auch in der *explanatio* bekräftigt: „secundum eius demonstrat aduentum." BEATUS 1985, Bd. 1, S. 87 (I, *expl.*, 13–14) – dies gegen die bei CHRISTE 1996, S. 7–51 m.E. überbetonte Auffassung von der grundsätzlich präsentischen Orientierung mittelalterlicher Apokalypse-Bilder.
117 Vgl. IMORDE 2004.
118 Die Identität dieser Gruppe ist schwer einzugrenzen. Für Verwirrung sorgt neben der Gestik, die nicht zu den in der Bibel erwähnten „Durchbohrern" Christi passt, die heiligenscheinartige Markierung der Köpfe, die in den Beatus-Handschriften aber häufiger für Nicht-Heilige gebraucht wird. Zu den Varianten in der Zusammenstellung dieser Zuschauer vgl. KLEIN 1987, S. 129–131; SCHILLER 1960–91, Bd. 5.2 (1991), S. 12–13.
119 Als solche wird sie auch in der Darstellung verwendet, welche die Entrückung der beiden Zeugen schildert, vgl. fol. 182v des *Facundus-Beatus*.
120 Vgl. KLEIN 1998, S. 254–257. Klein versucht nachzuweisen, dass der zweite Visio-Typ mit der *visio intellectualis* bei Augustinus gleichzusetzen sei und etwas der augustinischen *visio spiritualis* Vergleichbares bei Beatus fehle. Die im Kommentar verwendete Terminologie ist diesbezüglich aber wohl nicht trennscharf genug, was wohl auch der kompilatorischen Schreibweise geschuldet ist. Zur Kennzeichnung des zweiten Visio-Typs werden unterschiedslos „spiritus", „spiritualis", „interior", „mens" und „cor" verwendet.
121 „Quis non sentiat nihil carnale locutum, qui in spiritu ingressum se fuisse describit? Nihil sanctus Iohannes probatissimus de Deo suo corporale, nihil terrenum excepit, sed fuit in spiritu, ut adspiceret Dominum maiestatis: qui in spiritu adtendit non in carne conspexit." BEATUS 1985, Bd. 1, S. 445 (III, *expl.*, 9–14). Vgl. auch den Kommentar zu Apk 1, 10: „Fui in spiritu in dominica die. Ductum se esse in spiritu loquitur, id est, in secretis Dei eleuatum, ut quae dicenda sunt uideat. Et in altitudine caelorum non se corpore dicit ingressum, sed spiritu intromissum." BEATUS 1985, Bd. 1, S. 93 (I, *expl.*, 2–6).
122 Vgl. FONTAINE 1980; WERCKMEISTER 1980.
123 „Quapropter, dilectissimi fraters, indubitanter ascendamus ad divinam Scripturam per expositiones probabiles patrum, velut per quandam scalam visionis Jacob, ut eorum sensibus provecti ad contemplationem Domini efficaciter pervenire mereamur." CASSIODORUS 2003, S. 94–97 (I, *praef.*, 2). Vgl WERCKMEISTER 1967, S. 93.
124 „Unde Apocalipsin sancti Iohannis expositurus habitatorem eius inuoco Sanctum Spiritum, ut qui illi secretorum suorum arcana reuelauit nobis interioris intellectus ianuam pandat." BEATUS 1985, Bd.1, S. 74 (*praef.*, 3–7).
125 WERCKMEISTER 1980, S. 168.

126 Vgl. MEIER 1990, S. 44–45; DESHMAN 1997a, S. 538–540; HAMBURGER 2002, S. 47, 85 und 190.
127 „Bene ergo Iohannes aquila uolans scribitur, quia [...] deserens omnia humilia ad ipsam altitudinem caeli contendit, et quasi more aquilae uolantis de ipso proprie loquitur, dicens, *In principio erat uerbum* [...]." BEATUS 1985, Bd. 1, S. 467 (III, *expl.*, 8–13).
128 „Omnis qui toto mentis ardore ad Deum conuertitur, quasi mortuus per paenitentiam resurgit. Et cum surrexerit, ab actiua vita trahitur in contemplatiuam, et inreuerberatis oculis cordis, ut ad radios solis aquila, non reflectitur a caelestibus: Tunc filius masculus ad thronum Dei dicitur raptus." BEATUS 1985, Bd. 2, S. 108 (VI, *expl.*, 2–7).
129 Vgl. Anm. 98.
130 „Apocalipsis [...], quae studiose legentium animos ad supernam contemplationem deducit, et facit mente cernere quod angeli uidendo beati sunt." CASSIODORUS 2003, S. 170–171 (I.9.2, 3–5). Vgl. FONTAINE 1980, S. 80; WERCKMEISTER 1980, S. 168.
131 Vgl. CARRUTHERS 1998, S. 150–155.
132 Vgl. CAVINESS 1983; MEIER 1990.
133 Zu dieser Kritik vgl. CARRUTHERS 1998, S. 153–154.
134 Tábara, um 940/50, Schreiber und Illuminator Maius. New York, Pierpont Morgan Library, Ms. M. 644. Pergament, 38,7 x 28,5 cm, 300 Blatt. Aufbau: Evangelisten (fol. 1v–4r); Genealogische Tafeln (4v–9v); *Praefatio*, Prologe und *Interpretatio* (fol. 10r–21v); Kommentar zur Apokalypse mit 68 Miniaturen (fo. 22r–233v); *De adfinitatibus et gradibus* (fol. 234r–237v); Hieronymus, *In Danielem* mit 14 Miniaturen (fol. 239r–292v); Kolophon (fol. 293). Vgl. WILLIAMS/SHAILOR 1991; WILLIAMS 1994–2003, Bd. 1 (1994), S. 21–33.
135 Vgl. WILLIAMS/SHAILOR 1991, S. 190–191.
136 Vgl. KLEIN 1998, S. 257, Anm. 50.
137 Vgl. WILLIAMS/SHAILOR 1991, S. 212–216.
138 „Et uenit unus ex septem angelis [...] et locutus est mecum, dicens, *ueni, ostendam tibi sponsam uxorem agni*. Et abstulit me in spiritu supra montem altum et magnum et ostendit mihi ciuitatem sanctam Iherusalem." BEATUS 1985, S. 376–377 (XII, *storia*).
139 Dies ist nur in einigen Handschriften der Fall: Valladolid, Biblioteca de la Universidad, Ms. 433, vollendet 970, fol. 183r, vgl. WILLIAMS 1994–2003, Bd. 2 (1994), S. 38–42, Abb. 224; Lissabon, Arquivo Nacional da Torre do Tombo, Lorvao 1189, fol. 210r, vgl. WILLIAMS 1994–2003, Bd. 5 (2003), S. 31–34, Abb. 255. Vgl. NEUSS 1931, S. 218–220; SCHILLER 1960–91, Bd. 5.2 (1991), S. 171–172.
140 HIC MONS SION DE QUO ANGELUS SANCTO IOHANNI CIUITATEM IHERUSALEM OSTENDIT. Erstaunlicherweise zieht KLEIN 1998 gerade die Darstellung des Himmlischen Jerusalem im *Morgan-Beatus* als Beleg für seine These heran, die Beatus-Handschriften zielten darauf ab „to avoid, if possible, the representational problem of visualizing the visionary experience" (S. 254).
141 Zu einer gegensätzlichen Bewertung gelangt KLEIN 1998, der die beiden Darstellungen der Doppelseite getrennt betrachtet: „Another way to negate the visionary experience can be found in the Beatus illustration of the Heavenly Jerusalem [...]. This time, John and the angel are present, however *within* the celestial city [...]. This placement of John and of the angel is not only unique in medieval Apocalypse illustration, but it also fails to conform to the biblical text, which unequivocally says that John was carried away in the spirit to a high mountain [...]. This negation of John's spiritual ecstasy is also due to the allegorical explanation of the Beatus commentary [...]." (S. 256).
142 Sahagún (?), 1086. Burgo de Osma, Cabildo de la Catedral, Ms. 1. Pergament, 36,0 x 25,3 cm, 166 Blatt. Aufbau: Alpha (fol. 1); Kapitelübersicht und Apokalypse-Text (fol. 2v–10v); *Praefatio*, Prologe und *Interpretatio* (fol. 10v–18v); Kommentar zur Apokalypse mit 68 Miniaturen (fol. 18v–164v); Kreuz (fol. 166r). Vgl. FAKS. OSMA-BEATUS 1992; WILLIAMS 1994–2003, Bd. 4 (2002), S. 17–25.
143 Vgl. WILLIAMS 1992, S. 106.
144 Tatsächlich waren in der zugehörigen *storia* zwei Visionen zusammengefasst: die Erscheinung in Wolken (Apk 1, 7) und der Beginn der Leuchtervision (Apk 1, 9–11), was jedoch in keiner der anderen Beatus-Handschriften eine Rolle spielt. Vgl. BEATUS 1985, Bd. 1, S. 86–87 (I, *storia*). Die folgende *storia* setzt noch einmal in Apk 1, 10 ein und bringt den Hauptteil der Leuchtervision, vgl. BEATUS 1985, Bd. 1, S. 98–99 (I, *storia*).
145 Bezogen auf Apk 1, 9: „Fui in insula quae appellatur Pathmos propter uerbum Dei et testimonium Ihesu." BEATUS 1985, Bd.1, S. 86 (I, *storia*, 12–13).
146 Vgl. WILLIAMS 1992, S. 111.
147 Vgl. dazu Kapitel 7.1.

3 Prophetische Träume
Bilderfindungen im 12. und 13. Jahrhundert

Das 12. Jahrhundert erlebt eine neue Konjunktur des Paradigmas Prophetie. Theologen wie Hugo von St. Viktor und Rupert von Deutz beginnen, ein intensives Interesse für die prophetischen Schriften der Bibel zu entwickeln und ihre Auslegung in neue Richtungen zu lenken.[1] Gleichzeitig treten neue Propheten wie Hildegard von Bingen oder Elisabeth von Schönau auf, deren Prophezeiungen zunächst schriftlich, aber bald auch schon bildlich überliefert werden. Die Neubestimmung der prophetischen Offenbarung, die sich hier artikuliert, wird auch in den Visionsdarstellungen der Zeit greifbar. Gegenüber der frühmittelalterlichen Situation ist zunächst die Vielfalt an Modellen des Prophetischen hervorzuheben, die in die Bildkunst eingeführt und weiterentwickelt werden. In einem zuvor unbekannten analytischen Zugriff wird der Vorgang der prophetischen Offenbarung gewissermaßen seziert, werden die jeweiligen Anteile von Gott und Mensch, von Geist und Körper, von Visualität, Oralität und Schrift neu ausgelotet. Eines der folgenreichsten Experimente dieser Art war die Übertragung des Traumparadigmas in den Kontext der alttestamentlichen Prophetie. Im Frühmittelalter hatte der Traum primär eine narrative Funktion innerhalb größerer Erzählzusammenhänge besessen: Durch Akte der Ankündigung oder Bestätigung verdeutlichten Träume den Verheißungs-Erfüllungs-Zusammenhang einer abgeschlossenen Geschichte.[2] Seit dem 12. Jahrhundert kann der Traum auch als Medium prophetischer Weissagung auftreten, die – wie Gregor es formuliert – „zu Recht als solche bezeichnet wird, […] weil sie Verborgenes offenbart."[3]

3.1 Ein neuer Prophet
Der träumende Jesse

Unter den neuen Bildprägungen des 12. Jahrhunderts zählt die Wurzel Jesse zu den erfolgreichsten und vielseitigsten. Ihre Genese und geographische Verbreitung ebenso wie ihre Omnipräsenz in den unterschiedlichsten Bildmedien sind in zahlreichen Studien umfassend aufgearbeitet worden.[4] Mir geht es hier um diejenigen Darstellungen des Themas, die Jesse schlafend darstellen und so eine Traumvision als Handlungsrahmen indizieren. Wie wurde Jesse, der Vater Davids, zum Träumer? Diese zuletzt für die Geschichte der Traumdarstellung diskutierte Frage soll im Folgenden in den Problemhorizont prophetischer Visionsbilder gestellt werden.[5]

Ähnlich wie die spätmittelalterliche Gregorsmesse ist die Wurzel Jesse ein kompilatorisches Bild, dessen mediale und funktionale Vielseitigkeit sich nicht zuletzt einer hohen Variabilität aller Teilelemente verdankt.[6] Gregorsmesse wie Wurzel Jesse sind Visionserzählungen ohne narrative Textreferenz, ohne Bezug zu einer älteren Erzählung im Medium der Schrift. Im Unterschied zur Gregorsmesse haben wir für die Wurzel Jesse allerdings einen kurzen „Textsplitter" in der Bibel, ohne den die Erfindung des neuen Bildmotivs nicht möglich gewesen wäre. Für die medientheoretische Fragestellung, die wir verfolgen, lohnt es sich, diese Passage und ihr Umfeld innerhalb des Buchs Jesaja noch einmal genauer in den Blick zu nehmen:

Und es wird ein Spross aus der Wurzel Jesse austreiben, und eine Blüte aus der Wurzel emporsteigen, und auf dieser wird der Geist des Herrn ruhen, der Geist der Weisheit und des Verstandes, der Geist des Rates und der Stärke, der Geist der Erkenntnis und der Furcht des Herrn. (Jes 11, 1–3a)[7]

Die gemessen am Gesamtumfang des Buches eher beiläufig ausgesprochene Vorhersage gehört zu einer Sequenz von Wortprophetien, die in eine bildhafte, schwer dechiffrierbare Sprache gekleidet sind. Als Bezugsrahmen ist Jesaja 8, 1 anzusehen: „Und der Herr sprach zu mir". Für diese Verankerung des Jesaja-Zitats in einer mündlichen Mitteilung interessieren sich die Wurzel Jesse-Bilder jedoch überhaupt nicht, im Gegenteil: Die Mehrzahl der Darstellungen überträgt die Weissagung in ein anderes Medium, das Wort von der „virga de radice Iesse" wird zum visionären Bild, der Stammvater Jesse zum Visionär. Das gängige Formular hierfür sieht so aus, dass der Vater Davids in Schlafhaltung daliegt und die *virga* in Gestalt eines Baumes aus seinen Lenden emporwächst. Als Modell für diese enorm erfolgreiche Bilderfindung diente, wie Watson und Bogen zeigen konnten, die ikonographische Tradition von Jakobs Traum von der Himmelsleiter *(Abb. 34).*[8]

Gerade der Bezug auf den Jakobs-Traum lässt aber auch das grundlegend Neue des von den Bildkünstlern kreierten Jesse-Traums hervortreten: Zwar kann es auch in Darstellungen des Jakobstraums manchmal den Anschein haben, dass das Visionsbild der Leiter regelrecht aus dem Körper des Patriarchen hervorgeht. In Darstellungen der Wurzel Jesse jedoch ist der emporwachsende Baum sehr viel konkreter im Körper des Träumers verwurzelt: Oft entsteht der Eindruck eines enorm vergrößerten, vegetabil verformten Phallus und damit ein sehr körperliches Bild von Jesse als Erzeuger der Vorfahren Christi. Auf einer syntagmatischen Ebene ist zu beobachten, dass die von Jesse geträumte Verheißung immer alleine dasteht, ihre spätere Einlösung (zumindest im Bild) offenbleibt. Für den Traum Jakobs von der Himmelsleiter ist dagegen eine Verbindung mit anderen Ereignissen charakteristisch, die dessen Verheißung ausdeuten – etwa die Salbung des Steins von Bethel oder der Kampf mit dem Engel.[9] All diese Differenzen werden noch verschärft durch das enorme Autoritätsgefälle zwischen den beiden Visionären: Was berechtigt Jesse, die Pose des großen Patriarchen Jakob zu imitieren? Die Bibel misst ihm nur eine marginale Rolle zu, die ganz in der Zeugung seines Sohnes David aufgeht, des wichtigsten Vorfahren Christi.[10] Die Bilder hingegen machen Jesse zu einer prophetenähnlichen Figur. An Beispielen aus der

Buchmalerei lässt sich der Widerstreit zwischen dem körperlichen Prophetiekonzept des träumenden Jesse und der tradierten Schriftautorität der „alten" Propheten in verschiedenen Konstellationen nachvollziehen.

Jesse gegen Jesaja, oder: ein Prophet im Kampf um seine Weissagung

Die für unsere Fragestellung ergiebigsten Bildlösungen finden wir in illustrierten Handschriften, welche die Wurzel Jesse dem Buch Jesaja zuordnen.[11] Ein frühes Beispiel ist die *Bibel aus Saint-Bénigne* von 1125/35 *(Taf. XVIII).*[12] Die Krümmung der V-Initiale, die in den *Bamberger Kommentaren* als Standfläche für Jesaja diente, wird hier zum Nachtlager für den schlafenden Jesse umfunktioniert. Zwischen den Beinen des Schläfers wächst der geträumte Baum hervor, dessen Ausläufer mit den sieben Tauben des Heiligen Geistes besetzt sind. Das Interessante an dieser Anordnung sind die starken Interferenzen zwischen dem Wort VISIO, dessen erster Buchstabe die Initiale ist, und seiner figürlichen Füllung. Auch ein zeitgenössischer Betrachter, der noch nie eine Wurzel Jesse gesehen hatte, konnte kaum umhin, die Liegefigur und den Baum als Darstellung einer geträumten „Vision" zu identifizieren. Doch der *iconotext* aus Bild und Schrift ist auch dazu angetan, das Verständnis der Initiale semantisch zu erweitern: Gerade weil die Füllung des Baums so unspezifisch bleibt und ohne Maria und Christus auskommt, ist es durchaus naheliegend, den Träumer mit Jesaja selbst zu identifizieren. Denn der *titulus*, in den die Initiale mündet, lautet (un)missverständlich VISIO ISAIE. Die Darstellung der nächtlichen Schau kann folglich als Handlungsrahmen des gesamten Buchs Jesaja aufgefasst werden, das Austreiben des Geister-Baums aus dem Träumer als *statement* zur geistigen Schau des Propheten.

Steffen Bogen hat darauf hingewiesen, dass die Initiale der *Bibel von Saint-Bénigne* etwas von den archetypischen Qualitäten „einer mit dem menschlichen Körper verwachsenen und mit Tieren besetzten Pflanze" transportiert, die in den unterschiedlichsten Kulturen als Traumphantasie überliefert wird.[13] In seiner Reduzierung auf Flora und Fauna nähert sich das Traumbild auf verwirrende Weise den ornamentalen „Auswüchsen" an, mit denen der Buchstabenkörper des Initial-V besetzt ist: „Die bequeme Rundung, in der Jesse sein Nachtlager aufgeschlagen hat, bekommt durch die Maske, aus der sie hervorquillt, einen bedrohlichen Einschlag. Die großen Augen des monströsen Gesichts ziehen mehr Aufmerksamkeit auf sich als die geschlossenen Augen des Traumvisionärs. Im Baum und seinen Vögeln scheint jederzeit ein Rückfall in die Verschlingungen von Pflanzen- und Tierornament möglich. Jesse, der [...] seine Hand [...] hinter sein Ohr legt, scheint an der Seite von Buchmaler und Betrachter Mühe zu haben, aus dem Überangebot an Imaginationsmöglichkeiten die Stimme Gottes herauszuhören."[14]

Die Initiale der *Bibel von Saint-Bénigne* steckt voller Unbestimmtheitsstellen, die einer klaren Unterscheidung von Prophet (Jesaja) und Prophezeitem (Jesse), von göttlichem Zeichen und bedeutungslosem Ornament entgegenarbeiten. Der Anfangsbuchstabe scheint von animalischen Kräften erfüllt zu sein, die seinen hieratischen

Charakter gefährden. Der ausladende Wuchs des aus Jesse hervortreibenden Baumes sorgt dann für eine zusätzliche Destabilisierung von außen. Um klare Einhaltung der hergebrachten Distinktionen ist hingegen ein anderes Beispiel bemüht, welches den Jesse-Traum in ein doppelseitiges Dispositiv integriert *(Taf. XIX)*. Auf fol. 4v des *Dijoner Jesaja-Kommentars*, der im Skriptorium von Cîteaux hergestellt wurde, ist die Wurzel Jesse als eigenständiges Bild auf den Blattgrund gesetzt.[15] Die hier vergleichsweise schlicht gestaltete Initiale auf der Gegenseite bietet damit Raum für den „hauptamtlichen" Propheten Jesaja, der zu den überdimensionierten „Früchten" der zierlichen *virga* hinüberblickt, zu Maria und dem kleinen Christus.

Die gesamte Anordnung erinnert an die prophetischen Bildprologe der *Bamberger Kommentare*, insbesondere an die Miniaturen zu Daniel: Die Schau im Traum wird flankiert von der Schau im Buchstaben, die vertikale Abstufung stellt klar, welcher der beiden Visionäre dem Ziel seiner *visio* näher kommen darf. Zudem muss während der Ausarbeitung der Bilder ein Planwechsel stattgefunden haben, der dazu führte, dass der in der Vorzeichnung angelegte Baum fast vollständig durch eine riesenhafte Marienfigur ersetzt wurde. In der Endfassung tut sich ein markanter figurativer Kontrast zwischen Jesse und Jesaja auf: der eine nur in Umrisslinien auf das Pergament gezeichnet, der andere in ein rot-blau gefeldertes Rechteck eingestellt und mit Deckfarben koloriert. Es ist, als ob die Gefahr ornamentalen Ausfaserns der Baumvision durch die Übermalung mit einem klar verständlichen „Interpretanten" (Maria und Christus) habe gebannt werden müssen. In der allegorischen Ausdeutung kann das von Jesse Geschaute wieder seinem eigentlichen Autor Jesaja zurückgegeben werden. Kern der Doppelvision ist also nicht so sehr eine pauschale Denunzierung des Traums als eines unsicheren Mediums der Offenbarung, sondern die Rückführung eines bislang unbekannten Traumbildes in den sicheren Hafen der Heiligen Schrift. Nicht von ungefähr entrollt Jesaja ein langes Spruchband mit den beiden maßgeblichen Prophetien, auf die sich die Bilderfindung der Wurzel Jesse berufen konnte: Jesaja 11, 1–3 (s.o.) und Jesaja 7, 14 (ECCE VIRGO CONCIPIET ET PARIET FILIUM – „Siehe, die Jungfrau wird empfangen und einen Sohn gebären").

Der Konflikt um die Prophetenrolle Jesses kann aber auch außerhalb des *iconotexts* der historisierten Initiale ausgetragen werden, indem er auf eine diagrammatische Ebene verlagert wird. Das beste Beispiel hierfür ist das Jesaja-Frontispiz der *Lambeth-Bibel (Abb. 28)*.[16] Der von Jesse geträumte Baum darf sich hier zu bildbeherrschender Größe auswachsen, allerdings in geometrisch gebändigter Form, mit kreisrund gezirkelten Ranken. In der obersten dieser Schlingen erscheint Christus, umgeben von den sieben Geist-Tauben. In den sechs Medaillons, welche die *virga* flankieren, befinden sich nicht die leiblichen Vorfahren Christi, sondern Propheten und allegorische Personifikationen.[17] Zu dieser inneren Ordnung tritt als äußere der Rahmen, dessen Eckmedaillons ebenfalls von Propheten mit Schriftbändern besetzt sind. Wie Bogen gezeigt hat, kann das strukturbildende Prinzip der gesamten Komposition als Widerstreit zwischen Rahmen und Füllung beschrieben werden, der erst im Medaillon an der Spitze zu einem paradoxen Ausgleich kommt: Die dem Haupt Mariens entsprießende Ranke fasst ein Feld ein, das die dunkelblaue Tönung der vier

Abb. 28 Wurzel Jesse, Lambeth-Bibel, um 1150, London, Lambeth Palace Library, Ms. 3, fol. 198r

prophetischen Rankenmedaillons wieder aufnimmt. In dieses Feld aber ist ein *clipeus* eingefügt, der formal genau den vier Eckkreisen des Bildfeldes angeglichen ist. Das Rahmensystem, das aus Jesse hervortreibt, wird so von einem zweiten Rahmensystem überlagert, das von Christus kontrolliert wird.

Die Konkurrenz zweier Rahmensysteme ist für unsere Fragestellung deshalb zentral, weil sie das Verhältnis des neuen Propheten Jesse zu den offiziellen Propheten der Bibel betrifft. Diese, allesamt mit Spruchbändern ausgestattet, sind für die sprachliche Deutung und Kommentierung des von Jesse geträumten Bildes zuständig. Allerdings befinden sich nur vier dieser Interpreten in den Eckmedaillons des zweiten Rahmensystems, das sich von außen um das Visionsbild legt. Sie repräsentieren das alte Prinzip der Auslegung des Geschauten durch von Gott inspirierte Worte. Der größere Teil der Propheten wird jedoch vom inneren Rahmen des Traumbildes eingeschlossen. Die Deutung und Kommentierung findet also bereits innerhalb des Traumbildes selbst statt. Kurze Zeit nach der Vollendung des Manuskripts hat ein Benutzer einen der von Jesse geträumten Propheten durch die Worte ET EGREDIETUR

VIRGA DE RADICE IESSE [...] als Jesaja gekennzeichnet.[18] Mit dieser Eintragung wurde der Finger auf jenen Widerspruch zwischen zwei Konzepten von Prophetie gelegt, der in der diagrammatischen Struktur des doppelten Rahmensystems bereits angelegt ist: Sprachliche Deutung und visuelle Interpretation umfassen und überlagern sich wechselseitig. Dank seiner Zugehörigkeit zu beiden Rahmensystemen ist Christus sowohl der in Gottes Worten Prophezeite wie der in Jesses Vision Geschaute.[19]

3.2 Lokalisierung im Körper
Der Traum als Produkt der Imaginatio

Wie konnte es dazu kommen, dass die Metapher einer Wortprophetie zum Bild einer Traumvision wurde? Die Forschung zur Jesse-Ikonographie hat ein ganzes Bündel von Faktoren ausgemacht, welche dem Baummotiv im 12. Jahrhundert besondere Faszinationskraft verleihen: ältere exegetische Spekulationen zur sprachlichen Analogie *virga/virgo*,[20] ein neues genealogisches Denken, welches dem Prinzip der väterlichen „Linie" große Wichtigkeit zubilligt, aber auch eine spezifisch hochmittelalterliche Disposition, heilsgeschichtliche Konzepte in Bildern des Wachsens und Blühens zu visualisieren.[21] Damit sind wir aber noch nicht bei den Gründen dafür, weshalb man den neuen Bildtyp in den Rahmen einer Traumvision einfügte.

Ein Seitenblick auf die hochmittelalterliche Literaturproduktion lehrt, dass dort eine vergleichbare Präferenz für den Traum zu beobachten ist: Kathryn Lynch nennt die Zeit vom 12. bis zum 14. Jahrhundert „the Age of Dream Vision"[22] und bezieht sich damit auf die Popularität literarischer Traumvisionen nach dem Vorbild von Boethius' *De consolatione philosophiae*. Wie Lynch, Steven Kruger und Thomas Ricklin gezeigt haben, gingen die entscheidenden Impulse für diese neue Beliebtheit des Traums von der naturphilosophischen Diskussion der Zeit aus, die ein ausgeprägtes Interesse an der körperlichen Steuerung der Vorstellungskraft (*imaginatio*) an den Tag legte. Während des Schlafs, so die Annahme hochmittelalterlicher Naturphilosophen, verstärke sich die Aktivität der Vorstellungskraft und damit die Produktion innerer Bilder: „Der bedeutsamste Unterschied zwischen Denkprozessen im Wachzustand und solchen im Traum wurde in der größeren Unabhängigkeit, Aktivität und visionären Kraft der *imaginatio* gesehen. [...] Mehr als jemals zuvor wurde die Mechanik der himmlischen Schau exakt definiert. Physik und Metaphysik verfließen in einer naturphilosophischen Erklärung des Traums. In einer bemerkenswerten Anwendung des Natürlichen auf das Übernatürliche erklärt uns die mittelalterliche Naturwissenschaft, dass die vermehrte visionäre Potenz der *imaginatio* während des Traums damit zu tun hat, dass einige Bereiche des Gehirns (*sensus communis, ratio, memoria*) schlummern, so dass die Seele ihre Energie in einem anderen Teil des Gehirns, der *imaginatio*, konzentrieren kann."[23]

Traumtheoretiker des 12. Jahrhunderts wie Pascalis Romanus, Guillaume de Conches, John of Salisbury oder Raoul de Longchamps betreiben eine bislang unbekannte „Somatisierung"[24] des Traums. Angeregt von medizinischer Fachliteratur arabischer

Provenienz, so Thomas Ricklin, entsteht „eine neue Beschreibbarkeit" des Körpers, die „im Feld der Traumtheorien [...] weit in Bereiche vordringt, von denen man annehmen könnte, dass sie der Seele vorbehalten seien. Dies ist nicht zuletzt auf die Tatsache zurückzuführen, dass die arabische Hirnanatomie auch den Seelenvermögen beschreibbare körperliche Orte zuweist, an deren physiologische Funktionsweise die Seele gebunden ist."[25]

Die von vielerlei somatischen Faktoren konditionierte Aktivität der *imaginatio* nimmt im Traum-Diskurs des Hochmittelalters einen offenen und ungeschützten Platz ein, der vom Körper produzierten ebenso wie von Gott gesandten Bildern zugänglich ist. Mit neuer Aufgeschlossenheit wird dabei die Frage diskutiert, wie das Zusammenspiel der unterschiedlichen Wirkfaktoren Träume hervorbringen konnte, die auf rätselhafte Weise, wie hinter einem Schleier verborgen, die Zukunft künden.[26] Der Glaube an die Zukunftshaltigkeit von Traumbildern, von dessen Verbreitung das Genre der sog. Traumbücher zeugt, war von jeher der Kernpunkt der kirchlichen Traumkritik gewesen.[27] In die kirchenrechtliche Sammlung des *Decretum Gratiani* (ca. 1140) wird explizit noch einmal ein Verbot der Traumbücher hineingeschrieben.[28] Die Beschäftigung mit dem Erkenntnispotential der *imaginatio* setzt sich über diese offizielle Ablehnung prophetischer Träume hinweg und versucht den körperlichen Mechanismen auf die Spur zu kommen, welche zukünftige Ereignisse im Traumbild sichtbar zu machen vermögen.[29]

Der Traum des Alten Testaments

Ein medizinisch geschulter Traumtheoretiker wie Pascalis Romanus hatte in seinem *Liber thesauri occulti* (1165) kein Problem damit, die „natürliche" Nähe zwischen Traum und Prophetie mit biblischen Beispielen zu belegen: „Es waren nämlich der Pharao und Nebukadnezar Liebhaber der zukünftigen Dinge, und da sie nicht über Propheten verfügten, gab ihnen Gott durch das Kleid des Traumes die Zukunft zu sehen."[30] Das richtige Deutungswerkzeug vorausgesetzt, so Pascalis weiter, bieten Träume generell die Möglichkeit, einen zunächst verborgenen Sinn nach und nach zutage zu fördern:

> *Wenn Du Verschiedenes gesehen hast und Deine Seele während der Nachtruhe durch verschiedene Schrecken in Aufruhr versetzt oder durch Versprechungen angestachelt wurde, betrachte diejenigen Dinge, welche die Oberfläche des Traums enthält, und wende Dich mit scharfem Verstand der göttlichen Weisheit und dem Geheimnis zu, das in seinem Inneren verborgen liegt. Unterscheide das, was im Traum oder der Vision durch ein Rätsel gezeigt wurde, mit weisem Verstand, damit Du das, was andere wie in einem Trugbild sehen, mit dem klaren Auge des Herzens betrachtest.*[31]

Die Anweisungen des Pascalis skizzieren ein ausgedehntes Programm der Traumarbeit: Von der anfänglichen Unruhe des Tagesgeschäfts führen mehrere Zwischenschritte zur Deutung des undurchsichtigen Traumeindrucks. Die Rätselhaftigkeit des ungedeuteten Traumbildes wird dabei mit den schwer zu verstehenden Schriften des Alten Testaments verglichen:

> *Denn auch in der Heiligen Schrift, und besonders im Alten Testament, das den Schatten des natürlichen Traums enthält, werden wir dazu getrieben, eben dies zu tun, dass wir nicht das Bild und den Körper des Buchstabens, sondern den Geist und die bedeutete Wahrheit untersuchen.*[32]

Wie der Buchstabe des Alten Testaments nach seiner geistigen Bedeutung zu interpretieren sei, so müsse man auch das Traumbild nicht wörtlich nehmen, sondern auf seine unsichtbare Botschaft befragen. Gerade diese Engführung von Traumdeutung und Exegese prophetischer Schriften trifft die *raison d'être* des Traumvisionärs Jesse. Denn in der Wurzel Jesse nimmt eine prophetische Weissagung die Gestalt eines Traumbildes an, das der Träumer mit einer allegorischen Auslegung überlagert. Indem die Elemente der austreibenden Pflanze mit Maria, Christus und den Tauben des Heiligen Geistes überblendet werden, wird die Enthüllung des geistigen Schriftsinns mit der Deutung eines rätselhaften Traumbilds verglichen. Dass zwischen dem ungedeuteten und dem gedeuteten Traumbild ein längerer Weg zu durchlaufen ist, kann dann über die unterschiedlichen Gestaltmerkmale der *virga* verdeutlicht werden: Ungeordneter, nicht zu durchschauenden Wildwuchs des vegetabilen Rankenwerks und symmetrische Komposition geometrisch exakter Formen lauten die beiden elementaren Optionen. Bereits dem Begriff *virga* eignete ja im Sprachgebrauch des Mittelalters eine solche elementare Ambivalenz – von der Rute über das männliche Glied bis zu den Linienzügen eines Diagramms – und genau diese schillernden Konnotationen kehren in der Darstellung des neuen prophetischen Traums wieder.[33]

3.3 Bildformulare in Bewegung
Ezechiel und der Leibarzt des Königs

Das Modell des prophetischen Traums ist eine von mehreren Varianten, die seit dem 12. Jahrhundert für die Darstellung prophetischer Offenbarung gebräuchlich werden. Von Jesse abgesehen, sind die bevorzugten Bildlösungen freilich solche, welche Mündlichkeit und Schriftlichkeit als Medien prophetischer Offenbarung sondieren.[34] Auf die etablierten Propheten scheint die ambivalente Bilderfahrung des Traums nur mit einer gewissen Vorsicht übertragen worden zu sein. Das wichtigste Beispiel für eine solche Adaption ist Ezechiel, dessen Schau der vier lebendigen Wesen im 12. Jahrhundert ebenfalls in eine Traumvision transformiert wird. Besonders „bibeltreu" ist auch diese Bilderfindung nicht: Der Anfang von Buch Ezechiel jedenfalls lässt kaum Zweifel daran, dass die vier Wesen im Rahmen einer Wachvision sichtbar werden:

> *Und es geschah im dreißigsten Jahr, am fünften Tag des vierten Monats, als ich mitten unter den Verbannten am Fluss Chebar weilte: Da öffnete sich der Himmel und ich sah göttliche Gesichte (Ez 1, 1).*[35]

Ezechiel hat seine Umgebung im Blick und nimmt den Himmel über sich wahr. Auf eine für die alttestamentliche Prophetie insgesamt charakteristische Weise kippt diese Schilderung einer visuellen Offenbarung sogleich um in einen rein verbalen Kommunikationsprozess:

> *Am fünften Tage des Monats nämlich – es war das fünfte Jahr nach der Wegführung des Königs Joachin – da erging das Wort des Herrn an Ezechiel, den Sohn des Buzi, den Priester (Ez 1, 2–3).*[36]

Der Medienwechsel vom Bild zum Wort geht mit einem Perspektivwechsel von der Ich- in die Er-Form einher. Dieser, so Gregor in seinen *Homiliae in Hiezechielem*, sei der Beleg dafür, dass aus den Propheten bisweilen deren eigene Stimme, bisweilen die Stimme des Heiligen Geistes spreche.[37] Gerade diese Vielgestaltigkeit des Offenbarungsgeschehens wird von den Illustratoren des 12. und 13. Jahrhunderts für szenisch stark differierende Handlungsmomente fruchtbar gemacht. Ein Teil der Bilder folgt dem biblischen Bericht *in puncto* Wachvision und zeigt Ezechiel als aktiv Schauenden und Redenden.

Ein anspruchsvolles Beispiel hierfür bietet die schon erwähnte *Bibel von Saint Bénigne (Taf. XX)*:[38] In der thronenden Pose des klassischen Autorenbilds hat der Prophet hinter dem Mittelsteg des Initial-E Platz genommen, in der Linken bereits das fertig aufgezeichnete Buch haltend. Charakteristisch für die neue Auffassung des 12. Jahrhunderts ist jedoch, dass die mediale Entrückung in die Zeichen der Schrift ergänzt wird durch eine historisch-geographische Situierung: Der Prophet ist umgeben von seinen Mitgefangenen, einem Ausläufer der Initiale zu seinen Füßen entspringt der Strom Chebar. Ebenso ambivalent ist die Kommunikation mit der eigens gerahmten Erscheinung angelegt: Einerseits blickt der Prophet auf verschiedene Elemente bildhafter Schau – Wolkenwirbel, geflügelte Räder und Cherubim. Andererseits befindet er sich im Dialog mit Christus, der sich dem Propheten mit einem Spruchband zuwendet. Betrachter finden hier also mehrere Kommunikationsebenen mit unterschiedlichen Trägermedien vor: die Übertragung vom geschauten Bild ins geschriebene Wort, aber auch eine mündliche Übermittlung der Prophetie.

Offenbarung oder Alptraum?
Ezechiel als Träumer

Die sprachliche Mitteilungsebene, sei sie nun mündlich oder schriftlich verfasst, wird auch im späteren 12. und im 13. Jahrhundert als *ein* Fokus der Ezechiel-Ikonographie beibehalten.[39] Parallel dazu findet sich in einer Reihe von Bibelhandschriften ein träumender Prophet.[40] Die Ezechiel-Miniatur der in Salzburg geschaffenen *Admonter Bibel* teilt die prophetische Schau in zwei Stockwerke *(Taf. XXI)*:[41] Im Erdgeschoss sind einige der rätselhaften, deutungsbedürftigen Elemente der Eingangsvision versammelt: die vier Wesen und die vier Räder. Das Motiv der Flussquelle kehrt hier in Gestalt von Personifikationen der vier Paradiesströme wieder, welche die Wesen

Abb. 29 Ezechiels Vision des Tetramorphen, Winchester-Bibel, um 1150/80, Winchester, Cathedral Library, fol. 172r

mit ihren Amphoren tränken.⁴² Es handelt sich um eine exegetische Erweiterung des Visionsbildes, welche die göttliche Inspiration der Evangelien veranschaulichen soll. Ezechiel auf seinem Nachtlager ist dem oberen Geschoss mit der christusförmigen Gestalt des Thronenden zugeordnet. Zwischen dem Propheten und Gott vermittelt eine im Text nicht erwähnte Engelsfigur, die die Rolle eines Traumboten übernimmt. Der Aufbau der Bildseite akzentuiert die Nähe des träumenden Propheten zu Gott und damit die göttliche Herkunft des seltsamen Bildes im unteren Register.

Zum gängigsten Bildmuster sollte sich die Integration des träumenden Ezechiel in die E-Initiale entwickeln – ein frühes Beispiel hierfür bietet die romanische *Winchester-Bibel (Abb. 29)*.⁴³ Der als Bildort dienende Buchstabe erweist sich bei genauerer Betrachtung als komposites Gebilde, das aus zwei Teilkörpern besteht: In ein blau koloriertes C ist ein rötliches Gebilde in E-Form eingeflochten. Die Zweiteiligkeit

Abb. 30 Ezechiels Vision des Tetramorphen, mittleres 13. Jahrhundert, Stuttgart, Württembergische Landesbibliothek, Cod. bibl. 4° 8, fol. 313r

Abb. 31 Ezechiels Vision des Tetramorphen, spätes 13. Jahrhundert, Stuttgart, Württembergische Landesbibliothek, Cod. bibl. 2°8, fol. 310v

der Initiale lässt auch die Traumdarstellung in zwei Komponenten auseinandertreten: Das C dient als Nachtlager für den schlafenden Ezechiel an den Gestaden des Chebar, das E als Rahmen für die Traumvision, die hier selbst auf zwei komposite Elemente reduziert ist, den vierköpfigen Tetramorph und die vier ineinander geflochtenen Räder. Eine punktierte Linie betont eigens die semiotische Grenze zwischen dem Visionär und dem von ihm geträumten Bild. So gewinnt man den Eindruck eines provisorisch verklammerten Gebildes, dessen Zusammenhalt fraglich geworden ist.

In den massenhaft produzierten französischen Bibeln des 13. Jahrhunderts wird der Traum in der Initiale zum Standard der Bildausstattung. Die Abgrenzung zwischen dem Visionär und der himmlischen Erscheinung übernimmt der Mittelbalken der E-Initiale *(Abb. 30)*.[44] Die Elemente der Traumvision bleiben meist auf die Köpfe des Tetramorph beschränkt, die durch ein Wolkenband eingefasst werden können. Nur in

Einzelfällen hat man eine Ausdeutung der Vision sichtbar gemacht, indem man das Antlitz Christi in die Vision einfügte *(Abb. 31)*.[45]

Die Umgestaltung der Ezechiel-Vision in einen Traum gilt jenem Propheten, der durch Gregors *Homiliae* zum Kronzeugen einer „Poetologie der Vision"[46] stilisiert worden war. Exegeten wie Rupert von Deutz oder neuen Propheten wie Hildegard von Bingen dient der Anfang des Buches Ezechiel als Ausgangspunkt und Vorbild für ihre eigene Textproduktion.[47] Vor dem Hintergrund dieser Modellfunktion für andere Propheten ist die Erfindung des träumenden Ezechiel sehr hoch zu bewerten. Aber worauf zielte sie? In erster Linie, so scheint es, kreisen die Darstellungen um die Rätselhaftigkeit kompositer Körperbilder und bedrohlich-monströser Tierwesen, die der Bildwelt der *insomnia*, der Alpträume, entstammen könnten. Die leere Mitte zwischen den vier freischwebenden Köpfen in *Stuttgart Cod. bibl. 4° 8* führt diesen ambivalenten Zeichenstatus eindrucksvoll vor Augen *(Abb. 30)*. Umgekehrt hat es in *Stuttgart Cod. bibl. 2° 8* den Anschein, als sei das Antlitz Christi nur deshalb in das Visionsbild aufgenommen worden, weil man ein Gegengewicht zu den fratzenhaften Köpfen auf dem Rand der Buchseite schaffen wollte *(Abb. 31)*. Um das Traumbild als ein Zeichen an der Schwelle zwischen Bedeutungslosigkeit und Bedeutungshaltigkeit geht es also, was auch ein prägendes Konzept für die Genese der Wurzel Jesse-Ikonographie gewesen ist. Hier wie dort findet das Traumbild keine Fortsetzung in einer Geschichte, deren Ausgang die Bedeutung des im Traum Geschauten aufdecken würde. Den Schritt zur allegorischen Überformung der Vision, der mit der Wurzel Jesse getan wird, gehen die Darstellungen des träumenden Ezechiel aber nur sehr zögerlich mit, schon gar nicht den zu einem geometrisch gebändigten Diagramm. Der gemeinsame Nenner beider Bilderfindungen ist vielmehr die Verankerung der Visionsbilder in der menschlichen *imaginatio*, deren körperlich generierte Produkte erst einer Ausdeutung bedürfen, um den Charakter einer prophetischen Botschaft beanspruchen zu können.

Traumdeutung als Heilung

Die Nähe der etablierten Visionsbilder zu den *insomnia* des Alltags führt dazu, dass die Rollenmuster der prophetischen Offenbarung nunmehr auch auf profane Traumerzählungen übertragen werden können. Gleichzeitig mit den Darstellungen der träumenden Propheten Jesse und Ezechiel entstehen die Illustrationen im *Chronicon* (1130/40) des Johannes von Worcester *(Taf. XXII–XXIII)*.[48] Im Text der Chronik wird erzählt, wie König Heinrich I. im Traum die Vertreter der drei Stände sieht, die gegen ihre zu hohe Abgabenlast protestieren. Angstgepeinigt nimmt der König die Traumbilder für die Realität, er erhebt sich aus dem Bett, greift zum Schwert und versucht sich gegen die vermeintlichen Angreifer zu verteidigen. Heinrichs Leibarzt Grimbald beobachtet die seltsamen Vorgänge heimlich an einem verborgenen Ort. Als er den König am nächsten Morgen auf den nächtlichen Vorfall anspricht, schildert dieser ihm den Inhalt der Träume. Am Ende gibt Grimbald dem König einen Rat, wie er seine Verfehlungen durch einen Akt der Buße wiedergutmachen könne. Tatsächliche Konsequenzen zieht Heinrich allerdings erst, als am darauffolgenden Tag auf hoher See in einen Sturm gerät. Um die bedrohlichen Winde zu besänftigen, gelobt er, die eben beschlossene Abgabe des Danengelds wieder zurückzunehmen.

Die Bilder zu dieser Geschichte nehmen im Layout der beiden Seiten eine so prominente Position ein, dass sie den Raum für den Text auf schmale Restflächen zusammendrängen. Vom Autor der nur äußerst sparsam illustrierten Handschrift wurden Bilder offenkundig als Medium angesehen, das für die Visualisierung einer solchen Traumerzählung besonders prädestiniert war. Die farbig ausgeführten Miniaturen liefern eine eigene Version der nächtlichen Vorfälle im Königspalast, welche die schriftliche Erzählung um eigene Akzente ergänzt. Dies betrifft besonders die Rolle Grimbalds, der das Traumgeschehen aus einer Position auf dem Seitenrand verfolgt. Die räumliche Anordnung Grimbalds und der sich dreimal wiederholende Zeigegestus seiner Rechten sind von Michael Camille und Horst Wenzel als Hinweis auf die Erzählerrolle dieser Figur interpretiert worden.[49] Tatsächlich nennt der Text des *Chronicon* Grimbald als den Gewährsmann, der Johannes die Geschichte von den Träumen des Königs persönlich erzählt habe.[50] Von weitaus größerer Bedeutung für die Argumentation des Bildzyklus dürfte allerdings eine andere Rolle Grimbalds, diejenige des Augenzeugen und Deuters der Träume sein. Bereits der von der Forschung bislang ignorierte *titulus*, der um die beiden Grimbald-Figuren auf Seite 382 geführt ist, geht in diese Richtung: „König Heinrich sah in erstaunlichen Träumen dies, was der Arzt Grimbald wachend zur Gänze betrachtete. Er stand aus dem Bett auf, während die Vision den König erschreckte."[51] Zwei Sehakte werden hier angesprochen, deren unterschiedliche Qualität die Miniaturen über die unterschiedliche Positionierung Heinrichs und Grimbalds kenntlich machen. Der König ist den Traumvisionen völlig ausgeliefert, die ähnlich wie die Wurzel Jesse aus seinem Körper herauszuwachsen scheinen. Grimbald hingegen sitzt deutlich von den Traumszenen entfernt, der dazwischen eingeschobene Text der Chronik betont die reflektierte Distanz des Traumdeuters. Die räumliche Anordnung erinnert an den Daniel-Prolog der *Bamberger Kommentare (Taf. IV–V)* und damit an ein *exemplum* biblischer Prophetie, auf das auch in Johannes' Schilderung angespielt wird.[52] Ähnlich wie Daniel scheint der gemalte Grimbald die Traumbilder selbst zu sehen, ohne von einer Traumerzählung des Königs abhängig zu sein.[53]

Kein Zweifel: Die Konzeption der Doppelseite zielt darauf ab, Heinrich I. und seinen Leibarzt Grimbald auf den Fährten biblischer Träumer und Traumdeuter wandeln zu lassen, um so den Stellenwert der Träume als quasi-prophetischer Zeichen kenntlich zu machen. Doch geht die erzählte Geschichte, wie Thomas Ricklin anmerkt, über die bloße Angleichung an ein Vorbild aus der Heilsgeschichte deutlich hinaus.[54] Denn im Gegensatz zu Daniel ist es nicht Gottes Beistand, der Grimbald zur richtigen Interpretation des Geträumten befähigt, sondern seine eigene medizinische Kompetenz – nicht nur „Arzt" nennt ihn der Text der Chronik, sondern „sehr bewandert in der medizinischen Kunst".[55] Auch die Bilder machen die Arztrolle Grimbalds stark: So führt er neben der für seinen Berufsstand charakteristischen Kopfbedeckung auch verschiedene Hilfsmittel ärztlicher Tätigkeit mit sich. Unerlässlich für die medizinische Praxis der Zeit war die in der ersten Szene zu sehende Prüfung des Uringlases. In der zweiten Szene deutet ein Salbgefäß mit Medizin die Möglichkeiten ärztlicher Behandlung an, in der dritten schließlich eine Schreibtafel die Gelehrsamkeit Grimbalds.[56] Der von Camille angesprochene Zeigegestus der Rechten ist jeweils auf diese Gegenstände gerichtet und verleiht so einer Diagnose Nachdruck, die bei einer genauen Beobachtung der Körperfunktionen ansetzt. Die enge Bindung der Traumbilder an den Körper Heinrichs passt gut zu dieser Lesart. Die Rahmung der Traumszene durch den Traumdeuter basiert im Gegensatz zu den *Bamberger Kommentaren* nicht mehr auf dem Einschluss in ein allwissendes Gotteswort, sondern auf dem menschlichen Wissen über die Produktion von Traumbildern im Körper. Im Schlussbild des Zyklus, auf das hier nicht näher eingegangen werden kann, ist dementsprechend zu sehen, dass der König, der nicht über die medizinischen Kenntnisse Grimbalds verfügt, seine prophetischen Träume noch gar nicht verstanden hat und erst durch den schweren Sturm auf hoher See wachgerüttelt wird.[57]

Anmerkungen

1 Vgl. u.a. TORRELL 1977; OBRIST 1986; REEVES 1993; BALTHASAR 1996 zu den theologischen Tendenzen des 12. und 13. Jhs.
2 Vgl. die Typologie bei BOGEN 2001, S. 85–120 („Positionen und Funktionen des Traums in der Bilderzählung").
3 „Quod recte prophetia dicitur […] quia prodit occulta." GREGOR 1971, S. 5, dt. Übersetzung GREGOR 1983, S. 37. Vgl. das ausführliche Zitat in der Einleitung zu Teil I.
4 Vgl. neben den beiden klassischen Studien MÂLE 1924, S. 168–175; WATSON 1934 den guten Überblick in SCHILLER 1960–91, Bd. 1 (1960), S. 26–33. Wichtige neuere Beiträge: KEMP 1993; GUERREAU-JALABERT 1996; BOGEN 2001, S. 235–260; BOGEN 2004.
5 Vgl. BOGEN 2001, S. 247–252 und BOGEN 2004 mit ausführlicher Diskussion der kunsthistorischen Forschungsmeinungen zu Jesses Status als Träumer.
6 Zur Gregorsmesse vgl. Kapitel 13.
7 „Et egredietur virga de radice Iesse et flos de radice eius ascendet et requiescet super eum spiritus Domini, spiritus sapientiae et intellectus, spiritus consilii et fortitudinis, spiritus scientiae pietatis et replebit eum spiritus timoris Domini." Dt. Übersetzung: BOGEN 2001, S. 239.
8 Vgl. WATSON 1934, S. 49–52; SCHILLER 1960–91, Bd. 1 (1960), S. 28; BOGEN 2001, S. 245–250; BOGEN 2004, S. 223–226.
9 Eine isolierte Verwendung ist zwar auch beim Traum von der Himmelsleiter möglich, vgl. BOGEN 2001, S. 100, bei der Wurzel Jesse ist sie jedoch der Regelfall. Zu den unterschiedlichen Möglichkeiten, den Traum von der Himmelsleiter mit anderen Szenen zu kombinieren, vgl. ebd., S. 99–105.
10 Vgl. die Abstammungsliste in Mt 1, 1–17.
11 Es handelt sich dabei um eine eher seltene Konstellation. Die häufigsten Kontexte der Wurzel Jesse sind die Liber Generationis-Initiale des Matthäus-Evangeliums und die Beatus Vir-Initiale der Psalterien, vgl. GUERREAU-JALABERT 1996, S. 141 und 160–161. Für Jesaja enthält die Zusammenstellung bei WATSON 1934, S. 83–141 nur die im Folgenden diskutierten Beispiele. Das Standardmotiv historisierter Jesaja-Initialen in den Bibeln des 12. und 13. Jhs. war das Martyrium des Propheten, vgl. Hans Holländer, Isaias, in: LCI 1968–76, Bd. 2 (1970), Sp. 358; RIEDMAIER 1994, S. 170.
12 Saint-Bénigne, um 1125/35. Dijon, Bibliothèque Publique, Ms. 2. Pergament, 51,8 x 36,0 cm, 502 Blatt. Inhalt: *Biblia latina* mit historisierten Initialen. Vgl. WATSON 1934, S. 87; CAHN 1982, S. 271; ZALUSKA 1991, S. 132–136 (Nr. 104); CAHN 1996, Bd. 2, S. 80–82 (Nr. 64). Die Datierung ist von Zaluska und Cahn zuletzt rund ein Vierteljahrhundert nach oben korrigiert worden.
13 BOGEN 2001, S. 251–252, Anm. 23. Ähnlich äußert sich allgemein zur Wurzel Jesse GUERREAU-JALABERT 1996, S. 144–145.

14 BOGEN 2001, S. 250–251.
15 Cîteaux, um 1125/35. Dijon, Bibliothèque Publique, Ms. 129. Pergament, 48,0 x 32,5 cm, 124 Blatt. Inhalt: Hieronymus, *Commentariorum in Isaiam*. Vgl. WATSON 1934, S. 89–90; ZALUSKA 1991, S. 74–75 (Nr. 33); CAHN 1996, S. 78–79 (Nr. 62).
16 Um 1140/60. London, Lambeth Palace Library, Ms. 3 und Maidstone, Maidstone Museum. Pergament, 57,8 x 35,2 cm bzw. 50,0 x 35,7 cm, 329 und 310 Blatt. Inhalt: *Biblia latina* mit historisierten Initialen. Vgl. WATSON 1934, S. 99–102; RIEDMAIER 1994, S. 155–168; BOGEN 2001, S. 240–247; BOGEN 2004, S. 224–225 und 233–234.
17 Die weiblichen Figuren im mittleren Medaillon-Paar können mit Bezug auf Psalm 84 als Barmherzigkeit und Wahrheit, Gerechtigkeit und Friede identifiziert werden, die beiden Frauen in den oberen Medaillons als Ecclesia und Synagoge. Von den vier Männern in diesen Medaillons ist nur Moses sicher identifizierbar. Es könnte sich wie unten um alttestamentliche Propheten bzw. bei den Begleitern von Ecclesia auch um Figuren des Neuen Testaments handeln, vgl. RIEDMAIER 1994, S. 156–158.
18 Vgl. RIEDMAIER 1994, S. 156.
19 Das in der *Lambeth-Bibel* zu beobachtende Strukturmodell ist im Gegensatz zu den anderen Beispielen nicht auf den Kontext der bebilderten Handschrift angewiesen. In vereinfachter Form finden wir es in der französischen Glasmalerei des 12. Jhs., wo die Wurzel Jesse seit Abt Sugers Chorscheitelfenster von Saint Denis dreibahnig angelegt ist: im Zentrum der aus Jesse austreibende Baum, der eine variable Anzahl von leiblichen Vorfahren Christi trägt; auf den Außenbahnen Paare von Propheten mit Spruchbändern. Vgl. KEMP 1993, S. 165–172; BOGEN 2001, S. 235–240 und 259–260.
20 Vgl. WATSON 1934, S. 1–8.
21 Zur Genealogie: KEMP 1993, S. 166–172; KLAPISCH-ZUBER 1993; GUERREAU-JALABERT 1996 und BOGEN 2004, S. 228–229. Zu Baumbildern vgl. OBRIST 1986, S. 55–60; BOGEN 2004, S. 229–230.
22 LYNCH 1988, S. 1. Zur neuen Bewertung von Träumen im Hochmittelalter vgl. auch NEWMAN 1963, S. 129–184; WITTMER-BUTSCH 1990, S. 115–141; KRUGER 1992, S. 58–82; RICKLIN 1998.
23 LYNCH 1988, S. 65.
24 So KRUGER 1992, S. 70. Vgl. auch BOGEN 2001, S. 256.
25 RICKLIN 1998, S. 409.
26 Entscheidend hierfür die Rezeption der spätantiken *Commentarii in somnium Scipionis* des Macrobius mit ihrem Modell der Pforte aus Elfenbein und der Pforte aus Horn, die den Träumenden einen nur verworrenen oder einen klaren Ausblick in die Zukunft gestatte, vgl. KRUGER 1992, S. 58–82; RICKLIN 1998, S. 170–226.
27 Zu den Traumbüchern vgl. KRUGER 1992, S. 7–16, zur kirchlichen Traumkritik vgl. ebd., S. 17–56 sowie KAMPHAUSEN 1975, S. 34–58; LE GOFF 1985, S. 186–213; WITTMER-BUTSCH 1990, S. 90–115; BOGEN 2001, S. 32–35.
28 Vgl. KRUGER 1992, S. 12–13; RICKLIN 1998, S. 205–206.
29 Zur innerkirchlichen Rezeption der Traumbücher im späteren Mittelalter vgl. KRUGER 1992, S. 14–15. RICKLIN 1998 sieht insbesondere in den traumtheoretischen Schriften Wilhelms von Conches Aufgeschlossenheit gegenüber dem Denkmuster der Traumbücher (S. 204–206), während er den *Polycratius* (1156/59) des Johannes von Salisbury als Versuch bewertet, „das herkömmliche, der Traumdeutung zugrunde liegende Zeichensystem möglichst aufzulösen, so dass nur noch schriftlich überlieferte und damit der Deutungsmacht der Schriftgelehrten unterliegende Träume über Bedeutung verfügen." (S. 233–234).
30 „Fuerunt enim Pharao et Nabugodonosor amatores futurorum et quia prophetas non habebant […] dedit eis Deus per tegumentum sompnii futura conspicere." COLLIN-ROSET 1963, S. 147 (I.2). Vgl. auch ebd. S. 161 (I.14): „In sompnio uero […] a rebus aliis allegorice et per figuras res futuras significantes, res euenture cernuntur." Biographische Informationen zu Pascalis bei RICKLIN 1998, S. 247–251, zur Traumlehre des *Liber thesauri occulti* vgl. ebd., S. 251–270; KRUGER 1992, S. 70–74 und 133–134.
31 „Tu ergo, cum diuersa uideris et per nocturnam quietem uariis anima tua fuerit exagitata terroribus uel incitata promissis, ea contempne que superficies sompnii tenet et ad sapientiam diuinam atque misterium quod introrsus latet astuta mente recurre, et quod sompnio uel uisione per enigma monstratur, sagaci ratione discerne, ut quicquid alii uelut in fantasmate uident, tu lucido cordis oculo conspicias." COLLIN-ROSET 1963, S. 146 (I.1). Vgl. auch KRUGER 1992, S. 134.
32 „Nam plerumque et in diuina scriptura maxime ueteri que umbram sompnii naturalis continet, id ipsum facere compellimur ut non ymaginem et corpus littere sed spiritum et significatam ueritatem perscrutemur." COLLIN-ROSET 1963, S. 146 (I.1). Der Vergleich des Alten Testaments mit einer Traumvision findet sich im frühen 14. Jh. im radikal traumkritischen *Tractatus contra divinatores et somniatores* des Augustinus von Ancona wieder, vgl. WITTMER-BUTSCH 1990, S. 158.
33 Vgl. MLLM, Bd. 2, S. 1445–1446.
34 Vgl. zu diesem hier nicht weiter thematisierten Problemkomplex CAMILLE 1985.

35 „Et factum est in trigesimo anno, in quarto, in quinta mensis, cum essem in medio captivorum iuxta fluvium Chobar: Aperti sunt caeli et vidi visiones Dei."
36 „In quinta mensis ipse est annus quintus transmigrationis Ioachin factum est verbum Domini ad Hiezechiel filium Buzi sacerdotem."
37 Vgl. GREGOR 1971, S. 21 (I.2.8, 151–155): „Sed sciendum est quia hi qui prophetiae spiritu replentur, per hoc quod aperte nonnumquam loquuntur de se, et nonnumquam sic de se uerba tamquam aliis proferunt, indicant quia non propheta, sed Spiritus sanctus loquitur per prophetam."
38 Vgl. NEUSS 1912, S. 238–240.
39 Etwa die Verschlingung des Buches nach Ez 2,8–3,3 als Thema der Ezechiel-Initiale der *Lambeth-Bibel* (fol. 258v), vgl. RIEDMAIER 1994, S. 170–171. Zu einem Überblick über die Bandbreite der Lösungen vgl. NEUSS 1912, S. 230–253.
40 In der Forschung bleibt die Abweichung vom Bibeltext gewöhnlich unkommentiert, vgl. NEUSS 1912, S. 233, 248 und 251; Michael Quinton Smith, Ezechiel, in: LCI 1968–76, Bd. 1 (1968), Sp. 716–718, hier: Sp. 717.
41 Salzburg, ca. 1140. Wien, Österreichische Nationalbibliothek, N.S. Cod. 2701/2702, Pergament, 56,5 x 42,0 cm, 265 und 234 Blatt. Inhalt: *Biblia latina*. Vgl. CAHN 1982, S. 258 (Nr. 26). Zur Ezechiel-Miniatur vgl. NEUSS 1912, S. 248–249; CAHN 1982, S. 157–158.
42 Vgl. Joachim Poeschke, Paradiesflüsse, in: LCI 1968–76, Bd. 3 (1971), Sp. 382–384.
43 Winchester, St. Swithun's, um 1150/80. Winchester, Cathedral Library. Pergament, 58,3 x 39,6 cm, 468 Blatt, ursprünglich in 2, heute in 4 Bänden gebunden. Inhalt: *Biblia latina*. Vgl. OAKESHOTT 1945; KAUFFMANN 1975, S. 108–111 (Nr. 83); CAHN 1982, S. 262–263 (Nr. 38); DONOVAN 1993. Zur Ezechiel-Initiale vgl. NEUSS 1912, S. 233–234; AYRES 1974, S. 216; DONOVAN 1993, S. 43–44. Weitere Beispiele aus dem späten 12. Jh.: *Bibel von Bourges*, Bibliothèque Municipale, Ms. 3, fol. 216r, vgl. KAUFFMANN 1975, S. 111; *Souvigny-Bibel*, Moulins, Bibliothèque Municipale, Ms. 1, fol. 170r, vgl. AYRES 1974, S. 216.
44 Paris, mittleres 13. Jh. Stuttgart, Württembergische Landesbibliothek, Cod. Bibl. 4° 8. Pergament, 22 x 15 cm, 509 Blatt. Inhalt: *Biblia latina* mit 71 historisierten Initialen. Vgl. SAUER 1996, S. 137 141 (Nr. 66)
45 Südwestfrankreich, spätes13. Jh. Stuttgart, Württembergische Landesbibliothek, Cod. bibl.2° 8. Pergament, 35,5 x 25 cm, 497 Blatt. Inhalt: *Biblia latina* mit 74 historisierten Initialen. Vgl. SAUER 1996, S. 181–185 (Nr. 94).
46 MEIER 2004a, S. 244.
47 Zu Rupert vgl. RUPERT DEUTZ 1985, zu Hildegard siehe Kapitel 4.1.
48 England, um 1130/40. Oxford, Corpus Christi College, Ms. 157. Pergament, 32,5 x 23,7 cm, 398 Seiten. Vgl. KAUFFMANN 1975, S. 87–88 (Nr. 55); CAROZZI 1989; RICKLIN 1998, S. 82–86.
49 Vgl. CAMILLE 1985, S. 27–28; WENZEL 1995, S. 387–388; eine ähnliche Auffassung vertreten KLEIN 1998, S. 277 und GRAF 2002, S. 149–152.
50 „Erat itaque iste medicine artis peritus, Grimbaldus nomine, qui apud Wincelumb, me presente et audiente, narrauit hec omnia domno Godefrido eiusdem ecclesie abbati". JOHANNES WORCESTER 1998, S. 200.
51 „Heinricus mira rex hec per somnia uidit que medicus Grimbald uigilando per omnia spectat. Prosilit e lecto dum regem uisio terret." Diese Passage wird von Carozzi und Graf übersehen, die beide damit argumentieren, dass Grimbald erst gegen Ende der Erzählung erwähnt werde.
52 „Cui rex cuncta que in somnis pertulerat enarrauit, que ille ut uir illustris prudentie [...] in uera coniectura exposuit, et ut Nabuchodonosor iuxta consilium Danielis egit, elemosina peccata redimere commonuit." JOHANNES WORCESTER 1998, S. 202.
53 Die Unterschiede zwischen der geschriebenen und der gemalten Erzählung prägnant herausgearbeitet in CAROZZI 1989, S. 154.
54 Vgl. RICKLIN 1998, S. 84.
55 „Hec mira uideos uidit quidam in regie aule secreto angulo latens [...]. Erat itaque iste medicine artis peritus, Grimbaldus nomine [...]." JOHANNES WORCESTER 1998, S. 200.
56 Ich folge hier der Lesart von GRAF 2002, S. 150, die lediglich der Schreibtafel eine andere Funktion zuweist und sie als schriftliche Aufzeichnung des Vorgefallenen identifiziert, womit wir wieder bei der von Camille und Wenzel angenommenen Erzählerrolle wären. Ein solcher Bruch mit der Logik der beiden ersten Bilder scheint mir sehr unplausibel. Einen ganz anderen, m. E. aber wenig überzeugenden Identifikationsvorschlag macht CAROZZI 1989, S. 156–157, der die drei Gegenstände als Geldbörse, Helm und Diptychon mit Totenliste deutet.
57 Gute Beobachtungen zur visuellen Abstimmung von Traumszenen und Schlussbild bei CAROZZI 1989, S. 157.

4 Schreibflüsse und Visionskritik
Die Autorisierung weiblicher Prophetie

Der prophetische Traum, den die frühmittelalterliche Bildkunst nur als Ausnahme zugelassen hatte, unterlief das alte Prinzip der vorgängigen Konstitution von Offenbarung im Medium der Schrift. Die Vorbehalte gegen die Zuverlässigkeit geträumter Offenbarungen waren damit aber keineswegs ausgeräumt, im Gegenteil: Gerade im Licht eines zunehmenden medizinischen Spezialwissens über die Abläufe im menschlichen Körper, gerade im Licht eines differenzierteren Nachdenkens über die menschlichen Seelenvermögen gewannen innerweltliche Erklärungsansätze an Plausibilität: Als Ursprung einer Traumerfahrung wurde dann weder ein Fingerzeig Gottes noch eine Einflüsterung des Teufels, sondern eine bestimmte somatische Befindlichkeit unterstellt. Nach der lateinischen Übersetzung der traumtheoretischen Schriften des Aristoteles im frühen 13. Jahrhundert schenkte man den natürlichen Ursachen der Traumbilder verstärkte Beachtung.[1] Von der Kritik an einem allzu leichtfertigen Glauben an gottgesandte Träume hin zu einer generellen Ablehnung einer transzendenten Quelle von Träumen war es kein allzu weiter Schritt, wie die Verdammung „aristotelischer" Thesen durch den Erzbischof von Paris im Jahr 1277 belegt. Zu den inkriminierten Lehrsätzen gehört auch die Behauptung, „Ekstasen und Visionen gibt es nicht, es sei denn als Naturvorgänge."[2]

Auch wenn die hier formulierte Meinung von keinem Autor des 12. oder 13. Jahrhunderts explizit vertreten wurde, so war sie doch als Schlussfolgerung aus dem neuen somatisierten Traumverständnis des Hochmittelalters ableitbar. Vor diesem Hintergrund wird besser verständlich, warum Bilder prophetischer Visionen gegen den neuen Trend des prophetischen Traumes weiterhin die alte Rückbindung an die Schrift suchen konnten, und dies vor allem innerhalb eines *per se* schon verdächtigen Kontextes: Wenn es darum ging, Propheten der eigenen Gegenwart neu zu etablieren, und wenn es sich bei diesen Propheten dazu noch um Frauen handelte, dann war es offenkundig ratsam, dezidiert von der Offenbarung im Schlafzustand abzurücken.

4.1 Schau geschriebener Bilder
Der Liber Scivias Hildegards von Bingen

Die pointierte Neubestimmung des Paradigmas Prophetie, die das 12. Jahrhundert einleitet, manifestiert sich auch in einem Neubeginn visionären Schreibens. Die bemerkenswerteste Figur dieses Trends, gerade auch unter medientheoretischen Gesichtspunkten, ist Hildegard von Bingen mit ihren monumentalen Visionsbüchern. Von zweien dieser Texte, dem *Liber scivias* und *Liber divinorum operum*, wurden im Abstand von wenigen Jahrzehnten bebilderte Abschriften hergestellt. In diesem Kapitel möchte ich mich ausschließlich mit den illuminierten Scivias-Manuskripten beschäftigen, genauer: mit deren Bildanfängen, die dem Verhältnis von schriftlich und bildlich geoffenbarter Prophetie eine eigenwillige Wendung geben.

Hildegards Stilisierung als Prophetin

Das neue visionäre Schreiben, für das Hildegard einsteht, legitimiert sich durch eine in dieser Form unbekannte Selbststilisierung der Autorin als Prophetin.[3] Bereits die ersten Worte des *Scivias* knüpfen gezielt an den Beginn des Buchs Ezechiel an, das durch Gregor den Großen zum Inbegriff alttestamentarischer Prophetie geworden war:

Und es geschah in meinem 43. Lebensjahr: Voller Furcht und zitternd vor gespannter Aufmerksamkeit, blickte ich gebannt auf ein himmlisches Gesicht. Da sah ich plötzlich einen überhellen Glanz, aus dem mir eine Stimme vom Himmel zurief.[4]

Die Rede der himmlischen Stimme, die daraufhin einsetzt, stellt Hildegards Visionen explizit in die ältere Traditionslinie prophetischer Offenbarung und rühmt sie als nie da gewesenen Höhepunkt göttlicher Selbstmitteilung:

Ich, das lebende Licht, das die Dunkelheit erleuchtet, habe den von mir erwählten Menschen herausgeholt und unter große Wunder versetzt, wie es mir gut schien. Sie übertreffen alles, was die alten Seher in mir schauen durften.[5]

Der ungeheure Anspruch, mit dem Hildegard hier auftritt, wird auch in späteren Schriften nicht aufgegeben.[6] Hildegard konnte sich der Anerkennung ihrer Prophetenrolle durch die Außenwelt sicher sein, ja die Meinung, es handle sich um eine von Gott gesandte Prophetin, gab ihrer *Vita* zufolge sogar den Ausschlag für die offizielle kirchliche Approbation ihrer Schriften: „Als diese Dinge der Mainzer Kirche zu Gehör gebracht und dort durchgesprochen wurden, sagten alle, dass sie von Gott kämen und aus der prophetischen Rede, die einst die Propheten prophezeit hatten."[7]

Wie besonders Christel Meier herausgearbeitet hat, ist Hildegards prophetischer Selbstentwurf Bestandteil eines weitgespannten heilsgeschichtlichen Konzepts, einer „Prophetologie", welche den Propheten als entscheidende Mittlerfigur zwischen Gott und Mensch sieht.⁸ Die Gabe der prophetischen Offenbarung hat aus Hildegards Sicht den Verlauf der Heilsgeschichte von Anfang an geprägt, beginnend bei Adam gelangte sie mit Christus als dem inkarnierten Gotteswort zur vollen Entfaltung. Damit hat sich ihre Aufgabe aber keineswegs erübrigt: Für die gefallene Menschheit ist die Prophetie jene stetige Auftriebskraft, die sie dem verlorenen Zustand der *perfectio* näher bringt.⁹ Auf die Folie dieses weltgeschichtlichen Tableaus kann Hildegard auch ihre eigene Position exakt eintragen: Ihr Zeitalter ist das *tempus muliebre*, das mit dem Erlahmen der männlichen Kräfte innerhalb der Kirche angebrochen ist. Die Schlüsselrolle einer weiblichen Prophetin findet ihren Prototyp in Maria, in der das von den Propheten verkündete Wort körperliche Realität angenommen hat.¹⁰ Wenn mit Hildegard erneut eine Frau zum Offenbarungsträger erwählt wird, dann kann dies dazu beitragen, die Ursünde zu tilgen, die Eva im Paradies auf sich geladen hat.¹¹

Zu Hildegards Selbststilisierung als Prophetin gehört auch der Anschluss an den janusköpfigen Medien-Diskurs des prophetischen Schreibens alt- wie neutestamentlicher Prägung, der bildgestützte und verbale Mitteilungsprozesse ineinander verfließen lässt. In der Schilderung des Offenbarungsprozesses, wie sie etwa die *Protestificatio* des *Scivias* gibt, steht an erster Stelle eine Seherfahrung von „maximus splendor" und „igneum lumen velut flamma", die in einem zweiten Schritt in die Hörerfahrung einer „vox de caelo" überspringt.¹² Analog dazu ist der eigentliche Hauptteil der Visionen als Nacheinander von Vision und Audition aufgebaut. Im Verhältnis von Bild und Wort kommt es allerdings zu beträchtlichen Friktionen, welche die immer schon vorhandene mediale Grundspannung des prophetischen Schreibens nochmals auf die Spitze treiben. Denn die komplexe Konstruktion von *auctoritas*, welche gerade die Einleitungs- und Schlussworte der Visionsschriften Hildegards vornehmen, lässt den visuellen Ursprung der Offenbarung weitgehend außer Acht. Im Sinne einer ungetrübten, quasi-transparenten Weitergabe der göttlichen Botschaft wird das Zustandekommen des Textes als Aufzeichnung eines göttlichen Diktats ausgegeben.¹³

Die Mittel dieser rhetorischen Strategie sind teilweise aus den prophetischen Schriften der Bibel vertraut: ein göttlicher Schreibauftrag,¹⁴ wiederholte Subjektwechsel vom Ich des Autors zum Ich Gottes,¹⁵ schließlich die Warnung der göttlichen Stimme, den Text des Buches nicht in seinem Bestand anzutasten.¹⁶ Als neuer Zug hingegen ist die wiederholte Beteuerung mangelnder Bildung insbesondere grammatikalischer und theologischer Art zu bewerten, die nicht nur in den Visionsbüchern selbst, sondern auch in den autobiographischen Texten und den Briefen Hildegards eine wichtige Rolle spielt: Als „zu einfältig zur Auslegung und zu ungelehrt zum Schreiben"¹⁷ spricht sie die himmlische Stimme zu Beginn des *Scivias* an. Sie selbst gesteht ein, dass „ich [...] keine Kenntnis vom wörtlichen Sinn ihrer Texte, noch über die Silbentrennung, die grammatischen Fälle und ihre Zeiten [erhielt]".¹⁸ Gerade das angebliche Fehlen jeglicher schriftstellerischen Kunstfertigkeit soll gewährleisten, dass den Visionsschriften der Status eines heiligen, direkt von Gott stammenden Textes zugesichert werden kann.

Die Spannung zwischen dem Authentizitätsanspruch der Schau und dem Autoritätsanspruch der gleichsam wörtlich übermittelten Gottesrede muss jedem Leser beim

Studium des Hauptteils der Visionsschriften vollends offensichtlich werden. Visions- und Auditionsabschnitte unterscheiden sich deutlich in ihrem Verhältnis zur Quelle der göttlichen Offenbarung.[19] Die Auditionen haben teilweise den Charakter einer Erläuterung und Auslegung des Geschauten, teilweise benutzen sie das Visionsbild nur als Ausgangspunkt für eine weit abgesteckte Erörterung des Themas. Während die göttliche Stimme hier teilweise in direkter Ich-Rede wiedergegeben wird, schildern die Visionsabschnitte das Sichtbarwerden göttlicher Bilder aus einer menschlichen Perspektive, deren Rezeptionsorgane oftmals überfordert sind, so dass die Benennung des Gesehenen in einer uneigentlichen Sprache erfolgen muss.

Was bedeuten diese Überlegungen für die Analyse der bebilderten Abschriften von Hildegards Visionstexten? Festzuhalten ist zunächst, dass die gemalten Bilder nach gegenwärtigem Kenntnisstand höchstwahrscheinlich nicht von Beginn an als fester Bestandteil der Texte einkalkuliert waren. Die drei erhaltenen Bilderhandschriften sind alle in deutlichem zeitlichem Abstand zur jeweiligen Abfassung des *Liber scivias* und *Liber divinorum operum* entstanden. Ihrer Anfertigung müssen eigenständige, von der ursprünglichen Absicht der Autorin unabhängige Motive zugrunde liegen. Diese sind für die Wiesbadener und die Luccheser Handschrift höchstwahrscheinlich in Hildegards Abtei auf dem Rupertsberg zu suchen – kurz nach dem Tod setzen dort Aktivitäten für eine Heiligsprechung Hildegards ein, die unter anderem in Editionsprojekten und der Abfassung ihrer *Vita* greifbar werden.[20] Ein anderes Gebrauchsprofil ist für den *Heidelberger Scivias* anzunehmen, der von einem externen Konvent in Süddeutschland (wahrscheinlich der Salemer Zisterze) in Auftrag gegeben wurde: Er diente wohl der üblichen monastischen Lektürepraxis einer Schrift, die man als Kommentarwerk zur Bibel verstand und entsprechend auch bebilderte.

(Selbst)Kontrolle und Selbstauslöschung
Hildegard im Wiesbadener Scivias

Betrachten wir zunächst den ältesten der illustrierten Kodizes, die ehemals Wiesbadener Handschrift des *Liber scivias (Taf. XXIV)*.[21] Der Bildeingang des Manuskripts, der der *Protestificatio* zugeordnet ist, gibt sich als Autorenporträt in der Tradition von Evangelisten- und Kirchenväterdarstellungen zu erkennen:[22] Hauptthema der Darstellung ist der Schreibvorgang, dessen göttliche Inspiration die Feuerzungen um das Haupt Hildegards andeuten. Doch gerade die autoritative Aufladung der Eingangsminiatur hat Implikationen für die Verortung des Visionsgeschehens. Mit Jean-Claude Schmitt könnte man sie auf die Formel der „Zurückweisung des Traumes" bringen.[23] In ihrer *Protestificatio* gibt Hildegard folgende vielzitierte Aussage zum Modus ihrer visionären Schau ab:

> *Die Visionen, die ich sah, empfing ich nicht im Traum, nicht im Schlaf und nicht in Geistesverwirrung, weder mit den Augen des Körpers noch mit den Ohren des äußeren Menschen, auch nicht an verborgenen Orten, sondern ich erhielt sie in wachem Zustand, bei klarem Verstand, mit den Augen und Ohren des inneren Menschen, an zugänglichen Orten, wie Gott es wollte.*[24]

Ähnlich wie Hildegard dies tut, optieren die Miniatoren für eine Visionärin im Wachzustand, die ihrer selbst vollständig mächtig und der Kontrolle von außen zugänglich ist. Von dieser Überlegung ausgehend, erscheint es mir wichtig, dem aufwendigen architektonischen Rahmenapparat genauere Beachtung zu schenken, denn er erlaubt es, die visionstheoretische Lektüre des Bildes noch weiter zuzuspitzen. Da ist zum einen die Typologie des Gebäudes: Die dreischiffige, von Türmen flankierte Anlage, in deren Mitte Hildegard sitzt, ist klar als Kirchenarchitektur zu identifizieren. In Verbindung mit den herabströmenden Feuerzungen wird so die Bildtradition des Pfingstwunders aufgerufen.[25] Die architektonische Rahmung trägt auf diese Weise dazu bei, das Rollenprofil einer *auctoritas in medio ecclesiae* zu formulieren, die in eine institutionelle Sphäre des „Kirchlichen" eingebunden ist.

Doch sorgt die steinerne Umbauung auf der anderen Seite auch dafür, die Mitte, in welcher Hildegard sitzt, als einen zurückgezogenen, einen abgeschiedenen Ort zu definieren, zu dem der Sekretär und „Schwellenhüter"[26] Volmar nur durch eine kleine Fensteröffnung Zugang hat.[27] Vergleichbare Grenzüberschreitungen finden sich in Bildern Gregors des Großen mit der sog. „Belauschungsszene": Der Sekretär des Kirchenvaters bohrt mit dem Griffel ein Loch durch den Vorhang, der Gregor beschirmt, und gewinnt so Kenntnis von dessen Inspiration durch den Heiligen Geist.[28] Im Scivias-Kodex ist es der Kopf des Schreibers, der in den inneren, durch Goldgrund ausgezeichneten Bereich vordringt. Auf diese Weise wird ein alles andere als geheimer, von Hildegard offen erwiderter Blickkontakt etabliert, der zweierlei belegen soll: eine noch engere, direkt über die Augen geleitete Partizipation Volmars am inspirierten Schreiben Hildegards, aber auch die kirchliche Kontrolle über das, was zwischen Gott und Hildegard passiert.

Der hohe Aufwand an Grenzziehung, den die Miniatoren betreiben, ist ein wichtiger Anhaltspunkt dafür, dass der innere Bezirk der Bogenstellung einen spezifischen Raum der geistigen Schau repräsentiert. Mit zu dieser Lesart passt auch die Differenzierung der Aufzeichnungsmedien, in die Hildegard und Volmar den Visionstext eintragen: Wachstafel und Pergament. Diese Zuordnung kehrt in allen illustrierten Hildegard-Handschriften wieder, obwohl sie für ein Autorenbild eher ungewöhnlich ist.[29] Grund dafür scheint zumindest im *Wiesbadener Scivias* eine metaphorische Aufladung der Schreibmedien zu sein: Die Wachstafeln knüpfen an die gängige Vorstellung vom menschlichen Gedächtnis als *tabula cerea* sowie den spezifisch christlichen Topos der „fleischernen Tafeln des Herzens" (2 Kor 3, 3) an.[30] Zwischen dem Feuer der göttlichen Inspiration und dem Pergament des von Volmar gehaltenen Kodex nehmen sie eine transitorische Position ein und leiten vom flüchtigen zum festen Aggregatzustand der Offenbarung über.[31] In der positionalen Logik der Bildkomposition erscheint das „kalte" Pergament als die Verlängerung der „warmen" Wachstafeln auf Hildegards Schoß.

Die für die prophetische Vision konstitutive Grenzproblematik von Außen und Innen wird von der Wiesbadener Eingangsminiatur durch eine Überlagerung zweier konträrer Koordinatensysteme ausbalanciert. Die gemalte Hildegard ist gleichzeitig wacher *homo exterior* wie schauender *homo interior*. Für die Bewertung dieser Ambivalenz von Außen und Innen ist ein Blick auf die folgenden Bildseiten der

Handschriften unerlässlich. Die Figur der Visionärin bleibt auf diesen konsequent ausgeblendet, der visionäre Gegenstand der Bilder wird ausschließlich über Dispositive der „Simulation" angezeigt.[32] Das abrupte Verschwinden Hildegards wird jedoch aufgefangen in der zweiten Miniatur *(Taf. XXV)*.[33] Thema ist die erste Vision des *Scivias*, die Erscheinung des „Thronenden" auf einem Berg:

> *Ich sah etwas wie einen großen eisenfarbigen Berg. Darauf thronte eine Gestalt von solchem Glanz, dass ihre Herrlichkeit meine Augen blendete. […] Und vor ihr, am Fuße des Berges, stand eine Erscheinung über und über mit Augen bedeckt. Ich konnte vor lauter Augen keine menschliche Gestalt erkennen. Und davor sah ich eine andere kindliche Gestalt in farblosem Gewand, doch mit weißen Schuhen. Auf ihr Haupt fiel ein solcher heller Glanz von dem, der auf dem Berge saß, dass ich ihr Antlitz nicht anzuschauen vermochte. […] Im Berg selbst konnte ich viele kleine Fenster sehen, in denen teils bleiche, teils weiße menschliche Häupter erschienen.*[34]

Der Diskurs über das göttliche und das menschliche Sehen, den die zitierte Passage entwickelt, wird von den Malern aufgegriffen und mit bildlichen Mitteln vorangetrieben. Das interessanteste Element in dieser Hinsicht ist der goldene Lichtstrom, der vom Thronenden auf dem Berg in leichtem S-Schwung eine Brücke zur „anderen kindlichen Gestalt" schlägt und deren Haupt quasi in sich aufsaugt. Dieses Verbindungsmotiv erinnert so sehr an die Beschreibungen, die Hildegard selbst von ihrer Visionserfahrung gibt, dass es geradezu zwingend ist, das gesamte Bild als zweite Darstellung der visionären Berufung zu deuten, die zur ersten Miniatur in einem komplementären Verhältnis steht.[35]

Einer differenzierteren Betrachtung kann allerdings nicht verborgen bleiben, dass die „Erleuchtete" nicht Hildegard ist, sondern eine „Andere" – in der Audition wird sie mit den „pauperes spiritu" identifiziert – die Hildegards Visionärsrolle nur in Stellvertreterfunktion ausübt. Am Übergang von der Übermittlerin der Vision, wie sie im ersten Bild dargestellt ist, zur Empfängerin der Vision im zweiten Bild erfolgt ein Schnitt, der einen Verlust der eigenen Identität bedeutet. Das Gesicht der „Anderen" wird durch den von oben kommenden Goldfluss ausgelöscht, um mit der Figur Christi zu verschmelzen. Und selbst in diesen Identifikationsprozess ist noch ein mediales Moment eingelagert: Genau genommen hat der Goldfluss seinen Ursprung in dem (im Text nirgendwo erwähnten) Kodex, den der Thronende hält. Hildegards Schau ist selbst gewissermaßen schon schriftförmig, weil die Verschmelzung mit Christus zugleich eine Verschmelzung mit dem Wort ist.

Schreibprozess und Inkarnation
Hildegard im Heidelberger Scivias

Um 1200 entstand wahrscheinlich im Skriptorium der Salemer Zisterzienser der *Heidelberger Scivias*.[36] Im Gegensatz zum eben diskutierten Exemplar bietet er eine Auseinandersetzung mit Hildegards Werk aus der Außenperspektive einer externen

Klostergemeinschaft. Das dabei gewählte Ausstattungsniveau liegt zwar deutlich niedriger als beim Wiesbadener Prachtkodex, entspricht aber dem damals gängigen Standard einer bebilderten Kommentarhandschrift, als die der *Scivias* hier wohl gelesen wurde.[37]

Die Grundbausteine des Autorenbildes auf fol. 3v gleichen denen der Wiesbadener Komposition *(Taf. XXVI–XXVII):*[38] Hildegard, Volmar, die Medien Wachstafel und Pergament, ein architektonischer Aufbau aus zwei Kompartimenten.[39] Das Anordnungsprinzip der einzelnen Bestandteile hingegen könnte unterschiedlicher nicht sein: Statt eines horizontalen Gegenübers ein vertikales Übereinander der beiden Akteure, unten Volmar, der voller Konzentration über sein Schreibpult gebeugt ist, oben Hildegard, die auf das Dach der Schreibstube getreten ist, um die göttliche Offenbarung in orantenähnlicher Haltung zu empfangen. Damit entfällt nicht nur der wechselseitige Blickkontakt zwischen Autorin und Schreiber, auch das Verhältnis der Orte zu den Akteuren ist ein gänzlich anderes: Der in einen Innenraum Eingeschlossene ist hier Volmar, Hildegards Heraustreten aus diesem Innen ist dagegen Metapher für einen Zustand der Ek-stasis. Die Gründe für diese Umgruppierung von Akteuren und *loci* eröffnen sich erst beim Blick auf die Rectoseite, auf welche Hildegard ihre Augen gerichtet hält. Gegenüber dem Autorenbild etwas nach oben verschoben, ist hier die I-Initiale des *Incipit* platziert, die eine Wurzel Jesse mit insgesamt drei, durch Mandorlen eigens gerahmten Positionen umfasst: Jesse, Maria und Christus.[40]

Für die Verknüpfung mit dem Autorenbild wird im Salemer Kodex keine Vision aus dem *Liber scivias* herangezogen, sondern ein schon bestehendes Visionsbild – und zwar ausgerechnet eines, das mit der von Hildegard so entschieden abgelehnten Schau im Traum verknüpft war. Denn obwohl Jesse hier die Augen geöffnet und seine Rechte im Redegestus erhoben hat, deutet seine liegende Position auf einen Ursprung des von ihm geschauten Bildes im Schlaf.[41] Weshalb diese eigentümliche Wahl? War wirklich, wie verschiedentlich geäußert, künstlerische Sorglosigkeit oder die fehlende Anleitung durch die Autorin der Grund dafür, auf eine bewährte ikonographische Formel zurückzugreifen?[42] Oder war es eher der zisterziensische Hintergrund der Buchproduktion, der die Entscheidung für das „marienlastige" Motiv des Jesse-Baums veranlasste?[43] Eine nähere Betrachtung zeigt, dass die Kombination des Autorenbilds mit der Wurzel Jesse weitaus überlegter ist, als es bisher den Anschein hatte.

Die Füllung der I-Initiale, so ist zunächst festzuhalten, ist gerade wegen ihrer Verbindung mit dem Autorenbild als Aussage darüber zu bewerten, was die Salemer Zisterzienser für den Kern des *Scivias* hielten – gewissermaßen ein bildliches Korrelat zum *Summarium*, welches sie dem Buch auf fol. 3r–3v voranstellten. Die Wurzel Jesse dürfte dabei für eine heilsgeschichtliche Perspektive einstehen, die ihren Fluchtpunkt im Hervorgehen des Neuen Bundes aus dem Alten hat.[44] Der Eingang der Heidelberger Handschrift hält diesen Fokus zusätzlich durch das einzeln vorgeheftete Blatt 2r präsent, das Schöpfung und Sündenfall als Bewegung im Sinkflug charakterisiert *(Abb. 32).*[45] Das Hervorgehen der „Sünderin" Eva aus der Rippe Adams und die Versuchung am Baum der Erkenntnis sollten von den Betrachtern der Handschrift als Kontrast zum Hervorgehen Marias aus den Lenden Jesses gesehen werden.[46]

Abb. 32　Schöpfung und Sündenfall, Heidelberger Scivias, um 1200, Heidelberg, Universitätsbibliothek, Cod. Sal. X,16, fol. 2r

An diesem Punkt beginnt das positionale Gefüge der Doppelseite eigene Sinneffekte hervorzubringen. Durch ihren Blick hinüber zur *radix Jesse* gewinnt Hildegard Anschluss an das biblische Verheißungsgeschehen. Indem sie selbst gleichsam den Platz des Propheten Jesaja einnimmt, wird sie als *prophetissa* charakterisiert.[47] Zugleich lässt die vertikale Schichtung der Bildkomposition Hildegard in Parallele zu Maria treten. Die alte Prophetie, wie sie der liegende Jesse repräsentiert, wird durch die neue überboten – und dies, so scheint es, gerade wegen Hildegards Rolle als *mulier* und *virgo*.[48] Das geschlechtsspezifische Konzept der *virgo* als Offenbarungsträgerin, das zu den Kerngedanken der hildegardschen Heilslehre zählt, wird von den Salemer Buchmalern auf eine Weise stark gemacht, die man vielleicht eher im Kodex der Rupertsberger Abtei erwartet hätte.

Die topologische Matrix der Doppelseite birgt aber auch faszinierende medientheoretische Implikationen. Schrift- und Schauthematik werden über das alte Dispositiv des Bild-Initial-Diptychons miteinander verschränkt. Dieses wird jedoch durch Positionswechsel für eine Neubestimmung der *visio prophetica* geöffnet: Die Autorin verlässt ihren „angestammten" Platz in der Initiale, das spaltenhohe I des *Incipit* wird mit dem Visionsbild des Jesse-Traums gefüllt. Ziel der großangelegten Umverteilung ist es, eine mediale Metapher für Hildegards Vorstellung von prophetischer Offenbarung zu konstruieren. Hildegards Hinüberblicken auf die Bild gewordene Schrift kann

Benutzer der Handschrift an jene Passage der *Protestificatio* erinnern, in der Hildegard ihr Visionserlebnis als plötzliche Erleuchtung beschreibt, die sie zum Verständnis der Heiligen Schrift befähigt:⁴⁹

> *Aus dem offenen Himmel fuhr blitzend ein feuriges Licht hernieder. Es durchdrang mein Gehirn [...]. Und plötzlich erhielt ich Einsicht in die Schriftauslegung, in die Psalter, die Evangelien und die übrigen katholischen Bücher des Alten und Neuen Testaments.*⁵⁰

Der verborgene Sinn der Schrift enthüllt sich der gemalten Hildegard über den Einblick in einen Buchstaben. In diesem wird das Bild einer alten Prophezeiung, der *virga de radice Iesse* sichtbar. Wie in anderen Darstellungen der Wurzel Jesse überlagern sich dabei Merkmale eines ungedeuteten Traumbildes (die ornamental rankenden Triebe) mit allegorischen Interpretanten (Maria und Christus) und einer geometrischen Ordnungsstruktur (die verketteten Mandorlen). Der aus Jesses Körper emporwachsende Baum ist für den erleuchteten Blick Hildegards zu einem gedeuteten Zeichen geworden.

Gegenüber älteren Engführungen von Prophetie und Exegese ist zu beachten, dass Hildegards Blick von außen auf das Bild gewordene *verbum* fällt, ihr Schauplatz also nicht von vornherein in das göttlich inspirierte Wort integriert ist. Sowohl die *visio* wie die daran anknüpfende Schreibtätigkeit treten als nachträgliche Ergänzung zum göttlichen Zeichen des Jesse-Traums hinzu. Erst mit der materiellen Verschriftlichung, die links in beiden Registern stark betont wird, kann die Prophetie weitergegeben und kommuniziert werden. Über die positionale Zuordnung zur Jesse-Wurzel werden Betrachter angeleitet, diesen materiellen Schreibprozess in Analogie zum Vorgang der Inkarnation zu sehen – ein dem Denken des Hochmittelalters gut vertrautes Modell:⁵¹ Der jungfräulichen Empfängnis Mariens entspricht die jungfräuliche Eingießung der Worte Gottes auf die unberührt bleibende Schreibtafel der Visionärin, der Griffel in der Hand des Mönchs korrespondiert mit dem phallischen Baum in der Hand Jesses.

Die somatische Traumoffenbarung Jesses ist im *Heidelberger Scivias* also durchaus erwünschter Kontrapunkt zum Autorenbild Hildegards: Sie macht den höheren visionären Rang der *prophetissa* Hildegard kenntlich und bietet ein Analogon zur Materialität ihrer prophetischen Offenbarung. Die visuelle Zuordnung der beiden Figurenpaare kehrt vollends die paradoxe Zirkularität der Doppelseite hervor: Das Ergebnis von Hildegards Schau- und Schreibtätigkeit ist ja nichts anderes als das I, zu welchem sie hinüberblickt und das nun das *Incipit* ihres eigenen Buches einleitet. Innen und Außen, Geschautes und Geschriebenes treten so in einen widersprüchlichen Kreislauf ein, der anschaulich das Dilemma einer „nachinkarnatorischen" Prophetie umreißt: Alles, was sie verkündet, muss als Exegese eines bereits fixierten Kanons heiliger Bücher auftreten.

Die sorgfältige Gestaltung der Bildeingänge, welche sich an beiden Scivias-Manuskripten beobachten lässt, dürfte ganz wesentlich auf den hohen Legitimationsdruck zurückzuführen sein, dem Hildegards prophetisches Schreiben ausgesetzt war. Im Vergleich zu den bisher diskutierten Konzeptionen der *visio prophetica* fällt auf, dass Hildegard die Visionen zwar jeweils in einem von Gott selbst vorformulierten sprachlichen Aggregatzustand empfängt, die Autorin aber außerhalb eines solchen vorgängig konstituierten Textes verortet wird. Beide Handschriften betonen den Schreibprozess als von menschlichen Akteuren ausgehenden Produktionsvorgang, durch den die göttliche Botschaft gewissermaßen hindurch muss.

Dass die Lösungen für die Bebilderung des *Scivias* im Übrigen sehr unterschiedlich ausfallen, lässt sich gut mit den jeweiligen Rezipientenkreisen und Verwendungsprofilen der Handschriften erklären:[52] Der Wiesbadener Kodex wurde aller Wahrscheinlichkeit nach von Hildegards Konvent auf dem Rupertsberg kurz vor oder kurz nach dem Ableben der Äbtissin in Auftrag gegeben. Seine Eingangsminiaturen wählen einen institutionellen Akzent, der Hildegard in das Zentrum der Ecclesia setzt. Faktoren wie die äußere und innere Kontrolle der Visionärin werden ebenso wichtig genommen wie die Aufhebung ihrer Identität mit dem Eintritt in das Visionsgeschehen. Ganz anders dagegen die Heidelberger Handschrift: Die süddeutschen Miniatoren hatten kein Problem damit, Hildegard gleichsam zur Traumdeuterin alttestamentlicher Prophezeiungen zu erklären. Ihr Verständnis des *Liber scivias* scheint sehr stark von monastischen Praktiken der *meditatio* und der Exegese von Schrift bestimmt. Dabei lassen sie sich erstaunlich weit auf Hildegards „Prophetologie" ein, und zwar gerade auch auf deren geschlechtsspezifische Stoßrichtung.

4.2 Worte im Lichtkanal
Die Revelaciones Birgittas von Schweden

Zwei Jahrhunderte nach der „Sybille vom Rhein" trat mit Birgitta von Schweden eine weitere Prophetin auf den Plan, deren Schriften später in bebilderter Form überliefert werden sollten. Ähnlich wie Hildegard war Birgitta eine Visionärin, die sich mittels Kloster- bzw. Ordensgründung auf einer institutionellen Ebene engagierte und mit Hilfe ihrer Offenbarungen in das Handeln der Amtskirche eingriff. Diese Aktivität vollzog sich indes in einem Klima, das sich im Vergleich zum 12. Jahrhundert radikal gewandelt hatte. Argwohn und Misstrauen gerade gegenüber den Offenbarungen weiblicher Visionäre gaben innerhalb der kirchlichen Kreise den Ton an.[53] Birgitta bewegte sich auf diesem schwierigen Terrain mit einer geschickten Mischung aus Nachgiebigkeit und Hartnäckigkeit, wie sich an der langwierigen Entstehungsgeschichte ihrer *Revelaciones* aufzeigen lässt.[54]

Seit den 1340er Jahren hatte die Heilige zahlreiche Visionen, die sie wahlweise selbst in Volkssprache niederschrieb oder für eine erste Übertragung ins Lateinische ihren Beichtvätern diktierte.[55] Über mehrere Jahrzehnte häufte sich so eine größere Zahl halbfertiger Texte an, deren Weiterverbreitung Birgitta aber lange hinauszögerte. Erst kurz vor ihrem Tod begegnete sie in dem spanischen Bischof und Einsiedlermönch Alfonso Pecha de Vadaterra demjenigen Mann, den sie für geeignet hielt, die Visionsberichte in eine für die Öffentlichkeit bestimmte Form zu bringen.[56] Die sog.

Alfonso-Redaktion der *Revelaciones* wurde 1377 in einer ersten Fassung ediert. In der Birgitta-Forschung herrscht heute allgemeiner Konsens darüber, dass sowohl die schwedischen Beichtväter wie Alfonso die ursprünglichen Visionsberichte in weiten Teilen um- oder gar neu schrieben. Bereits der „Urtext" der *Revelaciones* also schließt sowohl mehrere Stadien der Übertragung wie mehrere Instanzen der Autorschaft mit ein. Ziel dieser skrupulösen Publikationspolitik dürfte die Anpassung der Visionen an die Kriterien der Schultheologie ebenso wie ihre Reinigung von potentiell anstößigen Elementen gewesen sein.

Unterscheidung der Geister
Visionskritik als Thema der Prologe

Innerhalb der *Revelaciones* sind es besonders die von Birgittas Koautoren hinzugefügten Vorreden zum ersten und achten Buch, welche den Rahmen für die visionäre Erfahrung der Heiligen abzustecken versuchen. Bereits der *Prolog zu Buch I*, den Magister Mathias noch in den 1340er Jahren verfasste, setzt einen zweifelnden Leser voraus, welcher Birgittas Visionsberichten misstrauisch gegenübersteht.[57] Mit einem rhetorisch geschickt aufgebauten Plädoyer versucht Mathias diesen Skeptiker von der göttlichen Herkunft der Visionen zu überzeugen. Die geringe Bildung der Visionärin, wie sie Hildegard als Beleg für die Wahrhaftigkeit ihres Schreibens anführt, wird dabei nur am Rande erwähnt.[58] Die wahre Beschaffenheit der Visionen soll nunmehr in erster Linie am heilsamen Einfluss ablesbar werden, den ihre Verbreitung gezeitigt hat: Bekehrung, Läuterung, Mehrung der Liebe zu Gott.[59] Ganz auf dieser Linie liegt auch die neue Bedeutung, die das Leben der Prophetin in seiner moralischen Vorbildhaftigkeit annimmt: „Durch Wahrhaftigkeit, Sanftmut und Gerechtigkeit brachte sie an sich selbst die Gestalt des Lebens Christi [formam vite Christi] zum Vorschein und ließ es zu, auch von geringfügigen und verachtenswerten Personen gekränkt zu werden, ohne ihnen dafür Vergeltung oder Strafe widerfahren zu lassen."[60]

Alle diese Punkte werden drei Jahrzehnte später vom Endredaktor Alfonso in seiner *Epistola solitarii ad reges* aufgegriffen und in systematischer Form zu einem Grundlagentext der *discretio spirituum* weiterentwickelt.[61] Alfonso setzt mit einer Kritik der „vielen im Irrtum Befangenen und gleichsam Blinden" ein, die Visionen „ohne vorherige Prüfung" als wahr oder unwahr bewerten, und legt dann einen ganzen Fragenkatalog vor, dem sowohl die Person der Visionärin wie die Visionen selbst zu unterziehen seien.[62] Der Rest der *Epistola* ist die ausführliche Beantwortung dieser Fragen für Birgitta und ihre *Revelaciones*. Sieben „signa certissima" sind es, welche die Echtheit der Visionen zweifelsfrei belegen sollen: 1. die Unterordnung der Heiligen unter die Anweisungen ihrer geistlichem Berater; 2. das innere Erfülltsein vom Feuer und von der Süße der Gottesliebe; 3. das klare Verständnis der Bedeutung des Geoffenbarten; 4. die Untrüglichkeit und die Orthodoxie des Prophezeiten; 5. die frommen Werke, welche aus den Visionen hervorgehen; 6. das gute Sterben der Visionärin und die göttliche Ankündigung ihres Todes; 7. posthume Wunder nach dem Tod Birgittas.[63]

Breiten Raum gewährt Alfonso der Frage, wie Birgittas Visionen nach dem augustinischen System der *genera visionum* zu klassifizieren seien. Dabei gelten die argumentativen Anstrengungen des Spaniers dem nicht unproblematischen Nachweis, dass das Gros der *Revelaciones* dem Genre der *visio intellectualis* angehöre. Wenig Schwierigkeiten bereitet es Alfonso, die Bedeutung der *visio corporalis* herunterzuspielen: Entsprechende Fälle seien allenfalls aus der Kindheit der Heiligen bekannt und daher zu vernachlässigen.[64] Wie aber steht es mit den übrigen Offenbarungen? Gemessen am Kriterium der Bildhaftigkeit, so muss Alfonso zugeben, habe man es durchweg mit *visiones spirituales* zu tun. Immerhin könne der Modus der Traumvision, den schon Gregor der Große für „überaus verdächtig"[65] gehalten habe, bei Birgitta definitiv ausgeschlossen werden: „Weil diese Herrin fast alle ihre Visionen im Wachzustand beim Gebet sah und nicht schlafend [...]."[66] Auch Alfonso geht es also um eine „Zurückweisung des Traums", doch ist ihm dies noch nicht genug. Die Bilder der geistigen Schau, so sein Argument, mündeten bei Birgitta häufig in eine *visio intellectualis*, ähnlich wie dies bei Johannes in den Visionen der Apokalypse der Fall sei: „Denn er [d.h. Johannes] sah nicht nur Bilder im Geist, sondern erfasste auch deren Bedeutung im Verstand."[67] So habe Birgitta eine Offenbarung, die in der Niederschrift ein ganzes Buch füllen sollte, in einem einzigen Augenblick empfangen. Oder aber die Heilige sei durch göttliche Worte über die Bedeutung des Geschauten belehrt worden.[68]

Gerade dieser letzte Punkt scheint auch bei der Ausarbeitung der Visionen selbst leitend gewesen zu sein – sei es, dass Birgitta die Kriterien der *discretio spirituum* selbst schon verinnerlicht hatte, sei es, dass die geistlichen Bearbeiter diese den Berichten nachträglich aufprägten.[69] Das Leitmedium der *Revelaciones* ist die mündliche Mitteilung Christi oder Mariens an die Sponsa. Visuelle Eindrücke himmlischer „Bilder" geben in der Regel nur die Bühne für die jeweiligen Sprecher ab.[70] Bezeichnenderweise lautet die erste Überschrift des Buches „Worte unseres Herrn Jesus Christus" und der Anfang des Textes „Ich bin der Schöpfer des Himmels und der Erde".[71]

Schreibpult und Altarmensa
Orte der Offenbarung im Eingangsbild der Morgan-Revelaciones

Das Hauptziel der redaktionellen Tätigkeit Alfonsos nach dem Tod Birgittas war es, möglichst schnell die Heiligsprechung der Schwedin zu erreichen.[72] Zu diesem Zweck war für eine umfassende Verbreitung des Textes zu sorgen, sei es für die Mitglieder der päpstlichen Prüfungskommission, sei es für verschiedene „Multiplikatoren" in ganz Europa. Maßgeblichen Anteil an der von Alfonso betriebenen „Produktion einer Heiligen" hatte die Anfertigung illuminierter Kopien der *Revelaciones*. Wie Carl Nordenfalk zeigen konnte, wurden diese bebilderten Prachthandschriften alle von der gleichen neapolitanischen Werkstatt angefertigt.[73] Unterschiede in der Bildausstattung deuten darauf hin, dass Alfonso je nach Profil der jeweiligen Adressaten eine andere Auswahl an Miniaturen treffen ließ. So enthält jede der drei erhaltenen Handschriften neapolitanischer Herkunft zwar das gleiche Grundgerüst an historisierten Initialen, aber jeweils eine andere Ausstattung mit ganzseitigen Bildern.[74]

Wie verhalten sich die kurz nach dem Tod Birgittas entstandenen Bilder zum visionskritischen Diskurs sowohl der Prologe wie der *Revelaciones* selbst? Und wie verorten sie die prophetische Schau der Autorin zwischen den Polen Bild und Schrift? Ich verfolge diese Fragen zunächst an der Handschrift der Pierpont Morgan Library.[75] Durch Besitzeinträge wissen wir, dass sie aus dem Kloster San Girolamo in Quarto bei Genua stammt, in dem Alfonso Pecha die letzten Jahre seines Lebens verbrachte.[76] Als Besteller des Kodex ist daher mit großer Wahrscheinlichkeit Alfonso selbst anzunehmen.

Die erste Miniatur der New Yorker Handschrift ist ein echtes Eingangsbild, das dem Text der *Revelaciones* vorausgeht *(Taf. XXVIII)*.[77] Ein sternenbesetztes Kreissegment teilt die Bildfläche im Verhältnis von 2 zu 1 in ein himmlisches Oben, das in tiefem Blau erstrahlt, und ein irdisches, mit Goldgrund hinterlegtes Unten. Oben haben sich verschiedene Heilige, die Apostel und Patriarchen sowie die Engelchöre um Maria und Christus versammelt, die gemeinsam in einer Mandorla thronen. Unten sitzt Birgitta sinnierend vor ihrem Schreibpult, das Büchlein für ihre Aufzeichnungen auf den Knien haltend, den Blick auf das himmlische Thronpaar gerichtet. Maria und Christus wiederum senden mit ihrer Linken Lichtstrahlen auf das Haupt Birgittas nieder. Auf ebenso faszinierende wie verwirrende Weise wird diese Darstellung erleuchteten Schreibens links durch eine Messszene ergänzt, die einen Priester bei der Elevation der Hostie zeigt. Über dem Haupt des Zelebranten ereignet sich ein eucharistisches Wunder: Flammen sinken vom Himmel herab, über der Hostie wird eine nackte Figur mit einem Spruchband sichtbar.

Die Szene links unten ist von der Forschung überzeugend auf *Revelaciones VI*, 86 bezogen worden, eine Erzählung, die berichtet, wie Birgitta bei einer Pfingstmesse eine Feuererscheinung über dem Altar bemerkte und in der elevierten Hostie eine Reihe von Christus-Bildern erblickte: ein Lamm, ein flammendes menschliches Antlitz, und einen schönen Jüngling, der einen Segensgruß an die Umstehenden richtete.[78] Doch weshalb wurde diese Episode für das Eingangsbild der *Revelaciones* ausgewählt, weshalb wurde die Inspirationsszene mit einem Messwunder kombiniert? In der Gegenüberstellung der Szenen fällt eine Reihe von Ähnlichkeiten auf, die eigenständige Sinneffekte hervorbringen. So wird in beiden Fällen ein Sichtbarwerden Christi dargestellt, der sich in Worten offenbart. Die gemeinsame Grundform von Altartisch und Schreibpult suggeriert einen engeren Zusammenhang, ja eine innere Analogie der beiden Orte und der sich darin abspielenden Handlungen. Der Ort der sakramentalen Amtshandlung wird zum Vorbild für den Ort der inspirierten Schreibtätigkeit, der Priester zur Leitfigur für die Visionärin stilisiert.

Versucht man, den Vergleich der beiden Szenen weiter durchzuführen, stößt man aber auch auf irritierende Symmetriebrüche: etwa in der Behandlung der Feuerflammen und der Lichtstrahlen, die zwar beide aus der Himmelszone hervorgehen, aber unterschiedlich weit in sie zurückreichen. Während die Vision am Altar auf den intramundanen Bereich beschränkt bleibt, durchstößt das Strahlenbündel der

Schreibszene die Grenze zur Transzendenz. Damit wirft die Miniatur die Frage nach der Reichweite unterschiedlicher visionärer Sehmodi auf. Die *Epistola solitarii* erwähnt die Vision am Altar als eine jener seltenen *visiones corporales*, die sich überwiegend in der Kindheit Birgittas zugetragen hätten.[79] Betrachter der *Morgan-Revelaciones* sollten diese geringerwertige Form von Schau als eine Art Initiation deuten, welche die Heilige auf ihre prophetische Schreibtätigkeit vorbereitet hatte. Die sprechende Christusfigur, welche der Hostie entsteigt, präfiguriert jenen himmlischen Christus, der Birgitta später bei ihrer Niederschrift erleuchten sollte. Eine solche Verknüpfung der beiden Szenen wird nicht zuletzt durch die Figur des Engels nahegelegt, der mittels Zeigegesten zwischen ihnen vermittelt.[80]

Das Eingangsbild der *Morgan-Revelaciones* unterzieht die enge Verschränkung von Bild und Schrift, die traditionell den Geltungsanspruch prophetischer Visionen vermitteln sollte, einer Neubestimmung. Wie bereits Hildegard ist Birgitta nicht mehr eingeschrieben in einen von Gott fixierten Text, sondern jener entscheidende „Umschlagplatz", der den Transfer göttlicher Offenbarung in einen aufgeschriebenen Text überhaupt erst ermöglicht. Im Gegenzug zu dieser stärkeren Beteiligung an der Abfassung der prophetischen Schriften entmischen sich die Medien der Offenbarung: Der „Kanal" der Inspirationsstrahlen, so scheint es, versorgt die Prophetin nicht mit Bildern, sondern allein mit göttlichen Worten. Zwar zielen die Strahlen aus dem Himmel genau auf die Augen Birgittas. Doch scheint der Sinn dieses Kontakts eher darin zu bestehen, den Blick Birgittas möglichst eng an das Gotteswort anzubinden und interpretationsbedürftige Bildzeichen aller Art von ihm fernzuhalten. Das gewaltige Panorama der Engels- und Heiligenchöre, das einen so großen Teil der Miniatur einnimmt, ist gar nicht Bestandteil der göttlichen Offenbarung, sondern Ausschnitt einer gewöhnlich unsichtbaren Himmelssphäre. Dass Birgitta – und mit ihr der Betrachter – Einblick in diesen jenseitigen Bereich erlangt, dient lediglich dazu, dem göttlichen Ursprung ihrer Schreibtätigkeit einen exakten, auch von außen verifizierbaren Ort zu geben. Aus dem bimedialen Übertragungsweg der Prophetie wird ein monomediales Verfahren, dessen Offenbarungsanspruch durch die Analogie zum Altarsakrament gestärkt werden soll.[81]

Die Buchübergabe als Anachronismus
Die Miniatur zum Liber Celestis

Das zweite Bild der *Morgan-Revelaciones* ist Buch VIII des Visionswerkes zugeordnet, dem *Liber celestis imperatoris ad reges (Taf. XXIX)*.[82] Es unterscheidet sich insofern deutlich von der Eingangsminiatur, als es ganz auf die vertikale Schichtung unterschiedlicher Autoritäten setzt, deren Abhängigkeitsverhältnis hier definiert wird. Als „Fürstenspiegel" hatte der *Liber celestis* sein zentrales Thema in der Unterordnung der irdischen Herrscher unter die Direktiven Christi.[83] Die Konzeptoren der Bildausstattung haben das Gefälle zwischen jenseitiger und diesseitiger Obrigkeit von Beginn an im Bildformular festgeschrieben. Die Offenbarung, die Birgitta von oben entgegennimmt und an die beiden wartenden Beichtväter weiterreicht, tragen diese von unten an die irdischen Herrscher heran. Die kniende Haltung aller Akteure, die an der Übermittlung der Botschaft beteiligt sind, unterstreicht ihre perfekte *humilitas* in der Erfüllung des göttlichen Auftrags.

Nicht ohne Geschick balanciert die Miniatur zwischen einer „dienenden" Rolle der drei Mittlerfiguren und einer absoluten Hierarchie, welche Birgitta und die Beichtväter oberhalb der irdischen Herrscher postiert. Die visionäre Erfahrung der Himmelsschau tritt dabei vollständig hinter den mehrstufigen Transfer eines himmlischen Schriftstücks zurück.[84] Die *auctoritas* Birgittas wird auf den Empfang eines fertig geschriebenen Buches reduziert, wie ihn die Apokalypse-Zyklen des Frühmittelalters zeigen.[85] Zwei aufschlussreiche Ergänzungen entlarven dieses Zirkulieren göttlicher Buchstaben jedoch als Anachronismus: Um eine menschliche Coautorschaft an Buch VIII auszuschließen, haben die Miniatoren das nun verlassen dastehende Schreibpult ins Bild aufgenommen.[86] Gerade diese Negation macht deutlich, dass es für die Buchkünstler des späten 14. Jahrhunderts gar nicht mehr zur Disposition stand, der Visionärin einen intramedialen Ort innerhalb eines von Gott vorgefertigten Textes zuzuweisen. Wenn Birgitta die Offenbarung entgegennimmt, befindet sie sich an einem äußeren Ort. Dazu kommt zweitens, dass Birgitta das Buch seinen Adressaten nicht selbst überbringen darf. Christus und Maria setzen per Zeigegestus die beiden Beichtväter in diese Funktion ein. Damit wird nicht nur das kirchliche Verbot weiblicher Lehrtätigkeit bekräftigt, es wird auch eine institutionelle Instanz der Prüfung und Beglaubigung ausgewiesen, welche die Authentizität der Offenbarung garantieren soll. Schrift als Träger prophetischer Offenbarung ist gewissermaßen erklärungs- und ergänzungsbedürftig geworden, weil menschliche Autorschaft mit ihren Möglichkeiten der Erfindung und Täuschung als Normalfall vorausgesetzt wird.

Leiter und Spruchband
Konkurrierende Wege zu Gott in den Warschauer Revelaciones

Beide Bilder der *Morgan-Revelaciones*, so könnte man resümieren, rücken die schriftliche *auctoritas* Birgittas in den Vordergrund, wobei einmal der Regel-, das andere Mal hingegen der Ausnahmefall von Birgittas Textproduktion umschrieben wird. Andere Akzente setzen die von der gleichen Werkstatt gefertigten *Warschauer Revelaciones*, die wahrscheinlich kurze Zeit vor dem New Yorker Exemplar entstanden.[87] Die Bestimmung dieses lange Zeit verschollen geglaubten Manuskripts konnte bislang nicht eindeutig geklärt werden. Verschiedene Indizien deuten darauf hin, dass Magister Matheus von Krakau, ein Mitglied der Heiligsprechungskommission, als Empfänger vorgesehen war.[88]

Überraschenderweise verzichten die *Warschauer Revelaciones* auf ein monumentales Autorenbild.[89] Für die einzige Vollminiatur des Kodex wurde Buch V als Anknüpfungspunkt gewählt, der *Liber questionum (Abb. 33)*.[90] Die Miniatur hat die Rahmenhandlung des Buches zum Gegenstand, wie sie Alfonso in seinem Prolog

Abb. 33 Vision des Mönchs auf der Leiter, Revelaciones, um 1377, Warschau, Biblioteka Nardowa, Ms. 3310 (olim Ms. Lat. Q. v I. 123), fol. 225v

schildert: Birgitta reist zu Pferd nach Vadstena, dem Ort einer späteren Klostergründung, hat vor ihrer Ankunft eine geistige Schau, bei der sie einen Mönch auf einer Leiter erblickt, und verfolgt das Streitgespräch dieses Mönchs mit Christus.[91] Ein trabendes Pferd ist gewiss kein gewöhnlicher „Schauplatz" in der mittelalterlichen Bildtradition. Ganz im Gegensatz dazu wurde mit der Himmelsleiter, die der Mönch erklommen hat, ein archetypisches Visionsbild gewählt.[92] Grund für die bereits im Text angelegte Kombination von Pferd und Leiter dürfte einmal mehr ein visionstheoretisches Argument sein: eine Absage an den Traum, mit dem das Leitermotiv eng verknüpft war, zugunsten eines kontrollierten Wachzustands, wie ihn die Position im Sattel erfordert.

Die Leiter selbst steht für einen Weg, der konträr zur Reise der Heiligen ausgerichtet ist. Über die erneute Scheidung des Bildfelds in eine irdische und eine himmlische Zone wird der Aufstieg des Mönchs in den Himmel als Verletzung einer Grenze markiert. So wird der Mönch zum Gegenspieler Birgittas – sein dominikanisches Habit sollte ihn wohl als Vertreter jener scholastischen Universitätstheologie kenntlich machen, die ihren Erkenntnisdrang in den Augen der Auftraggeber allzu weit in den Bereich des Numinosen ausgedehnt hatte.[93] Der Einritt Birgittas in die Festung hingegen rekurriert unübersehbar auf das Bildformular des Einzugs Christi nach Jerusalem. In seiner horizontalen Orientierung unterstreicht er die Bereitschaft der Heiligen, das visionär Geoffenbarte in praktische Tätigkeit auf Erden umzumünzen.

Entscheidend für die Handlungsstruktur sind nun die weißen Banderolen, welche die vier Protagonisten paarweise verbinden. Bei den beiden männlichen Kontrahenten zur Linken sind sie als Spruchbänder ausgestaltet, die auf halbem Weg kollidieren und so ihren Ansprechpartner verfehlen – gewissermaßen die Karikatur des scholastischen Modells von Rede und Gegenrede. Anders dagegen die weibliche Seite der Kommunikation: Ein weiteres Spruchband, das sich von Maria herabsenkt, erreicht ungehindert sein Ziel, das Haupt Birgittas. Angesichts des hohen Stellenwerts geschlechtlicher Differenzierung des Visionsgeschehens drängt es sich auf, die Quelle des von Maria herabfließenden Logos nicht in ihrer Rechten, sondern in ihrem Schoß zu sehen. Goldener Glanz, der sich an den Rändern des Bandes verbreitet, deutet die besondere Qualität dieser Mitteilung an.[94]

Gemessen am bescheidenen Umfang der Äußerungen Mariens im *Liber questionum* ist diese Verbindung von den Bildkünstlern enorm in ihrer Bedeutung aufgewertet worden. Die Vertikale des Spruchbandes eröffnet einen anderen „Kanal" zwischen Transzendenz und Immanenz, der – im Gegensatz zur Leiter – ausschließlich von oben nach unten verläuft und zugleich die Distanz zwischen den Sphären wahrt.[95] Nicht einzelne Mitteilungen, so die Argumentation des Bildes, sondern die *revelatio* des gesamten Buches hat Birgitta von Maria empfangen.

Die Miniatur zu Buch V, die später zu einem der populärsten Bildformulare der Birgitta-Ikonographie werden sollte, scheint auf den ersten Blick einen bildhaften Offenbarungsmodus vor Augen führen zu wollen. Dieser Eindruck täuscht jedoch gründlich: Das Spruchband in der Rechten Marias besagt ja nichts anderes, als dass der Kontakt zwischen Erde und Himmel nur auf dem Weg einer verbaler Ansprache von oben eingerichtet werden kann. Die Erscheinung des Mönchs auf der Leiter mit ihrem Versprechen direkter Anschauung und Naherfahrung soll von den Betrachtern als Trugbild erkannt werden.

Bilder einer Heiligen
Visionsdarstellung als Beitrag zur Kanonisierung

Der Vergleich der beiden Manuskripte in Warschau und New York wirft ein scharfes Licht auf die strategische Vorgehensweise bei der Herstellung der illustrierten *Revelaciones*. Während alle bebilderten Handschriften einen einheitlichen Zyklus historisierter Initialen tragen, wurden die ganzseitigen Miniaturen auf den jeweiligen Empfänger abgestimmt. So dürfte das New Yorker Exemplar nach den besonderen Wünschen Alfonsos selbst gestaltet worden sein. Es stellt die Rolle der Geistlichkeit als Modell, Kontrollinstanz und Bindeglied zur Außenwelt in den Vordergrund. Gemeinsames Thema der beiden Großminiaturen ist die Rückführung der Schriften Birgittas auf einen himmlischen Ursprung. Hingegen klammert das Warschauer Bild die Verschriftlichung der Visionen aus und macht Birgitta zur Antagonistin eines bestimmten Teils der Geistlichkeit, der hier von dem Dominikaner auf der Leiter repräsentiert wird. Der visionstheoretische Diskurs der Miniatur ist nicht auf amtskirchliche Autorität, sondern auf den Prozess der visionären Erfahrung und seine Verbindung mit dem irdischen Wirken Birgittas fokussiert. Gerade in diesem letzten Punkt wird die Komposition den Anforderungen an eine zu kanonisierende Person in weit höherem Maße gerecht als die Miniaturen der *Morgan-Revelaciones*

Auf einer allgemeineren Ebene jedoch konvergieren die unterschiedlichen Bilder in gemeinsamen Grundkoordinaten, auf die es mir am Schluss dieses Kapitels ankommt. Alle drei Miniaturen nämlich heben sich auf charakteristische Weise von älteren Verbildlichungen der *visio prophetica* ab. Eine entscheidende Voraussetzung dafür dürfte jene visionskritische Haltung gewesen sein, mit der sich auch die Prologe auseinandersetzen. Deutlich wurde, dass die Miniaturen die Bildhaftigkeit der Visionen dementieren und so ein Offenbarungsgeschehen erfinden, das ohne jede Beteiligung der menschlichen *imaginatio* auskommt. So sind alle Darstellungen nach einem einheitlichen topologischen Muster konstruiert, das auf einer starren Trennung von Diesseits und Jenseits basiert. Der Impuls zur Überwindung der trennenden Grenze geht jeweils von oben, von den zentralen Figuren Christus und Maria aus und ist – auch im Fall der Leitervision – durchgängig mit der Übermittlung verbaler Botschaften verknüpft.[96]

Die Beschränkung der Kommunikation auf verbale Übertragungswege soll den Visionen die Zugehörigkeit zur intellektuellen Schau zusichern. Diese Bildlosigkeit der visionären Erfahrung bedeutet eine noch radikalere Abkehr von der menschlichen *imaginatio* mit ihrer Täuschungsanfälligkeit, als sie im Bildprogramm der Scivias-Handschriften zu finden ist. Die Rückführung der Offenbarung auf das Gotteswort, die man anstrebt, kann jedoch nicht mehr über das Dispositiv des Einschlusses legitimiert werden, wie gerade die „anachronistische" Miniatur zum *Liber celestis* gezeigt hat. Als Prophetin bleibt Birgitta stets außerhalb der göttlichen Offenbarung verortet. Als Antwort auf diese neuen Gegebenheiten entwickelt man Dispositive, die den Anschluss an Wortflüsse repräsentieren.

Man kann es durchaus als Widerspruch werten, dass ein solch bildkritisches Visionskonzept innerhalb einer Handschrift vorgetragen wird, die aufwendig mit historisierten Initialen und ganzseitigen Miniaturen bebildert wurde. Gerade dieser Widerspruch zeigt aber, dass die Produzenten der *Revelaciones* zwei verschiedene Arten von Bildern auseinanderhalten wollten: Die Kritik richtet sich allein gegen innere Bilder, sie misstraut der unkontrollierbaren Subjektivität von Bilderfahrungen einzelner, besonders wenn es sich dabei um Frauen handelt. Die äußeren, die materiellen Bilder leisten mehr denn je unersetzliche Dienste bei der Definition eines topologischen Lageplans des Offenbarungsgeschehens um die zukünftige Heilige. In ihrer figürlich-mimetisch sehr differenzierten Bildsprache übernehmen die Miniaturen die Aufgabe, den irdischen Schauplatz und den himmlischen Ursprung der *Revelaciones* aus der Perspektive eines Augenzeugen zugänglich zu machen. Der überzeugenden malerischen Darstellung der Offenbarungssituation wird zugetraut, Birgittas *odor sanctitatis* zu stärken und zu verbreiten. Kraft der himmlischen Offenbarung, so soll der Betrachter folgern, befindet sich Birgitta in einer besonderen Nähe zu jenen Heiligenchören, welche die Himmelsphäre aller drei Miniaturen bevölkern.

Anmerkungen

1   Vgl. KRUGER 1992, S. 83–122.
2   „Quod raptus et visiones non fiunt, nisi per naturam." FLASCH 1989, S. 130, Nr. 33. Zum Streit um die aristotelische Traumlehre vgl. ebd., S. 130 und ausführlich LERNER 1994.
3   Dies eindrucksvoll ausgeführt von MEIER 1985, besonders S. 473–484 und MEIER 2004a, S. 228–234. Vgl. auch NEWMAN 1987, S. 25–30; BÄUMER 2001 und KÜHNE 1999.
4   „Et ecce quadragesimo tertio temporalis cursus mei anno, cum caelesti uisioni magno timore et tremula intentione inhaererem, uidi maximum splendorem, in quo facta est uox de caelo ad me dicens." HILDEGARD 1978, S. 3 (*Prot.*, 5–8), dt. Übersetzung: HILDEGARD 1991, S. 5. Zu Ezechiel als Prätext dieser Passage vgl. NEWMAN 1987, S. 26; GRAF 2002, S. 104. Allgemein zur auf Gregor zurückgehenden Vorbildhaftigkeit von Ezechiel für Hildegard vgl. MEIER 2004a, S. 228–231 und 244–245.
5   „Ego lux uiuens et obscura illuminans hominem quem uolui et quem mirabiliter secundum quod mihi placuit excussi in magnis mirabilibus trans metam antiquorum hominum, qui in me multa secreta uiderunt, posui." HILDEGARD 1978, S. 4 (*Prot.*, 52–55), dt. Übersetzung: HILDEGARD 1991, S. 6.
6   Vgl. VITA HILDEGARDIS 1998, S. 172, wo Hildegard die Auftaktvision ihres Spätwerks *Liber divinorum operum* beschreibt und ihre Schau mit derjenigen des Johannes bei der Abfassung seines Evangeliums vergleicht: „Subsequenti tempore mysticam et mirificam visionem vidi, ita quod omnia viscera mea concussa sunt et sensualitas corporis mei extincta est […]. Et de Dei inspiratione in scientiam anime mee quasi gutte suavis pluvie spargebantur, quia et Spiritus sanctus Iohannem evangelistam imbuit, cum de pectore Iesu profondissimam revelationem suxit."
7   „Hec ad audientiam Moguntine ecclesie allata cum essent et discussa, omnes ex Deo esse dixerunt et ex prophetia, quam olim prophete prophetaverant. Deinde scripta mea Eugenio pape, cum Treveri esset, sunt allata […]." VITA HILDEGARDIS 1998, S. 128–129.
8   Vgl. MEIER 1985, S. 478–483.
9   „Prophecia in primo opere Dei, uidelicet in Adam incepit. Que ita a generatione in generationem per diuersas

etates hominum ut lumen per tenebras lucebat, nec a sono suo usque ad terminum mundi cessabit uoces multimodarum significationum proferendo, cum inspiratione Spiritus sancti diuersis misteriis imbuitur." HILDEGARD 1996, S. 355 (III.2, 29–34).

10 Vgl. MEIER 2004a, S. 229.

11 „Laudate, laudate ergo Deum beata uiscera in omnibus his miraculis quae Deus constituit in molli forma speciei Excelsi, quam ipse praeuidit in prima apparitione costae uiri illius quem Deus creauit." HILDEGARD 1978, S. 636 (III.13, 665–668).

12 Vgl. HILDEGARD 1978, S. 3 (*Prot.*, 7–8) und ebd., S. 4 (*Prot.*, 27–29 und 50). Vgl. auch Hildegards Beschreibung ihrer Visionserfahrung in verschiedenen Briefen: „Atque uerba que in uisione ista uideo et audio […]." HILDEGARD 1991–2001, Bd. 2, S. 262 (*Ep. 103r*, 92–93). „In spiritali uisione anime mee hec uerba uidi et audiui." Ebd., S. 269 (*Ep. 109r*, 1).

13 In diesem Sinne äußert sich Hildegard explizit in ihren Briefen: „Et ea que scribo, illa in uisione uideo et audio, nec alia uerba pono quam illa que audio, latinisque uerbis non limatis, ea profero quemadmodum illa in uisione audio […]." HILDEGARD 1991–2001, Bd. 2 (*Ep. 103*, 88–91).

14 „Dic ea quae uides et audis et scribe ea." HILDEGARD 1978, S. 3 (*Prot.*, 18–19). „Dic ergo mirabilia haec et scribe ea hoc modo edocta." Ebd., S. 3 (*Prot.*, 23). „Scribe quae uides et audis." Ebd., S. 5 (*Prot.*, 78). „Clama ergo et scribe sic." Ebd., S. 6 (*Prot.*, 97–98). Vgl. KÜHNE 1999, S. 72–73; SPANILY 2002, S. 345.

15 „Ego lux uiuens […]." HILDEGARD 1978, S. 4 (*Prot.*, 52). „Sed ego quamuis haec uiderem et audirem." Ebd., S. 5 (*Prot.*, 79). Vgl. AHLGREN 1993, S. 52–55 (bezüglich der Briefe); MCGINN 2000, S. 335–336; MEIER 2004a, S. 265.

16 Vgl. HILDEGARD 1978, S. 636 (III.13, 661–664). Vgl. NEWMAN 1985, S. 171; MCGINN 2000, S. 337.

17 „Simplex ad exponendum et indocta ad scribendum […]." HILDEGARD 1978, S. 3 (*Prot.*, 11), dt. Übersetzung: HILDEGARD 1991, S. 5.

18 „Non autem interpretationem verborum textus eorum nec diuisionem syllabarum nec cognitionem casuum aut temporum habebam." HILDEGARD 1978, S. 4 (*Prot.*, 33–35), dt. Übersetzung: HILDEGARD 1991, S. 5. Zur Deutung dieser lange Zeit missverstandenen Formulierungen als „Negation […] der Schulpoetik" vgl. MEIER 1985, S. 172–184 sowie SPANILY 2002, S. 78–85.

19 Vgl. MEIER 1978, besonders S. 77–82; SUZUKI 1995, S. 233–237; MEIER 1997, S. 359; SUZUKI 1997, S. 36–40.

20 Vgl. NEWMAN 1997, S. 141–143. Die hagiographische Stoßrichtung wird für die Lucchesar Handschrift generell akzeptiert, vgl. CALDERONI MASETTI/DALLI REGOLI 1973, S. 21; OTTO 1976–77, S. 110; CLAUSBERG 1980, S. 75; DEROLEZ 1998, S. 25; Renata Stradiotti, Hildegard von Bingen „Liber divinorum operum", in: AUSST. KAT. BONN/ESSEN 2005, S. 310–311. Für den *Wiesbadener Scivias* ist die Funktionszuschreibung an die umstrittene Datierung der Handschrift geknüpft, s. dazu die folgende Anm. SAURMA-JELTSCH 1997, S. 24 stellt die Anfertigung der Pracht-Handschrift in den Kontext von „jenen direkt mit ihrem Tod einsetzenden Bemühungen, Hildegards Gedächtnis zu sichern", zu denen auch die Niederschrift ihrer Vita zählt. Dagegen sehen die Verfechter der Frühdatierung zu Hildegards Lebzeiten die Bestimmung der Bilder darin, ein Surrogat des Visionserlebnisses zu liefern, vgl. SUZUKI 1995, S. 238–239; SUZUKI 1997, S. 242–246.

21 Ehemals Wiesbaden, Hessische Landesbibliothek, Ms. 1 (seit 1945 verschollen). Pergament, 32,1 x 23,1 cm, 235 Blatt. Inhalt: *Liber scivias* mit 35 Miniaturen. Die gesamte Handschrift ist dokumentiert in Fotokopien von 1927 und einem 1927–33 gefertigten Pergamentfaksimile (beide Eibingen, Bibliothek der Abtei St. Hildegard). Die Mehrheit der Forschung vermutet eine Herstellung noch zu Lebzeiten Hildegards auf dem Rupertsberg: FÜHRKÖTTER/CARLEVARIS 1978, S. XXXII–XXXV; SUZUKI 1997, S. 24–25; DEROLEZ 1998, S. 24. Madeline Caviness vertrat neuerdings sogar mehrfach die Auffassung, die Bildausstattung sei integraler Bestandteil der Visionsschriften und von Hildegard selbst entworfen, vgl. CAVINESS 1998a; CAVINESS 1998b. Dagegen hat MEIER 1979, S. 160 schon früh für eine von Hildegard unabhängige Entstehung plädiert, eine These, die jetzt mit paläographischen und stilkritischen Argumenten von SAURMA-JELTSCH 1997, S. 348–354 und SAURMA-JELTSCH 1998, S. 7–11 untermauert wurde.

22 Hierzu vgl. insbesondere SAURMA-JELTSCH 1998, S. 15–17, 25–32; MEIER 2000, S. 366, mit Hinweis auf Autorenporträts Gregors des Großen

23 Vgl. SCHMITT 2000. Zum Visionskonzept Hildegards vgl. auch NEWMAN 1985; MEIER 1987; AHLGREN 1993; MCGINN 2000. Zur Verneinung der Traumvision vgl. auch FLANAGAN 1989, S. 196–197.

24 „Visiones uero quas uidi, non eas in somnis, nec dormiens, nec in phrenesi, nec corporeis oculis aut auribus exterioris hominis, nec in abditis locis percepi, sed eas uigilans et circumspecta in pura mente, oculis et auribus interioris hominis, in apertis locis, secundum uoluntatem Dei accepi." HILDEGARD 1978, S. 4 (*Prot.*, 42–47), dt. Übersetzung: HILDEGARD 1991, S. 5–6. Zur Parallele zwischen *Protestificatio* und Eingangsminiatur vgl. SAURMA-JELTSCH 1998, S. 26; GRAF 2002, S. 101–105.

Schreibflüsse und Visionskritik 137

25 Zur Pfingstikonographie als Modell für die Eingangsminiatur vgl. CAVINESS 1998b, S. 39; SAURMA-JELTSCH 1998, S. 31; MEIER 2000, S. 166. Die von GRAF 2001, S. 184–185 und GRAF 2002, S. 106–109 diskutierte Anlehnung an die Moses-Ikonographie scheint mir weniger stark ausgeprägt.
26 KELLER 2000, S. 205.
27 Dies, wie schon GRAF 2002, S. 95, bemerkt, im Widerspruch zur Rede von den „apertis locis" der *Protestificatio*.
28 Diese Parallele zuletzt stark gemacht bei SAURMA-JELTSCH 1998, S. 17–18 und 26–28; GRAF 2001, S. 187–189. Zum Bildtyp der Belauschung vgl. EBERLEIN 1995, S. 25–52. Darstellungen dieses Motivs, die gerade im 12. Jh. große Konjunktur haben, können unterschiedliche Zielsetzungen verfolgen: Einmal geht es eher um die okulare Bezeugung der göttlichen Inspiration, in anderen Fällen ist es von größerer Wichtigkeit, dass das Schreibgerät des Sekretärs in den Raum der göttlichen Inspiration hineinreicht.
29 Zu Autorenbildern mit Wachstafeln vgl. jetzt ausführlich GRAF 2002, S. 142–177 gestützt auf den älteren Befund von ROUSE/ROUSE 1989, S. 179–180. Grafs Übersicht hält allerdings einer kritischen Überprüfung nur in Teilen stand. Viele der aufgeführten Beispiele sind keine Autorenporträts im engeren Sinn des Wortes. Für sakrale Autorenporträts kann Graf für die Zeit vor Hildegard nur einige Einzelfälle nachweisen. Gerade die für Hildegard besonders vorbildlichen Darstellungen Gregors des Großen zeigen meist eine umgekehrte Verteilung von Kodex und Wachstafel.
30 Die unterschiedlichen Aufzeichnungsmedien sind bisher entweder als „realistische" Aussage über den tatsächlichen Hergang des Schreibprozesses (vgl. DEROLEZ 1998, S. 17–18; FÜHRKÖTTER/CARLEVARIS 1978, S. XX) oder als Ausdruck einer hierarchischen Abstufung zwischen Inspiration und Niederschrift (vgl. WENZEL 1998, S. 8–9) gelesen worden. Zur Wachsmetaphorik vgl. CARRUTHERS 1990, S. 16–32; CAMILLE 2000, S. 209–210; zur Metapher vom Buch des Herzens vgl. JAGER 2000, besonders S. 44–64.
31 KELLER 1999, S. 609.
32 Vergleichbar den Beatus-Handschriften, in denen nach der Thronsaalvision ein ähnlicher Sprung erfolgt. Zu visionären Elementen im Scivias-Zyklus vgl. SUZUKI 1995.
33 Vgl. BAILLET 1912, S. 57–61; SAURMA-JELTSCH 1998, S. 33–41.
34 „Vidi qvasi montem magnum ferreum colorem habentem, et super ipsum quendam tantae claritatis sedentem, ut claritas ipsius uisum meum reuerberaret […]. Et ante ipsum ad radicem eiusdem montis quaedam imago undique plena oculis stabat, cuius nullam humanam formam prae ipsis oculis discernere ualebam, et ante istam imago alia puerilis aetatis, pallida tunica sed albis calceamentis induta, super cuius caput tanta claritas de eodem super montem ipsum sedente descendit ut faciem eius intueri non possem. […] In ipso autem monte plurimae fenestellae uidebantur, in quibus uelut capita hominum quaedam pallida et quaedam alba apparuerunt." HILDEGARD 1978, S. 7 (I.1.11–29), dt. Übersetzung: HILDEGARD 1991, S. 8.
35 Dieser Zusammenhang bereits hergestellt bei CAVINESS 1998b, S. 40; SAURMA-JELTSCH 1998, S. 17 und 41.
36 Kloster Salem (?), um 1200. Heidelberg, Universitätsbibliothek, Cod. Sal. X,16, Pergament, 41,5 x 29,0 cm, 200 Blatt. Aufbau: Miniaturen Schöpfung und Annus (fol. 2r–2v), Summarium sämtlicher Kapitel des *Scivias* mit Autorenbild (fol. 3r–3v), *Liber scivias* mit Miniaturen zu Vision II, 7 und zu 12 Visionen von Teil III des *Scivias* (fol. 4r–200). Vgl. FÜHRKÖTTER/CARLEVARIS 1978, S. XXXIX–XLII; Antje Kohnle, Scivias (Salemer Codex), in: AUSST. KAT. MAINZ 1998, S. 230–233; FAKS. HEIDELBERGER SCIVIAS 2002; Antje Kohnle, Hildegard von Bingen. „Scivias", in: AUSST. KAT. BONN/ESSEN 2005, S. 311 (Nr. 199).
37 Es kann daher nicht als Beleg für eine weniger sorgfältige Konzeption der Miniaturen gewertet werden. Vgl. das negative Urteil von SCHOMER 1937, S. 33–52.
38 Vgl. MEIER 2000, S. 266–267; GRAF 2001, S. 192–196; FAKS. HEIDELBERGER SCIVIAS 2002, S. 28–29; GRAF 2002, S. 178–180.
39 Da die meisten dieser Elemente im Text keine Erwähnung finden, steht zu vermuten, dass den süddeutschen Malern Vorlagen vom Rupertsberg bekannt waren. Die Forschung geht meist davon aus, dass die Heidelberger Handschrift unabhängig von der Rupertsberger Tradition konzipiert wurde, vgl. SCHOMER 1937, S. 45–52. GRAF 2002 thematisiert die Frage nicht, obwohl sie gerade den Wachstafeln Hildegards große Bedeutung beimisst.
40 Die Beschränkung der vom Jesse-Baum getragenen Personen ist keineswegs so exzeptionell wie Karin Graf (GRAF 2001, S. 192–194; GRAF 2002, S. 181) suggeriert. Gerade in der zisterziensischen Buchmalerei des 12. Jhs. ist die Kurzform der Wurzel Jesse häufiger zu finden, vgl. WATSON 1934 und Kapitel 3.1.
41 GRAF 2001, S. 193 sieht in der Jesse-Figur eine Negation der Schau im Traum, die durch die visionstheoretischen Ausführungen der *Protestificatio* motiviert sei. Die Haltung Jesses ist in der Tat sehr ungewöhnlich, wenn man etwa das von WATSON 1934 und SCHILLER 1960–91, Bd. 1 (1960) zusammengestellte Bildmaterial zum Vergleich heranzieht. Dieses belegt aber auch, dass es für einen „wachen" Jesse eine fest etablierte Darstellungskonvention gab, die den biblischen Stammvater stehend zeigte.

42 Zum kompilatorischen Charakter der Heidelberger Federzeichnungen vgl. Schomer 1937; Meier 1979, S. 169; Leisch-Kiesl 1993, S. 90; Caviness 1998a, S. 113; Caviness 1998b, S. 33–34.
43 So Renate Kroos, Visionen der Hildegard von Bingen (Scivias), in: Ausst. Kat. Stuttgart 1977, Bd. 1, S. 553–554 (Nr. 732).
44 Vgl. insbesondere Hildegard 1978, S. 110–123 (II.1).
45 Der Zusammenhang dieses Blattes mit dem *Liber scivias* ist umstritten. Kessler 1957–59 hatte dafür plädiert, die beiden Illustrationen als Zusammenschau verschiedener Visionen des *Scivias* zu lesen. Dies wird in der neueren Forschung deshalb abgelehnt, weil es sich um Standard-Bildmuster handelt, die sich auch in anderen süddeutschen Handschriften der Zeit finden, vgl. Faks. Heidelberger Scivias 2002, S. 24–28. Für eine Verknüpfung mit dem Autorenbild sprach sich neuerdings auch Graf (Graf 2001, S. 191–192; Graf 2002, S. 238–240) aus.
46 Eine ähnliche Sicht formuliert Hildegard im dritten Buch des *Scivias*, wo sie den Referenztext der Jesse-Wurzel, Jes 11, 1–3, einer ausführlichen exegetischen Betrachtung unterzieht, vgl. Hildegard 1978, S. 498 (III.8, 695–699): „Quando humilitas exaltata est in ascensu eiusdem floris, ubi in irrisione prostrata est superbia, quam prima mulier attendit cum plus quam deberet habere uoluit; secunda muliere seruitio Dei se subdente, dum se recognouit paruam in humilitate confessa Deum suum."
47 Vgl. Graf 2001, S. 192–195; Faks. Heidelberger Scivias 2002, S. 29; Graf 2002, S. 181.
48 Vgl. Graf 2001, S. 192.
49 Vgl. Meier 1985, S. 481; Kühne 1999, S. 73; McGinn 2000, S. 338–349.
50 „Igneum lumen aperto caelo ueniens totum cerebrum meum transfudit [...]. Et repente intellectum expositionis librorum uidelicet psalterii, euangelii et aliorum catholicorum tam ueteris quam noui Testamenti uoluminum sapiebam [...]." Hildegard 1978, S. 4 (*Prot.*, 30–35), dt. Übersetzung: Hildegard 1991, S. 5.
51 Vgl. für den Heidelberger *Scivias* Graf 2002, S. 181–183, zum allgemeineren Kontext vgl. Schreiner 1971; Keller 1993; Wenzel 1995, S. 344–356.
52 Erste wichtige Überlegungen hierzu bei Meier 1979, S. 167–169.
53 Zu diesem Trend vgl. Elliott 1997. Zu ähnlichen Tendenzen in der spätmittelalterlichen Heiligen- und Reliquienverehrung vgl. Schreiner 1966a; Schreiner 1966b.
54 Zum Folgenden grundlegend Undhagen 1977a, S. 4–26. Neuere Diskussionsbeiträge: Jönsson 1989, S. 55–64; Ellis 1993; Morris 1993.
55 Die an der Textproduktion beteiligten Beichtväter waren Magister Mathias von Linköping, Prior Petrus von Alvastra und Magister Petrus von Skännige, vgl. Undhagen 1977a, S. 8–11.
56 Zu Alfonso vgl. Jönsson 1989; Gilkær 1993.
57 Vgl. Birgitta 1977, S. 231 (*Prol.*, 6–9), mit Stichworten wie „suspicio", „mendacium", „falsitas", „decipere". Zur Visionskritik als Thema des Prologs vgl. auch Elliott 1997, S. 164. Zu Kritikern der Visionen Birgittas vgl. Morris 1999, S. 152–159; Sahlin 2001, S. 136–168.
58 Mathias erwähnt diesen Aspekt erst am Schluss des Prologs als erstes von insgesamt sechs „opera [...] presentis veritatis confirmatiua", vgl. Birgitta 1977, S. 239 (*Prol.*, 41, 191–194): „Primum quod una ignara mulier hec proponit, que nec fingere vult [...] et, si vellet, nesciret nec minimum confingere, cum sit simplicissima et mansuetissima."
59 Vier der insgesamt sechs „opera confirmatiua", die Matthias auflistet, sind Dämonenaustreibungen und Bekehrungen, welche Birgitta auf göttliche Anweisung hin gewirkt habe soll, vgl. Birgitta 1977, S. 239–240 (*Prol.*, 43–46). Die äußere Wirksamkeit der Visionen war bereits zu Beginn des Prologs als Wahrheitskriterium eingeführt worden, vgl. ebd., S. 231 (*Prol.*, 6, 32–36): „Non enim credendum est, quod spiritus malignus vel vere iustos decipiat, vel peccatores in melius conuertat, vel caritatem, quam non habet, frigidis cordibus infundere queat, vel in aliquo gloriam Dei, cui inuidet, promoueat."
60 „Veritate, mansuetudine et iusticia formam vite Christi in se exprimens, eciam a minimis et vilibus personis gratis et impune ledi sufferebat." Birgitta 1977, S. 234 (*Prol.*, 16, 91–93).
61 Vgl. Elliott 1997, S. 165–166; Voaden 1999, S. 79–93. Allgemein zur *discretio* vgl. Jacques Guillet/Gustave Bordy/François Vandenbroucke, Discernement des esprits. I. dans l'écriture – IV. période moderne, in: DS 1937–95, Bd. 3 (1957), Sp. 1222–1281; Caciola 2003; Elliott 2004; Newman 2005, S. 33–43.
62 „Reprehenduntur hic illi qui [...] nullo examine precedente approbant aut reprobant personas se asserentes habere visiones et reuelaciones diuinas." Birgitta 2002, S. 48 (*Epistola*, I, *Incipit*). „Ideo multi velut ceci oberrantes per inuia in ista materia [....]." Ebd., S. 49 (*Ep.*, I, 17). Zum Fragenkatalog vgl. ebd., S. 51–54 (*Ep.*, II).
63 „Primum signum certissimum est [...] quando scilicet illa persona visiones videns est realiter humilis et viuit sub obediencia et disciplina continua alicuius patris spiritualis discreti, senioris et virtuosi et experti in vita spirituali [...]." Birgitta 2002, S. 70 (*Ep.*, VI). „Secundum signum visionis diuine [...] est quando anima tempore,

quo videt visionem, sentit se tunc totam repleri et quodammodo dulciter inebriari et inflammari igne infusionis dulcedinis caritatis diuine et quodam sapore interne dulcedinis amoris Dei." Ebd., S. 71. „Tercium signum est […] quando scilicet anima existens in visione siue corporali siue ymaginaria et spirituali sentit influxum intellectualis supernaturalis luminis intelligibilis veritatis et comprehendit tunc significaciones veras illorum visorum et verborum […]." Ebd., S. 73. „Quartum signum est […] quando scilicet ille propheta seu videns semper vera predicit et catholica misteria et documenta loquitur et honestos ac virtuosos mores indicat." Ebd., S. 74. „Quintum signum […] est fructus ille et opera, que procedunt ab illis visionibus seu reuelacionibus […]." Ebd., S. 75. „Sextum signum est [...] mors seu finis laudabilis et virtuosus persone videntis visiones." Ebd., S. 76. „Septimum signum boni spiritus […] est clarificacio miraculorum post mortem videntis visiones." Ebd., S. 77.

64 Vgl. BIRGITTA 2002, S. 64 (*Ep.*, V, 10–20).
65 „Quia ista sompnia suspectissima reputantur per Gregorium […]." BIRGITTA 2002, S. 65 (*Ep.*, V, 21).
66 „Quia ipsa domina quasi omnes visiones videbat in oracione vigilando et non dormiendo […]." BIRGITTA 2002, S. 65 (*Ep.*, V, 23–24). Zu Alfonsos Abgrenzung gegenüber Traumvisionen vgl. auch SAHLIN 2001, S. 62–65.
67 „Non enim figuras tantum in spiritu vidit, sed et eorum significata mente intellexit." BIRGITTA 2002, S. 63 (*Ep.* V, 8). Zum Interesse Alfonsos an einer Aufwertung der birgittinischen Visionen als *visio intellectualis* bereits VOADEN 1999, S. 85–89, allerdings unter der wenig überzeugenden Prämisse einer geschlechtsspezifischen Konnotierung von *visio spiritualis* („weiblich") und *intellectualis* („männlich").
68 Zur instantanen Übermittlung des Geoffenbarten vgl. BIRGITTA 2002, S. 66 (*Ep.*, V, 33–35): „Quando autem ipsa dixit […] quod tota consciencia et intelligencia eius in illo raptu extasis replebatur et illuminatur quodam intellectu spirituali et quod in momento erant Christo loquente infusa in intellectu eius multa […] ecce quod per hoc clare ostenditur nobis, quod […] tunc illuminabatur et illustrabatur mens et intelligencia eius […] per supernaturalem, intellectualem visionem." Zur verbalen Erläuterung vgl. ebd., S. 66 (*Ep.*, V, 37–39): „Cum eciam ipsa dicit, quod […] filius Dei vel virgo Maria vel aliquis angelus vel sanctus sibi loquebantur […] tunc per hoc clare colligimus, quod ipse miserator Deus […] sua quadam diuina, interna locucione per intellectualem visionem instruere nos per ipsam dominam voluit et docere."
69 Beide Positionen sind in der gegebenen Überlieferungslage nur schwer auseinanderzuhalten. Zu einem Versuch, die Visionsberichte selbst als praktizierte *discretio spirituum* zu lesen, vgl. VOADEN 1999, S. 93–108.
70 Nach NYBERG 1985, S. 281 manifestiert sich diese Präferenz bereits im Eingang der einzelnen Visionen: Zwei Fünftel der Texte werden durch mündliche Rede eingeleitet, nur ein Zehntel benutzt Formeln des Sehens oder Sichtbarwerdens. Ähnliche Beobachtungen bei DINZELBACHER 1993a, S. 288–302.
71 „Verba Domini nostri Iesu Christi ad suam sponsam dilectissimam […]. Capitulum I. Ego sum creator celi et terre, unus in deitate cum Patre et Spiritu sancto […]." BIRGITTA 1977, S. 241 (I.1). Dieses komplette Zurücktreten der Visionärin hinter den O-Ton direkter göttlicher Rede mag Birgitta nicht von Beginn an vorgeschwebt haben. So findet sich unter den von Alfonso aussortierten, erst im 15. Jh. verbreiteten *Revelaciones Extravagantes* die Erzählung einer Berufungsvision, die sich ganz so liest, als habe sie ursprünglich am Beginn des Visionswerks stehen sollen: „Transactis aliquibus diebus post mortem mariti, cum beata Birgitta sollicita esset de statu suo, circumfudit eam spiritus Domini ipsam inflammans. Raptaque in spiritu vidit nubem lucidam, et de nube audiuit vocem dicentem sibi: *Ego sum Deus tuus, qui tecum loqui volo*. […] *Tu quippe eris sponsa mea et canale meum, audies et videbis spiritualia et secreta celestia, et spiritus meus remanebit tecum vsque ad mortem*." BIRGITTA 1956, S. 162–163 (XLVII.1–3, 1–10). Die Erzählung dieser Vision findet sich auch in der *Vita* Birgittas, vgl. ACTA ET PROCESSUS 1924–31, S. 80–81. Dem Bericht eignen alle Merkmale des herkömmlichen prophetischen Schreibens: die Schilderung der Begleitumstände der Vision, eine Charakterisierung des geistigen Zustands der Visionärin und das Hervorgehen einer göttlichen Stimme aus einer Lichterscheinung. Offenkundig war es diese perspektivische Verankerung in einem wahrnehmenden Subjekt, die zu einem späteren Zeitpunkt der Textredaktion nicht mehr erwünscht war. Der nach Maßgabe der Alfonso-Redaktion „apokryphe" Status dieser Vision wird in der Forschung nicht kommentiert, vgl. ELLIOTT 1997, S. 164; MORRIS 1999, S. 64–67; SAHLIN 2001, S. 42–54.
72 Vgl. UNDHAGEN 1977a, S. 12–16.
73 Vgl. NORDENFALK 1961, S. 378–382. Die neuere Forschung bestätigt diese Auffassung und unterscheidet zwei Hauptmaler: den „Maestro del Liber Celestium Revelationum", der die Handschriften in New York und Palermo geschaffen habe und den „Maestro del Seneca dei Girolamini", vgl. BOLOGNA 1969, S. 329–330; PUTATURO MURANO 1984; DE FLORIANI 1992; AILI/SVANBERG 2003, S. 79–87 und 116.
74 Zum Aufbau der Bildprogramme vgl. den wegweisenden Beitrag von NORDENFALK 1961, der an ältere Beobachtungen in SAWICKA 1938 anknüpft, und AILI/SVANBERG 2003, S. 61–78. Die Unterschiede im Bildprogramm der Handschriften werden von der Forschung bis heute verwischt. NORDENFALK 1961, S. 373–378 hatte einen „Urzyklus" aus drei ganzseitigen Miniaturen mit historisierten Initialen postuliert, wie er aber erst in den

Handschriften des 15. Jhs. überliefert ist. Hans Aili und Jan Svanberg versuchen den Nachweis zu führen, dass die Handschrift der Morgan Library (vgl. Anm. 75) diesen Zyklus in kompletter Form enthalten habe, während die Handschriften in Warschau (vgl. Anm. 87) und Palermo (Biblioteca Centrale, Ms. IV.G.2) je ein Bild mehr besessen hätten als heute. Im Folgenden gehe ich für die Manuskripte in New York und Warschau von der entgegengesetzten These aus: dass die heutige Bildausstattung der drei Manuskripte dem ursprünglichen Zustand entspricht. Zu meiner Kritik an den Argumenten Ailis und Svanbergs siehe die folgenden Anmerkungen.

75 Neapel, um 1380. New York, Pierpont Morgan Library, M.498. Pergament, 26,5 x 19 cm, 414 Blatt. Aufbau: Rubriken zu *Revelaciones I* (fol. 1r–3v); *Prolog des Magister Matthias* (fol. 5r–7v); *Revelaciones I–VIII* (fol. 8r–390v); *Sermo angelicus* (fol. 391r–408v); *Orationes divinitus revelatae* (409r–414r). Vgl. UNDHAGEN 1977b, S. 156–162; AILI/SVANBERG 2003, S. 31–37 und 144–151. Zwischen dem *Explizit* von Buch 4 (fol. 119) und den Rubriken zu Buch 5 (fol. 120) wurde zu einem unbekannten Zeitpunkt ein Blatt herausgetrennt. Nach Aili und Svanberg befand sich hier die ganzseitige Miniatur zu *Revelaciones V*, wie sie in Warschau überliefert ist. Gegen diese Hypothese spricht die Tatsache, dass alle erhaltenen Miniaturen in *New York* und *Warschau* zwischen Rubriken und Prolog der jeweiligen Bücher geschaltet sind, so dass sie gegenüber der historisierten Initiale des Prologtexts zu stehen kommen. Die Heraustrennung des Blatts am Ende von Lage 22 hat ihren Grund vermutlich in dem Prinzip, jedes neue Buch auf einer neuen Lage beginnen zu lassen. Ähnliche „Lücken" finden sich auch an anderer Stelle der New Yorker Handschrift.

76 Vgl. NORDENFALK 1961, S. 381–382; UNDHAGEN 1977b, S. 157; JÖNSSON 1989, S. 81–82.

77 Vgl. NORDENFALK 1961, S. 377; AILI/SVANBERG 2003, S. 62–65.

78 „Quidam sacerdos in die pentecosten celebrauit primam missam in quodam monasterio. Tunc autem in ipsa eleuatione corporis Christi vidit sponsa ignem descendere de coelo per totum altare. Et in manu sacerdotis vidit panem et in pane agnum viuum et in agno faciem quasi hominis inflammantem. [...] Et iterum sponsa vidit in manu sacerdotis in ipsa eleuatione eucharistie iuuenem mire pulchritudinis qui dixit: *Benedico uos credentes; non credentibus ero iudex.*" BIRGITTA 1991, S. 246 (86.1–4). Vgl. WESTMAN 1913; NORDENFALK 1961, S. 377; AILI/SVANBERG 2003, S. 63–64. Zur Topik der Feuererscheinung während der Messe vgl. BROWE 1938, S. 16 20, zur Verwandlung der Hostie in den Christusknaben vgl. ebd., S. 100–111.

79 Vgl. BIRGITTA 2002, S. 64 (*Ep.*, V.12–13).

80 Der unterhalb des Engels aufgestellte Pilgerstab repräsentiert wohl den Auftrag, die himmlische Botschaft mittels Pilgerfahrten, wie sie Birgitta mehrfach durchführte, in eine fromme Lebenspraxis umzusetzen. Wie bereits NORDENFALK 1961, S. 374 beobachtete, ist an den Pilgerhut ein Abzeichen geheftet, das die *vera icon* zeigt. Damit wäre hier zum einen auf den Romaufenthalt Birgittas, zum anderen auf die Schau Christi als thematische Klammer des gesamten Bildes angespielt.

81 Der merkwürdige Umstand, dass die Strahlen von der Linken Mariens und Christi ausgehen, könnte damit zusammenhängen, dass Birgitta ihre Linke auf den *libellus* in ihrem Schoß gelegt hat – als solle eine kontinuierliche Brücke vom Himmel bis in das geschriebene Buch hinein gezogen werden.

82 Vgl. NORDENFALK 1961, S. 374–375; SMITH 1997, S. 26; GRAF 2002, S. 51–52; AILI/SVANBERG 2003, S. 68–70.

83 Zur politischen Stoßrichtung des *Liber celestis* vgl. GILKÆR 1993, S. 97–151.

84 Dass der *Liber celestis* mit der ausführlichen Schilderung eines himmlischen Palasts eingeleitet wird, ist bei den Konzeptoren der Bildausstattung auf keinerlei Beachtung gestoßen. Vgl. BIRGITTA 2002, S. 84 (I.1): „Vidi palacium grande incomprehensibile magnitudine simile celo sereno, in quo erant innumerabiles persone sedentes in sedibus, indute vestibus albis et fulgidis quasi radii solis [...]."

85 Vgl. Kapitel 2.

86 So bereits SMITH 1997, S. 26 und AILI/SVANBERG 2003, S. 69. Neben dem Pult stehen zwei Schemel, was eher auf die (unterlassene) Schreibtätigkeit der beiden Beichtväter hinzuweisen scheint. Andererseits ist das Schreiben am Schreibpult im Kontext der Handschrift ausschließlich Birgitta zugeordnet.

87 Neapel, um 1377. Warschau, Biblioteka Narodowa, Ms. 3310 (olim Ms. Lat. Q. v. I. 123). Pergament, 27,0 x 18,0 cm, 425 Blatt. Aufbau: *Prolog des Magisters Mathias* (fol. 1r–3v); Rubriken zu *Revelaciones I* (fol. 3v–6v); *Revelaciones I–VII* (fol. 6v–379v); Rest der Handschrift im 15. Jh. hinzugefügt. Das von NORDENFALK 1961, S. 374–375 für verschollen gehaltene und in UNDHAGEN 1977b nicht aufgeführte Manuskript wurde in den neunziger Jahren von Hans Aili und Jan Svanberg wiederentdeckt, vgl. SAWICKA 1938; LINDGREN 1993; SVANBERG/AILI 1994; AILI/SVANBERG 2003, S. 23–31 und 133–143. Die frühe Datierung bezieht sich auf die Textzusammenstellung – es fehlen *Revelaciones VIII* und die kleineren Schriften –, die genau der sog. ersten Alfonso-Redaktion von 1377 entspricht, vgl. ebd., S. 24–26 und 39–42.

88 Vgl. AILI/SVANBERG 2003, S. 23–26.

89 Die Inspiration am Schreibpult wird in verknappter Form in der Initiale zu Buch I abgehandelt, vgl. AILI/SVANBERG 2003, S. 71–72. Auch für das Warschauer Manuskript postulieren AILI/SVANBERG 2003, S. 43–45 den Verlust

einer Großminiatur, nämlich derjenigen zu *Revelaciones I*. In diesem Fall ist es eine ganze Lage zu Beginn des Manuskripts, die nachträglich herausgetrennt wurde. Trug die letzte Seite dieser Lage das gleiche Bild, das in *New York* auf fol. 4v steht? Ich halte diese Rekonstruktion deshalb für unwahrscheinlich, weil der Text der *Warschauer Revelaciones* vollständig ist. Was die herausgetrennte Lage außer der vermuteten Miniatur hätte enthalten sollen, ist nach Ailis eigener Aussage „still mainly a matter of conjecture" (ebd, S. 45). Zu fragen wäre auch, warum bei dem vermuteten Diebstahl nicht nur die Bildseite entfernt wurde, sondern die komplette Lage.

90 Zur Warschauer Miniatur vgl. SAWICKA 1938, S. 89–90; AILI/SVANBERG 2003, S. 65–68.
91 Vgl. BIRGITTA 1971, S. 97–98 (*Prol.*).
92 Zum Leitermotiv in mittelalterlichen Visionsdarstellungen vgl. HECK 1998; allgemein zum Motiv der Himmelsleiter vgl. HECK 1997.
93 Zur negativen Konnotation der Leiter vgl. HECK 1997, S. 125–126. Zur Identität des Mönchs, der im Text als „religiosum quendam sibi [sc. Birgittae] notum adhuc corpore tunc viuentem magne litterature in sciencia theologie, plenum quoque dolo et malicia dyabolica" (BIRGITTA 1971, S. 97 (*Prol.*, 7)) beschrieben wird, vgl. MORRIS 1982.
94 In der Literatur wird die von Maria ausgehende Banderole meist als Lichtstrahl gedeutet, vgl. SAWICKA 1938, S. 90; HECK 1997, S. 126; AILI/SVANBERG 2003, S. 67. Lediglich NORDENFALK 1961, S. 378 zieht eine Deutung als Spruchband in Erwägung, was mir aufgrund des deutlichen Einschwingens an den Enden der Banderole plausibler erscheint. Zur Übermittlung der Offenbarung vgl. auch die Beschreibung des Prologs: „Postquam autem in eodem instanti dicta domina habuit in mente totum istum librum in vna et eadem reuelacione, accedente iam ipsa ad dictum castrum [...]. Qui liber questionum ita effectualiter remansit tunc in corde et memoria eius infixus, ac si in tabula marmorea totus sculptus fuisset. Ipsa vero statim scripsit eum in lingua sua, quem translatauit confessor eius in lingua litterali [...]." BIRGITTA 1971, S. 98 (*Prol.*, 11–14).
95 Meine Deutung ist damit diametral entgegengesetzt zu derjenigen von HECK 1997, S. 126, der den Kontrast Leiter vs. Spruchband als Konflikt zwischen mittelbarer und unmittelbarer Gottesnähe liest.
96 Eine Bestätigung dieser Schlussfolgerungen liefern die historisierten Initialen der drei Handschriften in New York, Warschau und Palermo. Jeweils neu aktualisieren sie die zweizonige Matrix von Himmel und Erde, der auch die ganzseitigen Bilder verpflichtet sind. In ihrer Austauschbarkeit sind diese Darstellungen gewissermaßen Leerformeln, welche schriftliche *auctoritas* beschwören, ohne sie wirklich mit visionären Bildern füllen zu wollen. Bereits Nordenfalk bemerkte eine gewisse Einförmigkeit der hierfür gewählten Motive: „Almost everywhere we see the Swedish mystic looking up toward a heavenly vision of Christ or the Virgin, or most frequently both together. [...] The figures of Christ or the Virgin and that of St. Bridget kneeling, sitting, or standing below recur again and again." NORDENFALK 1961, S. 376.

II SEELEN-RÄUME
Der Ort des inneren Auges

Die Unterscheidung zwischen dem äußeren und dem inneren Menschen gehört zu jenen Grunddifferenzen, an denen Jan Assmann zufolge der „kosmogonische Rang der Unterscheidung als solcher"[1] deutlich wird. Konstitutiv für das Gefälle zwischen Außen und Innen ist im Mittelalter das gesamte Feld der Visualität, ist das Auseinandertreten von Blicken unterschiedlicher Reichweite: Vermag das äußere Auge nur das Körperlich-Sichtbare wahrzunehmen, ist das innere in der Lage, hinter die Oberfläche der materiellen Welt in den Bereich des Geistig-Unsichtbaren vorzudringen. Das innere Auge zeichnet sich durch die Fähigkeit aus, Sein und Schein auseinanderhalten zu können, das äußere Auge vermischt sie beständig und fällt dadurch der Täuschung anheim.

Die Opposition zwischen äußerem und innerem Auge ist dem christlichen Diskurs über das Sehen von Beginn an zu Eigen. Damit ist aber noch nichts über die bildlichen Strukturen gesagt, in welche die Entgegensetzung von Innen und Außen gekleidet werden kann. An dieser Stelle ist noch einmal auf die Typologie von Dispositiven der „indirekten Erzählung" zurückzukommen, die Sixten Ringbom für die mittelalterliche Bildkunst entwickelt hat *(Abb. 2).*[2] Bis heute ist diese Studie der einzige Systematisierungsversuch zum Thema der folgenden Kapitel. Ihr bleibendes Verdienst besteht in der Erkenntnis, dass die bildliche Visualisierung inneren Sehens keine Frage der Ikonographie, sondern ein Problem der Topologie und damit ein Problem der Relationierung unterschiedlicher Bildorte ist. Zu einer beträchtlichen Verkürzung führt hingegen die Grundannahme Ringboms, dass Bilder das Innen der visionären Erfahrung ausschließlich über ein Verhältnis der Ausgrenzung aus der äußeren Wirklichkeit definieren können. Letztlich privilegiert Ringboms Ansatz, ich habe es in der Einleitung dargelegt, ein mimetisches Bildkonzept, das für innere Bilder nur den Ort eines „Bildes im Bild" bereithält.

Die folgenden Kapitel gehen von der These aus, dass die Dispositive zur Visualisierung eines inneren Blickes in sehr viel höherem Maße historisch wandelbar sind, als dies bisher in Erwägung gezogen wurde. Von einer neuzeitlichen Tradition ausgehend sind wir gewohnt, das Innere des Menschen ausschließlich in einer binären Relation, als Kehrseite der äußeren, der körperlichen Welt zu sehen. Mittelalterlich bestimmte sich der *homo interior* jedoch durch eine mittlere Lage zwischen dem Körper, in dessen „Gefängnis" er zu hausen hatte, und der transzendenten Sphäre als seiner eigentlichen Heimat, von der er zu Lebzeiten getrennt war. Für die Rekonstruktion von

Repräsentationsmodellen des inneren Blickes ist dieser mittleren Position innerhalb eines prinzipiell immer dreistelligen Modells Rechnung zu tragen.

Als das „Andere des Körpers"[3] stand die Seele in einem Verhältnis relativer Nähe zu Gott. Der innere Blick konnte so gesehen über seine Integration in das göttliche Sehen definiert werden, wie in Kapitel 5 an zwei grundlegenden Dispositiven der inneren Schau, dem Bett des Traumvisionärs und der Mandorla des himmlischen Christus deutlich gemacht werden soll. Doch im weiteren Verlauf des Mittelalters werden zunehmend auch Dispositive entwickelt, welche der inneren Schau einen eigenständigen Ort im menschlichen Subjekt zuweisen und damit überhaupt so etwas wie ein Konzept von Innerlichkeit im Sinne eines distinkten Raumes artikulieren. Die Prähistorie solcher Bildmodelle lässt sich an zweiteiligen Darstellungen mit Diptychon-Charakter herausarbeiten, die den Visionär und die Vision auf zwei getrennten, nur durch ein Gelenk miteinander verbundenen Bildträgern unterbringen (Kapitel 6). Erst seit dem 13. Jahrhundert zeichnet sich dann eine breitere Tendenz ab, das Innere des Visionärs als unabhängigen Ort zu bestimmen. Die reiche Produktion des 13. und 14. Jahrhunderts an Apokalypse-Zyklen in unterschiedlichen Medien (Bilderhandschrift, Tapisserie, Tafelmalerei) liefert das ergiebigste Material, um dieser Frage nachzugehen (Kapitel 7 und 8). Themenübergreifend etabliert sich dann im späteren Mittelalter das Dispositiv des Gehäuses, das den inneren Raum der Vision definiert (Kapitel 9). In all diesen Fällen ist der Fokus der Grenzziehung zwischen Innen und Außen stets ein doppelter: Im Verhältnis zu Gott schafft die Grenzziehung Freiräume für eine selbstbestimmte Aktivität des visionären Subjekts. Gegenüber der sozialen Außenwelt lässt die Begrenzung den Innenraum zum Ort eines geheimnisvollen und verborgenen Tuns werden.[4]

Anmerkungen

1 Jan Assmann, Vorwort, in: ASSMANN 1993, S. 9–11, hier: S. 9. Zu einem Überblick über die Geschichte dieses Konzepts im Christentum vgl. André Derville, Homme intérieur, in: DS 1937–95, Bd. 7 (1969), Sp. 650–674; ANGENENDT 1997, S. 235–261; Christoph Markschies, Innerer Mensch, in: RAC 1950ff, Bd. 19 (2001), Sp. 266–312.
2 Vgl. RINGBOM 1980. Ringbom hat die gleichen Überlegungen noch einmal in deutscher Sprache vorgelegt, vgl. RINGBOM 1992. Exemplarisch für die Verkürzungen, zu denen dieser Ansatz führt, FREEDBERG 1999.
3 So der Titel der Tagung, aus welcher der Sammelband PHILIPOWSKI/PRIOR 2006 hervorging.
4 Vgl. KELLER 2000; KRAMER/BYNUM 2002.

5 Betten und Mandorlen
Teilhabe am göttlichen Blick

Um zwischen einem äußeren, einem inneren und einem göttlichen Sehen Unterscheidungen zu treffen, müssen Bilder Grenzen ziehen, müssen sie den Innenraum der visionären Erfahrung abstecken und sein Verhältnis zu den Räumen des äußeren und des göttlichen Auges definieren. Als besonders aussichtsreiche Kandidaten für die Bewältigung solcher Aufgaben der Grenzziehung dürfen Phänomene der Binnenrahmung gelten, die einen umschlossenen Bezirk aus dem übrigen Sehraum eines Bildes heraustrennen. Für die kunsthistorische Visionsforschung war der Inbegriff einer solchen Konstellation immer das „Bild im Bild": Elemente der Rahmung und Merkmale mimetischer Brechung werden so miteinander verbunden, dass die visionäre Erscheinung auf eine zweite Fiktionsebene verlegt und so die Schwelle zu einem inneren Sehen kenntlich gemacht wird. Was aber, wenn die Binnenrahmung gar nicht dem Visionsbild gilt, sondern dem Visionär, was wenn die Sehebenen sich nicht hierarchisch von außen nach innen staffeln, wenn sich das Innere nicht als Umschlossenes, sondern als Umschließendes erweist? Als Problemskizze für das Folgende möchte ich in diesem Kapitel zwei weitverbreitete Dispositive der frühmittelalterlichen Bildkunst betrachten, die auf je unterschiedliche Weise eine Differenzierung von Sphären des Sehens hervorbringen: das Bett des Traumvisionärs und die Mandorla um den in den Himmel erhobenen Christus. Mit Bildern von Traumvisionen haben wir uns schon in Teil I wiederholt beschäftigt. Hier soll es darum gehen, nach der spezifischen Bildsyntax frühmittelalterlicher Traumbilder zu fragen. Gerade in Verbindung mit den syntaktischen Implikationen des Mandorla-Motivs wird uns diese Diskussion zur grundsätzlichen Frage nach der Bewertung topologischer Relationen in der Bildkunst des Frühmittelalters führen.

5.1 Das Paradigma Traumvision
Überblendung von Außen und Innen

Bis ins Spätmittelalter hinein ist die Erscheinung im Traum die dominanteste Formel, derer sich mittelalterliche Bildkünstler zur Charakterisierung einer inneren Schau bedienen.[1] Dieser Befund steht in einem gewissen Spannungsverhältnis zur kritischen Haltung maßgeblicher Autoritäten des Christentums gegenüber der revelatorischen

Qualität von Träumen.² In der theologischen Reflexion über den Stellenwert von Traumerfahrungen wird das Moment der Distinktion, der Unterscheidung unterschiedlicher Klassen von Träumen stark gemacht. Der Wert eines Traumbildes hängt von den Ursachen ab, auf die es zurückgeführt werden kann: körperliche Unruhe, geistige Prozesse, Einflüsterungen von Dämonen und Teufeln und – in seltenen Fällen – göttliche Offenbarungen. Träume erscheinen so derart dicht mit den gegensätzlichsten Wirkfaktoren vernetzt, dass ein sicheres Urteil über sie zu einem schwierigen, wenn nicht aussichtslosen Unterfangen zu werden droht. Die Komplexität dieser Kasuistik lag wohl durchaus im Interesse ihrer Urheber, die dem gängigen Verständnis vom Traum als Fenster in die Zukunft entgegenwirken wollten. Ein Resultat dieser Strategie war aber auch, dass das Innere des Menschen als Ort der Traumbilder in seinen Konturen unscharf und vage blieb – ein Schauplatz, der den unterschiedlichsten Einflüssen ausgesetzt war.³

Wenn in der Bildkunst des frühen und hohen Mittelalters wenig von solcher Traumskepsis zu spüren ist, dann steht dies nur partiell in Widerspruch zum theologischen Traum-Diskurs. Eine andere Bewertung ergibt sich nämlich dort, wo die frühchristlichen Theologen über die Träume als (mögliches) Vehikel von Gotteserkenntnis nachdenken. In der einflussreichen Visionstheorie des Augustinus nehmen die Traumerzählungen der Bibel einen prominenten Platz als Vertreter des „mittleren" Genus der *visio* ein.⁴ Ein selbst erlebtes Traumbild dient Augustinus als Exempel dafür, dass der Geist des Menschen in der Lage ist, innere Bilder zu sehen, die nicht aus der Wahrnehmung der äußeren Wirklichkeit resultieren.⁵ Dass die inneren Bilder von Träumen so überzeugend wirken, hängt damit zusammen, dass der *spiritus* auch im Wachzustand diejenige Instanz ist, die den Menschen mit Bildern versorgt. Diese innere Einbildungskraft kann aber auch von Engeln so gesteuert werden, dass Traumbilder zu einem Medium göttlicher Offenbarung werden. Die Traumerzählungen des Alten Testaments bieten Augustinus reiches Material, um eine solche göttliche Kontrolle der inneren Bildproduktion zu diskutieren. Die prominenten Figuren der von Gott inspirierten Traumdeuter Joseph und Daniel dienen ihm aber auch als Beleg dafür, dass der Übergang auf eine höhere Stufe der Schau nötig ist, um die geträumte Vision dechiffrieren und verstehen zu können.

Bildlich dargestellte Träume standen allein schon durch die Auswahl ihrer Themen von vornherein auf der Seite der guten, der von Gott gesandten Träume heiliger Männer und Frauen.⁶ Vergleichbare Filterungsmechanismen griffen allerdings auch für andere Visionserfahrungen.⁷ Wie also ist die große Beliebtheit der Traumbilder in der mittelalterlichen Bildkunst zu erklären? Und was sagt diese Präferenz über die Konzeption des Inneren des Menschen aus?

Ein erster Ansatzpunkt für unsere Fragestellung ist der hohe Wiedererkennungswert eines über viele Jahrhunderte hinweg kaum variierten Bildmusters, das sich aus maximal drei fest umrissenen Komponenten zusammensetzt: dem liegenden Träumer, dem Traumboten und/oder dem eigentlichen Traumbild.⁸ Zwischen zeitlich so weit auseinander liegenden Werken wie dem spätantiken Wandbild des Traums von der Himmelsleiter in der Basilika San Paolo fuori le mura *(Abb. 34)*⁹, der ottonischen

Abb. 34 Jakobs Traum von der Himmelsleiter und Salbung des Steins von Bethel (nach dem verlorenen Langhauszyklus von San Paolo fuori le mura aus dem 5. Jahrhundert), um 1635, Rom, Biblioteca Vaticana, Cod. Barb. lat. 4406, fol. 40r

Miniatur des *Codex Aureus von Echternach* mit dem Traum, der Joseph zur Flucht nach Ägypten auffordert *(Abb. 35)*[10], und der Bildseite aus der romanischen *Bibel von Admont*, welche Ezechiels Schau am Fluss Chebar in eine Traumvision kleidet *(Taf. XXI)*[11], bestehen in dieser Hinsicht keinerlei Unterschiede.

Schwieriger wird es, die topologischen Merkmale zu bestimmen, welche das Traumformular als Repräsentation einer inneren Schau qualifizieren. Steffen Bogen hat darauf hingewiesen, dass in zahlreiche mittelalterliche Traumdarstellungen mittels der Umrisslinie von Bett oder Matratze ein Grenzelement eingetragen ist, das einen Teilbereich der Traumszene – den Körper des Träumers – von den übrigen Bildelementen absondert – Bogen spricht vom Einschluss des Träumers in eine „Traumkapsel".[12]

Die vollständige Umrahmung des Träumenden durch die Bettstatt kann an den theologischen Topos vom Bett als Metapher des inneren Menschen denken lassen, wie ihn etwa Gregor in den *Moralia in Hiob* nach mehreren Seiten hin entfaltet. Ausgehend von Hiob 33, 15 („Im Traum, im Nachtgesicht, wenn der Schlaf auf die Menschen fällt und sie im Bett schlafen") stellt der Kirchenvater Überlegungen dazu an, dass der Mensch im Schlafzustand besonders empfänglich für ein inneres Sehen, ein Sehen Gottes sei:

Im Traum nämlich schlafen die äußeren Sinne und die inneren Dinge werden gesehen. Wenn wir also die inneren Dinge betrachten wollen, dann lasst uns von allen äußeren Verwicklungen ausruhen. Die Stimme Gottes wird also gleichsam im Traum gehört, wenn man mit ruhigem Geist von der Tätigkeit dieser Welt ausruht und im Schweigen des Geistes die göttlichen Ratschläge erwogen werden.[13]

Die Auslegung der Hiob-Stelle zeigt, dass Gregor den Traum nicht in wörtlicher, sondern in übertragener Hinsicht als Ideal der inneren Kontemplation verstanden wissen will. Was im Traum geschieht, soll der Gläubige auch im Wachzustand erreichen können, „weil das Ablassen vom äußeren Handeln, wie wir sagten, Schlafen ist"[14]. Auf

Abb. 35 Josephs Traum, die Flucht nach Ägypten und weitere Szenen aus dem Leben Jesu, Goldenes Evangeliar von Echternach, um 1030, Nürnberg, Germanisches Nationalmuseum, Hs 156 142, fol. 19v

dieser übertragenen Ebene kann selbst Moses Aufenthalt in der Wüste zum Bild eines Schlafzustands werden, der erst jenes Hören der göttlichen Stimme ermöglichte, welches dem Propheten in Ägypten versagt war.[15] Mit dem Bett Hiobs sei in Wahrheit das Ruhelager des Geistes und damit eine Metapher des inneren Menschen gemeint:

> *Weil aber die heiligen Männer, wenn sie sich keinem äußeren Handeln hingeben, in den Betten des Geistes ruhen, fügte er richtig hinzu: „Und sie schlafen im Bett". Denn für die heiligen Männer ist das Schlafen im Bett die Ruhe im Bett ihres Geistes.*[16]

Gregor überträgt hier eine längere Tradition, das Bett im Rahmen einer allgemeinen Privilegierung der *vita contemplativa* gegenüber der *vita activa* als Metapher vom inneren Menschen auszulegen, explizit auf die nächtliche Schau im Traum.[17] In ihren bildhaften Zügen weist die metaphorische Verknüpfung von Bett und innerer Schau Berührungspunkte zum Aufbau mittelalterlicher Traumdarstellungen auf.[18]

Die topologische Funktion der Traumkapsel ist damit jedoch erst in Teilen erfasst. Charakteristisch für dieses früh- und hochmittelalterliche Bildformular der Traumvision ist ja die Überblendung der äußeren Umgebung des Träumers mit dem eigentlichen Traumbild: „In Traumdarstellungen des frühen Mittelalters kommt es so gut wie nie vor, dass der Träumer und der Inhalt seines Traums materiell getrennt werden."[19] Das Bett wird infolge dieser Ungeschiedenheit zu einem doppeldeutigen Ort, seine Kontur repräsentiert ein Zweifaches: die Schwelle zwischen der Außenwelt und dem Inneren des Träumers, aber auch die Schwelle zwischen dem Körper des Träumenden und dem göttlichen Traumbild. Die liegende Figur des Träumers ist zugleich der äußere Mensch, der von der Außenwelt abgeschnitten wird, wie der innere Mensch, der als Sehender in das Traumbild eingefügt wird.[20]

Das ungeschiedene Nebeneinander von Außen und Innen der Traumvision erscheint aus neuzeitlich geprägter Perspektive als „Paradox". Auflösen lässt sich die Vermengung der unterschiedlichen Orte nur dann, wenn man sie als Hinweis auf den „dritten" Standpunkt, den des göttlichen Auges versteht. Die Traumdarstellung macht den unmittelbaren Zusammenhang zwischen dem inneren Bild der Vision und der äußeren Bühne einer nach göttlichen Vorstellungen ablaufenden Heilsgeschichte sichtbar. Bezeichnenderweise bleibt die eigentliche Heimat des Traums in der Bildkunst bis ins Spätmittelalter die zyklische Erzählung, welche den Traum einen engen syntagmatischen Zusammenhang mit Ereignissen eingehen lässt, die die im Traum geschaute Offenbarung einlösen.[21] Das Außen des Träumers ist in vielen Fällen mit einem Davor und Danach der Traumvision besetzt. So kombiniert das Wandbild von San Paolo fuori le mura den Traum von der Himmelsleiter mit der anschließenden Salbung des Steins von Bethel *(Abb. 34)*, während der Josephs-Traum im *Codex Aureus* an den Anfang einer ganzen Bildseite gestellt wird, deren Einzelszenen über drei Register hinweg miteinander koordiniert sind *(Abb. 35)*.

In diesem Sinne ist die „Traumkapsel" kein unabhängiger, eigenständiger Ort des menschlichen Inneren, sondern das Scharnier, welches den Umschlagpunkt zwischen menschlicher und göttlicher Sicht auf die Welt angibt. Die Traumdarstellungen der Bildkunst ziehen die Grenze zwischen Innen, Außen und Jenseits also ähnlich unscharf wie der theologische Traum-Diskurs. Erst im Hochmittelalter lassen sich Ansätze erkennen, dieses lange Zeit gültige Paradigma neu zu justieren: Im Kapitel zur Erfindung des prophetischen Traums haben wir bereits gesehen, wie es im 12. Jahrhundert zunächst der Körper des Träumenden ist, der eine eigenständige Position im Offenbarungsgeschehen erlangt. Das Bindeglied zwischen dem Traumbild und seiner Bedeutung wird in körperlichen Prozessen der Bildproduktion vermutet. In Kapitel 7 werden wir sehen, wie die englischen Apokalypsen des 13. Jahrhunderts den Traum in ein komplexes Dispositiv integrieren, das erstmals die Seele des Visionärs als unabhängige und eigenständige Größe im Offenbarungsprozess bestimmt.

5.2 Die Erscheinung im Rahmen
Christus in der Mandorla

Die Suche nach dem Innen der mittelalterlichen Traumdarstellung fördert ein Perspektivproblem grundsätzlicher Art zutage: Wenn wir die Vorstellung aufgeben, dass eine Visionsdarstellung ausschließlich mit der Ausgrenzung eines inneren Blicks aus dem Raum des äußeren Sehens arbeiten muss, wenn wir stattdessen als dritte Komponente die Visualisierung des göttlichen Blicks in Betracht ziehen, dann erlangt die auf den ersten Blick unscheinbare Grenzlinie der Traumkapsel bildstrukturierende Wirkung. Im zweiten Teil des Kapitels möchte ich diesen Befund an einer Reihe von Darstellungen vertiefen, in denen nicht der Schauende, sondern das Geschaute aus dem Gesamt der Visionsszene ausgegrenzt wird. Ausgangspunkt meiner Überlegungen ist eine Studie Herbert Kesslers zu jenen visuellen Dispositiven der mittelalterlichen Kunst, welche transzendente Personen oder Orte der Verheißung mit rahmenden Elementen umgeben.[22] An Fallbeispielen aus unterschiedlichen Medien (Wandmalerei, Buchmalerei, Mosaik) zeichnet Kessler die Geschichte der Mandorla und des *clipeus* zwischen Spätantike und Frühmittelalter nach. Anknüpfend an Thesen Peter Browns beobachtet er in der Bildkunst des Mittelalters einen zunehmenden Gebrauch von Vehikeln der Grenzziehung, der den anfänglichen „Illusionismus" der christlichen Kunst nach und nach gebändigt und in eine kritisch reflektierte Bildpraxis transformiert habe:[23] „Es wurden subtilere Lösungen entwickelt [...] um klarzumachen, dass die Bilder, welche die Gläubigen an den Wänden der Kirchen erblickten, von menschlichen Augen wahrgenommen wurden und nicht jene göttliche Gegenwart waren, die allein durch den Geist erkannt werden konnte. [...] Neuere Studien [...] haben gezeigt, dass Bilder von Christus und Maria in den Apsiden vieler Kirchen des 12. und 13. Jahrhunderts wiedererkennbare Kopien von Ikonen sind, [...] welche die künstliche Beziehung zwischen dem Gemälde und Gott verdeutlichen."[24]

Ein Beispiel, mit dem Kessler den Beginn dieser Entwicklung veranschaulicht, sind die karolingischen Mosaiken am Apsisbogen der römischen Kirche San Marco in ihrem Rückbezug auf das spätantike Bildprogramm von San Paolo fuori le mura *(Abb. 36)*. Gerade in ihrem Zitatcharakter lassen sie die neue Bildauffassung des Frühmittelalters umso deutlicher hervortreten: „Obwohl der Apsisbogen sogar die Figuren des hl. Paulus und des hl. Petrus aufgreift, schließt er Christus und die vier Lebendigen Wesen in *clipei* ein. [...] Die Einfügung der *imago clipeata* [...] spiegelte einen wichtigen neuen Gedanken wider, indem sie Betrachter daran erinnerte, dass Christus die Welt verlassen hat und deshalb nur noch in ihrem Geist sichtbar ist."[25]

Im Folgenden möchte ich nicht Kesslers bildgeschichtliche Großthese der karolingischen Kunst als Simulation „geistiger Schau" diskutieren, sondern seinen Erklärungsansatz für die Funktion von *clipei* und Mandorlen in der mittelalterlichen Bildkunst kritisch hinterfragen. Kessler zufolge dienen die internen Rahmenelemente der Markierung von „Bildern im Bild". Als Darstellung materieller Artefakte betonten sie die Materialität und Künstlichkeit der gesamten bildlichen Darstellung und bewirkten letztlich eine Rücknahme der Bilder durch sich selbst. Letztlich handle es

Abb. 36 Rom, San Marco, Mosaiken am Apsisbogen und in der Apsis, um 827/43

sich um Anführungszeichen zur Visualisierung einer inneren, einer geistigen Schau, mit denen die Bilder ihre eigene „Brückenfunktion" im Übergang zwischen Diesseits und Jenseits zu begründen vermochten.[26]

Schnittstelle zwischen den Sehebenen
Die Bildtradition der Himmelfahrt Christi

Setzen wir bei einem Bildgegenstand an, der das von Kessler beschriebene Rahmenmotiv mit bildinternen Betrachterfiguren verbindet und auf diese Weise in einen Handlungszusammenhang des Sehens integriert. Ein Ereignis, das diese Voraussetzungen hervorragend erfüllt, ist die im Frühmittelalter oft dargestellte Himmelfahrt Christi. Das plötzliche Aufschweben in den Himmel ist der spektakuläre Schlusspunkt jener nachösterlichen Erscheinungen, in denen der Auferstandene noch einmal zu seinen Anhängern zurückkehrt und sich ihnen als Mensch und Gott zu erkennen gibt. Mit der Himmelfahrt ist diese Phase zu Ende, die Apostel müssen erleben, wie Christus in ungreifbare Ferne entschwindet:

Und als er dies gesprochen hatte, wurde er vor ihren Augen emporgehoben, und eine Wolke nahm ihn auf, so dass er ihren Blicken entschwand. Und als sie zum Himmel aufschauten, während er dahinfuhr, siehe, da standen zwei Männer in weißen Kleidern bei ihnen, die sagten: „Ihr Männer von Galiläa, was stehet ihr und blickt zum Himmel auf? Dieser Jesus, welcher von euch ist aufgenommen in den Himmel, wird so kommen, wie ihr ihn habt in den Himmel fahren sehen." (Apg 1, 9–11)[27]

Abb. 37 Himmelfahrt Christi, Galba-Psalter, 10. Jahrhundert, London, British Library, Ms. Cotton Galba A. XVIII, fol. 120v

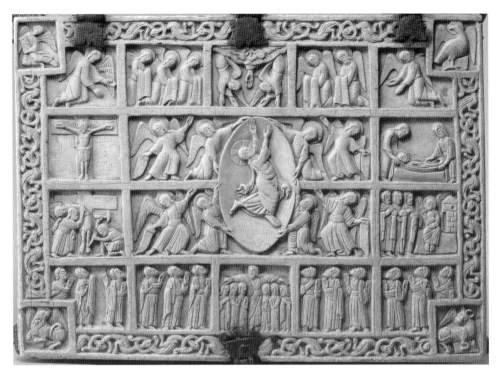

Abb. 38 Himmelfahrt Christi und Passionsszenen, Elfenbeindeckel, um 1100, Berlin, Staatliche Museen Preußischer Kulturbesitz, Inv. 616

Die Erzählung des Lukas insistiert auf dem Sehen der Apostel als der entscheidenden Bezugsgröße des gesamten Geschehens. Kollektiv werden die Jünger zu Augenzeugen, die die Auffahrt Christi beglaubigen können. Doch diese Zeugenrolle gilt einem Vorgang, der Christus schon nach kurzer Zeit unsichtbar werden lässt. Der himmlische Christus ist, wie die „Männer in weißen Kleidern" betonen, den Blicken der Aufschauenden unwiderruflich entzogen. Erst am Jüngsten Tag wird er der Menschheit wieder vor Augen treten, und zwar genau so, „wie ihr ihn habt in den Himmel fahren sehen".

Die Spannung von gegenwärtiger Unsichtbarkeit und zukünftiger Sichtbarwerdung, welche der Bericht von der Himmelfahrt aufbaut, ist für Victor Stoichita ein konstitutives Moment aller christlichen Visionsdarstellungen: „Die Ikonographie der Himmelfahrt", so schreibt er, „ist für die Entstehung derjenigen der Visionen insofern von Bedeutung, als diese Szene des Verschwindens gewissermaßen den negativen Prolog zu jeder Erscheinungsszene darstellt."[28] Stoichitas Überlegungen sind auf den Bildtypus des „disappearing Christ" gemünzt, wie er seit dem Hochmittelalter häufig für Darstellungen der Himmelfahrt gewählt wurde *(Abb. 40)*. Das einzige, was die Apostel hier noch von Christus erhaschen können, sind die Fußspitzen.[29] Betrachtet man hingegen die frühe Geschichte der Himmelfahrtsbilder, so scheinen die von der Lektüre des Bibeltextes geweckten Erwartungen vollständig enttäuscht zu werden. Der Körper des auffahrenden Christus bleibt rundum sichtbar *(Abb. 37–38)*.[30] Das intensive, auch gestisch untermalte Aufschauen der unten zurückgebliebenen Apostel kann ungehindert bis zur Figur des Auffahrenden vordringen, die erklärenden Worte der beiden Männer in Weiß, die üblicherweise als Engel dargestellt werden, scheinen sich zu erübrigen.

Auf der Suche nach den Grenzen des äußeren Sehens bleibt einzig das Mandorla-Motiv, das den Himmelfahrenden in vielen frühmittelalterlichen Darstellungen umgibt. Rein ikonographisch gesehen handelt es sich lediglich um ein Symbol der Göttlichkeit des auffahrenden Christus. Auffallend häufig jedoch wird die Mandorla von Engeln umfasst, so dass der Eindruck eines in den Himmel getragenen Bildes, gewissermaßen einer ganzfigurigen *imago clipeata* entsteht. Folgt man Kesslers Lesart, dann ist die Mandorla hier der Rahmen um ein Bild, und damit das Vehikel einer Distanzierung Christi aus dem irdischen Wahrnehmungsraum.[31] Mit diesem Deutungsansatz wäre die Rahmung des auffahrenden Christus einer durch und durch realistischen Optik unterworfen. Doch weshalb sollte eine Darstellung der Himmelfahrt theologisch weniger anstößig oder missverständlich sein, wenn sie Christus lediglich als Artefakt in den Himmel erhebt?

Ein anderer Zugang zum Dispositiv des gerahmten Christus ergibt sich, wenn man das Augenmerk nicht auf das Verschwinden Christi, sondern auf das Versprechen seiner Wiederkunft am Jüngsten Tag richtet: „Dieser Jesus, welcher von euch ist aufgenommen in den Himmel, wird so kommen, wie ihr ihn habt in den Himmel fahren sehen." (Apg 1, 11). Nehmen wir als Beispiel aus dem ersten Jahrtausend fol. 120v des *Galba-Psalters (Abb. 37)*.[32] Ein dichtes Geflecht von axialen Bezügen und graphisch markierten Unterteilungen vermittelt von vornherein den Eindruck, dass das Bild nicht ausschließlich, ja nicht einmal in erster Linie als Bericht eines historischen Ereignisses zu verstehen ist. In der strengen Topologie aufeinander bezogener Bildorte muss der Blick der Apostel zwei Grenzen überwinden, um an sein Ziel zu gelangen: Die erste ist ein Wolkenband, welches im unteren Bilddrittel eine Schwelle zwischen Erde und Himmel einzieht, die zweite die uns interessierende Mandorla, welche innerhalb der Himmelszone noch einmal eine eigene Bildzone für Christus markiert. Der Verlauf der ersten Grenze legt nahe, dass sie eine höhere Sphäre geistigen Sehens abstecken soll, die über die bloß körperliche Wahrnehmung der irdischen Zone hinausgeht: Hier sind die Engel beheimatet, die die Apostel zum Sehen Christi anleiten, und hierhin dringen die Häupter der Apostel selbst vor. Der zusätzliche Schnitt der Mandorla hingegen hat eine andere Funktion: Die thronende Christusfigur mit dem Buch, die hier sichtbar wird, ist eindeutig der Ikonographie der *Maiestas Domini* entlehnt, bezieht sich also auf das Erscheinungsbild Christi zum Zeitpunkt der Parusie. Dieser Zukunftsbezug ist für einen Benutzer des *Galba-Psalters* deshalb sehr anschaulich, weil das erste Bild der Handschrift ein Jüngstes Gericht darstellt, in dem Christus ebenfalls mit Buch innerhalb einer Mandorla thront.[33] Das Rahmenelement der Mandorla markiert demnach keine negative, sondern eine positive Bestimmung des inneren Sehens: Der Blick der Apostel stößt hier nicht an eine Grenze des Nicht-Darstellbaren, sondern auf ein Fenster zur Zukunft.[34] Die auffällige Rahmenüberschreitung der Mandorla ist nicht dazu da, diese als materiellen Bildträger zu qualifizieren, sie visualisiert vielmehr die Heterogenität zweier Zeit- und Sehebenen.

Bekanntermaßen kristallisieren sich seit der Spätantike zwei Bildtraditionen der Himmelfahrt heraus, von denen die eine, wie im *Galba-Psalter* zu sehen, einem hieratischen, frontal auf den Betrachter hin organisierten Bildformular verpflichtet ist, während die andere Christus im Profil erfasst und eher das transitorische Moment der Aufstiegsbewegung betont. Das Mandorla-Motiv ist interessanterweise auch in der zweiten Gruppe häufig vertreten, ohne dort seine komplexe Grenzfunktion zwangsläufig einzubüßen.[35] Ganz im Gegenteil: Der Deckel eines frühromanischen Elfenbeinkastens reizt die Möglichkeiten, die sich aus dem Kontrast zwischen der „Momentaufnahme" des Emporfliegens und dem Ordnungspotential des Gerahmtseins ergeben, auf extreme Weise aus *(Abb. 38)*.[36] In einer setzkastenartigen Felderstruktur sind die Akteure der Himmelfahrt auf die mittleren drei Kolonnen und die komplette untere Zeile verteilt. Bereits dieses geometrische Raster sorgt dafür, die körperbetonte Akrobatik der himmelwärts springenden Christusfigur in einer festen Matrix von Bildorten aufzufangen. So ist Christus zwar der einzige feldüberschreitende Akteur der Himmelfahrtserzählung, andererseits aber so in eine ovale, von Engeln gehaltene Mandorla einbeschrieben, dass er zur beherrschenden Mitte einer großen Komposition wird, in die seitlich noch Szenen aus der Passionsgeschichte (Kreuzigung, Kreuzabnahme, Grablegung, die Frauen am Grab) eingefügt sind – Ausläufer der Christus-Vita gewissermaßen, die sich über das gesamte Korpus des Kästchens hinweg erstreckt.[37] Im Zusammenspiel mit den vier Evangelistensymbolen in den Ecken der Tafel wird das Oval des Mandorla-Christus dann zum Zentrum einer zweiten Bildordnung erklärt, welche die Sukzession der Christus-Vita um ein Register überzeitlicher „Ergebnismomente" ergänzt. Der *Berliner Elfenbeindeckel* steht diesbezüglich in einer langen, bis ins frühe Christentum zurückreichenden Traditionslinie kompositer „Bildsysteme", in denen ein „narratives" und ein „thematisches" Register zu einem übergeordneten Ganzen verbunden sind.[38] Wie das Berliner Beispiel besonders prägnant verdeutlicht, sind die unterschiedlichen Aktionsarten der beiden Register immer auch an zwei Modalitäten des Sehens gekoppelt: auf der einen Ebene das Prinzip Sukzessivität, das in der Transitorik von Christi Sprungbewegung extrem zugespitzt wird, auf der anderen das Prinzip Simultaneität, das in diesem Fall von der Einbindung des Mandorla-Christus in eine bildumspannende Fünfer-Figur getragen wird.

Als Zwischenbilanz möchte ich festhalten: Kesslers Argumentation ist darin beizupflichten, dass ein Moment der Künstlichkeit in die Bilder Einzug hält, wenn mittels Mandorla oder *clipeus* eine Art Rahmen um Christus gelegt wird. Diese Künstlichkeit muss jedoch nicht – im Sinne eines „Bildes im Bilde" – auf die Christusfigur beschränkt bleiben, vielmehr hat sie das Potential auf die Darstellung als ganze überzuspringen. Eine wesentliche Aufgabe der Grenzlinie um die Christusfigur kann dann darin gesehen werden, im „Schnitt" zwischen zwei kontrastierenden Bildordnungen das Zusammenwirken unterschiedlicher Zeit- und Sehebenen zu veranschaulichen. Gegenstand des Sehens der Apostel ist gar nicht nur der gerahmte Christus selbst, sondern das sinnträchtige Gesamt eines künstlichen Arrangements.

5.3 Teilung und Rahmensetzung
Martins Traum vom Mantel

Ich komme zu einem Thema, welches beide Spielarten bildinterner Rahmung, die Einfassung Christi und diejenige des Träumers miteinander verknüpft. Noch vor seiner Konversion zum Christentum begegnet der römische Offizier Martinus jenem Bettler, dem er ein Stück seines Mantels abgibt. In der darauf folgenden Nacht hat Martin einen Traum, in dem Christus sich selbst als der Empfänger des Mantels zu erkennen gibt.[39] In der Bildkunst werden beide Begebenheiten häufig miteinander kombiniert, wobei ihre Anordnung unseren Vorstellungen von Sequentialität zuwiderläuft.[40] So integriert das ottonische *Bamberger Sakramentar (Taf. XXX)*[41] die zweiteilige Erzählung in ein gemeinsames Bildfeld, während der romanische *Albans-Psalter (Taf. XXXI)*[42] ein vertikales Arrangement in zwei getrennten Kompartimenten wählt, bei dem die spätere Szene oberhalb und damit „vor" der früheren zu stehen kommt.

Bleiben wir zunächst bei der ottonischen Miniatur, die beispielhaft verdeutlicht, wie der Träumer, das Traumbild und die Ereignisse außerhalb der Traumerfahrung ohne klare Trennung miteinander verschränkt werden. Die Abfolge der beiden Szenen auf der irdischen Bühne entpuppt sich rasch als Teil einer übergreifenden Bildordnung, die ihre Angelpunkte in den Figuren des träumenden Heiligen und des thronenden Christus findet. Die Erscheinung Christi im oberen Register ist auf das Bildfeld als Ganzes bezogen, sie „regiert" nicht nur das Himmelsregister mit den flankierenden Engeln, sondern auch die irdische Zone, in der die marginale Figur des Bettlers zum zentralen, dem Himmelsherrscher direkt zugeordneten Akteur transformiert wird. Die Identitätsbehauptung des Legendentextes (der Bettler ist Christus) wird an diesem axialen Bezug visuell ablesbar. Doch die positionalen Entsprechungen erschöpfen sich nicht darin, die Bilderzählung „sprachfähig" zu machen. Sie visualisieren vielmehr, wie Martin im Blick auf die Erscheinung Christi ein neues Verständnis seines eigenen Handelns vor dem Stadttor gewinnt. Exemplarisch macht die Traumvision sichtbar, wie zur irdischen Ebene menschlichen Tuns eine himmlische Ebene göttlichen Planens gehört und wie beide in enger Wechselwirkung aufeinander bezogen sind.

Doch zurück zur Rahmenproblematik. Die für den Martins-Traum charakteristische Einfassung Christi ist in der Bamberger Miniatur als ganzfigurige Mandorla mit Sphärenthron realisiert, welche die Herrschaft des Gottessohns über Himmel *und* Erde anzeigt.[43] Zwischen den beiden Rahmenelementen und dem Körper Christi kommt es zu wechselseitigen Überschneidungen, die andeuten, dass hier mehr gemeint ist als ein „Bild im Bild". Das Gegenstück zu diesem Bereich des Rahmens und Gerahmtwerdens um Christus ist die „Traumkapsel" des schlafenden Heiligen unten rechts. Anders als der aktive, seine Einfassung überschreitende Christus liegt Martin regungslos unter einer Decke – es ist das verbliebene Reststück des mit dem Bettler geteilten Mantels – auf dem Nachtlager, das seinen Körper komplett umschließt. An unsere Überlegungen zur Grenzproblematik der Traumdarstellung anknüpfend können wir dennoch eine grundsätzliche Gemeinsamkeit zwischen beiden Figuren formulieren: So wie der Traumvisionär ein Umschlagpunkt zwischen äußerer und innerer Wahrnehmung ist, so ist Christus die koordinierende Instanz, in der die unsichtbare Botschaft des Traums und die sich äußerlich manifestierenden Vorgänge der Heilsgeschichte zusammenlaufen.

An letzterem Punkt lässt sich weiterdenken anhand der Martins-Miniatur aus dem *Albans-Psalter (Taf. XXXI)*. Obwohl das hochrechteckige Miniaturformat der Handschrift hier in zwei getrennte Bildfelder aufgeteilt wurde, fordert die Lesefolge „gegen den Strich" (zeitlich gesehen kommt die untere Szene vor der oberen) dazu heraus, beide Ereignisse als eine Bildeinheit zusammenzusehen.[44] Ein weiteres kommt hinzu: Das Kreissegment, in dem Christus und zwei Engel sichtbar werden, überschneidet den Rahmen der gesamten Miniatur, ist also auf beide Szenen zusammen bezogen. Obwohl man gerade bei diesem Beispiel anfänglich durchaus vermuten könnte, das fragmentierte Medaillon über der liegenden Gestalt des Träumenden sei eine Repräsentation zweiter Ordnung in der Art von Ringboms „Niveau-Abstufung" oder von Kesslers „Bild im Bild", spricht das Zusammenspiel von Rahmen und Figuren eindeutig gegen eine solche Lesart: Denn sowohl das Medaillon selbst wie auch der Nimbus Christi überschreiten die rahmende Bordüre der Miniatur und weisen so das Innere des Medaillons als transzendenten Bereich aus, der sich der innerweltlichen Sphäre der Ereignisbilder entzieht. Indem beides, das Medaillon und Christus, nur in fragmentarischer, angeschnittener Gestalt sichtbar gemacht wird, bleibt der transzendente Bereich gleichwohl ein Stück weit in die Sphäre der Ereignisse integriert.

Eine verwandte, wenn auch wesentlich komplexer angelegte Konstellation des Gerahmtwerdens und Rahmens ist uns im Jesaja-Frontispiz der *Lambeth-Bibel* begegnet *(Abb. 28)*.[45] Das Medaillon mit den sieben Geist-Tauben scheint auf den ersten Blick nur der obere Abschluss der monumentalen Pflanze zu sein, die aus dem träumend daliegenden Jesse herauswächst. Erst auf den zweiten Blick bemerkt man, dass der innere *clipeus* mit Christus zugleich einer zweiten Ordnung angehört, welche das Rahmenwerk der gesamten Miniatur absteckt. In dieser Überlagerung kann man die gängige Vorstellung vom *Deus artifex* aufgerufen sehen, der sowohl innerhalb der Heilsgeschichte agiert als auch der Schöpfer oder Erzähler der Heilsgeschichte ist.[46]

Die Rahmenüberschreitung des Christusmedaillons im *Albans-Psalter* deutet auf ein ähnliches Rollenprofil der Christus-Figur hin. Das Moment der Beschneidung und Fragmentierung, der Zurücknahme von Gegenständlichkeit verbindet sich mit dem der Überlagerung und Überblendung, das Christus als rahmende Instanz der Heilsgeschichte ausweist. Das innere Sehen des träumenden Martin ist dann nichts anderes als die Einordnung der eigenen Person in das von Gott kreierte, providentielle Heilsgefüge, das Zusammensehen des Bettlers mit Christus. In der Kombination aus dem Zerschneiden des Mantels durch Martin und seiner Zusammenfügung in den Händen Christi weist die im Traum geschaute Geschichte sogar eine deutliche Analogie zur Rahmenstruktur der Bilderzählung auf.

Die Betrachtung dieses Bildes vom Sehen Christi bliebe jedoch unvollständig ohne einen Seitenblick auf die äußerst ungewöhnliche Position der Miniatur innerhalb des Bildprogramms: Als einziger Fremdkörper ist sie in die ausführliche Christus-

Vita des Psalters eingefügt, und zwar genau zwischen Thomaszweifel *(Abb. 39)* und Himmelfahrt *(Abb. 40)*. An dem von ihr eingenommenen Platz wäre eigentlich das Gastmahl zu Emmaus zu erwarten gewesen. Nicht nur die Martins-Miniatur selbst handelt also vom Sehen und Erkennen Christi, dieses ist vielmehr auch das zentrale Thema der benachbarten Bilder.[47] Bei der Darstellung des Thomaszweifels zeigt sich Christus den Aposteln zum letzten Mal in jener offensichtlichen Gestalt, die auch für das äußere Auge und den Tastsinn zu erkennen ist. Die Himmelfahrt hingegen folgt dem Bildformular des „disappearing Christ", das im 11. Jahrhundert in der englischen Buchmalerei entwickelt wurde: Vom auffahrenden Christus sind nur noch die Füße zu sehen, der Rest seines Körpers ist den Blicken der unten stehenden Zeugen entzogen.[48] In dieser Spannung zwischen der vollständigen Sichtbarkeit des irdischen Christus, der unwiderruflich der Vergangenheit angehört, und der vollständigen Unsichtbarkeit des himmlischen Christus, der erst beim Jüngsten Gericht auf die Erde zurückkehren wird, eröffnet die Martins-Miniatur eine entscheidende Vermittlungsposition: Dank der Offenbarung im Traum gelingt es dem lange nach den Zeitgenossen Jesu lebenden römischen Offizier, in einem unbekleideten Bettler den auf Erden wandelnden Christus zu erkennen und gleichzeitig genau jenen Teil des himmlischen Körpers Christi zu sehen, der Maria und den Aposteln bei der Himmelfahrt verborgen blieb.

Nicht von ungefähr, so scheint es, wird das angeschnittene Christus-Medaillon mit flankierenden Engeln im Kontext der Handschrift an weiteren Stellen aufgenommen, die um das Thema Gottesschau kreisen: Auf p. 416 ist die Hinrichtung des heiligen

Abb. 39 Thomaszweifel, Albans-Psalter, um 1120/30, Hildesheim, Dombibliothek, Ms. St. Godehard 1, p. 52

Abb. 40 Himmelfahrt, Albans-Psalter, um 1120/30, Hildesheim, Dombibliothek, Ms. St. Godehard 1, p. 54

Abb. 41 Hinrichtung Albans, Albans-Psalter, um 1120/30, Hildesheim, Dombibliothek, Ms. St. Godehard 1, p. 416

Alban dargestellt, dessen Seele zu Christus emporgetragen wird *(Abb. 41)*. Das eigentliche Thema des Bildes aber ist der Verlust des Augenlichts, mit dem der Henker im Moment der Enthauptung bestraft wird. Die schwerttragende Figur, die nicht in der Lage ist, im Heiligen einen Nachfolger Christi zu sehen, ist letzten Endes ein Antipode des ebenfalls schwerttragenden Martin, der dank der Zerteilung seines Mantels zu erkennen vermag, dass sich in dem unbekleideten Bettler Christus verbirgt.[49]

Halten wir als Ertrag der Diskussion von Binnenrahmen in frühmittelalterlichen Visionsdarstellungen fest: Das Paradigma „Bild im Bild" erweist sich als ungeeignet zur Bewertung solch verbreiteter Dispositive wie der Traumkapsel und der Mandorla. Das von Kessler vorgeschlagene Modell einer *via negativa*, einer Visualisierung inneren Sehens mittels Ausklammerung und Zurücknahme, lässt sich in vielen Fällen im Sinne einer *via positiva* umdeuten. Was auf den ersten Blick wie ein Bereich einer mimetischen Brechung aussieht, erweist sich bei genauerer Betrachtung als Element einer bildumspannenden Ordnung. Indem die Binnenbezirke immer wieder auf das Bildganze umspringen, wird deutlich, dass so etwas wie ein eigenständiger Seelen-Raum hier gar nicht vorgesehen ist. In der Verklammerung von Teil und Ganzem zielen die Visionsdarstellungen der Zeit vielmehr darauf ab, den Blick des Visionärs an die Sehebene der göttlichen Schau anzuschließen.

Anmerkungen

1 Zur mittelalterlichen Traumdarstellung vgl. Paravicini Bagliani/Stabile 1989; Carty 1991; Bogen 2001.
2 Zur eindringlichen Warnung besonders Gregors des Großen vor Traumdeutung im Alltag, vgl. Le Goff 1985, S. 198–203; Wittmer-Butsch 1990, S. 99–108; Bitel 1991, S. 46–59; Bogen 2001, S. 32–38.
3 Vgl. Dulaey 1973, S. 49–68; Kamphausen 1975, S. 34–58; Kruger 1992, S. 43–56; Miller 1994, S. 39–73.
4 Vgl. Augustinus 1894, S. 379–435. Vgl. dazu Newman 1963, S. 110–115; Dulaey 1973, S. 49–55, 88–93; Kruger 1992, S. 35–43.
5 Vgl. Augustinus 1894, S. 380.19–381.14 (XII.2). Die „middleness" des Traums innerhalb des augustinischen Modells betont Kruger 1992, S. 35–42.
6 Vgl. Gregor 1924, S. 309–311 (IV.50–51) und Gregor 1979, Bd. 1, S. 411–415 (VIII.XXIV, 41–43). Vgl. Le Goff 1985, S. 203–213; Kruger 1992, S. 45–53. Nach Gregor sind es allein die Heiligen, die zur Unterscheidung von wahren Offenbarungsträumen und täuschenden Traumbildern in der Lage sind: „Sancti autem uiri inter inlusiones atque reuelationes ipsas uisionum uoces aut imagines quodam intimo sapore discernunt, ut sciant uel quid a bono spiritu percipiant, uel quid ab inlusione patiantur." Gregor 1924, S. 310.13–16 (IV.50).
7 Vgl. Stoichita 1995 (1997), S. 24–28.
8 Zum Aufbau mittelalterlicher Traumdarstellungen vgl. Schmitt 1989, S. 10; Carty 1991, S. 11–39; Bogen 2001, S. 63–84.
9 Zum verlorenen frühchristlichen Bildprogramm von San Paolo liegen zahlreiche Beiträge von Herbert Kessler vor, vgl. etwa Kessler 1989a, S. 119–26. 1832 durch Brand zerstört, sind die Fresken durch Nachzeichnungen des 17. Jhs. dokumentiert, vgl. Waetzoldt 1964, S. 58–60.
10 Echternach, um 1030. Nürnberg, Germanisches Nationalmuseum, Hs 156 142. Pergament, 44,5 x 31,0 cm, 136 Blatt. Inhalt: Evangeliar. Vgl. Kahsnitz/Mende/Rücker 1982; zum Josephs-Traum vgl. Bogen 2001, S. 92.
11 Vgl. die Analyse in Kapitel 3.3.
12 Vgl. Bogen 2001, S. 68–75.
13 „In somnio enim exteriores sensus dormiunt et interiora cernuntur. Si ergo interna contemplari uolumus, ab externa implicatione dormiamus. Vox uidelicet Dei quasi per somnium auditur, quando tranquilla mente ab huius saeculi actione quiescitur et in ipso mentis silentio diuina praecepta pensantur." Gregor 1979, Bd. 3, S. 1172 (XXIII.XX, 5–10).
14 „Quia uero, ut diximus, ab exteriori actione cessare, dormire est […]." Gregor 1979, Bd. 3, S. 1174 (XXIII.XX, 76–77).
15 „Moyses admixtus Aegyptiis quasi uigilabat et idcirco uocem Domini in Aegypto positus non audiebat. Sed […] postquam in desertum fugit, illic dum quadraginta annis deguit, quasi ab inquietis terrenorum desideriorum tumultibus obdormiuit." Gregor 1979, Bd. 3, S. 1172 (XXIII.XX, 21–25).
16 „Quia autem sancti uiri cum exteriori actioni non deseruiunt, intra mentis cubilia conquiescunt, apte subiunxit: *Et dormiunt in lectulo*. Sanctis enim uiris dormire in lectulo est intra mentis suae cubile quiescere." Gregor 1979, Bd. 3, S. 1174 (XXIII.XX.78–82). Vgl. Lerchner 1993, S. 65.
17 Anknüpfungspunkte für diese Deutungstradition sind nach Lerchner 1993, S. 75–104 vor allem verschiedene Psalmverse (Ps 4, 5; Ps 6, 7; Ps 35, 5; Ps 62, 7). In diesem Zusammenhang entwickelt sich ein feststehendes Auslegungsmuster *cubile = cor*, vgl. etwa Augustinus 1956, S. 324 (XXXV.5): „Cubile nostrum est cor nostrum". Cassiodorus 1958, S. 319 (XXXV.5, 79–80): „*In cubili suo* id est in corde proprio. *Cubile* enim a cubando dictum est, ubi animus noster intus inhabitans bonum malumque meditatur."
18 Vgl. Ruh 1990, S. 157–163.
19 Carty 1991, S. 29.
20 Ein aufschlussreiches Beispiel für das Zugleich von Innen und Außen ist der Traum des Romanus im *Menologion Basilius' II.* aus dem späten 10. Jh.: Die Erscheinung Mariens vor dem Bett des Schlafenden wird aus dem Inneren des davor dargestellten Hauses nach außen projiziert, vgl. Bogen 2001, S. 70–71.
21 Vgl. Bogen 2001, S. 85–120. Allgemein zu den heilsgeschichtlichen Strukturprinzipien mittelalterlicher Bildprogramme vgl. Kemp 1994.
22 Vgl. Kessler 1998 (2000).
23 Vgl. Brown 1999.
24 Kessler 1998 (2000), S. 128.
25 Kessler 1998 (2000), S. 129.
26 Zu einem ähnlichen Ansatz im Übergang von mittelalterlichen zu neuzeitlichen Bildkonzepten vgl. Krüger 2001.
27 „Et cum haec dixisset videntibus illis elevatus est et nubes suscepit eum ab oculis eorum. Cumque intuerentur

in caelum eunte illo ecce duo viri adstiterunt iuxta illos in vestibus albis qui et dixerunt: *viri galilaei quid statis adspicientes in caelum. Hic Iesus qui adsumptus est a vobis in caelum sic veniet quemadmodum vidistis eum euntem in caelum.*"
28 STOICHITA 1995 (1997), S. 38.
29 Vgl. dazu Anm. 48.
30 DESHMAN 1997a, S. 518.
31 Vgl. KESSLER 1998 (2000), S. 130–132.
32 Frühes 9. Jh., im 10. Jh. erweitert. London, British Library, Ms. Cotton Galba A. XVIII. Pergament, 12,8 x 8,8 cm, 200 Blatt. Die Miniatur mit der Himmelfahrt gehört zu den im 10. Jh. eingefügten Blättern. Vgl. DESHMAN 1974, S. 176–190; DESHMAN 1997b.
33 Zu diesem Bezug vgl. DESHMAN 1997b, S. 113.
34 Eine wichtige Rolle bei diesem Diskurs über unterschiedliche Sphären der Sichtbarkeit spielt natürlich Maria, die hier wie in den meisten frühen Himmelfahrtsbildern eine bildbeherrschende Stellung auf der Mittelachse einnimmt. Die Gottesmutter, so die Botschaft dieses Anordnungsschemas, übernimmt während der Abwesenheit Christi eine Stellvertreterrolle als Mutter der Kirche. Vgl. DESHMAN 1997a, S. 522–523.
35 Zur Ikonographie der Himmelfahrt vgl. SCHRADE 1930; GUTBERLET 1935; SCHILLER 1960–91, Bd. 3, S. 141–161.
36 Fränkisch (?), um 1100. Berlin, Staatliche Museen Preußischer Kulturbesitz, Inv. 616. Elfenbein, Maße des Deckels 29,4 x 40,8 cm. Vgl. GOLDSCHMIDT 1914–18, Bd. 2, S. 51–52 (Nr. 173); SCHRADE 1930, S. 141–144; GUTBERLET 1935, S. 197–199; SCHILLER 1960–91, Bd. 3, S. 155.
37 Vgl. die Beschreibung des mit der Verkündigung einsetzenden Programms bei GOLDSCHMIDT 1914–18, Bd. 2, S. 51–52.
38 Vgl. KEMP 1994. Evident sind die Analogien zu den ebd., S. 43–46 diskutierten *Mailänder Elfenbeintafeln* (2. Hälfte 5. Jh., Mailand, Museo del Duomo).
39 „Nocte igitur insecuta, cum se sopori dedisset, uidit Christum chlamydis suae, qua pauperem texerat, parte uestitum. […] Mox ad angelorum circumstantium multitudinem audit Iesum clara uoce dicentem: Martinus adhuc catechumenus hac me ueste contexit." SULPICIUS SEVERUS 1967, S. 258 (3.3).
40 Vgl. CARTY 1991, S. 54–60; BOGEN 2001, S. 112 und 116–117.
41 Fulda, um 1000. Bamberg, Staatsbibliothek, Ms. Lit. 1. Pergament, 22,4 x 16,5 cm, 225 Blatt. Vgl. MAYR-HARTING 1999, Bd. 2, S. 142; PALAZZO 1994, S. 183–187. Zum Martins-Bild vgl. ebd., S. 93–95.
42 St. Albans, um 1120/30. Hildesheim, Kath. Pfarrgemeinde St. Godehard, zugleich Dombibliothek, St. God 1. Pergament, 27,7 x 18,7 cm, 209 Blatt, paginiert. Zur Handschrift vgl. PÄCHT/DODWELL/WORMALD 1960; Ursula Nilgen, Psalter der Christina von Markyate (sogenannter Albani-Psalter), in: AUSST. KAT. HILDESHEIM 1988, S. 152–165; HANEY 1995; Ulrich Knapp, Albani-Psalter, in: AUSST. KAT. HILDESHEIM 1999, S. 91–115; GEDDES 2005. Zur Martins-Miniatur vgl. PÄCHT/DODWELL/WORMALD 1960, S. 94–95; KLEMM 2004, S. 364–367; GEDDES 2005, S. 61 u.113–114.
43 Wilhelm Messerer, Mandorla, in: LCI 1968–76, Bd. 3 (1971), Sp. 147–149, unter Verweis auf MEYER 1961.
44 Der zweiteilige Aufbau ist aus der Bildtradition romanischer Martins-Viten übernommen, vgl. PÄCHT/DODWELL/WORMALD 1960, S. 95–96; SKUBISZEWSKI 1995, S. 125–126 u. 130–131; KLEMM 2004, S. 365–366.
45 Vgl. unsere Analyse der Miniatur in Kapitel 3.1.
46 Vgl. BOGEN 2001, S. 240–245. Für die Benutzer der *Lambeth-Bibel* war dieser Topos von Beginn in der Rezeption der Bilder präsent: Der rahmenumfassende Christus des Jesse-Traums war in dem rahmenumfassenden Christus des untersten Medaillons der Genesis-Initiale vorgeprägt. Wie KRUSE 2003, S. 150–151 ausführt, tritt die Schöpfungstätigkeit Gottes hier in Parallele zum Herstellungsprozess der Miniaturen selbst.
47 In ähnliche Richtung argumentiert auch KLEMM 2004, S. 366. GEDDES 2005, S. 113 weist auf thematische Entsprechungen zur Emmaus-Geschichte hin, deren Position die Miniatur zu Martin einnimmt: das Erkennen von Christus in einem unbekannten Mann und die Handlungen der Nächstenliebe, die diesem gegenüber vollzogen werden.
48 Im Bildformular des „disappearing Christ" wird erstmals in der Geschichte der christlichen Bildkunst der Akzent nicht auf jenen Teil des Himmelfahrtsgeschehens gelenkt, der den Blick der Jünger den Christus der Wiederkunft antizipieren lässt, sondern auf das Verschwinden des Aufschwebenden hinter einer undurchdringlichen Blickbarriere, vgl. SCHAPIRO 1943; DESHMAN 1997a. Beide Autoren führen diese gänzlich neuartige Lösung auf Bild-Konzepte der angelsächsischen Kultur zurück: realistisches bzw. empirisches Bildverständnis bei Schapiro, ein spirituelles Bildkonzept, das auf die Nicht-Darstellbarkeit der Gott-Natur abzielt, bei Deshman. Die Verwendung des Motivs im *Albans-Psalter* scheint sich eher einer veränderten Erzählperspektive zu verdanken: Die Orientierung an der Parusie wird aufgegeben zugunsten einer Betonung der Christus-Ferne der Christenheit, die seit der Himmelfahrt andauert.
49 Vgl. PÄCHT/DODWELL/WORMALD 1960, S. 7–9.

6 Doppelbilder
Die innere Schau als Bildmontage

Ein Dispositiv, das wie prädestiniert dafür erscheint, die Dichotomie von äußerem und innerem Blick zu visualisieren, ist das Diptychon, welches zwei Bildträger durch ein Gelenk zu einer Einheit verbindet. Wolfgang Kemp, der die Aneignung der Diptychonform durch die frühchristliche Kunst nachgezeichnet hat, spricht von einem „Medium, das [...] schon in seiner Objektform als ein elementar-differentielles System angelegt ist."[1] Neben dem Diptychon als selbständigem Trägermedium, wie es vor allem in Elfenbeinschnitzerei und Tafelmalerei realisiert wurde, sind dazu auch die bebilderten Einbände und Doppelseiten mittelalterlicher Manuskripte zu zählen. Im Verlauf des Kapitels wird sich zeigen, dass es aus mehreren Gründen sinnvoll ist, diese von der Forschung getrennt behandelten Phänomene gemeinsam zu betrachten.[2] Außer dem Mechanismus des Auf- und Zuklappens ist Doppelseiten, Einbänden und Diptychen auch eine enge Allianz mit dem Medium Buch gemeinsam, die der Schlüssel für spezifische Darstellungsstrategien des Visionären auf diesem Bildort ist.

Wer nach visionären Bildpaaren innerhalb des Korpus mittelalterlicher Diptychen sucht, wird weit seltener fündig, als man dies zunächst vermuten könnte. Im ersten Teil der Arbeit hat ein bestimmter Typus der Visionsdarstellung auf zwei Bildseiten wiederholt eine wichtige Rolle gespielt: Der in der Initiale des Textanfangs stehende Visionär blickt hinüber zu dem von ihm geschauten Visionsbild. Jenseits dieser Bildlösung jedoch wird die Diptychonform so gut wie nie für die Darstellung offiziell anerkannter und etablierter Visionserfahrungen fruchtbar gemacht.[3] Womit wir uns im Folgenden beschäftigen werden, sind „komposite" oder „konstruierte" Visionsbilder: Bildgegenstände, die erst infolge ihrer Anordnung auf den beiden Flügeln des Diptychons zur Darstellung einer visionsähnlichen Erfahrung werden.

6.1 Re-Visionen
Die Maiestas im Blick

Wenn es für unsere Frage so etwas wie einen Kristallisationskern gibt, der immer wieder zu visionären Bildpaarungen anregen konnte, dann war dies im Frühmittelalter das neue Bildformular der *Maiestas Domini*. Bekanntermaßen handelt es sich um einen synthetischen Bildtypus, der Elemente mehrerer biblischer Visionsberichte (Jes 6, 1-4; Ez 1, 5-12; Apk 4, 2-8) aufnimmt und in eine neue Gestalteinheit integriert.[4] Dieses immer schon visionär konnotierte Bild stellt ein schlechthin Unsichtbares vor Augen, dessen Bestandteile bislang allein den Propheten des Alten und des Neuen Testaments enthüllt worden waren. Vor allem in liturgisch geprägten Kontexten konnte es an externe Instanzen des Schauens zurückgebunden und auf diese Weise „re-visioniert" werden.[5]

Maiestas I
Zentral – lateral

Unser erstes Beispiel ist die Doppelseite fol. 5v-6r des *Metzer Sakramentarfragments*, das um 870 im Skriptorium Karls des Kahlen entstand *(Taf. XXXII–XXXIII)*.[6] Das Maiestas-Motiv weist hier eine besondere Füllung der vier Zwickel auf: Unten blicken *mare* und *terra* zum thronenden Christus empor und erkennen ihn so als Herrscher über die gesamte irdische Welt an. Oben wird Christus von zwei Seraphim flankiert, die auf den Bericht in Jesaja 6 rekurrieren. Der Grund für die Einfügung der Engel lässt sich an der Inschrift im unteren Teil der Miniatur ablesen: Es handelt sich um eine Illustration zum *Sanctus* des Messkanons, als dessen Urtext Jesaja 6, 3 gelten konnte. In den Gesang der Seraphim stimmen auf der linken Seite die himmlischen Chöre ein: Engel, Apostel, Märtyrer, Bekenner und Jungfrauen. Zusammengenommen repräsentieren die beiden Bildfelder ein Geschehen der himmlischen Liturgie, welche das Idealbild für die auf Erden gefeierte Messe abgibt.

Weshalb wurde für diesen Handlungszusammenhang das Dispositiv der Doppelseite gewählt? Die gesamte Verehrungsszene vollzieht sich ja im Modus der *visio beatifica*, bei der sich die Schauenden gemeinsam mit dem Geschauten im Himmel befinden.[7] Andere Beispiele zeigen, dass es den Konzeptoren der Handschrift leicht möglich gewesen wäre, einen solchen himmlischen Schauraum in einem einzigen Bildfeld unterzubringen – etwa die annähernd gleichzeitige Miniatur zur Parusie in der *Topographia christiana (Abb. 42)*.[8] Dass die Künstler der Hofschule dennoch die zweiteilige Lösung realisierten, möchte ich auf einen Zugewinn an Differenzqualität zurückführen: eine scharfe Trennung zwischen der göttlichen Erscheinung als frontaler, in sich symmetrischer Konfiguration und den seitlich orientierten, parataktisch gereihten Visionären. Obwohl beide Miniaturen die gleichen Abmessungen haben und identisch gerahmt sind, wird die Versoseite so zu einer Darstellung sekundären, abgeleiteten Grades herabgestuft.

Robert Deshman hat darauf aufmerksam gemacht, dass die Sanctus-Miniaturen die antike Formel des Krongolds (*aurum coronarium*) reaktivieren: Der obere und der untere der Himmelschöre (Engel und Jungfrauen) blicken nicht nur hinüber zu Christus, sie bringen ihm auch goldene Kronen dar.[9] Deshmans Hinweis ist deshalb wertvoll für uns, weil das *aurum coronarium* auch in anderen Zusammenhängen die Matrix für doppelseitige Kompositionen abgibt – zahlreiche Beispiele finden wir in der ottonischen Buchmalerei. Stets geht es dabei um die Ehrung einer Herrscherfigur

Abb. 42 Parusie, Topographia christiana, 2. Hälfte 9. Jahrhundert, Rom, Biblioteca Apostolica Vaticana, Cod. Gr. 699, fol. 89r

durch Überreichung huldigender Gaben. Im *Evangeliar Ottos III.* offerieren die vier Provinzen des Reiches dem thronenden Kaiser ihre ehrenden Geschenke *(Abb. 43).* Wie im *Metzer Sakramentar* ist die Rectoseite zentralsymmetrisch aufgebaut, ohne einen szenischen Bezug nach links herzustellen.[10] Der Blick der vier Frauen bleibt unerwidert, ihre Geschenke finden auf Seiten des Geehrten keine Beachtung.

Obwohl die ottonischen Doppelseiten keine visionäre Schau evozieren, sind sie doch eine wichtige Lesehilfe zum Verständnis der karolingischen Sanctus-Miniaturen. Deutlich wird, dass diese Bilder ihr Argument auf einer gestaltpsychologischen Ebene entwickeln: Symmetrie vs. Asymmetrie nicht nur im Aufbau der einzelnen Bildfelder, sondern auch im Gefüge der Doppelseite als ganzer, die Gleichheit in Format und Rahmung als Ausgangspunkt für eine fundamentale Ungleichheit. Eine ganz eigene, den Betrachter unmittelbar einbeziehende Logik entfaltete diese Konstellation beim Auf- und Zublättern der Doppelseite. War die Gruppe der Verehrenden bei geöffnetem Zustand als hinzutretende charakterisiert, die als *exemplum*, als Rollenangebot für das Handeln des Betrachter-Benutzers fungierte, kam es beim Schließen der Seite zu einer materiellen Realisierung ihrer Offerte. Die Herrscherfigur schwenkte auf die Verehrenden zu, um schließlich in direkte Berührung mit ihnen zu gelangen. Im Gebrauch des Kodex wurde die Gabe an den Herrscher tatsächlich entgegengenommen.

An einer Reihe ottonischer Doppelseiten hat Wolfgang Christian Schneider darlegen können, wie der Vorgang der Entgegennahme bisweilen präzise in die Komposition der Bilder eingebaut wurde.[11] So ist die Anbetung der Könige im *Perikopenbuch Heinrichs II.* so gestaltet, dass die Gaben der Könige beim Umblättern der Doppel-

Doppelbilder 165

Abb. 43 Provinzen bringen Otto III. ihre Gaben dar, Evangeliar Ottos III., um 1000, München, Bayerische Staatsbibliothek, Clm 4453, fol. 23v–24r

seite genau auf die ausgestreckten Händen Mariens treffen.[12] „Jeder, der das Blatt wendet, vollzieht die Darreichung der huldigenden Gaben mit und tritt so ein in die mit der Gabendarbietung verbundene Anerkenntnis des göttlichen Kindes als des Weltenherrschers."[13] Diese Aussage lässt sich problemlos auch auf die himmlische Liturgie des *Metzer Sakramentars* übertragen. Die Sanctus-Miniaturen zeigen zwar keine punktgenaue Abstimmung des „Krongolds" auf die Hände seines Empfängers, doch entwickelt die Platzierung der Kronen im Zusammenspiel mit der Gegenseite ihren eigenen Sinn: Die Reihe der Jungfrauen trifft beim Umblättern genau mit dem Feld der *inscriptio* zusammen. Dass es drei Kronen sind, die dargeboten werden, erweist sich als numerische Entsprechung zur dreifachen Intonation des *Sanctus*. Bei den Engeln wiederholt sich die Dreizahl, die in der christlichen Exegese trinitarisch ausgelegt wurde.[14] Wenn auch nicht in der exakten Position, so zielt ihre Gabe doch in der Höhenlage klar auf das Haupt des Maiestas-Christus. Das in der Anordnung auf zwei Seiten Getrennte wird im Gebrauch des Kodex zusammengeführt.

Maiestas II
Neuer Bund – Alter Bund

Unser erstes Beispiel hat uns in einige elementare Wirkmechanismen der visionären Doppelseite eingeführt. Für unsere Suche nach Differenzierungen visionärer Innenräume wird es nun wichtig sein, das Prinzip zweier grundsätzlich eigenständiger

Instanzen zu vertiefen, die erst im Diptychon zu einem gemeinsamen Visionsgeschehen miteinander verbunden werden. Zusätzlichen Aufschluss in diese Richtung verspricht unser zweites Fallbeispiel, ein Paar karolingischer Elfenbeintafeln im Hessischen Landesmuseum Darmstadt *(Abb. 44).*[15] Die heute in einem neuzeitlichen Rahmen verbundenen Reliefs waren ursprünglich als Vorder- und Rückseite eines Bucheinbandes konzipiert, der einen liturgischen Text barg.[16] Die linke Tafel zeigt in drei durch Rahmenleisten getrennten Registern den ikonographischen Standardtypus der *Maiestas Domini*: oben und unten die Evangelistensymbole, im Zentrum Christus auf einem Sphären-Thron sitzend. Weniger leicht zu identifizieren ist der Bildgegenstand der rechten Tafel: Ein bärtiger, nicht nimbierter Mann blickt in der Geste des *aposkopein* nach oben. Ihm nähern sich quasi im Sturzflug zwei Engel mit einem Kranz, aus dem die Rechte Gottes herabgreift. Das Spruchband des Aufblickenden trägt den Text ASPICIENS A LONGE ECCE VIDEO D[E]I POTENCIAM („Von weit her blickend, siehe, schaue ich Gottes Macht"). Er ist dem Offizium der ersten Nokturn des ersten Adventssonntags entnommen. Wie Rosalie Green zeigen konnte, wird der Sprecher damit als Johannes der Täufer ausgewiesen: Im maßgeblichen Kommentar zu den Texten des Offiziums werden diese Verse dem Täufer in den Mund gelegt.[17]

Sowohl die Gestik des *aposkopein* wie die Aussage des Spruchbandes lassen das Sehen zum übergeordneten Thema der Elfenbeintafeln werden. Was aber erblickt Johannes? Im Rund des Kranzes wird lediglich die *dextera Dei* sichtbar. Die bloß fragmentarische Sichtbarkeit Gottes innerhalb des Kranzes steht in einem gewissen Spannungsverhältnis zur Behauptung des VIDEO DEI POTENCIAM. Sehr viel eher würde man als Ziel von Johannes' Blick eine komplette Gotteserscheinung erwarten, wie sie auf der linken Bildtafel dargestellt ist. Das dort auf dem von Christus gehaltenen Kodex zu lesende Matthäus-Zitat – DATA EST MIHI O[M]NIS POTESTAS IN CELO ET IN T[ER]RA („Mir ist alle Gewalt gegeben im Himmel und auf Erden", Mt 28, 18) – knüpft mit dem Begriff *potestas* an die von Johannes geschaute *potentia Dei* an. Das Verhältnis von rechter und linker Bildtafel kann also als eines zwischen fragmentarischer und vollständiger Sichtbarkeit Gottes beschrieben werden. Dieser Befund lässt sich unterschiedlich interpretieren. Kesslers Vorschlag lautet, hier sei die Opposition zwischen körperlichem Blick (Johannes) und geistiger Schau (*Maiestas*) ins Bild gesetzt.[18] Dies scheint mir jedoch in die Irre zu führen. Die Geste des *aposkopein* jedenfalls kann dafür kaum als Beleg herhalten, denn sie indiziert in anderen Zusammenhängen, wie in der etwas späteren *Bamberger Apokalypse (Taf. VIII)*, gerade das Überschreiten einer nur irdischen Sphäre des Sehens.[19]

Bessere Anhaltspunkte finden sich für eine Lektüre, die das Verhältnis der beiden Tafeln zueinander als ein zeitliches im Sinne eines Verheißungs-Erfüllungs-Zusammenhangs begreift.[20] Johannes' fragmentarischer Blick durch das „Himmelsfenster" des Kranzes stünde für das Sehen „von einst", das Sehen des Alten Bundes, der Propheten und Ankündiger Christi. Der vollständige, nicht mehr durch eine Rundform begrenzte, sondern einer Rundform (Sphärenthron) vielmehr vorgeblendete Anblick Christi im Maiestas-Motiv hingegen stünde für das Sehen des Neuen Bundes, wäre eine Antizipation des Christus der Parusie. Der Blick aus der Ferne, so die bildliche

Doppelbilder

Abb. 44 Maiestas Domini, Gottesvision Johannes des Täufers, frühes 10. Jahrhundert, Darmstadt, Hessisches Landesmuseum, Inv. Nr. KG 54:208a

Argumentation, wird mit dem *secundus adventus* von einer Naherfahrung abgelöst werden, die nicht mehr allein einem Auserwählten, sondern der gesamten Christenheit offen steht. Die Differenz zwischen bloß fragmentarischer und vollständiger Ansichtigkeit Christi ist dabei gekoppelt an den Unterschied zwischen medialen Aggregatzuständen von Sprache: Gott (die Hand als Symbol seiner Stimme)[21] und Johannes (Spruchband) kommunizieren mündlich, der Maiestas-Christus ist nicht nur eingestellt in die Buchstaben Alpha und Omega, er und alle vier Evangelistensymbole führen Schriftstücke mit sich.

Gerade in dieser Hinsicht können die *Darmstädter Elfenbeintafeln* als spezielle Ausprägung eines Anordnungsschemas verstanden werden, das Alten und Neuen Bund in Bildpaaren gegenüberstellt und unterschiedlichen medialen Modalitäten der Gotteserfahrung zuordnet. Eine besonders prägnante und subtile Ausdeutung erfährt die medientheoretische Aufladung christlicher Typologie im ottonischen *Moses-Thomas-Diptychon (Abb. 45)*, das die Übergabe der Zehn Gebote mit einer Darstellung des Thomaszweifels paart.[22] In der Begegnung mit dem ungläubigen Jünger, der seinen Finger in die Seitenwunde einführt, wird die körperliche Offenbarung Christi zum Medium, das die Verheißung der Gesetzestafeln sowohl einlöst als auch überbietet.[23] Eine solche Körper gegen Schrift ausspielende Argumentation scheint in Widerspruch zur Funktion der Tafeln zu stehen. Diese dürften als Bucheinband eines *liber vitae* gedient haben, das die Personen auflistete, derer während der Messe gedacht werden sollte. In der „Aufführungssituation" eines solchen Kodex wurde deutlich, weshalb man die Übergabe der Gesetzestafeln mit einer derart konkreten Darreichung des Köpers Christi gepaart hatte. Das Verlesen der Namen, die im *liber vitae* aufgeschrieben waren, wurde von der Bitte begleitet, dass Gott diese in sein eigenes Buch des Lebens eintragen möge.[24] Die Opposition von Gesetzestafeln und Seitenwunde zielte folglich auf zwei verschiedene Seinsmodi von Schrift, den toten Buchstaben auf dem Pergament und den lebendigen des von Gott geführten Buches.

In diesem Zusammenhang ist auf jene Stelle im 2. Korintherbrief zurückzukommen, welche die Forschung schon früh als implizite Textreferenz des Diptychons ausgemacht hat: „Ist doch offenbar geworden, dass ihr ein Brief Christi seid, […] geschrieben nicht mit Tinte, sondern mit dem Geist des lebendigen Gottes, nicht auf steinerne Tafeln, sondern auf die fleischernen Tafeln des Herzens." (2 Kor 3, 3).[25] Was sich zunächst wie eine Gegenüberstellung starrer Gegensatzpaare liest, mündet für die Seite des Neuen Bundes in eine *contradictio in adiecto*: Die Tafeln des Herzens sind einerseits fleischern, doch andererseits mit Geist beschrieben.[26] Gerade dieser Zusammenfall von Körperlichkeit und Geistigkeit dürfte die Pointe sein, die den Zugang zum Medienkonzept der frühmittelalterlichen Diptychen eröffnet: Was die Elfenbeintafeln im Hinblick auf den Text evozieren, den sie enthalten, ist die Verkörperung des Gottesworts in der liturgischen Gebrauchssituation. Das Wort wird Fleisch, die vom Geist erfüllte Aufführung der Schrift sorgt für körperliche Präsenz.[27]

Die Medienopposition der *Darmstädter Tafeln* ist zwar anders gelagert (Mündlichkeit vs. Schriftlichkeit), verfolgt letztlich aber die gleiche Zielrichtung: Die Schriftzeichen, die den Christus des Neuen Bundes als Insignien seiner *potestas* be-

Doppelbilder

Abb. 45 Gesetzesübergabe an Moses, Thomaszweifel, um 990/95, Berlin, Staatliche Museeen Preußischer Kulturbesitz, Skulpturensammlung, Inv. Nr. 8505/8506

gleiten, rahmen ja eine Figur in voller Körperlichkeit. Das Prinzip der Verkörperung im liturgischen Gebrauch des Kodex wird hier in einen Diskurs über die Gottesschau gekleidet: Was das innere Auge des Johannes nur fragmentarisch erblickt, wird mit der Wiederkunft Christi für alle uneingeschränkt sichtbar werden. Die Wiederaufführung des ersten *adventus* nach dem Text des Antiphonars eröffnet den Teilnehmern der Messe schon einen Vorgeschmack dieses Seherlebnisses.

Abb. 46 Maiestas Domini, Einband eines Sakramentars, 2. Viertel 11. Jahrhundert, Berlin, Staatsbibliothek, Ms. theol. lat. quart. 2

Maiestas III
Innen – Außen

Eine dritte Möglichkeit, die Maiestas mit einem separaten Visionär zu verknüpfen, führen zwei ottonische Elfenbeintafeln vor, die für den Einband eines Sakramentars geschaffen wurden *(Abb. 46–47)*.[28] Der in einer achtförmigen Mandorla thronende Christus findet hier sein Gegenüber im Autor des Sakramentars, Papst Gregor. Während der Kirchenvater seine Feder ins Tintenfass taucht, flüstert ihm die Taube des Heiligen

Doppelbilder 171

Abb. 47 Gregor der Große, Einband eines Sakramentars, 2. Viertel 11. Jahrhundert, Berlin, Staatsbibliothek, Ms. theol. lat. quart. 2

Geistes den zu schreibenden Text ins Ohr. Stellt man die Reliefs nebeneinander, wie sie nach dem Öffnen des Sakramentars sichtbar waren, dann muss gegenüber den bisher betrachteten Beispielen ihre starke symmetrische Koordination auffallen: Christus und Gregor sind als Pendantfiguren entworfen, deren Entsprechungsverhältnis von der „auffallenden Trittstellung"[29] über das frontale Sitzmotiv bis hin zu den beiden Kodizes reicht, die beide in ihrer Linken halten – der eine schon abgeschlossen, der andere noch zu vollenden. Die formale Komplementarität der beiden Darstellungen kann dazu anhalten, die ausgeprägte Kopfwendung Gregors im Sinne eines Hinüberblickens auf Christus zu beziehen. Bei der heutigen Anordnung der Reliefs ist dies nur im geschlossenen Zustand des Kodex möglich, als (gedachte) Verbindung, die quer über den Buchblock zum Vorderdeckel mit der *Maiestas* führt. Es ist aber durchaus denkbar, dass die beiden Reliefs ursprünglich in umgekehrter Reihenfolge montiert waren, d.h. Gregor auf der Vorder-, die *Maiestas* aber auf der Rückseite des Sakramentars: Beim Öffnen des Buches während der Messe wäre dann – so wie es unsere Abbildung zeigt – eine szenische Verbindung zwischen den beiden Figuren zustande gekommen.[30]

Der Sinn dieses Blickkontakts ist ein doppelter: Zum einen verweist er vom menschlichen Verfasser zurück zum göttlichen Autor des Messbuches. In der Zusammenschau der beiden Tafeln konnte dieses Ableitungsverhältnis von den Messteilnehmern weiter vertieft werden. Für uns noch wichtiger ist ein zweiter Aspekt: Nimmt man den Blickkontakt als szenische Verbindung ernst, dann wird die *Maiestas* über ihn als jenes visionäre „Bild" qualifiziert, das Gregor bei Abfassung des Sakramentars vor Augen hatte. Der Inspirationsvorgang, der bei isolierter Betrachtung der rechten Tafel allein über Stimme und Ohr gesteuert erscheint, wird bei aufgeklapptem Zustand des Einbands auf das Feld der *visio* und auf die Erscheinung eines göttlichen Bildes verlagert.

Die räumliche Trennung zwischen Maiestas und Visionär wird in dieser Konstellation folgendermaßen semantisiert: ein irdischer Akteur (wie der Täufer der *Darmstädter Tafeln*) nimmt direkten Blickkontakt (wie die Seligen des *Metzer Sakramentars*) mit dem im Himmel thronenden Christus auf. Die beiden Orte des Bilderpaars treten damit deutlich als Darstellung des äußeren Sehvorgangs (rechte Tafel) und als Darstellung einer inneren Seherfahrung (linke Tafel) auseinander. Gegenstand der Vision ist der inkarnierte Logos, dessen körperliche Erscheinung den Rahmen der achtförmigen Mandorla überschreitet. Die Übersetzung des Geschauten in das geschriebene Wort geht einher mit einer Beschriftung des eigenen Körpers: Gregor hält seinen Kodex in einer höchst unpraktischen Schreibposition vor der Brust aufgeschlagen. Die V-förmig zulaufenden Linien der geschriebenen Zeilen konvergieren mit den Bordüren seines Palliums. In der Überlagerung von Text und Textil wird das Priesteramt Gregors (und damit auch das des realen Zelebranten) als „Investitur" definiert: Der Amtsträger streift sich den von Gott stammenden Messtext über. Wenn die Messe zelebriert wird, so suggeriert das Diptychon, besitzt der Kodex des Sakramentars die Kraft, im Priester die körperliche Gegenwart Christi zu generieren.

Die Verbindung von heiligem Autor/Priester und liturgischem Urbild wird das ganze Mittelalter hindurch immer wieder in zweiflügelige Bildträger eingetragen. Das ebenfalls ottonische Fragment eines Sakramentars aus dem Skriptorium Corvey kombiniert die göttliche Inspiration Gregors mit der Kreuzigungsszene *(Abb. 48)*:[31] Ganz ohne Schreibwerkzeug sitzt der Kirchenvater an seinem Pult und blättert in dem von ihm beschriebenen Kodex. Der dort zu lesende Text (SCRIBIT GREGORIVS DICTAT QVAE SP[IRITU]S ALMVS – „Gregor schreibt, was der gütige Geist diktiert") stellt die göttliche Inspiration des Geschriebenen in den Vordergrund, ebenso wie die in artistischer Biegung von seinem Haupt herabhängende Taube. Doch Gregors Haltung

Abb. 48 Kreuzigung, Gregor der Große, Sakramentarfragment, Ende 10. Jahrhundert, Leipzig, Universitätsbibliothek, Rep. I 57, fol. 1v–2r

mit dem in die Hand gestützten Kopf verkörpert eine Aktivität der *meditatio* über das Geschriebene.[32] Dabei gleitet der Blick des Heiligen über den aufgeschlagenen Text hinweg auf die Gegenseite mit dem Gekreuzigten.

Im Gegensatz zu den niedersächsischen Elfenbeintafeln zielen die Corveyer Miniaturen mehr auf die Rezeption als die Produktion des liturgischen Textes. Gregor blickt Anteil nehmend hinüber auf die Kreuzigungsszene, die in den beiden Begleitfiguren mit ihren expressiven Trauergesten selbst schon eine erste Ebene affektiv aufgeladener Rezeption enthält. Die Kreuzigung, die in anderen Sakramentaren der Zeit den Eingang des Kanons schmückt, ist hier als Geschehen der Fürbitte aufgerufen: das Kreuz als grünfarbener Lebensbaum, um den sich unten eine Schlange windet, Maria und Johannes in den Beischriften als Anwälte der Gläubigen genannt.[33] Die gesamte Szene ist die Darstellung dessen, was Gregor innerlich vor Augen hat, ohne dass es am Ort seiner Betrachtung äußerlich präsent wäre. Als Betrachter der Doppelseite ist in diesem Fall eher der Zelebrant intendiert, der in der Vision Gregors eine Verbildlichung dessen vorfand, was sein eigenes Handeln während der Feier der Messe gegenwärtig werden lassen sollte.[34]

6.2 Augenöffnende Buchgeschenke
Zur performativen Dimension der Diptychen

Die betrachteten Beispiele haben unterschiedliche Möglichkeiten zutage gefördert, das visionäre Bildformular der *Maiestas Domini* auf einem Paar getrennter Bildfelder in Szene zu setzen: Die eine, die im *Metzer Sakramentar* zu beobachten ist, zielt auf eine Opposition zwischen dem Geschauten als in sich zentriertem und vollkommenem Zeichen und den Schauenden, die als Appendix oder Supplement in asymmetrischer Position hinzugefügt sind. Die zweite Option akzentuiert die Grenze zwischen den beiden Bildträgern noch stärker als trennendes Element. Das Sehen Gottes tritt in zwei zeitlich getrennte Stufen auseinander, von denen die eine die fragmentarische Offenbarung des Alten und die andere die vollständige Offenbarung des Neuen Bundes repräsentiert. Am nächsten an die Differenz von äußerem und innerem Sehen führen uns die zuletzt betrachteten Autoren- und Priesterbilder. In ihnen wird der Blick eines menschlichen Akteurs zweimal dargestellt, von außen und von innen.

Bei aller Vielfalt können wir auch eine Gemeinsamkeit der betrachteten Beispiele erkennen: Ihr Interesse geht nicht vorrangig dahin, den visionären Blick als Teilmoment eines göttlichen Sehens herauszustellen. Die Abgrenzung unterschiedlicher Orte der Schau soll ihren Rahmen in der performativen Gebrauchssituation der Messfeier finden. Im Auseinander- und Aufeinanderklappen der beiden Bildträger soll verdeutlicht werden, wie die Gläubigen während der Messe Anschluss an das visionäre Bild der *Maiestas* gewinnen können. Immer geht es dabei darum, die reale Verkörperung des Logos im Text sichtbar werden zu lassen und so die reale Gegenwart Christi in der Messe zu evozieren.

In seiner zu Beginn des Kapitels zitierten Studie zu Diptychen als Medium christlicher Kunst hat Wolfgang Kemp stark auf das Moment der „Chresis", des Gebrauchs der Doppelbilder abgehoben.[35] An Diptychen visionärer Thematik tritt dieser Zusammenhang gerade dort in den Vordergrund, wo sich der innere Blick über die Stiftung liturgischer Bücher an einen heiligen Empfänger konstituiert.[36] Ein besonders elaboriertes Beispiel ließ Bernward von Hildesheim in das sog. *Kostbare Evangeliar* einfügen, das er auf einen Marienaltar in Sankt Michael stiftete *(Abb. 49)*.[37] Links bringt der Bischof den von ihm gestifteten Kodex auf einem Altar dar, ihm gegenüber thront, von Engeln gekrönt, Maria mit Christus, die beide ihre Rechte zur Entgegennahme von Bernwards Gabe ausstrecken. Die mit zahlreichen Beischriften versehene Darstellung zeichnet sich dadurch aus, dass die Buchübergabe nicht direkt erfolgt, sondern über einen Vektor der Schau vom Diesseits ins Jenseits vermittelt wird: „Die sichtbare Handlung besteht darin, dass Bernward das Buch auf den Altar der Kirche legt, der sichtbaren Kirche auf Erden. Er tut dies in dem Bewusstsein, dass dem sichtbaren Tun eine unsichtbare Wirklichkeit entspricht. Und so sieht er mit den Augen des Glaubens, wie Christus und Maria schon ihre Hand ausgestreckt haben, um das ihnen dargebrachte Buch aus seiner Hand entgegenzunehmen, wenn er es gleich auf dem Altar niederlegt."[38] Das Moment der visuellen Vermittlung der Buchübergabe wird durch die Gegenüberstellung der geschlossenen und der geöffneten Tür stark

 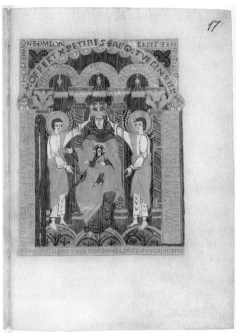

Abb. 49 Darbringung des Evangeliars an Maria, Kostbares Evangeliar, um 1015, Hildesheim, Dom- und Diözesanmuseum Hildesheim, Inv. Nr. DS 18, fol. 16v–17r

gemacht. Beischriften identifizieren sie als die erst von Eva geschlossene und später von Maria wieder geöffnete Paradiespforte.[39] Zugleich kommt über die geschlossene und die geöffnete Pforte das Handlungsmoment des Auf- und Zuklappens ins Spiel, das für das Funktionieren der Doppelseite als ganzer von zentraler Bedeutung ist: Das Aufschlagen der beiden Blätter konstituiert ja erst den Blick durch die geöffnete Pforte hinüber zum Altar. Beim Umblättern wiederum fällt der Ort, an dem Bernward das Evangelium mit dem gold- und juwelengeschmückten Einband deponiert, mit der Marienfigur selbst zusammen: Auf der Ebene des handelnden Bildwerkes hat Maria das Geschenk Bernwards tatsächlich angenommen.

Eine zeitgleiche Parallele findet die Doppelseite des *Kostbaren Evangeliars* im *Evangeliar von Egmond*, das Dietrich II. von Holland und seine Frau Hildegard an die von ihnen gegründete Klosterkirche Egmond stifteten *(Taf. XXXIV–XXXV).*[40] Links treten Dietrich und Hildegard innerhalb einer Bogenarchitektur, die für die Klosterkirche bzw. das Kloster als Ganzes steht, an einen aufwendigen Altaraufbau und legen dort den aufgeschlagenen Kodex nieder, den sie mit beiden Händen umfasst halten. Die am oberen Bildrand zu lesende Inschrift verknüpft diesen Akt mit der Schenkung des Evangeliums an den Patron des Klosters, den heiligen Adalbert.[41] Die Rectoseite antizipiert die Annahme der Stiftung: Adalbert nimmt die fuß- bzw. kniefällig vorgetragenen Bitten des Stifterpaares entgegen und leitet sie an ihren letzten

Empfänger, den in der Mandorla erscheinenden Christus, weiter.[42] Der Stiftungsakt wird so erneut mit dem Thema der Gottesschau verknüpft, wobei letztere nicht durch einen Blick von Seite zu Seite repräsentiert ist, sondern durch eine Verdoppelung der Stifterfiguren im Bereich der jenseitigen, der inneren Schau. Auch hier wird die Auseinanderfaltung in eine äußere und eine innere Sphäre beim Schließen der Doppelseite in einen direkten Kontakt überführt: Der von den Stiftern gehaltene Kodex wandert dann in den unteren Bereich der Mandorla, und damit an genau jenen Punkt, wo auf dem Recto eine auffällige figürliche Leerstelle freigehalten wurde.[43]

6.3 Seelgeräte
Die Renaissance des Diptychons im Spätmittelalter

Mehrere Jahrhunderte nach den eben betrachteten Beispielen ist im Spätmittelalter eine Renaissance der visionierenden Diptychonform zu beobachten.[44] In illuminierten Doppelseiten wie in zweiteiligen Tafelbildern lassen sich spätmittelalterliche Auftraggeber mit Blick ins Jenseits darstellen. Die Bücher, die mit in diese Kompositionen aufgenommen werden, gehören nunmehr einer anderen Gattung an: Es sind Gebetbücher, die im Rahmen privater Frömmigkeit Verwendung finden. Mit dieser Beobachtung ist bereits ein erster Anhaltspunkt dafür gewonnen, dass die zweiteiligen Bild-Montagen nunmehr eine deutlich veränderte Aufgabe übernehmen: Hatten wir es im Frühmittelalter durchweg mit Bildern auf und in liturgischen Handschriften zu tun, welche in den Händen der Priester die Präsenz Gottes während der Messe veranschaulichen sollten, werden die spätmittelalterlichen Diptychen für die private Praxis eines imaginierenden Gebets geschaffen, bei dem sich der Beter die Gegenstände seines Gebets bildhaft vor das innere Auge stellt.[45] Gerade das zuletzt Gesagte lässt aber auch vermuten, dass trotz der veränderten Rahmenbedingungen auch hier ein Bezug zwischen dem geteilten Trägermedium des Diptychons und einer Differenzierung von äußerem und innerem Blick besteht.

Direkt in ein Gebetbuch integriert finden wir ein visionierendes Doppelbild in den Brüsseler *Très Belles Heures (Abb. 50).*[46] Der Auftraggeber Herzog Jean de Berry wird hier im Gebet an die Madonna gezeigt, flankiert von seinen Schutzheiligen Andreas und Johannes dem Täufer. Auf dem Betpult vor ihm ist ein kleiner Kodex aufgeschlagen, in dem der Eingang der Matutin des Marienoffiziums zu lesen ist.[47] Das gemalte Gebet des Herzogs wird so direkt mit dem Gebrauch des realen Stundenbuches verknüpft, in das die Miniaturen eingefügt sind. Zwischen linker und rechter Seite wird dabei ein Dialog inszeniert, der die Annahme der Gebete vorwegnimmt: Das von Maria gestillte Christuskind schreibt mit einer Feder unsichtbare Worte auf ein Spruchband – Worte, die es gewissermaßen aus den Brüsten seiner Mutter herausgesaugt hat –, diese wiederum reicht das Band dem Betenden entgegen.[48] Dass der von Christus geschriebene Text unsichtbar bleibt, kann auch als eine Leerstelle für das Handeln des realen Beter-Betrachters vor dem Stundenbuch verstanden werden, zu dem das Kind mit einem Auge hinüberschielt. Das Bilderpaar zeigt, wie im Inneren des Beters

Abb. 50 Jean de Berry mit Heiligen, Thronende Maria mit Kind, Très Belles Heures de Jean de Berry, um 1390/95, Brüssel, Bibliothèque Royale, Ms. 11060-11061, p. 10-11

Bilder des Jenseits erstellt werden. Das aufgeschlagene Gebetbuch mit einer textierten Doppelseite wird im Gebet Jean de Berrys in eine bebilderte Doppelseite transformiert. Obwohl Außen und Innen, linke und rechte Seite (etwa durch unterschiedlich gestaltete Hintergründe) als zwei prinzipiell eigenständige Sphären voneinander abgegrenzt sind, birgt ihr Verhältnis doch eine gewisse Durchlässigkeit in sich. Die Präsenz der beiden Heiligen bei dem Herzog wie auch die Überschreitung der Bildgrenzen durch Maria führen auf beiden Seiten die Aktivierung des Imaginierten vor Augen, die Adressaten des Gebets wenden sich Jean de Berry tatsächlich zu.[49]

Simulationen des Inneren

Die Doppelseite aus dem Gebetbuch des Burgunderherzogs lässt bereits die Grundproblematik erahnen, der das spätmittelalterliche Gebetsdiptychon ausgesetzt ist:[50] Der Anspruch auf visuelle Nähe zum Göttlichen, den die Bilder erheben, bezieht sich nun ausschließlich auf eine innere Erfahrung, ohne sich in den äußeren Zeichen und Handlungsstrukturen des Ritus absichern zu können. Man kann in dieser Unsicherheit einen Antrieb dafür sehen, dass sich die Gattung des Adorationsbildes im 15. Jahr-

Abb. 51 Hans Pleydenwurff, Christus als Schmerzensmann, um 1456, Basel, Öffentliche Kunstsammlung, Inv. Nr. 1651

hundert zur Speerspitze einer neuen Simulationskunst entwickelt, die beide Seiten der Gebetshandlung in einer bislang unbekannten realistischen Optik zu erfassen vermag: das imaginierte Bild ebenso wie das Äußere des Beters.

Hans Pleydenwurffs *Löwenstein-Diptychon (Abb. 51–52)*[51] nutzt das zweiflügelige Trägermedium des Diptychons auch unter diesen gewandelten Voraussetzungen für die Ausarbeitung von Differenzen, die sich nunmehr vor allem am Darstellungsmodus, an der Malweise beobachten lassen: Die Darstellung des Auftraggebers, des Bamberger Domherrn Georg Graf von Löwenstein, ist ein Meilenstein in der Entwicklung einer realistischen Porträtkunst, die den greisenhaften Gesichtszügen mit dem zerzausten Haar ebenso große Aufmerksamkeit widmet wie dem kostbaren Gewand mit Pelzbesatz und dem grün eingeschlagenen Gebetbuch. Dagegen ist die blutende Schmerzensmannfigur in einer sehr viel idealisierteren Optik erfasst und von hochgradig

Abb. 52 Hans Pleydenwurff, Der Bamberger Domherr Georg Graf von Löwenstein, um 1456, Nürnberg, Germanisches Nationalmuseum, Inv. Nr. Gm 128

konventionellen Elementen umgeben: Goldgrund, Strahlenaureole und Wolkenkranz. Mit Peter Schmidt kann man das Verhältnis von linker und rechter Bildtafel daher als eines der Differenz von äußerer Wirklichkeit und innerem Vorstellungsbild des Auftraggebers beschreiben.[52]

Ein wesentlicher Effekt des Detailrealismus der rechten Tafel ist die Simulation einer intensiven inneren Vorstellungstätigkeit: Anstatt der standardisierten Gebetshaltung wurde ein Moment gewählt, in dem Löwenstein mit leicht geöffnetem Mund sein Gebet weiterspricht, aber das eben noch geöffnete Gebetbuch zugeklappt hat und mit großer Konzentration sein imaginäres Gegenüber fixiert. Dass in der Richtung seines Blickes der aus allen Wunden blutende Schmerzensmann sichtbar wird, soll auf die intensive Meditationstätigkeit des Domherrn zurückgeführt werden, die mehr ist als das bloße Wiederholen von Gebetstexten.[53] Umgekehrt ist die Schmerzensmann-Tafel

Abb. 53 Hans Memling, Maria mit Kind, 1487, Brügge, Memlingmuseum (Sint-Janshospitaal)

mit Merkmalen ausgestattet, die über ein „bloßes" Imaginationsbild hinausweisen: Wolkenkranz und Strahlenaureole sind gängige Bestandteile spätmittelalterlicher Visionsikonographie, umfangen somit eine himmlische Erscheinung, in der Christus durch sein Hinüberblicken und einen verhalten angedeuteten Segensgestus bereits die positive Aufnahme der Gebetsübung Löwensteins in Aussicht stellt.

In Hans Memlings *Diptychon für Martin van Nieuwenhove* werden beide Hälften des Imaginationsaktes in einen gemeinsamen Raum integriert und in der gleichen, hochgradig illusionistischen Malweise zur Darstellung gebracht *(Abb. 53–54).*[54] Die beiden Orte, an denen Maria und der Auftraggeber verweilen, erweisen sich bei näherer Betrachtung als Ausschnitte ein und desselben Interieurs. Ein Spiegel links hinter der Gottesmutter zeigt beide Seiten des Diptychons in ihrer räumlichen Zusammengehörigkeit und definiert die Bildfelder als Hälften eines Bildfensters,

Abb. 54   Hans Memling, Martin van Niewenhove, 1487, Brügge, Memlingmuseum (Sint-Janshospitaal)

das sich zum Betrachterraum öffnet.⁵⁵ Diese künstlerisch virtuose Neudeutung des Diptychon-Schemas wirft die Frage auf, ob die geteilte Objektform des Diptychons hier bereits ihre Daseinsberechtigung verloren hat, und unter den Vorzeichen eines gewandelten Bildkonzeptes, das sich nunmehr am Paradigma des Fensters ausrichtet und auf elaborierten Techniken der Raumsimulation basiert, obsolet geworden ist.

Der Erfolg der Gebetsdiptychen bis ins 16. Jahrhundert hinein, wie auch die Tatsache, dass solche Doppelbilder immer wieder bei Malern in Auftrag gegeben wurden, die für ihre ausgefeilten Darstellungstechniken bekannt waren, dürfte ein wichtiges Indiz dafür sein, dass der angesprochene Medienwandel keineswegs linear verlief. Sicher, Jan van Eyck *(Abb. 116)* hatte schon Mitte der 1430er Jahre den Beweis dafür erbracht, dass man den Betenden und sein Imaginationsbild in einem gemeinsamen Bildfeld so darstellen konnte, dass sich der Eindruck einer tatsächlichen Begegnung

von Mensch und göttlicher Person ergab. Wenn das Dispositiv des Diptychons dennoch weiterhin gebraucht wurde, dann deshalb, weil es aufgrund seiner Zweiteilung wie auch seiner Beweglichkeit den prozessualen Charakter des imaginierenden Betens besser definierte: Gerade Memlings Ausarbeitung einer räumlichen Einheit der beiden Seiten kann nämlich darauf aufmerksam machen, dass das Diptychon als Ganzes ein Strukturmodell imaginierenden Betens vor Augen stellte, dessen Ziel die Verbindung zweier ursprünglich getrennter Entitäten war. Die Diptychonform vergegenwärtigte also die ursprüngliche Trennung des in seinem Wohnhaus sitzenden Auftraggebers Nieuwenhove und der von ihm innerlich imaginierten Maria. Wurden die Bildtafeln schließlich zusammengeklappt, nahm die Zusammenkunft beider nochmals eine ganz andere Qualität von Nähe und Berührung an, die über das Nebeneinander im gemalten Raum deutlich hinausging.

Nicht zuletzt dürfte auch die strukturelle Affinität zwischen (Gebet)Buch und Diptychon zum anhaltenden Erfolg beigetragen haben: In den Inventaren des Spätmittelalters ist die Standardbezeichnung für gemalte Diptychen „ung tableau [...] en forme d'unes heures".[56] Im Sprachgebrauch der Zeit war klar, dass die Objektform des Buches auf die Form des Gebetbuches Bezug nahm, das am Ausgangspunkt des imaginierenden Gebets stand. Auf diese strukturelle Nähe machen Pleydenwurff und Memling durch die sehr individuelle Behandlung der Gebetbücher auf den Adorantentafeln aufmerksam: Bei Nieuwenhove ist das Buch auf eine rote Buchhülle

Abb. 55 Niederländischer Künstler, Lukas zeichnet die Madonna, um 1450, Dijon, Musée des Beaux Arts, Inv. Nr. 3995

Abb. 56 Rogier van der Weyden, Lukas zeichnet die Madonna, um 1435, Boston, Museum of Fine Arts

gelegt, deren Farbe mit dem Mantel Mariens korrespondiert, so dass sie geradezu wie dessen Verlängerung in den Raum des Beters erscheinen kann. Der Bamberger Domherr hat seinen Daumen so in das zusammengeklappte Buch geschoben, dass dieses eine spaltartige Öffnung erhält, die mit der heilsspendenden Seitenwunde des Schmerzensmannes korrespondiert.

Das Gebet als Malerei

Auch im Spätmittelalter, so können wir festhalten, ist das „visionierende" Diptychon eine Bildform der „Chresis", des praktischen Gebrauchs und der transformierenden Aufführung. An den zuletzt betrachteten Beispielen haben wir verfolgen können, wie die überzeugende malerische Simulation des Imaginationsaktes als einer scheinbaren Begegnung von Außen und Innen dabei den Wegfall der äußeren Rahmenbedingungen liturgischen Handelns kompensiert, die im Frühmittelalter noch den direkten Anblick des Göttlichen gewährleisten konnten. Dass die Malerei damit in eine alles andere als zufällige Nähe zur Gebetspraxis geriet, belegt anschaulich ein Diptychonbild, das von einem unbekannten niederländischen Künstler um die Mitte des 15. Jahrhunderts geschaffen wurde *(Abb. 55)*.[57] Unübersehbar zitiert dieses Werk die Hauptfiguren der damals schon berühmten *Lukastafel* Rogier van der Weydens *(Abb. 56)*.[58] Zu sehen ist hier, wie die auf den Stufen ihres Throns sitzende Maria beim Stillen ihres Kindes innehält, während der Evangelist Lukas mit einem Silberstift eine Zeichnung der beiden anfertigt, die ihm als Vorlage für ein späteres Gemälde dienen wird. Bereits diese Darstellung künstlerischer Bildproduktion ist ja, wie Christiane Kruse zeigt, eine „Replik" auf ein Gebetsbild, auf Jan van Eycks *Rolin-Madonna (Abb. 116)*. Bereits am Ausgangspunkt von Rogiers Bilderfindung stand also die Nähe von Gebet und Malerei, die in der *Lukastafel* selbst noch einmal durch den Akt des Niederkniens kenntlich gemacht wird, den Lukas vollzieht. Die Doppeltafel in Dijon dagegen macht die Parallele zwischen der künstlerischen Produktion des Lukas und einem imaginierenden Gebet durch die Struktur ihres Trägermediums kenntlich. Die Trennung der Bildtafeln arbeitet dem Missverständnis entgegen, es könne sich um eine alltägliche Porträtsitzung handeln, bei der Maria körperlich vor dem zeichnenden Lukas anwesend sein müsste. Was bei Rogiers Gemälde über die unterschiedliche Ausrichtung der Augen des Malers geleistet wird, deren eines Maria anblickt, während das andere an ihr vorbei sieht, wird nun der Logik des medialen Dispositivs aufgetragen.[59] Die Trennung in zwei voneinander unabhängige Tafeln sorgt dafür, Maria trotz der verbindenden Kulisse des ummauerten Gartens mit Landschaftsprospekt von dem zeichnenden Evangelisten abzurücken. Dabei entsteht die paradoxe Situation, dass Lukas im Moment des Zeichnens bereits ein Bild vor sich hat, das der Betrachter auch als Endprodukt des gesamten Werkprozesses ansehen kann.[60]

Die Übertragung der Lukasmadonna in das Dispositiv des Gebetsdiptychons ist eine wichtige Interpretationshilfe für die mediengeschichtliche Einordnung dieser Gattung. Im Gegensatz zu Rogiers *Lukastafel*, die für die Brüsseler Malergilde hergestellt wurde, müssen wir für das Diptychon in Dijon einen Gebrauch als Gebetstafel annehmen. Die Analogie von Malen und Beten erhält dadurch eine andere Stoßrichtung: Nicht um kunsttheoretische Aussagen zum Malen als Gebet geht es hier, sondern um die Kraft des Gebets zum Malen innerer Bilder. So wird beispielsweise die Inschrift unter dem linken Flügel des *Nieuwenhove-Diptychons* im Zusammenhang mit dem zugehörigen Marienbild zu einer doppeldeutigen Aussage: HOC OPVS FIERI FECIT MARTINUS DE NEWENHOVEN – das kann sich auf den Auftrag an den Maler Memling, aber auch auf den Malakt der eigenen Imagination beziehen, die so wirkmächtig ist, dass die rote Buchhülle unter dem Stundenbuch sich auf der linken Tafel zum Mantel der Gottesmutter auswächst, der den Rahmen der Malfläche in den Betrachterraum hinein überschreitet.

Gerade an solchen Verletzungen der Bildgrenze zeigt sich aber auch, dass die Gebetsdiptychen immer mehr sind als die bloße Illustration einer im Inneren des Beters zu verortenden Imaginationsübung. Die Unterscheidung zwischen imaginären Bildern menschlicher Herkunft und visionären Bildern göttlichen Ursprungs kann bei Darstellungen dieses Typus letztlich nicht aufrechterhalten werden: Allein schon die Tatsache, dass der Beter und sein „Bild" äußerlich sichtbar vor das Auge eines Betrachters treten, verleiht der gemalten Begegnung den Charakter eines objektivierbaren Geschehens mit dem Offenbarungsanspruch einer Vision.[61] Wenn das Christuskind das Gebet des Auftraggebers schriftlich beantwortet, wenn der Schmerzensmann sein Gesicht zum

Domherrn Löwenstein hinüberwendet, dann ist damit bereits eine positive Reaktion der göttlichen Seite antizipiert, die zwar das letzte Ziel des imaginierenden Gebets, aber kein Bestandteil desselben war. So funktionierten die Diptychen, wie Felix Thürlemann formuliert, als „Gebetsmaschinen", welche den Auftraggebern das Ziel ihres Betens bereits vor Augen stellten und sie so in die Rolle von „Quasi-Visionären" schlüpfen ließen.[62]

Eine grundsätzliche Gemeinsamkeit verbindet also die Gebetsdiptychen des Spätmittelalters mit den liturgischen Doppelbildern der karolingischen und ottonischen Zeit: Immer geht es um eine Blickbeziehung zwischen zwei heterogenen Bildelementen, deren Verschiedenartigkeit nicht aufgehoben werden soll. Der Doppelort der Diptychen bot eine ideale Struktur für neu kreierte Zusammenhänge der Schau, die zwei distinkte Instanzen miteinander interagieren ließen. Damit wird besser verständlich, warum das Diptychon eher selten für die Verbildlichung bereits etablierter und offiziell anerkannter Visionen herangezogen wurde: Eine Platzierung des Visionärs auf einem eigenen Bildträger war in diesem Fall gar nicht erwünscht, weil man eher darauf bedacht war, die Integration seines Blicks in einen göttlichen Offenbarungszusammenhang kenntlich zu machen.

Im Schatten dieses Leitmodells, das ich in den vorangegangenen Kapiteln analysiert habe, bot die Unabhängigkeit zweier Bildorte den Raum für Experimente, welche eine innere Seherfahrung mit einer davon unabhängigen Position des äußeren Blicks verknüpften. Dieser künstlich „montierte" Sehzusammenhang war jeweils für eine Gebrauchssituation bestimmt, welche die bildliche Repräsentation in die Realität eines tatsächlichen Geschehens überführen sollte: in den frühmittelalterlichen Beispielen durch Erstellung realer Präsenz im liturgischen Gebrauch der Kodizes, in denen des Spätmittelalters durch überzeugende Ausgestaltung eines „Als-ob", welches das innere Imaginationsbild wie einen tatsächlich von außen zu beobachtenden Vorgang schilderte.

Anmerkungen

1 KEMP 1994, S. 185.
2 Zum Diptychon als Objektform vgl. Wolfgang Fritz Volbach, Diptychon (Elfenbein), in: RDK 1937ff, Bd. 4 (1958), Sp. 50–60; Karl-August Wirth, Diptychon (Malerei), in: ebd., Sp. 61–74; KERMER 1967; BÄUMLER 1983. Für das Material der doppelseitigen Darstellungen in der Buchmalerei liegen bislang keine vergleichbaren Studien vor. Die einzigen Beiträge, die sich dem Thema gezielt widmen, sind SCHNEIDER 2000a und SCHNEIDER 2002.
3 Unter den Bildformularen der früh- und hochmittelalterlichen Visionsikonographie kenne ich nur ein einziges, das Visionär und Visionsbild standardmäßig auf zwei gegenüberliegenden Bildfeldern verteilt: die Vision des Himmlischen Jerusalem am Ende der Beatus-Zyklen (vgl. Kapitel 2.3). Der Grund für die Teilung der Komposition dürfte im geschlossenen Charakter des Stadtgrundrisses liegen, der gegenüber dem Visionär als eigenständiges Zeichen begriffen wird. Das gleiche Prinzip findet sich im 15. Jh. in Illustrationen der Erbauungsschrift *Die vierundzwanzig Ältesten oder der goldene Thron der minnenden Seele* (Otto von Passau) wieder: Johannes erblickt von Patmos aus die Vision der 24 Ältesten (z.B. die um 1430 in Nürnberg entstandene Abschrift Nürnberg, Stadtbibliothek, Cent. IV.44, Bildseiten Germanisches Nationalmuseum, Inv. Nr. Mn 360–361). Vgl. SCHMIDT 1938, S. 266–280; GROTE 1971; Otto Lohr, Johannes schaut Christus im Kreise der vierundzwanzig Ältesten, in: AUSST. KAT. NÜRNBERG 1986, S. 147–148 (Nr. 25).

4　Zur ikonographischen Tradition vgl. MEER 1938; Ders., Maiestas Domini, in: LCI 1968–76, Bd. 3 (1971), Sp. 136–142; KASPERSEN 1981; KÜHNEL 2003, S. 25–64 und 222–246; KESSLER 2005.

5　Zur Unterscheidung zwischen offiziell als Visionserfahrung anerkannten Bildthemen und Bildgegenständen, die erst durch die Art und Weise ihrer Darstellung „visioniert" werden, vgl. ROSEN 2004, S. 65.

6　Paris, Bibliothèque Nationale, Ms. lat. 1141. Pergament, 27,0 x 21,0 cm, 10 Blatt. Sakramentar (Fragment). Vgl. FAKS. METZER SAKRAMENTAR 1972. Zur Doppelseite auf fol. 5v–6r vgl. MEER 1938, S. 338; Florentine Mütherich, in: FAKS. METZER SAKRAMENTAR 1972, S. 28–30; STAUBACH 1993, S. 228.

7　Zur Diskussion der *visio beatifica* am karolingischen Hof vgl. TROTTMANN 1995, S. 74–83.

8　Konstantinopel, 2. Hälfte 9. Jh.. Rom, Biblioteca Apostolica Vaticana, Cod. Gr. 699. Speziell zur Parusie-Miniatur vgl. KESSLER 1995 (2000). Ein anderes Beispiel sind zwei Miniaturen des frühen 10. Jhs. im *Galba-Psalter*: London, British Museum, Ms. Cotton Galba A. XVIII, fol 2v und 21r. Vgl. DESHMAN 1974, S. 176–183.

9　Vgl. DESHMAN 1974, S. 176; Thomas Klauser, Aurum coronarium, in: RAC 1950ff, Bd. 1 (1950), Sp. 1010–1020.

10　Reichenau, um 1000. München, Bayerische Staatsbibliothek, Clm 4453. Pergament, 33,4 x 24,2 cm, 278 Blatt. Inhalt: Evangeliar. Zur Handschrift allgemein vgl. FAKS. EVANGELIAR OTTOS III. 1978; MÜTHERICH/DACHS 2001; zum Herrscherbild vgl. KUDER 1998, S. 193–196; MAYR-HARTING 1999, Bd. 1, S. 158–162; SCHNEIDER 2000b.

11　Vgl. SCHNEIDER 2000a; SCHNEIDER 2002.

12　Reichenau, um 1010. München, Bayerische Staatsbibliothek, Clm 4452, fol. 17v–18r. Pergament, 42,5 cm x 32 cm, 206 Blatt. Inhalt: Evangelistar. Vgl. FAKS. PERIKOPENBUCH HEINRICHS II. 1994; AUSST. KAT. MÜNCHEN 1994.

13　SCHNEIDER 2000a, S. 562. Zur Rollenidentifikation zwischen Betrachtern und Königen allgemein BÜTTNER 1983, S. 30: „Die Magier wirkten als Vorbild; ihrer Huldigung bildeten die Gläubigen den eigenen Andachtsausdruck nach, sie versetzten sich […] in ihre Rolle bei der Anbetung des Kindes und bei der Darbringung von Geschenken."

14　Vgl. Amalar von Metz, *Expositio missae „Dominus vobiscum"*, in: AMALAR 1948–50, Bd. 1, S. 302 (20, 19 21): „Ideo enim tribus vicibus dicitur Sanctus, ut significetur Pater sanctus, Filius sanctus, Spiritus Patris et Filii sanctus."

15　Trier (?), frühes 10. Jh. Darmstadt, Hessisches Landesmuseum, Inv. Nr. KG 54:208a. Elfenbein, je 20 x 8 cm. Vgl. SCHNEIDER 1888a; GOLDSCHMIDT 1914–18, Bd. 1, S. 79–80 (Nr. 162); MEER 1938, S. 341–342; GREEN 1946; KESSLER 1998 (2000), S. 125–127.

16　So bereits GOLDSCHMIDT 1914–18, Bd. 1, S. 80.

17　Vgl. GREEN 1946, S. 112–113 unter Bezug auf den *Liber de ordine antiphonarii* des Amalar von Metz, in: AMALAR 1948–50, Bd. 3, S. 38 (VIII.2-3): „In primo responsorio introducit cantor dicta seu facta Iohannis praecursoris. Ex persona Iohannis potest dici: *Adspiciens a longe*, scilicet tantum a longe, quantum distat coelum a terra."

18　Vgl. KESSLER 1998 (2000), S. 126–127: „John can not see and point out Christ because Christ is not longer in the flesh on earth; as the eternal Deity in heaven, he is visible only in the mind." Der Kommentar des Amalar, den Kessler heranzieht, liefert m.E. keine Bestätigung dieser Deutung.

19　Vgl. Kapitel 2.2.

20　So bereits SCHNEIDER 1888a, S. 438; GREEN 1946, S. 113.

21　So KESSLER 1998 (2000), S. 126. Zur Gotteshand vgl. Hand Gottes, in: LCI 1968–76, Bd. 2 (1970), Sp. 211–214; SCHMITT 1990 (1992), S. 89–109; WENZEL 2003, S. 30–31.

22　Trier, um 990/95, Berlin, Staatliche Museen Preußischer Kulturbesitz, Skulpturensammlung, Inv. Nr. 8505/8506. Elfenbein, je 24 x 10 cm. Vgl. SCHNEIDER 1888b; GOLDSCHMIDT 1914–18, Bd. 2, S. 22–23 (Nr. 24); Rainer Kahsnitz, Diptychon mit Christus-Thomas und Moses, in: AUSST. KAT. HILDESHEIM 1993, S. 192–193 (Nr. IV-35). Die wichtigsten Interpretationen der jüngeren Zeit: KEMP 1994, S. 217–221; DIEBOLD 2000, S. 76–80; MOHNHAUPT 2000, S. 56–64.

23　Auf der Doppelseite eines byzantinischen Evangeliars des 12. Jhs. (Florenz, Biblioteca Laurenziana, Cod. Plut. VI 32, fol. 7v–8r) werden mit ähnlicher Stoßrichtung die Gesetzesübergabe auf dem Sinai und das Maiestas-Motiv verbunden, vgl. KESSLER 2000, S. 40.

24　Vgl. Kemp 1994, S. 219.

25　„Manifestati quoniam epistula estis Christi […] scripta non atramento sed Spiritu Dei vivi non in tabulis lapideis sed in tabulis cordis carnalibus." Vgl. SCHNEIDER 1888b, Sp. 24.

26　Zu den medientheoretischen Implikationen dieser paradoxen Konstellation vgl. MARTYN 2002, S. 54–55.

27　Zu ähnlichen Schlussfolgerungen gelangt auch MOHNHAUPT 2004, S. 191, für ein Paar ottonischer Elfenbeintafeln mit Kreuzigung (München, Bayerische Staatsbibliothek, Clm 4456) und Himmelfahrt (Wien, Kunsthistorisches Museum), die er als Vorder- und Rückseite eines Einbandes rekonstruiert.

28 Niedersachsen, 2. Viertel 11. Jh., Einband eines Sakramentars aus dem späten 10. Jh. Berlin, Staatsbibliothek, Ms. theol. lat. quart. 2. Elfenbein, je 15,5 x 10,7 cm. Vgl. GOLDSCHMIDT 1914–18, Bd. 2, S. 44 (Nr. 144); Rainer Kahsnitz, Sakramentar aus der Diözese Utrecht, Elfenbeinplatten vom Einband, in: AUSST. KAT. HILDESHEIM 1993, Bd. 2, S. 262–265 (Nr. V–9).
29 Kahsnitz in AUSST. KAT. HILDESHEIM 1993, Bd. 2, S. 264. Bereits GOLDSCHMIDT 1914–18, Bd. 2, S. 44 betont die „Beinstellung" als formale Entsprechung der beiden Sitzfiguren.
30 Der Ledereinband, auf den die Reliefs heute montiert sind, stammt aus dem 19. Jh., vgl. Kahsnitz in Ausst. Kat. Hildesheim 1993, Bd. 2, S. 262. Die Überlieferungslage von Prachteinbänden ist bekanntlich schwierig, weshalb sich kaum gesicherte Anordnungsprinzipien für bestimmte Themen angeben lassen. Die *Maiestas* ist zwar häufig auf der Vorderseite der Einbände platziert, doch erscheint das Thema in einigen Fällen auch auf der Einbandrückseite, vgl. STEENBOCK 1965, S. 129–131 (Nr. 49), S. 163–164 (Nr. 71).
31 Corvey, Ende 10. Jh. und Reichenau, um 970. Leipzig, Universitätsbibliothek, Rep. I 57. Pergament, 29,8 x 22,9 cm, 5 Blatt. Sakramentar (Fragment) und Evangelistar. Das Fragment gelangte kurz nach seiner Entstehung auf die Reichenau (nachträglich hinzugefügte Fürbitten auf fol. 1r) und wurde einem Evangelistar aus dem dortigen Skriptorium vorgebunden. Vgl. Ulrich Kuder, Sakramentarfragment in Reichenauer Evangelistar, in: AUSST. KAT. HILDESHEIM 1993, Bd. 2, S. 407–410 (Nr. VI–68).
32 Vgl. WENZEL 1991.
33 FVLGIDA STELLA MARIS PRO CUNCTIS POSCE MISELLIS – ET TU IUNGE PRECES CU[M] UIRGINE UIRGO IOHANES – „Leuchtender Meerstern, bitte für alle Elenden – Und du, jungfräulicher Johannes, verbinde deine Bitten mit denen der Jungfrau". Weitere Inschriften: ANNUAT HOC AGNUS MUNDI PRO PESTE PEREMPTUS – „Diese Darstellung bedeutet das Lamm, das für das Verderben der Welt vernichtet wurde" (im Rahmen). IN CRUCE CHR[IST]E TUA CONFIGE NOCENTIA CUNCTA – „An dein Kreuz, Christus, hefte alle Schuld" (in der Füllung des Bildfeldes). Transkriptionen und Übersetzung nach AUSST. KAT. HILDESHEIM 1993, Bd. 2, S. 407.
34 Ähnliche Überlegungen bei MOHNHAUPT 2004, S. 191–192.
35 KEMP 1994, S. 186.
36 Zu Beispielen vgl. PROCHNO 1929; BEUCKERS 2002b.
37 Hildesheim, um 1015. Hildesheim, Dom- und Diözesanmuseum Hildesheim, Inv. Nr. DS 18. Pergament, 28,0 x 20,0 cm, 234 Blatt. Evangeliar. Vgl. PROCHNO 1929, S. 78; KAHSNITZ 1993, S. 27–30; Ulrich Kuder, Sog. Kostbares Evangeliar, in: AUSST. KAT. HILDESHEIM 1993, S. 574–578; BRUNS 1997.
38 BRUNS 1997, S. 32.
39 PORTA PAPADISI PRIMEVA(M) CLAVSA PER AEVAM / NVNC EST PER S(AN)C(T)AM CVNCTIS PATEFACTA MARIA(M) – „Die Tür des Paradieses, durch die erste Eva verschlossen, ist jetzt durch die heilige Maria allen geöffnet." Transkriptionen und Übersetzung nach AUSST. KAT. HILDESHEIM 1993, Bd. 2, S. 574.
40 Reims, drittes Viertel 9. Jh., Nordwestfrankreich, um 900, und Gent, um 975. Den Haag, Koninklijke Bibliotheek, Hs. 76 F 1. Pergament, 23,1 x 20,7 cm, 231 Blatt. Evangeliar. Vgl. PROCHNO 1929, S. 63–64; BRENNINKMEYER-DE ROOY 1971, S. 161–168; KORTEWEG 1985; ANTON VON EUW, Evangeliar von Egmond, in: AUSST. KAT. KÖLN 1991, S. 165–168 (Nr. 49); Anne S. Korteweg, Das Evangeliar von Egmond, in: AUSST. KAT. HILDESHEIM 1993, S. 262 (Nr. V–8); BEUCKERS 2002a, S. 78–79. Zur Strukturparallele mit dem *Kostbaren Evangeliar* vgl. KORTEWEG 1985, S. 148.
41 HOC TEXTUM DEDIT ALMO PATRI TEODRICUS HABENDUM NECNE SIBI CONIUNCTA SIMUL HILDEGARDIS AMORE ALTBERTO QUORUM MEMOR UT SIT IURE PERENNIS („Dieses Buch schenkte Dietrich und auch die ihm angetraute Hildegardis aus Liebe dem erhabenen Vater Adalbert, damit er ihrer rechtens eingedenk sei auf alle Zeiten"). Transkription und Übersetzung zit. nach AUSST. KAT. KÖLN 1991, S. 168.
42 SUMME D[EU]S ROGITO MISERANS CONSERVA BENIGNE. HOS TIBI QUO IUGITER FAMULARI DIGNE LABORENT („Höchster Gott, ich bitte dich inständig, behüte diese beiden, die bemüht sein sollen, dir stets würdig zu dienen"). Transkription und Übersetzung zit. nach AUSST. KAT. KÖLN 1991, S. 168.
43 Das Zusammentreffen von Buch und Mandorlaspitze bereits von SCHNEIDER 2002, S. 11, bemerkt, der hier einen Verweis auf die Logos-Natur Christi erkennt.
44 Zu den Vorläufern der im Folgenden behandelten Werke sind die um 1300 zu datierenden *Rothschild-Canticles* zu zählen, die umfassend von doppelseitigen Blickstrukturen Gebrauch machen, vgl. HAMBURGER 1990.
45 Die private Praxis des imaginierenden Gebets als Einschnitt für die mittelalterliche Visionskultur herausgearbeitet bei NEWMAN 2005, S. 25–33. Zum Zusammenhang von visueller Imagination und Privatfrömmigkeit im Spätmittelalter vgl. DESPRES 1993; LENTES 1993; SCHUPISSER 1993; HAMBURGER 2000a; LENTES 2002.
46 Très Belles Heures de Jean de Berry, um 1390/95. Brüssel, Bibliothèque Royale, Ms. 11060–11061. Pergament, 27,5 x 18,5 cm, 276 Blatt. Stundenbuch. Die Doppelseite auf p. 10–11 wurde kurz nach Fertigstellung der übrigen Handschrift eingefügt und dazu an den Rändern beschnitten. Vgl. allgemein zur Handschrift MEISS 1967,

S. 198–218 und 321–323. Zu p. 10–11 vgl. PANOFSKY 1953, S. 46–48; MEISS 1967, S. 202–208; BELTING/KRUSE 1994, S. 133–135 (Nr. 2–3).

47 „D[omi]ne labia mea aperies et os meum annunciabit laudem tuam. Deus in adiutorium meum intende" Wie MEISS 1967, S. 392, Anm. 33 bemerkt, entspricht dies genau dem Texteingang auf p. 19.

48 Das Motiv des schreibenden Christuskindes war in der Gebetsikonographie des späten 14. Jhs. gut eingeführt, vgl. MEISS 1967, S. 206–207 mit Beispielen. Manchmal ist ein „fiat" als Antwort Christi auf das Gebet eingetragen. Zur Vorstellung von Maria als *sedes sapientiae* vgl. PANOFSKY 1953, S. 46–47; zur segensreichen Wirkung der Marienmilch in der spätmittelalterlichen Frömmigkeit vgl. MARTI/MONDINI 1994; besonders einschlägig für die Vorstellung der Brüste Mariens als Weisheitsspendern die Ikonographie der *Lactatio Bernardi*, vgl. STOICHITA 1995 (1997), S. 134–151.

49 Zum Blick auf den Betrachter und zur Rahmenüberschreitung vgl. BELTING/KRUSE 1994, S. 134.

50 Zum Gebetsdiptychon als eigenständiger Bildgattung vgl. BÄUMLER 1983; FRIEDMAN 1977.

51 Hans Pleydenwurff, um 1456. Basel, Öffentliche Kunstsammlung, Inv. Nr. 1651 (linker Flügel); Nürnberg, Germanisches Nationalmuseum, Inv. Nr. Gm 128 (rechter Flügel). Lindenholz, Maße je Flügel 34 x 25 cm. Vgl. STANGE 1978, S. 57 (Nr. 104); BÄUMLER 1983, S. 95–102 und 204–206 (Nr. 23); SUCKALE 1984, S. 425–427; Kurt Löcher, Bildnis des Bamberger Domherrn und Subdiakons Georg Graf von Löwenstein, in AUSST. KAT. NÜRNBERG 1986, S. 170–172 (Nr. 41).

52 Vgl. SCHMIDT 2003

53 Unterschiedlich wird die Richtung von Löwensteins Blick diskutiert. Löcher in AUSST. KAT. NÜRNBERG 1986, S. 170, sieht den Blickvektor des Domherrn an Christus vorbei zielend, womit ein Signal für die Repräsentation einer inneren Schau gesetzt sei. Dieses Deutungsmuster hat sich seitdem vor allem in der Diskussion niederländischer Devotions- und Stifterbildnisse fest etabliert, vgl. BELTING/KRUSE 1994, S. 51–60; KRUSE 2003, S. 239–244. SCHMIDT 2003, S. 224 wendet ein, „nur beim heutigen Betrachter mit seinen an photographischen Porträts geschulten Wahrnehmungsgewohnheiten könnte der Eindruck eines leichten Aneinander-vorbei-Blickens entstehen", und plädiert stattdessen für einen direkten Augenkontakt.

54 Brügge, Memlingmuseum (Sint-Janshospitaal), Inv. Nr. O.SJ178.1. Eichenholz, Abmessungen 52 x 41,5 cm je Tafel (mit dem originalen Rahmen). Vgl. BELTING/KRUSE 1994, S. 257–258 (Nr. 230–231); DE VOS 1994, S. 278–283 (Nr. 78).

55 Vgl. BELTING/KRUSE 1994, S. 78.

56 BÄUMLER 1983, S. 32.

57 Um 1450. Dijon, Musée des Beaux-Arts, Inv. Nr. CA 3995. Holz, Abmessungen 28,2 x 18,2 cm je Flügel. Vgl. KERMER 1967, Bd. 1, S. 172–173 und Bd. 2, S. 152 (Nr. 153); RIVIÈRE 1987, S. 54–60. Zur Thementradition der Lukasmadonna vgl. KRAUT 1986; RIVIÈRE 1987.

58 Um 1435. Boston, Museum of Fine Arts. Holz, 137,7 x 110,8 cm. Vgl. PURTLE 1997; KRUSE 1999; KRUSE 2003, S. 239–244; Thürlemann 2006, S. 31–36.

59 Vgl. KRUSE 1999, S. 180–181.

60 Ein weiteres Beispiel für die Unterbringung der Lukasmadonna auf einem Bilderpaar ist die äußere Wandlung des Lukas-Retabels, das Hinrik Bornemann um 1499 für das Hamburger Maleramt schuf (heute Hamburg, St. Jacobi). Die ganzfigurige Komposition zeigt auf dem linken Flügel die Mondsichelmadonna als visionäre Erscheinung. Lukas ist als gemalte Skulptur in einer halbrunden Nische gegeben. Im Gegensatz zu den Bildern der Rogier-Tradition arbeitet er an einem fertigen Staffeleibild, dessen Figuren aber über den Rahmen der Bildtafel treten, vgl. BRUNZEMA 1997, S. 77–120; HANSEN 1999; KRUSE 2003, S. 424–427.

61 Ähnlich argumentiert schon der Begründer der *Devotio moderna*, Gert Groote, in seinem *Sermo de quattuor generibus meditabilium* im Hinblick auf eine imaginierende Meditationspraxis der Heiligen Schrift, die immer Gefahr laufe, das imaginierte Bild mit einer realen Offenbarung zu verwechseln, vgl. KRUSE 1999, S. 172.

62 Vgl. Thürlemann 2006, S. 49.

7 Insel und Seitenrand
Die englischen Apokalypse-Zyklen des 13. Jahrhunderts

Die zuletzt diskutierten Beispiele haben uns bereits an das Ende des in diesem Buch behandelten Zeitraums und an den Rand des hier untersuchten Themas, in einen Übergangsbereich von Imagination und inoffizieller „Privat"-Vision geführt. In den folgenden Kapiteln möchte ich in einer Reihe von Rück- und Seitenblicken aufzeigen, wie seit dem 13. Jahrhundert auch für die Darstellung offiziell anerkannter Visionen neuartige Wege hin zum Inneren des Visionärs eingeschlagen werden. Der Übergang von älteren zu neuen Dispositiven lässt sich an keiner Werkgruppe in größerer Dichte verfolgen als an den ab ca. 1240 datierenden englischen Apokalypse-Handschriften:[1] Mit 22 erhaltenen Exemplaren allein aus der Zeit bis 1300 stehen sie für eine im gesamten Mittelalter nie wieder erreichte Nachfrage nach visionären Bildzyklen, für die sowohl Geistliche wie Vertreter der Aristokratie verantwortlich zeichneten.[2]

Im Folgenden geht es mir nicht um eine Entwicklungsgeschichte der unterschiedlichen „Familien" oder „Gruppen" der englischen Apokalypsen, sondern um einen systematischen Blick auf zwei spezifische Dispositive, die jeweils auf ihre Weise dazu beitragen, dem Inneren der visionären Schau einen neuen Ort zuzuweisen: erstens die Platzierung des Visionärs auf einer Insel, die zur Schnittstelle für eine Rahmung der Visionen durch Ereignisse der Johannes-Vita wird; und zweitens die Positionierung von Johannes außerhalb der Visionsdarstellungen und sein Blick durch eine Öffnung im Rahmen. Im Vergleich mit den Apokalypse-Zyklen des Frühmittelalters wird schnell deutlich, wie der Seelen-Raum des Johannes sich nunmehr gegenüber den göttlichen Schrift-Bildern verselbständigt und so die alten Rahmenbedingungen der *visio prophetica* gründlich außer Kraft gesetzt werden.[3]

7.1 Der Visionär auf der Insel
Die Handschriften der Morgan-Gruppe

Am Beginn des Visionsgeschehens steht in allen englischen Handschriften, wie stark sich diese auch sonst unterscheiden mögen, eine Darstellung des Johannes auf der Insel Patmos, dem Verbannungsort des Visionärs *(Taf. XXXVII)*.[4] Ein Rückblick auf die Apokalypse-Zyklen vor dem 13. Jahrhundert zeigt, dass diese Verortung des Sehers einen signifikanten Bruch mit einer älteren Tradition bedeutet: Patmos ist kein

Abb. 57 Johannes auf Patmos, Leuchtervision, die sieben Gemeinden Kleinasiens, Liber Floridus, 3. Viertel 12. Jahrhundert, Wolfenbüttel, Herzog August Bibliothek, Ms. Guelf, 1 Gud. lat. 2°, fol. 9v

medialer Ort in einem von Gott verfassten Buch mehr, sondern ein geographischer Schauplatz.[5] Vorstöße zu einer solchen geographischen Verankerung des Sehers lassen sich bereits seit dem 11. Jahrhundert in verschiedenen Handschriften beobachten: etwa im *Liber floridus (Abb. 57)* und in der *Bible moralisée (Abb. 58)*, um zwei Beispiele zu nennen, die möglicherweise auch eine direkte Vorbildfunktion für die englischen Zyklen hatten.[6] Bereits vor dem mittleren 13. Jahrhundert gab es also eine Tendenz, dem äußeren Aufenthalt des Visionärs größeres Gewicht gegenüber dem göttlichen Ursprung seiner Offenbarung zukommen zu lassen. Erst in den englischen Zyklen wird die äußere Ortsangabe jedoch derart ausgestaltet, dass sie zu einer bildlichen Metapher für die innere Schau des Johannes wird.

Insel und Seitenrand 191

Abb. 58 Johannes auf Patmos, Bible moralisée, nach 1230, London, British Library, Ms. Harley 1527, fol. 116v

Ein biographischer Rahmen
Die Szenen aus der Johannes-Vita

Als älteste Stufe der gotischen Apokalypse-Zyklen gelten die Handschriften der sog. „Morgan-Gruppe":[7] zwei eng miteinander verwandte Kodizes in New York[8] und Oxford[9] und eine etwas entferntere Variante in Paris[10]. In der ursprünglichen Konzeption, wie sie am vollständigsten in Oxford überliefert ist, handelt es sich um ein „picture-book"[11], das auf jeder Seite zwei übereinander gestellte Miniaturen enthält. Die erstaunlichste Neuerung, mit der die Betrachter zu Beginn der Handschrift konfrontiert werden, ist dem eigentlichen Apokalypse-Zyklus vorgeschaltet – vier Bildseiten, in denen Begebenheiten aus dem Leben des Johannes geschildert werden *(Taf. XXXVI, Abb. 59–61)*: Johannes predigt in Ephesus zu den Ungläubigen und tauft Drusiana; er wird dem Prokonsul von Ephesus vorgeführt und per Schiff nach Rom gebracht. Dort angekommen, wird er von Domitian verhört, im Ölkessel gemartert und schließlich nach Patmos verbannt, wo er wiederum auf dem Seeweg ankommt. Über den von Patmos abstoßenden Bootsmann wird dieser ganze Vorspann unauflöslich mit der uns interessierenden Eröffnungsvision auf der Insel verknüpft *(Taf. XXXVII)*. Die neue Lokalisierung des Sehers auf Patmos ist also eingebettet in eine längere Erzählung aus dem Johannes-Leben.

In der Forschung zu den englischen Apokalypsen kursieren unterschiedliche Erklärungsmodelle für die Einfügung der biographischen Szenen: Robert Freyhan hat auf das parallele Phänomen bebilderter Heiligenviten in der englischen Buchkunst der Zeit aufmerksam gemacht und mit gewissem Recht davon gesprochen, dass die Johannes-Offenbarung in den englischen Zyklen zum Teil einer „Johannes-Vita" geworden sei.[12] Forschungsgeschichtlich noch einflussreicher war Freyhans Überlegung, dass die Verbindung der Apokalypse mit einer Johannes-Vita einen „Johannes-Roman" hervorgebracht habe, dessen Held sich in einer Serie chevaleresker Abenteuer bewährt.[13] Suzanne Lewis schließlich vermutete, dass die Hereinnahme der Johannes-Szenen mit gewandelten Vorstellungen von sakraler Autorschaft zusammenhängen könne, die im 13. Jahrhundert die menschlichen Anteile an der Abfassung heiliger Texte stärker in den Vordergrund rückten.[14]

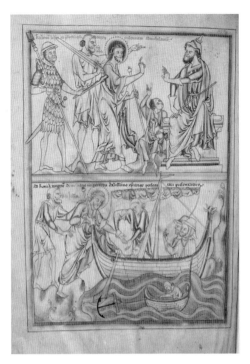 

Auf den ersten Seiten konnte ein historischer Benutzer in der Tat den Eindruck gewinnen, eine bebilderte Heiligengeschichte zu studieren, genauer die Geschichte eines Märtyrerheiligen, an den die ersten Miniaturen denken lassen. Bereits die Predigt des Johannes in der ersten Szene visualisiert den Konflikt zwischen dem christlichen Heiligen und der römischen Staatsmacht *(Taf. XXXVI)*. Mit der Taufe der Drusiana wird die Demarkationslinie zwischen den beiden Sphären überschritten: Johannes gelingt es, eine Angehörige der gegnerischen Seite zum Übertritt in die Welt des Christentums zu bewegen. Die folgende Doppelseite spitzt die Konfrontation des Heiligen mit Vertretern der römischen Obrigkeit in stetigem Crescendo weiter zu *(Abb. 59–60)*. Das klassische Muster der dreimaligen Prüfung kulminiert nach den Verhören durch den Präfekten und durch Kaiser Domitian in der Ölmarter des Evangelisten. Im Kessel voll siedendem Öl hätte die Karriere eines Märtyrers üblicherweise ihren Endpunkt erreicht. Doch Johannes entsteigt ihm unverletzt – dieses Detail ist den Miniaturisten so bedeutsam, dass sie es in simultaner Darstellung in die Marterszene einfügen. Der Weg in den Märtyrertod, auf den alles zuzusteuern schien, verfehlt mit der wundersamen Rettung des Heiligen sein Ziel, die Vorgeschichte mündet in ein Verfehlen der hagiographischen Gattungsnorm.

Spätestens auf fol. 2v *(Abb. 61)* entpuppen sich die Johannes-Szenen als eine Handlung, die ganz auf die Qualifikation ihres Protagonisten für seine zukünftige Visionärsrolle abgestellt ist. Eine Reihe visueller Analogien und positionaler Verschiebungen im Gefüge der Doppelbilder sorgt dafür, diese Geschichte mit einer

Abb. 59 Verhör des Johannes und Überfahrt nach Rom, Bilderapokalypse, um 1250/60, Oxford, Bodleian Library, Ms. Auct. D.4.17, fol. 1v

Abb. 60 Verhör durch Domitian und Ölmarter, Bilderapokalypse, um 1250/60, Oxford, Bodleian Library, Ms. Auct. D.4.17, fol. 2r

Abb. 61 Verbannung des Johannes und Überfahrt nach Patmos, Bilderapokalypse, um 1250/60, Oxford, Bodleian Library, Ms. Auct. D.4.17, fol. 2v

eigenen Logik auszustatten, die alles von Beginn an vorbestimmt erscheinen lässt. So ist beispielsweise die Überfahrt des Heiligen von Ephesus nach Rom, die unter dem Gesichtspunkt narrativer Ökonomie wie ein überflüssiges Intermezzo anmutet, nichts anderes als ein Präludium, das die Exilierung als letzte Strafmaßnahme der römischen Staatsmacht vorwegnimmt *(Abb. 59, 61)*. In der Taufe der Drusiana kündigt sich bereits die Ölmarter des Evangelisten an – eine Szene, die von den Illustratoren stark an den Bildtypus Taufe angeglichen wurde und so eine neue Qualität als Initiation, als Auftakt zu allem Folgenden erlangt *(Taf. XXXVI, Abb. 60)*.

Die herkömmlichen Erklärungsmodelle für die Einfügung der Johannes-Vita gehen am Kern des Problems vorbei, weil sie nicht berücksichtigen, dass die Vita-Szenen im Wesentlichen eine Vorbereitung und Hinführung auf die Visionen bieten. Denn der zeitliche Bogen, den die Bilder spannen, bleibt in allen „Familien" der englischen Apokalypsen auf die unmittelbare Vorgeschichte des Inselexils beschränkt. Dies ist umso bemerkenswerter, als Johannes vor seiner apostolischen Missionstätigkeit in Kleinasien eine Jüngerkarriere an der Seite Christi durchlaufen hat, die in ihrer heilsgeschichtlichen Bedeutung gar nicht mehr zu steigern war.[15] Das Unvermittelte und Voraussetzungsreiche des Beginns kann als weiterer Hinweis darauf gewertet werden, dass die biographischen Szenen ihre Daseinsberechtigung allein der Beantwortung zweier Fragen verdanken: Warum wurde Johannes zum Visionär? Und warum war Patmos der Ort, an dem er die Visionen empfing?

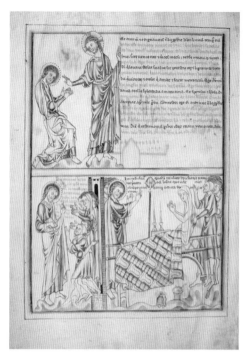

Zur neuen Lokalisierung der visionären Schau gehört auch, dass der am Anfang geöffnete Rahmen am Ende wieder geschlossen wird *(Abb. 62–64)*: Von den Römern begnadigt, kehrt Johannes nach Ephesus zurück und erweckt Drusiana zum Leben, er verwandelt Steine in Diamanten und Ruten in Gold; er zerstört den Tempel der Diana, er trinkt vom Giftbecher, feiert seine letzte Messe, bestattet sich selbst und wird in den Himmel aufgenommen. Diesen biographischen Abspann kann man als ein weiteres Moment einer Strategie begreifen, welche die Visionen fest im Leben des Visionärs verankern möchte. Doch der Schluss ist mehr als eine bloße Antwort auf die Frage, wie es nach der Apokalypse mit Johannes weitergeht. Das Leben nach der Schau der visionären Bilder ist ein anderes Leben, es hat thaumaturgische Qualitäten angenommen.[16] Johannes ist jetzt nicht mehr nur Opfer und Reagierender, sondern aktiv Handelnder, der sich durch eine Reihe spektakulärer Wundertaten hervortut. Wie die himmlischen Mächte innerhalb der apokalyptischen Visionen verfügt Johannes jetzt über die Gabe, Tote aufzuerwecken, Götzenbilder zu stürzen und die vergängliche Materie der irdischen Welt in die unvergänglichen Baustoffe des Himmlischen Jerusalem zu verwandeln. Diese Zweiteilung der Rahmenhandlung wird zusätzlich durch die Parallelität der Abschlüsse herausgearbeitet, das Geleit zum Ort der Visionen findet seine Entsprechung in der Erhebung in den Himmel, jedes der beiden Ziele wird in einem Akt der Entrückung erreicht *(Taf. XXXVII, Abb. 64)*.

Abb. 62 Johannes vor Christus, Rückkehr des Johannes nach Ephesus und Auferweckung der Drusiana, Bilderapokalypse, um 1250/60, Oxford, Bodleian Library, Ms. Auct. D.4.17, fol. 22v

Abb. 63 Johannes verwandelt Steine in Diamanten und Ruten in Gold, er zerstört den Tempel der Diana, Bilderapokalypse, um 1250/60, Oxford, Bodleian Library, Ms. Auct. D.4.17, fol. 23r

Abb. 64 Johannes trinkt vom Giftbecher, er feiert seine letzte Messe und bestattet sich selbst, Bilderapokalypse, um 1250/60, Oxford, Bodleian Library, Ms. Auct. D.4.17, fol. 23v

Visionärsauge und Betrachterblick

Die Integration der Apokalypse in einen biographischen Rahmen eröffnet eine neue Außendimension der visionären Schau, die es überhaupt möglich macht, so etwas wie einen inneren Blick zu umgrenzen und näher zu bestimmen. Die Einbindung in die irdische Sphäre mit ihrem dichten Geflecht aus Ursachen und Wirkungen, das die ersten Miniaturen überzieht, lässt das Patmos-Exil zu einem Zustand der befreienden Suspension werden. Dieser Übergang zwischen zwei Sphären manifestiert sich innerhalb der Inselszene noch einmal in aller Deutlichkeit *(Taf. XXXVII)*: Man beachte den Kontrast zwischen dem abstechenden Bootsmann, der Johannes in einem großen Kraftakt den Rücken kehrt, und dem Engel, der zu Johannes herabschwebt. Wo sich der Schiffer stakend am Widerstand der Materie abarbeitet, schießen hinter ihm die Fluten des Meeres in die Höhe und umfangen den Aufenthalt des Johannes von allen Seiten in wellenförmiger Kontur. Dieser Einschluss des Visionärs in einen Binnenraum, der den Miniatoren so wichtig war, kehrt in allen Zyklen der englischen Familie wieder und kann daher als ein topologisches Strukturelement angesehen werden, das ich „Insel-Dispositiv" nennen möchte. Die Einschlussfunktion des Insel-Dispositivs wird unter anderem daran ablesbar, dass der Engel mit dem Spruchband, der die „starke Stimme" verkörpert, stets innerhalb der Inselfläche dargestellt ist – ein Blick auf die kurz zuvor entstandenen Manuskripte der *Bible moralisée (Abb. 58)* zeigt, dass man sich auch für eine andere Lösung hätte entscheiden können. Es ist also kein Zufall, dass der von Wassermassen umspülte Raum zweierlei Ortsangaben trägt – PATHMOS INSULA und SANCTUS IOHANNES IN SPIRITU – steht er doch für beides, einen Ort in Kleinasien und einen Ort des inneren, spirituellen Sehens.

Dass die Inselszene tatsächlich den Übergang in einen anderen Sehmodus markieren sollte, ging für Benutzer der *picture-books* am deutlich veränderten Aufbau der daran anschließenden Miniaturen hervor – fol. 3r–3v in *Bodleian* sind für diesen Wandel ein instruktives Beispiel *(Taf. XXXVII–XXXVIII)*: Wo die Miniaturen der Vorgeschichte mit knappen Beischriften überwiegend identifizierenden Charakters versehen sind, füllt sich die Bildfläche ab der Leuchtervision mit großen Mengen Text, der teilweise in Spruchbänder eingetragen ist, teilweise direkt auf den Seitengrund gesetzt wurde. Es handelt sich dabei um lateinische Auszüge aus dem Bibeltext und aus dem Apokalypse-Kommentar des Berengaudus.[17]

Mediengeschichtlich liegt es auf der Hand, dass ein solcher Zwitter aus Bild und Schrift für eine memorierende *meditatio* der Apokalypse geschaffen wurde, ursprünglich ja eine monastische Praxis, der bereits die Beatus-Kodizes in den spanischen Benediktinerklöstern gedient hatten.[18] Im Gegensatz zu den schwergewichtigen Abschriften des Beatus-Kommentars besitzen die schmalen Faszikel der Morgan-Gruppe jedoch keinen eigenständigen Fließtext mehr, es sind die Bilder, welche die Syntax für die *meditatio* des Visionsgeschehens bereitstellen. Die Memorierung der Apokalypse, für welche die Handschriften gedacht waren, konnte ausschließlich im Blick auf die Miniaturen erfolgen.

Die methodische Herausforderung, welche von den *picture-books* der Morgan-Gruppe ausgeht, besteht darin, die Einbettung kommentierender Textpassagen in eine bildliche Syntax ernst zu nehmen. Wenn Lewis die Miniaturen der englischen Apokalypsen generell zu Illustrationen von Kommentartexten herunterstuft, zu einer „glossa depicta", dann findet dieses Urteil in den Organisationsprinzipien der Handschriften keinen Rückhalt.[19] Denn nur einzelne Bildelemente bieten überhaupt ein visuelles Äquivalent für die allegorische Interpretation des Kommentartexts: etwa der „jüdisch" gekleidete Älteste auf fol. 3v *(Taf. XXXVIII)*, über dessen Kopf zu lesen ist: UNUS DE SENIORIBUS PROPHETAS DESIGNAT QUI QUALITATEM ADVENTUS CHRISTI PREDIXERUNT („Einer von den Ältesten bezeichnet die Propheten, welche die Art und Weise der Ankunft Christi vorhersagten").[20] Vor allem aber ist es die biographische Hinführung auf die Visionen, welche die historische Ebene des Visionsberichts stärkt. Das Ziel der Handschriften ist nicht die Illustration von Inhalten des Kommentartexts, sondern die Visualisierung von Allegorese als innerem Sehvorgang. Was eine solche geistige Schau ist, wird den Benutzern nicht durch die Glossen des Berengaudus vermittelt, sondern über den Kontrast zum historischen Rahmen der Johannes-Vita, die bezeichnenderweise ohne verbindliche Textgrundlage auskommt. Das Insel-Dispositiv der Einleitungsvision, so könnte man festhalten, sollte die Benutzer der Handschrift zu einer *meditatio* anleiten, welche die Miniaturen als ikonische Scharniere zwischen Literal- und Spiritualsinn der Apokalypse in den Blick nahm.

Ein Schlüsselbild in dieser Hinsicht ist die Szene der Drusiana-Taufe *(Taf. XXXVI)*, die nicht nur das ganze Pseudo-Martyrium ins Rollen bringt, sondern auch ein Gegenmodell zum inneren Sehen des Visionärs präsentiert. Verzweifelt versucht die Schar der Voyeure, die außerhalb der Kirche postiert ist, sich durch Ritzen und Fenster Einblick in das zu verschaffen, was hinter der verschlossenen Türe stattfindet. Liegend, kniend und auf Schultern stehend erspähen die Heiden den Vollzug des Taufsakraments durch Johannes.[21] Der Innenraum der Kirche, der einzige der gesamten Vorgeschichte, kann von Betrachtern als negatives Pendant zum Binnenraum der Insel gesehen werden, die dem Einblick des abstechenden Bootsmannes offenkundig entzogen ist.

Die innere Schau des Apokalypse-Zyklus hingegen lässt das szenische Gefüge der Miniaturen zum Zeichenträger für Exzerpte sowohl aus dem Bibeltext wie aus dem Berengaudus-Kommentar werden. Der Leerraum, der bei der Drusiana-Taufe die handelnden Akteure umgibt, füllt sich mit den Zeichen der Schrift. Die Relation des Bezeichnens, der *designatio*, die in den Kommentartexten regelmäßig wiederkehrt, soll dann als visuelle Verknüpfung der Bildelemente mit den Inhalten des darüber, daneben und dazwischen Geschriebenen verstanden werden. Wie die biographischen Szenen am Anfang und Ende des Zyklus verdeutlichen, wird dieses innere Sehen der Apokalypse nunmehr in einem lebenspraktischen Kontext verankert. Die *meditatio* der Apokalypse-Bilder, so wird klar angezeigt, bedarf der sorgfältigen Lösung vom äußeren Sehen des Alltags, wie sie umgekehrt ganz praktische Folgen für das eigene Handeln zeitigen soll: So wie die Schau der Visionen Johannes verändert, so soll die *meditatio* der Bildseiten den Betrachter transformieren und sein Handeln verändern.

7.2 Rahmentraum und Rahmenfenster
Die Getty-Apokalypse

Bereits wenige Jahre nach den ersten Handschriften wird die gesamte Architektur der englischen Apokalypsen einem radikalen Umbau unterzogen, auf den erstmals Freyhan aufmerksam gemacht hat: Das auffälligste Kennzeichen dieses Wandels ist die Tatsache, dass Text und Bild nunmehr separiert werden: Jede Seite enthält einen Bild- und einen Textblock.[22] Dass sich damit die Rezeptionsstruktur des Apokalypse-Zyklus grundlegend verschiebt, liegt auf der Hand. Interessanterweise geht diese Schöpfung eines neuen medialen Gefüges auf der Manuskriptseite mit wichtigen Akzentverschiebungen in der Lokalisierung der Schau einher. Das Insel-Dispositiv der Morgan-Gruppe wird dabei in zwei Punkten neu justiert: Zum einen wird Johannes auf Patmos nicht mehr im Wachzustand, sondern als Träumer dargestellt.[23] Zum anderen werden die apokalyptischen Szenen in einigen Handschriften von einer Visionärsfigur begleitet, die außerhalb des Rahmens postiert ist.

Die Insel als Sitz der Imaginatio

Die bildgeschichtliche Tragweite des träumenden Johannes wird erst im Rückblick ersichtlich, wenn man sich die bis dahin geltenden Spielregeln sowohl der Apokalypse-Ikonographie wie der prophetischen Visionsdarstellung überhaupt vergegenwärtigt. Wie wir in Teil I sehen konnten, wurde das Genre des prophetischen Traums lange Zeit misstrauisch beäugt und erst im 12. Jahrhundert über den Umweg des neuen Propheten Jesse in die Bildkunst eingeführt. Dass es um die Mitte des 13. Jahrhunderts in einer großen Zahl von Apokalypse-Zyklen zu finden ist, bedeutet, dass der prophetische Traum nunmehr auch in der wichtigsten Gattung des bebilderten Visionsbuches als Paradigma akzeptiert wurde. Zu Beginn einer ausgedehnten Visionsfolge platziert, wird der Traum selbst zum Handlungsrahmen, welcher das gesamte übrige Geschehen als geistige Schau markiert.[24] Das Prinzip des Rahmentraums bedeutet einen qualitativen Sprung gegenüber früheren Traumszenen der Apokalypse-Ikonographie: etwa dem schlafenden Johannes der Beatus-Zyklen, der träumend die Thronsaalvision erblickt. Denn die Schau im Traum spielt sich in diesem Fall ja auf dem Boden eines von Gott geschriebenen Textes ab, der in allen Apokalypse-Zyklen des Frühmittelalters als äußerer Rahmen der visionären Offenbarung fungiert.[25]

Aus der Transformation der Inselszene in eine Traumvision ergeben sich neue Möglichkeiten, der inneren Schau des Visionärs ein schärferes Profil zu verleihen. Das ergiebigste Experiment mit diesem Potential ist die *Getty-Apokalypse*, die um 1260 im Skriptorium von Westminster entstand.[26] Auch in diesem Fall beginnt der Bildzyklus mit einer biographischen Vorgeschichte, die nun aber auf zwei Bilder verknappt ist:[27] Die erste Miniatur steigt direkt in die Endphase des Pseudo-Martyriums ein und schildert in gedrängter Abfolge die Verurteilung des Johannes durch Domitian und seine Marter im Ölkessel *(Taf. XXXIX)*. Die zweite Miniatur hält sich gar nicht erst mit der Überfahrt ins Inselexil auf, sondern zeigt, wie der Heilige von den Römern auf Patmos abgesetzt wird *(Taf. XL)*. Auf der einen Seite also eine radikale Kontraktion der Zwischenschritte, welche Ölmarter und Inselaufenthalt noch direkter aufeinander bezieht. Auf der anderen Seite der Einschub einer zusätzlichen Patmos-Szene, die für eine faszinierende Dynamik im Wechselspiel von Insel-Dispositiv und Traumvision sorgt: Dem Verlust der Schwerkraft auf fol. 1v, wie er sich ähnlich auch in *Bodleian* findet, entspricht zunächst ein als Leerfläche belassenes Inselinneres. Mit dem Wechsel zu fol. 2r ändert sich dies schlagartig *(Taf. XLI)*. Johannes hat sich den Gegebenheiten des Ortes durch liegende Schlafhaltung angepasst, ihm nähert sich eine Engelsgestalt. Nach der Probe des Standhaltens, die dem Heiligen die wachsame Bewahrung der Vertikalen abverlangte, ist er nunmehr aufgenommen in den Bereich des horizontalen Empfangs göttlicher Botschaften. Mit dem Eintauchen in den Traum erfährt die Ödnis der Insel eine unerwartete Belebung durch aufsprießende Pflanzen und umherkreuchende Tiere. Zusammen mit den unbestimmten Gestaltqualitäten der Wellenlinien, welche den Inselrand säumen, wird hier darauf hingearbeitet, den Binnenort Insel als Projektionsfläche oder „Nährboden" für jene Bilder zu charakterisieren, die Johannes auf den kommenden Seiten schauen wird.

Zugleich ist unübersehbar, wie in der Traumszene eine Zentralisierung stattfindet. Das abgelegene Patmos ist zum Mittelpunkt einer symmetrischen Fünferfigur geworden, vier kleinere Landflächen sind ihm als Satelliten beigeordnet. Namensbeischriften identifizieren jeden der fünf Punkte mit Orten Kleinasiens.[28] Ein winziges Fragment des *orbis terrarum* wird durch seine Disposition auf der Bildfläche in den Rang eines Ganzen erhoben. Die „totalisierende" Figur der *quincunx* lässt eine notwendige Ordnung aufscheinen, welche das aggregathafte Nebeneinander der irdischen Schauplätze übersteigt.[29] Für aufmerksame Betrachter wird schon hier etwas von dem sichtbar, was vor allem in den Bildern zur großen Thronsaalvision zum Vorschein kommen wird: die göttliche Besitznahme der menschlichen Projektionsfläche *(Taf. XLII).*

Die Reise vom Festland auf die Insel ist in der *Getty-Apokalypse* so ausgestaltet, dass sie metaphorisch lesbar wird als Reise von der äußeren in eine innere, imaginäre Welt. Der planimetrische Binnenort des Insel-Dispositivs, der für die Morgan-Gruppe erfunden wurde, wird dabei mit dem Motiv des liegenden Träumers verknüpft. Genau besehen führt diese Verbindung zu einer radikalen Neuinterpretation der ehrwürdigen Traumformel: Für die Traumvisionäre der christlichen Kunst hatte die Grenzlinie der Traumkapsel bislang stets die Überblendung zweier äußerer Wirklichkeiten, der Außenwelt und der von Gott hergestellten Zeichenzusammenhänge, bedeutet. Die Inselkontur um Johannes dagegen reduziert den Schauraum der göttlichen Offenbarung auf eine Binnensphäre, von der die Außenwelt streng geschieden wird.

Das Innen im Außen
Der Seher auf dem Seitenrand

Zu seiner vollen Komplexität entfaltet sich der Diskurs der Orte des Sehens auf den folgenden Seiten der *Getty-Apokalypse*. Immer wieder stößt man hier auf ein Bildformular, welches den Seher außerhalb der Visionsbilder auf dem Seitenrand lokalisiert, so etwa zu Beginn der großen Himmelsvision in Apokalypse 4 *(Taf. XLII)*. Während sich innerhalb des Bildfeldes Älteste und Engel ehrerbietig vor Christus verneigen, beobachtet Johannes diesen Vorgang von außerhalb, durch eine kleine Öffnung im Rahmen schauend. Beides, Außenposition und Rahmenfenster, ist in der *Getty-Apokalypse* zwar nicht der Regelfall, aber eine häufig genutzte Option der Visionsdarstellung.[30]

Ich beginne mit dem grundsätzlicheren und für Missverständnisse anfälligeren Phänomen, der freischwebenden Position *in margine*. In welche Richtung Fehleinschätzungen dieser randständigen Anordnung gehen können, lehrt in drastischer Weise ein Blick auf die *Burckhardt-Wildt-Apokalypse*, oder besser gesagt auf das, was nach 1800 von ihr übrig blieb: eine Ansammlung herausgetrennter Miniaturen, deren Schnittkante den Grenzen der Bildfelder folgt.[31] Lediglich Fensterluken im Rahmen und Reste eines menschlichen Körpers verraten noch, dass der Beschneidung des illustrierten Apokalypse-Texts hie und da auch die Figur seines Autors zum Opfer fiel *(Abb. 65)*. Diese bis weit ins 19. Jahrhundert übliche Praxis – „Cut missal

Abb. 65 Bändigung der vier Winde (beschnitten), Burckhardt-Wildt-Apokalypse, um 1300, Sotheby's, 1983, fol. 14r

up in evening – hard work" notiert John Ruskin 1854 in sein Tagebuch[32] – wirkte noch lange in der Wahl des Bildausschnitts photographischer Reproduktionen nach, die den Außenposten des Sehers dem Schicksal der Unsichtbarkeit preisgaben.[33] Das neuzeitliche Paradigma des autonomen Einzelbildes verleitete dazu, die Rahmung der Illustrationen als semiotische Grenze zu verabsolutieren.

Mittlerweile hat sich in der Erforschung mittelalterlicher Handschriften längst eine medientheoretisch reflektierte Sichtweise etabliert, welche die Bilder in ihrem visuellen Verbund mit den Schriftelementen der Buchseiten wahrnimmt.[34] Dass Bild und Schrift sich in Manuskripten wie der *Getty-Apokalypse* gegenüber den *picture-books* der ersten Generation deutlich entmischen, bedeutet demnach nicht, dass der Verbund zwischen den beiden Zeichensystemen aufgelöst wäre. Für eine Beurteilung der Randposition des Johannes ist also bei einer genaueren Betrachtung des Layouts der Handschrift anzusetzen. Dabei zeigt sich schnell, dass der Verbund von Bild und Schrift nach einem rigiden geometrischen Ordnungssystem geregelt ist: einheitlicher Schriftspiegel mit zwei gleich breiten Spalten, einheitliches Bildformat, gleichbleibende Positionierung der Miniaturen am Kopf der Seite, schließlich eine optische Differenzierung durch Verwendung unterschiedlicher Tinten und Buchstabengrößen, durch Rahmenleisten und Hintergrundfarben.[35] Das Resultat ist eine starke topologische Matrix mit teils festen, teils variablen Koordinaten. Die Produzenten der *Getty-Apokalypse* machen hier von den Errungenschaften jenes mediengeschichtlichen Wandels Gebrauch, der dem Gesicht der beschriebenen und bebilderten Seite seit der zweiten Hälfte des 12. Jahrhunderts schärfere und klarere Konturen verleiht. Ivan Illich spricht in seiner Untersuchung zum „Schriftbild der Moderne" von einer „neuen Freude [...] geistig geordnete und quantifizierte ‚Wissensmuster' auf die Seite zu projizieren"[36] sowie vom „Willen, die sichtbare Artikulation als Mittel der Interpretation zu nutzen"[37] und denkt dabei an neue Mittel der Strukturierung und Untergliederung des Schriftapparates, die jeder Textfunktion ihren festen Platz innerhalb eines übergreifend koordinierten Layouts anweisen.

Fol. 4v ist deshalb ein besonders geeigneter Gegenstand für unsere Überlegungen, weil es in diesem Fall das Innere der Miniatur selbst ist, das nach den gleichen Prinzipien der koordinierenden Anordnung und optischen Gliederung organisiert ist wie das Ganze der Seite. Hier wie bei den übrigen Bildern zur großen Thronsaalvision (fol. 3v–5v) wird das Bildfeld durch interne Rahmenleisten in mehrere Segmente aufgeteilt. Im Gegensatz zu den entsprechenden Miniaturen der Morgan-Gruppe, die ebenfalls eine planimetrische Binnengliederung aufweisen *(Taf. XXXVIII)*, sind diese Kompartimente zu einer bildumspannenden geometrischen Figur zusammengeschlossen, deren Elemente sich durch den symmetrischen Bezug auf eine Mitte definieren. Das geometrische Gerüst dieser Kompositionen funktioniert als diagrammatisches Formular, welches die Akteure des Visionsgeschehens in distinkte Gruppen auseinanderdividiert: Gott, die Engel und die Ältesten werden je nach Status in einer von insgesamt drei Bildzonen untergebracht.

Benutzer der Handschrift können beim Blick auf das Gesamt der Seite eine Überlagerung zweier Koordinatensysteme bemerken: Über die Matrix des Seitenspiegels, wie sie für die gesamte Handschrift gilt, legen die Miniaturen der Thronsaalvision ein geometrisches Schema, dessen Mitte – die rahmenüberschreitende Mandorla – auktorial gefüllt ist: Die Dispositionsleistung des Bildfeldes kann von den Benutzern der Instanz eines *Deus artifex* zugeschrieben werden, dessen Bilder hier auf der Seite noch einmal nachgeschaffen werden.[38]

Die Position des Sehers, so könnte man vorerst festhalten, ist zwischen diesen beiden Koordinatensystemen angesiedelt und lässt so ihre Differenz überhaupt erst bewusst werden. Im Bild der Traumvision hatte Johannes ja die Mitte einer Komposition eingenommen, die schattenhaft die regelmäßige Geometrie der Thronsaalvision antizipierte *(Taf. XLI)*. Wenn der Seher später vom Bildinneren ins Außen des Seitenrandes wechselt, dann gelangt er damit an einen gänzlich anderen Ort: Die Stelle, von der Johannes die Thronsaalvision erblickt, ist kein Teil der vom *Deus artifex* generierten Bildkomposition mit ihrer geometrisch geordneten Felderstruktur.

Eine Ausgliederung von Visionären aus einem gerahmten Bildfeld, in dem die Vision selbst dargestellt wird, ist in der Geschichte der mittelalterlichen Bildkunst nichts prinzipiell Neues: Das Kapitel zu Diptychen und Doppelseiten hat einige Beispiele dafür zusammengetragen. Auch in der älteren Apokalypse-Illustration kennen wir vergleichbare Fälle, etwa den um 1100 entstandenen *Silos-Beatus*.[39] Gemeinsam ist diesen älteren Beispielen die enge Bindung der Randposition an ein in sich symmetrisch aufgebautes Visionsbild: die *Maiestas Domini*, die Verehrung des Lamms, die Bändigung der vier Winde etc. Blickt man auf die *Getty-Apokalypse* als Ganze, dann lässt sich demgegenüber eine neuartige Zuspitzung konstatieren: Die Auftritte des Johannes *in margine* werden von zentralsymmetrischen Bildkompositionen entkoppelt (*Abb. 66–67*), ihre Zahl wird stark erhöht. Insgesamt gewinnt die Außenposition so eine neue systematische Qualität.[40]

Dieser Ausbau ist umso bemerkenswerter, als das oben analysierte Layoutsystem zu einer strengeren Handhabung des Seitenaufbaus führt, welche es den Elementen der Bilderzählung deutlich erschwert, den Bereich der gerahmten Miniatur zu ver-

Abb. 66 Erste Posaune, Getty-Apokalypse, um 1260, Los Angeles, J. Paul Getty-Museum, Ms. Ludwig III.1 (83.MC72) fol. 11r

lassen. Gerade den Rändern der Seite wächst ja durch die Entwicklung des Handschriftenlayouts im 12. und 13. Jahrhundert eine neue Wichtigkeit zu. So wurde das Verhältnis von Schrift und Kommentar über hochdifferenzierte Anordnungsmuster definiert, in denen die Relation von Zentrum und Rand immer wieder neu ausgelotet wird. Komplementär dazu entsteht das neue Genre der Marginalillustration, das um die Mitte des 13. Jahrhunderts einen ersten Höhepunkt erlebt.[41] Ein relativ zahmes und gesittetes Exemplar dieser Gattung ist auch auf fol. 4v anzutreffen: Ein bogenschießender Kentaur mit verhülltem Haupt nützt gemeinsam mit Johannes die große P-Initiale des Apokalypse-Texts als Plattform seiner Aktivitäten.

Michael Camille hat gezeigt, wie die Ränder der Handschriften mit dem Aufkommen der *marginalia* zu einem Ort werden, an dem sich der im Zentrum wirkende Druck zur fest gefügten Bedeutung in einem frei strömenden Spiel entlädt: Hier, an den Ecken der Seite, ist gleichermaßen Raum für bizarre Schöpfungen der Natur wie für absonderliche Inversionen der Handlung des Zentrums. Auf den Bogenschützen unseres Beispiels trifft beides zu, er ist als unreines Mischwesen Gegenbild zu den Königen im Inneren des Bildfeldes und nimmt mit seinen Pfeilen die Verehrung Christi aufs Korn. Camille spricht deshalb von einer Zone des „Nicht-Bedeutens, um

Abb. 67 Dritte Posaune, Getty-Apokalypse, um 1260, Los Angeles, J. Paul Getty-Museum, Ms. Ludwig III.1 (83.MC72) fol. 12r

dem Zentrum Bedeutung zu verleihen"[42] – ich würde die Leerfläche des Außen lieber als einen Raum bezeichnen, in dem die Randbewohner einer spontanen, regellosen Interpretation der Zeichen des Zentrums nachgehen.[43]

Nun wäre nichts verkehrter, als in Johannes ein an lockeren thematischen Fäden eingeflochtenes Parergon zu sehen. Der Visionär ist dem Gewebe des heiligen Erzählstoffes entsprungen, nicht der Phantasie der Miniatoren. Im Verlauf der Visionen kann er daher auch immer wieder zu diesem Ursprung zurückkehren. Seine Randexistenz ist sehr viel heikler und prekärer als diejenige des Kentauren – eine Ausnahme, welche, wie wir sehen konnten, der sorgfältigen Vorbereitung durch Marter und Einführungsvision bedarf. Eine Gemeinsamkeit mit den *marginalia* wird aber dennoch deutlich, wenn man die Blätter der *Getty-Apokalypse* nach und nach durchgeht: Der außerhalb des Bildfelds postierte Seher ist alles andere als ein statisches Gefäß, welches das Gesehene reglos und passiv registrierte. Auf jeder Seite nimmt sein Auftreten eine neue Note an, vollführt sein Körper immer wieder andere Bewegungen. Jedes Ereignis, jeder Wechsel im Visionsgeschehen ist mit einer individuellen Reaktion des Heiligen verbunden *(Taf. XLII, Abb. 66–67)*.

Insgesamt ist in der Ausgliederung des Sehers auf den Seitenrand eine Maßnahme zu sehen, welche die relative Unabhängigkeit des Visionärs von den göttlichen Bildern betont. Die Position außerhalb des Rahmens trägt dazu bei, dieses Moment topologisch zu artikulieren: als Faktor, der nicht fest an die von Gott geformten Bilder gebunden ist. Johannes ist in den englischen Handschriften nicht mehr der in einen göttlichen Text eingeschlossene Visionär, vielmehr eröffnen sich ihm Freiräume der Interpretation, die an den unterschiedlichen gestischen Reaktionen auf das Geschehen innerhalb der Bildfelder ablesbar werden. Was die Randfigur des Sehers mit derjenigen des Kentauren verbindet, ist ein unbestimmtes Potential von Möglichkeiten des Verstehens.

Das ungewöhnliche Arrangement des von außen auf die Visionsbilder blickenden Sehers ist in der Forschung bisher grundlegend missverstanden worden, weil man übersehen hat, dass die Position auf dem Seitenrand im Rahmentraum auf Patmos verankert ist. Es geht daher an der Konzeption des Zyklus als Bildfolge vorbei, wenn man die Außenposition als irdische Zone deutet, die irgendwo zwischen den himmlischen Visionsbildern und dem Leser-Betrachter verortet sei.[44] Das Außen der Miniaturen ist vielmehr als das Innen des Visionärs zu denken, der träumend auf die Insel gebettet ist.

Das Fenster im Rahmen

Die Einrichtung eines eigenen Fensters im Rahmen der Bilder sichert diese Grenzziehung in einem festen Dispositiv ab, welches dem menschlichen Blick im Kontakt mit dem göttlichen Bild neue Wichtigkeit verleiht. Um noch einmal bei fol. 4v anzusetzen: Neben der Außenposition ist es das Loch im Rahmen, welches den Status des Johannes grundlegend von dem der Ältesten und Engel innerhalb des Bildfelds unterscheidet. Im einen Fall dienen die Rahmenelemente allein einer Parzellierung der Darstellungsfläche, welche den Akteuren einen Ort innerhalb einer geometrisch definierten Matrix zuweist: Der Blick der Engel und Ältesten auf den Thronenden, den sie gerade anbeten, wird durch die Rahmenleisten nicht behindert. Im anderen Fall hingegen ist die Rahmenleiste ein optischer Störfaktor, der sich dem Blick des Visionärs von außen nach innen in den Weg stellt. Es bedarf einer eigenen Öffnung im Rahmen, um Johannes die Betrachtung des Geschehens zu ermöglichen. Das Loch im Rahmen ist unabdingbar, wenn der Seher in *Getty* von außen in das Geviert des Bildfeldes blickt, und wird durch dessen Handeln auch stets szenisch einbezogen. Was mit dieser Vorrichtung thematisiert wird, ist die visuelle Zugänglichkeit der Vision, die exklusiv dem Visionär eingeräumt wird.

Wie Rohlfs-von Wittich und Freyhan zeigen konnten, beginnt die Geschichte des Fenster-Motivs in der englischen Buchkunst mit Darstellungen voyeuristischen Spähens – oben haben wir mit der Miniatur der Drusiana-Taufe ein Beispiel hierfür diskutiert *(Taf. XXXVI)*.[45] Aus diesem Befund hat Peter Klein zuletzt weitreichende Schlüsse abgeleitet: Der Fensterblick sei zunächst in Kontexten eingeführt worden, in denen es um ein rein körperliches Sehen ging. Seine spätere Indienstnahme für den

Insel und Seitenrand 205

Abb. 68 Selbstmord der Dido, Anna und die Zauberin finden Didos Leiche, Eneas-Roman, um 1220/30, Berlin, Staatsbibliothek, Ms. germ. fol. 282, fol. 17v

Visionär Johannes sei deshalb Symptom einer Profanierung bzw. Trivialisierung der visionären Erfahrung – gerade die *Getty-Apokalypse* gilt Klein als Paradebeispiel einer höfischen Aneignung des ursprünglich für einen geistlichen Gebrauch geschaffenen *picture-books*.[46]

Der Blick durch ein Fenster hat im 13. Jahrhundert aber nicht nur englische Buchkünstler fasziniert. Beispiele aus dem deutschen Raum, die einige Jahrzehnte vor den englischen Apokalypsen datieren, zeigen den Blick durch ein Fenster sowohl im sakralen Kontext visionärer Erfahrung *(Abb. 91)* wie im profanen Kontext des höfischen Romans *(Abb. 68)*.[47] Der Fensterblick war also nicht nur geographisch verbreiteter, als bislang angenommen wurde, er war auch mit keiner eindeutigen Semantik belegt. Weder dem körperlichen Sehen noch der visionären Schau fest zugeordnet, fungierte das Fenstermotiv vielmehr als „semi-symbolisches"[48] Zeichen, das in unterschiedlichen bildlichen Zusammenhängen unterschiedliche Innen-Außen-Relationen visualisieren konnte.

Ein Vergleich der visionären Schau in der *Getty-Apokalypse* mit dem voyeuristischen Spähen in der Drusiana-Taufe *(Taf. XXXVI)* erlaubt es, diese Überlegungen zu konkretisieren. Zunächst kann man festhalten, dass es tatsächlich eine gemeinsame Grundfunktion des Fensterblicks gibt: Ein Innen, welches nach den Intentionen und Vorschriften Gottes handelt, wird abgegrenzt von einem Außen, welches den göttlichen Hintergrund dieser Handlungen erst noch erkennen muss. Auch bei der Taufszene gilt die Sehtätigkeit einem heiligen Geschehen, zu dem sich die Betrachter ihren Zugang erst erarbeiten müssen. Die einzige Möglichkeit, dieses kognitive Gefälle auszugleichen, sind Öffnungen, welche den Blick der Ausgegrenzten ins Innere des ihnen verschlossenen Bereichs vordringen lassen.

Die Grundfunktion einer kognitiven Schleuse wird indes schon rein szenisch ganz unterschiedlich aktiviert: Aufregung, Empörung und Unverständnis kennzeichnen den voyeuristischen Blick der Heiden, Staunen, Verblüffung und Erschrecken die visionäre Schau des Johannes. Der Kontrast zwischen einem unverständigen, rein äußerlichen Sehen und einem affektgeladenen Bemühen um Durchdringung des Gesehenen ist überdeutlich. Doch letztlich ist es eine fundamentale topologische Differenz, welche die beiden Fenstermotive voneinander trennt: Die Öffnung, durch die Johannes' Blick von außen nach innen dringt, ist kein Teil der irdischen Binnenwelt wie in *Bodleian*, sondern Teil des Rahmens um die Miniaturen. Auf diese Weise wird für eine semiotische Brechung gesorgt, die Johannes und die Visionsbilder auf zwei unterschiedliche Ebenen des Äußerungsaktes auseinander treten lässt. Zu dieser ersten Distanzierung von einem körperlichen Sehen kommt eine zweite durch den bereits ausführlich diskutierten Handlungsrahmen des Inseltraums. Der auf dem Seitenrand „spionierende" Visionär ist keine Darstellung des äußeren Menschen Johannes, sondern eine Figuration seines inneren Sehens, die Außenposition Bestandteil eines mehrfach gefalteten Innen-Raums.

7.3 Allegorisierung der inneren Schau
Der Insel-Traum in kompilierenden Handschriften

Der Normalfall mittelalterlicher Handschriftenproduktion ist bekanntlich die kompilatorische Überlieferung, die den jeweiligen Bestellern maßgeschneiderte Kombinationen von Texten wie von Bildern unterschiedlicher Provenienz zur Verfügung stellt. Auch das in *Getty* zu beobachtende Modell einer bebilderten Apokalypse-Handschrift in „Reinform" wurde vielfach in kompilatorischen Redaktionen überliefert, die die Handschrift einzelner Auftraggeber erkennen lassen.[49] Letztlich entstanden auf diese Weise individuelle Adaptionen der im Apokalypse-Zyklus eröffneten Seelen-Räume, welche die innere Schau des Johannes direkter an die Bilderfahrung der Benutzer anschließbar machen sollten.

Um sich erweiterten Spielraum in diese Richtung zu verschaffen, kann die visionäre Schau der Johannes-Offenbarung wieder aus der Klammer der Johannes-Vita gelöst werden. Die Apokalypse-Zyklen beginnen dann direkt mit dem Inseltraum von Johannes. Ein schönes Beispiel hierfür ist die von Lady Eleanor de Quincy um 1260/70 in Auftrag gegebene *Lambeth-Apokalypse*.[50] Auf die Voranstellung von Vitaszenen wurde von den Konzeptoren verzichtet, alle Bilder zum Johannes-Leben wurden hinter dem Apokalypse-Zyklus in das Manuskript eingefügt. Die Eingangsminiatur zeigt Johannes bereits auf Patmos angekommen *(Abb. 69)*. Was dabei als Grundfunktion

Abb. 69 Johannes auf Patmos, Lambeth-Apokalypse, um 1260/70, London, Lambeth Palace Library, Ms. 209, fol. 1r

der Inselszene erhalten bleibt, ist – einmal mehr – die planimetrische Abgrenzung des Schauplatzes. Die künstliche Umrissform der Insel, die wie eine Luftblase an den oberen Bildrand drängt, zeigt an, dass hier mehr visualisiert wird als eine bloß geographische Ortsangabe. Auch ohne die Erzählung der Vorgeschichte verdeutlicht das Insel-Dispositiv, dass visionäre Offenbarung nur über einen Ausschluss aus der irdischen Sphäre zustande kommen kann. Spielzeugartig reduziert liegt bei der Insel ein Boot vor Anker – ein quertreibender Rest der Rahmenhandlung gewissermaßen, der nun darauf zu warten scheint, dass die Besitzerin der Handschrift von ihm Besitz ergreift.

Die Herauslösung der Inselszene aus der biographischen Rahmenhandlung schuf Freiraum für neue Bildkompilationen, welche die historische Lesart des Inseltraums hinter metaphorische und allegorische Umdeutungen zurückdrängten.[51] In einer Apokalypse-Handschrift des frühen 14. Jahrhunderts hat es zunächst den Anschein, die alte Vorgeschichte sei einfach durch eine neue ersetzt worden: Vor die Verbannung nach Patmos ist das Letzte Abendmahl geschaltet, bei dem Johannes schlafend an der Brust des Herrn ruht *(Abb. XLIII)*.[52] Jedem Betrachter, der auch nur rudimentäre Kenntnisse von Bibelexegese besaß, musste jedoch auffallen, dass damit genau jene beiden Begebenheiten miteinander kombiniert werden, die traditionell als Ausgangspunkt von

Johannes' visionärer Inspiration galten: der Schlaf an Christi Brust als Moment der Offenbarung des Johannesevangeliums, der Aufenthalt auf Patmos als äußerer Ort der apokalyptischen Vision.[53]

Die Zusammenstellung dieser beiden *loci theologici* in der Miniatur generiert nun mit bildlichen Mitteln gänzlich neue Sinnbezüge: Nicht nur tritt der Träumer neben dem Engel in Parallele zum Schläfer an der Brust Christi, auch das Schiff, das Johannes nach Patmos verfrachtet, scheint direkt aus dem Tisch des Abendmahls hervorzuwachsen. Die zweiteilige Bildkomposition legte so eine tropologische Ausdeutung des Inseltraums nahe: als Sinnbild schlechthin der inneren Entrückung aus allen weltlichen Zusammenhängen, aber auch als Sinnbild der inneren Nachfolge Christi. Stärker als es das Modell der englischen Apokalypsen anfänglich vorsah, werden die apokalyptischen Visionen auf Christus als Ursprung zurückgeführt, dessen unmittelbare körperliche Nähe und Berührung Johannes anfangs erfahren darf. Wenn sich unterhalb der Abendmahlsszene der Auftraggeber in die A-Initiale des Apokalypse-Texts malen ließ, dann dürfte sich darin die Hoffnung artikulieren, Christus selbst einmal so nah sein zu dürfen wie der schlafende Lieblingsjünger.

Abb. 70 Christus ruft die Seele zur Umkehr auf, Burckhardt-Wildt-Apokalypse, um 1300, Sotheby's, 1983, fol. 1v

Abb. 71 Die Seele durchschreitet die Pforte zu Christus, Burckhardt-Wildt-Apokalypse, um 1300, Sotheby's, 1983, fol. 2r

Abb. 72 Die Seele im Paradies, Burckhardt-Wildt-Apokalypse, um 1300, Sotheby's, 1983, fol. 3v

Seelen-Räume vs. Seelen-Körper
Der Bildprolog der Burckhardt-Wildt-Apokalypse

Noch entschiedener in Richtung übertragene Lesart argumentieren um 1300 die einleitenden Miniaturen der *Burckhardt-Wildt-Apokalypse*.[54] Unter Bezug auf das Hohelied und seine Exegese besonders im 12. Jahrhundert bringen die ersten drei Blätter der Handschrift ein Kurzdrama zur Aufführung, das von der Beziehung zwischen Christus und seiner Braut, einer Personifikation der menschlichen Seele handelt: Die von Dämonen an ihr Bett gefesselte Anima wird von Christus zur Umkehr aufgerufen *(Abb. 70)*; mit Christi Hilfe durchschreitet sie das Portal zum christlichen Leben *(Abb. 71)*; in einem paradiesischen Garten sehnt die Seele die endgültige Vereinigung mit Christus herbei *(Abb. 72)*.[55] Obwohl es keine dokumentarischen Anhaltspunkte für Besteller bzw. Besitzer der Handschrift gibt, herrscht weitgehend Einigkeit darüber, dass gerade die einleitenden Miniaturen ein weibliches Publikum adressierten, das unter der geistlichen Obhut zisterziensischer Geistlicher stand.[56]

Die „Liebesgeschichte" zwischen Sponsus und Sponsa sollte den Benutzerinnen als Verständnishorizont für eine tropologische Lektüre der Apokalypse-Bilder dienen. So wie die Anima einen Weg der Vereinigung mit Christus einschlägt, so begibt sich auch Johannes auf eine Reise zur direkten Begegnung mit Gott, die ihm abschließend in der Schlussminiatur gewährt wird.[57] Die Visionen des Johannes werden so zum Exempel für die Gotteserfahrung der Seele – das Faszinierende an dieser Konstellation ist, dass der Seelen-Raum, den die englischen Apokalypse-Zyklen konstruieren, hier kombiniert wird mit einem Seelen-Körper. Doch welche Konsequenzen hat dieses Aufeinandertreffen für die Verortung der inneren Schau?

Betrachterinnen, welche das erste Bild zur Offenbarung des Johannes aufschlugen, konnten kaum die deutlichen Parallelen zur ersten Miniatur des Bildprologs übersehen *(Abb. 70, 73)*: Wie die Personifikation der Anima liegt Johannes auf einem Nachtlager ausgestreckt, während ein Abgesandter des Himmels den Kontakt mit ihm aufnimmt. Diese Parallelen sind aber unverkennbar auf Kontrast abgestellt: Während die Bettstatt des Johannes losgelöst von allen irdischen Bindungen gen Himmel schwebt, wird Anima von Dämonen fest an ihr irdisches Lager gefesselt, die Augen verbunden und das Haupt von Christus abgewandt. Statt der göttlichen Stimme erreichen teuflische Einflüsterungen ihr Haupt, die zwei dämonische Wesen aus Passagen der Heiligen Schrift zusammengestellt haben.[58] Und wo die Insel durch ein Kirchengebäude klar als Terrain unter geistlicher Kontrolle gekennzeichnet wird, da hat auf dem zinnenbekrönten Gebäude neben dem Bett der Seele eine weitere Teufelsgestalt das Banner des Bösen aufgezogen.

Genau dieses Gebäude ist es aber auch, durch das Christus Kontakt mit der scheinbar verlorenen Seele aufnimmt. Zwar ist das Portal verschlossen, doch eine Fensterluke in der Wand lässt den Aufruf zur Umkehr bis an das Bett der Anima dringen: REUERTERE REUERTERE SUNAMITIS REUERTERE REUERTERE UT INTUEAMUR TE („Wende dich zurück, wende dich zurück, Sulamith, wende dich zurück, wende dich zurück, damit wir dich betrachten", Hld 6, 12).[59] Auch zu diesem mahnenden Ruf durch das Fenster konnten die Benutzerinnen ein Analogon im Hauptteil der Handschrift entdecken: Es war das Fenster im Rahmen, durch das Johannes auf mehreren Seiten der *Burckhardt-Wildt-Apokalypse* blickte *(Abb. 65)*. Doch während das Fenster-Dispositiv eine räumliche und eine semiotische Distanz zwischen Johannes und den visionären Bildern markierte, ist die Schwelle des Bildprologs nur dazu da, im nächsten Schritt gleich wieder überwunden zu werden *(Abb. 71)*: Die Seele hat sich vom Bett erhoben, passiert die nunmehr geöffnete Tür und legt die gefalteten Hände an die Seitenwunde Christi. Zwar ist auch Johannes innerhalb des Apokalypse-Zyklus dazu in der Lage, die Seite zu wechseln und sich innerhalb der Miniaturen zu bewegen – gerade für die letzten Bilder zur abschließenden Gottesschau ist dies eine wichtige Option *(Abb. 74)*. Doch der Vorgang der Grenzüberschreitung selbst bleibt aus dem Apokalypse-Zyklus ausgeblendet. Vor allem finden wir selbst im Schlussbild zur Apokalypse nichts Vergleichbares zu dem, was das zweite Prologbild auf das ungestüme Aufstoßen der Tür folgen lässt: eine intime Nähe der bräutlich geschmückten Anima zum Körper Christi, eine taktile Gotteserfahrung statt eines bloß visuellen Kontakts – nach dem Bildmuster des Thomaszweifels wird die Öffnung des Fensters ersetzt durch die Öffnung im Körper.[60]

Bei allen Bemühungen um eine Abstimmung des Prologs auf den Apokalypse-Teil: Am Ende scheinen die Verwerfungen zwischen den beiden Konzepten von Seele stärker als die Konvergenzen. Befindet sich die Seele des Johannes von Beginn an in einer sicheren Sphäre ungestörter Gotteserfahrung, ist das Lager der Anima ein von

Insel und Seitenrand 211

Abb. 73 Johannes auf Patmos, Burckhardt-Wildt-Apokalypse, um 1300, Sotheby's, 1983, fol. 7r

Abb. 74 Johannes vor Christus, Burckhardt-Wildt-Apokalypse, um 1300, Sotheby's, 1983, fol. 50v

widerstreitenden Kräften heftig umkämpfter Ort. Vor ihrer Errettung wie danach agiert Anima in einer Sphäre durch und durch körperhafter Erfahrungen: Fesseln, Festhalten, Entlangkriechen, Beißen und Zerren gehören dazu ebenso wie der entschlossene Griff Richtung Seitenwunde. Der Bildprolog scheint somit Auskunft zu geben über ein Seelen-Bild der Besteller und Benutzer der Handschrift, dessen Erwartungen von den Seelen-Räumen der Apokalypse letztlich gar nicht eingelöst werden konnten.

Die Geschichte der englischen Apokalypse-Zyklen ist in der Forschung immer wieder als Prozess einer zunehmenden Säkularisierung gedeutet worden. Ausgangspunkt war dabei die Annahme, dass der „Archetyp" der englischen Zyklen für geistliche Auftraggeber mit dem Ziel einer spirituellen Annäherung an den Text geschaffen worden sei. In späteren Bearbeitungen sei der Zyklus dann schrittweise dem Unterhaltungsbedürfnis eines höfischen Laienpublikums angepasst worden.[61] Unsere Überlegungen zur Lokalisierung der inneren Schau führen zu einem anderen Ergebnis: Obwohl die behandelten Beispiele vorrangig für laikale Auftraggeber bestimmt waren, spricht gerade das hohe Interesse, das sie dem Vorgang der visionären Schau entgegenbringen, für einen durchweg religiös motivierten Gebrauch der Handschriften.[62] Bereits mit den frühesten Beispielen aus der Morgan-Gruppe ist dabei eine Tendenz auszumachen, dem Inneren des Visionärs eine selbständigere Position einzuräumen, als dies in der älteren Tradition der Visionsdarstellung der Fall war. Nach ersten Experimenten mit einer lückenlosen Beschriftung der Bildfläche wird in der Generation der *Getty-Apokalypse* eine neue Stufe der Reflexion über die visionäre Schau erreicht: In sorgfältiger Verkettung werden jetzt mehrere Dispositive (Insel, Seitenrand, Rahmenfenster) so kombiniert, dass das Innere einen apparativen, von der Figur des Visionärs prinzipiell losgelösten Charakter annimmt. Die Modifikationen, die im späten 13. und im frühen 14. Jahrhundert an den Koordinaten der inneren Schau vorgenommen wurden, hebeln dieses apparative Seelenmodell wieder ein Stück weit aus: Die Visionserfahrung des Johannes wird einerseits an einem Ideal der körperlichen Nähe zu Christus ausgerichtet und andererseits allegorisch umgedeutet. Der besonders in der *Burckardt-Wildt-Apokalypse* zutage tretende Wunsch der Benutzer, sich mit den inneren Seherlebnissen des Johannes zu identifizieren, konnte dann leicht zu erheblichen Spannungen und Brüchen im Seelen-Konzept der Handschriften führen.

Anmerkungen

1 Zu einer Zusammenstellung aller erhaltenen Manuskripte dieser Gruppe vgl. EMMERSON/LEWIS 1984–86, Nr. 38–117.

2 Nach den wenigen erhaltenen Besitzeinträgen zu schließen, wurden die Manuskripte sowohl von Geistlichen wie von aristokratischen Laien in Auftrag gegeben. Konkrete Hinweise auf geistliche Auftraggeber finden sich in der *Abingdon-Apokalypse* (Giles de Bridport, Bischof von Salisbury), auf weltliche Besitzer in der *Douce-Apokalypse* (Prinz Eduard I. und Eleonora von Kastilien) und der *Lambeth-Apokalyse* (Lady de Quency). Vgl. die Diskussion in LEWIS 1991, S. 9–13.

3 Zum Visionskonzept der Illustrationen vgl. insbesondere FREYHAN 1955, S. 225–234; NEWMAN 1963, S. 218–220; NOLAN 1977, S. 68–83; LEWIS 1995; KLEIN 1998, S. 262–269.

4 Zu diesem Bildtyp vgl. LEWIS 1995, S. 59–64; KLEIN 1998, S. 262. Wie die gesamte übrige Forschung machen beide Autoren keinen Unterschied zwischen dem Insel-Dispositiv der sog. Morgan-Gruppe mit dem Visionär im Wachzustand und dem späteren Zyklen mit Johannes als Träumer.

5 Vgl. Kapitel 2.

6 *Liber floridus*: Flandern, 3. Viertel 12. Jh. Wolfenbüttel, Herzog August-Bibliothek, Ms. Guelf. 1 Gud. lat. 2°. Pergament, 43,5 x 29,5 cm, 104 Blatt. Vgl. KÖHLER/MILCHSACK 1913, S. 77 (Nr. 4305); SWARZENSKI 1973. Zum Apokalypse-Teil der *Bible moralisée* vgl. insbesondere das Manuskript Wien, Österreichische Nationalbibliothek, Cod. 1176, fol. 223r–246v. Vgl. SCHILLER 1960–91, Bd. 5.1 (1990), S. 206–215; CHRISTE 1997a; TAMMEN 2002. Zur Inselszene dort vgl. SCHILLER 1960–91, Bd. 5.1 (1990), S. 208. Eines der frühesten Beispiele einer Verortung von Johannes auf Patmos ist der in Kapitel 2.3 diskutierte *Osma-Beatus*, Burgo de Osma, Cabildo de la Catedral.

7 Zur Morgan-Gruppe vgl. DELISLE/MEYER 1900–01, S. II–III; FREYHAN 1955, S. 217–219; HENDERSON 1967; KLEIN 1983, S. 65–66.

8 England, um 1250. New York, Pierpont Morgan Library, Ms. M. 524. Pergament, 27,2 x 19,5 cm, 2 Bde. mit

	21 und 56 Blatt. Aufbau: Miniaturen zur Apokalypse mit Auszügen aus dem lateinischen Bibeltext und aus dem Berengaudus-Kommentar (fol. 1r–21v); französischer Kommentar von ca. 1400. Vgl. EMMERSON/LEWIS 1984–86, II, S. 397 (Nr. 90); MORGAN 1988, S. 92–94 (Nr. 122); Lewis 1995, S. 342 (Nr. 9).
9	England, um 1250/60. Oxford, Bodleian Library, Ms. Auct. D.4.17. Pergament, 27,0 x 19,0 cm, 25 Blatt. Aufbau: Miniaturen zur Vorgeschichte des Patmos-Exils (fol. 1r–2v); Miniaturen zur Apokalypse mit Auszügen aus dem lateinischen Bibeltext und aus dem Berengaudus-Kommentar (fol. 3r–22v); Miniaturen zur Johannes-Vita (fol. 22v–23v). Vgl. EMMERSON/LEWIS 1984–86, II, S. 399 (Nr. 95); MORGAN 1988, S. 113–114 (Nr. 131); LEWIS 1995, S. 343 (Nr. 10).
10	England, um 1250. Paris, Bibliothèque nationale, Ms fr. 403. Pergament, 32,0 x 22,5 cm, 52 Blatt. Aufbau: Miniaturen zur Vorgeschichte des Patmos-Exils (fol. 1r–3r); altfranzösische Prosaversion (fol. 2v–45v); Miniaturen zur Apokalypse (fol. 3v–43r); Miniaturen zur Johannes-Vita (fol. 43v–44v). Vgl. DELISLE/MEYER 1900–01; BREDER 1960; OTAKA/FUKUI 1981; EMMERSON/LEWIS 1984–86, II, S. 405–406 (Nr. 107); MORGAN 1988, S. 63–66 (Nr. 103); LEWIS 1990b; LEWIS 1995, S. 343–344 (Nr. 13).
11	FREYHAN 1955, S. 225.
12	Vgl. FREYHAN 1955, S. 225, gefolgt von der gesamten neueren Forschung.
13	Vgl. FREYHAN 1955, S. 225: „John remains the dominant figure, the hero of the book; a hero of a romance like Alexander, who sees fabulous monsters and unheard-of happenings to survive it all and return to tell the tale." Zur Rezeption dieser These vgl. HENDERSON 1967, S. 116–117; PLOTZEK 1979a, S. 189; KLEIN 1983, S. 178–183; KEMP 1987, S. 143; LEWIS 1995, S. 50–53.
14	Vgl. LEWIS 1995, S. 25–30 im Anschluss an MINNIS 1984, S. 28–29 und 75–84.
15	Hingewiesen sei auf eine schöne Parallele zur Auswahl der Vita-Szenen auf einem Johannes-Frontispiz des 12. Jhs.: sog. *Avesnes-Blätter*, England, 1146. Avesnes-sur-Helpe, Musée de la Société archéologique, vgl. AUSST. KAT. LONDON 1984, S. 116 (Nr. 54).
16	Narratologisch kann man die durch die Visionen bewirkte Transformation des Heiligen als Übergang vom Martyrium-Schema zum iterativen Progressions-Schema fassen, vgl. ALTMAN 1975; FIGGE 2000, S. 15–23.
17	Vgl. BERENGAUDUS 1845. Die Datierung des Kommentars ist umstritten, da die historische Identität des Autors auf Konjekturen basiert. Ein Teil der Forschung hält den Kommentar für karolingisch, vgl. KAMLAH 1935, S. 15, Anm. 26; FREYHAN 1955, S. 223–225; NOLAN 1977, S. 8–12; die neuere Forschung zu den englischen Apokalypsen optiert für eine Entstehung im 12. Jh., vgl. KLEIN 1983, S. 172–173; LEWIS 1995, S. 41–43. Inzwischen liegt eine erste theologiegeschichtliche Untersuchung zu Berengaudus vor, die zur Frühdatierung zurückkehrt: VISSER 1996.
18	Der mnemotechnische Gebrauch der englischen Apokalypsen herausgestellt bei LEWIS 1991 und LEWIS 1995, S. 242–259, allerdings ausschließlich im Hinblick auf die späteren Manuskripte der Familie, welche Bild und Text wieder auseinanderdividieren. Zu den Beatus-Handschriften vgl. Kapitel 2.3.
19	Vgl. LEWIS 1995, S. 47: „What the cycles of Gothic Apocalypse illustrations signify can be readily determined by their glosses texts." Vorbehalte gegenüber dem Vorgehen der kunsthistorischen Forschung meldet auch VISSER 1996, S. 20–23, an: Visuelle Übersetzungen von Kommentarpassagen seien nur an wenigen Punkten nachweisbar. Zugleich werde nicht klar zwischen dem Volltext des Berengaudus-Kommentars und der extrem gekürzten und teilweise paraphrasierenden Version der englischen Handschriften unterschieden. Schließlich werde nicht die Gegenprobe geführt, dass eine bestimmte Auslegung wirklich spezifisch für Berengaudus sei.
20	Transkription nach DELISLE/MEYER 1900–01, S. XV. Die Beischrift ist eine freie Paraphrase nach BERENGAUDUS 1845, Sp. 808C–D: „Videtur mihi eamdem significationem habere seniorem, quam et Iohannem, quam etiam angelum fortem; significat enim Patrem veteris testamenti. […] Senior autem prophetas designat, qui dixerunt quo modo et quo tempore venturus esset."
21	Zu diesem negativen Sehmodell passt auch die Beischrift „idolorum cultores", mit der die Gegenspieler des Johannes identifiziert werden. Zum Idolatrie-Diskurs im England des 13. Jhs. vgl. CAMILLE 1989.
22	Vgl. FREYHAN 1955, S. 230–232. Als wichtigstes Beispiel für diesen Übergang ist die Handschrift *Paris fr. 403* (vgl. Anm. 11) anzusehen, welche die Doppelseiten der Morgan-Familie aufsplittet und darunter den Text der altfranzösischen Prosaversion setzt. Eine abweichende Sicht der Entwicklung vertritt Suzanne Lewis: Unter Berufung auf „the overriding importance of the text and commentary in the conception of the pictures for the Berengaudus cycle" nimmt sie für den „Archetyp" eine Seitengliederung mit getrennten Bild- und Textblöcken an und hält die Morgan-Familie dementsprechend für einen Seitenzweig der gesamten Entwicklung, vgl. LEWIS 1990b, S. 33 und LEWIS 1995, S. 48. Da sie für ihre These keine nähere Begründung vorlegt, ist die gängige Rekonstruktion, die von KLEIN 1983 mit zahlreichen Einzelvergleichen detailliert belegt wurde, als erheblich stichhaltiger anzusehen.
23	In der Literatur wird die Darstellung des Johannes als Träumer meist als Kennzeichen aller englischen Apokalypsen ausgegeben, vgl. LEWIS 1995, S. 59–64; KLEIN 1998, S. 262.

24 Die Patmos-Vision bereits als Rahmentraum angesprochen LEWIS 1995, S. 62, die diesen Gesichtspunkt in ihren sehr widersprüchlichen Überlegungen jedoch nicht konsequent durchhält. Die englischen Apokalypse-Zyklen gehören zu den frühesten Beispielen eines Rahmentraums in der Bilderzählung, erst einige Jahrzehnte später entstehen mit den illuminierten Handschriften des *Roman de la Rose* vergleichbar konstruierte Zyklen, vgl. dazu LEWIS 1992c, S. 215; BOGEN 2001, S. 315–322. Zur literarischen Gattung des Rahmentraumes vgl. NEWMAN 1963; LYNCH 1988.

25 Vgl. Kapitel 2.1. In einzelnen Fällen wird der träumende Visionär bereits zum Zeitpunkt der Leuchtervision eingeführt und so in seiner Bedeutung gestärkt, vgl. den in Kapitel 2.3 analysierten *Osma-Beatus von 1086, Burgo de Osma*, Cabildo de la Catedral, fol. 70v; sowie den um die Mitte des 12. Jhs. in Italien gefertigten *Berliner Beatus*, Berlin, Staatsbibliothek Preußischer Kulturbesitz, Ms. theol. lat. fol. 561, fol. 2r; dazu WILLIAMS 1994–2003, Bd. 4, S. 46–47. In beiden Fällen ist auch hier den Traumszenen eine Darstellung mit der Übergabe der Apokalypse in Buchform vorangestellt. Zu älteren Darstellungen des Johannes als Träumer außerhalb von zyklischen Zusammenhängen vgl. LEWIS 1995, S. 62–63 und KLEIN 1998, S. 250–252.

26 Hofschule von Westminster, um 1260, Los Angeles, J. Paul Getty-Museum, Ms. Ludwig III.1 (83.MC.72) (nach ihrem Vorbesitzer C. W. Dyson Perrins in der älteren Literatur als *Dyson-Perrins-Apokalypse* geführt). Pergament, 32,0 x 22,4 cm, 41 Blatt, 5 Blatt am Schluss verloren. Aufbau: Anonymer Prolog *Piissimo cesari* (fol. 1r–1v); gekürzter lateinischer Apokalypse-Text und Auszüge aus dem Berengaudus-Kommentar (fol. 2r–41v). Vgl. PLOTZEK 1979b; EMMERSON/LEWIS 1984–86, S. 392 (Nr. 80); LEWIS 1992a; LEWIS 1995, S. 342 (Nr. 7); KLEIN 2000a. Zu Zuschreibung und Datierung vgl. HENDERSON 1968, S. 103–113; KLEIN 1983, S. 68; MORGAN 1988, S. 98–100 (Nr. 124).

27 Neben den Handschriften der Morgan-Gruppe waren im 13. Jh. fünf weitere Handschriften mit Johannes-Szenen versehen: die *Getty-Apokalypse* und ihre Schwesterhandschrift London, British Library, Ms. Add. 35166; die *Trinity-Apokalypse* (Cambridge, Trinity College, Ms R.16.2); London, Lambeth Palace Library, Ms. 434; Windsor, Eton College, Ms. 177. Die *Lambeth-Apokalypse* (vgl. Anm. 52) bringt den kompletten Vita-Zyklus im Anschluss an die Apokalypse-Szenen. Vgl. die Übersicht zur Szenenauswahl der verschiedenen Kodizes in: FAKS. LAMBETH-APOKALYPSE 1990, Bd. 2, S. 337–338. In einigen der später datierenden Gruppen der englischen Apokalypsen (Metz-Gruppe, Cloisters-Gruppe, Zyklen mit der altfranzösischen Prosaversion) werden die Johannes-Szenen komplett weggelassen, vgl. Abschnitt 3 dieses Kapitels.

28 Von diesen vier Namen, die zum Allgemeingut der englischen Zyklen des 13. Jhs. gehören, können nur Sardis und der Bosporus sicher identifiziert werden, für Garmosia und Tilis ließ sich keine Überlieferung außerhalb der Handschriften ausfindig machen. Dass mit den vier Inseln eine Auswahl der kleinasiatischen Empfängergemeinden gemeint sei, wie von Ruth Mettler in FAKS. LAMBETH-APOKALYPSE 1990, Bd. 2, S. 42 vermutet, erscheint mir wenig plausibel, besteht doch keinerlei Grund, weshalb die anderen drei Gemeinden neben Sardis nicht unter ihrem richtigen Namen hätten genannt werden sollen.

29 Zur *quincunx* in der mittelalterlichen Bildkunst vgl. ESMEIJER 1978; KEMP 1994, S. 43–46.

30 Nur ein Teil der englischen Handschriften macht von diesen Elementen Gebrauch, um das Verhältnis zwischen Visionär und Visionsbild zu charakterisieren, vgl. FREYHAN 1955, S. 232–233.

31 Die Handschrift (vgl. Anm. 56) war Teil eines Konvoluts illustrierter Kodizes, welches sich der Baseler Sammler Daniel Burckhardt-Wildt im späten 18. Jh. für ein Bilderalbum zurichten ließ. Eine 1983 von Sotheby's London durchgeführte Auktion hat die einzelnen Blätter unterschiedlichen Sammlungen zugeführt und damit die Separierung der Miniaturen zum Abschluss gebracht.

32 RUSKIN 1958, S. 488 (Eintragung vom 3. Januar).

33 So verschiedene Abbildungen zur *Getty-Apokalypse* in SCHILLER 1960–91, Bd. 5.2 (1992): S. 461 (Nr. 432), 463 (Nr. 439), 479 (Nr. 472 und 474), 581 (Nr. 695).

34 Vgl. CAMILLE 1998.

35 Zu den unterschiedlichen Formen der Differenzierung von Haupt- und Kommentartext in den englischen Apokalypsen vgl. LEWIS 1992b, S. 260.

36 ILLICH 1991, S. 105.

37 ILLICH 1991, S. 113. Vgl. auch DE HAMEL 1984; PARKES 1991.

38 Vgl. die ausführliche Diskussion künstlerischer Umsetzungen des Deus artifex-Gleichnisses im Mittelalter bei BOGEN 2001, S. 121–159 und S. 209–222.

39 Santo Domingo de Silos, 1091–1109. London, British Library, Ms. Add. 11695, beispielsweise fol. 110v–111r (Bändigung der vier Winde), fol. 138v–139r (Vermessung des Tempels). Vgl. WILLIAMS 1994–2003, Bd. 4, S. 31–40. Unter den englischen Apokalypsen ist es interessanterweise die *Trinity-Apokalypse*, die nachweislich ein Beatus-Modell rezipiert, welche diese älteren Formen der Ausgliederung des Sehers aufgreift: England, um 1250/60. Cambridge, Trinity College, Ms. R.16.2, z. B. fol. 4v (Thronsaalvision). Vgl. FAKS. TRINITY-APOKALYPSE 2004; MCKITTERICK 2005.

Insel und Seitenrand 215

40 Die einzige Parallele in dieser Hinsicht sind einzelne Handschriften der französischen *Bible moralisée*, welche wenige Jahrzehnte vor den englischen Apokalypse-Zyklen in ihrem abschließenden Apokalypse-Teil die Außenposition des Sehers bereits in größerem Umfang erproben, wenn auch ohne das im Folgenden diskutierte Element des Rahmenfensters. Vgl. insbesondere das Manuskript Wien, Österreichische Nationalbibliothek, Cod. 1176, fol. 223–246v. Hierzu zuletzt TAMMEN 2002.

41 Vgl. CAMILLE 1992a. Zu Themen, Motiven und Orten der Marginalkunst vgl. RANDALL 1966; KRÖLL 1994.

42 CAMILLE 1992a, S. 48.

43 Ich übergehe hier den in *Getty* noch viel häufiger zu beobachtenden Fall, dass *marginalia* als Initialfüllung verwendet werden, auch hier in einem klar vom übrigen Text abgeschiedenen Bereich. Zum Zusammenspiel dieser Buchstabenbewohner mit den Miniaturen vgl. LEWIS 1992a und KLEIN 2000a, mit weit auseinanderliegenden Deutungsvorschlägen.

44 Vgl. LEWIS 1995, S. 20: „Standing outside the frame [...] he shares a place in the corporeal world of the reader, clearly distinguishable from the spiritual, timeless realm represented within." Vgl. auch FREYHAN 1955, S. 234; HOLLÄNDER 1986, S. 79; KLEIN 1998, S. 264–268.

45 Vgl. FREYHAN 1955, S. 232; ROHLFS-VON WITTICH 1955, S. 111–112; HAHN 1993, S. 156–159; LEWIS 1995, S. 37–38; HAHN 2001, S. 285, 289–291 und 400–401, Anm. 40. Im Zentrum der Diskussion steht die *Vie de Seint Auban* des Matthew Paris, St. Albans, um 1240, Dublin, Trinity College Library, Ms. 177. Auf fol. 31r blickt der noch nicht zum Christentum bekehrte Alban durch ein Fenster auf den in einer Kirche betenden Amphibalus. Das folgende Doppelblatt (fol. 31v–32r) zeigt die Taufe Albans, die wiederum von einem Sarazenen durch ein Fenster beobachtet wird. Zur Handschrift ausführlich HAHN 2001, S. 282–317.

46 Vgl. KLEIN 1998, S. 264–268; KLEIN 2000a, S. 105.

47 Rheinland, um 1220/30, Lucca, Biblioteca Statale, Cod. 1942; vgl. Kapitel 9.1. Bayern, um 1220/30, Berlin, Staatsbibliothek, Ms. germ. fol. 282. Pergament, 25,5 x 17,5 cm, 74 Blatt. Vgl. Renate Schipke, Heinrich von Veldeke. Eneasroman, in: AUSST. KAT. BERLIN 2003, S. 62–65 (Nr. 22).

48 Vgl. Jean-Marie Floch/Felix Thürlemann, Semi-symbolique (système, langage, code), in: GREIMAS/COURTÉS 1979–86, Bd. 2, S. 203–206; BOGEN/THÜRLEMANN 2003, S. 17–21.

49 Zu dieser Tendenz vgl. LEWIS 1995, S. 272–336.

50 England, um 1260/70. London, Lambeth Palace Library, Ms. 209. Pergament, 27,2 x 20,0 cm, 56 Blatt. Aufbau: Mönch, eine Madonnenstatue bemalend (fol. iiv); Apokalypse-Zyklus mit Auszügen aus dem lateinischen Apokalypse-Text und dem Berengaudus-Kommentar (fol. 1r–39v); Christophorus (fol. 40r); Johannes-Vita (fol. 40v–45r); Marienwunder (fol. 45v–47v); Autorenporträt von Johannes; Maria mit der Auftraggeberin (fol. 47v–48r); Seraph; *Noli me tangere*, Heiligenbilder; Kreuzigung; Veronika (fol. 48v–53v). Vgl. MORGAN 1988, S. 101–106 (Nr. 126); FAKS. LAMBETH-APOKALYPSE 1990. Zur Miniatur auf fol. 1r vgl. Ruth Mettler, in: ebd., Bd. 2, S. 41–43. Zu den Miniaturen außerhalb des Apokalypse-Teils vgl. Nigel Morgan, in: ebd., Bd. 2, S. 203–220; LEWIS 1995, S. 236–237 und 273–296.

51 Eine solche Hinzufügung hat nachträglich auch in der *Lambeth-Apokalypse* stattgefunden. Dem Inselraum gegenüberliegend wurde die Darstellung eines Bildwunders angebracht: Eine kleinformatige Marienfigur verlebendigt sich, während sie von einem Mönch bemalt wird, vgl. Nigel Morgan, in: FAKS. LAMBETH-APOKALYPSE 1990, Bd. 2, S. 203–204.

52 England, um 1335/39. Cambridge, Corpus Christi College, Ms. 20. Pergament, 37,0 x 26,0 cm, 72 Blatt. Aufbau: Apokalypse-Zyklus mit Auszügen aus dem Vulgatatext, der französischen Versversion und einem französischen Prosakommentar *la grace de ihesu nostre seignour* (fol. 1r–60v); Zyklus zur Jenseitsreise des Paulus mit *Descente de saint Paul en enfer* und *Visio S. Pauli* (fol. 61r–67v); Krönungsordo für Edward II. mit Darstellung des Krönungszeremoniells (fol. 68r–72v). Auftraggeber ist Henry Lord of Cobham. Vgl. EMMERSON/LEWIS 1984–86, Teil II, S. 372–373 (Nr. 42); Paul Binski, Metrical Apocalypse, Descent into Hell and Visions of St. Paul, and Coronation Order, in: AUSST. KAT. CAMBRIDGE 2005, S. 136–138 (Nr. 51).

53 Vgl. VOLFING 1994, S. 8–18.

54 Lothringen, um 1300, Pergament, 50 Blatt. Aufbau: 5 ganzseitige Miniaturen (fol. 1v–6r); lateinischer Apokalypse-Text mit Berengaudus-Kommentar (fol. 7r–50v). Einen Überblick zum gesamten Bildbestand des Manuskripts gibt AUKT. KAT. LONDON 1983, S. 35–121. Zu Lokalisierung und Datierung vgl. DE WINTER 1983.

55 Vgl. CAMILLE 1987 und LEWIS 1995, S. 296–309.

56 CAMILLE 1987, S. 152–153 und LEWIS 1995, S. 306–309 verweisen beide darauf, dass die Kompilation der Bibelzitate in den ersten drei Bildern einen hohen theologischen Bildungsgrad zumindest auf Seiten des Konzeptors der Handschrift voraussetze. Beide halten sowohl eine Nonne wie eine von geistlicher Seite beratene Laiin für mögliche Benutzer der Handschrift.

57 Vgl. LEWIS 1995, S. 306.

58 DEUM QUI TE GENUIT DERELIQUISTI ET OBLITUS ES DOMINI CREATORIS TUI. PROPTEREA DEUS DESTRUET TE ET ELEUET TE DE TABERNACULO TUO ET RADICEM TUAM DE TERRA UIUENTIUM („Gott, der dich gezeugt, verließest Du, und vergaßest Deines Herrn und Schöpfers", Dt 32, 18. „So wird Gott dich niederbrechen auf immer, dich herausreißen aus dem Zelte und dich entwurzeln aus dem Land der Lebenden", Ps 51, 7). Die Transkription des Textes nach AUKT. KAT. LONDON 1983, S. 40.

59 Die Transkription des Textes nach AUKT. KAT. LONDON 1983, S. 40.

60 Vgl. hierzu die Überlegungen von TAMMEN 2006 zur Rolle der Seitenwunde in der spätmittelalterlichen Buchkunst.

61 Vgl. FREYHAN 1955; HENDERSON 1967, S. 116–117; KLEIN 1983, S. 171–184; KLEIN 1998. Die Verlagerung des Gebrauchs glaubte man auch an den unterschiedlichen Textkorpora der Handschriften festmachen zu können: der „Archetyp" mit einer lateinischen Redaktion ausgestattet, welche Auszüge des Apokalypse-Texts mit Passagen aus dem Apokalypse-Kommentar des Berengaudus kombiniert, die höfischen Derivate mit einer altfranzösischen Redaktion, welche neben der volkssprachlichen Übersetzung einen anonymem Kommentarteil enthält (ediert in DELISLE/MEYER 1900–01, S. 1–131). Ein genauerer Blick auf das Material zeigt allerdings, dass sich diese Zuordnung nicht aufrechterhalten lässt. Die *Abingdon-Apokalypse*, die vom Bischof von Salisbury, Giles de Bridport, in Auftrag gegeben wurde, hat einen lateinischen Text und altfranzösische Glossen.

62 Prinzipiell in die gleiche Richtung argumentiert bereits Suzanne Lewis, wobei ich viele ihrer Überlegungen zur visionären Schau und zum Verhältnis von Bild und Text nicht teile, vgl. LEWIS 1991, S. 9–13; LEWIS 1992b; LEWIS 1995, S. 235–271.

Tafel I Gregor als Autor des Ezechiel-Kommentars, ein Mönch überreicht dem Herrscher ein Buch, Ezechiel-Kommentar, frühes 11. Jahrhundert, Bamberg, Staatsbibliothek, Msc. Bibl. 84, fol. 1av

Tafel II Erscheinung des Thronenden, Bamberger Kommentare, um 1000, Bamberg, Staatsbibliothek, Msc. Bibl. 76, fol. 10v

Tafel III Initialseite mit Jesaja und Seraph, Bamberger Kommentare, um 1000, Bamberg, Staatsbibliothek, Msc. Bibl. 76, fol. 11r

Tafel IV Nebukadnezars Traum von der Statue, Bamberger Kommentare, um 1000, Bamberg, Staatsbibliothek, Msc. Bibl. 22, fol. 31v

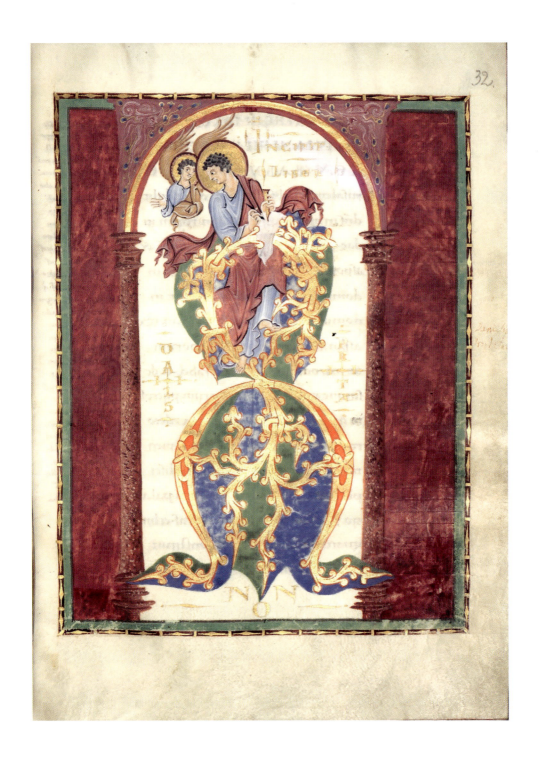

Tafel V Initialseite mit Daniel und einem Engel, Bamberger Kommentare, um 1000, Bamberg, Staatsbibliothek, Msc. Bibl. 22, fol. 32r

Tafel VI Die irdische Kirche, Bamberger Kommentare, um 1000, Bamberg, Staatsbibliothek, Msc. Bibl. 22, fol. 4v

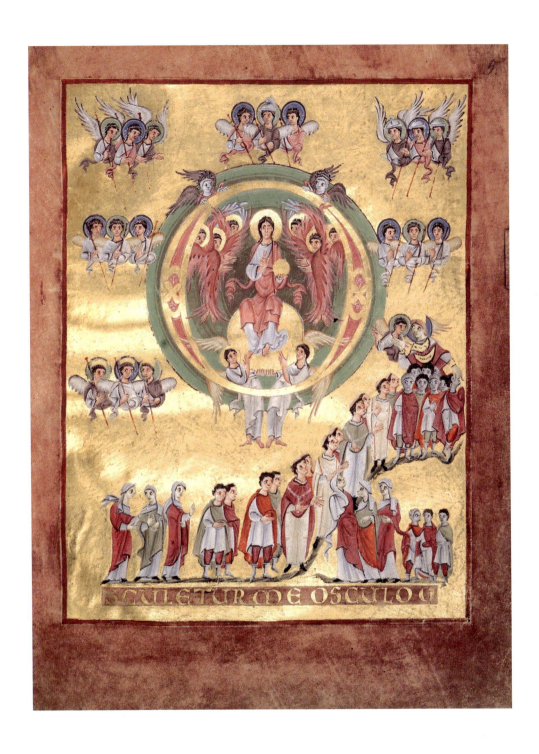

Tafel VII Initialseite mit Christus und den Himmelschören, Bamberger Kommentare, um 1000, Bamberg, Staatsbibliothek, Msc. Bibl. 22, fol. 5r

Tafel VIII Johannes empfängt die Apokalypse von Christus, Bamberger Apokalypse, um 1000/20, Bamberg, Staatsbibliothek, Msc. Bibl. 140, fol. 1r

Tafel IX Leuchtervision, Bamberger Apokalypse, um 1000/20, Bamberg, Staatsbibliothek, Msc. Bibl. 140, fol. 3r

Tafel X Huldigung der Ältesten und das versiegelte Buch, Bamberger Apokalypse, um 1000/20, Bamberg, Staatsbibliothek, Msc. Bibl. 140, fol. 11v

Tafel XI Vision des Himmlischen Jerusalem, Bamberger Apokalypse, um 1000/20, Bamberg, Staatsbibliothek, Msc. Bibl. 140, fol. 55r

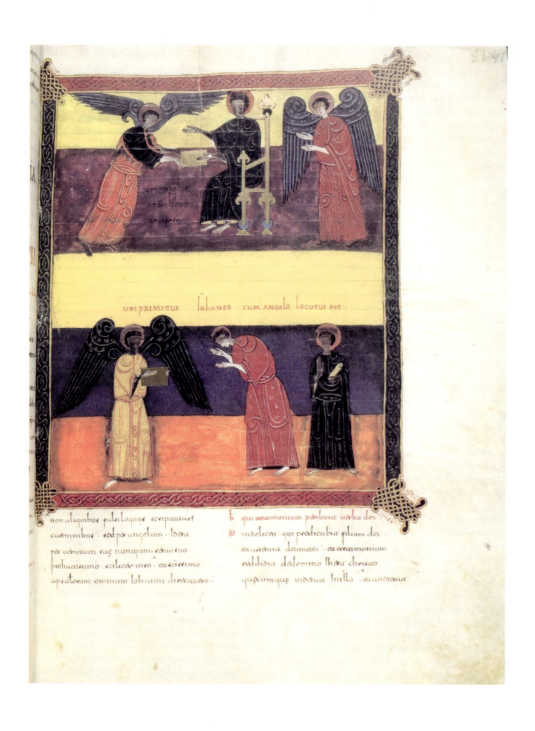

Tafel XII Sendung der Apokalypse an Johannes, Facundus-Beatus, 1047, Madrid, Biblioteca Nacional, MS Vitrina 14-2, fol. 41r

Tafel XIII Leuchtervision, Facundus-Beatus, 1047, Madrid, Biblioteca Nacional, MS Vitrina 14-2, fol. 46r

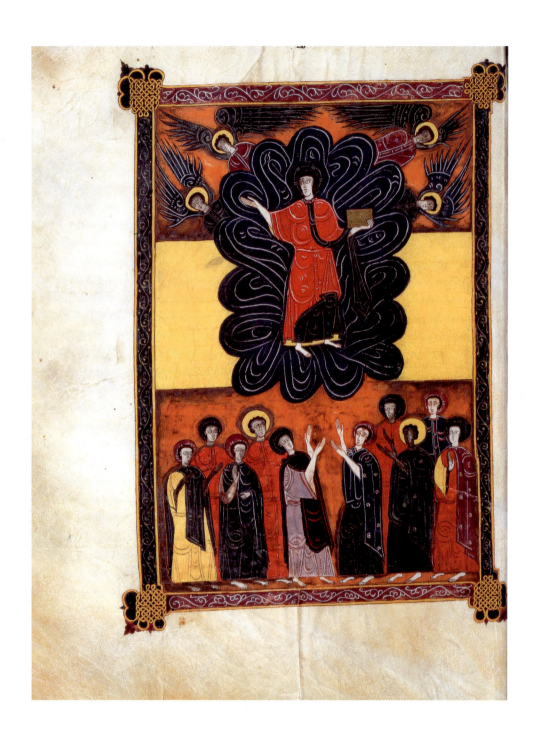

Tafel XIV Erscheinung des Menschensohns in den Wolken, Facundus-Beatus, 1047, Madrid, Biblioteca Nacional, MS Vitrina 14-2, fol. 43v

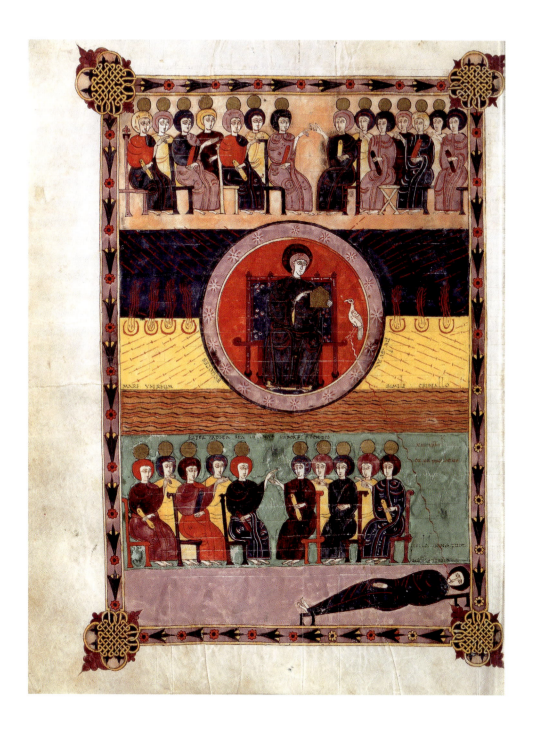

Tafel XV Thronsaalvision, Facundus-Beatus, 1047, Madrid, Biblioteca Nacional, MS Vitrina 14-2, fol. 112v

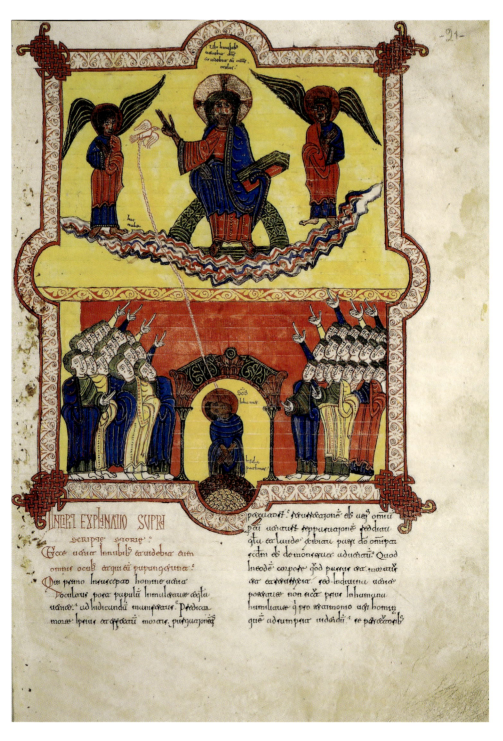

Tafel XVI   Erscheinung des Menschensohns in den Wolken, Osma-Beatus, 1086, Burgo de Osma, Cabildo de la Catedral, Ms. 1, fol. 21r

Tafel XVII Thronsaalvision, Osma-Beatus, 1086, Burgo de Osma, Cabildo de la Catedral, Ms. 1, fol. 70v

Tafel XVIII Wurzel Jesse, Bibel von Saint-Bénigne, um 1125/35, Dijon, Bibliothèque municipale de Dijon, Ms. 2, fol. 148r (Foto: E. Juvin)

Tafel XIX Wurzel Jesse und Figureninitiale mit Jesaja, Jesaja-Kommentar, um 1125/35, Dijon, Bibliothèque municipale de Dijon, Ms. 129, fol. 4v–5r (Foto: E. Juvin)

Tafel XX Ezechiels Vision des Tetramorphen, Bibel von Saint-Bénigne, um 1125/35, Dijon, Bibliothèque municipale de Dijon, Ms. 2, fol.195 (Foto: E. Juvin)

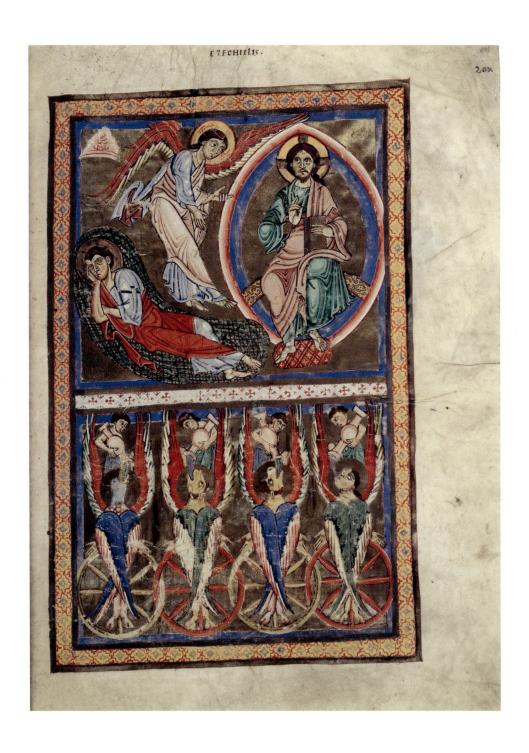

Tafel XXI Ezechiels Vision des Tetramorphen, Admonter Bibel, um 1140, Wien, Österreichische Nationalbibliothek, N.S. Cod. 2701, fol. 206r

Tafel XXII Die Träume Heinrichs I. von den Bauern und Rittern, Worcester-Chronik, um 1130/40, Oxford, Corpus Christi College, Ms. 157, p. 382 (Foto: Corpus Christi College, Oxford/The Bridgeman Art Library)

Tafel XXIII Der Traum Heinrichs I. von den Geistlichen, Überfahrt Heinrichs, Worcester-Chronik, um 1130/40, Oxford, Corpus Christi College, Ms. 157, p. 383 (Foto: Corpus Christi College, Oxford/The Bridgeman Art Library)

ad exponendum ⁊ indocta ad scriben/
dum ea dic ⁊ scribe illa ñ sedm os homi/
nis. nec sedm intellectum humane ad/
inuentionis nec sedm uoluntatē huma/
nę compositionis. s; sedm id quod ea in
cęlestibʒ desup in mirabilibʒ dī uides ⁊ au/
dis. ea sic edisserendo pserens. quemadmo/
dum ⁊ auditor uerba pceptoris sui percipi/
ens. ea sedm tenorē locutionis illius ipso uo
lente. ostendente. ⁊ pcipiente ppalat. Sic
g ⁊ tu ó homo. dic ea q̃ uides ⁊ audis ⁊ sc/
be ea non sedm te. nec sedm aliū homi/
nem s; secundū uoluntatē scientis uiden
tis ⁊ disponentis omnia in secretis miste/
riorum suorum. Et iteru audiui uoce
de cęlo michi dicentē. Dic g̃ mirabilia
hec. ⁊ scribe ea hoc modo edocta ⁊ dic.

Ecce quadra/
gesimo tercio
temporalis cur/
sus mei anno
cum celesti uisi/
oni magno ti/
more ⁊ tremu/
la intentione inhererem uidi maxi/
mū splendorē. in quo facta ē uox
de cęlo ad me dicens. O homo fragi
lis ⁊ cinis cineris ⁊ putredo putredi/
nis. dic ⁊ scribe q̃ uides ⁊ audis. Sed
quia timida es ad loquendū ⁊ simplex

Factum ē in millesimo centesimo
quadragesimo pmo filii dī ihū x̄
incarnationis anno. cū q̃draginta duoʒ
annoʒ septē q; msiumq; eem maxime coru
tionis igneū lum apto celo ueniens totū
cerebrū meū trsfudit. ⁊ totū cor totūq;
pectus meū uelut flamma ñ tam ar
dens s; calens ita inflammauit. ut sol
rem aliquam calefacit. sup quam radi
os suos ponit. Et repente intellectum
expositionis libroʒ uidelicet. psalterii
euuangelii ⁊ alioʒ catholicoʒ tam ue/
teris quam noui testamenti uolumi
num sapiebam. nō autē interpretatio
nem uerboʒ textus eoʒ nec diuisione

Tafel XXIV Hildegards Inspiration, Kopie des Wiesbadener Scivias (um 1170/80, ehem. Wiesbaden, Hessische Landesbibliothek, Ms. 1), Eibingen, Bibliothek der Abtei St. Hildegard, fol. 1r

aliam pfunditatem expositionis libroz ut pdixi sentiens. uiribusq; receptis. de egritudine me erigens uix opus istud decem annis consummans ad finem pduxi. In diebus autem HEINRICI moguntini archiepi. ꞇ Conradi roma, nouum regis ꞇ Cunonis abbatis in monte beati dysibodi pontificis. sub papa Eugenio he uisiones ꞇ uerba facta sunt. Et dixi ꞇ scpsi hec ñ secundū adinuentione cordis mei aut ullius hominis. sed ut ea in celestib; uidi. audiui ꞇ pcepi. p secreta misteria dī. Et iterum audiui uocem de celo michi dicentem. Clama ꞇ scribe sic.

Incipiunt capitula libri scivias
SIMPLICIS HOMINIS.
Capitula pme uisionis pme partis.

i. De fortitudine ꞇ stabilitate eternitati regni dei.
ii. De timore domini.
iii. De his qui paupes spū sunt.
iiii. Quod uirtutes a do uenientes. timētes dm ꞇ paupes spū custodiunt.
v. Quod agnitioni dī abscondi ñ possunt studia actuum hominum.
vi. Salemon de eadem re.

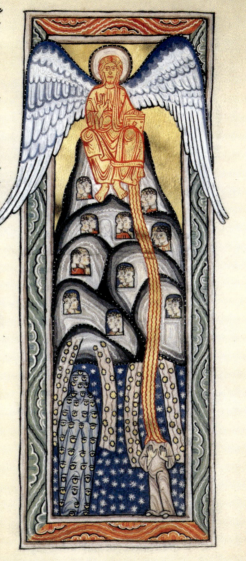

Tafel XXV Vision des Thronenden auf dem Berg, Kopie des Wiesbadener Scivias (um 1170/80, ehem. Wiesbaden, Hessische Landesbibliothek, Ms. 1), Eibingen, Bibliothek der Abtei St. Hildegard, fol. 2r

uirtutū inturri flamīb̄ singulis
marcī suo. ītē de duab̄. uirta
ftanīb̄. q̄d ftatuſ eī habituſ carū
significēt. In uiī. de colūna tribi
li treſ acutoſ anguloſ habente.
De patarchis ꝓphis de aplis eī
martȳrib̄. de multitudine, eī hu
mana. De sciencia di. de ipliˢ fla
gello. De modis caftigationū eī ē
solationū di. In v̄. de capite mira
bili forme eī tribili. De querimo
nia clerox̄. de eccla eī dedicatio
ne. de decimis eī arch. ecclastici eī
de aliis quā plurimis. In vi. de
spuali magisterio. eī de poten
tia sclari iputa. lux̄. de spualib̄.
eī sclarib̄. inq̄tuor eī iiii. diui
sis. De diuifis cauſis eī differenīs
eoꝝ. De viii. uirutib̄. eī q̄d ftat
eī habituſ carū significēt.
In vii. de mirabili colūna ineft
mabilis ğititatis. de trinitate
eī differenīa triū ꝑsonarū.
In viii. de colūna maxima eī
umbrosa. De ūbis octo uirtutū
eī p̄cipue de mellistua eī suaui
admonitione gīe di. De vii. do
nis ſcī ſpſ. eī q̄d ftatuſ eī habit
p̄dictarū uirtutū significēt.
In viii. cunc turris lucidissi
ma eī uerba. viii. uirtutū eī mul
ta de cuſamb̄. ī eccla eī ftatus
eī habit p̄dictarū uirtutū eī
q̄d significēt. nᵐ x̄ v̄ ẽ ſ vii. gradus
eī ſup hos sedes posita. sup qm
iuuenis. eī eī uba dulcisona ad
hoīes ī mundū. De iū uba. v. iīa
rū q̄d ftat, eī habit carū signif

eī alia queda. In xi. de v̄. beftiis ꝓſu
nes. v̄ adapices. v̄. sup collē ligans.
De pdicto iuuene. eī muliebri ima
gine de capite monstruoso. De filiis
pdītionis crudeli psecutione. eī mi
raculis eī poteftate de helia eī enoch.
eī fine mundi. In xii. de ẽcussione
elemōx̄. de tremore fulgurū tonirū
de casu momū eī silūarū. eī resur
rectione. De signans eī n̄ signans
de florib̄ di. De iudicantiī eī iudi
candis. de mutatione elemētorū.
In xiii. cũnc de lucidissimo ae
re. De mirabili eī diuiso genere
musicoꝝ. De simphonia ī laudib̄.
ſ. marie eī cīuī sup̄noꝝ gaudioꝝ
eī omniū scōꝝ.

Tafel XXVI Hildegard und Volmar, Heidelberger Scivias, um 1200, Heidelberg, Universitätsbibliothek, Cod. Sal. X,16, fol. 3v

Tafel XXVII Wurzel Jesse-Initiale, Heidelberger Scivias, um 1200, Heidelberg, Universitätsbibliothek, Cod. Sal. X,16, fol. 4r

Tafel XXVIII Messwunder und Himmelsschau der Birgitta, Revelaciones, um 1380, New York, Pierpont Morgan Library, M.498, fol. 4v

Tafel XXIX Empfang und Weitergabe des Liber celestis imperatoris, Revelaciones, um 1380, New York, Pierpont Morgan Library, M.498, fol. 343v

Tafel XXX Traum Martins von der Mantelspende, Bamberger Sakramentar, um 1000, Bamberg, Staatsbibliothek, Ms. Lit. 1, fol. 170r

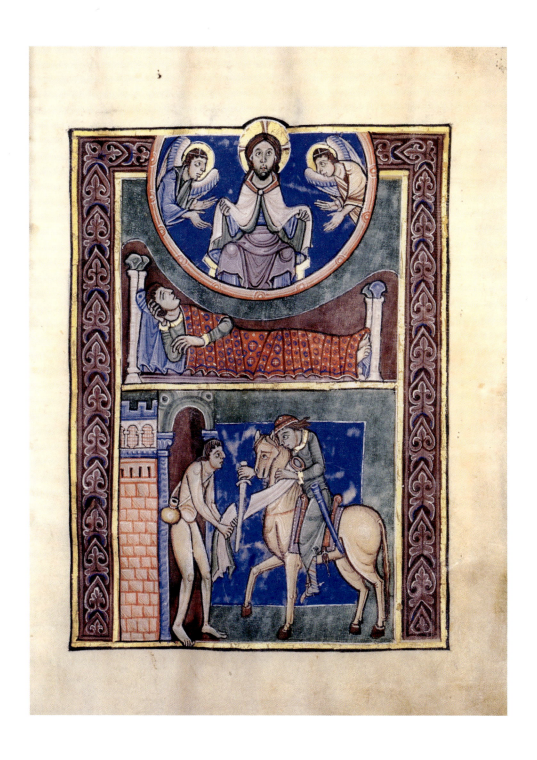

Tafel XXXI Traum Martins von der Mantelspende, Albans-Psalter, um 1120/30, Hildesheim, Dombibliothek, Ms. St. Godehard 1, p. 53

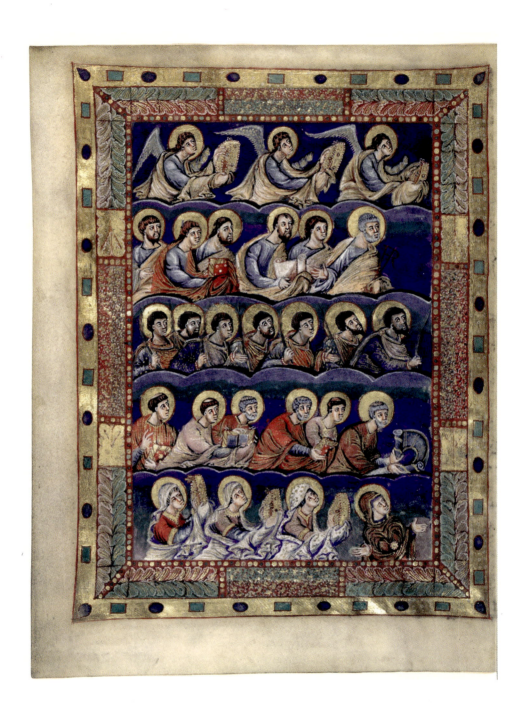

Tafel XXXII Himmelschöre, Metzer Sakramentar, um 870, Paris, Bibliothèque Nationale, Ms. lat. 1141, fol. 5v

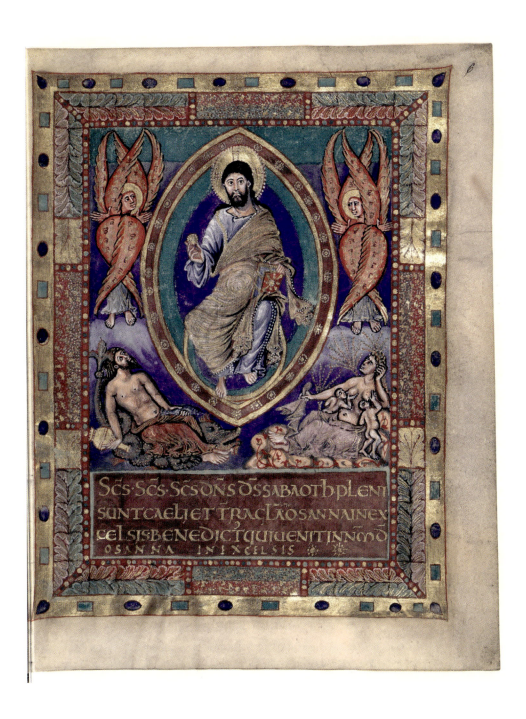

Tafel XXXIII Maiestas Domini, Metzer Sakramentar, um 870, Paris, Bibliothèque Nationale, Ms. lat. 1141, fol. 6r

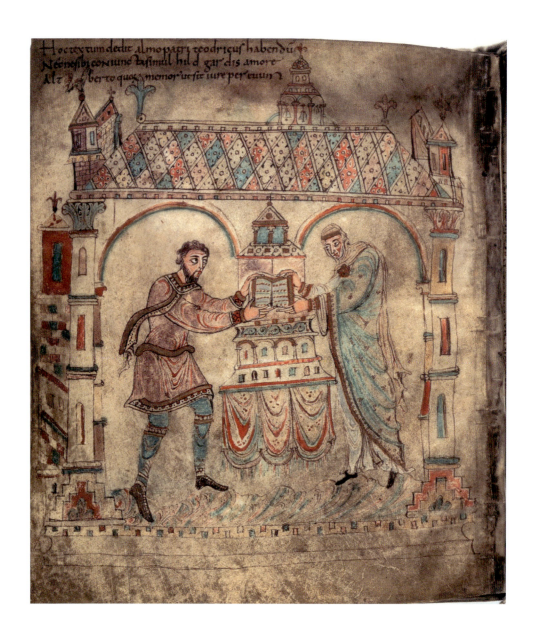

Tafel XXXIV Dietrich und Hildegard bringen das Evangeliar auf einem Altar dar, Evangeliar von Egmond, um 975, Den Haag, Koninklijke Bibliotheek, Hs. 76 F 1, fol. 214v

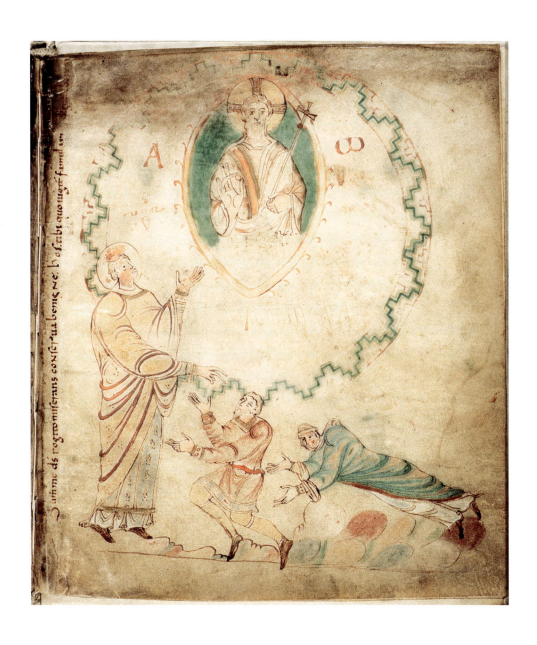

Tafel XXXV Dietrich und Hildegard vor Adalbert und Christus, Evangeliar von Egmond, um 975, Den Haag, Koninklijke Bibliotheek, Hs. 76 F 1, fol. 215r

Tafel XXXVI Predigt des Johannes und Taufe der Drusiana, Bilderapokalypse, um 1250/60, Oxford, Bodleian Library, Ms. Auct. D.4.17, fol. 1r

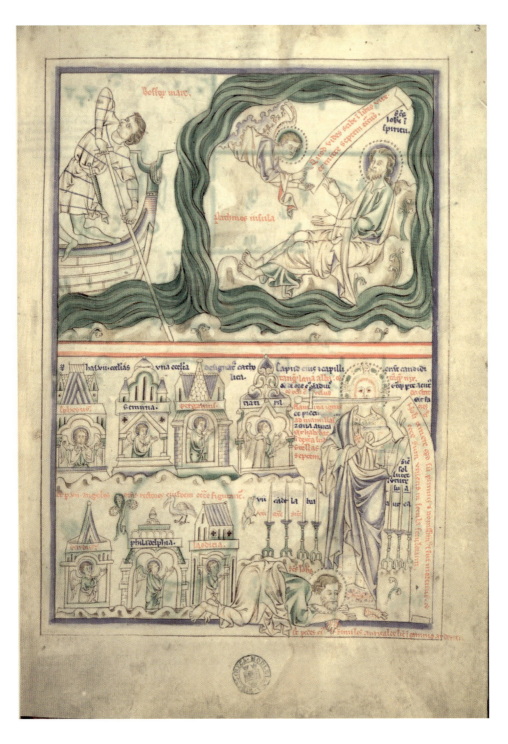

Tafel XXXVII Johannes auf Patmos und Leuchtervision, Bilderapokalypse, um 1250/60, Oxford, Bodleian Library, Ms. Auct. D.4.17, fol. 3r

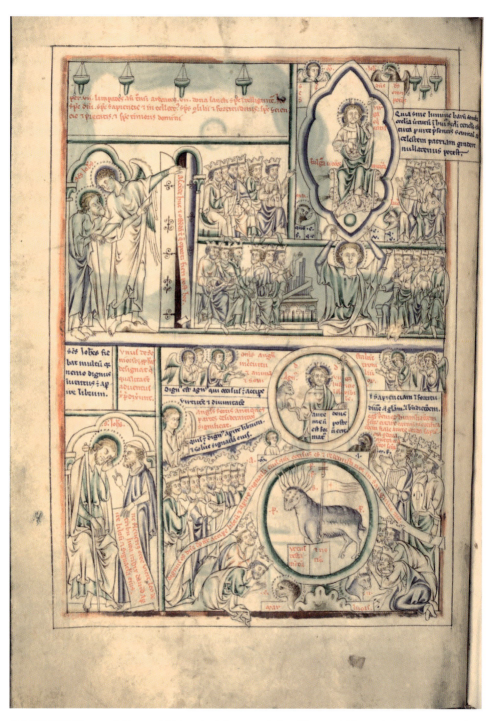

Tafel XXXVIII Thronsaalvision und Dialog des Johannes mit dem Ältesten, Bilderapokalypse, um 1250/60, Oxford, Bodleian Library, Ms. Auct. D.4.17, fol. 3v

Tafel XXXIX Johannes vor Domitian, Ölmarter des Johannes, Getty-Apokalypse, um 1260, Los Angeles, J. Paul Getty-Museum, Ms. Ludwig III.1 (83.MC72) fol. 1r (Foto: The J. Paul Getty Museum, Los Angeles)

videns uero proconsul cum de doleo crisse unctum uo adustum obstupefactus uo luit eum libertati sue restituere. Et fecisset nisi tumultu uisioni uige contrarie. Hoc aut cum domiciano relatum fuisset, precepit sanctum Johannem apostolum in exilium duci in insula que pathmos dr̄ in qua et apocalipsim que a nomine eius legitur uidit et scripsit. Domicianus u eodem anno quo iussit sanctum Johannem exiliari a senatu romano interfectus. Ad quietem tandem pero ipsius sanctissimi apli et ellungeliste Johannis digna memoria apostolicam constantiam xpicole in supradicto loco aut portam latinam preclaro ope ecclesiam construxerunt. Vbi festiuum concursum usque hoste fideles populi faciunt. Interfecto aut a senatu domiciano exilio resolutus recessit ephesum ibique ob hereticorum refutadas neruntias rogatus dicitur ab omnibus asie epis et presbyteris. quia iam in tribus euangeliorum libris de humilitate salua torē habebunt. ut et de diuinitate sermonem faceret atque ad memoriam futuroȝ scripta relinqueret maxime ad uincendum illoȝ heresem qui dicebant xp̄m ante mariam non fuisse. Beatus apostolus quod petebatur primum se negauit facturū. Sz precatorib; in prece perseuerantib; non aliter adquieuit. nisi omnes triduano ieiunio dn̄m i omune precarentur. Qd cum fecissent. die tercia tanta gratia spiritus sancti scdm sui nominis ggruitatem interpretationem dicitur eo repletus ut usque ad contemplandū p̄ris et filii et sp̄s sc̄i diuinitatem mente raperet. et de esse uite purissimo fonte potaret quod nob̄ sitientibus appararet. Vn̄ et euangelii tale est exordium. In principio erat uerbum. et uerbum erat apud deum. et deus erat uerbum.

Tafel XL Johannes wird nach Patmos gebracht, Getty-Apokalypse, um 1260, Los Angeles, J. Paul Getty-Museum, Ms. Ludwig III.1 (83.MC72) fol. 1v (Foto: The J. Paul Getty Museum, Los Angeles)

Tafel XLI Traum des Johannes auf Patmos, Getty-Apokalypse, um 1260, Los Angeles, J. Paul Getty-Museum, Ms. Ludwig III.1 (83.MC72) fol. 2r (Foto: The J. Paul Getty Museum, Los Angeles)

Tafel XLII Die Vierundzwanzig Ältesten vor Gott, Getty-Apokalypse, um 1260, Los Angeles, J. Paul Getty-Museum, Ms. Ludwig III.1 (83.MC72) fol. 4v (Foto: The J. Paul Getty Museum, Los Angeles)

Tafel XLIII Johannes an der Brust Christi, Johannes auf Patmos verbannt, Apokalypse, frühes 14. Jahrhundert, Cambridge, Corpus Christi College, Ms. 20, fol. 1r

Tafel XLIV–XLV   Apokalypse-Tafeln, um 1330/40, Stuttgart, Staatsgalerie, Inv. Nr. 3082/3100

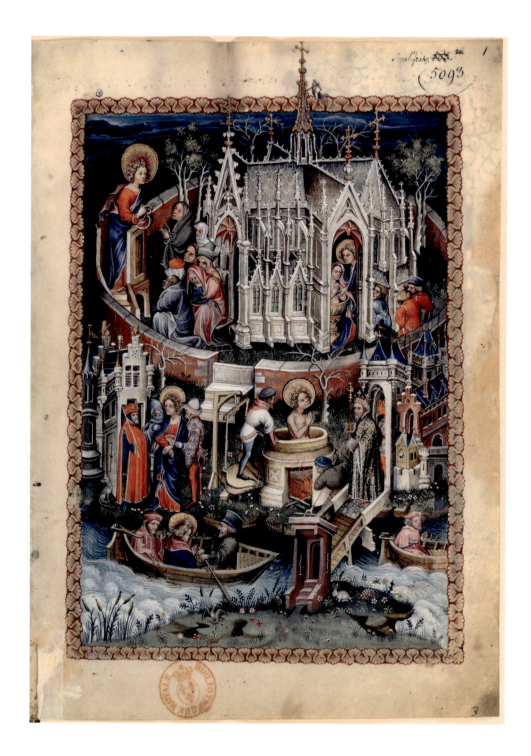

Tafel XLVI Szenen aus der Vita des Johannes, Niederländische Apokalypse, um 1400, Paris, Bibliothèque Nationale, Ms. néerl. 3, fol. 1r

Tafel XLVII Leuchtervision, Niederländische Apokalypse, um 1400, Paris, Bibliothèque Nationale, Ms. néerl. 3, fol. 2r

Tafel XLVIII Thronsaalvision, Niederländische Apokalypse, um 1400, Paris, Bibliothèque Nationale, Ms. néerl. 3, fol. 5r

Tafel IIa Stigmatisierung des Franziskus, um 1230/40, Erfurt, Barfüßerkirche, Chor

Tafel IIb Matthew Paris, Stigmatisierung des Franziskus, Chronica majora, um 1240/50, Cambridge, Corpus Christi College, Ms. 16, fol. 66v

Tafel L Bonaventura Berlinghieri, Franziskus-Tafel, 1235, Pescia, San Francesco

Tafel LI Florentiner Werkstatt, Franziskus-Tafel, um 1250, Pistoia, Museo Civico

Tafel LII Bonaventura Berlinghieri, Stigmatisierung des Franziskus, Franziskus-Tafel, 1235, Pescia, San Francesco

Tafel LIII Florentiner Werkstatt, Stigmatisierung des Franziskus, Franziskus-Tafel, um 1250, Pistoia, Museo Civico

Tafel LIV Stigmatisierung des Franziskus, um 1290/1300, Assisi, San Francesco, Oberkirche

Tafel LV Giotto, Stigmatisierung des Franziskus, um 1320/28, Florenz, Santa Croce, Cappella Bardi

Tafel LVI Der Diener und die Ewige Weisheit, Exemplar, um 1370, Straßburg, Bibliothèque Nationale et Universitaire, Ms. 2929, fol. 1v

gezeichent. Von den scharpfen stichen viel daz blut vast uß dem fleische
vnd ran über den lip abe in den busen. Daz was im als mineklich an
zesehen von der fürinen mine. Daz er der smerzen nit vil achtete do
er dis getet do gie er also verserte vnd blutige uß der cell uf die
cancell vnder daz crucifixus vnd knúwet nider vnd sprach. Owe herre mine
vnd mins herzen einigú mine. Du lúg an mins herzen grússen begirde wie
ich enkan noch enmag dich nit fürbaz in mich gedruken. Owe herre ich
bitte dich daz du es volbringest. vn daz du dich nit fúrbaz in den grund
mins herzen drukest. vnd dinen heiligen namen in mich also zeichnest
daz du uß mine herzen niemer me gescheidest. Er gie also mineweunt vn
zues vnz nertwen überlang do genas er vnd beleib der nam IHC
eben uf dem herzen stende aller begirt hate. vnd waren die buchstaben
umb sich wol als breit als dú breit eins geschehrten hahnes vnd als
lang als ein geliod des minsten vingers. Er trúg den namen also uf
sinem herzen unz an sinen tod vnd als dik sich daz herze bewegte als dik wirt
der nam bewegt. An der nuwi was es gar schimbar. Er trúg in der hem-
lich daz in nie kein mensch gelseh dene eine sin gesell dem zögte
er es in gechchlicher heimlich. So in durna út widerwertigs an gie. So
sah er daz mineklich minezeichen an so ward im dú widerwertikeit dest
lihter. Sin sel hat etwen meinem minekosen gesprochen. Her lúg die
minern dirre welt die zeichent wie hep uf ir gewant. Ach mine minin
so han ich dich in daz súzlich blut mins herzen sates gezeichent. Eins
males nametes do er uß sine gebet kom do gie er in sin cell vnd sast
also uf sine stúl vnd nam der altvater búch vnder sin höbt zú einem
kústin. In dem entsaite er sin selb vnd dúchte in in der neuwen lichtes
uß drungi von sine herzen vnd er lúgte das do er sehen uf sine
herzen ein gúldin krútz vnd darin
waren verwúrket nu erhaber wú-
se vil edeler steine vnd die lúhten
zemal schön. Also nam der diener
sin kapen vnd schlúg si úber
daz herze vnd meinde daz er daz usbrehend klar lieht gerihten bedeke
das es nieman mehú han gesehen. Do brunen die usdringes glenz als wún
neklich. Des vait er siburg das es nit half wo nie krestige schonheit.

✸ IESUS·MARIA

Tafel LVIII Der Diener vor dem Gekreuzigten, Exemplar, um 1370, Straßburg, Bibliothèque Nationale et Universitaire, Ms. 2929, fol. 65v

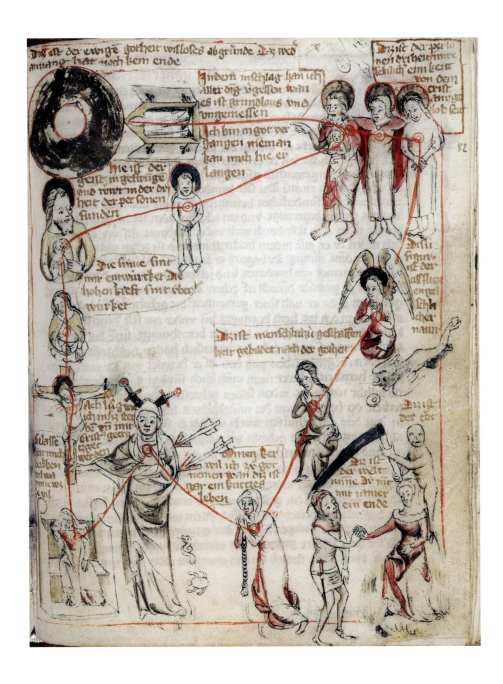

Tafel LIX Mystischer Kreislauf, Exemplar, um 1370, Straßburg, Bibliothèque Nationale et Universitaire, Ms. 2929, fol. 82r

Tafel LX Stigmatisierung Katharinas, Legenda maior, um 1405, Nürnberg, Stadtbibliothek, Cent. IV, 75, fol. 175r

Tafel LXI Domenico Beccafumi, Stigmatisierung Katharinas, 1514/15, Siena, Pinacoteca Nazionale, Inv. Nr. 417

Tafel LXII Nachfolge des Robert Campin (Kopie), Gregorsmesse, um 1500/10, Brüssel, Musées royaux des Beaux-Arts; Inv. Nr. 6298 (Photo: Cussac)

Tafel LXIII Meister des Bartholomäus-Altars, Gregorsmesse, um 1500, Trier, Bischöfliches Dom- und Diözesanmuseum, Inv. Nr. 64

Tafel LXIV Meister der Heiligen Sippe (Werkstatt), Gregorsmesse, um 1500, Köln, Wallraf-Richartz-Museum, Inv. Nr. 167

8 Bild-Gründe
Künstlerische Experimente in Apokalypse-Zyklen des Spätmittelalters

Die Visionen der Johannes-Offenbarung haben bis zum Ausgang des Mittelalters nicht aufgehört, Anlass zu bildlichen Rückübertragungen der unterschiedlichsten Art zu bieten. Im Folgenden möchte ich drei Werkbeispiele herausgreifen, die sich dem Problem der inneren, subjektiven Seite des visionären Sehens mittels formaler Experimente annähern, in denen es um die Seele als tragenden „Grund" visionärer Bilder geht. Die zentrale Größe in meinen Überlegungen ist der Bild-Grund in jener doppelten Valenz, die er in der Malerei des Spätmittelalters annimmt: als materielles Trägermedium und als mimetisch gestaltete Grundebene des Bildraumes. Mehr als die Frage der Grenzziehung zwischen Innen und Außen ist dabei der Faktor Kohärenz von Bedeutung: Der sowohl materielle wie mimetische Zusammenhalt des Bild-Grundes wird zur Metapher für den inneren Zusammenhalt der Vorstellungstätigkeit, ohne den die menschliche Seele nicht zu ihrer kontinuierlichen Bildproduktion in der Lage wäre. Mit diesem Grundkonzept ist ein zentrales Thema der christlich-mittelalterlichen Anthropologie berührt: die Annahme eines Seelengrundes im Inneren des Menschen, des *abditum mentis*, der wie eine Art Spiegel immer schon ein Bild des Göttlichen einfängt und so die Möglichkeit zur Vereinigung von Gott und Mensch eröffnet.[1] Die sittliche Aufgabe des Menschen sieht eine mystische Denktradition darin, diesen Grund freizulegen und zu reinigen, damit er das Gottesbild möglichst ungetrübt reflektiere.[2] Im Hintergrund steht immer die Vorstellung von der Gottesebenbildlichkeit des Menschen, dessen vorderstes Ziel es sein muss, die durch den Sündenfall überdeckte *imago Dei* wieder zum Vorschein zu bringen.[3]

In der neueren Forschung ist die Metaphorik des Seelengrundes vor allem anhand von gemalten Spiegeln und Spiegelungen diskutiert worden.[4] Die in diesem Zusammenhang herangezogenen Werke stammen ausnahmslos aus dem Bereich der altniederländischen Malerei und thematisieren den Zusammenhang von Gebet und Imagination. Wie der letzte Abschnitt des Kapitels zeigen soll, konnte das Spiegelmodell auch auf die Verbildlichung von Visionen übertragen werden. Wichtig ist mir jedoch ein erweiterter Zugang, welcher den Spiegel nur als eine von mehreren möglichen Bild-Metaphern betrachtet, mit deren Hilfe die Bildkunst des 14. und 15. Jahrhunderts die Rückbindung innerer Vorgänge des Visionärs an eine gemeinsame „Trag-Fläche" visualisiert.[5]

8.1 Ein Meer voller Bildinseln
Die Stuttgarter Apokalypse-Tafeln

Als Ausgangspunkt meiner Überlegungen wähle ich die *Stuttgarter Apokalypse-Tafeln*, zwei in Temperamalerei auf Pappelholz ausgeführte Gemälde querrechteckigen Formats *(Taf. XLIV–XLV)*.[6] Bereits 1905 konnte ihr damaliger Besitzer, Adalbert Graf von Erbach-Fürstenau, nachweisen, dass die beiden Tafelbilder zur Regierungszeit König Roberts von Anjou in Neapel hergestellt worden sein müssen.[7] Am neapolitanischen Königshof dienten die *Stuttgarter Tafeln* als Muster für den Apokalypse-Teil einer Reihe von Bilderbibeln, die König Robert von Anjou und seine Nachfolgerin Johanna I. zwischen 1340 und 1360 in Auftrag gaben.[8] Es handelt sich also um ein ebenso kostbares wie prestigeträchtiges Werk, dessen Wertschätzung sich in seinem Modellcharakter für verschiedene Nachfolgeschöpfungen in der höfischen Buchkunst manifestiert. Die ursprüngliche Verwendung der Tafeln am Hof der Anjou lässt sich indessen mangels konkreter Anhaltspunkte nur schwer eingrenzen.[9] Der miniaturhafte Maßstab der Szenen und die extreme Proportionierung lassen einen Gebrauch als „Altarbild" im weitesten Sinn des Wortes (Antependium, Retabel, Dossale) undenkbar erscheinen. Querformat und Paarigkeit legen vielmehr die Vermutung nahe, dass die Tafeln in truhenförmige Behältnisse in der Art von Reliquienschreinen oder den späteren *cassoni* eingebaut waren.[10] Wo solche Behältnisse zum Einsatz gekommen sein könnten und was in ihnen aufbewahrt wurde, muss allerdings mangels Vergleichsmaterial offenbleiben.

Ein Manifest radikalfranziskanischer Eschatologie?

Die Herstellung von Apokalypse-Zyklen im Auftrag eines Herrscherhauses ist für das Mittelalter kein seltener oder außergewöhnlicher Vorgang. Im Italien und besonders im Königreich Neapel der 1330er Jahre dürfte es allerdings kaum ein heikleres und belasteteres Thema gegeben haben als das letzte Buch der Bibel. Anknüpfend an Joachim von Fiore und seine Prophezeiung der beiden neuen Orden hatte die radikalfranziskanische Gruppierung der Spiritualen eine geschichtstheologische Auslegung der Johannes-Offenbarung entwickelt, die den Orden immer wieder in kirchenpolitische Konflikte stürzte.[11] Bereits 1255 war das *Evangelium aeternum* des Spiritualen Gerardo di Borgo Donnino Anlass für eine offizielle Verurteilung durch den Papst gewesen. 1326 war es der Apokalypse-Kommentar des Franziskaners Petrus Johannes Olivi, den Johannes XXII. als häretisch verurteilte.[12] Ungeachtet aller päpstlichen Sanktionen hielten die Spiritualen weiter am joachimitischen Endzeitdenken fest. Das Königreich Neapel war unter Robert ein Zufluchtsort für diese vom Papst und anderen Herrschern verfolgte Gruppierung.[13]

Mit Blick auf dieses historische Panorama erschien es der jüngeren Forschung geradezu zwingend, die Häufung von Apokalypse-Bildern am angiovinischen Hof als Manifestation einer radikalfranziskanischen Endzeiterwartung zu sehen, mit welcher

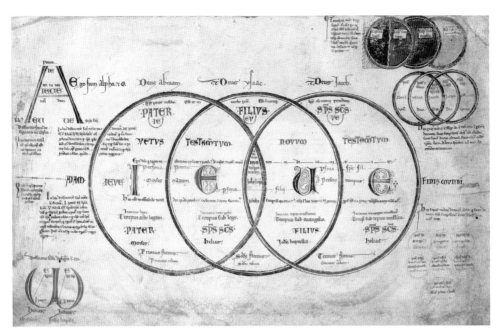

Abb. 75 Drei-Kreise-Diagramm, Liber figurarum des Joachim von Fiore, um 1220/30, Oxford, Corpus Christi College, Ms. 255A, fol. 7v

Robert, so vermutete man, sympathisiert haben dürfte.[14] Die Auseinandersetzung mit den *Stuttgarter Tafeln* hat sich folglich überwiegend auf die Ebene der politisch-theologischen Ikonographie konzentriert. August Bernhard Rave etwa hat dafür argumentiert, dass die Konzeption der Tafeln wesentlich durch Interpretamente der *Lectura super apocalipsim* Olivis geprägt sei.[15] Man muss sich jedoch fragen, ob damit das zentrale Anliegen dieses ungewöhnlichen Werkes getroffen ist. Denn eines ist klar: Das Grundprinzip eines arithmetisch ausbalancierten Geschichtsschemas, einer Konkordanz der Zeitalter der Heilsgeschichte, das Olivi von Joachim übernimmt, kann bei der Konzeption der Tafeln nicht der leitende Gedanke gewesen sein.[16] Ein Vergleich mit den geometrisch durchkonstruierten Diagrammen aus Joachims *Liber figurarum* mag diesen unterschiedlichen Zugriff auf die Botschaft der Johannes-Offenbarung verdeutlichen *(Abb. 75)*.[17] Ebenso wenig ging es den Konzeptoren der Bilder um exegetische Trennschärfe, um Eindeutigkeit in der historischen Auslegung des von Johannes Prophezeiten. Welche Lösungen unter solchen Vorzeichen möglich waren, führen die Miniaturen des *Alexander Minorita-Kommentars* vor Augen, welche die Apokalypse-Szenen mit historischem Personal „dublieren" *(Abb. 76)*.[18]

Damit bin ich bereits an jenem Punkt angelangt, an dem ich mit meiner Lektüre einsetzen möchte: Das Originelle und Einzigartige der Tafeln, so möchte ich behaupten, ist in den Grundprinzipien ihrer Disposition und ihrer technischen Ausführung zu sehen. Wichtiger als die Botschaft einer bereits angebrochenen Endzeit scheint

Abb. 76 Michael mit Heraklius im Kampf gegen den Drachen, Alexander-Apokalypse, letztes Viertel 13. Jahrhundert, Cambridge, University Library, Ms. Mm. 5.31, fol. 78v

mir die bildliche Charakterisierung der *visio spiritualis* als einer Offenbarungs- und Erkenntnisform, die im religiösen wie im politischen Handeln von Robert eine wichtige Rolle spielte.[19]

Inversionen von Figur und Grund
Die Anordnung der Visionsszenen

Mit über 50 Einzelszenen ist das Programm der *Stuttgarter Tafeln* ähnlich umfangreich und kleinteilig angelegt wie die Apokalypse-Zyklen der Buchmalerei. Auf eine Segmentierung und Schienung dieser langgezogenen Sequenz durch Rahmenelemente wird jedoch verzichtet. Erst nach längerem Hinsehen erschließt sich, dass die Etappen des von Johannes Geschauten auf jeder Tafel in zwei großen Registern angeordnet sind, die jeweils selbst noch einmal zwei Subniveaus ausbilden.[20] Bei der Identifizierung der Szenen kommen den Betrachtern keine *tituli* aus dem Bibeltext zu Hilfe. Die *Stuttgarter Tafeln* folgen also nicht jenem Prinzip der Bild-Text-Kombination, dem die monumentalen Apokalypse-Zyklen des 14. Jahrhunderts verpflichtet sind, wenn wir an die Programme in Karlstein, Padua und Angers denken.[21] In einer andernorts nicht zu beobachtenden Radikalität werden dem Betrachter zwei Sehangebote gemacht: dasjenige einer sequentiellen Lektüre, welche in nicht immer leicht nachzuvollziehender Reihenfolge zwischen den Registern der Erzählung hin- und herspringt, und dasjenige einer simultanen Zusammenschau des zeitlich Getrennten auf der Bildfläche. Angestrebt wurde eine Lösung, welche das Gesamt der Visionen

Bild werden ließ und unter dezidierter Ausklammerung des Mediums Schrift einen panoramatischen Überblick über die globale Handlungsstruktur des apokalyptischen Visionsberichts ermöglichte.

Der zweite Sehmodus der Bilder, die synoptische Wahrnehmung, wird entscheidend konditioniert von der räumlichen Struktur der einzelnen Visionsszenen. Für sich genommen, ist jede der Szenen als dreidimensionale Konfiguration im Raum entworfen, die auf den spezifischen Blickwinkel eines so und nicht anders situierten Betrachters hin ausgerichtet ist. Gestützt wird diese perspektivische Anmutung von den unregelmäßig begrenzten Bodenschollen, welche in die meisten Szenen integriert sind. In ihrer nur partiellen Sichtbarkeit implizieren die umlaufenden Bruchkanten der Bodenstücke eine räumlich definierte Betrachterposition. Doch irritierenderweise brechen diese Standflächen – mit Ausnahme des untersten Registers – unmittelbar neben den einzelnen Akteuren bzw. Objekten scharfkantig ab. Überall schiebt sich trennend ein tiefes Schwarzblau zwischen die Bildelemente. Dieser schwarzblaue Hintergrund verschließt sich allen mimetischen Kohärenzvermutungen: Einige der Bodenplatten sind von türkisfarbenen Wellen umspült, scheinen also innerhalb einer Wasserfläche zu treiben. Einige Akteure ziehen weiße Wolkenschlieren nach sich, sind also frei vor Himmelsgrund schwebend zu denken. In ihrer Gesamtheit lassen sich die Szenen auf der Bildfläche also in keinen einheitlichen Bildraum integrieren. Ein puzzleartiges Neben- und Übereinander fragmentarischer Schauplätze bestimmt das Erscheinungsbild der *Stuttgarter Tafeln*. Der mimetischen Mikro-Topologie der ockerfarbenen Bodenplatten steht die nicht-mimetische Makro-Topologie des schwarzblauen Hintergrundes gegenüber.[22]

Mit dieser Beobachtung wächst dem „leeren" Dazwischen der figürlichen Elemente eine Schlüsselrolle für die Struktur der visionären Kommunikation zu. Aber dürfen wir diesen Zwischenraum wirklich leer nennen? Bei nahsichtiger Betrachtung der Tafeln entpuppt sich das mimetische „Vakuum" der dunklen Zwischenräume als Ort der höchsten materiellen Fülle: Was sich in fotografischen Reproduktionen wie stumpfes Schwarz ausnimmt, ist in Wahrheit das in beträchtlicher Stärke aufgetragene Blaupigment Lapislazuli – in einer großflächigen Anwendung dieser Stärke sicher die mit Abstand kostbarste Zutat der neapolitanischen Tafeln. Doch noch mehr: Die Lapislazuli-Schicht tritt an der Grenzlinie der figürlichen Elemente in deutlichem Relief nach vorne, sie ist also *nachträglich* um diese herumgemalt worden.[23]

Die einzelnen Visionsszenen wiederum erweisen sich bei genauerem Hinsehen als zeichnerische Bearbeitungen ein- und derselben hellockeren Farbschicht, die unter den Lapislazuli-Flächen durchläuft. Aus dieser für Betrachter der originalen Gemälde nicht zu übersehenden Besonderheit des Malprozesses resultiert eine merkwürdige Doppelwertigkeit des Figur-Grund-Verhältnisses: Maltechnisch gesehen sind die figürlichen Elemente die Restflächen des ockerfarbenen Kreidegrundes, der das Nullniveau der eigentlichen Malarbeit markiert. Die gesamte Binnenzeichnung ist nur eine mit feinem Pinsel eingetragene Modulierung dieser Grundtönung durch bleiweiße Höhungen und dunkelbraune Umrisslinien und Schattierungen. Farbakzente wurden so sparsam gesetzt, dass der ockerfarbene Einheitston überall erhalten blieb.[24]

Abb. 77 Johannes auf Patmos, Apokalypse-Tafel I, um 1330/40, Stuttgart, Staatsgalerie, Inv. Nr. 3082

Der maltechnische Aufbau der *Stuttgarter Tafeln*, darauf hat Rave hingewiesen, ist auch deshalb bemerkenswert, weil er sich so deutlich von der Goldgrundmalerei italienischer Tafelbilder der Zeit unterscheidet.[25] Zeitgenössischen Betrachtern muss von Beginn an aufgefallen sein, dass diese Gemälde von der herkömmlichen Malweise abwichen und gewissermaßen einen doppelten Ersatz für den üblichen Goldgrund schufen: In puncto Farbwirkung und Kontinuität trat an seine Stelle der Ockergrund, in puncto Kostbarkeit das Tiefblau der Lapislazuli-Flächen. Auch im Hinblick auf die Maltechnik zeigt sich also, dass die Arbeitsweise der neapolitanischen Maler auf einer sehr bewussten und eigenständigen Handhabung von Figur-Grund-Relationen fußte.

Der ungewöhnliche maltechnische Aufbau versetzt den tragenden Grund gleichsam in Schwingung zwischen divergierenden Raumschichten: Bestimmt sich das tiefe Schwarzblau der Lapislazuli-Schicht dem ersten Anschein nach ausschließlich als neutraler und passiver Projektionsort der ockerfarbenen Einzelszenen, kehrt sich dieses Verhältnis im Hinblick auf die Raumstruktur wie auf den Malprozess der Tafeln exakt um: Die erste, ockerfarbene Schicht ist sozusagen die positive Möglichkeit all dessen, was an Bildern auf den Tafeln eingetragen wurde. Die zweite Grundfläche legt sich über die erste, begrenzt die äußere Kontur der Bilder und überführt die Kontinuität der ersten Grundfläche in die Diskontinuität einzelner „Sinnprovinzen".[26]

Der Inseltraum als imaginativer Grund der Visionen

Wie diese figurative Grundspannung der Tafeln für die Deutung des Offenbarungsvorgangs fruchtbar gemacht werden kann, lehrt ein Blick auf die erste Szene, die sich auf Apokalypse 1, 9–11 bezieht *(Abb. 77)*. Johannes liegt schlafend unter Palmen, von oben nähert sich ein Engel mit riesiger Posaune. Die Botschaft des Engels enthält den Hinweis auf ein Gebäude, das ein Stück weiter rechts dargestellt ist. Dieser aus mehreren Bestandteilen zusammengefügte Bau repräsentiert die sieben Gemeinden

Abb. 78 Thronsaalvision, Apokalypse-Tafel I, um 1330/40, Stuttgart, Staatsgalerie, Inv. Nr. 3082

Kleinasiens, denen Johannes schreiben soll. Die Dreieckskonstellation von Johannes, Engel und Kirchengebäude kann idealtypisch für die Grundstruktur stehen, die das Verhältnis der einzelnen Elemente des Apokalypse-Zyklus zueinander regelt. Im Folgenden werde ich den Anteil aller drei Positionen kurz näher erläutern.

Die fragmentierte Gestalt der Bodenfläche, auf der Johannes ruht, wird durch einige grünblaue Meereswellen eindeutig auf die mimetische Lesart „Insel" festgelegt. Gemeint ist natürlich die Insel Patmos, die in Apokalypse 1, 9 als Aufenthalt des Sehers genannt wird. Die liegende Haltung mit geschlossenen Augen charakterisiert Johannes als Träumer. Mit dieser Szene wählen die neapolitanischen Hofkünstler einen Auftakt, der an die englischen Apokalypsen des 13. Jahrhunderts erinnert – möglicherweise verfügten sie bei ihrer Entwurfsarbeit sogar über ein Modell aus dieser Tradition.[27] Das Insel-Dispositiv der englischen Apokalypsen wird in den *Stuttgarter Tafeln* zum Bildgenerator der gesamten Visionssequenz aufgewertet. Denn wer die einzelnen Szenen der Reihe nach durchgeht, wird die Entdeckung machen, dass die Insel mit der Eingangsvision keineswegs ausgedient hat. Wo die englischen Handschriften auf einen Jenseitsraum umschalten, der nichts mehr mit dem äußeren Aufenthalt des Visionärs zu tun hat, wird hier die Stückelung der Bodenfläche bis zur Schlussvision als Strukturprinzip beibehalten.

Eine Unterscheidung zwischen dem geografischen Ort Patmos und dem imaginären Boden der Visionsereignisse ist dabei nur bedingt möglich, wie sich exemplarisch an der Gruppe der ersten drei „Inselflächen" zeigen lässt. Auf die Berufung des Johannes folgt am oberen Rand der Tafel die Leuchtervision mit einem Doppelauftritt des Visionärs: in Proskynese vor Christus niedergestreckt und den Brief an die sieben kleinasiatischen Gemeinden niederschreibend. Auch die nächste, wieder eine Zeile tiefer eingefügte Inselfläche zeigt Johannes zweimal, zuerst im Dialog mit dem Engel an der Himmelspforte und dann der großen Thronvision mit den Ältesten zugewandt.

In der Abfolge dieser drei „Orte" zeichnet sich bereits eine Loslösung der Inselform von der geografischen Ortsangabe Patmos ab. Nur das dritte Bodenfragment nämlich ist durch die Palmen und die umgebenden Wellen als Wiederholung des Ortes

Abb. 79 Öffnung der Siegel, Apokalypse-Tafel I, um 1330/40, Stuttgart, Staatsgalerie, Inv. Nr. 3082

ausgewiesen, an dem Johannes in Szene 1 schläft. Bei der Leuchtervision hingegen ist in Ermangelung dieser Merkmale nicht mehr klar, in welchem Maße sich Johannes bereits in einem fiktiven Raum befindet, der auf der Landkarte Kleinasiens gar nicht lokalisiert werden kann.[28]

Kennzeichnend für die visionäre Topologie der neapolitanischen Gemälde ist also, dass der reale Inselort „Patmos" und das Terrain, auf welchem sich die Akteure des Visionsgeschehens bewegen, nur partiell voneinander abgehoben sind – und infolgedessen partiell miteinander verschmelzen. Im Gegensatz zu den englischen Handschriften, welche die Insel als „lieu de passage" von der Außenwelt in die Innenwelt der visionären Kommunikation einsetzen, befindet sich der Visionär der *Stuttgarter Tafeln* von Anfang an „Drinnen": innerhalb eines imaginativen Möglichkeitsfeldes, in das Gott bzw. seine Boten formenderweise intervenieren. Das Inselstadium des Träumers pflanzt sich über den gesamten Verlauf des Visionsberichts fort.[29] Die daraus resultierende Anordnung ist ambivalent: Scheinen sich die Visionen einerseits auf einem „Isotop" abzuspielen, einem durchgängigen Substrat göttlicher *revelatio*, das gleich einer Modelliermasse mit jeder neuen Szene, jedem neuen Bild eine neue Form empfängt, so führt die stetige Vermehrung der Inselform zu einer Fragmentierung des Raums der Offenbarung.[30]

Der Visionär im Dialog
Der Raum der Synopse

Jede Szene des neapolitanischen Apokalypse-Zyklus steht für sich, es gibt keine verbindenden Wege von einer Vision zur nächsten. Zwischen die unterschiedlichen Modellierungen des ockerfarbenen Grundes schiebt sich trennend das Schwarzblau der Lapislazuli-Schicht. Mit dieser Bewegung des Schnitts wird eine andere, eine zweite Ebene des Sehens etabliert, die komplementär zur ersten Ebene einer imaginativen Schau hinzutritt. Die Diskontinuität der ockerfarbenen Figurationen bedeutet einen Verzicht auf die Sinnbrücken zeitlicher und kausaler Sukzessivität, die ein kontinuierlicher Handlungsraum für die Wahrnehmung eines Geschehens stiftet. Der

Abb. 80 Starker Engel und Tempelvermessung, Apokalypse-Tafel I, um 1330/40, Stuttgart, Staatsgalerie, Inv. Nr. 3082

fragmentarische Zustand jeder einzelnen Bildinsel kehrt hervor, dass Betrachter ein visuelles Zeichen, einen Bedeutungsbaustein vor sich haben, der einer gesonderten Wahrnehmung und Bewertung bedarf. Hier setzt eine Arbeit der Ausdeutung an, die das in zahlreiche Puzzlestücke auseinanderbrechende Visionsgeschehen zu einer neuen Sinneinheit verknüpft. Wie der Betrachter vor dem Bild diesen Weg zurücklegen kann, wird ihm an verschiedenen Stellen exemplarisch am Dialog des Visionärs Johannes mit den Engeln vorgeführt.

Auch in dieser Hinsicht ist die erste Szene des Zyklus paradigmatisch für alles Folgende: Der Engel der starken Stimme hält mit der einen Hand seine Posaune auf Johannes gerichtet und verweist mit der anderen auf den neben der Insel schwebenden Gebäudekomplex der sieben Kirchen Kleinasiens. Der Engel ist gewissermaßen als Brückenbauer tätig, der von transzendenter Seite aus erklärt, wie das Stückwerk der Visionsbilder zusammengesehen und gedeutet werden kann.

Ausgehend von dieser Beobachtung kann man feststellen, dass Johannes in den *Stuttgarter Tafeln* ausschließlich als Dialogfigur existiert, die von transzendenter Seite instruiert wird *(Abb. 78–83)*: am häufigsten durch Engel, wie zu Beginn der großen Himmelsvision, bei der Öffnung der Siegel, beim Auftritt des starken Engels, bei der Ankündigung der Zerstörung Babels, beim Auftritt der Hure von Babylon und bei der Vision des Himmlischen Jerusalem. Johannes' Rolle ist weniger eine betrachtende denn eine Zwiesprache haltende. Als eigenständiger Akteur wird der Visionär nur da eingeschaltet, wo seine Teilhabe am Geschehen über das bloße Schauen hinausgeht. Im Dialog mit dem Engel nimmt jene Auslegungs- und Interpretationsarbeit Gestalt an, die erst ein Verständnis der Visionsbilder sicherstellen kann.

Der Zwischenraum der Lapislazuli-Fläche erhält auf dieser zweiten Sehebene eine neue Funktion: er ist nicht nur trennender Schnitt, der das Gewebe der Visionen in einzelne Zeichenfetzen zerreißt, sondern als Folie der Zusammenschau jener Möglichkeitsraum, in dem sich eine neue Verknüpfung der Visionsszenen zu einem gedeuteten Ganzen überhaupt realisieren kann.

Ansatzpunkte für eine solche synoptische Betrachtung der Tafeln sind wesentlich zahlreicher, als es der erste Eindruck einer vermeintlich ungeordneten Anhäufung von Szenen vermuten ließe. Positionale Entsprechungen etwa zwischen Szenen verschie-

Abb. 81 Zerstörung Babels, Apokalypse-Tafel II, um 1330/40, Stuttgart, Staatsgalerie, Inv. Nr. 3100

Abb. 82 Hure Babylon, Apokalypse-Tafel II, um 1330/40, Stuttgart, Staatsgalerie, Inv. Nr. 3100

Abb. 83 Himmlisches Jerusalem, Apokalypse-Tafel II, um 1330/40, Stuttgart, Staatsgalerie, Inv. Nr. 3100

dener Register entlang einer vertikalen Achse sind hier ebenso zu erwähnen wie formale Analogien. Eine Sonderrolle fällt dabei einem Element zu, das in der ersten Szene ungewöhnlich prominent figuriert: Das Gebäude der sieben Gemeinden Kleinasiens besitzt eine klare stereometrische Struktur mit geradlinigen Kanten, die unverkennbar in Opposition tritt zu den Inselflächen mit ihrem unsteten Kantenverlauf. Beim Blick auf die übrigen Szenen des Zyklus zeigt sich, dass solche geometrisch strukturierten Aufbauten immer wieder als Schreine der Transzendenz begegnen: die Vermessung des Tempels und der Bundeslade, die große Ernte und der Auszug der Schalenengel spielen sich jeweils neben oder in großen dreischiffigen Basilikalkirchen ab. Alle diese Heiligtümer treiben ohne Verankerung mit den Bodenschollen freischwebend durch den schwarzblauen Hintergrund. Der Betrachter muss sie daher als Präfiguration jenes prächtigen Gebäudekomplexes verstehen, welcher den Schlusspunkt des Zyklus bildet *(Abb. 83)*. Das Innere des dort zu sehenden Mauerrings nämlich wird ebenfalls von einem riesigen Kirchengebäude gefüllt – ein Element, das schon allein deshalb unsere Beachtung verdient, weil es in offenem Widerspruch zum Text steht: „Und einen Tempel sah ich nicht in ihr" (Apk 21, 22).[31]

Die Bedeutsamkeit dieses großen Kirchengebäudes am Schluss des Zyklus wird aber noch durch ein weiteres Merkmal gesteigert: Hier und nur hier ist der Ort einer Visionsszene derart mit Gold ausgemalt, dass der allgegenwärtige Ockergrund vollständig überdeckt wird. Raves Befund, dass die *Stuttgarter Tafeln* durch ihren Verzicht auf Goldgrund deutlich vom üblichen Erscheinungsbild trecentesker Tafelmalerei abweichen, erhält durch den goldenen Überzug des letzten Visionsbildes eine eigene Pointe: Das Versprechen des neuen Hauses der Kirche, das am Anfang der Erzählung steht, geht am Ende in Erfüllung, der subjektive Bezugsgrund des Ockertons wird am Ende zum Träger für den überirdischen Glanz der Himmelsstadt.[32]

Visio Beatifica und Intellectus Spiritualis
Der Visions-Diskurs am Hof der Anjou

Ich komme noch einmal zur Kontextualisierung der Stuttgarter Tafeln innerhalb des von Robert regierten neapolitanischen Hofes zurück. Zu Beginn der 1330er Jahre war das Thema der Jenseitsschau, über das die Tafeln auf so eigenständige Weise reflektieren, in der westlichen Christenheit zu einem brisanten Politikum geworden. Papst Johannes XXII. hatte mit einigen sehr unorthodoxen Predigten zur *visio beatifica* ganz Europa in helle Aufregung versetzt. Basierend auf Apokalypse 6, 9 („Und ich sah unter dem Altar die Seelen derer, die hingeschlachtet worden waren um des Wortes Gottes willen") entwickelte er eine Doktrin, welche zur herkömmlichen Auffassung in krassem Widerspruch stand: Nicht unmittelbar nach dem Tod, sondern erst am Tag des Jüngsten Gerichts sollte es den christlichen Heiligen möglich sein, Gott zu sehen. „Die Seelen der Heiligen sind bis zum Tag des Gerichts unter dem Altar, d.h. unter dem Trost und Schutz der menschlichen Natur Christi, aber nach dem Tag des Gerichts wird er sie erhöhen, damit sie seine göttliche Natur selbst sehen."[33]

Die Überlegungen des Papstes rüttelten an einer der Grundüberzeugungen christlicher Heiligenverehrung und mussten daher auf einmütige Ablehnung stoßen. In seiner Eigenschaft als päpstlicher Generalvikar und langjähriger Vertrauter des Papstes wurde daraufhin Robert von Anjou um eine theologische Stellungnahme gebeten, die uns unter dem Titel *De visione Dei* überliefert ist. Kaum überraschend verwarf Robert dort die Schlussfolgerungen des Papstes und vertrat im entscheidenden Punkt die gängige Lehrmeinung: „Es ist ungebührlich zu sagen, dass die eigentliche Belohnung der Gottesschau für die Seelen der heiligen Männer nach dem gegenwärtigen Leben bis zum Gericht bzw. zur Auferstehung der Körper aufgeschoben werde."[34]

Nicht nur Roberts Traktat *De visione Dei*, auch verschiedene Bilder, die während der 1330er Jahre im direkten Umfeld Roberts produziert wurden, nehmen auf den Zankapfel der *visio beatifica* Bezug. So ist den *Carmina regia*, einem reich illuminierten Lobgedicht auf den Herrscher, eine mehrseitige Darstellung der Himmelschöre in Anbetung Gottvaters inkorporiert. Nach Maria und den Engeln partizipieren auch die Heiligen am Blick auf den Thronenden.[35] Noch ostentativer bezieht die erste *Stuttgarter Tafel* Position: Über dem Märtyrer-Altar, an dem sich der ganze Streit um die *visio* entzündete, schwebt die große Schar der Palmträger aus Apokalypse 7, 9–11 in direkter Anbetung des Lamms auf dem Gottesthron *(Taf. XLIV–XLV oben)*. Bleibt die Gottheit hier noch in den Schleier eines symbolischen Zeichens gehüllt, geht die Hauptszene im Zentrum der Tafel noch einen letzten entscheidenden Schritt weiter: Die hier zu sehende Schar der Anbetenden aus der Thronsaalvision ist nämlich ganz anders zusammengesetzt, als es der Bibeltext erwarten ließe. Um die 24 Ältesten reihen sich nicht unendlich zahlreiche Engel, sondern Selige und Heilige, welche wie die Märtyrer unter dem Altar mit Alben und Stolen bekleidet sind.[36]

Doch mit diesem unmissverständlichen Plädoyer für eine direkte Gottesschau der Heiligen lange vor dem Tag des Gerichts ist es bei weitem nicht genug. Die Tafeln als ganze mit ihrer komplexen Figur-Grund-Struktur gelten ja einer geistigen Schau noch zu Lebzeiten des Visionärs Johannes. Genau um ein solches Sehen Gottes auf Erden kreisen zahlreiche Predigten, die Robert in Santa Chiara und anderen Kirchen des Königshauses hielt. „Intellectus spiritualis" ist das Stichwort, das Robert unter anderem an der Thronsaalvision in Apokalypse 4 erläutert:

> *Dem Apostel Johannes wird in Apk 4 gesagt „Komm hier herauf" das heißt durch die geistige Erkenntnis [per spiritualem intellectum] der Schrift, so „will ich dir zeigen, was nachher geschehen soll", das heißt nach dem, was sich im Alten Testament ereignet hat. Daher zweitens „und sogleich war ich im Geiste", das heißt in der geistigen Erkenntnis [in spirituali intellectu], durch welche wir die Zukunft in der Vergangenheit und das Figurierte in den Figuren sehen.*[37]

Der spezifische Sehmodus, den die Stuttgarter Tafeln vor Augen führen, dürfte am Hof der Anjou als bildliches Äquivalent zu diesem Leitbegriff verstanden worden sein – mit einem wichtigen Unterschied: Wo die in den Predigten überlieferten, vermutlich von geistlichen Beratern vorformulierten Äußerungen des Königs letztlich in schultheologischen Bahnen bleiben und den *intellectus spiritualis* komplett von aller Anschaulichkeit abkoppeln, unternehmen die Gestalter der Tafeln den ehrgeizigen Versuch, die höhere Stufe des Sehens mit bildlichen Mitteln vor Augen zu führen und an das kontinuierlich ausgedehnte Bewusstsein eines wahrnehmenden Subjekts zurückzubinden. Das Interesse an einer solchen Materialisierung von Gottesschau war, wie Ronald Musto darlegt, auch die Triebfeder eines anderen Prestigeprojektes des Königshauses: Die von Robert und seiner Gemahlin Sancia gegründete Klarissenkirche Santa Chiara sollte als materieller Schrein für die *claritas* der Gottesschau dienen, als Himmlisches Jerusalem auf Erden.[38]

Auch in den *Stuttgarter Tafeln* ist der Schrein eine Art Leitmotiv, dessen Verwendung im goldenen, gemmenverzierten Gehäuse des Himmlischen Jerusalem gipfelt. Wenn die beiden Gemälde, was die wahrscheinlichste Hypothese ist, in ein Paar truhenförmiger Behältnisse integriert waren, dann wäre die Analogie zwischen den von

Johannes geschauten Schreinen und der Funktion der beiden Tafeln als Behältnis der Gottesschau unübersehbar gewesen.[39] Gerade in einem solchen Kontext wäre aber die radikale Revision des gemalten Bildgrundes noch einmal mit besonderer Deutlichkeit zum Vorschein gekommen: Denn die Tafeln als ganze setzen ja gerade nicht auf die tragende Substanz Gold mit ihren transzendenten Konnotationen, wie sie für Schrein-Objekte, aber auch für die Tafelmalerei der Zeit selbstverständlich war, sondern auf eine Ockerfläche, die in der ersten Szene des Zyklus mit dem träumenden Visionär besetzt ist und so als Metapher für den Seelengrund des Visionärs aufgefasst werden kann.

8.2 Doppelbühne mit Wolkenrand
Die Handschrift Paris néerl. 3

Unter den Apokalypse-Handschriften des späten Mittelalters nimmt das Manuskript *Néerl. 3* der Pariser Bibliothèque Nationale einen herausgehobenen Platz ein.[40] Um 1400 in Flandern entstanden, wurde diese Prachthandschrift mit 23 ganzseitigen Miniaturen nach einer Vorlage aus der Tradition der Morgan-Gruppe gearbeitet.[41] Strukturell betraten die beteiligten Buchmaler jedoch völliges Neuland, wie Erwin Panofsky betont: „Niemals zuvor [in der Geschichte der Buchmalerei] war der gesamte Inhalt der Apokalypse in einer so geringen Zahl von Bildern gebündelt worden, die nicht mit Schrift durchsetzt waren […] und niemals zuvor waren die mannigfaltigen Elemente dieser Bilder in einem derart vereinheitlichten optischen Raum untergebracht worden […]."[42]

Die von Panofsky angesprochene Reduzierung des Bildumfangs geht auf ein zuvor unbekanntes und, soweit ich sehe, einzigartiges Verfahren der Bildredaktion zurück: Jede Illustration hat jeweils ein Kapitel des Bibeltextes zum Gegenstand. Den Miniaturen auf der Rectoseite ist auf dem gegenüberliegenden Verso eine altniederländische Übersetzung des entsprechenden Kapitels zugeordnet.[43] Die damit ermöglichte simultane Benutzung zweier verschiedener „Übertragungen" des Apokalypse-Texts verfolgte offenkundig eine mnemotechnische Stoßrichtung: Die monumentalen Bilder sollten eine Einprägung der einzelnen *imagines* jedes Apokalypse-Kapitels ermöglichen. Der Text auf der Gegenseite, in kleiner Schrift gehalten und den zur Verfügung stehenden Seitenspiegel oft nur unvollständig ausschöpfend, erlaubte es dann, die eingeprägten *imagines* mit den entsprechenden Bibelpassagen zu verknüpfen.[44]

In enger Verbindung mit dem mnemotechnischen Grundzug sind die neuartigen Techniken der Raumsimulation zu sehen, die Panofsky als zweites Merkmal der Handschrift hervorhebt. In welcher Beziehung steht die – später noch näher zu analysierende – Raumhaltigkeit der Bilder zur Einrichtung eines inneren Bildraumes der Memoria? Gegen eine naive Lektüre der dreidimensionalen Bildräume als realistischer Einkleidung der Visionen spricht bereits ein äußeres Merkmal der Bilder: Alle Miniaturen sind von einem stilisierten Wolkenband umschlossen, einem Motiv, das üblicherweise verwendet wird, eine visionäre Erscheinung vom Raum des Diesseits abzugrenzen.[45] Zwischen dieser Rahmenform und dem visionären Bildgegenstand muss ein direkter

Zusammenhang bestehen. Aber welcher? Die entscheidende Pointe wird erst beim Blick auf den ganzen Zyklus deutlich: Nicht erst die Illustrationen zur Apokalypse, schon die Eingangsminiatur mit Johannes-Szenen wird auf diese Weise gerahmt.[46] Ähnlich wie im Fall der *Stuttgarter Tafeln* gibt es in *Paris néerl. 3* keine „Außenposition", aus welcher der Visionär in die Welt des Geschauten eintreten müsste. Diese Konstellation wird in unserem zweiten Fallbeispiel allerdings in paradoxer Weise dadurch verschärft, dass die Vorgeschichte der Verbannung des Johannes nach Patmos mit in sie einbezogen wird. Für die Benutzer der Handschrift muss es zunächst eher rätselhaft erschienen sein, warum die Wolkenstreifen von Beginn an im Rahmen der Bilder präsent sind.

Das Auge auf Wanderschaft
Die Miniatur zum Johannes-Leben

Das erste Blatt der Bilderfolge greift das in der Morgan-Gruppe entwickelte Modell einer ausführlichen Vorgeschichte des Patmos-Exils auf *(Taf. XLVI, vgl. Taf. XXXVI, Abb. 59–61).*[47] Während die narrative Logik der sechs szenischen Stationen (Predigt in Ephesus, Taufe der Drusiana, Verhör vor dem Prokonsul, Einschiffung nach Rom, Ölmarter, Einschiffung nach Patmos) die gleiche bleibt wie im 13. Jahrhundert, sorgt ihre Anordnung in einem gemeinsamen Raum für neuartige Sinneffekte. Der bis an den oberen Bildrand gezogene Horizontalraum, der als Simultanbühne für die einzelnen Szenen dient, ist in drei unterschiedlich semantisierte Zonen gegliedert: oben die ummauerte Enklave der christlichen Bekehrungstaten, die im kreuzförmigen Bau der Kirche ein starkes Zentrum besitzt, in der Mitte der pagan dominierte Bereich des verhinderten Martyriums mit den zentrifugal orientierten Städten Ephesus und Rom, und ganz zuunterst der instabile Bereich des Flüssigen, der den Protagonisten aus der Bildwelt treiben lässt – in sehr drastischer Weise wird der vordere Teil des Schiffs mit dem Heiligen von der Bildgrenze abgeschnitten.

Die klar strukturierte Bildlandschaft der niederländischen Apokalypse macht die Geschichte des Johannes anschaulich nachvollziehbar als Bewegung, welche die Koordinaten des Heiligen sukzessive verschiebt: von der Mitte zum Rand, vom Geschlossenen zum Offenen, vom Zentrierten zum Ungebundenen. Im Hinblick auf die mnemotechnische Funktion der Miniaturen ist die durchgängige Bodenfläche zugleich ein Angebot an den Rezipienten, sich das Neben- und Übereinander der Szenen nicht allein aus der Distanz zu erschließen, sondern aus der Nähe einer imaginären Geherfahrung. Die perspektivische Heterogenität der aus unterschiedlichen Blickwinkeln erfassten Architekturen und Requisiten kann mittels imaginärer Wanderungen in einen dynamischen, von Ort zu Ort schreitenden Sehzusammenhang überführt werden. An diese wandernde Betrachterfigur ergeht im Vordergrund des Bildes die nachdrückliche Aufforderung, ihre virtuelle Reise aufzunehmen, indem ihr im wörtlichen Sinne eine Brücke in die Erzähllandschaft gebaut wird. Allerorten sind Treppen, Portale und andere Elemente des Übergangs gut einsehbar und suggerieren so einen uneingeschränkten Zutritt zu den Stationen der Vorgeschichte.

Blickwechsel I: Die Landschaft als Zeichenträger

Nur scheinbar signalisiert das links unten von Patmos abstechende Boot von Bild 2 *(Taf. XLVII)* eine Kontinuität zur Erzählung der Einführungsminiatur.[48] Übergänge und Wege, auf deren Ausgestaltung im ersten Bild so viel Sorgfalt verwandt wurde, sind unterbrochen: Der Einstieg in die Bildlandschaft ist dem „wandernden Auge" durch die Wasserfläche versperrt, welche die Insel Patmos von der unteren Rahmenleiste trennt. Zusätzlich ins Bewusstsein gerückt wird diese unüberbrückte Distanz durch die Haltung des ablegenden Bootsmannes, der sich mit solcher Kraft gegen die Insel stemmt, als wolle er diese möglichst weit in den Bildraum hineinschieben. Ein weiterer Einschnitt legt sich zwischen die erste und die zweite Szene der Miniatur, die Berufung auf Patmos und die Leuchtervision: Der soeben ablegende Bootsmann beraubt Johannes des einzigen Hilfsmittels, mit dem er von der Insel im Vordergrund zur Küste im Hintergrund gelangen könnte. Das Fehlen einer räumlichen Verbindung lässt den Heiligen zum einzigen Bindeglied zwischen den beiden Orten werden, allein sein Auge ist es, welches zu allen Teilen der Erzählung Zugang hat.

Das im ersten Bild etablierte Zusammenspiel von Johannes und dem imaginären Betrachter wird mit Beginn des visionären Geschehens aufgekündigt. Die Aussperrung des „wandernden Auges" unterstreicht die Notwendigkeit eines anderen Sehens, welches die Möglichkeiten einer ausschließlich horizontalen Erschließung des Bildraums übersteigt. Der trennende Wassergraben, der sich zwischen die erste und die zweite Szene legt, kann von Johannes nur im Sprung zu diesem anderen Sehen überwunden werden. Für den Betrachter der Miniaturen wird der Übergang von einem Wahrnehmungsmodus zum anderen an der Differenz der beiden Auftritte des Sehers ablesbar: Wo das äußere Auge des Heiligen im Spruchband des Engels nur einer weißen, unbeschriebenen Fläche gewahr wird, gelingt seinem inneren Auge die Entzifferung einer Botschaft Christi, die lesbares Buch ist und zugleich Bild wird. Wie ich im Folgenden zeigen möchte, ist es der Blick des Visionärs selbst, der diesen Unterschied begründet, indem er die horizontale Orientierung seiner bisherigen Aktivität verknüpft mit einer vertikalen Blickachse visionärer Schau.

Die Miniaturen zu Apokalypse 1–3 stehen dabei für eine erste Stufe der Offenbarung, in der die sieben Kirchengebäude der kleinasiatischen Gemeinden als mnemotechnische *loci* fungieren. Sukzessive werden sie auf fol. 3r und 4r mit szenischen *imagines* besetzt, die dem Visionär – und in Verbindung mit ihm auch dem Betrachter – die Einprägung von Verhaltensmaximen christlichen Lebens ermöglichen sollen. Der auf der Insel eingeleitete Blickwechsel setzt dabei eine neue Bezugsebene des Sehens frei. Die symmetrisch angeordneten Kirchengebäude auf fol. 2r und 3r nämlich finden ihre Mitte nicht auf der Ebene des Erdbodens, mit der sie alle fest verwurzelt sind, sondern auf einer vertikalen Projektionsebene: Ein flächensymmetrischer „Effekt der Aufstapelung"[49] stellt sich ein, der einen Qualitätssprung der Raumorganisation vom Prinzip der Begehbarkeit hin zu einer rein optischen Verbindung bedeutet.

Die Durchtrennung räumlicher Kontinuität in der Patmos-Szene stellt das Zusammenspiel zwischen dem Betrachter und dem Visionär auf eine neue Grundlage. Im Blick auf Christus und sein Buch leitet Johannes den Betrachter zum Nachvollzug einer Sinneinheit an, die in göttlichen Sprachzeichen abgelegt ist. Nicht in der Bewegung durch einen Horizontalraum, sondern im geistigen Band eines von Gott initiierten Diskurses liegt die Sinneinheit der Kapellen und ihrer *imagines*. Wie wir im Folgenden sehen werden, spielt dabei die wechselnd rote und blaue Einfärbung von Dächern und Innenräumen eine entscheidende Rolle, die mit den Gewandfarben des Visionärs Johannes korrespondiert.[50]

Blickwechsel II: Himmelwärts

Wie in so vielen Apokalypse-Zyklen setzt der Beginn der großen Thronsaalvision auch hier eine wichtige Zäsur *(Taf. XLVIII)*. Visionäre Botschaft bietet sich von nun an nicht mehr als Rede über irdische Exempla, sondern als Projektion himmlischer Bilder dar. Dafür wird in fol. 5r ein Himmelsgrund eingeführt, der als eigenständige, vom Erdboden vollständig emanzipierte Bildebene fungiert. Nach nun schon vertrautem Muster ist diese neue Zone des Schauens vom szenischen Ausgangspunkt des Bildes durch einen wässrigen Zwischenraum separiert – hier durch die Wogen „des gläsernen Meers wie von Kristall"[51] (Apk 4, 6). Abermals reichen irdische Gehhilfen und Verkehrsmittel nicht aus, den Visionär dieses trennende Intervall überwinden zu lassen: Die Stufen, die er erklimmt, sind nicht viel mehr als eine Startrampe seines Aufstiegs, erst der doppelte Händedruck mit dem Torengel überbrückt die Kluft zwischen irdischem Bereich und Himmelspforte.

Die Aufstiegsbewegung des Visionärs hat ihr Gegenstück in der Bildmitte, wo ein weißgekleideter Engel mit Pfauenflügeln die Mandorla Christi in die Luft stemmt. Benutzer der Handschrift können im Vor- und Rückblick auf die anderen Miniaturen erkennen: Nachdem anfänglich beide, Johannes und Christus, auf irdischem Boden agierten, trennen sich auf fol. 5r die Aktionsbereiche. Johannes bleibt weiterhin unten, Christus von nun an oben – ohne dort weiterhin mechanischer Unterstützung bedürftig zu sein. Der Kraftakt des Engels ist ein einmaliger Vorgang, der dem Schöpfer der Visionsbilder fortan zu einer schwerelosen Wirkstätte verhilft. Nach der Transplantation eines Stücks Erde in den Himmel, an die noch die Rasenfläche um den Gottesthron erinnert, ist Christus dauerhaft in der Himmelssphäre verankert.

Für beide Wege nach oben, den des Visionärs wie denjenigen Christi, haben die flämischen Buchmaler ältere Bildlösungen aufgegriffen und im Sinne ihrer „Raumgeschichte" uminterpretiert. So kennen Apokalypse-Handschriften mit der sog. französischen Prosaversion der Johannes-Offenbarung das Motiv der Leiter, mit deren Hilfe Johannes von der Erde in den Himmel aufsteigt.[52] Der Ursprung des Mandorla-Trägers hingegen liegt erneut bei Handschriften der Morgan-Gruppe wie dem oben diskutierten Zyklus *Bodleian Auct. D. 4.17 (Taf. XXXVIII)*. Im Vergleich zu diesen älteren Bildschöpfungen fallen einige signifikante Unterschiede auf: Aus dem statischen Halten der Mandorla wird in der flämischen Handschrift ein dynamisches Emporstemmen. Unterstützt durch die Drehung des Engels in die Rückenansicht tritt dieses Motiv nun in Parallele zum Aufstieg des Johannes. Die von Johannes benutzte

Treppe schließlich führt im Gegensatz zu den älteren Himmelsleitern gar nicht bis in die Himmelssphäre hinauf, sondern bricht kurz vorher ab. Drei bemerkenswerte, für sich genommen unmotivierte Änderungen, deren Schlüssel mir in der Funktion der hier erstmals zu findenden Himmelssphäre zu liegen scheint.

Vergleicht man den Himmelsgrund der Visionsbilder mit dem Horizontalraum der Johannes-Vita, ist zunächst das Fehlen fester Trägerelemente hervorzuheben. Zusammengehalten wird dieser Bereich allein durch nicht zu lokalisierende monochrome Farbschleier, welche Figuren und Gegenstände zu einer gemeinsamen Tonlage verschmelzen – entweder in Richtung Blau oder, was sich innerhalb der Mandorla andeutet, in Richtung Rot.[53] Diese Vereinheitlichung des Kolorits geht so weit, dass man im Fall der ersten Himmelsvision die Umgebung der Mandorla zunächst als blaue Fläche wahrnehmen kann, um erst nach und nach ihre Durchsetzung mit Gegenständlichem zu erkennen. Dem Angleichungssog des transparenten Farbfeldes sind nur einzelne Elemente entrissen, die bestimmte steuernde Handlungsmomente akzentuieren – so auf fol. 5r die Himmelspforte mit dem Engel links außen. Ein solches Auftauchen lokalfarbiger Fragmente, die nicht in einer gegenständlichen Trägerebene verankert sind, ist eine Konstante der transzendenten Sphäre bis hin zur Quellbank Christi im Schlussbild *(Abb. 85).*

Monochromie als vereinendes Prinzip des Figürlichen, dieser Aspekt lässt an die *Stuttgarter Tafeln* denken und an das dort beobachtete Phänomen des subjektiven Bezugsgrundes. Auch in *Paris néerl. 3* gibt es deutliche Hinweise auf eine solche Bindung zwischen Bildgrund und visionärem Subjekt: Das Blau-Rot, zu dem sich die Himmelssphäre in immer wieder neuen Konfigurationen auseinanderfaltet, trägt eine Figur vom ersten Bild des Zyklus an übereinander am Leib – Johannes mit seinem blau-roten Mantel und seinem roten Gewand.

Der Händedruck zwischen Johannes und dem Torengel kann unter diesem Gesichtspunkt wie die Besiegelung eines Vertrags über ein wechselseitiges Geben und Nehmen gelesen werden: Der Visionär ist nicht bloß Empfänger der himmlischen Bilder, er trägt selbst zu ihrem Sichtbarwerden bei, visionäre Botschaft wird gegen eine subjektive Schaufläche getauscht. Erst im Moment des Vertragsabschlusses wird die Himmelssphäre gewissermaßen als Leitstand des Visionsgeschehens eingerichtet, und erst zu diesem Zeitpunkt kann Christus dort für den Visionär in Erscheinung treten. Johannes bleibt der Aufstieg nach oben versagt, doch holt er sich im vertikalen Aufblick letztlich nur das zurück, was ihm bereits durch den Grund seiner Sichtbarkeit überantwortet ist. Diese These bezieht in jedem Bild aufs Neue eine direkte Stichhaltigkeit aus einer sonst unerreichten Korrespondenz von Gewandfarben und Himmelskolorit. Die Konstanz dieser Entsprechung ist umso auffälliger, als Christus, der als einziger Akteur ähnlich häufig auftritt wie Johannes, weit weniger „farbechte" Garderobe trägt.

Abb. 84 Fünfte und sechste Posaune, Niederländische Apokalypse, um 1400, Paris, Bibliothèque Nationale, Ms. néerl. 3, fol. 10r

Das Gottesbild im Inneren
Die Freilegung der Vera Icon

Der restliche Teil des Zyklus bringt für die Raumdisposition der Visionen nicht viel Neues, zumal ein Wechsel des ausführenden Künstlers ab fol. 7r für einen deutlichen Qualitätsabfall sorgt.[54] Blatt für Blatt ist das Visionsgeschehen an jenes Doppel-Dispositiv subjektiver Imagination geknüpft, das in der Miniatur zur Thronsaalvision eingeführt wurde. Für die Himmelszone ist dabei eine lose Verteilung fragmentarischer Elemente charakteristisch, die keinen erkennbaren Ordnungsprinzipien unterworfen sind – nicht zu Unrecht bescheinigt Panofsky den Miniaturen von *Paris néerl. 3* „die Verrücktheit eines Traums".[55] Offenkundig gezielt wurde es von den Künstlern vermieden, das Visionsgeschehen als kohärente, planvoll von oben herab gesteuerte Handlung erscheinen zu lassen.

Wo Johannes nach den eben besprochenen Bildern noch eigens als Seher in Erscheinung tritt, wie bei der fünften und sechsten Posaune *(Abb. 84)*, ruft er den Benutzern der Handschrift in Erinnerung, dass die Einheit des Visionsgeschehens nur in jenem Akteur aufgefunden werden kann, der von unten her über beide Ebenen des Schauens verfügt. Auf dem Erdboden sitzend, verkörpert der Heilige die Mög-

Abb. 85 Johannes fällt vor dem Engel nieder, Johannes vor Christus, Niederländische Apokalypse, um 1400, Paris, Bibliothèque Nationale, Ms. néerl. 3, fol. 23r

lichkeit, den Horizontalraum als begehbaren Sehzusammenhang zu erschließen, eine Option dynamischer Wahrnehmung, welche durch das Attribut des Stockes zusätzlich unterstrichen wird. Der aufwärts gerichtete Blick des Visionärs gemahnt demgegenüber an den hierarchischen Vorrang der Himmelszone, die das irdische Geschehen erst mit den Posaunensignalen auslöst. Doch entscheidend für die Bewertung dieses Brückenschlags ist die qualitative Einheit des Blau-Rot-Klangs: Wo das visionäre Schauen die äußere Wirklichkeit übersteigt, gelangt es nicht in ein transzendentes Jenseits, sondern zurück zum tragenden Grund der eigenen Subjektivität.

Weiter angereichert wird der Diskurs über die „Gründe" des Bildes als Metapher der Visionärs-Seele in mehreren Miniaturen, die im oberen Bereich der Himmelszone ein Antlitz Christi nach dem Muster der *vera icon* platzieren *(Abb. 84).*[56] Die Omnipräsenz des Christus-Kopfes auch an solchen Stellen, für die der Bibeltext das Eingreifen göttlicher Instanzen gar nicht vorsieht, ist eine Sehhilfe, welche Johannes und den Betrachter zur Wahrnehmung des gottgewirkten Charakters der geschauten Katastrophen anleitet. Aber mehr noch: Sie gibt zu erkennen, dass der eigentliche Fokus jedes der 22 Apokalypse-Bilder letztlich eine *visio Dei* ist, eine Gottesschau allerdings, welche die anfänglich unsichtbare *imago Dei* auf dem eigenen Seelengrund wieder zum Vorschein bringt.

Abb. 86 Hans Memling, Johannes-Retabel, um 1475/79, Brügge, Memlingmuseum (Sint-Janshospitaal)

Erst im Durchgang durch den gesamten Zyklus lässt sich das Rätsel lösen, weshalb der Wolkensaum so verfrüht, nämlich bereits im Blatt zur Johannes-Vita, zum Einsatz kam. Der befremdliche Umstand, dass auch die Vorgeschichte der Apokalypse von Wolken gerahmt wird, findet am Ende seine Erklärung darin, dass es die Figur des Visionärs ist, welche die Möglichkeit zum Sichtbarwerden der Visionen von Beginn an in sich trägt. Für die Auftraggeber und Benutzer der Handschrift stellten die Miniaturen ein reformiertes Modell mnemotechnischer *imaginatio* vor Augen: Eine erste Matrix innerer Landschaften, welche äußerlich beobachtbare Ereignisse mit den Koordinaten begehbarer *loci* versieht, wird sukzessive in ein Doppel-Dispositiv überführt, das göttlichen Zeichen einen vertikalen Schauraum zuweist und in letzter Instanz die Gottesebenbildlichkeit der Seele zutage fördert.

8.3 Die Vision im Spiegel
Memlings Johannes-Retabel

Ein drittes Experiment mit gemalten Seelengründen finden wir auf Memlings *Johannes-Triptychon*, das ursprünglich für den Hauptaltar des Brügger Sint-Janshospitaals bestimmt war *(Abb. 86)*.[57] Memlings Spezialität als Erzähler ist bekanntlich die virtuose Potenzierung dessen, was die Eingangsminiatur unseres letzten Beispiels in ersten Ansätzen erprobte: Vor dem Auge des Betrachters werden Simultanbühnen kosmischen Zuschnitts ausgebreitet, die es erlauben, einen vielteiligen Zyklus auf ein dichtes Netz landschaftlich differenzierter Örtlichkeiten zu verteilen.[58] Als Meis-

Bild-Gründe

Abb. 87 Hans Memling, Johannes auf Patmos mit Szenen aus der Apokalypse, Johannes-Retabel, um 1475/79, Brügge, Memlingmuseum (Sint-Janshospitaal)

ter dieses mnemotechnisch aufgeladenen Verfahrens zeigt sich der Maler auch in diesem Fall: Die mystische Vermählung Katharinas auf der Mitteltafel trägt sich in einer Säulenhalle zu, die Durchblicke in weite Erzähllandschaften eröffnet. Bespielt werden diese Prospekte mit ausgewählten Szenen aus den Viten des Täufers und des Evangelisten, die der Vermählung als Zeugen beiwohnen.[59] Unterschiedlich gestaltet sich die Fortführung des Erzählfadens in den beiden Seitenflügeln: Auf der Seite des Täufers finden Betrachter eine ganze Szenenfolge der Vita, die sich von der Taufe Christi bis zur Enthauptung erstreckt. Zur Rechten hingegen beschränkt sich alles auf eine einzige biographische Station: das (auf der Mitteltafel sich anbahnende) Exil des Evangelisten auf Patmos *(Abb. 87)*. Die zahlreichen Einzelszenen des rechten Flügels sind Etappen der visionären Schau des Johannes. Dieser hat soeben mit einem neuen Kapitel seiner schriftlichen Aufzeichnungen begonnen, hält nun aber mit seiner Feder inne und blickt in die Ferne.

Ein wichtiger Ausgangspunkt für Memlings innovative Bildlösung war eine im 15. Jahrhundert gut etablierte Darstellungstradition, die Johannes als Autor der Apokalypse auf Patmos sitzend zeigt.[60] Bilder dieses Typs beschränken sich in der Regel auf das Apokalyptische Weib als Visionsbild. Auf der Brügger Tafel hingegen wird eine filmische Sequenz visionärer Bilder abgespult, die von der Thronsaalvision in Apokalypse 4–5 über die beiden Siebenerserien von Siegeln und Posaunen, den Starken Engel und das Apokalyptische Weib bis hin zum Auftritt des Tiers in Apokalypse 13 reicht.[61] Die uns interessierende Frage lautet, inwiefern das eben beschriebene Konzept des mnemotechnischen Imaginationsraumes hier eine ins Visionäre gewendete Neudefinition erfährt.

Das Küstenpanorama als innerer Schauraum

Die im Rücken des Johannes sich erstreckende Küstenlandschaft präsentiert sich auf den ersten Blick wie die nahtlose Fortsetzung seines kleinasiatischen Verbannungsortes. Betrachter können den Eindruck gewinnen, Memling habe die visionären Bilder der Apokalypse ohne jede Distanzierung in die äußere Umgebung des Verbannten verlegt und sie in ihrer virtuellen Greifbarkeit gewissermaßen naturalisiert. Indes befinden sich die Visionsszenen, wie ihr sukzessive sich verkleinernder Maßstab anzeigt, im Rücken des schräg nach vorne blickenden Visionärs und sind damit für dessen äußeres Auge unsichtbar.[62] Ganz im Hintergrund des Meerespanoramas ist Johannes sogar ein weiteres Mal dargestellt, wie er aus der Hand des starken Engels das Buch entgegennimmt.[63] Verschiedene Indizien sprechen somit dafür, dass wir es hier mit jenem Dispositiv des „doppelten Blicks" zu tun haben, das Hans Belting für das *Stundenbuch der Maria von Burgund* und viele andere Werke der altniederländischen Malerei in Anschlag gebracht hat.[64]

Ausgehend von diesen ersten Beobachtungen ist zu fragen, ob nicht das gesamte Landschaftspanorama als innerer Schauraum des Visionärs gesehen werden will – gewissermaßen als Visualisierung dessen, was im Haupt des Johannes vor sich geht.

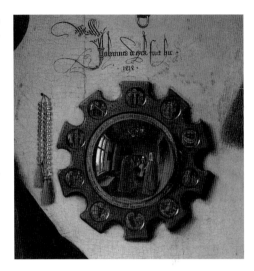

Abb. 88 Jan van Eyck, Spiegel mit Passionsszenen, Arnolfini-Doppelbildnis (Detail), 1434, London, National Gallery

Nähere Anhaltspunkte für diese Vermutung ergeben sich aus dem eigentümlichen Zuschnitt etwa der schmalen „Sandbänke" der vier Apokalyptischen Reiter. Nicht von ungefähr erinnern die kleinteiligen, für längere Ausritte kaum geeigneten Erhebungen in der Wasserfläche an die Inselstruktur der *Stuttgarter Tafeln* – wie die Forschung seit längerem bemerkt hat, wurden für die Konzeption des Apokalypse-Zyklus neapolitanische Vorlagen verwendet.[65] Mit besonderer Dringlichkeit stellt sich so die Frage nach der Rolle des verbindenden Grunds, der sich zwischen Insel, Sandbänken und Küstenstreifen ausdehnt. Die glatt daliegende Wasserfläche wird in den Beschreibungen des Gemäldes regelmäßig als „technisches Bravourstück" Memlings gefeiert.[66] Alle Elemente in Wassernähe nämlich werden von der Wasseroberfläche gespiegelt. Zwischen diesem reflektierenden Grund und dem Visionär wird eine Beziehung der visuellen Nähe und Berührung dadurch aufgebaut, dass der Oberkörper und besonders das Haupt des Johannes in die Wasseroberfläche hineinragen. Ich halte es daher für sehr überzeugend, wenn Heike Schlie die glatte Wasserfläche als Repräsentation des inneren Spiegels der Seele deutet, von dem in der mystischen Literatur des Spätmittelalters so viel die Rede ist.[67]

Spiegelbild und visionäre Imagination

Sollte sich diese Überlegung bestätigen, dann wäre zuallererst auf eines hinzuweisen: darauf nämlich, dass wir es in der Geschichte der Visionsdarstellung mit einem vereinzelten und vor allem vergleichsweise späten Phänomen zu tun haben. Die Geschichte der altniederländischen Malerei ist ja, wie die Forschungen der letzten Jahrzehnte gezeigt haben, auch eine Geschichte von Spiegelbildern, die als Metafigur für die Leistung des Gemäldes gebraucht wurden, die Außenwelt gleichsam ungetrübt und unverzerrt in sich aufzunehmen.[68] In diese selbstreflexive Dimension des Spiegelmotivs sind unauflöslich Elemente religiöser Semantik eingelagert, wie sich an dem wohl bekanntesten Spiegelbild der Zeit, dem *Arnolfini-Doppelbildnis* Jan van Eycks *(Abb. 88)* demonstrieren lässt: Der im Hintergrund der gemalten Kammer angebrachte Rundspiegel ist auf den ersten Blick „nur" eine Metapher für den kristallinen Realismus von van Eycks Gemälde. Die Dinge verkomplizieren sich jedoch, wenn man die Rahmung des Spiegels durch einen Kranz von Medaillons mit Passionsszenen berücksichtigt. Die gläsernen Oberflächen der kleinen Rundbildchen treten in Analogie sowohl zu dem zentralen Spiegelglas wie zu den transluziden Perlen der nebenan aufgehängten Gebetsschnur. Diese doppelte Verkettung bringt als zweite Spiegel-Metapher die uns schon geläufige Vorstellung von der menschlichen Seele ins Spiel. In der spätmittelalterlichen Meditationspraxis sollte dieser Spiegel mit Bildern des Leidens Christi gefüllt werden.[69] Das Ensemble an der Rückwand des gemalten Interieurs ist in diesem Kontext als Gebetsmaschine zu sehen, die einmal vom Betrachter in Gang gesetzt, eine Einspiegelung der Passion Christi in die eigene Seele bewirkt. Der konvexe Rundspiegel steht gewissermaßen für das christlich gerahmte Spiegelbild der von van Eyck gemalten Verlobung, das der Betrachter in seiner eigenen Seele hervorbringen soll.[70]

Eine solche Parallelisierung lässt sich auch für Werke stark machen, in denen – ähnlich wie bei Memling – eine Spiegelung im Wasser die Mitte des Bildes einnimmt – ich verweise nur auf van Eycks *Rolin-Madonna* und die integrierte Betrachterfigur, welche von der Brüstung im Mittelgrund auf die Flusslandschaft heruntersieht *(Abb. 116)*. „Er [die Betrachterfigur] sieht ein Spiegelbild, das als Metapher des Gemäldes, und zwar von Jan van Eyck selbst, bereits in die Geschichte der Malerei eingeführt worden war. Auf der Metaebene der Malerei ist die Rückenfigur des Mannes die ideale Identifikationsfigur für den Betrachter, der die illusionsgenaue Wiedergabe der Welt als einen gemalten Wasserspiegel sieht."[71] Zugleich wird auf der Metaebene das Verhältnis zwischen der künstlerischen Invention van Eycks und der religiösen Imagination des betenden Rolin verhandelt. Wohl nicht von ungefähr füllt die Wasserfläche des Flusses jenen kritischen Zwischenraum zwischen dem Kanzler und der Madonna, dessen Überbrückung das Gemälde so selbstgewiss und entschieden behauptet.[72]

Zurück zu Memling. Sein Apokalypse-Bild greift die Spiegel-Bild-Metapher auf, verknüpft sie aber ganz direkt mit einem visionären Bild, das sich im Wasser reflektiert. Zugespitzt kann man sagen: Die Landschaft im Rücken des Visionärs ist keine naturwüchsige Bühne für ein visionäres Schauspiel, sondern selbst schon integraler Bestandteil der visionären Bildsequenz, die sich auf dem Seelengrund des Visionärs abspielt. Geschickt wird dabei die räumliche Staffelung der Teilvisionen für den Eindruck eines filmischen Vorbeiziehens der Visionen fruchtbar gemacht: Während nach links hin eine Verlängerung bis zum Anfang der Apokalypse vorstellbar ist, könnten sich hinter den letzten Szenen am Horizont noch weitere abspielen, die sich in winziger Kleinheit gegenwärtig noch dem Blick des imaginären Beobachters entziehen.

Abb. 89 Hans Memling, Thronsaalvision, Johannes-Retabel, um 1475/79, Brügge, Memlingmuseum (Sint-Janshospitaal)

Zwischen kristalliner Reinheit und blindem Fleck
Spiegel im Wettstreit

Besonderes Gewicht innerhalb Memlings Apokalypse-Panorama nimmt die große Thronsaalvision ein, die hier nicht nur als einzelne Station des Visionsgeschehens, sondern als simultane Schaltstelle für die gesamte Sequenz der Siegel und Posaunen aufgefasst wird *(Abb. 89)*. Innerhalb dieser von einem Regenbogen kreisförmig gerahmten Erscheinung kann man bei genauerem Hinsehen einen zweiten Wasser-Spiegel entdecken: das gläserne Meer wie von Kristall, auf dem sowohl die Sitze der Ältesten wie auch der architektonische Aufbau mit dem Christusthron aufruhen. In die sich spiegelnde Vision ist also um Christus noch einmal ein weiterer Spiegel eingebaut, ein viel perfekterer zumal, der die einfallenden Bilder um einiges konturierter zurückwirft als das Meer um Johannes. Dass dem Spiegel des Subjekts ein zweiter Spiegel vorgehalten wird, der die Aktivität Gottes verbildlicht, gehört zu den Grundgedanken spätmittelalterlicher „Spekulation" über das Wechselverhältnis von Mensch, Natur und Gott.[73] Die innere Schau des Johannes hat also ihr Vorbild in der kristallinen Spiegelung des göttlichen Sehens – zumal die konzentrischen Regenbogen am Rand und im Inneren der großen Himmelsvision an ein riesenhaft vergrößertes Auge erinnern, das in dieser Lesart das Auge Gottes wäre.[74]

Wie aber steht es um die Spiegelung der Spiegelung? Vielleicht ist es ja spekulativ, aber genau an der Stelle, wo diese doppelte Reflexion sichtbar werden und ein Bild Gottvaters aus dem Meeresgrund zurückwerfen müsste, geht die helle Wasserfläche der Küstenlandschaft um Johannes in ein tiefes, unergründliches Schwarz über – eine Leerstelle, die den Betrachter zum weiteren Nachdenken über die Reflexionsverhältnisse des Bildes veranlassen kann: Ist die eigentliche Hauptaufgabe der Einspiegelung Gottes in die Seele des Visionärs noch nicht geleistet? Besteht ein Zusammenhang zwischen der „Blindheit" des Meeresspiegels an dieser Stelle und dem leeren Pergament der aufgeschlagenen Buchseiten, dessen Beschriftung Johannes nach der ersten Zeile unterbrochen hat?

Die in diesem Kapitel diskutierten Beispiele einer Auslotung visionärer Seelengründe hatten alle den Charakter von Bild-Experimenten, bei denen Künstler eine Verbindung herstellten zwischen den neuen Möglichkeiten der Konstitution von Bild-Gründen und dem Seelengrund im Inneren des Visionärs Johannes. Das Nachdenken über die Seele als tragenden Grund visionärer Offenbarung war in allen drei Fällen eng verknüpft mit einem Nachdenken über die unterschiedlichen Optionen eines koloristischen, räumlichen oder kompositorischen Zusammenhalts der Bilder. Die zunächst nur latente selbstreflexive Dimension dieser Experimente kommt in Memlings *Johannes-Altar* explizit zum Vorschein, wenn der Künstler auf die Rahmenleiste der Mitteltafel die Signatur opvs iohannis setzt *(Abb. 86)*.[75] Vordergründig besehen stellt sich Memling damit lediglich unter den Schutz beider Patrone des Sint-Janshospitaals, des Evangelisten wie des Täufers. Doch wer den rechten Flügel genauer studiert, kann nicht umhin, das „Werk des Johannes" auch als Anspielung auf die Analogie zwischen der Bildproduktion des Malers und der spiegelnden Aktivität des Visionärs zu verstehen. Bei seinem Spiel mit reflektierenden Bild-Gründen hat Memling also auch die zweite Spiegel-Metapher nicht vergessen, die in der Malerei der Altniederländer von Beginn an präsent war. War es im *Arnolfini-Doppelbildnis* und der *Rolin-Madonna* die spiegelgleiche Qualität des gemalten Bildes, die auf dieser Metaebene thematisiert wurde, so ist es hier die Parallele zwischen dem Visionär, der himmlische Bilder schaut, und dem Maler, der die Szenerie einer solchen Schau erfindet und sie so detailgetreu und oberflächenrealistisch wie einen äußerlich beobachtbaren Vorgang zur Darstellung bringt. Mehr noch: Wo auf dem Seelengrund Johannes' des Visionärs ein dunkler Fleck bleibt, der die Theophanie der Thronsaalvision mit Christus in sich verschluckt, da kann der Bild-Grund Johannes' des Malers mit Figuren ungetrübter Schärfe und funkelnder Luzidität aufwarten.

Anmerkungen

1. Zur Geschichte des Seelengrunds in Spätantike und Mittelalter vgl. KUNISCH 1929 und WYSER 1958. Vgl. auch verschiedene Studien zum Seelengrund bei Meister Eckhart: DIETSCHE 1960; KREMER 1988; sowie der Kommentar von Niklaus Largier, in: MEISTER ECKHART 1993, Bd. 2, S. 763–772; WILDE 2000, S. 182–187.
2. Vgl. auch LARGIER 1999b, S. 621–625 am Beispiel Meister Eckharts und Nikolaus' Cusanus.
3. Hierzu einführend MCGINN 1986; WILDE 2000, S. 90–123.
4. Vgl. KONERSMANN 1988, S. 76–121; LARGIER 1999b; HAMBURGER 2000b; WILDE 2000, S. 51–64.
5. Wichtige Denkanstöße für eine solche Herangehensweise bietet das von Charles Sanders Peirce entworfene Notationssystem der „Existentiellen Graphen". Eine wichtige Rolle in diesem System spielt die Grundfläche des „Phemischen Blatts", welches das „Diskurs-Universum" aller möglichen Aussagen repräsentiert, die dem vorausgehen, was ein individuelles Subjekt tatsächlich denkt oder spricht. Vgl. PAPE 1997, S. 378–460. Bemerkenswerterweise resultieren Grundannahmen des Notationssystems wie die Unterscheidung von drei Seinsmodi (Möglichkeit, Existenz, Realität) aus Peirce' intensiver Auseinandersetzung mit der Philosophie der Scholastik, insbesondere der realistischen Position des Johannes Duns Scotus im Universalienstreit, vgl. BOLER 1963; MICHAEL 1988; FORSTER 1992.
6. Neapel, um 1330/40. Stuttgart, Staatsgalerie, Inv. Nr. 3082 und 3100. Pappelholz, 34,9 x 86,3 und 35,1 x 86,6 cm. Vgl. SCHILLER 1960–91, Bd. 5, S. 287–280; EWALD/KLAPPROTH/RETTICH 1992, S. 210–213; RAVE 1999, S. 123–136 (mit kompletter Bibliographie); Miklós Boskovits, in: AUSST. KAT. FLORENZ 2000, S. 192–197 (Nr. 28).
7. Vgl. ERBACH-FÜRSTENAU 1905 und ERBACH-FÜRSTENAU 1937. In der italienischen Forschung wurde die neapolitanische Herkunft lange zugunsten einer Zuschreibung an Giusto de' Menabuoi abgelehnt, vgl. etwa BOLOGNA 1969, S. 138. Seit den jüngeren Untersuchungen von SCHMITT 1970 und CASTELFRANCHI 1983–84 kann diese Diskussion als beigelegt gelten.
8. Vgl. *Bibel von Mecheln*, um 1340, Löwen, Univ.bibl., Ms. 1 (ehem. Mecheln, Bibliothèque du Grand Seminaire); *Hamilton-Bibel*, um 1350/60, Berlin, Kupferstichkabinett, Ms. 78 E 3; *Biblia Sacra*, um 1350/60, Wien, Nationalbibliothek, Ms. 1191. Vgl. ERBACH-FÜRSTENAU 1905; ERBACH-FÜRSTENAU 1937; SCHMITT 1970, S. 480–494; CASTELFRANCHI 1983–84, S. 36; RAVE 1999, S. 127; ROLAND 2000. Einer genaueren Untersuchung bedürfte die Beziehung zwischen den *Stuttgarter Tafeln* und dem stark zerstörten Apokalypse-Fresko über dem Eingang der Cappella Loffredo in Santa Maria Donna Regina. Der älteren Literatur galt dieses Werk als Bestandteil der von Maria von Ungarn unmittelbar nach Erbauung der Kirche initiierten Ausmalung des Langhauses der Kirche, es wurde deshalb bereits um 1317/20 datiert (vgl. SCHMITT 1970, S. 484). In der neueren Forschung wird das Fresko als Bestandteil der Ausmalung der Cappella Loffredo angesehen. Der schlechte Zustand des fragmentierten und in der Maloberfläche stark beschädigten Bildes macht eine genauere stilgeschichtliche Einordnung sehr schwierig, vgl. die Datierungsvorschläge von ELLIOTT/WARR 2004, S. 7 (1320/30) und BOLOGNA 1969, S. 138 (1330/40).
9. Seit ERBACH-FÜRSTENAU 1937 wird diskutiert, ob die Tafeln etwas mit den Apokalypse-Bildern zu tun haben könnten, die Giotto nach Vasaris Aussagen für die Kirche Santa Chiara schuf: „Giotto adunque [...] dipinse in alcune capelle del detto monasterio [i.e. Santa Chiara] molte storie del Vecchio Testamento e Nuovo. E le storie de l'Apocalisse ch'e' fece in una di dette capelle furono, per quanto si dice, invenzione di Dante [...] e se ben Dante in questo tempo era morto, potevano averne avuto, come spesso avviene fra gl'amici, ragionamento." VASARI 1550/1568 (1966–76), S. 108.5–13. Stilistisch gibt es jedoch keine tragfähigen Argumente für eine Zuschreibung an Giotto oder den Giotto-Umkreis, wie sie jüngst noch einmal von Miklòs Boskovits vertreten wurde, vgl. AUSST. KAT. FLORENZ 2000, S. 192–197. Eine Stiftung der Tafeln nach Santa Chiara, wo die Anjou ihre Grablege hatten, ist damit zwar nicht ausgeschlossen, doch müssen ebenso andere Verwendungsmöglichkeiten innerhalb des höfischen Zeremoniells in Betracht gezogen werden, vgl. RAVE 1999, S. 128.
10. Die Möglichkeit eines derartigen Einbaus der Tafeln wurde bereits von ERBACH-FÜRSTENAU 1937, S. 106 und SCHMITT 1970, S. 498, Anm. 1 angesprochen.
11. Zur gesamten Entwicklung vgl. BENZ 1934 und REEVES 1993, besonders S. 1–85 und 133–250.
12. Zu Olivis Geschichtstheologie vgl. BENZ 1934, S. 256–332; MANSELLI 1955; BURR 1981; BURR 1985; BURR 1993 und LEWIS 1999.
13. Vgl. aus der umfangreichen Literatur exemplarisch HEUCKELUM 1912, S. 26–52 und 64–91; BENZ 1934, S. 258; MOORMAN 1968, S. 325; BOLOGNA 1969, S. 157–170; BARBERO 1983, S. 144–152; MUSTO 1985; MUSTO 1997. Für eine differenziertere Bewertung der Unterstützung der Spiritualen durch das neapolitanische Königshaus argumentieren zuletzt KELLY 1999; PRYDS 2000, S. 104–119; KELLY 2003, S. 74–90, denen sich BURR 2001, S. 112 und 169–170 in seiner Geschichte der Spiritualenbewegung anschließt.

14 Vgl. hierzu Erbach-Fürstenau 1905; Erbach-Fürstenau 1937; Schmitt 1970; Schiller 1960–91, Bd. 5, S. 286–291; Rave 1999, S. 128–136. Eine vergleichbare Inanspruchnahme für joachimitisches Gedankengut versucht Bruzelius 1995 für die von Robert und seiner Gemahlin Sancia gegründete Klarissenkirche Santa Chiara.
15 Vgl. Rave 1999, S. 128–136. Eine weitere Stoßrichtung sieht Rave in einer spezifisch angiovinischen Endzeitideologie.
16 Vgl. Burr 1981 und Burr 1993, S. 75–178. Diese Skepsis wird geteilt von Musto 1997, S. 473: „No Joachite or Franciscan symbolism is evident."
17 Um 1220/30. Oxford, Corpus Christi College, Ms. 255A, fol. 7v. Allgemein zu Joachims Diagrammen vgl. Reeves/Hirsch-Reich 1972; Obrist 1986; Patschovsky 2003b; Potestà 2003. Zum Drei-Kreise-Diagramm vgl. Reeves/Hirsch-Reich 1972, S. 192–198; Patschovsky 2003b, S. 90–94. Speziell zum Apokalypse-Bezug der *figurae* vgl. Reeves 2001.
18 Deutschland, um 1270/75. Cambridge, University Library, Ms. Mm.5.31. Pergament, 25,0 x 18,0 cm, 205 Blatt. Vgl. Nigel Morgan, Apocalypse with Commentary by Alexander of Bremen, in: Ausst. Kat. Cambridge 2005, S. 116–117 (Nr. 42). Der Kommentar selbst datiert von 1240/50, vgl. Alexander 1955; Schmolinsky 1992. Zu den Bildern vgl. Schiller 1960–91, Bd. 5.1, S. 216–227; Lewis 2001.
19 Wichtige Argumente dafür bei Musto 1997.
20 Vgl. die ikonographischen Übersichtspläne in Schmitt 1970, S. 475–480; Rave 1999, S. 131–134.
21 Zu den Fresken in der Marienkapelle von Burg Karlstein (um 1355/60) vgl. Friedl 1950; Schiller 1960–91, Bd. 5.1 (1990), S. 296–299. Zu den Fresken Giustos de Menabuoi im Baptisterium von Padua (um 1375) vgl. Bettini 1960; Bellinati 1989, S. 70–78; Schiller 1960–91, Bd. 5.1 (1990), S. 291–293. Zu Angers vgl. Kapitel 9.1.
22 Zur Bildstruktur werden in der Literatur immer wieder einzelne Beobachtungen formuliert, die aber nie wirklich systematisch ausgebaut werden. Vgl. etwa Schmitt 1970, S. 484 zum „Nebeneinander inselhaft schwimmender und nicht konstruktiv begrenzter Einzelszenen", welche eine „Wirkung [...] als unreale Bilder" hervorbringen. Ähnlich äußern sich Castelfranchi 1983–84, S. 36 und Schiller 1960–91, Bd. 5.1, S. 288.
23 Zur Maltechnik vgl. Erbach-Fürstenau 1937, S. 83–84; Schmitt 1970, S. 498, Anm. 1, Rave 1999, 123–125.
24 Vgl. Rave 1999, S. 124.
25 Vgl. Rave 1999, S. 123. Zur Goldgrundmalerei der Zeit vgl. Wenderholm 2005. Einen gerade für die *Stuttgarter Tafeln* sehr instruktiven (Rück-)Blick auf die Bildlogik des Goldgrundes bietet Beyer 2007.
26 In diesem Punkt kommt die chromatische Struktur der *Stuttgarter Tafeln* Peirce' System der „Existentiellen Graphen" sehr nahe, auf das bereits in Anm. 5 verwiesen wurde. Eine elementare Voraussetzung dieses Repräsentationssystems ist die Eigenschaft monochromer Untergründe, als einheitlich eingefärbte Flächen die Kontinuität und Einheit aller Vorgänge innerhalb des Bewusstseins zu visualisieren – Peirce spricht von einem „Quale-Bewusstsein", das allen Denkprozessen vorausliegt, vgl. Pape 1997, S. 429–445; Keeler 1998.
27 Die Vorlagenfrage ist für die *Stuttgarter Tafeln* nie wirklich systematisch diskutiert worden. Klein 1992, S. 194–195 sieht sie als Vertreter einer „specifically Italian tradition of the Trecento, independent of the English [...] cycles". Schiller 1960–91, Bd. 5.1, S. 289 setzt dagegen „die durch das Herrscherhaus der Anjou gegebene Kenntnis englisch-französischer Apokalypsezyklen" für die Konzeption des Zyklus voraus.
28 Insofern trifft die Überlegung von Schmitt 1970, S. 500, Anm. 28, die Palme werde zur Unterscheidung zwischen Patmos und den Orten des visionären Geschehens verwendet, nur bedingt zu.
29 So gesehen wird auch verständlich, warum das Moment des Einschlusses auf der Inselfläche im gestalterischen Kalkül der neapolitanischen Künstler keine Rolle spielt: Johannes bricht ja mit seinem Oberkörper die unregelmäßige Kontur des Eilands nach oben auf, und die beiden Palmen scheinen geradezu wie Antennen in den dunklen Himmelsraum ausgefahren.
30 Hier bestehen möglicherweise Querverbindungen ganz anderer Art zu Petrus Johannes Olivi, und zwar zur Wahrnehmungstheorie des Franziskaners, vgl. Tachau 1988, S. 39–54: Gegen Roger Bacons Theorie körperlicher *species* sieht Olivi Wahrnehmung primär als geistige Aktivität an, als Verarbeitung von *species memoriales* und *species intellectuales*, welche die Seele im Austausch mit dem Auge innerhalb der *memoria* hervorbringt – Olivi spricht in Bezug auf letztere vom „capax et materialis sinus eiusdemmet potentiae" bzw. vom „materialis uterus ipsius intellectus" (ebd., S. 50, Anm. 71).
31 „Et templum non vidi in ea, Dominus enim Deus omnipotens templum illius est et agnus."
32 Eine entscheidende Rolle in diesem Parcours kommt den ebenfalls goldenen, tabernakelartigen Thronaufbauten zu, welche als Throne für den Menschensohn und das Lamm in Apk 4, Apk 5 und Apk 22 fungieren – der leere Sitz der zuletzt genannten Szene ist durch den Strom des Lebens mit dem Himmlischen Jerusalem verbunden. In allen drei Szenen wird der Thron inmitten eines rotgrundigen Ovals sichtbar, das wie ein Fenster in den schwarzblauen Grund eingelassen ist.
33 „Animae ergo sanctae ante diem iudicii sunt sub altare, id est, sub consolatione et protectione humanitatis

Christi; sed post diem iudicii elevabit eas, ut videant ipsam divinitatem." *Sermo in festivitate omnium sanctorum*, in: JOHANNES XXII. 1973, S. 85–99, hier: S. 96 (10–13). Zur gesamten Debatte vgl. BYNUM 1995, S. 279–291; sowie die ausführliche Darstellung in TROTTMANN 1995, S. 411–743. Zur Rolle Roberts innerhalb des Streits vgl. MUSTO 1997, S. 467–472; PRYDS 2000, S. 93–103.

34 „Inconveniens est dicere quod, post vitam presentem, sanctorum virorum animabus, essentiale premium visionis Dei, in tantum usque ad iudicium vel resumptionem corporum, differatur." ROBERT ANJOU 1970, S. 6 (I.2, 15–18). Robert untermauert seine Auffassung nicht nur mit Aussagen klassischer Autoritäten, sondern auch mit einem Passus aus der von Johannes XXII. selbst verkündeten Kanonisationsbulle für Ludwig von Anjou von 1317: „Gloriosam resolutus in mortem, qui hic vivens ambulavit in innocentia, in medio domus sue, *ad Deum suum contemplandum, facie rivelata*, in sua innocentia est ingressus." ROBERT ANJOU 1970, S. 56 (III.74, 18–21, meine Hervorhebung).

35 Toskana oder Neapel, um 1320/30. London, British Library, Ms. Royal 6.E.IX. Pergament, 30 Blatt. Speziell zum Allerheiligenbild und zum Kontext der *visio beatifica* vgl. BRUDERER EICHBERG 1999.

36 Vgl. SCHILLER 1960–91, Bd. 5.1 (1990), S. 289.

37 „Johannes apostolus in 4 Johan. dicitur, *ascende huc*, scilicet per spiritualem intellectum scripture, sic *ostendam tamquam oportet fieri post hec*, id est post acta in vetere testamento. [...] Unde secundo *et statim fui in spiritu*, id est in spirituali intellectu quo et futura in preteritis et figurata cernimus in figuris." Rom, Biblioteca Angelica, Ms. 150, fol. 125r, zit. nach MUSTO 1997, S. 465.

38 Vgl. MUSTO 1997.

39 Zum Sehen Gottes, so die oben zitierten *Carmina regia*, besitze speziell der Herrscher schon auf Erden eine besondere Kraft, mit der er seine Untergebenen beschenken könne „Nam est rex [...] et celorum et bonorum acquirendi vis videndi donator largissimus." Ms. Royal 16.E.IX, fol. 3v, zit. nach BRUDERER EICHBERG 1999, S. 49, Anm. 74. Wie im Fall der *Bamberger Apokalypse* ist es der Glaube an die besondere Sehkraft des Herrschers und seine daran sich knüpfende Parallelisierung mit Johannes, welche die Anfertigung des Apokalypse-Zyklus für das Königshaus motiviert. Die Vorzeichen haben sich jedoch radikal gewandelt: Als tragenden Bezugsgrund des visionären Geschehens sollen die Betrachter keinen von Gott geschriebenen Text, sondern das Innere des schauenden Subjekts ausmachen.

40 Brügge (?), um 1400. Paris, Bibliothèque Nationale, Ms. néerl. 3. Pergament, 34,2 x 24,8 cm, 23 Blatt. Aufbau: Miniatur mit Szenen aus der Johannes-Vita (fol. 1r); mittelniederländischer Apokalypse-Text mit Kommentarauszügen und Gebetstexten, Miniaturen zur Apokalypse (fol. 1v–23r). Eine detaillierte kodikologische, philologische und kunsthistorische Untersuchung des Manuskripts jetzt in HOMMEL-STEENBAKKERS 2001. Aus der älteren Literatur vgl. HONTOY 1946–47; MEER 1978, S. 202–35 (mit Farbabbildung aller Miniaturen); EMMERSON/LEWIS 1984–86, S. 452 (Nr. 136); SMEYERS 1993. Brügge als Entstehungsort wurde – in Verbindung mit anderen Beispielen des „réalisme pré-eyckien" – zuletzt diskutiert von SMEYERS 1993, S. 18–21; HOMMEL-STEENBAKKERS 2001, S. 186–191 hält dies ebenfalls für die wahrscheinlichste Möglichkeit.

41 Zur Vorlagenfrage vgl. HONTOY 1946–47, S. 296–297; SMEYERS 1993, S. 26–30.

42 PANOFSKY 1953, S. 110; vgl. CAMILLE 1992b, S. 284.

43 Der Schrifttext wiedergegeben bei HOMMEL-STEENBAKKERS 2001, S. 68–110. Zur Hinzufügung liturgischer Texte auf einzelnen Seiten vgl. SMEYERS 1993, S. 16. Die Anordnung von Illustrationen und Schrifttext löst sich gegen Ende des Manuskripts von der Reihenfolge des Bibeltextes, Apk 20 und 21 (fol. 17v–19r) stehen an vorgezogener Position zwischen der Bildseite zu Apk 16 und der Schriftseite zu Apk 17. Diese Vorwegnahme von Weltgericht und Neuem Jerusalem ist von der Forschung bis heute immer auf ein Versehen des Illustrators zurückgeführt worden (vgl. ebd., S. 15, Anm. 2), in Erwägung zu ziehen wäre jedoch auch die Möglichkeit einer intentionalen Umstellung.

44 Vgl. die kodikologische Analyse in HOMMEL-STEENBAKKERS 2001, S. 10–11.

45 Vgl. RINGBOM 1980, S. 52–58.

46 In der Literatur zu *Paris néerl. 3* wird dies übersehen und die Rahmenform einfach als Kennzeichnung des Visionären verbucht, vgl. HONTOY 1946–47, S. 289–290; PANOFSKY 1953, S. 110; MEER 1978, S. 203; SMEYERS 1993, S. 24–25.

47 Vgl. die Analyse in Kapitel 7.1. Zum englischen Modell vgl. SMEYERS 1993, S. 27; HOMMEL-STEENBAKKERS 2001, S. 196–197. Zu anderen Aspekten der Miniatur vgl. MEER 1978, S. 208; HOMMEL-STEENBAKKERS 2001, S. 125–127.

48 Vgl. MEER 1978, S. 212; HOMMEL-STEENBAKKERS 2001, S. 127–128.

49 SMEYERS 1993, S. 24.

50 Besonders deutlich wird dies auf der Bildseite zu Apk 3 (fol. 4r), die auf das Prinzip der Flächensymmetrie verzichtet und nur mit der Einfärbung der Kirchengebäude arbeitet.

51 „Glasine zee ghelijc kerstal". Hommel-Steenbakkers 2001, S. 74.9.
52 Vgl. Lewis 1992b, S. 265; Camille 1992, S. 277–278; Klein 1998, S. 268–269.
53 Die Ton-in-Ton-Malerei als Strategie zur Erzeugung eines visionären Effekts bereits hervorgehoben bei Smeyers 1993, S. 25. Zur Verbreitung dieses Phänomens in der franko-flämischen Buchmalerei um 1400 vgl. ebd. sowie Panofsky 1953, S. 379, Anm. 3; Hommel-Steenbakkers 2001, S. 185–186. Alle bisher bekannten Vergleichsbeispiele sind allerdings Einzelfälle ohne einen vergleichbaren systematischen Anspruch.
54 Vgl. Hontoy 1946–47, S. 296; Hommel-Steenbakkers 2001, S. 146–148.
55 Panofsky 1953, S. 110.
56 Beginnend auf fol. 7r erscheint die *vera icon* auf insgesamt 6 Miniaturen (fol. 8r, 10r, 14r, 20r, 21r). In zwei Fällen (fol. 12r, 19r) ist Christus in Halbfigur dargestellt. Zur *vera icon* vgl. Smeyers 1993, S. 25–26.
57 Hans Memling, 1479. Brügge, Memlingmuseum (Sint-Janshospitaal), Inv. Nr. O.SJ175.1. Eichenholz, Mitteltafel 193,5 x 194,7 cm, rechter Flügel 193,3 x 97,3 cm (jeweils mit Rahmen). Vgl. Blum 1969, S. 89–96; Hull 1981, S. 51–91; Schiller 1960–91, Bd. 5.1 (1990), S. 305–307; Belting/Kruse 1994, S. 248–251 (Nr. 213–215); De Vos 1994, S. 151–157 (Nr. 31).
58 Vgl. Andrews 1995, S. 26–33 und 89.
59 Zu einer ikonographischen Übersicht vgl. Blum 1969, S. 89. Das Programm für den Evangelisten entspricht der üblichen Szenenauswahl seit den englischen Apokalypsen: Taufe der Drusiana (nach Blum Taufe des Philosophen Kraton), Ölmarter und Einschiffung nach Patmos. In den Kapitellen der Säulenhalle sind Szenen nach der Rückkehr aus dem Exil dargestellt: die Auferweckung der Drusiana und der Giftbecher.
60 Vgl. Gregor Martin Lechner, Johannes der Evangelist, in: LCI 1968–76, Bd. 7 (1974), Sp. 108–130, hier: 123–126, sowie Ganz 2008. Zu Memlings Rückgriff auf diesen Bildtypus vgl. Blum 1969, S. 90–91; Hull 1981, S. 73–74.
61 Bei der Zusammenstellung handelt es sich um eine sehr selektive Redaktion, die den gesamten letzten Teil der Apokalypse einschließlich des Weltgerichts und des Neuen Jerusalems ausklammert. Vgl. hierzu detailliert Christe 1997b, der auf ähnliche thematische Akzente in den monumentalen Apokalyse-Zyklen des Hochmittelalters verweist. Eine vergleichbare Kombination von Johannes auf Patmos und verschiedenen Szenen aus der Apokalypse bieten allein zwei italienische Beispiele des Trecento: das Fresko in Santa Maria Donna Regina, Neapel (vgl. Anm. 8) und Giottos Fresko in der Cappella Peruzzi von Santa Croce, vgl. Tintori/Borsook 1965, S. 23–28; Schiller 1960–91, Bd. 5.1 (1990), S. 285–286.
62 Vgl. Meer 1978, S. 265.
63 Wenn ich richtig sehe, handelt es sich um die einzige Verdoppelung des Sehers auf der Tafel. Christiane Kruse hält irrtümlicherweise den Engel, der vor der Thronsaalvision das Rauchfass schwenkt, für eine zweite Darstellung des Johannes, vgl. Belting/Kruse 1994, S. 250.
64 Vgl. Belting/Kruse 1994, S. 51–60. Beltings Modell aufgegriffen u.a. in Kruse 1999; Kruse 2003, S. 239–244.
65 Ausführlich dazu Christe 1997b.
66 Belting/Kruse 1994, S. 250. Ähnlich Meer 1978, S. 263.
67 Vgl. Schlie 2003.
68 Vgl. Konersmann 1988, S. 109–121; Preimesberger 1991, S. 468–484; Belting/Kruse 1994, S. 73–79; Largier 1999b, S. 630–636; Yiu 2001, S. 133–210; Beyer 2007.
69 Zu den Anknüpfungspunkten zwischen dem Spiegel und der theologischen Tradition vgl. Baldwin 1984; Bedaux 1986, S. 15–19; Yiu 2001, S. 177–188. Die beiden zuletzt genannten Autoren entscheiden sich für eine Variante der Spiegelmetaphorik, wonach die Passion Christi als Spiegel für die menschliche Seele dienen soll.
70 Zum Zusammenhang zwischen Passion und Ehesakrament vgl. Baldwin 1984; Bedaux 1986, S. 15–19. Zum Zusammenhang von Gebetsschnur und Spiegel vgl. Ganz 2003b, S. 160–161.
71 Kruse 2003, S. 241–242.
72 Vgl. Bogen 1999a, S. 65.
73 Vgl. Largier 1999b, S. 618.
74 Ähnlich argumentiert Yiu 2001, S. 197–210, für den Spiegel des *Arnolfini-Doppelbildnisses*.
75 Die vollständige Inschrift lautet: opvs iohannis memling anno m cccc lxxix 1479. Nach De Vos 1994, S. 157 ist die heute zu sehende Inschrift jünger als das Bild, aber eine textgetreue Replik der ursprünglichen Signatur.

9 Gehäuse
Ein neues Paradigma der inneren Schau

Zum dominierenden Dispositiv für die Visualisierung einer inneren Schau entwickelt sich im Spätmittelalter der Innenraum: die Zelle, die Kammer, die Höhle, der Turm, das Kloster, das Haus. Sowohl in der geistlichen wie der weltlichen Literatur des Mittelalters war die architektonische Metaphorik gebauter Innenräume schon lange einer der leitenden Topoi zur Beschreibung des inneren Menschen gewesen.[1] Die bereits im frühen Christentum bekannte Vorstellung vom Herzen als Tempel für die Einwohnung Gottes wurde in der hochmittelalterlichen Literatur aufgegriffen und zu vielgestaltigen Bildern ausdifferenziert. Trotz seines hohen Visualisierungspotentials hat dieser Bildervorrat in den Visionsdarstellungen lange Zeit nur geringe Beachtung gefunden.[2] Nur zögerlich und vereinzelt geht man im Hochmittelalter dazu über, Innenräume gezielt als Orte der visionären Schau zu wählen, und dies auch in solchen Fällen, wo sie nicht schon im entsprechenden Erzählstoff gefordert oder „vorgeschrieben" werden.[3] Im 14. und 15. Jahrhundert können wir dann eine Popularisierung der Innenraummetapher beobachten, die alle anderen Lösungen schnell in den Schatten stellt. Die zeitliche Verschiebung gegenüber der literarischen Entwicklung dürfte ein Indiz dafür sein, dass die Bilder anderes leisten, als die Metaphorik der Texte zu visualisieren. Das Interesse an der bildlichen Darstellung innerer Räume läuft zeitlich parallel mit generellen Tendenzen der Verräumlichung in der Bildkunst – wie sich diese beiden Entwicklungen zueinander verhalten, ist bisher noch nicht untersucht worden.[4]

Die Vorgeschichte unseres Themas lässt sich gut am älteren Paradigma der Traumvision verfolgen. Traumdarstellungen des Früh- und Hochmittelalters zeigen zwar immer wieder Traumvisionäre innerhalb ihres Schlafgemachs, ohne jedoch die Grenze zum Außen zu thematisieren, welche den Innenraum erst als einen solchen konstituiert.[5] Konstitutiv ist eine Schwelle zur Außenwelt lediglich in einem besonderen Fall: Träumen, die zum Antritt einer Reise auffordern, beispielsweise die Träume der Heiligen Drei Könige oder der Traum Josephs vor der Flucht nach Ägypten *(Abb. 35)*. Die Tür, welche diese Akteure durchschreiten, steht für die Relation von geträumtem Auftrag und tatsächlicher Ausführung, die das Eingreifen Gottes in die Heilsgeschichte sichtbar machen soll.[6] Im Unterschied zu dieser Konstellation geht es im Folgenden um eine Metaphorisierung von Innenräumen als Orten seelischer Aktivität: Sie werden zu Gefäßen der Speicherung und Verarbeitung visionärer Bilder oder zu Brautgemächern einer visionären *unio* mit Gott.[7]

9.1 Orte der Abgeschiedenheit

Die umbaute Visionärin
Bildarchitekturen in den illuminierten Hildegard-Handschriften

Frühe Beispiele für einen systematischen Gebrauch von architektonisch definierten Binnenräumen sind die bebilderten Visionsbücher Hildegards von Bingen. Bereits die Eingangsminiatur des *Wiesbadener Scivias (Taf. XXIV)*, so hatten wir gesehen, zeichnet sich durch eine außergewöhnliche Raumdisposition aus, die Hildegard in einem abgeschlossenen, von außen unzugänglichen Interieur lokalisiert. Die Abgeschiedenheit dieses Raums ist umso bemerkenswerter, als sie in deutlichem Widerspruch steht zur Erklärung der *Protestificatio*: „die Visionen, die ich sah, empfing ich [...] nicht an verborgenen Orten, sondern ich erhielt sie [...] an zugänglichen Orten."[8] Das Eingeschlossensein der gemalten Hildegard hat auch mit der realen Lebenssituation Hildegards im Kloster nichts zu tun.[9] Dargestellt ist vielmehr ein symbolischer, ein mehrfach kodierter Raum: Chiffre für Ecclesia, in deren Zentrum Hildegard agiert, aber auch jener innere Tempel, von dem die geistliche Literatur der Zeit so häufig spricht, jenes Gebäude, das der Gläubige in seiner Seele oder seinem Herzen errichten soll, um die Einwohnung Gottes zu ermöglichen.[10]

Obwohl diese Wohnstatt mitsamt der Visionärin im Folgenden gleichsam durch die göttlichen Bilder aufgesaugt wird *(Taf. XXV)*, ist das Wiesbadener Eingangsbild für unsere Fragestellung eine wichtige Wegmarke, und zwar aus zweierlei Gründen: Erstens ist die Architektur um Hildegard und Volmar, auch wenn man sie nicht mit einer realistischen „Abbildung" von Räumlichkeiten auf dem Rupertsberg verwechseln sollte, unbestreitbar der Raumstruktur der klösterlichen Zelle wie derjenigen des *claustrum* überhaupt nachgebildet.[11] Das Kloster mit seinen verschiedenen Vorrichtungen räumlicher Grenzziehung (Pforte, Zelle) sollte auch in der Folgezeit die wichtigste Sphäre bleiben, aus der Bilder ihren Fundus an architektonischen Metaphern der inneren Schau schöpften. Zweitens ist hervorzuheben, dass Hildegards „Zelle" der Ort einer Vision im Wachzustand ist, der in den theoretischen Selbstaussagen des *Scivias* eine programmatische Bedeutung zukommt. Hildegard ist im Moment der Offenbarung im Vollbesitz ihrer geistigen Kräfte, sie vermag ihr eigenes Handeln zu kontrollieren, wie dieses auch der Kontrolle von außen, dem Einblick Volmars, offensteht.

Ist die Abgrenzung eines Innen im *Wiesbadener Scivias* nur Durchgangsstation in das Jenseits der Gottesschau, so wird der Stellenwert der architektonisch definierten Innenräume im *Luccheser Liber divinorum operum* erheblich gestärkt.[12] Die Eingangsminiatur kombiniert das Autorenbild mit der ersten Visionsszene des Werks, der Erscheinung der göttlichen Caritas *(Abb. 90–91)*. Der Aufenthalt Hildegards und das Visionsbild sind durch eigene Rahmenleisten als getrennte Bildbereiche ausgewiesen, Größenunterschiede und die Unvollständigkeit des unteren Rahmens lassen beide in ein hierarchisches Verhältnis treten. In diese Matrix unterschiedlicher Flächenorte wird unten eine architektonische Binnenstruktur eingetragen, die den Ort der Visionärin

Gehäuse

Abb. 90 Erste Vision mit Hildegards Inspiration, Liber divinorum operum, um 1220/30, Lucca, Biblioteca Statale, Codex 1942, fol. 1v

Abb. 91 Hildegards Inspiration, Liber divinorum operum, um 1220/30, Lucca, Biblioteca Statale, Codex 1942, fol. 1v

näher definiert. Die Künstler bedienen sich dazu der gleichen Elemente, die in der Eingangsminiatur des *Wiesbadener Scivias* verwendet werden, kombinieren sie aber auf andere Weise: Ein massiver Wandpfeiler schiebt einen Blickschutz zwischen die Autorin und ihren Sekretär. Die wichtige Aufgabe, den Geisteszustand Hildegards mit eigenen Augen zu bezeugen, übernimmt eine Mitschwester in ihrem Rücken.[13] Das Fenstermotiv mit der Möglichkeit zum Durchblick wird jetzt eingesetzt, um die Verbindung zwischen Hildegard und dem Visionsbild herzustellen. Aus der Öffnung des Fensters quillt ein roter Lichtfluss, der bis an das Gesicht Hildegards reicht.[14]

Der Luccheser Eingangsminiatur liegt ein neues Nachdenken über die Medialität der visionären Schau zugrunde. Besonders aussagekräftig in dieser Hinsicht ist die Art und Weise, wie der Kontakt Hildegards zum Visionsbild hergestellt wird. Geht der Lichtstrom im *Scivias* vom Körper des Thronenden aus *(Taf. XXV)*, entspringt er im *Liber divinorum operum* einer Öffnung im Rahmen, welcher die Figur der Caritas umgibt. Die zugrunde liegende Vorstellung ist nicht mehr die einer Verbindung von Körper zu Körper, sondern die einer Verbindung von Körper und gerahmtem Bild, welches für die innere Schau der Visionärin geöffnet werden muss.

Abb. 92 Caritas mit dem Kosmosrad,
Liber divinorum operum, um 1220/30
Lucca, Biblioteca Statale, Codex 1942,
fol. 28v

Wie verschiedentlich angemerkt wurde, ist diese Durchfensterung des Rahmens ein interessanter Parallelfall zu den Rahmenfenstern der wenig späteren englischen Apokalypsen.[15] Eine elementare Gemeinsamkeit zwischen beiden Bildlösungen kann zunächst darin gesehen werden, dass das Fenster in beiden Fällen eine Erfindung der Bildkünstler ist, die vom Text nicht gedeckt wird.[16] Zu betonen sind aber auch die grundsätzlichen Differenzen in der Handhabung des Fensterblicks: In den englischen Zyklen handelt es sich ja um ein Dispositiv zweiter Ordnung, dem der Rahmentraum vorgeschaltet ist.[17] Genau umgekehrt liegt der Fall im *Lucca-Kodex*: Das Fenster wird nur in der ersten Miniatur geöffnet, um in den folgenden Bildern zu verschwinden, es markiert den Eintritt von der körperlichen in die geistige Schau. Die Ausgestaltung des Fensterblicks fällt denn auch ganz anders aus als etwa in der *Getty-Apokalypse*: Um zu verdeutlichen, dass das Fenster Bestandteil der visionären Erscheinung ist und nicht der Außenwelt Hildegards angehört, wurde ein Wolkenkranz um die Rahmenöffnung gelegt. Der rote Lichtfluss, der aus dem Fenster tritt, schließt die Visionärin direkt an das Geschaute an, eine Verbindung, die den beiden Zeugen versagt bleibt.[18]

Abb. 93 Die Zeit des Gesetzes, Liber divinorum operum, um 1220/30, Lucca, Biblioteca Statale, Codex 1942, fol. 121v

Der aus dem geöffneten Fenster herabquellende Strahlenfluss hat für die folgenden Bilder des Zyklus nicht die Konsequenz, Hildegard und ihr „Gehäuse" unsichtbar werden zu lassen: Bildseite um Bildseite kehrt die Visionärin zurück – teilweise innerhalb des Hauptbildes untergebracht (Abb. 92), teilweise als Appendix daran angefügt wie in der ersten Miniatur (Abb. 93).[19] Das Erscheinungsbild der Visionärin ist dabei immer gleich – an einem Schreibpult sitzend, zeichnet sie das Geschaute in ihren Wachstafeln auf. Bogenelemente charakterisieren den Ort ihres Schauens als Innenraum, von dem sich das Visionsbild als ein „Außen" abgrenzt. Der Fensteröffnung als vermittelnder Instanz zwischen Innen und Außen bedarf es dabei nicht mehr. Das Verschwinden des Fensters dürfte Indiz dafür sein, dass sich der Status des Innenraumes gegenüber dem Eingangsbild gewandelt hat: War die Kammer Hildegards dort noch als Repräsentation eines äußeren Aufenthalts zu deuten, den sie mit ihrer Mitschwester teilte, handelt es nunmehr um einen Raum der einsamen Schau, der dadurch metaphorisch ausdeutbar wird.[20]

Eine genauere Betrachtung der Miniaturen zeigt, dass die Buchkünstler mit zwei topologischen Bezugssystemen operieren, die sich gegenseitig überlagern: Das in unterschiedlichen Erscheinungsformen wiederkehrende Appendixmotiv ist der älteren

Gehäuse 253

Abb. 94 Die Zeit der endzeitlichen Rückkehr, Liber divinorum operum, um 1220/30, Lucca, Biblioteca Statale, Codex 1942, fol. 135r

planimetrischen Logik verpflichtet, welche die verschiedenen Zonen der visionären Offenbarung durch Rahmenelemente separiert. Die Bogenstellung, welche Hildegard umgibt, lässt hingegen Ansätze eines jüngeren Bezugssystems erkennen, welches die Aufgaben der Grenzziehung mittels architektonischer Elemente bewerkstelligt. Jedes der beiden Koordinatensysteme weist der Visionärin einen eigenen Ort zu: Planimetrisch gesehen befindet sich Hildegard in einem Außenraum, nach Maßgabe der Architektur hingegen in einem Innenraum. Dieser Widerspruch lässt die Umbruchsituation erkennen, in der die Miniatoren der Luccheser Handschrift operieren. So werden die architektonischen Grenzen des Gehäuses zwar in jedes Bild eingetragen, von der Visionärin und ihrem Schreibpult aber ständig überschritten.[21] In einzelnen Fällen, wie in Bild 9, wurde daher eine zusätzliche planimetrische Demarkationslinie gezogen, um Hildegard von den neben ihr stehenden Personifikationen abzugrenzen *(Abb. 94)*. Umgekehrt setzte man in den Bildern 2 bis 6 allein auf die Kraft der architektonischen Grenzziehung und verzichtete auf jede planimetrische Absonderung *(Abb. 92)*.

Die Hybridität der Bildorganisation zeigt ein intensives Nachdenken über die bildliche Repräsentation visionärer Raumstrukturen an, das eine bemerkenswerte Innovation hervorbringt: Der Ort der Visionärin erlangt in den Bildern des *Luccheser*

Liber divinorum operum eine neue systematische Qualität. Hildegard und ihr gebautes Behältnis haben auf jeder Miniatur ihren festen Platz und sind so zu einem unverzichtbaren Bestandteil der Visionsbilder geworden – die Luccheser Handschrift steht in dieser Hinsicht lange Zeit alleine da.[22] Sollte der Impuls für die Vervielfachung der Hildegard-Figur von Bestrebungen zur Heiligsprechung ausgegangen sein, die für die Zeit um 1220/30 dokumentiert sind? Es ist gut möglich, dass die Anfertigung der Handschrift Teil der damals betriebenen Kanonisationskampagne für Hildegard war. Gleiches könnte man allerdings auch für die ältere Handschrift in Wiesbaden vermuten.[23] Die Konzeption des visionären Innenraumes jedenfalls ist mit der (möglichen) Funktion des Kodex noch nicht erklärt. Zu fragen wäre eher nach einem historischen Wandel der Kriterien von Heiligkeit. Für die Luccheser Handschrift scheint sich dieser Wandel in einer neuen Verhältnisbestimmung von göttlichem Bildzeichen und menschlicher Rezeptionstätigkeit zu manifestieren: Das Innere der Visionärin wird als eigenständiger Resonanzraum der Visionserzählung vorausgesetzt. Das Gehäuse ist nicht nur (wie in *Wiesbaden*) ein der Überwachung von außen zugänglicher Ausgangspunkt der Visionen, sondern von Anfang bis Ende der Bildfolge Ort einer aktiven und kontrollierten Schau Hildegards.

Fixpunkte der Offenbarung
Die Hüllräume der Dresdener Apokalypse

Einige Jahrzehnte später beginnt der Innenraum als Metapher der Innerlichkeit auch in anderen Visionsbildern Fuß zu fassen. Besonders ausgefeilte Anwendungen des Gehäusemodells finden wir in zwei Apokalypse-Zyklen des 14. Jahrhunderts, die ich im Folgenden näher betrachten möchte. Das erste Beispiel ist eine kleinformatige, heute in der Sächsischen Landesbibliothek Dresden aufbewahrte Handschrift mit der sog. altfranzösischen Prosaversion der Apokalypse.[24] Lediglich *pro forma* gibt der Inselraum hier den Auftakt zu der gesamten Bildfolge ab *(Abb. 95)*. Die Randposition nämlich, in der wir Johannes auf den folgenden Seiten häufig wiederfinden, hat sich gegenüber einer Handschrift wie der *Getty-Apokalypse* in ihrer Funktion grundlegend gewandelt. Als wesentlicher Unterschied wäre zunächst hervorzuheben, dass der Aufenthalt *in margine* nun für verschiedene neuartige Aktivitäten des Visionärs in Anspruch genommen wird: beispielsweise für die Niederschrift des Geschauten an einem Pult, wie sie bereits der *Liber divinorum operum* eingeführt hatte *(Abb. 96–97)*. In partiellem Widerspruch zur Fiktion des Rahmentraums wird so eine visionäre Erfahrung im Wachzustand thematisiert. Nachdrücklich unterstrichen wird Johannes' Rolle als aktiv agierender Autor des Visionsberichts im letzten Bild der Handschrift, welches den Seher allein zeigt, wie er sich zur Feder in seiner Hand umdreht – gleichsam als wolle er den Inhalt seines Werkes aus seinem Schreibgerät herauslesen *(Abb. 98)*.[25] Die Vorzeichen der frühmittelalterlichen Apokalypse-Zyklen, welche die vorgängige schriftliche Fixierung der Offenbarung durch Gott behaupteten, sind damit in ihr Gegenteil verkehrt.[26]

Abb. 95 Johannes auf Patmos, Dresdener Apokalypse, um 1310/30, Dresden, Sächsische Landesbibliothek, Ms. Oc. 50, fol. 1r

Abb. 96 Die 24 Ältesten vor Gott, Dresdener Apokalypse, um 1324/30, Dresden, Sächsische Landesbibliothek, Ms. Oc. 50, fol. 10r

Abb. 97 Anbetung von Drachen und Tier, Dresdener Apokalypse, um 1310/30, Dresden, Sächsische Landesbibliothek, Ms. Oc. 50, fol. 29v

Abb. 98 Der schreibende Johannes, Dresdener Apokalypse, um 1310/30, Dresden, Sächsische Landesbibliothek, Ms. Oc. 50, fol. 58v

Gehäuse 257

Abb. 99 Fünfte Posaune, Dresdener Apokalypse, um 1310/30, Dresden, Sächsische Landesbibliothek, Ms. Oc. 50, fol. 20r

Abb. 100 Anbetung des Lammes, Dresdener Apokalypse, um 1310/30, Dresden, Sächsische Landesbibliothek, Ms. Oc. 50, fol. 31v

Abb. 101 Der dritte Reiter, Dresdener Apokalypse, um 1310/30, Dresden, Sächsische Landesbibliothek, Ms. Oc. 50, fol. 13v

Mit der Aktivität des Visionärs wandeln sich auch die Orte, an denen Johannes dem Visionsgeschehen beiwohnt: In der unscheinbarsten Variante ist dies ein grüner Hügel mit Baumbestand, der wie eine Kulisse konzipiert ist, die sich gegenüber dem Bildfeld beliebig verschieben lässt *(Abb. 96–97)*. Allein schon diese Suggestion von Beweglichkeit deutet eine Verselbständigung des visionären Schauplatzes an, die überall da wesentlich radikalere Züge annehmen kann, wo sich der Visionär in Gehäusen und anderen „Hüllräumen" niederlässt – und dies ist innerhalb der *Dresdener Apokalypse* der Regelfall. Die beiden Haupttypen solcher Interieurs sind der Turm und die Höhle als künstliche bzw. natürliche Form der Behausung des Sehers *(Abb. 99–102)*.

In ihrer Verschiedenartigkeit weisen die einzelnen Gehäuse über das Geschehen auf der Insel Patmos hinaus. Die hohe Variationsbreite der Lösungen scheint vielmehr dazu bestimmt, ein visionstheoretisches Paradigma von unterschiedlichen Seiten her einzukreisen. Ein schönes Beispiel für dieses Verfahren ist die Doppelseite, welche das Erscheinen des dritten und des vierten Reiters zeigt *(Abb. 101–102)*. Die gleiche Grundsituation des Visionsgeschehens, der Auftritt eines Berittenen, wird mit deutlich differierenden Orten und Aktivitäten des Schauens verknüpft. Rechts hält Johannes sich wachend in einem Turm auf, ein Fenster gibt den Durchblick auf den herannahenden Reiter Tod frei. Links befindet sich der Heilige schlafend in einer Höhle, die Vorgänge im Bildfeld werden so als Traumerscheinung charakterisiert.

Hinter der kontrastreichen Vielfalt szenischer und gegenständlicher Varianten steht ein gemeinsames Grundprinzip des Schauens: Ort der visionären Aktivität ist

Abb. 102 Der vierte Reiter, Dresdener Apokalypse, um 1310/30, Dresden, Sächsische Landesbibliothek, Ms. Oc. 50, fol. 14r

ein Binnenraum, der durch eine Öffnung mit seiner Umgebung kommuniziert. Die räumliche Distanzierung des Visionärs will dabei als eine zweifache gelesen werden: Im Hinblick auf die menschliche Außenwelt erscheinen Höhle und Turm als Orte einsamer, eremitenhafter Abgeschiedenheit und Zurückgezogenheit des Sehers. Beide dienen auch der Stillstellung des Körpers – gerade in den Turmbildern ist diese durch die verriegelte Pforte akzentuiert, im Kontrast zur geöffneten Luke, die allein den Blick des Visionärs nach außen treten lässt. Im Rückzug unter und über den Erdboden verschließt sich der Visionär in einem privaten Innen, welches ihn von der Interaktion mit dem öffentlich zugänglichen Außen abschirmt.

Betrachtet man die Gehäuse dagegen komplementär dazu in ihrer Relation zum Visionsgeschehen, dann ist im Vergleich zum Modell der *Getty-Apokalypse*, zum Blick durch den Rahmen, eine exakte Umpolung von Innen und Außen zu konstatieren. Das Schauen von Johannes bezieht sich aus einer umgrenzten Hülle auf ein Bildfeld, dessen geschlossene, gerahmte Gestalt in Auflösung begriffen ist. Die Komplementarität von planimetrischer und architektonischer Matrix, die sich am *Liber divinorum operum* in Lucca beobachten lässt, hat sich zugunsten letzterer verschoben, wie ein Blick auf das Eingangsbild *(Abb. 95)* eindrucksvoll belegt: Die Komponenten des Inselraums sind aus den Fugen geraten, wie ein schlecht montierter Bausatz driften sie haltlos auseinander. Gegen diese auch an den folgenden Miniaturen zu beobachtende Tendenz setzen die Gehäuse den subjektiven Raum der inneren Schau als Fixpunkt des Offenbarungsgeschehens.[27]

Schachtelungen
Die Vermehrung der Gehäuse in der Apokalypse von Angers

Eine ins Spielerische gewendete Fortführung findet die Tendenz zur Umbauung des Visionärs ein halbes Jahrhundert später in der *Apokalypse von Angers*.[28] Die um 1373/80 für Ludwig I. von Anjou gewirkte Teppichfolge adaptiert Bildformulare der englischen Zyklen in das spätmittelalterliche Medium fürstlicher Repräsentation schlechthin – Fabienne Joubert spricht von „einer wahren Mode des erzählenden Teppichs"[29]. Der Herzog von Anjou war ein begeisterter Sammler dieser äußerst kostspieligen Werke, neben der *Apokalypse* konnte er zahlreiche weitere Teppiche mit vorwiegend profaner Thematik zu seinem Besitz zählen.[30] In der Tat sollte die sakrale Thematik des Apokalypse-Zyklus nicht darüber hinwegtäuschen, dass er vornehmlich für eine Verwendung im profanen Kontext vorgesehen war: Die erste gesicherte Hängung fand im Jahr 1400 anlässlich der Hochzeit von Ludwig II. mit Yolande von Aragon statt, als die Teppiche im Freien vor dem Schloss präsentiert wurden.[31] Ein Gebrauch in der Kathedrale von Angers ist hingegen erst seit dem späten 15. Jahrhundert verbürgt.[32]

Dem entwerfenden Künstler der Teppiche, dem flämischen Miniaturisten Jean Bondol, stand der Bildzyklus einer älteren Apokalypse-Handschrift zur Verfügung, deren Elemente er in abwechslungsreich konzipierte Landschaftsräume einfügte.[33] Das neue Interesse an einer räumlichen Situierung des Offenbarungsgeschehens, so möchte ich im Folgenden zeigen, ist Teil einer ausgeklügelten Strategie, die Schau der visionären Bilder in verschiedene Fiktionsebenen und Betrachterrollen aufzufächern. Zentrales Element dieser Konzeption des Offenbarungsvorgangs ist die verschachtelte Struktur verschiedener architektonischer Gehäuse.

Um die Analyse nicht unnötig zu verkomplizieren, lasse ich das komplexe Rahmenwerk der Teppiche zunächst außer Acht und beginne mit der Raumstruktur der einzelnen Bildfelder. Schon nach wenigen Szenen offenbart sich eine deutliche Parallele zur *Dresden Oc. 50*: Ab der großen Thronsaalvision sind in nahezu alle Darstellungen Hüllräume eingefügt, die auf eine gleich noch zu erläuternde Weise das „Zuhause" des Sehers beim Verfolgen des Visionsgeschehens markieren *(Abb. 103)*.[34] Wir haben es dabei ausschließlich mit artifiziellen Innenräumen zu tun, teils turm- oder kapellenähnlichen Anlagen mit festen Seitenwänden, teils bloß rückwärtig geschlossenen Baldachinarchitekturen. Türen oder sonstige Vorrichtungen zum Verschließen fehlen, während zusätzliche Treppenstufen den Übergang zwischen Innen und Außen erleichtern können. Damit besteht anders als in *Dresden* die Möglichkeit zum ungehinderten Ein- und Austreten für Johannes, ein Angebot, welches er vielfach auch in Anspruch nimmt, indem er die Visionen nicht vom Inneren, sondern von einem vorgelagerten Podest aus verfolgt, wie beispielsweise bei der Verteilung der sieben Schalen *(Abb. 104)*. Die Raumhülle der Gehäuse dient in *Angers* also nicht dazu, den Visionär fest in einer isolierten Privatsphäre zu umschließen. Was sie in erster Linie anzeigt, ist die Schwelle zwischen dem Gesehenen und einem davon unterschiedenen stabilen Ausgangspunkt des Schauens, eine Schwelle, deren wesentliche Aufgabe ganz offenkundig darin besteht, überschritten zu werden. Im hinteren Teil des Zyklus lässt

Abb. 103 Die sieben Posaunen, Apokalypse von Angers, um 1373/80, Angers, Musée des Tapisseries

sich sogar eine Verselbständigung der Gehäuse gegenüber dem Visionärskörper beobachten: Auch bei Streifzügen in das Innere des Bildfeldes, wie bei der Besichtigung der Hure Babylon oder bei der Vermessung des Neuen Jerusalem *(Abb. 105)* bieten sie Johannes Rückendeckung.

Überlieferungsgeschichtlich dürften die Gehäuse des Johannes gleich denjenigen in *Dresden Oc. 50* Aktualisierungen des älteren Dispositivs des Rahmenfensters sein, welches die Außenposition des Visionärs durch eine Öffnung im Rahmen mit dem Bildinneren verbindet. In einigen Fällen ist diese „Herkunft" an den seitlich in die Häuser eingelassenen Luken und Fenstern – offen, verglast, oder mit verschließbarer Klappe – ablesbar, durch die Johannes blickt *(Abb. 106)*. Dass die Gehäuse im Gegensatz zu unserem letzten Beispiel innerhalb der Bildfelder angebracht sind, macht es allerdings erforderlich, ihre Funktion noch einmal neu zu bedenken. Lesen wir das Dispositiv in seiner immer wieder anderen Ausgestaltung richtig, dann geht es in

Abb. 104 Verteilung der sieben Schalen, Apokalypse von Angers, um 1373/80, Angers, Musée des Tapisseries

Angers um ein Bildverständnis, das von der Bewegung zwischen unterschiedlichen Betrachterpositionen lebt und den distanzierten Standpunkt innerhalb des Gehäuses als freiwilligen, von Johannes selbst verfügten Rückzug ausweist.[35]

Man würde sich allerdings um die entscheidende Pointe dieses Ortswechsels bringen, würde man nicht das komplexe Rahmenwerk der Teppiche in die Analyse einbeziehen. Den jüngsten Rekonstruktionen zufolge war der Apokalypse-Zyklus ehemals auf sechs große Teppiche verteilt, die jeweils zwei Register von sieben Bildfeldern umfassten *(Abb. 107)*.[36] Auf jedem der ca. 6 m hohen und 23,5 m langen Streifen waren die Bilder über durchgängige Rahmenleisten miteinander verbunden. Sie fingierten ein großes steinernes Gebäude, in das die Bildfelder wie Guckkästen eingebaut waren. Links außen ließ eine verkürzte Seitenwand die Tiefenerstreckung des Gebäudes erkennen. Ein Grasstreifen am unteren und ein Stück Himmel am oberen Rand der Teppiche unterstützten den Eindruck einer freistehenden Architektur.

Erst aus der übergeordneten Perspektive des Teppichganzen wird eine zweite Konsequenz aus der Verschiebung des Visionärs nach Innen deutlich. Im Fall der *Getty-* und der *Dresdener Apokalypse* war der Bildrahmen durch die Außenposition des Johannes doppelt kodiert: als Schwelle des göttlichen Offenbarungsgeschehens

Gehäuse 263

Abb. 105 Vermessung des Neuen Jerusalem, Apokalypse von Angers, um 1373/80, Angers, Musée des Tapisseries

und als Einfassung eines von Menschenhand gemachten Artefakts. Diese doppelte Kodierung entfällt in *Angers*, Visionsbild und Visionär sind beide in das gleiche Geviert eingeschlossen, auf das der Betrachter schaut. Und mehr noch: Die Profile des Rahmens besitzen verkürzte Innenkanten, die durch ein scharfes *chiaroscuro* an Plastizität gewinnen. Über die Ansichtigkeit der Kanten wird die Anwesenheit eines imaginären Beobachters evoziert, der von außerhalb in die einzelnen „Guckkästen" des Apokalypse-Zyklus blickt. Eigens für diesen Anblick errichtet, wird der Rahmen zu einer externen „Schauöffnung", die zwischen den einzelnen Abschnitten der Visionserzählung und der Außenwelt vermittelt.[37]

Über die Position des imaginären Beobachters werden die Betrachter der Teppiche zwar sehr direkt adressiert, doch keinesfalls zum Alleinherrscher über die Bildfläche eingesetzt. Die räumliche Ansichtigkeit der Visionsszenen beschränkt sich bei näherem Hinsehen auf einzelne Bildelemente – vor allem solche architektonischer Natur –, die wie Versatzstücke über den schmalen Bodenstreifen verteilt sind. Die monochromen, abwechselnd blau und rot gehaltenen Hintergründe tun ein Übriges dazu, die Räumlichkeit des Bildfeldes sehr flach zu halten. So ist die Bühne weniger ein auf den Betrachter orientierter Tiefen- als ein lateral organisierter Handlungsraum, was wiederum den seitlich postierten Visionär mit seinen Möglichkeiten ins Spiel bringt, von seinem Häuschen aus ins Zentrum des Visionsgeschehens vorzustoßen.

Abb. 106 Die erste Posaune, Apokalypse von Angers, um 1373/80, Angers, Musée des Tapisseries

Abb. 107 Apokalypse von Angers, um 1373/80, Angers, Musée des Tapisseries, Rekonstruktion der ursprünglichen Bildanordnung von Teppich V (nach Cailleteau 1987)

In gewisser Hinsicht übernimmt die Figur des Johannes somit eine demonstrative Funktion, die den Betrachtern der Teppiche unterschiedliche Wahrnehmungsmodi der Visionsbilder vor Augen führt. Die Momente der „Immersion" in das visionäre Bild stehen dabei für ein illusionistisches Verständnis der Visionsbilder, das die semiotische Qualität der Offenbarung als göttliches Zeichen negiert. Die körperliche Bewegung durch den Bildraum kann der Betrachter nachvollziehen, indem er imaginativ die Schwelle der „Schauöffnung" überschreitet. Der Aufenthalt des Sehers im Gehäuse steht hingegen für eine körperliche Distanzierung vom Anblick der Visionsbilder und damit für einen inneren, reflektierten Vollzug der Schau. Der Rückzug hinter eine gemauerte Hülle entspricht einem bewussten Zurücktreten des Betrachters vor den steinernen Bildrahmen und einer Wahrnehmung der Apokalypse-Szene als bedeutungsvoll gestaltetes „Bild". Der Betrachter bekommt über die Darstellung des Johannes also eine doppelte Sehanweisung mitgeliefert: die Aufforderung zur illusionistischen Vergegenwärtigung, aber auch die Ermahnung zur reflektierten Beurteilung des Dargestellten. Die Schwelle des Rahmens soll überschritten, aber immer auch als Möglichkeit der Distanzierung wahrgenommen werden.

Instruktives Vergleichsmaterial für die Pendelbewegung um Gehäuse und Rahmen als semiotische Schwelle finden wir in den illustrierten Manuskripten des im spätmittelalterlichen Frankreich so beliebten *Roman de la Rose*. Die Eingangsminiatur einer Handschrift aus dem ersten Drittel des 14. Jahrhunderts *(Abb. 108)* zeigt den träumenden Amant als Ausgangspunkt einer visionären Reise, deren erste Stationen weiter ins Bild hineinführen:[38] Amant tritt zunächst durch ein Portal aus seiner Schlafkammer ins Freie und nähert sich dann der Außenmauer des geheimnisvollen Gartens, in dem sich seine weiteren Abenteuer abspielen werden. Im Gegensatz zur Kombination von Traum und Reise in älteren, prinzipiell ähnlich aufgebauten Darstellungen *(Abb. 35)*, ist der Außenraum hier der Ort des geträumten Bilds und nicht der einer Ausführung des Geträumten. So kann die Sukzession von Bewegungsphasen Amants auch als Veranschaulichung unterschiedlicher Positionen des Visionärs gegenüber dem Visionsbild gelesen werden: „AMANT im Bett ist als derjenige aufzufassen, der die Ereignisse träumt und dabei schläft. Die Gestalt vor der Mauer zeigt den Liebenden so, wie er sich selbst im Traum sieht. Die Gestalt in der Tür [...] gehört weder [...] zur Selbstwahrnehmung des Träumers, noch zur Außenperspektive auf den Schlafenden, sondern steht in der ‚Schleuse' zwischen Traum und Wirklichkeit. Die vermittelnde Stellung der Figur steht für die Möglichkeit des Erzählers, sich an seinen Traum als Traum zu erinnern."[39]

Dass sich aus historischer Perspektive Analogien zwischen den Innenräumen der *Apokalypse von Angers* und solchen der Bebilderung von profaner Literatur ergeben, ist alles andere als eine zufällige Koinzidenz. Der höfische Kontext, in dem die Teppiche gezeigt wurden, war ja genau diejenige kulturelle Sphäre, in der es zu einem intensiven Austausch zwischen den medialen Dispositiven profaner und sakraler Kunstgattungen kommen konnte. In der Tapisserien-Sammlung Ludwigs von Anjou überwogen die Stoffe der höfischen Dichtung rein quantitativ bei weitem diejenigen der Heiligen Schrift und der Hagiographie. Zu den stehenden Motiven der Profanliteratur gehört

Abb. 108 Eingangsminiatur, Roman de la Rose, um 1320/30, Cambridge, University Library, Gg.4.6, fol. 3r

bereits seit dem späten 12. Jahrhundert das mit Bildern ausgestattete Haus, das wir auch in der Titelminiatur des *Cambridger Rosenromans* wiederfinden. Amant erblickt an der Mauer des Gartens, den zu betreten er sich anschickt, die Personifikationen derjenigen Tugenden, die aus dem Garten ausgeschlossen bleiben. Der Blick auf das Bilderhaus wird zum Modell für den Blick des Träumenden auf den eigenen Traum. Wie Haiko Wandhoff ausführt, stehen diese Bilderräume in einer Tradition, welche die antike Gattung der Ekphrasis mit den Gedächtnishäusern der antiken Mnemonik verbindet.[40] In den Apokalypse-Teppichen wird das Dispositiv des Bilderhauses zum äußeren Behälter der gesamten Handlung, an dem die Teilnehmer fürstlicher Festveranstaltungen vorbeiparadieren konnten. In die einzelnen Bilderkästen waren dann mit den Häuschen des Johannes noch einmal eigene Subjektstellen implementiert.

Die Schachtelung der Gehäuse ist damit aber noch nicht zu Ende, sondern wird zu Beginn jedes Teppichstreifens noch um einen dritten, ebenfalls „behausten" Innenraum vermehrt. Links außen ist an jedes der großen Bilderhäuser eines Teppichs eine filigrane Baldachinkonstruktion herangeschoben, in der jeweils eine Männergestalt an einem Lesepult sitzt *(Abb. 109)*. Diesen Figuren mangelt es an eindeutigen ikonographischen Merkmalen, doch spricht die Verdichtung der sie umgebenden Hoheitszeichen – Baldachin, Thron, Fahnenengel auf dem Giebel – für eine Versammlung geistlicher Autoritäten.[41] Verschiedene Details deuten darauf hin, dass Propheten des Alten Testaments gemeint sind: die aus einem Tuch geschlungene Kopfbedeckung, die teilweise ehrfurchtsvoll verhüllten Hände, schließlich ein Handeln, das zwischen mündlicher Verkündigung und Lektüre der Heiligen Schrift oszilliert.[42] Sollte diese Lesart zutreffen, dann machten die großen Sitzenden in Verbindung mit den Apokalypse-Szenen einen Zusammenhang von älterer und neuerer prophetischer Offenbarung kenntlich.

Abb. 109 Großer Lesender, Apokalypse von Angers, um 1373/80, Angers, Musée des Tapisseries

In den Baldachinarchitekturen der Sitzenden kann man folglich gleichsam die nach außen gestülpte Variante der Verbindung von Seherhäuschen und Bildrahmen sehen. Wie eine alte Tradition weiß, sind auch die Propheten Seher, die etwas Verborgenes offenbaren.[43] Interessanterweise lassen zwei der Sitzenden ihren Blick hinübergleiten zu dem benachbarten Bilderhaus, auf einer Höhe, wo ursprünglich ein Fries mit Inschriften angrenzte.[44] Der Blickrichtung der Lesenden folgend, können Betrachter die Wortsequenz des Bilderhauses als die Außenseite einer Lektüre begreifen, deren Inneres in den Guckkästen sichtbar wird: auf der Oberfläche das materiell vor den Lesenden Ausgebreitete, der Inschriftenfries, dahinter zwischen den Rahmenöffnungen die Bilder, die Einblick in die subjektive Imaginationsleistung des Lesevorgangs gewähren.

Die Arbeit mit dem Gehäuse-Dispositiv wird in *Angers* zum schillernden Spiel unterschiedlicher Instanzen des Schauens an der Grenze von Innen und Außen, von Nähe und Distanz, von Wort und Bild. Dieses Spiel erscheint mir weniger auf die Übermittlung einer göttlichen Offenbarung fokussiert denn auf ein fiktionales Angebot, in phantastische Sehräume ein- und aus ihnen wiederaufzutauchen, um sich wechselweise mit unterschiedlichen Instanzen des Schauens zu verbünden.[45] Letztlich ist der Wettbewerb verschiedener Subjekte um die Besitznahme der Visionsgeschichte aber immer schon vorentschieden: Keine der genannten Positionen besitzt, metaphorisch gesprochen, genügend Tiefenwirkung, um es mit der dominanten Flächigkeit der Teppiche aufnehmen zu können, der materiellen Aufdringlichkeit eines Bildträgers, dessen umfassende Imprägnierung mit heraldischem Dekor anzeigt, in wessen Besitz und Dienst er sich befindet: Bildfelder und Baldachine sind mit Wappenelementen der Anjou bedeckt, zu allem Überfluss tragen Engel auf dem Dach der Ziborien Fahnen mit den Zeichen des Hauses.[46]

9.2 Hausgemeinschaft mit Gott

Gewissermaßen als Kehrseite der bisher betrachteten Bildlösungen lässt sich im späten Mittelalter noch ein ganz anderer Umgang mit dem Gehäuse-Dispositiv beobachten. Anknüpfend an mystische Traditionen hatte im Frömmigkeits-Diskurs der Zeit das Bild von geheimen Räumen des Inneren Konjunktur, in denen sich die Einwohnung des Göttlichen ereignen sollte. „Als Orte einer mehr oder weniger mystischen Begegnung mit Gott dienen sie nicht streng geschiedenen Arten des Zusammenkommens: das *cubiculum* vornehmlich dem Gebet, aber auch der Liebe, der *thalamus* (später auch die *cella*) einem Sichverbinden in der Liebe, der Weinkeller der Mahlgemeinschaft, während der Thronsaal des Herzens Gott und Tugenden einen Raum zum Residieren gibt."[47] Ging es bisher um Räume der Abgrenzung und Fixierung des Visionärs im Hinblick auf die Außenwelt, haben wir es im Folgenden mit Orten zu tun, die einer Auflösung der Grenzen des Subjekts in der inneren Schau dienen.

Eine schöne Gegenüberstellung der beiden Gehäusemodelle, des „solitären" und des „unionalen" finden wir auf dem Titelblatt einer Übertragung der *Revelaciones* ins Italienische, einer Handschrift aus der zweiten Hälfte des 15. Jahrhunderts *(Abb. 110).*[48] Oben empfängt Birgitta eine Vision, die ganz nach dem Muster der bisher behandelten Beispiele gestaltet ist: In der perfekten Abgeschiedenheit ihrer Schreibstube blickt sie zu einer himmlischen Erscheinung Christi auf. Unten folgt dann Birgittas Vision im Stall von Bethlehem, bei der die Heilige gemeinsam mit Maria und Joseph das auf dem Boden liegende Christuskind verehren darf. Im Gegensatz zur einsamen Denk- und Schreibklause der oberen Szene ist der Innenraum der unteren Szene der Ort eines heiligen Geschehens, an dem Birgitta in eine Gemeinschaft mit den Eltern Jesu und ihrem kleinen Sohn eintritt.

Im populären Thema der birgittinischen Geburtsvision manifestiert sich das Verlangen nach Annäherung an die göttlichen Personen im Vorgang einer „Einwohnung", welche die Schauende und das Geschaute unter einem Dach vereinigt.[49] Bereits die ältesten Darstellungen, die wenige Jahre nach dem Tod Birgittas in Neapel entstanden, oszillieren zwischen einer Erfüllung dieses Verlangens nach *unio* und einer räumlichen Separierung, welche den Schwellencharakter der Visionserfahrung wahrt *(Abb. 111):*[50] Die Geburt findet in der Felsgrotte statt, die Birgitta auf ihrer Pilgerfahrt ins Heilige Land besucht hatte. Die Heilige kniet am Rand der Höhle, im Rücken Pilgerstab und -hut, zwischen den Händen eine Gebetsschnur. Ihre Gebetshandlung, so können

Abb. 110 Birgitta von Schweden in ihrer Schreibstube, Vision der Geburt Christi, 2. Hälfte 15. Jahrhundert, Florenz, Biblioteca Nazionale Centrale, Ms. Magl. II.II. 393, fol. 1r

Betrachter vermuten, ist der Auslöser für eine visionäre Zeitreise, die das Innere der Höhle mit dem schon lange vergangenen Geburtsgeschehen füllt. Die Position auf der Schwelle, die sie in den frühen Darstellungen einnimmt, lässt sie zum Modell für die Betrachter vor dem Bild werden, die hoffen können, mit ihren Gebeten ein ähnliches Ergebnis zu erzielen – die rechts außen kniende Beterin der Florentiner Zeichnung verdeutlicht diesen Wunsch nach *imitatio*. Aus der Perspektive der betenden Betrachter verschwimmen die Grenzen zwischen visionärer und imaginativer Vergegenwärtigung des Göttlichen, Geburtsgrotte und Stall werden aus dem Heiligen Land in das eigene Innere verlegt.

Abb. 111 Niccolò di Tommaso, Birgittas Vision der Geburt Christi, um 1375, Rom, Pinacoteca Apostolica Vaticana

Inkarnatorische Potenz

Im 15. Jahrhundert wird das Verlangen nach einer innerlich geschauten Hausgemeinschaft mit Gott zu einem beherrschenden Stimulus sakraler Bildproduktion. Die Distanz zwischen menschlicher Einbildungskraft und göttlicher Offenbarungsquelle, die in den Gehäusebildern solitären Typs gleichsam festgemauert wird, weicht hier einer Suggestion symbiotischer Nähe. Dass dieses Modell derart erfolgreich war, hat mit dem Glauben an etwas zu tun, was man inkarnatorische Potenz der inneren Bilderfahrung nennen könnte: Man ist überzeugt, dass in der inneren Schau der Umschlag vom nur Vorgestellten zur körperlichen Präsenz erfolgen kann.[51] Die birgittinische Geburtsvision führt es in aller Deutlichkeit vor: Der Raum, an dessen Schwelle Birgitta kniet, birgt das neugeborene Jesuskind, die nun für alle Welt sichtbare Fleischwerdung Gottes.[52]

Ein Schlüsselbild für das Prinzip der inkarnatorischen Potenz ist die im Spätmittelalter allgegenwärtige Verkündigungsszene. Zwar ist die Zusammenkunft Gabriels

Abb. 112 Fra Angelico, Verkündigung an Maria mit Dominikus, um 1440, Florenz, San Marco, Dormitorium, Zelle 3

mit Maria keine Vision, doch wird sie von den spätmittelalterlichen Künstlern häufig genug so umerzählt, dass sie von einem Akt imaginativer Vergegenwärtigung ihren Ausgang nimmt: Bei der Ankunft des Engels ist Maria nunmehr in die Lektüre alttestamentlicher Prophetien vertieft, bisweilen kniet sie an einem Betschemel. Das Lesen der Heiligen Schrift macht Maria empfänglich für die Inkarnation des Logos.[53] Soweit die Verschiebungen des szenischen Gefüges. Umgeformt wird aber auch der Ort des Geschehens, er wird zum Innenraum, der einen metaphorischen Rahmen abgibt für die Fleischwerdung des Imaginierten.[54] Im Fresko Fra Angelicos für das Dormitorium des Dominikanerkonvents San Marco *(Abb. 112)* ist die hell getünchte Wand hinter den beiden Protagonisten so etwas wie die Imaginationsfläche der lesenden Gottesmutter, auf der die überbrachte Botschaft erst noch Gestalt annehmen muss.[55] Campins *Mérode-Triptychon (Abb. 113)* setzt an die gleiche Stelle des szenischen Gefüges einen Tisch, der die Nachricht des Engels in Buchform enthält.[56] Dass es auch hier letztlich um einen Akt der Imagination geht, lässt sich daran erkennen, dass Maria in die Lektüre ihres Buches vertieft ist, ohne vom Kommen Gabriels Notiz zu nehmen.

Abb. 113 Robert Campin, Mérode-Triptychon, um 1425/28, New York, Metropolitan Museum, Cloisters Collection, Inv. Nr. 56.70

Durch die spätmittelalterliche Praxis des Ave-Gebets hatten solche Bilder für das zeitgenössische Publikum einen unmittelbaren Bezug zum eigenen Handeln. Wer das *Ave Maria* betete, sprach die Worte Gabriels bei der Verkündigung nach. In diesem performativen Vollzug war immer eine doppelte Rollenidentifikation mit den Akteuren des Verkündigungsbildes möglich: Er konnte im Auftritt des Engels ein Vorbild für seine eigenen Frömmigkeitsübungen sehen und das Ave-Gebet als Neuaufführung seines inkarnierenden Wortes erleben, er konnte aber auch im lesenden Beten Marias ein Modell für seine eigene Imaginationspraxis erkennen. Sowohl das Fresko in San Marco wie das Triptychon in der Cloisters Collection lassen diese Anschlussmöglichkeiten durch Einfügung zusätzlicher Betrachterinstanzen explizit werden: Bei Fra Angelico ist es Petrus Martyr, welcher an der Schwelle der Loggia stehend zum visionären Zeugen des Verkündigungsgeschehens wird. Campin lässt auf dem linken Seitenflügel den Auftraggeber Peter Engelbrecht und seine zweite Frau Gretchen Schrinmechers herantreten, die durch die aufgeschlossene Haustür in das Innere der Wohnstube Mariens blicken.[57] Mit dem Einbau entsprechender Öffnungen auf diese Figuren bildinterner Teilhabe werden die Kammern der Verkündigung zu Modellen einer imaginären Einwohnung durch außenstehende Betrachter.[58]

Wohnen in der Wunde

Einen Kontrapunkt zur Abstraktion architektonischer Binnenräume setzen einige Nonnenarbeiten aus dem Eichstätter Nonnenkonvent St. Walburg, in denen die *unio* mit dem Göttlichen eine bemerkenswerte körperliche Konkretisierung erfährt: Die einzeln gefertigten Blätter handeln von der Begegnung der Seele mit Gott im Raum des Herzens, den sie als betret- und bewohnbare Kammer vorstellen.[59] Auf einem der Blätter geht es um das Herz Christi, das in vergrößertem Maßstab über den Körper des Gekreuzigten geblendet ist *(Abb. 114)*.[60] Wer hierhin gelangen möchte, wer eine Verwandlung in die Braut anstrebt, die mit dem göttlichen Bräutigam das Schlafgemach teilt, hat einen Aufstieg über zehn Sprossen tugendhaften Lebens zu absolvieren.[61] Eine Nonne, die bereits oben angekommen ist, wird vom kindlichen Christus umarmt und beschenkt. Wo die Seitenwunde Christi in den älteren Prologbildern der *Burckardt-Wildt-Apokalypse (Abb. 71)* eine Schwelle ohne (sichtbares) Dahinter bleibt, wird hier das letzte Ziel des mystischen Wegs sichtbar gemacht, an dem die Nonne bereits angekommen ist.[62]

Ein zweites Blatt zeigt ein Herz ohne jede Bindung an einen Körper frei auf eine Wiese versetzt *(Abb. 115)*.[63] Mit Tür und Fenster ist es hier klar als architektonisches Gebilde ausgestaltet. Während die Pforte fest verschlossen ist und vom Hund der „furcht gottes" bewacht wird, gibt die Fensteröffnung den Blick auf eine weitere Szene der Gottesgemeinschaft frei: Eine weibliche, als „seele" identifizierte Gestalt kniet vor dem Altartisch mit den eucharistischen Gaben, wo sie von den drei göttlichen Personen gemeinsam empfangen wird. Die sich wie Arterien von der Mitte des Herzenshauses in unterschiedliche Richtungen biegenden Spruchbänder sind Anweisung für die beim Gebrauch des Blattes zu sprechenden Texte, die dem Gläubigen den Anschluss an das Energiezentrum im Inneren ermöglichen sollen.[64]

Auf eine in der mittelalterlichen Bildproduktion sonst nicht zu beobachtende Weise kommen die Eichstätter Blätter darin überein, den Raum der Innerlichkeit in das Bild des bewohnten Herzens zu kleiden.[65] Durch die Übertragung der Gehäusefunktion auf eines der klassischen Organe des inneren Menschen werden semantische Aspekte expliziert, die dem Gehäuse-Motiv auch in seinen abstrakteren architektonischen Formulierungen inhärieren. Mit dieser Konkretisierung wird ein Motiv aufgegriffen, das in der Literatur bereits seit dem 12. Jahrhundert hoch im Kurs steht.[66] Dass es so spät in die Bildkunst eingeführt wurde (um dann im Barock große Verbreitung zu genießen), möchte ich als Anzeichen dafür bewerten, dass der Glaube an die inkarnatorische Potenz am Ausgang des Mittelalters zunehmend der Bekräftigung und Absicherung bedurfte, in diesem Fall einer somatischen Verankerung. Das Herz ist eben, wie gerade das Kreuzigungsbild zeigt, sowohl Sitz seelischer Vermögen wie körperliches Organ, es ist ein Ort an der Schwelle zwischen Innen und Außen, der mit Schmerz und Verwundung ebenso verbunden ist wie mit Nähe, Süßigkeit und Berührung. Auf den Eichstätter Blättern sind die Einwohnung des Gläubigen im Herzen Christi und der Besuch der göttlichen Personen im Herzen des Gläubigen gerade an jener zentralen psycho-somatischen Schnittstelle lokalisiert, von der sich die Nonnen einen Zugang zur realen Gegenwart und Nähe Gottes erhofften.

Kehren wir mit diesem Befund zurück zu den Interieurs der Altniederländer und Italiener. Ein Teil der neuen Innenraumbilder geht in puncto Nähe des Gläubigen zu Gott ja ähnlich weit wie die Eichstätter Nonnenarbeiten und lokalisiert den Auftraggeber ohne erkennbaren Niveauunterschied in einem gemeinsamen Raum mit einer göttlichen Person. Van Eycks *Rolin-Madonna (Abb. 116)*[67] ist der Prototyp eines

Abb. 114 Das Herz am Kreuz, um 1500, Eichstätt, St. Walburg

neuartigen Adorationsbildes, das den Auftraggeber vor einem geöffneten Brevier im Akt des Betens zeigt, und in minimaler Distanz dazu den Gegenstand seines Gebets, Maria mit dem Kind, in scheinbar leibhaftiger Gegenwart. Der Innenraum, der die dargestellten Personen umfängt, kann auch hier als Metapher eines inneren Schauens bewertet werden, das die Vergegenwärtigung des Göttlichen in der eigenen Seele anstrebt.[68] Gleichzeitig ist offensichtlich, dass die von van Eyck gewählte Bildsprache sich eklatant unterscheidet von derjenigen der Eichstätter Herzenshäuser. Trotz der motivischen Verwandtschaft und der gemeinsamen Ausrichtung auf die *unio* haben wir es letztlich mit zwei grundverschiedenen Dispositiven der inneren Schau zu tun. Die Eichstätter Blätter geben den Betrachterinnen einen Lageplan der mystischen *unio* an die Hand, mit einer Gebrauchsanweisung, die ihnen den Weg zur inneren Gemeinschaft mit Gott aufzeigen möchte. Die Tafel im Louvre wäre für eine solche Verwendung völlig ungeeignet. Was sie leistet, ist eine möglichst realitätsnahe Simulation der Anwesenheit Mariens, ist die Suggestion quasi-taktiler Nähe und körperlicher Gegenwart der göttlichen Personen. Zumindest im Bild muss das Kommen von Gottesmutter und Gottessohn nicht mehr erfleht und herbeigesehnt werden, es ist schon eingetreten. Das Gemälde illustriert also nicht einfach eine Praxis imaginierenden Betens, es leitet auch nicht zu ihr an, sondern behauptet, dass die Bitte des Gebets tatsächlich erhört worden sei.

Gehäuse 275

Abb. 115 Das Herz als Haus, um 1500, Berlin, Staatsbibliothek, Hs. 417

Abb. 116 Jan van Eyck, Rolin-Madonna, um 1435, Paris, Louvre

Die daraus zu ziehenden Schlussfolgerungen fallen ähnlich aus wie für die Adorationsdiptychen des späten Mittelalters: Was auf den Eichstätter Blättern das Herz als Schnittstelle zwischen Innen und Außen ist, ist in der *Rolin-Madonna* ebenso wie in den Diptychen Pleydenwurffs und Memlings *(Abb. 51–54)* die Überzeugungskraft mimetischer Simulation. Die nicht nur dem Beter innerhalb des Bildes, sondern den Augen eines vor dem Bild sich befindenden Betrachters vorgeführte Begegnung mit Maria lässt sich nicht mehr unterscheiden von der Dokumentation einer offiziell beglaubigten visionären Erfahrung. Für die Glaubwürdigkeit dieses Anspruchs konnten letztlich aber nur die Gemälde selbst in ihrem empirisch ausdifferenzierten „Als-ob" einstehen. Die kunstvolle Erfindung des gemalten Interieurs war letztlich eine Chiffre für die Bilder selbst und ihre Leistung, Analogon keiner bloß imaginierten, sondern einer realen visionären Erfahrung zu sein.[69]

Anmerkungen

1. Das Thema hat gerade in den letzten Jahren große Aufmerksamkeit von Seiten der Literaturwissenschaft erfahren. Vgl. CORNELIUS 1930; OHLY 1970 (1977); SCHULMEISTER 1971; DYNES 1973; BAUER 1973; KÜSTERS 1985; CALDWELL 1991; MANN 1994; WHITEHEAD 1998; HARRIS 2002; WANDHOFF 2006.
2. Dies konstatiert auch HAMBURGER 1997, S. 151–158 für die Metapher vom Herzen als Haus.
3. Beispiele für eine vom Bildgegenstand vorgegebene Unterbringung in geschlossenen Innenräumen bieten die Autorenbilder des Boethius (vgl. COURCELLE 1967, S. 67–99) oder die Klausur Benedikts im *Lektionar des Desiderius von Cassino* (vgl. FAKS. LEKTIONAR DES DESIDERIUS 1981).
4. Zu den kulturgeschichtlichen Anschlussmöglichkeiten einer solchen Perspektive vgl. u.a. LENTES 1998; KELLER 2000.
5. So der allgemeine Befund von KEMP 1996, S. 16–26.
6. Vgl. BOGEN 2001, S. 87–88.
7. Zum ersten Abschnitt des Kapitels vgl. GANZ 2006.
8. „Visiones uero quas vidi, non [...] in abditis locis percepi, sed eas [...] in apertis locis [...] accepi." HILDEGARD 1978, S. 4 (*Prot.*, 42–47), dt. Übersetzung: HILDEGARD 1991, S. 5–6.
9. Diese gelegentlich in der älteren Literatur (etwa bei BAILLET 1912, S. 55; KELLER 1933, S. 24) zu findende Vermutung wurde zuletzt in aller Deutlichkeit von GRAF 2002, S. 95–96 widerlegt.
10. Vgl. SCHULMEISTER 1971, S. 18–42; HARRIS 2002
11. Vgl. LENTES 1998.
12. Mittelrhein (?), um 1220/30. Lucca, Biblioteca Statale, Codex 1942. Pergament, 39,0 x 26,0 cm, 164 Blatt. Zum Kodex vgl. CALDERONI MASETTI/DALLI REGOLI 1973; DEROLEZ/DRONKE 1996, S. CIII–CVII; Winfried Wilhelmy, Liber Divinorum Operum (Lucca-Codex), in: AUSST. KAT. MAINZ 1998, S. 244–246. Zu den Miniaturen vgl. OTTO 1976–77; CLAUSBERG 1980; MEIER 1987; SUZUKI 1997.
13. Beide Zeugen werden zu Beginn des Textes erwähnt, vgl. HILDEGARD 1996, S. 46 (*Prol.*, 27–32): „testificante homine illo [...] testificante etiam eadem puella". Im einen Fall handelt es sich wieder um Volmar, im anderen um ein nicht namentlich bekanntes Mitglied des Rupertsberger Konvents, vgl. DEROLEZ/DRONKE 1996, S. XXXV.
14. In der Literatur wird dieser Lichtfluss mehrfach als Visualisierung des göttlichen Wortes angesprochen, vgl. HOLLÄNDER 1986, S. 83; SANSY 1990, S. 412. Fensteröffnung und Augenkontakt sind m.E. jedoch eindeutige Kennzeichen für eine visuelle Übermittlung der Offenbarung.
15. Vgl. KLEIN 1998, S. 277; GRAF 2001, S. 189–190; GRAF 2002, S. 115–118.
16. Ein Topos, der diese Konzeption möglicherweise beeinflusste, ist die Wendung vom *ostium apertum*, die sich in Apk 4, 1, aber auch in mittelalterlichen Visionsberichten findet, vgl. CLARK 1992 S. 74 zum Beispiel Elisabeths von Schönau.
17. Vgl. die Analyse der *Getty-Apokalypse* in Kapitel 7.2.
18. Die unterschiedliche Position innerhalb des Zyklus wird weder von GRAF 2002 noch von KLEIN 1998 thematisiert.

19 Zur Außenposition Hildegards vgl. HOLLÄNDER 1986, S. 82–83; SANSY 1990; SUZUKI 1997, S. 246–251; GRAF 2001, S. 186–191; GRAF 2002, S. 114–122.
20 An dieser Verschiebung hin zu einer metaphorischen Bezugsebene partizipieren auch die Wachstafeln: Wo das Schreibmedium Hildegards im ersten Bild noch als Realie aufgefasst werden konnte, verweisen die Tafeln im restlichen Teil des Zyklus auf die Einschreibung des Geschauten in das Innere der Visionärin. Vgl. die Diskussion dieses Elements in Kapitel 4.1.
21 Dies betont besonders SANSY 1990, S. 408.
22 Diese aus historischer Perspektive singuläre Stellung des Luccheser Kodex wird in der Forschung verunklärt, wenn von allgemeinen Mustern der Traum-, Visions- oder Autorendarstellung die Rede ist, die hier aufgerufen würden, vgl. SANSY 1990, S. 408. Der von WENZEL 1995, S. 387–388 und KLEIN 1998, S. 277 ins Spiel gebrachte „Präzedenzfall" der Traumbilder Heinrichs I. im *Chronicon* des Johannes von Worcester (1140, Oxford, Corpus Christi College, Ms. 157) entpuppt sich näher besehen als Darstellung in der Bildtradition prophetischer Traumdeutung, vgl. Kapitel 3.3.
23 Vgl. Kapitel 4.1.
24 Lothringen, um 1310/30. Dresden, Sächsische Landesbibliothek, Ms. Oc. 50. Pergament, 24,5 x 17,5 cm, 59 Blatt. Aufbau: altfranzösische Prosaversion der Apokalypse mit 72 Illustrationen. Vgl. FAKS. LOTHRINGISCHE APOKALYPSE 1982; AUSST. KAT. NANCY 1984, S. 114–115; EMMERSON/LEWIS 1984–86, S. 379 (Nr. 55).
25 Auf die Betonung der Schreibtätigkeit in *Dresden Oc. 50* verweist bereits LEWIS 1990a, S. 250–251.
26 Vgl. Kapitel 2.
27 Zu ähnlichen Entwicklungen der Traumdarstellung im 14. Jh. vgl. BOGEN 2001, S. 340–342.
28 Angers, Musée des Tapisseries. Ursprünglich 6 Teppiche mit je 14 Apokalypse-Szenen und jeweils einem Großen Lesenden. Erhalten sind 72 Bildfelder zur Apokalypse (ca. 150/60 x 230/60 cm) und vier der Großen Lesenden. Die wichtigste neuere Arbeit, die neben einer umfassenden Diskussion der Forschungsgeschichte erstmals detaillierte Daten zum materiellen Bestand der Teppiche bietet, ist CAILLETEAU 1987. Vgl. des Weiteren PLANCHENAULT 1966; AUZAS u.a. 1985.
29 JOUBERT 1981, S. 126.
30 Ein bereits um 1364/65 verfasstes Inventar Ludwigs listet 76 größtenteils historisierte Tapisserien auf, vgl. LEDOS 1889.
31 Die Ausstellung der Teppiche war an bestimmte Anlässe gebunden, und blieb je nach Ort und Gelegenheit mehr oder weniger unvollständig; vgl. RUAIS 1987, S. 35–36 und allgemein zum Verwendungszusammenhang von Tapisserien BRASSAT 1992, S. 29–31.
32 1480 gingen die Tapisserien aus dem Besitz der Anjou an die Kathedrale von Angers über, wo sie bis ins mittlere 18. Jh. in regelmäßigem Gebrauch waren. Vgl. RUAIS 1987, S. 35–36.
33 Zur Diskussion über die Vorlage vgl. DELISLE/MEYER 1900–01, S. CLXXVI–CXCI; PLANCHENAULT 1966, S. 24–30; HENDERSON 1985. In den Bibliotheksinventaren Karls V. findet sich der Eintrag: „L'Apocalipse, en francois, toute figurée et historiée, et en prose", neben den später hinzugefügt wurde „Le Roy l'a baillée à mons. d'Anjou, pour faire faire son beau tappis." Paris, Bibliothèque Nationale, Ms. Fr. 2700, fol. 5 und 42, zit. nach: DELISLE 1907, Bd. 2, S. 19 (Nr. 92). Dieser Eintrag bezieht sich höchstwahrscheinlich auf die Handschrift *Paris fr. 403*, die aber mit Sicherheit nicht als Vorlage gedient haben kann, vgl. JOUBERT 1981, S. 125; AUZAS u.a. 1985, S. 17; HENDERSON 1985, S. 209. Henderson zufolge stammt die für den Entwurf der Teppiche maßgebliche Miniaturvorlage aus dem Umkreis der *Burckhardt-Wildt-Apokalypse*. Nach JOUBERT 1981 und RUAIS 1987, S. 33–35 lieferte Bondol kleinformatige Entwürfe, die dann von einem oder mehreren anonymen *cartonniers* in maßstabsgetreue Vorlagen für die Teppiche übersetzt wurden. Die künstlerischen Spielräume bei dieser Übertragung waren erheblich, wie Joubert an der mehrfachen Verwendung einzelner Versatzstücke nachweisen kann. Die materielle Ausführung der Teppiche in Pariser Werkstätten (der einzige namentlich bekannte Weber ist Robert Poincon) wurde von Nicolas Bataille koordiniert, der als eine Art *impresario* und Zwischenhändler gegenüber dem Herzog fungierte.
34 Von 67 Bildfeldern mit Johannes-Figur enthalten nur 13 kein Gehäuse, darunter vor allem Szenen einer direkten Interaktion des Johannes mit Akteuren der Visionsbilder (Älteste, Starker Engel aus Apk 10) und die Folge der Apokalyptischen Reiter.
35 Daneben gibt es auch unzweifelhaft praktische Gründe: den Wechsel in ein Medium, welches einen Seitenrand außerhalb des Bildfeldes in einer dem Manuskript vergleichbaren Form nicht kennt.
36 Dies das Ergebnis einer neuen Auswertung der Quellen durch KING 1977. Die ältere Literatur hatte seit der zweiten Hälfte des 19. Jhs. immer eine Gesamtzahl von sieben Teppichen angenommen. Die Rekonstruktion der ursprünglichen Verteilung der 72 erhaltenen Bildfelder kann inzwischen als weitgehend gesichert gelten, neben ikonographischen Gesichtspunkten spielen dabei die Alternation der Hintergrundfarben (Rot/Blau) und Ansätze

der ursprünglichen Umgebung eine wichtige Rolle, vgl. MUEL 1987, S. 53–61 und 75–78 (mit Photomontage der erhaltenen Elemente).
37 Vgl. ROHLFS-VON WITTICH 1955; KEMP 1996, S. 29–31; BOGEN 1999a.
38 Paris, um 1330, Cambridge, University Library, Ms. Gg.4.6. Pergament, 32,0 x 22,8 cm, 141 Blatt. Vgl. Paul Binski, Guillaume de Lorris and Jean de Meun. Le Roman de la Rose, in: AUSST. KAT. CAMBRIDGE 2005, S. 265–267 (Nr. 123). Zur Eingangsminiatur vgl. BOGEN 2001, S. 319–322. Allgemein zu den Eingangsminiaturen des *Roman de la Rose*, vgl. BRAET 1989; KÖNIG 1989; LEWIS 1992c.
39 BOGEN 2001, S. 321. Auch die Teppichfolge zur Apokalypse enthielt mit großer Wahrscheinlichkeit an erster Stelle ein (heute verlorenes) Bildfeld mit dem Traum des Johannes auf der Insel, vgl. PLANCHENAULT 1953, S. 216; CAILLETEAU 1987, S. 94. Innerhalb der Gesamtarchitektur des Zyklus konnte diese Darstellung jedoch keinen Sonderstatus als Rahmentraum mehr beanspruchen, denn sie war wie alle anderen Bilder in eine Ausfachung des großen Steingebäudes eingefügt.
40 Vgl. WANDHOFF 2003.
41 Aus diesen Gründen halte ich die gegenwärtige, auf PLANCHENAULT 1966, S. 33–34 zurückgehende *communis opinio* der Forschung, die Sitzenden repräsentierten anonyme Adressaten der Apokalypse gemäß Apk 1, 3 („Beatus qui legit et audit") für wenig überzeugend. Die Annahme von LEFÈVRE 1925, die männlichen Gestalten seien die sieben Bischöfe der kleinasiatischen Gemeinden, und damit so etwas wie die Adressaten der Apokalypse, musste endgültig verabschiedet werden, seitdem feststeht, dass die ursprüngliche Zahl der Teppiche nicht sieben, sondern sechs betrug.
42 Die Kopfbedeckung kehrt wieder bei einem der Ältesten in Szene 6, der in der Berengaudus-Tradition als Prophet gedeutet wird. Einer der Männer hält ein leeres Schriftband in Händen, die drei anderen, offenkundig nach identischer *maquette* gearbeitet, blättern in Kodizes, deren Seiten oben mit Buchstaben bedeckt sind – offenkundig sind keine illuminierten Manuskripte gemeint.
43 Vgl. die Einleitung zu Teil I.
44 Mehr als ein Drittel so hoch wie die Bildfelder (58 cm), müssen diese Friese Platz für mindestens 2–3 Zeilen Text geboten haben, vgl. MUEL 1987, S. 57. Das davon Erhaltene beschränkt sich auf einige Fadenreihen, die keinerlei Aufschluss auf den hier untergebrachten Text geben. Die einfachste und plausibelste Hypothese ist, dass es sich um eine gekürzte Bibelversion handelte.
45 In diesem Sinne trifft Freyhans Begriff des „Johannes-Romans", der für die englischen Apokalypsen des 13. Jhs. eher in die Irre führt, auf die *Apokalypse von Angers* voll und ganz zu, vgl. FREYHAN 1955, S. 255 und die Diskussion dieser These in Kapitel 7.1.
46 Vgl. dazu die allgemeinen Ausführungen von BRASSAT 1992, S. 75–76 und S. 118, Anm. 74. Speziell zum Wappendekor in *Angers* vgl. MÉRINDOL 1987.
47 FRIEDRICH OHLY, Haus III (Metapher), in: RAC 1950ff, Bd. 13 (1986), Sp. 903–1063, hier: Sp. 994. Vgl. auch OHLY 1970 (1977), besonders S. 135–144; KELLER 2000, S. 210–218.
48 Florenz, Biblioteca Nazionale Centrale, Ms. Magl. II. II. 393. Pergament, 241 Blatt. Vgl. PEZZINI 2000, S. 190–191.
49 Die Vision überliefert in BIRGITTA 1967, S. 187–190 (XXI).
50 Niccolò di Tommaso, um 1375/80. Rom, Pinacoteca Vaticana, Inv. Nr. 137. Pappelholz, 43,5 x 53,8 cm. Vgl. VOLBACH 1987, S. 25–26 (Nr. 25); SKAUG 2001; AILI/SVANBERG 2003, S. 93–101. In den beiden zuletzt genannten Publikationen auch Informationen zu zwei weiteren Darstellungen des Themas von der Hand des gleichen Künstlers (New Haven, Yale University Art Gallery, # 1943.236; Philadelphia, Johnson Collection, Inv. Nr. 120).
51 Vgl. LENTES 1993; BIERNOFF 2002, S. 133–164; LENTES 2002.
52 Zum Geburtsgeheimnis als zentraler Metapher mystischer Diskurse vgl. KELLER 2000, S. 214–218.
53 Vgl. SCHREINER 1990.
54 Zur Verkündigung als Raumbild dezidiert KEMP 1996, S. 94–95; ARASSE 1999.
55 Um 1440. Florenz, San Marco, Dormitorium, Zelle 3. Fresko, 176 x 148 cm. Vgl. DIDI-HUBERMAN 1990 (1995), S. 233–239; HOOD 1993, S. 233–236; KRUSE 2003, S. 211.
56 Um 1425/28, New York, Metropolitan Museum, Cloisters Collection, Inv. Nr. 56.70. Holz, Maße der Mitteltafel 64,1 x 63,2 cm, Flügel 64 x 27 cm. Vgl. BELTING/KRUSE 1994, S. 166–167 (Nr. 70–71); KEMPERDICK 1997, S. 77–99; THÜRLEMANN 1997; THÜRLEMANN 2002, S. 58–74 und 269–272 (Nr. I.12); SCHLIE 2004a.
57 Die Position der Tür wird in der Forschung unterschiedlich beurteilt, was Konsequenzen sowohl für die Blickverbindung zwischen Flügel und Mitteltafel wie für die Frage hat, von welcher Seite die Tür aufgeschlossen wurde. Einige Autoren sehen die Tür nicht geöffnet, sondern angelehnt, vgl. THÜRLEMANN 2002, S. 219, Anm. 78. Zur Raumstruktur des Triptychons insgesamt vgl. THÜRLEMANN 1990.
58 Zum Innenraum der Verkündigung als „Wohnstatt Gottes" vgl. THÜRLEMANN 2002, S. 68.

59 Zu einer ausführlichen Diskussion dieser Bilder vgl. HAMBURGER 1997, S. 101–175.
60 Eichstätt, St. Walburg, um 1500. Das Blatt, zu dem mir keine Maßangaben bekannt sind, wird heute noch im Konvent St. Walburg aufbewahrt. Vgl. HAMBURGER 1997, S. 101–136.
61 Dazu passend die waagrechten Beischriften unterhalb der Kreuzarme, die Verse aus dem Hohelied variieren: O HERZ ZEUCH MICH ZU DIR. IN DICH UND NACH DIR // DU BIST GANCZ SCHON MEINE FREUNDIN.
62 Zur Seitenwunde als Schwelle der Betrachtung vgl. TAMMEN 2006.
63 Eichstätt, St. Walburg, um 1500. Berlin, Staatsbibliothek, Hs. 417. Papier, 13,6 x 10,4 cm. Vgl. HAMBURGER 1997, S. 137–175; DERS., „Das Herz als Haus" aus St. Walburg in Eichstätt, in: AUSST. KAT. BONN/ESSEN 2005, S. 432 (Nr. 340).
64 Gottvater: HIE GESCHIEHT DIE VERWANDLUNG DER GERECHTEN HANDT GOTTES DAS DER ALTE MENSCH VERNEWET WIRD MIT GENADEN UND VERENDERT IN DAS EDEL BILT CHRISTI. O MEIN EWIGES LIEB BISS MIR WILKOMEN. Zwischen Jesus und der Seele: HIE IST IESUS DIE SEEL UMBFACHEN IN DIE ARM SEINER GROSSEN UNAUSSPRECHLICHEN LIEB ER IST IR GEBEN DEN KUSS DES FRIDS, ER GIBT IR DAS FINGERLEIN DER TREW, DAS ER SY EWIGKLICH NIT WILL LASSEN. Taube des Heiligen Geistes: DER H[EILIGE] GEIST IST DIE LIEB ZU SAMEN KNIPFFEN MIT DEM LIEBEN BANDT EWIGER VERAINNIGUNG. Transkription der Texte nach HAMBURGER 1997, S. 146–147.
65 Vgl. HAMBURGER 1997, S. 139–143 und 151–154.
66 Vgl. RICHSTÄTTER 1924; HAMBURGER 1997, S. 156–171.
67 Um 1435. Paris, Louvre. Eichenholz, 66 x 62 cm. Vgl. BELTING/KRUSE 1994, S. 160–161 (Nr. 60); KRUSE/THÜRLEMANN 1999.
68 Vgl. BELTING/KRUSE 1994, S. 69 und 78.
69 Zu diesem Aspekt ausführlicher BOGEN 1999a (am Beispiel der *Rolin-Madonna*); GANZ 2004 (am Beispiel der Verkündigung Filippino Lippis in der Carafa-Kapelle).

III KÖRPER-ZEICHEN
Visionsbilder und die Logik des Abdrucks

Von Beginn an ist der Körper ein unverzichtbarer Bestandteil christlicher Visionsdarstellungen gewesen, der auch überall dort in die Darstellung aufgenommen wurde, wo eine geistige bzw. körperlose Form der Schau intendiert war.[1] Von einer Religion, die den Vorgang der Inkarnation als höchste Kategorie der Offenbarung ansieht, mag man sich im Grunde nichts anderes erwarten.[2] Doch im Spannungsfeld zwischen dem einen erlösenden und den vielen erlösungsbedürftigen Körpern besaß zumindest für den theologischen Visions-Diskurs zunächst die Gefährdung der letzteren das größere Gewicht. Daher war der Stellenwert körperlicher Gotteserfahrung theologischerseits sehr weit unten angesiedelt.[3] Gegenüber solchen dichotomischen Entgegensetzungen und Hierarchisierungen warteten die Visionsdarstellungen der Bildkunst von Beginn an mit einer vermittelnden Position auf: Ihre Bilder waren und blieben ja für die sinnliche Wahrnehmung der körperlichen Augen geschaffen. Auf ihnen trugen sie den Körper des Visionärs in Dispositive der Abgrenzung ein, welche die Differenz zwischen körperlichem und geistigem Sehen kenntlich machen sollten.

Im Folgenden geht es um Phänomene des späteren Mittelalters, die die lange Zeit unangefochtene Hierarchie von Körper, Geist und Intellekt zum Kippen bringen. In Körper-Visionen, wie ich sie in den vier abschließenden Kapiteln des Buches untersuchen möchte, wird der Körper des Visionärs selbst zum Dispositiv der visionären Erscheinung. Die Stigmatisierung des Franziskus ist, wie ich denke, der einschneidende Wendepunkt, an dem sich diese Umbewertung auch in der Konstruktion der Bilder auf systematische Weise niederschlägt (Kapitel 10). Die Tatsache, dass die Transformation des Heiligenkörpers durch Gott als heilssichernde Realie verstanden wird, belegt, dass man bereit ist, einer körperlich sichtbaren Vision einen höheren Wirklichkeitsgrad zuzugestehen als einer bloß innerlich geschauten. Neben einem neuen Ideal der Christusähnlichkeit steht dabei die Beobachtbarkeit des Körpers im Sinne von Beglaubigung und Authentizität im Vordergrund, die nun vom Bild simuliert werden soll.[4] Letztlich, so wird sich zeigen, manifestierte sich in solchen veränderten Anforderungen an die Visionen selbst wie an ihre bildlichen Repräsentationen ein elementares Vermittlungsproblem, das den Kontakt zwischen Innen und Außen, Diesseits und Jenseits zunehmend in Frage stellt. Gerade an der Rezeption des Franziskus-Modells im 14. Jahrhundert, wie sie exemplarisch an Heinrich Seuse und Katharina von Siena nachgezeichnet werden kann, lässt sich deutlich machen, dass die Rolle artifizieller Medien innerhalb des Offenbarungsprozesses mit den Körper-Visionen keineswegs geschwächt wird. Im Gegenteil: Körper und Bildmedium nähern sich so sehr an, dass die Verifizierbarkeit der Offenbarung zu einem unlösbaren Problem wird (Kapitel 11 und 12). Die Hoffnung, eine Körper-Vision (die Erscheinung des Schmerzensmannes in der römischen Kirche Santa Croce) in einem heilswirksamen, oftmals mit einem Ablass begabten Artefakt einzufangen und für den Betrachter abrufbar zu halten, kann schließlich als entscheidender Anstoß für die spätmittelalterliche Bildproduktion der Gregorsmesse angesehen werden (Kapitel 13).

Anmerkungen

1 Zu vergleichbaren Tendenzen in der Visionsliteratur des Mittelalters vgl. DINZELBACHER 1993b.
2 Vgl. HAMBURGER 2004 sowie die Einführung der Herausgeber in MAREK u.a. 2006, S. 9–20.
3 Zu den sich wandelnden Einschätzungen körperlichen Sehens in der theologischen Literatur des Mittelalters vgl. BIERNOFF 2002.
4 Vgl. MENKE 2004.

10 Visionserfahrung als Transformation des Körpers
Die Stigmata des Franziskus

Eine gänzlich „neuartige" und „unerhörte" Begebenheit, der in der Geschichte des Christentums nichts Gleichwertiges an die Seite zu stellen sei – mit diesen Worten verkündete Fra Elia von Cortona direkt nach dem Tod des Franziskus die Nachricht vom Sichtbarwerden der Stigmata am Körper des Verstorbenen.[1] Seitdem hat die Literatur zu Franziskus nicht aufgehört, sich für die Sonderstellung der Wundmale und der damit verknüpften Vision des Seraph-Christus auf dem Berg La Verna zu interessieren. Die Einzigartigkeit der Stigmatisierung, so wurde daran deutlich, erweist sich gerade an den zahllosen Überschreibungen und Übermalungen, die sie immer wieder neu erzählten, konkret vor Augen stellten und mit heilsgeschichtlichem oder dogmatischem Sinn ausstatteten.[2] Nahezu alle Elemente des Visionsgeschehens wurden dabei als Variablen behandelt: das Visionsbild (ein Seraph, ein Seraph am Kreuz, Christus in einem Seraph, Christus mit seraphischen Flügeln usw.), der Modus der visionären Kommunikation, Zeitpunkt und Schauplatz. Der einzige Fixpunkt, um den sämtliche Darstellungen rotieren, ist der Körper des Franziskus mit den fünf Wundmalen, die an seiner Oberfläche zutage treten. Diese Spur der Vision ist in dem ersten Bericht, der uns über das Ereignis vorliegt, Elias *Encyclica de transitu s. Francisci*, wichtiger als die visionäre Erscheinung selbst, die gar nicht erwähnt wird.[3] Ähnlich verfahren verschiedene kulturwissenschaftliche Arbeiten der letzten Jahre, welche die Stigmata wechselweise als Körper-Bild bzw. Körper-Schrift in den Blick nehmen.[4] Die Wundmale, daran besteht kein Zweifel, lassen den Körper des Franziskus zu einem vielfältig schillernden „Medium" werden. Doch was bedeutet dies für die Stigmatisierung als visionäre Offenbarung, wie lässt sich das Ereignis auf dem La Verna visionsgeschichtlich einordnen, und wie stellen die Bilder, die das Ereignis schon kurz nach dem Tod erzählen, die Verbindung zwischen den Wundmalen und der Erscheinung des Seraphs her?

10.1 Ein Intervall der Unbestimmtheit
Die Stigmatisierung im Diskurs der Vitenliteratur

Das Wort von der „Neuartigkeit des Wunders", vom „seit Menschengedenken nicht vernommenen Zeichen", mit dem Elia die Stigmatisierung in seinem Brief belegte, ist in der jüngeren Forschung nicht unwidersprochen geblieben. Richard Trexler sieht Elias *Encyclica* als Bericht über eine Selbststigmatisierung des Franziskus, und damit über einen Vorgang, der um 1200 gerade in Mittelitalien gängige Praxis war.[5] So schilderte Petrus Damiani kurz nach 1060 den Fall des Eremitenmönchs Dominikus, der nach intensiver Selbstgeißelung bei seinem Tod „die Stigmata Jesu auf seinem Körper trug, und das Zeichen des Kreuzes nicht nur auf seine Stirn gemalt, sondern auch von beiden Seiten auf alle seine Glieder eingedrückt hatte."[6] Nichts anderes als solche von Menschenhand zugefügten Wundmale, so Trexler, werde auch in Elias *Encyclica* von 1226 bekannt gemacht. Die Überlieferung einer von transzendenter Seite bewirkten Stigmatisierung des Franziskus sei erst das Produkt der späteren hagiographischen Literatur.[7]

Kritisch besehen überzeugt Trexlers Beweisführung nicht. Denn das Neue, Unerhörte der Schilderung Elias musste für die Empfänger des Rundschreibens das völlige Schweigen sein, das dort über den Verursacher der Wundmale gebreitet war: „Nicht lange vor seinem Tod *erschien* unser Bruder und Vater als Gekreuzigter, der fünf Wunden auf seinem Körper trug, die wahrhaft die Stigmata Christi sind."[8] Wo ältere Berichte über Selbststigmatisierungen stets die stigmatisierten Personen als Urheber der Wundmale nannten, umschrieb das Verb *apparere* eine irritierende Leerstelle, ein Fehlen des Kausalzusammenhangs zwischen den Stigmata und menschlichen Akten der Verwundung.

In der ab 1229 einsetzenden hagiographischen Textproduktion – als wichtigste Zeugnisse des 13. Jahrhunderts sind Thomas Celanos *Vita prima* (1229) und *Vita secunda* (1247), die anonyme *Legenda trium sociorum* (um 1230/40) und Bonaventuras *Legenda maior* (1262) zu nennen – wird diese Leerstelle partiell aufgefüllt: Die *apparitio* der Stigmata wird mit der *visio* des wundentragenden Seraph-Christus verknüpft.[9] Trotzdem – und hier wäre der eigentliche Denkanstoß von Trexlers These zu sehen – eignet den Schilderungen der Stigmatisierung weiterhin ein Rest von Unbestimmtheit, der nie ganz aufgelöst wird. Wer die verschiedenen Versionen der Franziskus-Vita nebeneinanderlegt, wird eine große Zurückhaltung bemerken, den Kausalzusammenhang zwischen der Vision des Seraph-Christus und dem körperlichen Hervortreten der Stigmata lückenlos und eindeutig nachzuzeichnen.[10] Von Beginn an wird dafür gesorgt, dass ein zeitliches Intervall die beiden Ereignisse trennt.[11] So lässt Celano in der *Vita prima* einen längeren Prozess des Nachdenkens auf die Vision folgen, da Franziskus „nicht wusste, was ihm diese Erscheinung mitteilen wollte"[12]. Genau in dem Augenblick, in dem der Heilige feststellen muss, diese Frage nicht beantworten zu können, „begannen an seinen Händen und Füßen die Zeichen der Nägel zu erscheinen, wie er sie ein wenig zuvor an dem gekreuzigten Mann gesehen hatte"[13]. Der Erkenntnisprozess des Heiligen spielt auch in Bonaventuras *Legenda maior*, der ab 1266 kanonischen Franziskus-Vita des Ordens, eine zentrale Rolle, wird nun aber stärker auf die innere Aktivität der imaginierenden *compassio* ausgerichtet.[14] Wenn die Stigmata am Ende durch einen Akt des Eindrückens erzeugt werden, so ist für den Leser unklar, wie konkret oder metaphorisch, wie mechanisch oder psychosomatisch er sich diesen Vorgang vorstellen muss – zu eindringlich und ausführlich betont Bonaventura zuvor, dass die Seele bzw. das Herz die Orte seien, in denen die Verwundung überhaupt erst erzeugt werde.[15]

Ein sich selbst auslegendes Zeichen

Wie lassen sich die hagiographischen Berichte zur Vision auf dem La Verna visions- und bildtheoretisch einordnen? Trotz Bonaventuras Bemühungen, die Stigmatisierung als letzte Station eines *Itinerarium mentis in Deum* zu präsentieren, ist an einem Sachverhalt nicht zu rütteln: Die herkömmliche Orientierung der visionären Erfahrung von außen nach innen, vom Körperlichen zum Geistigen wird von dieser neuartigen Form der Offenbarung unterlaufen. Am Ende steht nicht die *contemplatio*, sondern die Manifestation der äußerlich sichtbaren und betastbaren Wundmale am Körper des Heiligen.

Von Frugoni und anderen ist ausführlich dargelegt worden, wie die Erzählungen des Verna-Ereignisses auf verschiedene Schlüsseltexte der alttestamentlichen Prophetie zurückverweisen: die Vision der Seraphim in Jesaja 6, die Vision des Tetramorphen in Ezechiel 1 und nicht zuletzt die Übergabe des Dekalogs auf dem Sinai in Exodus 19–34.[16] In unterschiedlichen Facetten wird den Lesern der Franziskus-Viten so ein prophetisches Rollenmodell des Heiligen angeboten. Doch vermochte der Heilige dieses Rollenmodell überhaupt auszufüllen, und was trugen die Stigmata an seinem Körper dazu bei? Eines steht fest: Das klassische Muster prophetischer Bilder-Schrift, welche eidetische Erfahrungen in sprachliche Botschaften übergehen lässt, wird von der Erscheinung des Seraphs nur partiell befolgt. In Celanos *Vita prima* bleibt der Engel vollkommen stumm, Frugoni spricht zu Recht vom „hartnäckigen Schweigen des Seraphs während der gesamten Vision"[17]. Spätere Beschreibungen, wie Celanos *Legenda ad usum chori* (um 1230), gestalten den Auftritt des Engels zwar beredsamer, wollen über den Inhalt seiner Botschaft jedoch nichts verraten: „Überaus wirksame Worte" habe Franziskus vernommen, sich aber geweigert, diese anderen mitzuteilen.[18] Beides, das Schweigen des Engels, aber auch die Weigerung des Heiligen, trägt eine große Spannung in den Bericht der Verna-Vision hinein. Wer aufmerksam weiterliest, kann die Spur der verweigerten Botschaft aber doch noch entdecken: Die geheimnisvollen Wundmale, die kurz darauf am Körper des Heiligen sichtbar werden, werden nämlich durchweg als „signa" angesprochen, und zwar meist in der Wendung „signa clavorum", die der Perikope vom ungläubigen Thomas entlehnt ist (Joh 20, 25).[19]

In dieser Formulierung, die oberflächlich besehen in rein deskriptiver Absicht verwendet wird, liegt meines Erachtens der Schlüssel zum Verständnis der gesamten Szene. Der Zeichencharakter der Stigmata besteht nicht nur darin, als indexikalisches

„Mal" auf die Nägel der Kreuzigung zu verweisen, sondern darin, die Deutung der vorausgegangenen Vision zu liefern. Bereits in der *Vita prima* wird diese interpretierende Funktion der Stigmata ins Spiel gebracht: Das Erscheinen der Stigmata beendet das ergebnislose Nachdenken über die verborgene Bedeutung der Vision. Im *Tractatus de miraculis* (1253) wird Celano noch konkreter: „Mit unruhigem Geist dachte er erneut darüber nach, was dieses Orakel bedeuten könne [...]. Aber während er außer sich herumschweifte und sein Verstand von der Entdeckung immer weiter abkam, zeigte sich ihm die Bedeutung sogleich in ihm selbst."[20]

In gewissem Sinne sind die Stigmata selbst die prophetische Botschaft, die Franziskus den übrigen Gläubigen mitzuteilen hat. Die „verba efficacissima" des geflügelten Wesens werden den Lesern einfach deshalb verschwiegen, weil sie ihre Wirkung am Körper des Heiligen bereits hervorgebracht haben. Wenn Franziskus bei Bonaventura wie Moses vom Berg herabsteigt, dann führt er nicht „steinerne oder hölzerne Tafeln" mit sich, sondern seine fleischernen Körperglieder, die vom Finger Gottes beschrieben sind.[21] Von den Stigmata als *signum* ist es daher nie weit zu den Stigmata als *signaculum*, als Siegel, das durch Abdruck auf einer Urkunde entsteht, das den Urheber einer Botschaft authentifiziert, und nicht zuletzt auch Schweigen über deren Inhalt auferlegt. Eine konsequente Fortentwicklung dieses Zusammenhangs finden wir in der *Legenda maior*. Die Stigmatisierung gilt dort als das nach außen sichtbare Zeichen, welches die göttliche Inspiration der von Franziskus aufgeschriebenen Ordensregel bestätigt:

> *Damit dies [die Regel] aber durch Gottes Zeugnis noch mehr bekräftigt würde, wurden ihm nach nur wenigen Tagen die Wundmale des Herrn Jesus vom Finger des lebenden Gottes eingedrückt, gleichsam als Bulle des höchsten Priesters Christus zur Bestätigung der Regel und Empfehlung ihres Verfassers.*[22]

Die eigentliche „Neuheit" des Wunders, so könnte man sagen, lässt sich als visionsgeschichtliche Wende begreifen: War der Kulminationspunkt göttlicher Offenbarung lange eine intellektuelle Schau gewesen, durch die Gott die wahre Bedeutung bildhafter Zeichen zu verstehen gab, so passiert auf dem La Verna genau das Gegenteil: Die körperlichen Male der Stigmata sind es, die als Zeichen, Interpretanten und Siegel des Gesehenen in einem fungieren. Darin kann man, ähnlich wie sich dies bei Hildegard und Birgitta verfolgen lässt, Reflexe eines visionskritischen Diskurses sehen, der die nur innere Schau als defizitär, täuschungsanfällig oder unvollkommen erachtet. Das visionäre Zeichen und seine Ausdeutung sollen nicht von innen, sondern unbezweifelbar von außen kommen.

Als Reaktion auf eine visionskritische Haltung kann man auch den kaum noch zu steigernden Anspruch verstehen, der mit der visionären Offenbarung verbunden wird. Bei den Franziskanern besteht er in einer bald mehr bald weniger deutlichen Identifikation ihres Ordensgründers mit Christus, genauer in seiner Stilisierung zum wahrhaften Abbild Christi. Mit diesem neuen Konzept von *christoformitas* bewegten sich die Franziskaner theologisch auf sehr dünnem Eis, bot es doch allzu leicht Anlass zu heterodoxen Missverständnissen oder millenaristischen Endzeithoffnungen: In der radikalfranziskanischen Gruppierung der Spiritualen wurde Franziskus als zweiter Messias verehrt, der die Zeit vor dem Kommen des Weltgerichts eingeläutet hatte.[23] Gegen solche anmaßenden Realprophetien regte sich schon bald Kritik, welche die Stigmata während des 13. und 14. Jahrhunderts immer wieder begleiten sollte.[24] Es ist dieser Antagonismus von Heilserwartung und Betrugsverdacht, der den Hintergrund auch der Bildproduktion zu Franziskus abgibt.

10.2 Brückenschläge
Frühe Bilder der Stigmatisierung

Die Erscheinung des Seraph-Christus auf dem La Verna ist ein visueller Vorgang, der ein äußerlich beobachtbares Ergebnis, die Wundmale am Körper des Franziskus, nach sich zieht. Es erstaunt daher nicht, dass der Diskurs über die Stigmata, der das entscheidende Argument für die sofort einsetzende Franziskus-Verehrung und seine schnell vollzogene Heiligsprechung war, von Beginn an zweigleisig geführt wurde: Parallel zur Stimme der Texte war schon in den späten 1220er Jahren das Sehangebot der Bilder präsent.[25] Über das „Normalmaß" frisch gekürter Heiliger ging der Druck zur Bildproduktion im Fall Franziskus deutlich hinaus: Mit der Stigmatisierung war der Körper des Franziskus zum „Medium" einer visionären Botschaft geworden. Möglicherweise aus Furcht, die Kontrolle über dieses Medium zu verlieren, pflegten die Franziskaner einen bemerkenswert restriktiven Umgang mit ihm: Bereits binnen eines Tages bestattet, wurde der Leichnam anlässlich der 1230 erfolgten Translation nach San Francesco in Assisi dem zahlreich erschienenen Publikum nicht gezeigt und an einer unbekannten Stelle innerhalb der Unterkirche begraben.[26] Franziskus-Bilder hatten also nicht nur die traditionelle Aufgabe, den Heiligen-Körper fern seines Bestattungsortes zu vertreten, sie mussten diese Vertretung sogar vollständig übernehmen: Den Gläubigen stellten sie etwas vor Augen, zu dem es bei aller Suggestion von somatischer Unmittelbarkeit nur einen Zugang über Artefakte geben konnte. Den Bildern speziell der Stigmatisierung war dann noch eine dritte Vermittlungsleistung aufgegeben: Sie hatten jene Unbestimmtheitsstellen zu konkretisieren und auszufüllen, welche die schriftlichen Berichte zwischen der Vision selbst und den Wundmalen ließen.[27]

Am Altar

Das hohe Maß an Eigenständigkeit, das die bildlichen Übertragungen gegenüber den Texten der franziskanischen Hagiographie auszeichnet, lässt sich am besten an einigen Darstellungen überwiegend französischer Provenienz demonstrieren. Die Vision des Seraphs wird dort von der Berglandschaft des La Verna in einen Sakralraum verlegt und mit dem Gebet des Franziskus vor einem Altar verknüpft.[28] Obwohl man diese Bilder immer wieder in die Nähe von Celanos *Vita prima* gerückt hat, ist in deren Text nirgends von einer Stigmatisierung im Inneren einer Kirche oder Kapelle die Rede.[29]

Abb. 117 Stigmatisierung des Franziskus, Franziskanisches Breviar und Stundenbuch, 3. Viertel 13. Jahrhundert, Paris, Bibliothèque de l'Arsenal, Ms. 280, fol. 27r

Ausschlaggebend für die Konzeption der Bildlösung scheint vielmehr das Bestreben gewesen zu sein, dem visionären Geschehen einen Ort zu geben, der die *virtus* besitzt, den Körper des Visionärs mit Wundmalen zu überziehen.

Ein französisches Breviar und Stundenbuch franziskanischer Herkunft positioniert auf dem Altar einen Kelch mit Korporaltuch, der die Stigmatisierung in den Rahmen der eucharistischen Wandlung stellt *(Abb. 117)*.[30] Die Erscheinung des Seraphs, die von einem Wolkenband umhüllt in den Innenraum einbricht, lässt das liturgische Passionsgedenken in ein visionäres Geschehen umschlagen. Das Sichtbarwerden der Stigmata am Körper des Franziskus wird für die Betrachter als mirakulöse Spielart der eucharistischen Wandlung ausgedeutet. Ein ebenfalls in Frankreich gefertigtes Stundenbuch macht die Analogie zwischen der realen Gegenwart des Körpers Christi im Altarsakrament und den Stigmata noch expliziter: Der Seraph wird unmittelbar über der Mensa platziert, wo er direkt an die Stelle der gewandelten Opfergaben tritt *(Abb. 118)*.[31] In der vertikalen Zuordnung des Engels zum Altartisch knüpfen alle diese Bilder an das Muster des eucharistischen Wunders an, wie es im 13. und 14. Jahrhundert eine überragende Rolle besonders in der

Abb. 118 Stigmatisierung des Franziskus, Stundenbuch, um 1250, Carpentras, Bibliothèque Inguimbertine, Ms. 77, fol. 180v

Frauenmystik spielte.³² Statt blutender Hostien sind es hier die blutenden Wunden am Körper des Franziskus, in denen sich die hierophane Macht des Altars manifestiert.

Wie die Gebetshaltung des Heiligen verdeutlicht, ist der Altar in den Bildern dieses Typus immer auch als ein Ort der Andacht gemeint, der Annäherung an Gott im Gebet. Das frühe Glasfenster der Erfurter Barfüßerkirche betont diesen Aspekt in ungewöhnlich deutlicher Weise, indem ein aufgeschlagener Kodex auf der Mensa abgelegt wird (*Taf. IIa*).³³ Die Erscheinung des Gekreuzigten mit Seraphenflügeln ist die Antwort auf ein Stoßgebet des Franziskus, in dem dieser die Verleihung eines guten Zeichens erbittet: D[OMI]NE FAC MECU[M] SIGNV[M] IN BONO (Herr, vollbringe an mir ein Zeichen zum Guten).³⁴ Die Energie, welche das erflehte Zeichen tatsächlich auf den Körper überspringen lässt, scheint weniger von der leblosen Figur am Kreuz als vom schräggestellten Block des Altartisches auszugehen: Wie von unsichtbaren Anziehungskräften geleitet, neigt sich der rechte Kreuzarm zu Franziskus herab und berührt dessen erhobene Hände. Die Wundmale an den Händen und an der Brust sind gleichsam das Resultat einer „Infizierung" des Heiligen durch diesen Kontakt.

Auf dem Bett

Gerade wegen ihrer extremen Distanz zur Überlieferung der Vitenliteratur sind die Darstellungen nicht-italienischer Provenienz geeignet, den Blick auf die spezifischen Adaptions- und Integrationsmuster der frühen Stigmata-Bilder zu schärfen. Das eklatanteste Beispiel für diese Tendenz liefern die *Chronica majora* des englischen Benediktinermönchs Matthew Paris *(Taf. IIb)*.[35] Matthew kopiert für die frühen Teile seiner Chronik das Werk seines Vorgängers Roger von Wendover, das er hie und da durch Einschübe ergänzt. Unter den Ereignissen des Jahres 1227 hatte Roger die Nachricht von den Wundmalen aufgeführt, die kurz vor dem Tod des Franziskus aufgetreten seien – die Vision des Seraph-Christus erwähnt er mit keinem Wort.[36] Matthew will mit der Zeichnung zur Stigmatisierung und ihren Beischriften offenkundig eine andere Version etablieren. Gegen alle damals eingeführten Erzählmuster wird die Schau auf dem La Verna in den Modus des prophetischen Traums transponiert.[37] Die Erscheinung des Seraph-Christus wird damit an ein Modell angeglichen, das im 12. Jahrhundert für Jesse und Ezechiel kreiert worden war – Ezechiels Vision des geflügelten Tetramorphen war ja eine der biblischen Referenzen für das seltsame Mischwesen, das Franziskus erblickte. In seiner Zeichnung geht Matthew aber noch einen Schritt weiter: Der Seraph-Christus erhält die Züge eines allegorisch zu deutenden Körperdiagramms, das dem kurzen, früher Alain de Lille zugeschriebenen Traktat *De sex alis cherubim* entlehnt ist *(Abb. 119)*.[38] Dieser für die diagrammatische Kultur des 12. Jahrhunderts exemplarische Text unterzieht die Flügel und Federn der alttestamentlichen Cherubim einer allegorischen Ausdeutung, die der Leser an einer beigefügten Zeichnung nachvollziehen und memorieren soll.[39] Matthews Bildlegende in den *Chronica* übernimmt die Auslegung der Federn in *De sex alis*.[40]

Was bewegte Matthew zu diesem eigentümlichen Motiv-Mix? Die Gestalt des Engels, wie sie in den Kopien von *De sex alis* überliefert ist, wird in den *Chronica* mit der Figur des Gekreuzigten verschmolzen. Das Traumbild des Franziskus erhält dadurch ambivalente Züge, es wird zum Zwitterwesen aus Engel und Gekreuzigtem.[41] Gerade diese Kombination von Engel und Christus war zwar nicht im Diagramm, aber im begleitenden Kommentar von *De sex alis* vorformuliert. Die von ihm erdachte Engelsgestalt, so der Autor, repräsentiere letzten Endes niemand anderen als Christus selbst:

Dass aber dieses Werk verständlicher für dich werde, habe ich die ganze Person Christi, das heißt sein Haupt mit den Gliedern, in sichtbarer Form gemalt, damit Du, wenn Du sie ganz betrachtet hast, leichter verstehen kannst, was von ihrem unsichtbaren Teil gesagt wird.[42]

Für unsere Fragestellung ist das Bildzitat nach *De sex alis* deshalb aufschlussreich, weil es der Vision des Franziskus einen bestimmten Sehmodus zuweist: Franziskus sieht nicht nur ein von Gott geschicktes Traumbild, er erblickt eine erkenntnisstiftende Konfiguration, welche es erlaubt, in der Engelsfigur den wahren Christus wahrzuneh-

Abb. 119 Seraph-Diagramm, Sammelhandschrift, um 1190, Cambridge, Corpus Christ College, Ms. 66, p. 100

men. Körperdiagramme wie der beschriftete Cherub, so Steffen Bogen, zielen auf ein körpergebundenes Verstehen, sie appellieren an den Betrachter, „es der autorisierenden Figur gleich [zu] tun [...] und das, was im Diagramm geschrieben steht, am eigenen Körper lebendig [zu] machen."[43] Die Vision der *Chronica* geht noch einen Schritt weiter: Die Beschriftung des Engelskörpers wird auf den Seitengrund verschoben, um Platz zu machen für die blutenden Wundmale. Entsprechend verändert sich der Rezeptionsmodus des Diagramms, rotes Blut tritt aus Händen und Füßen des Franziskus aus, auch auf der rechten Seite zeichnet sich ein roter Fleck ab. Die geträumte Engelsfigur wird nicht nur imaginär inkorporiert, ihre Betrachtung hinterlässt sichtbare Spuren am Körper des Träumenden. Gerade in diesem zutiefst kompilatorischen Charakter lässt Matthews Randzeichnung einen visuellen Denkprozess aufscheinen, der zu einer eigenen Deutung der „unerhörten" Begebenheit auf dem La Verna gelangt.

Auf dem Berg

Die frühe italienische Bildproduktion unterscheidet sich von den eben betrachteten Beispielen dadurch, dass sie stark auf das im Westen neuartige Trägermedium der mehrteiligen Vitentafel setzt. Bonaventura Berlinghieris *Pescianer Pala* von 1235, das älteste Beispiel, lässt bereits die typische Disposition der Tafeln erkennen *(Taf. L)*:[44] Die narrativen Bildfelder eines Franziskus-Zyklus rahmen eine monumentale Franziskus-Figur, die an Händen und Füßen gut sichtbar mit den Wundmalen gezeichnet ist. Da-

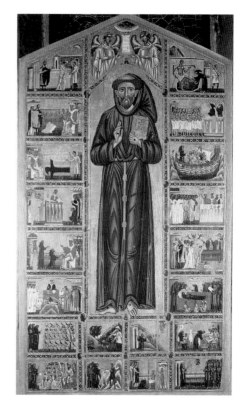

Abb. 120 Sieneser Werkstatt, Franziskus-Tafel, um 1275/80, Orte, Museo Diocesano
Abb. 121 Florentiner Werkstatt, Franziskus-Tafel, um 1250/60, Florenz, Santa Croce, Cappella Bardi

mit ist klar, weshalb die Stigmatisierung stets eine besondere Aufgabe innerhalb des Franziskus-Zyklus übernimmt: Sie ist das Ereignis, welches die am Heiligen-Körper ablesbaren Zeichen der *christoformitas* hervorbringt.[45] Besonders aussagekräftig für das narrative Gefüge der Tafeln ist dann die jeweilige Position der Stigmatisierungsszene: In der *Pescianer Tafel* ist die Stigmatisierung links oben platziert, d.h. an erster Stelle des Zyklus und gleichzeitig in unmittelbarer Nachbarschaft zur Himmelssphäre der Pala mit zwei schwebenden Engeln. An gleicher Stelle ist die Stigmatisierung in der späteren *Orte-Pala* zu finden *(Abb. 120)*.[46] Der hier auf vier Stationen reduzierte Vitenzyklus hebt noch stärker als in Pescia auf die Verbindung mit der Vogelpredigt des Franziskus ab.[47] In der *Pistoieser Pala* rückt die Stigmatisierung dagegen ins zweite Glied, als Pendant zur kirchlichen Anerkennung der Ordensregel durch Innozenz III *(Taf. LI)*.[48] Eine eher untergeordnete Rolle wird der Stigmatisierung in der *Bardi-Tafel* zugewiesen, die mit 20 Szenen den mit Abstand umfangreichsten Vitenzyklus zu bieten hat *(Abb. 121)*:[49] In der Fülle der Bilder droht das Ereignis am La Verna unterzugehen, lediglich der linke Fuß des zentralen Heiligenkörpers mit dem gut sichtbaren Wundmal sorgt für einen eigenen Akzent in seine Richtung.

Die Ausgestaltung des Visionsgeschehens selbst erscheint in den italienischen Bildtafeln erst einmal wenig signifikant.[50] Als Schauplatz der Stigmatisierung wird nicht das Bett oder der Altar, sondern die felsige Kulisse toskanischer Berge gewählt. Gerade vor dem Hintergrund anderer Optionen sollte diese Lösung nicht einfach nur als Illustration einer Ortsangabe verstanden werden, die genau so schon in den Legendentexten vorformuliert war. Achtet man auf die topologischen Relationen der Visionserzählung, erweist sich das Berggelände vielmehr als ein metaphorischer Rahmen, der das *genus visionis* der Stigmatisierung anzeigen soll.

Berlinghieris *Pescianer Pala* erzählt den Empfang der Wundmale als Annäherung zweier entgegengesetzter Ausgangspositionen *(Taf. LII)*. Als Bezugsrahmen für die Begegnung mit dem Engel wird die menschliche Kulturwelt gesetzt, hier vertreten durch zwei Gebäudekomplexe links und rechts. Die verschlossene Pforte des Konvents- oder Kirchengebäudes links unten erinnert daran, dass der Heilige zur Verrichtung des Gebets seinen angestammten Lebensraum verlassen hat. Diagonal entgegengesetzt gibt ein Himmelssegment die Sphäre an, aus welcher der Seraph herabgestiegen ist. Als – überraschend kleines – Intervall unkultivierter Natur zwischen der bewohnten Menschenwelt und dem Himmel zeigt die Berglandschaft des La Verna jenen Freiraum an, der die direkte Begegnung des Heiligen mit dem Engel ermöglicht. Gegen jede geologische Wahrscheinlichkeit ist im Felsmassiv des La Verna eine Art Kanal ausgespart, – „die Hügel [sind] gleich den Wellen des Roten Meeres nach hinten gerollt und geben einen goldenen Pfad frei"[51] – der das Antlitz des frontal ausgerichteten Seraphs direkt mit Franziskus' Auge verbindet.

Spätere Darstellungen verzichten auf ein solches „morphing" des Felsmassivs. In der *Bardi-Tafel (Abb. 122)* und anderen Werken Florentiner und Sieneser Herkunft greifen die Künstler stattdessen auf ein anderes Element zurück, um den Brückenschlag vom Visionsbild zum Visionär sichtbar zu machen: Strahlen, die das Haupt des Seraphs zum Haupt des Franziskus sendet. Die Maler bedienten sich damit eines eingeführten Dispositivs, das überall dort zu finden war, wo die direkte Eingießung einer göttlichen Botschaft in ihren menschlichen Empfänger visualisiert werden sollte – zu erinnern wäre an die oben behandelten Darstellungen Hildegards und Birgittas von Schweden.[52] Da weder der Seraph-Christus noch Franziskus ein Schriftstück mit sich führen, geht es in diesem Fall freilich nicht um die Darstellung prophetischer Offenbarung. Die einzige Spur, welche die Botschaft des Engels hervorbringt, sind die Wundmale, die schon in den Körper des Heiligen eingetragen sind. Wir müssen also bei einer weiter gefassten Semantik des Strahlen-Dispositivs ansetzen, das ja nicht nur in der Visionsikonographie, sondern auch in Verkündigungs- und Pfingstdarstellungen beheimatet war. Was in allen diesen Fällen sichtbar gemacht werden soll, ist ein geistiger Transfer, ein Einwirken des *spiritus sanctus* auf den *spiritus humanus*. Die Strahlen stellen nicht nur eine direkte Verbindung von der Vision zum Visionär her, sie zeigen auch an, dass die Vision durch das Innere des Heiligen hindurchgeleitet wird.

Die Einfügung des Strahlen-Dispositivs beruht also auf einer klaren visionstheoretischen Prämisse: dass der menschliche Geist mit der ihm integrierten *imaginatio*

Abb. 122 Florentiner Werkstatt, Stigmatisierung des Franziskus, Bardi-Tafel, um 1250/60, Florenz, Santa Croce, Cappella Bardi

das Einfallstor ist, durch das visionäre Bilder in den Menschen hineingelangen müssen.[53] Anders als die Traumformel in Matthews *Chronica* soll das Strahlen-Dispositiv veranschaulichen, wie die natürlichen Freiräume der menschlichen Einbildungskraft bei der Stigmatisierung künstlich eingeengt wurden und Franziskus so einer direkten Steuerung von oben unterstellt werden konnte. Die direkte Bahn, welche vom Gesicht des Seraphs zu demjenigen des Franziskus gezogen ist, macht den Engel als Ursprung und Spender der visionären Erfahrung kenntlich. Die Wundmale wiederum fungieren als äußerlich sichtbare Spuren am Körper des Visionärs, welche die Schau des Seraphs über eine bloß „eingebildete" Vorstellung hinausheben.

Gleichwohl wird dem Betrachter in der *Bardi-Tafel* keine lückenlose Übertragungskette des visionären Geschehens vor Augen geführt: Die Überbrückung des Intervalls zwischen Seraph und Franziskus verlagert lediglich das Mysterium der Wundmale in das Innere des Heiligen hinein. Erscheinungen himmlischer Personen waren schließlich vor Franziskus schon Hunderten von Auserwählten Gottes zuteil geworden, doch nie mit einem vergleichbaren Resultat. Wie der Übergang vom Geist zum Körper des Franziskus zustande gekommen sein sollte, ließ sich aus der Außenperspektive auf den Heiligen jedoch schwerlich nachzeichnen. Genau an diesem Punkt kommt erneut das Dispositiv der Berglandschaft ins Spiel, als metaphorischer Raum, der das Verhältnis

Abb. 123 Sieneser Werkstatt, Stigmatisierung des Franziskus, Orte-Tafel, um 1275/80, Orte, Museo Diocesano

zwischen äußerer und innerer Seite des Visionsgeschehens beleuchtet. Das entsprechende Bildfeld der *Bardi-Tafel* führt es in aller Beschränkung aufs Wesentliche vor: Wie bereits in der *Pescianer Pala* setzen architektonische Strukturen einen Kontrapunkt zur freien Natur der Berglandschaft, Franziskus ist aus einem Kapellengebäude herausgetreten und kniet auf dessen gepflastertem Vorplatz nieder. In bildräumlicher wie in planimetrischer Hinsicht wird die Position des Heiligen als eine liminale charakterisiert, die sich am Übergang zwischen Innen und Außen, zwischen Kultur und Natur befindet. Das Massiv des La Verna, das seine Gestalt vollständig umschließt, repräsentiert jenes Stadium der Herauslösung aus den irdischen Bindungen, welches die somatische Reaktion auf das Gesehene ermöglicht.

Vor der Höhle

Der Kontrast zwischen Innen- und Außenräumen, zwischen architektonischen Strukturen und zerklüfteten Gesteinsformationen wird in zahlreichen Darstellungen italienischer Provenienz genutzt, um die Vision des Seraphs als geistige Schau mit körperlichen Folgen zu definieren. Eine große Karriere sollte dabei dem Element der

Höhle beschieden sein, die als natürliche Behausung oder Klause in das Gesteinsmassiv des La Verna eingelassen ist.[54] Auf der *Pistoieser Pala* beispielsweise ist eine solche Höhle direkt hinter dem knienden Heiligen angegeben, das bekannte Kapellengebäude ist an die Rückseite des Berges verschoben worden *(Taf. LIII)*. Während eine Fläche aus Kieseln oder Pflastersteinen wieder die Schwellensituation des Geschehens verdeutlicht, ist die dunkle Mündung der Höhle planimetrisch gesehen genau so platziert, dass diese zu einer Art Baldachin oder Gehäuse für Franziskus wird. Der La Verna erhält so den Charakter einer natürlich geformten Hülle des Heiligen, ähnlich wie dies nahezu ein Jahrhundert später in der *Dresdener Apokalypse* mit Johannes geschehen sollte.

Weiter ausgearbeitet wird das Höhlenmotiv in der etwas späteren *Orte-Tafel (Abb. 123)*. Das natürliche Gelass im Felsen ist hier mittels Mensa und Altarkreuz zu einem Kapellenraum umfunktioniert. Die visuelle Parallelisierung des Kreuzes auf dem Altar und des Kreuzes der Engelsvision veranschaulicht eine klare Abstufung zweier verschiedener Formen von Realpräsenz Christi: „sub specie panis" und, um eine Formulierung Bonaventuras zu gebrauchen, „sub specie Seraph".[55] In diesen Überbietungszusammenhang fügen sich auch noch die Strahlen, welche vom Herzen des Seraphs zum Gesicht des Franziskus geführt sind. Gemeint ist auch hier keine mündliche Mitteilung, sondern eine direkte Eingießung des Leidens Christi in den Geist des Betenden.

Halten wir als Zwischenergebnis fest: Die Stigmatisierungsikonographie der ersten Jahrzehnte nach dem Tod des Franziskus sucht nach Bildlösungen für eine Visionserfahrung, die außerhalb der gängigen Bewertungskriterien stand. Gerade die Spannbreite der Ansätze, die dabei gewählt wurden, verdeutlicht die Schwierigkeiten, die Stigmatisierung in das gewohnte Repertoire der Visionsdarstellung einzupassen und so das Unfassbare dieses Ereignisses plausibel und verständlich zu machen. In der außeritalienischen Kunst lässt sich beobachten, wie die Wandlung von Brot und Wein als Modell für die Transformation gewählt wurde, die sich am Körper des Franziskus vollzog. Die italienische Bildproduktion wählte einen radikaleren Weg, indem sie die Seraph-Vision in ein offenes Berggelände entließ, einen Ort, der nicht zu den gängigen Schauplätzen der Visionsikonographie gehörte. Auf der anderen Seite zeigen verschiedene Komponenten der italienischen Bilder an, dass Franziskus im offenen Terrain des La Verna der Rückendeckung durch Elemente der inneren Schau bedurfte. Das verbreitete Strahlen-Dispositiv sollte dann einsichtig machen, wie sich das göttliche Bild des gekreuzigten Engels der *imaginatio* des Franziskus so eingeprägt hatte, dass es sogar körperliche Spuren hinterlassen konnte.

10.3 Von Punkt zu Punkt
Die Stigmatisierung in der Wandmalerei der Giottozeit

In der Bildgeschichte der Franziskus-Stigmata hat von jeher die Zeit um 1300 den prominentesten Platz beansprucht, als in dichter Folge jene Darstellungen entstanden, die sich entschieden von den bis dato üblichen Konventionen entfernten: in den frühen 1290er Jahren das von unbekannter Hand geschaffene Fresko in der Oberkirche von Assisi, nach der Jahrhundertwende dann die von Giotto signierte *Louvre-Pala*, um 1320/28 schließlich das ebenfalls Giotto zugeschriebene Fresko an der Stirnwand der Bardi-Kapelle von Santa Croce. Was sich in diesen Bildern an der Darstellung der Stigmatisierung selbst ändert, ist in zahlreichen jüngeren Studien umfassend zusammengetragen wurden. Die wichtigsten Merkmale sind zum einen die Metamorphose des Visionsbildes, das sich vom gekreuzigten Seraph zum halbfigurigen Schmerzensmann im Engelskleid und schließlich zum ganzfigurigen Kruzifixus mit Flügeln wandelt. Zum anderen ist es eine neuartige Verbindung zwischen der visionären Erscheinung und Franziskus, bei der die Strahlen von den Wundmalen des Erscheinungskörpers punktgenau zu den Stigmata des Heiligen gezogen sind.[56]

Weniger eindeutig zu beantworten ist hingegen die Frage, welche Motive hinter diesen Änderungen stehen. In der Forschung ist hier nach wie vor die Annahme leitend, die Bildproduktion sei mehr oder weniger direkt von den Vorgaben der hagiographischen Texte abhängig gewesen – vor allem für das Fresko in Assisi hat man immer wieder auf der engen Verknüpfung mit der *Legenda maior* Bonaventuras insistiert, die 1266 zur einzigen offiziellen Franziskus-Vita des Ordens erklärt worden war.[57] Allein schon die Tatsache, dass eines der wesentlichen Elemente des neuen Bildentwurfs, der Strahlengang von Wundmal zu Wundmal, in keinem der hagiographischen Texte vorkommt, ist ein gewichtiges Argument dafür, dass dieser Ansatz entschieden zu kurz greift. Ertragreicher scheint es daher, auch für diese Visionsdarstellungen eine medientheoretische Perspektive zu wählen, die den spezifischen Vermittlungsstrukturen der Bilder Rechnung trägt. Ein zentraler Aspekt in diesem Zusammenhang ist das materielle Dispositiv der Trägermedien, in welche die Bilder der Stigmatisierung jetzt integriert werden. Vom älteren Medium der Bildtafel behält Giottos *Louvre-Pala* nur den Umriss bei, im Hauptfeld wird jetzt statt des stigmatisierten Heiligenkörpers erstmals das Ereignis der Stigmatisierung platziert.[58] In der Oberkirche von Assisi und in der Bardi-Kapelle hingegen haben wir es mit Freskenzyklen an den Wänden von Sakralräumen zu tun, die mit unterschiedlichen Anbringungsorten, Rahmenstrukturen und Erzählzusammenhängen der Stigmatisierung experimentieren. An den beiden zuletzt genannten Beispielen möchte ich im Folgenden herausarbeiten, wie die veränderten Trägermedien zum Ort einer Bildsprache werden, die das Verhältnis zwischen der Körper-Vision des Franziskus und ihrer gemalten Repräsentation auf eine neue Grundlage stellt. Der neue und die gesamte weitere Bildproduktion bis zum Ende des Mittelalters prägende Bildtypus, so meine These, entstand nicht als Umsetzung theologischer Vorgaben à la Bonaventura, sondern im Kontext neuer künstlerischer Techniken, die für theologisch-naturphilosophische Diskurse der Zeit anschließbar waren.

Abb. 124 Traum des Franziskus vom Palast, um 1290/1300, Assisi, San Francesco, Oberkirche

Vermehrung der Visionen
Die Stigmatisierung in der Oberkirche von Assisi

Wichtig für den Erfolg des neuen Bildtyps ist die Tatsache, dass er zum ersten Mal an demjenigen Ort formuliert wurde, der die höchste Autorität in der franziskanischen Welt beanspruchen konnte. Der Zyklus der Oberkirche von Assisi, von dem hier die Rede ist, untermauert diesen Anspruch durch die bis dato elaborierteste Behandlung der Franziskus-Vita.[59] Schon bei der Szenenauswahl beschritt man Neuland, indem man in bisher unbekanntem Maße auf Visionserfahrungen zurückgriff, die den Gang der Handlung zu Lebzeiten und nach dem Tod des Franziskus bestimmen sollten: den Traum des Palastes, die Vision des sprechenden Christus-Bildes von San Damiano, den Traum Innozenz' III. vom einstürzenden Lateran, die Visionen von Franziskus im Feuerwagen und von den Himmelsthronen, seine Erscheinung in Arles, den Traum des Bischofs von Assisi beim Tod des Heiligen, die Verifikation der Stigmata – von insgesamt 28 Stationen des Zyklus wird rund ein Drittel mit visionären Erscheinungen bestritten.[60]

Eine wesentliche Aufgabe des dichten Gewebes der Visionsszenen kann darin gesehen werden, die Stigmatisierung als den eigentlichen Konvergenzpunkt der gesamten Franziskus-Erzählung kenntlich zu machen.[61] Einen bedeutenden Beitrag zu diesem Ensemble-Effekt leisten Bilder von Traumvisionen *(Abb. 124).*[62] Wie Steffen Bogen ausführt, unterscheiden sie sich in ihrem Aufbau auf charakteristische Weise vom klassischen Dispositiv der Traumdarstellung: Die äußere Umgebung des Träumers und das Traumbild selbst werden nicht ineinander geblendet, sondern räumlich voneinander separiert. Der Träumer – in diesem Fall Franziskus – wird in einen Innen-

Abb. 125 Das Wunder von San Damiano, um 1290/1300, Assisi, San Francesco, Oberkirche

raum eingeschlossen, das Traumbild – in diesem Fall ein Palast voller Waffen – wird außerhalb dieses Raumes sichtbar.[63] Die Traumdarstellungen des Oberkirchenzyklus sind so gesehen frühe Beispiele für das im letzten Kapitel diskutierte Paradigma der Vision im Gehäuse. Der Einschluss des Träumers in einen Innenraum führt den Abstand zwischen der Vision als göttlichem Zeichen und der Wahrnehmung und Deutung dieses Zeichens vor Augen.

In den Traumdarstellungen des Franziskus-Zyklus wird genau in jenem Intervall zwischen Visionär und Visionsbild, das für Bilder der Stigmatisierung stets eine problematische Größe gewesen ist, eine Grenze eingezogen. Umso bemerkenswerter ist es, dass sich derartige Dispositive der Absonderung auch in einigen der Wachvisionen des Zyklus finden. Das beste Beispiel hierfür ist die Vision des Heiligen in San Damiano *(Abb. 125).*[64] Das Bildwunder der sprechenden Kreuztafel, das schon in der *Vita secunda* Celanos als Ankündigung der Stigmatisierung bewertet wurde, trägt sich im Inneren der baufälligen Kirche zu. Die löchrige Hülle des ruinösen Kirchengebäudes leistet in topologischer Hinsicht ähnliches wie die Schlafgemächer der Träumer. Franziskus kniet im einzigen geschlossenen Teil der Kirche, wie ein Rahmen setzt ein Säulenpaar einen harten Schnitt zwischen ihm und dem übrigen Kirchenraum, zu dem auch der Altarbereich mit dem visionären Bildwunder gehört. Dieses Auseinanderbrechen des Kircheninneren in mehrere Einzelräume problematisiert den Modus der imaginativen Visionserfahrung in bis dato unbekanntem Maße, der Blick des Visionärs ist zwar auf ein Ziel innerhalb des gleichen Gebäudes, aber auf einen qualitativ anderen Ort gerichtet.

Ausgehend von diesen Überlegungen fällt es nicht schwer, im Fresko der Stigmatisierung den Höhepunkt der visionären Dramaturgie des Zyklus zu erkennen, der alle Beschränkungen der übrigen Visionsbilder hinter sich lässt *(Taf. LIV)*. Das Hindurchschleusen des visionären Blicks durch die Öffnungen einzelner Raumsegmente entfällt hier, das Geflecht der Strahlen schafft eine direkte Verbindung zwischen dem schwebenden Seraph und dem knienden Visionär. Die Beischrift zum Fresko akzentuiert diese Unmittelbarkeit als entscheidendes Moment der Darstellung: „Der selige Franziskus [...] sah Christus in Gestalt eines gekreuzigten Seraphs, der in seine Hände, Füße und auch in die rechte Seite die Kreuzwunden eben jenes unseren Herrn Christus einprägte".[65] Der lange Weg der Aneignung und Deutung des Geschauten muss nicht beschritten werden, Franziskus wird selbst zum Abdruck des visionären Zeichens, dessen Bedeutung sich im Modus der Selbstevidenz erschließt.

Eine neue Geometrie der Vision

Im Mittelpunkt des neuen körperzentrierten Visionskonzepts der Assisi-Stigmatisierung steht das schon angesprochene Strahlenschema, zu dem sich weder der *titulus* noch die Viten äußern. Wie wir an Beispielen aus dem mittleren 13. Jahrhundert sehen konnten, sind die Strahlen selbst ein älteres Element der Franziskus-Ikonographie, das immer schon dazu dienen sollte, die Erscheinung des Seraph-Christus und die Stigmata des Heiligen als Ursache und Folge miteinander zu verknüpfen. Wenn das neue Schema die Strahlen direkt von Wundmal zu Wundmal führt, dann bedeutet dies, dass *spiritus* und *imaginatio* von der Weiterleitung und Verarbeitung der visionären Offenbarung ausgeschlossen bleiben. Die Erscheinung auf dem La Verna ist nun endgültig zur *visio corporalis* geworden, die an der Schnittstelle von natürlicher Welt und *homo exterior* lokalisiert ist. Das Strahlenschema verdeutlicht aber auch, weshalb dieses von der gesamten christlichen Visionstheorie immer zuunterst angesiedelte Genre nunmehr für das höchste gelten soll: Über die genaue Punkt-zu-Punkt-Relation aller fünf Wundmale wird die Christus-Ähnlichkeit des Franziskus zu einer exakten, geometrisch nachmessbaren Angelegenheit. Da das Christus-Ebenbild ohne den formenden Eingriff einer künstlerischen Hand hergestellt wird, nimmt es Züge eines Acheiropoietons an.[66]

Im Vergleich des neuen Strahlenschemas mit dem alten zeigt sich, dass der Unterschied zwischen beiden nicht nur einer der Orte der Vision, sondern auch des Raums der Visionsdarstellung ist. Sind die Strahlen der *Bardi-Tafel* als flächige Konfiguration arrangiert, ist für die Linien in Assisi die Überschneidung im dreidimensionalen Raum konstitutiv. Die von Wundmal zu Wundmal laufenden Strahlen sind an jenes neue und vielbeschworene Konzept der Bildräumlichkeit gekoppelt, welches die Orte der Erzählung zu scheinbar betret- und begehbaren „Bühnen" werden lässt.[67] Ein zentraler Faktor in diesem Bildkonzept ist die „Öffnung" als universale Vermittlungsgröße, welche die Interaktion des Bildpersonals, ihre Bewegungen ebenso wie ihre Blicke bahnt und definiert.[68] Sind die Öffnungen gewissermaßen die Negative möglicher Vektoren, welche dem Blick oder dem Körper bestimmter Akteure Durchlass gewähren, so sind die Strahlen zwischen Visionär und Visionsbild positiv eingetragene Vektoren tatsächlicher Interaktion, die in ihrer dreidimensionalen Komplexität – man beachte die zahlreichen Überschneidungen der Linien untereinander – ebenso raumgreifend wie raumdefinierend wirken.

Unverkennbar ist die Ausgestaltung des Offenbarungsgeschehens vom gleichen Denken in geometrischen Raumkonstruktionen getragen, welches auch die scharfkantig umrissenen Architekturen der Fresken hervorbrachte. Was letztere betrifft, so diskutiert die Forschung ja seit längerem mögliche Denkanstöße, die von der intensiven naturphilosophischen Debatte des 13. Jahrhunderts über Fragen der Optik, und hier besonders von den maßgeblichen Optiktraktaten des Franziskaners Roger Bacon, ausgegangen sein könnten.[69] Die für die Optik der Zeit zentrale Annahme, dass Licht sich in seinen beiden Daseinsformen, als göttliches und als natürliches Licht, geradlinig ausbreitet, wäre demzufolge die Grundlage für eine umfassende Geometrisierung der Bildkonstruktion gewesen. Die revolutionäre Idee, den Abbildungsprozess der Stigmata mittels gerader Linien von Punkt zu Punkt zu veranschaulichen, passt sehr gut zur Annahme eines solchen geometrisch fundierten Bildkonzepts. Konkret dürfte sich die neue Bildlösung zeichnerischen Experimenten einer praktischen Geometrie verdanken, die um die Projektion von Bildern durch den dreidimensionalen Raum kreisten und dazu bei einer Übertragung einzelner Punkte mittels gerader Linien ansetzten. Auf dieser Ebene bestehen sogar, worauf jüngst Wolfgang Schäffner hinwies, gewisse Analogien zwischen dem neuen Bildtypus der Stigmatisierung und dem rund ein Jahrhundert später erfundenen Projektionsverfahren der Zentralperspektive, wie es erstmals von Brunelleschi praktiziert wurde.[70] Denkt man den von Schäffner angeregten Vergleich zu Ende, dann wird aber auch deutlich, dass das strahlenbasierte Projektionsverfahren in Assisi (anders als die spätere Perspektivkonstruktion) letztlich eine irrationale Beziehung zwischen Urbild und Abbild hervorbringt: Der Körper des Franziskus ist in seiner Haltung wie in seiner Position im Raum so gegenüber dem Körper des Seraph-Christus verdreht, dass die Strahlen nicht gleichförmig gerichtet sind, sondern unregelmäßig verlaufen. Man könnte sagen: Jeder einzelne Strahl besitzt sein eigenes „Leitsystem", das genau auf sein jeweiliges Gegenstück im Körper des Franziskus zielt, unabhängig davon, wo sich dieses befindet. Genau dies aber, die Unregelmäßigkeit des Projektionsverfahrens, dürfte durchaus zu den intendierten Qualitäten des neuen Bildtypus gehören. Wie die Wundmale des Franziskus aus ihrem Urbild hervorgegangen waren, sollte bis zu einem gewissen Grad ein Mysterium bleiben, das sich den Prinzipien menschlicher Geometrie ein Stück weit entzog.

Signale der Fiktionalität
Der Aufführungscharakter der Stigmatisierung

Die im Stigmatisierungsfresko vorgeführte Geometrie der Unmittelbarkeit und äußerlich beobachtbaren Evidenz ist nur die eine Seite einer immer schon komplementären Strategie, die als Gegengewicht einen ausufernden Apparat der Vermittlung benötigt. Große Teile des Heiligenzyklus finden, ich habe es oben angedeutet, ihre Existenzberechtigung darin, das Ereignis auf dem La Verna anzukündigen und zu

Abb. 126 Die ersten drei Bilder des Franziskus-Zyklus mit Rahmensystem, um 1290/1300, Assisi, San Francesco, Oberkirche

bestätigen. Genau dieses Vermittlungsmoment ist auch dem Stigmatisierungsfresko selbst eingelagert: Nicht nur ist es vom gleichen Rahmenwerk aus Scheinarchitektur und textilen Bordüren umgeben, in das der gesamte Zyklus sowohl „eingebaut" wie „eingenäht" ist *(Abb. 126)*.[71] Die Berglandschaft des La Verna ist selbst noch einmal wie eine erhöhte „Bühne" modelliert, in deren „Proszenium" sich erstmals ein „Dritter" befindet, welcher bei der Vision zugegen ist: ein Mitbruder des Heiligen, der im Allgemeinen mit Bruder Leo identifiziert wird.[72] Konzentriert in die Lektüre eines Kodex vertieft, nimmt diese Figur vom wunderbaren Geschehen vor und über sich keinerlei Kenntnis. Ihre Rolle innerhalb der Handlungslogik des Bildes ist polyvalent: Auf einer rein ikonographischen Ebene verkörpert der Lesende ein zeitliches Davor der Vision, die mehrfache Öffnung eines Evangeliars auf Geheiß des Heiligen.[73] Doch im räumlichen Gefüge der Szene wird die Anwesenheit Leos zu einem wichtigen Faktor in der Opposition von Vermittlung vs. Unmittelbarkeit: Jedem der beiden Akteure nämlich ist eine kleine Kapelle zugewiesen, wie sie bereits in der älteren Bildtradition anzutreffen war. Begreift man diese Gebäude als Metaphern für das Innere der Akteure, dann lässt sich an ihnen eine Auffächerung unterschiedlicher

Wahrnehmungsformen und Erkenntnisaktivitäten ablesen: Der direkt vor dem Eingang sitzende Leo geht einer konzentrierten Buchlektüre nach, die sich dem Binnenraum der eigenen Vorstellungskraft zuordnen lässt, während die entschiedene Abwendung des Franziskus von dem hinter ihm liegenden Gehäuse die Körperlichkeit und äußere Realität seiner Visionserfahrung unterstreicht.[74]

Nicht zu übersehen ist andererseits, wie gerade die auf ein niedrigeres Niveau zurückgestufte Aktivität Leos einen wichtigen Platz zwischen dem elaborierten Rahmenwerk der Bilder und dem eigentlichen Schauplatz der Erzählung einnehmen darf. Kraft dieser Position auf der Schwelle kann das Buch in den Händen des Bruders auch als Stellvertreter der hagiographischen Texte aufgefasst werden, in denen nach offizieller Darstellung die Überlieferung der Augenzeugen niedergeschrieben wurde. Wenn die Wundmale des Franziskus die Tatsächlichkeit der Erscheinung bezeugen, so bezeugt der gleichsam mitlesende Bruder Leo die Korrektheit der schriftlichen Überlieferung. Seine Rolle ist letztlich auch die eines heimlichen Regisseurs des auf der Felsenbühne aufgeführten Stückes.[75]

In Anbetracht dieses hochgradig fiktionalen „Aufführungscharakters" können Betrachter des Freskos sich fragen, wie körperlich und wie wörtlich sie die *visio corporalis* eigentlich nehmen dürfen, deren Aufwertung das Strahlenschema betreibt. Was genau hat es mit den Strahlen auf sich, die in keinem der kanonischen Texte erwähnt werden? Sind sie ein Phänomen, das auch ein Augenzeuge auf dem La Verna hätte beobachten können? Sind sie Visualisierung eigentlich unsichtbarer Kraftlinien, die vom Leib des Seraph-Christus zu Franziskus verlaufen? Oder sind sie lediglich eine Sehhilfe für den Betrachter, weil das wahre Geschehen im Zwischenraum von Visionsbild und Visionär sich jeder Darstellbarkeit entzog?

Drehmomente
Giottos Wendung des Assisi-Schemas

Von einem nochmaligen Bedeutungszuwachs der Stigmatisierungsvision in den ersten Jahrzehnten des Trecento zeugen Giottos Bearbeitungen des Themas, welche das Ereignis auf dem La Verna schon rein formal in den Mittelpunkt größerer Bildensembles rücken. Für die *Louvre-Pala* wurde diese Neuorientierung bereits oben angesprochen. Hier aber soll es um die Ausmalung der Cappella Bardi in Santa Croce gehen, in der die Stigmatisierung oberhalb des Kapelleneingangs an der Querhauswand platziert ist *(Taf. LV, Abb. 127).*[76] In der historischen Raumsituation, in der ein steinerner *tramezzo* den gesamten Ostteil der Kirche abschrankte, war dies einer der wenigen Bildorte, der auch für das gewöhnliche Laienpublikum gut einsehbar war.[77] Was Betrachter dort entdecken konnten, war eine folgenschwere Neuerung in der Struktur des in Assisi eingeführten Bildtyps: Erstmals ist hier jene Drehung des Strahlenschemas zu beobachten, die in der Folgezeit zum Standard der Franziskus-Ikonographie werden wird. Anders als in Assisi und noch in der *Louvre-Pala* verbinden die Strahlen nicht die einander direkt gegenüberliegenden Körperpartien, sondern sind diagonal, von

Abb. 127 Santa Croce, Florenz, Inneres mit Blick zum Chor

links nach links und von rechts nach rechts, gezogen. Das Ergebnis ist eine Zuordnung von Urbild und Abbild der Wundmale, die nicht mehr seitenverkehrt, sondern seitenrichtig ist.

Was waren die Beweggründe für diese Umkehrung in einer Komposition, die ansonsten dem Vorbild von Assisi in vielen Punkten folgt? Die neuere Forschung hat den entscheidenden Antrieb in dem Wunsch der Franziskaner sehen wollen, die Christusähnlichkeit des Franziskus nochmals zu steigern.[78] Wer genau hinsieht, erkennt jedoch, dass das Fresko selbst eine andere Geschichte erzählt, in der neben theologischen Erwägungen auch die Geometrie des künstlerischen Darstellungsverfahrens und der räumliche Kontext im Querhaus von Santa Croce eine gewichtige Rolle spielen. Mindestens ebenso bemerkenswert wie die Drehung der Strahlen ist an der Interaktion zwischen Erscheinungskörper und dem Heiligen nämlich eine andere, erste Drehung, die dem Strahlenfluss handlungslogisch vorausgeht: Giottos Franziskus – dies ist ein absolutes Novum – kniet mit dem Rücken zur Erscheinung, so dass er gezwungen ist, sich umzuwenden, um der schwebenden Christusfigur gewahr zu werden. Für die Genese des seitenrichtigen Strahlenschemas scheint mir dieses doppelte Drehmoment zentral zu sein: Bei einer von Christus abgewendeten Figur ergibt sich die Umpolung der Strahlen gewissermaßen von selbst, wie noch an den bildauswärts zeigenden Füßen nachzuvollziehen ist. Die Drehbewegung des Oberkörpers führt dann zu dem neuen, seitenrichtig und diagonal geführten Strahlenschema.[79] Doch weshalb dieser Richtungswechsel des betenden Franziskus?

Festzuhalten ist zunächst einmal ein visionsgeschichtlicher Befund: Die Wendung nach hinten, die *conversio*, ist ein fest etabliertes Moment in Erzählungen der Gottesschau, das in zwei Bibelstellen prominent vertreten war – Johannes dreht sich um, als er hinter sich die laute Posaunenstimme hört (Apk 1, 12), Maria Magdalena muss sich am Grab Christi gleich zweimal umdrehen, bis sie den Auferstandenen erkennt (Joh 20, 14–16).[80] Gerade letztere Erzählung dürfte eine wichtige Fährte für das Verständnis von Giottos Bilderfindung sein, geht es in beiden Fällen doch um Heilige, die sich auf der Suche nach dem Gekreuzigten befanden. Festzuhalten ist allerdings auch, dass eine dynamische Drehbewegung, wie sie Giottos Franziskus vollführt, in der bildlichen Darstellung einer Christus-Erscheinung absolut unüblich war: Weder in Bildern der Patmos-Vision noch in denen des *Noli me tangere* wurde die Wendung hin zu Christus szenisch umgesetzt.

Für die Kirchenbesucher der Giotto-Zeit dürfte es also von großem Interesse gewesen sein, nach einer Erklärung dafür zu suchen, warum der im Gebet niederkniende Franziskus nicht schon von vornherein auf den Ort der visionären Erscheinung ausgerichtet war. Im Innenraum von Santa Croce war es eindeutig: Das Ziel von Franziskus' Gebet musste der Hochaltar der Kirche mit dem darüber aufgehängten Tafelkreuz Cimabues aus dem späten 13. Jahrhundert gewesen sein.[81] Die Verbindung von Stigmatisierung und Kreuz war, wie Rona Goffen betont, deswegen besonders sinnträchtig, weil sich die Stigmatisierung der *Legenda maior* zufolge am Festtag des heiligen Kreuzes ereignete.[82] Die von Giotto erfundene Körperdrehung des Franziskus verknüpfte also den Kirchenraum von Santa Croce mit dem „heiligen Berg" des La Verna. Vor allem die Angehörigen des Franziskanerkonvents dürften ein starkes Interesse daran gehabt haben, den *titulus* des „Heiligen Kreuzes" direkt im wichtigsten Ereignis der Franziskus-Vita zu verankern.

Die raumübergreifende Interaktion der Franziskus-Figur mit dem Kruzifix über dem Hochaltar verdankte sich, wie für Kirchenbesucher leicht zu durchschauen war, einem geschickten Kunstgriff des Malers, der hier die Bildgrenze seines Freskos überspielte. Die Vertauschung der Strahlen nimmt angesichts dieser Spannung von historischem Ereignisbericht und gemalter Fiktion paradoxe Züge an: Sie lässt zum einen den Unterschied zwischen dem menschengemachten Kunstwerk, das Franziskus eben noch anbetete, und dem *verum corpus*, das jetzt hinter ihm schwebt, hervortreten und den Heiligen an einer höheren Stufe von christoformer Bildlichkeit partizipieren. Aber die von Franziskus vollführte Wendung vom Außenraum zurück ins Innere des Bildes ist eben auch eine Bewegung, welche die Fiktionalität der gemalten Darstellung zum Bewusstsein bringt. So können wir auch in Giottos Fresko eine ähnliche Komplementarität beobachten wie im Wandbild der Oberkirche: Das eine ist die nochmals gesteigerte Körperlichkeit der *visio corporalis*, die sich an der Torsion der Franziskus-Figur ebenso beobachten lässt wie an der Figur des Gekreuzigten und an dem Lichtschein, der sich von ihm ausgehend über die Berglandschaft ergießt. Das andere ist erneut der Aufführungscharakter des Bildes. War es in Assisi das Proszenium mit der lesenden Figur Bruder Leos, das die Künstlichkeit der Inszenierung vergegenwärtigte, so wird sie in der Bardi-Kapelle durch die doppelte Ausrichtung der Franziskus-Figur zur Anschauung gebracht.

Verior Icon

Das von Giotto veranstaltete Spiel mit unterschiedlichen Realitätsebenen im Kreuzfeuer der Strahlen brachte ein Ergebnis hervor, das für die zeitgenössischen Betrachter überwältigende Evidenz besessen haben muss. Ob inner- oder außerhalb Italiens, die meisten späteren Versionen des Themas schwenkten auf das gewendete Strahlen-Dispositiv ein.[83] Schnell wurde die in einem sehr speziellen Kontext aufgefundene Bildlösung als Möglichkeit verstanden, Christus und Franziskus in eine Urbild-Abbild-Relation zu bringen, die noch direkter war, als man es sich bisher hatte vorstellen können. Ebenso schnell ging man dazu über, auf jene mediale Brechung zu verzichten, die in Assisi und in Florenz noch auf die Differenz zwischen dem Strahlenschema und einem „Tatsachenbericht" hingewiesen hatte. Indem man kurz nach Giotto begann, die Strahlen rot einzufärben, konnte sogar der Eindruck eines physischen Blutaustauschs zwischen Christus und Franziskus entstehen.[84] Doch möchte ich den Gang durch die Geschichte der Stigmatisierungsbilder an dieser Stelle abbrechen und abschließend die Frage diskutieren, wie der um 1300 vollzogene Paradigmenwechsel visions- und medientheoretisch zu bewerten ist.

Das in den 1290er Jahren für Assisi erdachte Modell geradlinig geführter Strahlen bringt letztlich zwei Dinge zusammen: das oben angesprochene Interesse an der Geometrie von Lichtstrahlen und das Herstellungsprinzip eines ganz anders gearteten Christus-Bildes, der in Rom verehrten *vera icon*, die das anerkannteste Acheiropoieton der Zeit war *(Abb. 128)*.[85] Das „Bild", welches das Antlitz Christi im *sudarium* der Veronika hinterlassen hatte, verdankte sich einem direkten Kontakt von Körper und Schweißtuch. Im Assisi-Fresko wird dieses Verfahren auf ein Geschehen übertragen, bei dem sich ein dreidimensionaler Körper in räumlicher Distanz auf einem zweiten Körper „abdrückte" (IMPRESSIT), wie es die Bildlegende sagt. Die Zuordnung der Wundmale entspricht dem Abdruck, den die fünf Kreuzwunden bei einer direkten Berührung auf der Haut des Franziskus hinterlassen hätten.[86] In Sachen historischer Authentizität vermochte der stigmatisierte Franziskus allerdings nicht mit dem Abdruck des historischen Christus auf dem Schweißtuch zu konkurrieren.[87] Ebenso wenig war zu übersehen, dass für die *vera icon* andere Ähnlichkeitskriterien galten als für die Stigmata: eine Konfiguration voller Unschärfe und Vagheit, die ihre Faszinationskraft daraus speiste, den Blick Christi an den Betrachter weitergeben zu können.[88]

Dem Fünf-Wunden-Schema hingegen inhärierte von Beginn an ein Potential geometrischer Präzision, das in San Francesco und der Bardi-Kapelle sukzessive zur Formulierung eines eigenen Dispositivs fruchtbar gemacht wurde. Der Zwischenraum zwischen der Erscheinung und den Stigmata, der jahrzehntelang mit Rätseln und Unklarheiten besetzt gewesen war, wurde von Giotto am Ende produktiv genutzt: Er ermöglichte eine Drehung der Strahlen, die im Gegensatz zur *vera icon* ein seitenrichtiges Abbild Christi hervorbrachte. Wie ich oben schon ausgeführt habe, halte ich diese Erkenntnis einer nochmals gesteigerten Christusähnlichkeit für einen sekundären, wenn auch den Franziskanern von Santa Croce sicher hochwillkommenen Effekt. An die ungefähr zwei Jahrzehnte zuvor in Assisi gefundene Lösung kann man schwerlich

Abb. 128 Matthew Paris, Vera icon, Chronica maiora, um 1240/50, Cambridge, Corpus Christi College, Ms. 16, fol. 53v

den gleichen Maßstab anlegen – als habe man dort die *christoformitas* des Franziskus bewusst zurückgenommen und auf eine bloße Spiegelung reduziert.[89]

Der Antrieb zur Umerzählung der Stigmatisierung ist von Chiara Frugoni und der übrigen neueren Forschung in theologischen Überlegungen geistlicher Auftraggeber und Konzeptoren gesehen worden: Die neue Bildlösung des Oberkirchenzyklus gehe auf das Franziskus-Bild Bonaventuras und seiner *Legenda maior* zurück, das gedrehte Strahlenschema der Bardi-Kapelle sei aus dem Wunsch heraus entstanden, ein gesteigertes Urbild-Abbild-Verhältnis zwischen Christus und Franziskus herzustellen und Franziskus so über die *conformitas Christi* hinaus zum *alter Christus* zu erklären.[90] Diese Sichtweise ist für beide Fälle zu revidieren: Die Erfindung des neuen Strahlenschemas in Assisi und seine Modifikation in der Bardi-Kapelle waren das Ergebnis künstlerischer Prozesse, die ein Nachdenken über die geometrische Projektion von dreidimensionalen Körpern auf eine zweidimensionale Darstellungsfläche voraussetzten. Erst die neuen Darstellungsverfahren der Zeit um 1300 schufen den Möglichkeitshorizont, um sich vom älteren Konzept der Bildübertragung durch die menschliche *imaginatio* zu lösen.

Anmerkungen

1 „Et his dictis, annuntio vobis gaudium magnum et miraculi novitatem. A saeculo non est auditum tale signum, praeterquam in Filio Dei, qui est Christus Dominus." ELIA 1926–1941, S. 526 (5, 1–3).
2 Einen guten Überblick über die frühen schriftlichen Quellen und die Kontroversen bezüglich ihrer zeitlichen Stellung und inhaltlichen Zuverlässigkeit gibt FELD 1994, S. 30–54. Zu den unterschiedlichen Positionen der Autoren vgl. auch FAURE 1990, S. 143–154; FRUGONI 1993, S. 137–201; WOLFF 1996, S. 87–140; TREXLER 2002 und WALZ 2002.
3 Vgl. das Zitat in Anm. 8.
4 Vgl. LENTES 1995; TREXLER 2002; WOLF 2002, S. 94–98; BELTING 2006.
5 Vgl. TREXLER 2002. Die These von der Selbst-Stigmatisierung des historischen Franziskus ist nicht neu, sie wird bereits diskutiert von MERKT 1910, HAMPE 1910 und in jüngerer Zeit auch FELD 1994, S. 263–268. Einen detaillierten, wenn auch sehr franziskanisch gefärbten Überblick zur Stigmata-Forschung zwischen 1850 und 1985 bietet SCHMUCKI 1991, S. 7–69.
6 „Dominicus autem noster stigmata Jesu portavit in corpore, et vexillum crucis non tantum in fronte depinxit, sed cunctis etiam undique membris impressit." PETRUS DAMIANI 1853, Sp. 1024A. Vgl. TREXLER 2002, S. 474–475.
7 Trexlers These liegt damit genau konträr zur „Erfindung der Stigmata", wie sie etwa HASE 1856 und zuletzt auch FRUGONI 1993, S. 51–104 mit Elia in Verbindung bringen – Hase denkt dabei an eine materielle Manipulation des Leichnams, Frugoni an eine literarische Stilisierung eines von Krankheit und Askese gezeichneten Körpers.
8 „Non diu ante mortem frater et pater noster *apparuit* crucifixus, quinque plagas que vere sunt stigmata Christi, portans in corpore suo. Nam manus eius et pedes quasi puncturas clavorum habuerunt […]." ELIA 1926–1941, S. 526 (5, 3–5).
9 Diese Verknüpfung kommt auch im Kommentar des Bruders Leo zum Ausdruck, den dieser zu einem unbekannten Zeitpunkt auf der Rückseite der *Chartula fr. Leoni data* niederschrieb, einem von Franziskus selbst angefertigten Schriftstück mit den *Laudes Dei altissimi* (Assisi, Sacro Convento): „Beatus Franciscus duobus annis ante mortem suam fecit quadragesimam in loco Alvernae […]; et facta est super eum manus Domini; post visionem et allocutionem Seraphim et impressionem stigmatum Christi in corpore suo fecit has laudes ex alio latere cartulae scriptas." ESSER 1989, S. 136. Leo gilt auch in der neueren Forschung als einziger potentieller Zeuge der Vorgänge auf dem La Verna. Ob sein Kommentar ausschließlich auf eigenen Erinnerungen basiert oder bereits auf die hagiographische Überlieferung aufbaut, wird sich kaum je ermitteln lassen.
10 So bereits HASE 1856, S. 124: „In allen […] Darstellungen ist unklar, wie die Wundmale am Seraph gesehen wurden […] und wie sie sich mittheilten, da hier von einem umarmenden Eindrücken, oder von lichten blutigen Strahlen, die von den Wundmalen der Erscheinung ausgingen, noch nicht die Rede ist, wie in späteren Legenden von ähnlichen Wundmalen."
11 Vgl. FRUGONI 1993, S. 170 und 179–180.
12 „Cumque ista videret beatus servus Altissimi, admiratione permaxima replebatur, sed quid sibi vellet haec visio advertere nesciebat." THOMAS CELANO 1926–41c, S. 72 (94, 8–9).
13 „Cumque liquido ex ea intellectu aliquid non perciperet et multum eius cordi visionis huius novitas insideret, coeperunt in manibus eius et pedibus apparere signa clavorum, quemadmodum paulo ante virum supra se viderat crucifixum." THOMAS CELANO 1926–41c, S. 72 (94, 15–18).
14 Vgl. WOLFF 1996, S. 215–227. Anders dagegen FRUGONI 1993, S. 174–180, die in Bonaventura eine Wende zum Körperlichen sieht.
15 „Intellexit tandem ex hoc […] se non per martyrium carnis, sed per incendium mentis totum in Christi crucifixi similitudinem transformandum. Disparens igitur visio mirabilem in corde ipsius reliquit ardorem, sed et in carne non minus mirabilem signorum impressit effigiem." BONAVENTURA 1926–41a, S. 616 (XIII.3, 13–18). Eine direkte Verursachung der Wunden durch den Seraph findet sich nur in Celanos *Legenda ad usum chori*, einer für das Chorgebet bestimmten Kurzversion der Vita: „vidit de caelo venire ad se Seraphim […] qui in famulo Dei sic crucifixionis suae signa impressit, ut crucifixus videretur." THOMAS CELANO 1926–41a, S. 123 (11, 3–6).
16 Vgl. FRUGONI 1993, S. 137–147.
17 FRUGONI 1993, S. 156.
18 „Ipse vero Seraph verba efficacissima sancto dixit, quae ipse nulli voluit revelare." THOMAS CELANO 1926–41a, S. 123 (11, 7–8).
19 Vgl. THOMAS CELANO 1926–41c, S 72 (94, 16–17): „coeperunt in manibus eius et pedibus apparere signa clavorum." Die späteren Fassungen der Erzählung (Celano, *Tractatus de miraculis*, Bonaventura, *Legenda maior* und *Legenda minor*) übernehmen diese Passage wortwörtlich. Allerdings schaltet Bonaventura jeweils noch einen

Satz vor, in dem der Zeichencharakter der *signa* genauer differenziert wird – *Legenda maior*: „sed in carne non minus mirabilem signorum impressit effigiem." BONAVENTURA 1926–41a, S. 616 (XIII.3, 18). *Legenda minor*: „Disparens igitur visio [...] carnem vero Crucifixo conformi exterius insignivit effigie, tamquam si ad ignis liquefactivam virtutem praeambulam sigillativa quaedam esset impressio subsecuta." BONAVENTURA 1926–41b, S. 673 (VI.2, 10–13).

20   „Sollicita mente revolvit, quid posset hoc oraculum designare [...]. Verum dum extra se circumuiens, ab inventione defluit intellectus, protinus in seipso sibi ipsi manifestatur sensus." THOMAS CELANO 1926–41b, S. 273 (4, 10–11).

21   „Quadraginta dierum numero [...] in solitudine consummato [...] descendit angelicus vir de monte, secum ferens Crucifixi effigiem, non in tabulis lapideis vel ligneis manu figuratam artificis, sed in carneis membris descriptam digito Dei vivi." BONAVENTURA 1926–41a, S. 617 (XIII.5, 2–6).

22   „Quod ut certius constaret testimonio Dei, paucis admodum evolutis diebus, impressa sunt ei stigmata Domini Iesu digito Dei vivi tamquam bulla summi Pontificis Christi ad confirmationem omnimodam regulae et commendationem auctoris, sicut post suarum enarrationem virtutum suo loco inferius describetur." BONAVENTURA 1926–41a, S. 577 (IV.11, 23–27), dt. Übersetzung: WALZ 2002, S. 546–547.

23   Vgl. FELD 1994, S. 256–277.

24   Vgl. VAUCHEZ 1968.

25   Als früheste Darstellungen gelten die um 1228 datierten Scheibenreliquiare aus Limoges (heute Paris, Musée du Louvre, Inv. Nr. OA 4083 und Musée de Cluny, Inv. Nr. Louvre OA D. 81), vgl. Franz Niehoff, Scheibenreliquiar des hl. Franziskus, und Anton Legner, Stigmatisation des hl. Franziskus, in: AUSST. KAT. KÖLN 1985, S. 163 (H 66/H67). Zur Geschichte der Stigmatisierungs-Bilder vgl. GARDNER 1982; GOFFEN 1988; FAURE 1990; KRÜGER 1992, S. 103–106, 149–155 und 173–180; FRUGONI 1993, S. 203–232; DAVIDSON 1998.

26   Vgl. HASE 1856, S. 178–191 und TREXLER 2002, S. 490–497.

27   Nichts hat dem Verständnis dieser Leistung der Bilder mehr geschadet, als die noch in der jüngsten Forschung anzutreffende Vorstellung, einer bloß illustrierenden Umsetzung der „kanonischen" Urtexte Celanos oder Bonaventuras. Vgl. GOFFEN 1988; FRUGONI 1993; WOLFF 1996; DAVIDSON 1998.

28   Zu Darstellungen dieses Typs vgl. KRÜGER 1989, S. 189; FAURE 1990, S. 157–159; FRUGONI 1993, S. 173–174.

29   Celano berichtet in Kapitel 92–93 der *Vita prima* von der dreimaligen Öffnung eines Evangeliums, die der in Kapitel 94 erzählten Stigmatisierung vorausging. Vor der Öffnung wird das Buch auf einem Altar abgelegt „quod in eremitorio in quo ipse manebat erat constructum". THOMAS CELANO 1926–41c, S. 70–71 (92–93). Da die meisten Darstellungen kein Buch auf dem Altar zeigen, kann diese Stelle nicht als Referenz herangezogen werden. Eher wäre zu überlegen, ob für einzelne Bildlösungen nicht Jesajas Vision der Seraphim (Jes 6), die sich im Tempel von Jerusalem abspielt, Vorbild gewesen sein könnte.

30   Franziskanisches Breviar und Stundenbuch. 3. Viertel 13. Jh. Paris, Bibliothèque de l'Arsenal, Ms. 280. Vgl. FAURE 1990, S. 157–158. Weiteres Beispiel: Kalendarium und Obituarium, frühes 14. Jh., Valenciennes, Bibliothéque Municipale, Ms. 838, fol. 112v. Vgl. FRUGONI 1993, S. 174 mit Abb. 62.

31   Frankreich, spätes 13. Jh. Carpentras, Bibliothèque Inguimbertine, Ms. 77. Vgl. FRUGONI 1993, S. 173. Eine andere Deutungsmöglichkeit zeigt Klaus Krüger auf, der den Seraph als verlebendigtes Bildwerk sieht, vgl. KRÜGER 1989, S. 188; KRÜGER 1992, S. 150.

32   Vgl. BROWE 1938; BYNUM 1984. Ein gutes Vergleichsbeispiel in der Bildkunst bietet der Traktat *Tres etaz de bones ames*, Frankreich, um 1300, London, British Library, Ms. Add. 39843, fol. 28. Vgl. BELTING 1990, S. 460–462.

33   Um 1230/35. Erfurt, Barfüßerkirche, Chor. Glas, Maße des Stigmatisierungsbildes 82,5 x 80 cm. Teil eines vierteiligen Franziskus-Zyklus, von dem sich außer der Stigmatisierung nur die Regelbestätigung erhalten hat. Vgl. DRACHENBERG/MAERCKER/SCHMIDT 1976, S. 14–16 und 72–77; FAURE 1990, S. 159; RAGUIN 2004.

34   In die Rahmung des Fensters ist eine weitere Inschrift eingetragen: PLAGIS DISTINCTUM SERAPHIN UIDET IN CRVCE UINCTVM / EX HINC SVNT ISTI MOX INOITA STIGMATA XPRISTI („Er sieht einen durch Wunden ausgezeichneten Seraph ans Kreuz gebunden / Aus diesem sind ihm bald die Wundmale Christi verliehen worden"). Alle Texte sind komplett von den Viten unabhängig und offenkundig eigens für das Fenster verfasst. Autor dürfte mit großer Wahrscheinlichkeit Jordanus von Giano, ein Gefährte des Franziskus und Guardian des 1224 gegründeten Barfüßerklosters sein, vgl. DRACHENBERG/MAERCKER/SCHMIDT 1976, S. 6.

35   Matthew Paris (Maler und Schreiber), 1236–1259. Cambridge, Corpus Christi College, Ms. 16. Pergament, 36,0 x 24,5 cm, 284 Blatt. Inhalt: Teil II der *Chronica majora* (1189–1253). Vgl. LEWIS 1987, S. 446–457; Paul Binski, Matthew Paris. Chronica Majora, vol. 2, in: AUSST. KAT. CAMBRIDGE 2005, S. 252–254 (Nr. 114). Lewis ordnet die Randzeichnung einer frühen Phase von Matthews Arbeit an den *Chronica* zu, die noch vor der *Vie de Saint Auban* in Dublin (um 1240) anzusetzen sei, vgl. ebd., S. 403. Zur Interpretation vgl. ebd., S. 316–319; FAURE 1990, S. 159–160; FRUGONI 1993, S. 163–167.

36 „Itaque quintadecima die ante exitum suum de corpore apparuerunt vulnera in manibus ejus et pedibus, sanguinem jugiter emittentia, sicut in mundi Salvatore in ligno pendente apparuerant, cum crucifigeretur a Judaeis." MATTHEW PARIS 1872–83, Bd. 3, S. 134. Die von Matthew hinzugefügte Zeichnung hingegen enthält über dem schlafenden Franziskus die Beischrift: „Sanctus Franciscus vitae suae anno penultimo vidit Seraphin sic." MATTHEW PARIS 1872–83, Bd. 3, S. 134, Anm. 3. Während Rogers Version der *Encyclica* des Elia von Cortona folgt, könnte Matthew seine Zeitangabe Celanos *Vita prima* entnommen haben.

37 Vgl. Kapitel 3.

38 England, um 1190. Cambridge, Corpus Christ College, Ms. 66, p. 100. Inhalt: Kompilation von Texten geographischen, historiographischen und kosmologischen Inhalts. Das Diagramm auf p. 100 ist dem Text von *De sex alis* vorangestellt. Vgl. Paul Binski, Honorius Augustodunensis. Imago mundi, in: AUSST. KAT. CAMBRIDGE 2005, S. 305–307 (Nr. 146); CARRUTHERS 2006, S. 296–301.

39 Vgl. ERNST 1991, S. 656–658; CARRUTHERS 2006, S. 295–302. Zur Tradition mittelalterlicher Körper-Diagramme vgl. BOGEN 2006; zur Diagrammatik des 12. Jhs. vgl. CAVINESS 1983; OBRIST 1986; MEIER 2003a.

40 Aus der Reihenfolge der Beischriften geht hervor, dass Matthew sich an einer Zeichnung und nicht am Text von *De sex alis* orientierte: Die Liste der Tugenden beginnt beim zweiten und vierten Flügel mit den im Text an fünfter Stelle angegebenen Federn („devota oratio" und „simplex et pura oratio").

41 Dieser Mischcharakter des Visionsbildes ist es ja, der bei Celano wie bei Bonaventura für eine große Unruhe, ja Ratlosigkeit des Franziskus sorgt, vgl. FRUGONI 1993, S. 137–201.

42 „Ut autem exemplar hoc evidentius tibi fiat, totam personam Christi, id est caput cum membris, in forma visibili depinxi, ut cum totum videris, quae de invisibili parte dicuntur, facilius intellegere possis." DE SEX ALIS 1855, Sp. 272 (175 D).

43 BOGEN 2006, S. 77.

44 Bonaventura Berlinghieri, 1235, Pescia, San Francesco. Holz, Abmessungen der gesamten Tafel 160 x 123 cm. Vgl. KRÜGER 1992, S. 195–196 (Nr. 2); FAURE 1990, S. 156; FRUGONI 1993, S. 203; DAVIDSON 1998, S. 106–109; COOK 1999, S. 165–168 (Nr. 141). Allgemein zum Bildtyp und seiner Genese vgl. KRÜGER 1992.

45 Vgl. KRÜGER 1992, S. 47–50 und 101–106.

46 Sieneser Werkstatt, um 1275/80. Orte, Museo Diocesano. Holz, Abmessungen der gesamten Tafel 172 x 81 cm. Aus der Minoritenkirche San Francesco in Orte. Vgl. KRÜGER 1992, S. 128–131 und 201–202 (Nr. 6); FRUGONI 1993, S. 209; COOK 1999, S. 141–142 (Nr. 115).

47 Das Programm der *Orte-Tafel* verknüpft die Stigmatisierung eng mit zwei weiteren Szenen: der Vogelpredigt (rechts oben) und einem posthumen Wunder, das sich unterhalb eines Franziskus-Bildes zuträgt: Die Hand eines Kanonikers, der die Wirklichkeit der Stigmata bezweifelt hatte, wird von einem Pfeil durchbohrt. Vgl. KRÜGER 1992, S. 128–131.

48 Florentiner Werkstatt, um 1250. Pistoia, Museo Civico. Holz, Abmessungen der gesamten Tafel 169 x 132 cm. Aus der Minoritenkirche San Francesco in Pistoia. Vgl. KRÜGER 1992, S. 116–119 und 198–199 (Nr. 4); COOK 1999, S. 172–175 (Nr. 145). Zu der Paarbildung von Approbation des Ordens und Stigmatisierung vgl. KRÜGER 1992, S. 117.

49 Florentiner Meister, um 1250/60. Florenz, Santa Croce, Cappella Bardi. Holz, Abmessungen der gesamten Tafel 234 x 127 cm. Vgl. GOFFEN 1988, S. 29–50; KRÜGER 1992, S. 119–128 und 199–201 (Nr. 5); FRUGONI 1993, S. 206; WOLFF 1996, S. 141–200; COOK 1999, S. 98–102.

50 Die *Vita prima* hätte hierfür durchaus Anknüpfungspunkte geboten, vgl. FRUGONI 1993, S. 160–164: An einen Traum lässt vor allem das „sicque surrexit [...] tristis et laetus" denken, mit dem Franziskus' Verhalten nach dem Verschwinden des Visionsbildes eingeleitet wird, THOMAS CELANO 1926–41c, S. 72 (94, 12). Die Stigmatisierung als Traum findet sich noch in einem weiteren nordeuropäischen Beispiel, dem Siegel der Franziskaner von Gent von 1275, Rom, Museo Francescano, vgl. FRUGONI 1993, S. 163.

51 Vgl. MEISS 1951 (1999), S. 203. Vgl. auch FRUGONI 1993, S. 203; COOK 1999, S. 166.

52 Vgl. Kapitel 4. Zu den Strahlen als Element der älteren Visionsikonographie vgl. FAURE 1990, S. 156; FRUGONI 1993, S. 205–206.

53 In diesem Punkt gehen die frühen Franziskus-Bilder mit anderen Visionsdarstellungen des 12. und 13. Jhs. konform, die den Anteil der *imaginatio* an der visionären Erfahrung sehr hoch bewerten, vgl. etwa die in Kapitel 3 diskutierten Beispiele des prophetischen Traums und die in Kapitel 7 vorgestellten englischen Apokalypsen.

54 Wenn ich richtig sehe, finden sich in den Viten des 13. Jhs. keine Angaben zur geologischen Beschaffenheit des Berges. Zur späteren Anreicherung des Schauplatzes mit zahlreichen Details vgl. GOFFEN 1988, S. 61; FELD 1994, S. 267.

55 „Laetabatur quidem in gratioso aspectu, quo a Christo sub specie Seraph cernebat se conspici." BONAVENTURA 1926–1941A, S. 616 (XIII.3, 9–11). Vgl. DAVIDSON 1998, S. 110–111.

56 Vgl. GOFFEN 1988, S. 59–63; FAURE 1990; FRUGONI 1993, S. 210–214; DAVIDSON 1998, S. 109–119.
57 Vgl. u.a. RUF 1974; BLUME 1983, S. 41; SMART 1983; FRUGONI 1993, S. 210; WOLFF 1996, S. 201–298; POESCHKE 2003, S. 64–67.
58 Vgl. GARDNER 1982; FAURE 1990, S. 163; FRUGONI 1993, S. 212–213; KRÜGER 1992, S. 173–185 und 203–204 (Nr. 8).
59 Um 1290–95. Assisi, San Francesco, Oberkirche. Fresko. Franziskus-Zyklus mit 28 Bildfeldern. Zu den umstrittenen Fragen der Datierung und künstlerischer Autorschaft vgl. die auf restauratorischen Befunden basierenden Studien ZANARDI 1996; ZANARDI 2002 und ROMANO 2001. Zur Einbindung des Franziskus-Zyklus in die Ausmalung der Oberkirche: MITCHELL 1971; RUF 1974; BELTING 1977; ROMANO 2001. Zur Deutung des Franziskus-Zyklus selbst vgl. BELTING 1977; SMART 1983; WOLFF 1996, S. 228–298; BOGEN 2001, S. 327–370.
60 Zu den Visionsdarstellungen zählen folgende Bilder des Zyklus: Traum des Franziskus vom Palast (3), Bildwunder von San Damiano (4), Traum Innozenz' III. vom Einsturz der Lateransbasilika (6), Erscheinung des Franziskus in einem Feuerwagen (8), Vision der leeren Throne (9), Erscheinung des Franziskus in Arles (18), Stigmatisierung des Franziskus (19), Vision des Bruders Agostino und Traum des Bischofs von Assisi beim Tod des Franziskus (21), Traum Gregors IX. mit der Bestätigung der Wundmale (25). Zu den Visionsdarstellungen in Assisi vgl. DAMISCH 1971.
61 Vgl. BLUME 1983, S. 40.
62 Neben dem hier abgebildeten Fresko mit dem Traum vom Palast (3) enthält der Zyklus folgende Traumszenen: Traum Innozenz' III. vom Einsturz der Lateransbasilika (6), Traum des Bischofs von Assisi beim Tod des Franziskus (21), Traum Gregors IX. mit der Bestätigung der Wundmale (25). Lediglich in der letzten der vier Traumdarstellungen ist das Traumbild, die Erscheinung des stigmatisierten Franziskus, in den Binnenraum des Träumers integriert.
63 Vgl. BOGEN 2001, S. 338–370.
64 Vgl. dazu KEMP 1996, S. 27–30; BOGEN 2001, S. 351–352.
65 CUM BEATUS FRANCISCUS ORARET IN LATERE MONTIS ALVERNAE VIDIT CHRISTUM IN SPECIE SERAPHIM CRUCIFIXI QUI IMPRESSIT IN MANIBUS ET PEDIBUS ET ETIAM IN LATERE DEXTRO STIGMATA CRUCIS EIUSDEM DOMINI IESU CHRISTI. Zit. nach POESCHKE 2003, S. 438. In der Literatur gelten die insgesamt stark vernachlässigten Inschriften als Paraphrasen der *Legenda maior*, ein Urteil, das sich gerade in diesem Fall als zu oberflächlich herausstellt: So bezieht sich das „impressit" bei Bonaventura nicht auf eine handelnde Person (Christus oder den Seraph), sondern ganz unpersönlich auf die „verschwindende Vision": „Disparens igitur visio mirabilem in corde ipsius reliquit ardorem, sed et in carne non minus mirabilem signorum impressit effigiem." BONAVENTURA 1926–41a, S. 616 (XIII.3, 17–18).
66 Vgl. hierzu den letzten Abschnitt dieses Kapitels.
67 Vgl. BELTING 1977, S. 81.
68 Vgl. KEMP 1996, S. 29–31.
69 Zu dieser These vgl. EDGERTON 1991 (2003), S. 46–84. Einen detaillierten Überblick zur Entwicklung der Optiktheorien des 13. und 14. Jhs. gibt TACHAU 1988, den damit einhergehenden kulturellen Paradigmenwechsel betonen BIERNOFF 2002, S. 63–107 und AKBARI 2004.
70 Vgl. SCHÄFFNER 2004, S. 188–189.
71 BELTING 1977, S. 144. Zur Rahmenarchitektur des Franziskus-Zyklus vgl. auch BOGEN 2001, S. 363–368; POESCHKE 2003, S. 65.
72 Vgl. GARDNER 1982, S. 226; FRUGONI 1993, S. 210; LENTES 1995, S. 78–79; DAVIDSON 1998, S. 112–118.
73 Zur Öffnung des Evangeliars vgl. BONAVENTURA 1926–41a, S. 616 (XIII.2.3–8). Eine ähnliche Zuordnung des Bildvordergrundes zu einem Davor der Haupthandlung findet sich in Giottos Auferweckung des Lazarus in der Arenakapelle, vgl. IMDAHL 1988, S. 66–68.
74 Hier besteht eine Parallele zu den „Wächter"-Figuren, die den Träumern des Franziskus-Zyklus beigegeben sind, vgl. BOGEN 2001, S. 342–348.
75 Vergleichbar den späteren Mittlerfiguren Carpaccios, vgl. KEMP 1996, S. 139–140.
76 Um 1320/28. Florenz, Santa Croce, Querhaus, Stirnwand der Cappella Bardi. Fresko. Element eines Franziskus-Zyklus, der sich innerhalb der Kapelle in 6 weiteren Bildfeldern fortsetzt. Die gesamte Ausmalung wurde im 18. Jh. übertüncht, 1852 wieder freigelegt und stark übermalt, im 20. Jh. dann von diesen Übermalungen befreit. Zum Patronat der Familie de' Bardi und zum Auftraggeber Ridolfo de' Bardi vgl. GOFFEN 1988, S. 55–59; GIURESCU 1997, S. 46–48. Die Vorschläge zur Datierung der Giotto-Fresken gehen extrem weit auseinander: Goffen plädiert für eine frühe Entstehungszeit ab dem Jahr 1310, in dem Ridolfo das Erbe seines Vaters Bartolo di Jacopo de' Bardi antrat. Stilistisch scheint mir eine Datierung nach 1320, wie sie von der Mehrheit der Forschung vertreten wird, plausibler, vgl. zuletzt noch einmal POESCHKE 2003, S. 229.
77 Vgl. BLUME 1983, S. 61; GOFFEN 1988, S. 60. Zur Rekonstruktion des von Beginn an vorgesehenen und ab etwa

1330 errichteten *tramezzo* vgl. GIURESCU 1997, S. 197–205. Wie die Autorin ebd., S. 205–211 ausführt, war der hinter dem *tramezzo* liegende Bereich Angehörigen des Klerus, den Stifterfamilien der hier gelegenen Kapellen und Mitgliedern von Bruderschaften zugänglich, Frauen blieben generell ausgeschlossen.

78 Vgl. FRUGONI 1992, S. 64–65; FRUGONI 1993, S. 213–214; SCHMITT 1990 (1992), S. 299–301; FAURE 1993, S. 335; LENTES 1995, S. 78. Ich komme im letzten Abschnitt auf dieses Argument zurück.

79 Genau umgekehrt sieht Chiara Frugoni den Zusammenhang: Um die Anmaßung des seitenrichtigen Strahlenschemas zu verbergen, sei der Heilige von der Erscheinung weggedreht worden, wodurch Betrachtern die Bestimmung der genauen Zuordnung der verbundenen Wundmale erschwert worden sei, vgl. FRUGONI 1992, S. 64. In ihrer Monographie schwächt sie diese Argumentation etwas ab: Giotto sei es in erster Linie um ein Moment der Überraschung zu tun gewesen, vgl. FRUGONI 1993, S. 213.

80 DAVIDSON 1998, S. 117 fasst die Umwendung des Franziskus als visionstheoretischen Fingerzeig auf: Betrachter hätten mit seiner Hilfe erkennen können, dass das Genre der *visio corporalis* gemeint sei, denn im Falle einer geistigen Schau wäre die anfängliche Abwendung des Franziskus von der Vision unmotiviert. Im Hinblick auf die *conversio* der Johannes-Apokalypse erweist sich gerade dieses Argument aber als nicht stichhaltig: Denn Johannes betont ja im gleichen Atemzug (Apk 1, 9), seine Visionen „in spiritu" wahrgenommen zu haben.

81 Zur Kontextabhängigkeit der Franziskus-Figur bereits wichtige Beobachtungen bei GARDNER 1982, S. 233–234 und BLUME 1983, S. 61 und S. 90–91, der das Fresko mit der Stigmatisierung als Bestandteil einer symmetrischen „Chorfassade" versteht, die im übergeordneten Thema des heiligen Kreuzes konvergiert. In ähnliche Richtung argumentieren auch GOFFEN 1988, S. 60 und 62–63 und KRÜGER 1992, S. 178.

82 Vgl. BONAVENTURA 1926–41a, S. 616 (XIII.3, 3).

83 Den nachhaltigen Erfolg des diagonal geführten Strahlenschemas betont FRUGONI 1993, S. 214.

84 Vgl. FRUGONI 1993, S. 214; FAURE 1993, S. 337; LENTES 1995, S. 78. Nirgends aufgegriffen wird, so weit ich sehe, die Abwendung des Franziskus von der Vision – eine Hauptforderung an das Bild scheint immer gewesen zu sein, dass Franziskus sich gänzlich auf die Vision auszurichten habe. Ich sehe in dieser Verweigerung ein zusätzliches Argument für den oben entwickelten Kontextbezug von Giottos Fresko, der außerhalb der spezifischen Situation der Bardi-Kapelle nirgends relevant war.

85 Zur *vera icon* vgl. zuletzt DIDI-HUBERMAN 1997 (1999), S. 46–54; HAMBURGER 1998b, S. 317–382; WOLF 2000; KRUSE 2002; WOLF 2002, S. 43–145.

86 Dies gilt nicht für die Verbindung zwischen den beiden Seitenwunden, die bereits in Assisi diagonal verläuft.

87 Auf die zeitliche und strukturelle Parallelität des im frühen 13. Jh. aufkommenden Veronika-Kults mit der Verehrung der Stigmata des Franziskus hat Gerhard Wolf in seiner Studie zur *vera icon* aufmerksam gemacht, vgl. WOLF 2002, S. 94–98.

88 Vgl. KRUSE 2002.

89 Mit dem gleichen Argument könnte man auch die *vera icon* als nur spiegelverkehrte Reproduktion der Gesichtszüge Jesu betrachten.

90 Vgl. die in Anm. 78 zitierte Literatur.

11 Künstliche Körpermale
Heinrich Seuses Exemplar

Auf gewisse Weise ist Franziskus auch für die mittelalterliche Visionsdarstellung jener epochale Einschnitt geworden, als den ihn die Franziskaner von Beginn an sehen wollten. Die „Erfindung der Stigmata", die der Orden gerade auch mittels bildlicher Darstellungen betrieb, erwies sich als großer Erfolg. Man sollte daher annehmen, dass die Stigmatisierung des Franziskus in den folgenden Jahrzehnten und Jahrhunderten eine Welle der Nachahmung ausgelöst habe. Frömmigkeitsgeschichtlich ist in der Tat seit dem 13. Jahrhundert eine größere Zahl von Stigmatisierten zu verzeichnen: Elisabeth von Spaalbeck, Margaret von Ungarn, Dorothea von Montau, Katharina von Siena und Lucia Broccadelli di Narni wären als Beispiele zu nennen.[1] Dazu kommt eine kaum überschaubare Menge an Visionsberichten aus dem Umfeld der spätmittelalterlichen Mystik, die ganz generell einen körperlichen Kontakt zwischen dem Visionär und dem Visionsbild schildern.[2] Ganz anders jedoch der Befund, wenn man auf die Bildproduktion der Zeit schaut: Der Fülle an literarischen Körper-Visionen steht eine erstaunlich begrenzte Zahl an Körper-Visionen in der Bildkunst gegenüber.[3]

Man kann diese Divergenz auf eine Reihe unterschiedlicher Gründe zurückführen. Einer davon ist sicher das höhere Maß an institutioneller Kontrolle, dem Bilder dann ausgesetzt waren, wenn sie in Kirchen oder Klöstern sichtbar aufgestellt wurden. Die meisten der literarisch überlieferten Visionen hingegen konnten sich in einer Grauzone jenseits einer offiziellen kirchlichen Anerkennung bewegen. Für bildliche Darstellungen galten strengere Auswahlkriterien, zumal dann, wenn sie die von den Franziskanern eifersüchtig gehütete Einzigartigkeit der Stigmatisierung ihres Ordensgründers zu gefährden drohten. Gleichwohl, so ist zu konstatieren, gab es genug literarische Körper-Visionen, die in dieser Hinsicht unverdächtig waren, und auch Orte der Bildproduktion, die sich einer institutionellen Kontrolle entzogen.

Mediengeschichtlich zeichnet sich folgender Befund ab: Zwar spielt das Thema der Bildandacht eine enorme Rolle als „Trigger" mystischer Visionserlebnisse, die Schilderung der dabei ausgelösten Erfahrungen hatte ihre eigentliche Heimat im literarischen *imaginarium* des Textes.[4] Wenn der Schritt zur Anfertigung von Visionsdarstellungen getan wurde, dann war er mit weiterreichenden Zielsetzungen und Ansprüchen verbunden: Wie schon bei Franziskus ging es in den meisten Fällen um die kultische Verehrung eines Heiligen oder Seligen, für die Bilder ein unverzichtbares Medium waren. Bilder von Körper-Visionen konnten Argumente für die heiligmäßige Auserwähltheit einer Person beisteuern, mussten sich deshalb aber auch an einem hohen Wahrheitsanspruch messen lassen.[5]

An zwei exemplarischen Fällen möchte ich in diesem und dem nächsten Kapitel die Bildwerdung von Körper-Visionen in der Zeit nach Franziskus beleuchten. Ein freieres Konzept der *imitatio Francisci*, das uns in den Bereich der mystischen Literatur hineinführt, wird in der Bildausstattung von Heinrich Seuses *Exemplar* greifbar. Mit den Stigmata Katharinas von Siena gelangen wir dann zu jener Heiligen, die den Weg der Franziskus-Nachfolge am konsequentesten beschreitet. Dass beide Fälle im Einflussbereich der Dominikaner angesiedelt sind, ist angesichts des scharfen Wettbewerbs zwischen den Bettelorden sicher kein Zufall. Doch soll die folgende Diskussion zeigen, dass die Stigmata-Bilder der Gegenfiguren des Franziskus weitaus mehr sind als Manifestationen von Ordenskonkurrenz: Auf gänzlich unterschiedliche Weise halten beide ein kritisches Potential bereit, das über die grundsätzliche Problematik einer Verbildlichung von Körper-Visionen Aufschluss gibt.

11.1 Der Beginn der Selbstheiligung
Das Jesus-Monogramm

Die Visionsbilder des deutschen Dominikanerpredigers Heinrich Seuse bieten für unsere Überlegungen einen ersten Testfall. Stigmata und Körper-Visionen der unterschiedlichsten Art sind hier eingelagert in ein literarisches Werk von hoher Komplexität, das sog. *Exemplar* (ca. 1361/62), wobei der Schwerpunkt auf dessen erstem Buch liegt, der *Vita* – einem Text, der einerseits autobiographische Züge trägt, zugleich aber mit unterschiedlichen Autoren- und Erzählerrollen für deren fiktionale Brechung und Verfremdung sorgt.[6] Mit einem Begriff Seuses selbst bezeichnet die Forschung der letzten Jahre diese Schreibtechnik als *figurata locutio*, oder, wie es im Prolog der *Vita* heißt, als *bildgebende wise*.[7] Dazu gehört unter anderem, dass der Name Seuse nur im Titel der *Vita* vorkommt – („Hier beginnt der erste Teil des Buches, das der Seuse heißt"), während die Hauptfigur der Erzählung unter dem Decknamen „Diener der Ewigen Weisheit" agiert.

Der Titel *Exemplar*, unter dem Seuse die *Vita* und andere seiner Schriften zusammenfasste, unterstreicht die modellhafte und didaktische Funktion der *figurata locutio*, die der Text in der geistlichen Anleitung einer vorwiegend weiblichen Leserschaft (Nonnen und andere Religiosen, die von Seuse betreut wurden) übernehmen sollte.[8] Gleichwohl gibt die fiktionale Rollenidentität des Dieners zahlreiche Durchblicke auf das Leben einer historischen Person frei, deren Vorzüge sie nach dem Muster hagiographischen Schreibens herausstellt. Dass ein solcher Text noch zu Lebzeiten dieser Person abgefasst wurde, nennt auch der Prolog des *Exemplars* einen ungewöhnlichen Vorgang – zu Recht sprechen einige neuere Deutungen von einem Akt der Selbstheiligung.[9] Die komplexe Rollenidentität von Erzähler und Protagonisten der *Vita* kann mithin auch als Strategie verstanden werden, die langwierigen Prozeduren, über die sich Heiligkeit im späteren Mittelalter zu etablieren hatte, radikal abzukürzen.

Ein wichtiger Gradmesser für dieses Oszillieren zwischen Fiktion und historischer Realität sind die zahlreichen Körper-Visionen des Texts. Die vieldeutige Kunstfigur des Dieners definiert sich wesentlich über visionäre Erfahrungen, die Spuren an ihrem Körper hinterlassen. Eine Anknüpfung an den Körper-Visionär Franziskus ist unübersehbar, auch wenn dies in der Forschung lange bestritten wurde.[10] Gerade an diesem Punkt kommen nun die Bilder ins Spiel, mit denen das *Exemplar* von Beginn an ausgestattet war.[11] Weit davon entfernt, den Text des Sammelwerks gleichmäßig zu illustrieren, konzentrieren sie sich mehrheitlich auf die Körper-Visionen der *Vita*. Dass sich später überhaupt ein an die Person Seuse geknüpfter (inoffizieller) Kult durchsetzen konnte, führt die neuere Forschung auf diesen Bilder-Zyklus zurück, der in Handschriften und Drucken des 15. und 16. Jahrhunderts zunehmend zu einer Vita Heinrich Seuses umgedeutet wurde.[12] In der folgenden Diskussion möchte ich mich hingegen ganz auf die älteste Handschrift des *Exemplars* konzentrieren, die nur wenige Jahre nach dem von Seuse selbst konzipierten Original entstanden sein dürfte.[13]

Die insgesamt 12 Bilder des *Exemplars* erzählen zwar nicht die sukzessiven Stationen eines Lebenslaufs, haben aber doch in der Figur des Dieners und in dessen Visionserlebnissen einen gemeinsamen Nenner, der kontinuitätsstiftend wirkt und zu einer verknüpfenden Betrachtung anregt.[14] Das dem gesamten Text vorangestellte Bild 1 *(Taf. LVI)* erfüllt dabei eine doppelte Funktion: Im Diener und der Ewigen Weisheit (= Christus) präsentiert es zum einen die beiden Protagonisten der Handlung des *Exemplars*, zum anderen aber auch den menschlichen Autor und die göttliche Inspirationsquelle.[15] Obwohl der *titulus* die Miniatur unter das Thema der „geistlichen Vermählung" stellt, tätigt das Bild keine Anleihen bei der gängigen Ikonographie von Sponsus und Sponsa des Hohelieds.[16] Ikonographische Referenz ist das Bildschema des Autors im Dialog, wie es sich in der geistlichen Literatur für Boethius und Philosophia etabliert hatte.[17] Eines der gängigen Kennzeichen geistlicher Autoren fehlt dem Diener indes: das Buch. Vielmehr beteiligt er sich mit seinem Spruchband an einem Gespräch, in das neben der Ewigen Weisheit auch die vier Eckfiguren David, Salomon, Hiob und Aristoteles involviert sind. Der Umstand, dass die dabei rezitierten Texte Stellen der Heiligen Schrift entnommen sind, erweckt beim Leser den Eindruck, dass das *Exemplar* mehr ein Florilegium ehrwürdiger Bibelverse als ein neuer und für ihn unbekannter Text sei. Doch das ist erst die eine Seite des Diskurses um die Urheberschaft des *Exemplars*. Einen ganz anderen Ersatz für das fehlende Buch macht der Diener selbst sichtbar: Mit seiner Rechten schlägt er den Stoff seines über der Brust aufgeschnittenen Gewands zur Seite, so dass das Jesus-Monogramm IHC zutage tritt. Als „Beschreibstoff" des *Exemplars* wird so der Körper des Dieners selbst exponiert, ein Medienkonzept, das in der gesamten Gestaltung des Werks immer wieder in den Vordergrund tritt.[18]

Das Minnezeichen auf der Brust

Das Jesus-Monogramm auf der Brust ist im *Straßburger Exemplar* jenes Merkmal, welches den Diener von einem anonymen Dominikanermönch unterscheidet. Als konstitutiv für die Figur des Autors und Protagonisten wird damit die Einritzung des Namens Jesu in die Brust des Dieners erachtet, wie sie in Kapitel 4 der *Vita* geschildert wird: Leitmotiv dieser zuletzt vieldiskutierten Passage ist die Suche des Dieners nach einem *minnezeichen*, das seinen Bund mit der Ewigen Weisheit dauerhaft festhalten soll:

> *In heiß verlangender Festigkeit schob er sein Schulterkleid zur Seite, machte seine Brust frei, nahm einen Schreibgriffel zur Hand, schaute auf die Stelle, wo sein Herz klopfte, und sprach: „Starker Gott, gib mir heute die Kraft und Stärke, mein Verlangen auszuführen, denn du sollst heute in den Grunde meines Herzens eingegraben werden." Und er begann, mit dem Griffel in das Fleisch über dem Herzen, den Griffel genau hin und her führend, auf und ab zu fahren, bis er den Namen IHC genau auf sein Herz gezeichnet hatte.*[19]

Doch obwohl er mit dem Griffel so tief in das Fleisch schneidet, dass die Wunde heftig zu bluten beginnt, muss der Diener schließlich einsehen, sein eigentliches Ziel verfehlt zu haben. Die Markierung mit dem *minnezeichen* bleibt oberflächlich, weil sie die Schnittstelle zwischen äußerem und innerem Menschen nicht erreicht:

> *Herr, nicht kann und vermag ich dich noch mehr in mich hineinzuprägen; ach, Herr, vollbringe du es, so bitt ich dich, und präge dich noch tiefer in den Grund meines Herzens und zeichne deinen heiligen Namen so fest in mich, dass du niemals aus meinem Herzen scheidest.*[20]

Die Erhörung dieser Bitte stellt eine am Ende des Kapitels beschriebene Traumvision in Aussicht: Im Schlaf sieht der Diener, wie von seinem Herzen ein großer Lichtschein ausgeht und ein goldenes, mit Juwelen besetztes Kreuz auf seinem Grund erscheint.[21]

Die Selbsttätowierung des Dieners ist eine semantisch überdeterminierte Handlung, die zahlreiche kulturelle Muster sowohl religiöser wie profaner Prägung aufgreift.[22] Mir geht es an dieser Stelle um eine Einordnung in den Diskurs von Stigmatisierung und Körper-Vision. Grundsätzlich folgt die Einritzung des Jesus-Monogramms der gleichen Logik wie die Stigmatisierung des Franziskus: Dauerhaft am Körper sichtbare Narben sollen die enge Zugehörigkeit ihres Trägers zu Christus signalisieren.[23] Indes ist die Bewegungsrichtung der Einprägung eine gegenläufige: Während die Wundmale des Franziskus von Gott gewirkte Zeichen sind, die nach einer Vision zurückbleiben, ist das Jesus-Monogramm des Dieners von Menschenhand gemacht und wird erst im Nachhinein durch eine göttliche Vision bestätigt. Ihren Fokus hat die Eingravierung des Jesus-Monogramms nicht an der Körperoberfläche, sondern im Herzen, das in seiner Doppelfunktion als körperliches Organ und Sitz der Seele zum entscheidenden Relais zwischen äußerem und innerem Menschen wird. Ob dieses Relais wirklich funktioniert, bleibt in der Erzählung des vierten Kapitels allerdings fraglich: Die äußere, von Menschenhand gemachte Einritzung verheilt wie eine gewöhnliche Wunde und hinterlässt Narbenspuren. Die von Gott erbetene innere Zeichnung ereignet sich lediglich auf der visionären Ebene eines Traums und hat deshalb eher den Stellenwert einer noch einzulösenden Verheißung als den eines realen Vollzugs.[24]

Das Minnezeichen im Text

Es ist auffällig, dass die Erzählung von Kapitel 4, die für die Identität des Dieners eine so tragende Rolle spielt, im Bildzyklus des *Exemplars* nicht mit einer eigenen Miniatur bedacht wurde. Stattdessen hat sich der Konzeptor für eine andere, sehr ungewöhnliche Form der Bebilderung entschieden: Auf den letzten Zeilen des Kapitels ist eine große Darstellung des vom Diener eingeritzten Monogramms eingetragen *(Taf. LVII)*. Der Kürzungsstrich über dem H wird von einem Kreuz bekrönt. Die Darstellung bezieht sich also auf die nächtliche Vision des leuchtenden Kreuzes, variiert sie aber, indem sie Monogramm und Kreuz gemeinsam in kostbarem Gemmenschmuck sichtbar macht. Das dichte Liniengitter zwischen den Buchstaben erinnert an ein gewebtes Stück Stoff, und damit an das Gewand, mit dem der Diener das Leuchten des Herzens zu verbergen suchte. Die Einfügung des Monogramm-Bildes, so Thomas Lentes, evoziert folglich eine doppelte Medienreferenz, „die Analogie von Pergament und Haut wie auch die Metaphorik von der textilen Qualität des Textes"[25].

Hervorzuheben ist, dass die hier beschriebene Verschränkung von Körper und Kodex durch einen Kunstgriff des Weglassens erreicht wird. Wird in den übrigen Körper-Visionen des Zyklus das szenische Geschehen der Vision erzählt, hat der Maler sich hier allein auf das Visionsbild, die gemmenbesetzte Buchstabenfolge, beschränkt und auf die Darstellung des Dieners als Traumvisionär verzichtet. Kraft dieser Auslassung nimmt das Monogramm auch auf den folgenden Seiten der Handschrift einen Doppelcharakter an: Auf der Brust der Dienerfigur zeigt das Monogramm die Beschriftung des Körpers an. In den Text eingefügt, wo es besonders auf den letzten Seiten gehäuft hervorgehoben wird, visualisiert es den „Körper der Schrift".[26]

Ein Faktor, der diesen Effekt in zweiter Instanz unterstützt, ist die syntaktische Struktur der Miniaturen, die keine Verdichtung zu geschlossenen Bildgründen oder ansichtigen Bildräumen kennt, sondern ein loses Gefüge von figürlichen Elementen und Texteinfügungen darstellt, die lose auf den freien Pergamentgrund gesetzt sind. Konstant werden den dargestellten Figuren kleine schematische Rasenflächen beigegeben, die sowohl in ihrer Gleichförmigkeit wie in ihrem Fragmentcharakter nicht als Angabe diesseitiger Handlungsorte verstanden werden können. Wo sich die dargestellte Handlung der Körper-Visionen abspielt, bleibt letztlich immer ein Stück weit offen: Die Rasenstücke scheinen für einen, wenn auch sehr brüchigen, imaginären Raum der Visionen zu stehen. Die großen Flächen freien Pergamentgrunds binden die Erzählung von den Körper-Visionen des Dieners aber auch immer wieder an den materiellen Kodex zurück.

11.2 Wuchernde Zeichen
Die visionäre Glorifizierung des Dieners

Der langwierige Formationsprozess der Stigmata, der für den hagiographischen und kirchenrechtlichen Diskurs um Franziskus charakteristisch ist, wird in der *Vita* radikal abgekürzt: Durch Einritzung des Jesus-Monogramms in die eigene Brust schafft sich der Diener ein eigenes *minnezeichen*, welches das Leiden Christi in seinem Körper präsent hält. Doch diese „Autopoiesis", wie sie genannt wurde, bleibt ein defizitärer Zustand, welcher der Überhöhung in geistig geschauten Visionen bedarf. Ziel der folgenden Bilder ist es, den Körper des Dieners zum Ort verschiedener wundersamer Transformationen werden zu lassen, die seinen „exemplarischen" Status immer wieder aufs Neue bestätigen. Konsequenter als die späteren Bearbeitungen des Zyklus entwirft die Straßburger Handschrift einen regelrechten Parcours an Körper-Zeichen, die sukzessive aufeinander aufbauen.[27]

Der Diener als Schrein

Nur drei Seiten nach dem Jesus-Monogramm, auf fol. 8v, sehen wir, wie der Körper des Dieners zum Schauplatz einer *unio* von Ewiger Weisheit und Diener wird *(Abb. 129)*.[28] Das fünfte Kapitel der *Vita* erzählt eine nächtliche Vision, welche die Brust des Dieners durchsichtig werden lässt und im Herzen den Diener und seine Braut in zärtlicher Umarmung sichtbar macht.[29] Die Miniatur lässt diese Vision zu einer *revelatio* für den Leser der Handschrift werden: Der Diener sitzt frontal und zieht sein Skapulier zur Seite, so dass der Blick auf die Umarmung der eigenen Seele durch die Ewige Weisheit frei wird. Das „vorspil gòtlichen trostes", das die Überschrift des Kapitels ankündigt, gilt in der Miniatur weniger dem Diener als dem Benutzer der Handschrift. Dieser kann den Eindruck gewinnen, einer wunderbaren Wandlung von menschengemachten Schrift-Zeichen in göttliche Körper-Präsenz beizuwohnen: Die Erscheinung des Liebespaares ist genau dort platziert, wo der Diener in den übrigen Miniaturen das Jesus-Monogramm trägt.

Wer genau hinsieht, kann bemerken, dass das Versprechen der Einwohnung und unmittelbaren Gegenwart des Göttlichen durch verschiedene „Warn-Signale" wieder relativiert wird. Die Frontalansicht der Sitzfigur, ihre symmetrische Rahmung durch die beiden Engel sowie ihre Isolierung durch den sockelartig aufgebauten Thron tauchen den Diener in eine Aura des Artifiziellen, künstlich Hergestellten. Die Platzierung des Visionsbildes im Zentrum eines gleichsam aufgeklappten Bild-Körpers erinnert, wie in der Forschung hervorgehoben wurde, an den spätmittelalterlichen Bildtypus der plastischen Schreinmadonna, in deren Korpus eine Gnadenstuhlgruppe verborgen sein konnte.[30]

Schon zu Beginn des Bildzyklus wird der Diener zum Kultbild. Bild 2 ist damit ein weiterer Baustein jener Strategie der Antizipation von Heiligkeit, der das gesamte *Exemplar* verpflichtet ist. Gleichzeitig wird deutlicher als an irgendeiner anderen Stelle

Abb. 129 Der Diener schaut die Ewige Weisheit in seinem Herzen, Exemplar, um 1370, Straßburg, Bibliothèque Nationale et Universitaire, Ms. 2929, fol. 8v

der Charakter des Dieners als Kunstfigur akzentuiert. Bereits das Jesus-Monogramm auf fol. 7r ist ja nicht tatsächlich in die „Haut" des Kodex eingeritzt, sondern (in Gestalt des gemalten Fadenrasters) von Signalen medialer Brechung umgeben. Nun wird die Realpräsenz des Göttlichen im Körper des Dieners klar als medial, genauer als artifiziell vermittelte ausgewiesen. Wo die Erzählung der *Vita* eine geistige, von einem Engel gewiesene Vision schildert, sieht der Betrachter von Bild 2 die Darstellung eines von Menschenhand gemachten Artefakts vor sich. In diesem Zusammenhang muss aber auch auffallen, dass der ausführende Künstler keineswegs bestrebt war, das visionäre Bild der *unio* im Inneren des Körpers oder gar des Herzens der Dienerfigur zu platzieren. Die Umarmung der beiden Liebenden findet nicht im „Haus des Herzens" statt, wie es die oben diskutierten Eichstätter Blätter *(Abb. 114–115)* zeigen, vielmehr bleibt die Verbindung von Körper und Visionsbild eine äußerliche und lose.

Blumen und Wunden

Der Konflikt zwischen der körperhaften Unmittelbarkeit des eintätowierten Jesus-Monogramms und der artifiziellen Vermitteltheit aller Indizien göttlicher Erwählung wird in anderen Bildern des Zyklus noch weiter auf die Spitze getrieben. In Bild 3 hat der Diener eine Vision Mariens mit dem kleinen Christus, der ihm einen Krug mit Wasser reicht *(Abb. 130).*[31] Wie aus der zugehörigen Beischrift, aber auch aus

Abb. 130 Der Diener vor Maria und Christus, Exemplar, um 1370, Straßburg, Bibliothèque Nationale et Universitaire, Ms. 2929, fol. 22r

der Erzählung von Kapitel 18 hervorgeht, ist der Trank zugleich Anerkennung für die Entbehrungen, die sich der Diener auferlegt hat, wie auch Aufforderung, die asketische Praxis ein wenig zu lockern.[32] Mit dem Empfang des Tranks vollzieht sich am Körper des Dieners eine spektakuläre Transformation, die in den anschließenden Miniaturen konsequent beibehalten wird: Um das Haupt schwebt ein Rosenkranz, der aus roten und weißen Blüten geflochten ist. Betrachter konnten sich hier an die zeitgenössische Praxis des Schapel-Singens erinnert fühlen, bei der Männer mit Liedern um die Gunst einer Frau warben, die ihre Zuneigung dann mit der Verleihung eines Rosenkranzes erwidern konnte.[33] Ikonographisch ist der Rosenkranz als „Platzhalter" eines Heiligenscheins anzusehen, als Vorgriff auf die zukünftige Aufnahme des Dieners in die *communio sanctorum*. Weiterer Bestandteil dieser vorzeitigen Auszeichnung sind rosettenförmige Markierungen auf den Handflächen und den Füßen des Dieners. Die Heiligkeit *in spe*, von der die Vision handelt, ist an das Aufblühen von Rosen an den klassischen Orten der Kreuzwunden gekoppelt.[34]

Auf die erste Stigmatisierung, die im Manuskript nur durch das Jesus-Monogramm repräsentiert wird, folgt in Bild 3 eine zweite, von Gott gesandte. Doch während die erste den äußeren Körper des Dieners transformiert, haftet die zweite nur seinem inneren Visionärsleib an. Mit der Rose wird dieser geistigen Markierung nicht nur eines der vieldeutigsten, sondern auch eines der ambivalentesten Symbole der spätmittelalterlichen Kultur zugeordnet.[35] Die Erscheinung dieser Zeichen auf dem Körper des Visionärs ist eine weitere Anreicherung jener Kunstfigur, der es genau an

Künstliche Körpermale

der materiellen Taktilität und Beweiskräftigkeit mangelt, die den stigmatisierten Leib des Franziskus auszeichnet. Wo die Einprägung der Wundmale auf dem La Verna der krönende Schlussakzent eines ganzen Heiligenlebens ist, sind die Rosen-Male eine Christusähnlichkeit auf Vorschuss. Ob der Diener sie zu Recht an sich trägt, müsste sich erst an seiner weiteren Vita erweisen.

Ein kurzer Durchgang durch die übrigen Bilder kann zeigen, wie gerade diese Interpretationsbedürftigkeit immer wieder neu thematisiert und eingekreist wird. In Bild 4 etwa leitet ein Engel eines der „geistlichen Kinder" des Dieners, Anna, zur Schau eines weiteren Zeichens der Auserwählung an *(Abb. 131)*:[36] Inmitten einer Gruppe von mehreren Dominikanerbrüdern erscheint der erneut mit Rosenkranz und Rosen-Malen bezeichnete Diener. In der *Vita* ist zu lesen, dass ein Engel Anna auf den Rosenkranz als Erkennungsmerkmal des Dieners aufmerksam macht und sie in seine geheime Bedeutung einweiht: Die weißen Rosen stehen für „seine Lauterkeit", die roten für „seine Geduld in mannigfachem Leiden".[37] Unmittelbar darauf erfährt der Diener selbst in einer Vision, was es mit den Rosen auf sich hat, die aus seinen Händen und Füßen hervorwachsen: „Es bedeutet Leiden und nochmals Leiden und noch mehr Leiden und wieder und immer noch Leiden, das dir Gott schenken will."[38] Die bildliche Darstellung zieht diese getrennten Begebenheiten zu einer einzigen Handlung zusammen. Annas Blick vom unteren ins obere Register soll die Zeichen am Körper des Dieners beglaubigen – eine Beglaubigung freilich, die selbst wieder auf das Medium visionärer Bilder verwiesen bleibt.

Nach einer kritischen Übergangsphase in Bild 5, in dem der Körper des Dieners sämtliche Markierungen vorübergehend verliert und sich von Teufeln, wilden Tieren und anderen Widersachern peinigen lassen muss, wird der Diener in den folgenden Darstellungen wieder mit ständig neuen Gnadenerweisen überhäuft. Der Diskurs der Körper-Zeichen ist dabei vor allem in Bild 7 virulent, das den Diener expliziter als überall sonst auf den Spuren des Franziskus wandeln lässt *(Taf. LVIII)*.[39] Bereits das entsprechende Kapitel der *Vita* gibt sich mit überdeutlichen Hinweisen als Reinszenierung des Ereignisses auf dem La Verna zu erkennen:

Als sich der Diener einstmals mit großem Ernst zu Gott gekehrt und ihn gebeten hatte, ihn leiden zu lehren, erschien in einem geistlichen Gesicht vor ihm das Abbild des gekreuzigten Christus in Gestalt eines Seraphs; der hatte sechs Flügel: Mit zweien bedeckte er das Haupt, mit zweien die Füße, mit zweien flog er. Auf den beiden untersten stand: „Nimm Leiden bereitwillig an", auf den mittleren: „Trage Leiden mit Geduld", auf den obersten: „Lerne leiden wie Christus gelitten".[40]

Schon in dieser Erzählung ist aber auch eine Überblendung der Körper-Vision mit der Betrachtung eines diagrammatischen Schemas angelegt, das letztlich in der Tradition von *De sex alis cherubim* steht *(Abb. 119)*.[41] Das Oszillieren zwischen einer körperhaften Visionserfahrung und der Betrachtung eines gezeichneten Schemabildes wird in der bildlichen Darstellung nochmals potenziert. Im Ergebnis ist an dieser Erscheinung vor allem der fehlende Zusammenhalt ihrer Elemente auffällig: kein Christus in Gestalt eines Seraphs, sondern ein Gekreuzigter aus Fleisch und Blut, dem sechs

Abb. 131 Der Diener mit Wundmalen und Rosenkranz, Exemplar, um 1370, Straßburg, Bibliothèque Nationale et Universitaire, Ms. 2929, fol. 38v

viel zu kleine Flügelchen angeklebt wurden, zu klein vor allem für die Eintragung der *tituli*, die nunmehr wie Sprossen einer Leiter vor dem Körper angeordnet sind. Die didaktischen Anweisungen zum Erklimmen des Kreuzes und das durch und durch körperhaft gedachte Visionsbild scheinen sich in keiner gemeinsamen Syntax mehr verbinden zu lassen.

Wenn die Orans-Haltung des Dieners klar auf die gängige Ikonographie des Franziskus rekurriert, so wird die Erscheinung des Gekreuzigten doch nicht zum Auslöser der Stigmatisierung.[42] Die Blutstropfen aus den fünf Wunden fließen in den Freiraum des Blattgrundes, ohne den Körper des Dieners zu berühren – diejenigen der Seitenwunde auf die leere Seite des Kreuzes. Das an die Stelle dieser fehlenden Verbindung eingetragene Spruchband erweist sich bei Lektüre des Textes als Äußerung des Dieners, und damit als Versuch, mit Mitteln der Sprache eine Brücke von unten nach oben zu schlagen. Zwischen den rosenförmigen Markierungen des Visionärs und den blutenden Wunden des Gekreuzigten besteht eine unübersehbare Diskrepanz, die erahnen lässt, wie weit der Weg ist, den der Diener bis zur Erreichung seines Ziels noch zurückzulegen hat.

Künstliche Körpermale

11.3 Ringe im Herzen
Der mystische Kreislauf

Das vieldiskutierte Bild 11 *(Taf. LIX)*, das den allgemeinen Betrachtungen der letzten Kapitel der *Vita* zugeordnet ist, markiert auf den ersten Blick eine scharfe Zäsur innerhalb des Bildprogramms:[43] Nicht nur ist die sonst omnipräsente Figur des Dieners hier abwesend, auch die gesamte Stoßrichtung des Bildes zielt ja nach gängiger Lesart auf eine Gotteserfahrung jenseits aller Körperlichkeit und figurativen Bildlichkeit. Seuse gibt den Benutzern des *Exemplars* hier eine Art Karte an die Hand, die es ihnen ermöglichen soll, ihre eigene Position auf dem Weg der Annäherung an Gott zu bestimmen, den der Diener in virtuoser Unbestimmtheit beschreitet. Die lose Syntax der frei auf den Seitengrund gesetzten Bild- und Schriftelemente legt dabei mit einem Mal ganz neue Qualitäten als diagrammatische Struktur eines Lageplans an den Tag. Im Umgang mit dieser Karte können die Leser erkennen, wo der tiefere Grund für den Überschuss an immer neuen Zeichen liegt, mit denen der Körper des Dieners visionär-artifiziell überschüttet wird: Es ist die Annahme einer sich allen Bestimmungen entziehenden, gänzlich abstrakt bleibenden Gottheit, der die menschliche Seele ihre Schöpfung verdankt und zu der sie mittels der Versenkung in das Leiden Christi wieder aufsteigen soll. Als Repräsentation der Gottheit dient in Bild 11 die abstrakte geometrische Figur dreier konzentrischer Kreise, die in Opposition zu den körperhaft definierten Akteuren der übrigen Teilszenen tritt. Das eigentlich Erstaunliche ist jedoch die Möglichkeit einer Vermittlung zwischen diesen gegensätzlichen Positionen: Ein geschlossenes System roter Linien, welches über die Blattfläche gebreitet ist, verbindet die an den mystischen Kreislauf angeschlossenen Personen. Genau in der Herzregion tragen sie kleine Abbilder des abstrakten Kreisdiagramms in sich, welches die Gottheit repräsentiert.

Über die Teilhabe an der Gottesebenbildlichkeit entscheidet nicht die äußere Gestalt, nicht die Mimesis von Christus-Zeichen, sondern die Behütung des Rings im Herzen. Wie instabil dessen Verankerung ist, demonstriert die Szene in der unteren rechten Ecke: Von weltlichen Verlockungen (in Gestalt eines degenbewehrten Ritters) angezogen, liefert sich eine Dame dem sensenschwingenden Tod aus, ihr frei durch die Luft schwebender Ring wird eine Beute eines von oben herabstürzenden Dämons.[44] Die Sicherung der *imago* erfolgt in drei Schritten über das in der gesamten Vita vertretene Programm der Christus-Nachfolge. Die zentrale Station dieses Programms ist die Erduldung eigener Leiden, welche jedem seine eigene Kreuzigung bringen. Ganz offenkundig ist die entsprechende, gegenüber dem sonstigen Personal des Blattes stark vergrößerte Figur dem Typus der *Mater dolorosa* nachgebildet: Zwei Schwerter stecken in ihrem Haupt, zwei Pfeile zielen auf die Herzregion. Nicht um körperliche Wunden und Schmerzen geht es letzten Endes, sondern um ein inneres Leiden. Figuren einer solchen nach innen gewendeten Betrachtung sind auch Frömmigkeit (die betende *ker*) und Kontemplation (die schlafende Gelassenheit), die den Dreischritt der Rückkehr zu Gott komplettieren. Gelassenheit sitzt in typischer Traumpose in einer Chorstalle, die Bildelemente über ihr dürfen als Stationen einer visionären Traumsequenz angesehen

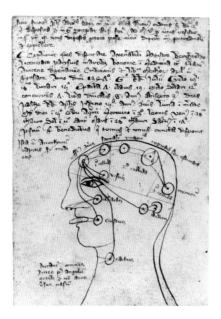

Abb. 132 Diagramm zur Verarbeitung von Sinneseindrücken im menschlichen Gehirn, Naturphilosophisch-medizinische Sammelhandschrift, um 1350, München, Bayerische Staatsbibliothek, Clm 527, fol. 66v

werden.[45] Die Zielgerade des Kreislaufs ist also ganz herkömmlich als Aufstieg nicht *qua* körperliche, sondern *qua* geistige Schau definiert, die über die Betrachtung des Gekreuzigten hinauf zur Gottebenbildlichkeit führt – ein Aspekt, der bereits in der übrigen Bildfolge dahingehend vorgegeben war, dass der Parcours der Körper-Zeichen auf einer inneren Schau des Dieners beruhte.

Fixierung des Gottesbildes
„Damit das schwache innere Gedächtnis des Menschen durch äußere Zeichen unterstützt werde."[46]

Anders jedoch als noch in Bild 7 *(Taf. LVIII)* ist in Bild 11 zwischen dem Visionär und den von ihm geschauten Bildern eine direkte Verbindungslinie gezogen. Sie ist Teil einer das ganze Bild durchquerenden, die Ringe der unterschiedlichen Instanzen des Kreislaufs verbindenden Linienfolge, die als Garantin dafür einstehen soll, dass es tatsächlich möglich ist, den Aufstieg zu Gott zu bewältigen. In Gestalt dieser roten Linien greift das Diagramm eine Formel auf, die in verschiedenen Zusammenhängen für den Vorgang der Einprägung, der *impressio*, entwickelt und angewendet wurde – darunter auch im Bildformular der Stigmatisierung des Franziskus.[47] Wie in den Stigmatisierungsbildern geht es auch in Seuses Lehrdiagramm darum, ein Verhältnis menschlicher Gottebenbildlichkeit zu beschreiben. Im Gegensatz zu den Stigmata jedoch transportieren die roten Strahlen des *Exemplars* ein Bild in das Herz und damit in jenes Organ, das zwischen Äußerem und Innerem des Menschen vermittelt. Die ringförmige Gestalt des Gottesbildes fordert dazu auf, den Prägevorgang sehr konkret auf den Topos der Siegelung zurückzubeziehen, bei der ein Ring einen Abdruck in weichem Wachs hinterlässt.

Wie Katharine Park dargelegt hat, war der Prägevorgang Fundament spätmittelalterlicher Vorstellungen sowohl von Wahrnehmungs- wie von Fortpflanzungsprozessen.[48] Ein Diagramm aus dem mittleren 14. Jahrhundert etwa bedient sich ähnlicher Bildmuster wie die Miniatur des *Straßburger Exemplars*, um zu veranschaulichen, wie Sinneseindrücke im Kopf des Menschen aufgenommen und weitergeleitet werden *(Abb. 132)*.[49] Der Prägevorgang wurde dabei nicht nur für die Fähigkeit des menschlichen Gehirns zur Speicherung bildhafter Perzepte herangezogen, sondern auch für seine Neigung, große Teile der gesehenen Bilder wieder zu vergessen. Die Härte des „gestempelten" Materials entschied nämlich darüber, ob das eingeprägte Bild dauerhaften oder nur momentanen Bestand haben würde. Eine ähnliche Vorstellung scheint auch dem Seuse-Schema zugrunde zu liegen: Hat der Ring auf seinen ersten Stationen noch festen Halt in göttlichen Personen und Engeln, droht mit dem Übergang in den weichen Stoff des menschlichen Körpers sein Verlust und der damit verbundene Untergang, wie die Szene rechts unten vor Augen führt.

Die Analyse des mystischen Kreislaufs wirft so noch einmal ein neues Licht auf die Selbstbezeichnung des Dieners zu Beginn des Zyklus: Die Buchstaben IHC, welche den Diener von Anfang bis Ende durch den Zyklus begleiten, sind eben an genau jener Stelle in den eigenen Körper eingetragen, der als Sitz der *imago Dei* angenommen wird. Die Narbenschrift auf der eigenen Haut hat die Funktion, die *imago Dei* an ihrem Platz zu halten und den eigenen Weg ans Kreuz zu bahnen. Den Benutzern der Handschrift wird so ein abschließender Blick hinter die Oberfläche der selbstgeschaffenen Körperzeichen und ihrer unsicheren visionären Bestätigungen eröffnet.

Anmerkungen

1 Die Schätzungen hierzu liegen recht unterschiedlich, zum Diskussionsstand vgl. Pierre Adnès, Stigmates, in: DS 1937–95, Bd. 14 (1990), Sp. 1211–1243, hier: Sp. 1214–1215. Vgl. auch VAUCHEZ 1968, S. 608–612; KIECKHEFER 1984, S. 94–95; VAUCHEZ 1988 (2005), S. 440.
2 Vgl. KIECKHEFER 1984, S. 89–121; VAUCHEZ 1988 (2005), S. 439–443; ELLIOTT 1997.
3 Zu diesem Befund vgl. DINZELBACHER 2002, S. 26–27.
4 Vgl. KRÜGER 1989; HAMBURGER 2000a.
5 Anders liegt der Fall bei Körper-Visionen, deren Protagonist eine schon lange anerkannte Autorität ist. So sind sowohl die im Spätmittelalter populären Bildtypen der Amplexus-Vision wie die Lactatio-Vision Bernhards von Clairvaux letztlich Bilderfindungen, die von den Viten des Heiligen ursprünglich nicht gedeckt sind, vgl. DUPEUX 1993, S. 152–166; STOICHITA 1995 (1997), S. 134–163; WIPFLER 2003, S. 167–172. Hier wie bei der auf ähnliche Weise entstandenen Gregorsmesse (s. Kapitel 13) wird der Heilige als anerkannte Autorität herangezogen, um die eigenen Heilserwartungen des Publikums abzusichern, vgl. etwa das von Jeffrey Hamburger in AUSST. KAT. BONN/ESSEN 2005, S. 462–463 diskutierte Blatt im Museum Schnütgen Köln (Inv. Nr. M 340), das Bernhard bei der Amplexus-Vision eine Nonne als bildinterne Betrachterstellvertreterin beigesellt.
6 Vgl. SEUSE 1907b. Zu den unterschiedlichen Autorenrollen zuletzt HAMBURGER 1998a und ALTROCK/ZIEGELER 2001, die herausarbeiten, wie gering letztlich die dokumentarischen Anhaltspunkte über die historische Person Seuse sind.

7 „Visiones quoque in sententibus contentae non sunt omnes accipiendae secundum litteram […], sed est figurata locutio." SEUSE 1977, S. 366 (*Prol.*, 20–22). „Daz erst [sc. buch] seit überal mit bildgebender wise von eim anvahenden lebene […]." SEUSE 1907b, S. 3 (*Prol.*, 2–3). Vgl. LARGIER 1997; LENTES 2004, S. 20–23.
8 Vgl. HAMBURGER 1989 (1998).
9 Vgl. HAMBURGER 1998a, S. 234; KELLER 2002, S. 164.
10 Zu Anleihen bei Franziskus wichtige Beobachtungen bei RUH 1964, S. 253–258, die von Pius Künzle, in: SEUSE 1977, S. 89–103, heftig bestritten wurden. Gegen Künzle und für eine Franziskus-Rezeption argumentierten zuletzt KERSTING 1987, S. 46–47 und 111–122; HAMBURGER 1989 (1998), S. 199; LENTES 2004, S. 19.
11 Zu den Bildern und ihrem Zusammenwirken mit dem Text in den verschiedenen Handschriften vgl. KERSTING 1987; ALTROCK/ZIEGELER 2001, S. 163–175. Zum von uns diskutierten Straßburger Manuskript vgl. COLLEDGE/ MARLER 1984; HAMBURGER 1989 (1998); HAMBURGER 1998a; LENTES 2004. Zum Manuskript in Einsiedeln vgl. LARGIER 1999a; KELLER 2003.
12 Vgl. HAMBURGER 1998a, S. 235–240; ALTROCK/ZIEGELER 2001, S. 173–175.
13 Geschrieben für die Straßburger Johanniterkomturei „Zum Grünen Wörth", um 1370. Straßburg, Bibliothéque Nationale et Universitaire, Ms. 2929. Pergament, 21,5 x 17,0 cm, 160 Blatt. Vgl. BIHLMEYER 1907, S. 3*–5*. Zur Datierung vgl. RECHT 1980, S. 109–114. Zu einem Überblick über die handschriftliche Überlieferung des *Exemplars* vgl. BIHLMEYER 1907, S. 3*–9*; KERSTING 1987, S. 15–18; BLUMRICH 1994, S. 190–192.
14 Vgl. KERSTING 1987, S. 63; HAMBURGER 1998b, S. 537, Anm. 25; ALTROCK/ZIEGELER 2001, S. 166.
15 Ikonographische Übersicht und Transkription der *tituli* bei KERSTING 1987, S. 19–21; DIETHELM 1988, S. 172–175. Zur Deutung vgl. KERSTING 1987, S. 64–76; ALTROCK/ZIEGELER 2001, S. 166–168; LENTES 2004, S. 30–31 und 42.
16 „Disú bild bewisent der ewigen wisheit mit der sele geischlisch gemahelschaft." KERSTING 1987, S. 20. Der „geringe Einfluss des Hohenliedes auf das Exemplar" hervorgehoben ebd., S. 73.
17 Zur Boethius-Ikonographie vgl. COURCELLE 1967, S. 67–99; allgemeiner zur Tradition des Autors im Dialog vgl. Peter Bloch, Dialog, in: LCI 1968–76, Bd. 1 (1968), Sp. 506–507; MEIER 2000, S. 360–362. KERSTING 1987, S. 49–50, verweist zweifellos zutreffend auf Modelle der Minnesängerikonographie, in denen das Problem der schriftlichen Autorschaft, das ich im Folgenden diskutiere, jedoch eher im Hintergrund bleibt.
18 Vgl. LENTES 2004, S. 42.
19 „In disem inbrünstigen ernste warf er vornan sinen schapren uf und zerlies vornan sinen busen, und nam einen grifel in die hand und sach sin herz an und sprach: *ach, gewaltiger got, nu gib mir hút kraft und macht ze volbringen min begirde, wan du must hút in den grund mins herzens gesmelzet werden.* Und vie an und stach dar mit dem grifel in daz flaisch ob dem herzen di richti, und stach also hin und her und uf und ab, unz er den namen IHS eben uf sin herz gezeichent." SEUSE 1907b, S. 16 (*Vita*, IV, 4–11), dt. Übersetzung: SEUSE 1966 (1999), S. 46.
20 „Herr, ich enkan noch enmag dich nit fúrbaz in mich gedruken; owe herr, ich bite dich, daz du es volbringest und daz du dich nu fúrbaz in den grund mins herzen drukest und dinen heiligen namen in mich also zeichnest, daz du uss minem herzen niemer me gescheidest." SEUSE 1907b, S. 16 (*Vita*, IV, 16–22), dt. Übersetzung: SEUSE 1966 (1999), S. 46.
21 „In dem entsank er im selb und ducht in, daz neiswaz lichtes us drungi von sinem herzen, und er lugte dar: do erschein uf sinem herzen ein guldin krúz, und dar in waren verwúrket in erhabenr wise vil edelr stein, und die luhten zemal schon. Also nam der diner sin kapen und schlug si über daz herz und meinde, daz er daz usbrehend klar licht gern heti bedeket, daz ez nieman mohti han gesehen. Do brunnen die usdringent glenz als wúnneklich, wie vast er sú barg, daz es nit half von ire kreftigen schonheit." SEUSE 1907b, S. 17 (*Vita*, IV, 3–11).
22 Vgl. KÜSTERS 1997, S. 51–52; HAMBURGER 1998a, S. 263–274; KÜSTERS 1999, S. 105–108; SPOERRI 1999; BELING 2000, S. 124–129; KÜSTERS 2001, S. 114; KELLER 2002; LENTES 2004, S. 41–45.
23 Vgl. RUH 1964, S. 254.
24 Die Visionsebene am deutlichsten herausgearbeitet bei SPOERRI 1999, S. 306–309.
25 LENTES 2004, S. 45. Vgl. auch HAMBURGER 1998a, S. 263.
26 Vgl. LARGIER 1999a, S. 260; LENTES 2004, S. 42–45.
27 Zur abweichenden Behandlung der verschiedenen Merkmale der Dienerfigur (IHS-Monogramm, Rosen-Nimbus, Wundmale) in den späteren Zyklen vgl. den Überblick in KERSTING 1987, S. 19–33.
28 Vgl. KERSTING 1987, S. 21 und 77–81; DIETHELM 1988, S. 176–179; HAMBURGER 1998a, S. 246–251; ALTROCK/ ZIEGELER 2001, S. 171–172.
29 „Do sprach der engel zuo im also: *nun tuo einen froelichen inblik in dich und luog, wie der minneklich got mit diner minnenden sele tribet sin minnespil.* Geswind sah er dar und sah, daz der lip ob sinem herzen ward als luter als ein kristalle, und sah enmiten in dem herzen ruoweklich sizen di ewigen wisheit in minneklicher gestalt, un bi dem sass des dieners sele in himelscher senung; dú waz minneklich uf sin siten geneiget und mit sinen

armen umbvangen und an sin goetlich herze gedruket, und lag also verzogen und versofet von minnen under dez geminten gotes armen." SEUSE 1907b, S. 20 (*Vita*, V, 14–23).
30 Vgl. HAMBURGER 1989 (1998), S. 202; LENTES 2004, S. 34.
31 Vgl. KERSTING 1987, S. 22 und 82–86; DIETHELM 1988, S. 180–183.
32 Die Beischrift lautet: „wer sin vichlichkeit mit strengen wirigen uebungen hat da hin geleit, dem wirt von got erlobet sins libes phlegnús in ordenlicher messikeit." KERSTING 1987, S. 22. In Kapitel 18 wird eine ganze Sequenz von Visionen berichtet, die sich im Anschluss an den strengen Trinkverzicht des Dieners ereignen: Zunächst sieht der Diener, wie Maria und der siebenjährige Jesus ihm einen Krug Wasser reichen, und wie Maria ihn an ihrer Brust trinken lässt. Später hat eine „fromme Frau" zwei Träume, in denen diese Visionen bestätigt werden und die Aufforderung an den Diener ergeht, von nun an seinen Durst mit Wein zu stillen.
33 Vgl. KELLER 2003, S. 56–57 am Beispiel der Handschrift „K" (Konstanz, um 1490, Einsiedeln, Stiftsbibliothek, Cod. 730 [322]).
34 Der Bildapparat nimmt hier Motive vorweg, die im Text erst an späterer Stelle, in den Visionserzählungen von Kapitel 22, eingeführt und erläutert werden. KERSTING 1987, S. 84–85 setzt die Stigmata in Bild 3 in Verbindung mit dem Schluss von Kapitel 18, in dem von einer Vision erzählt wird, in der Christus eine blutgefüllte Büchse nimmt und damit die Glieder des Dieners, insbesondere aber Hände, Füße und Herz bestreicht, vgl. SEUSE 1907b, S. 51–52 (*Vita*, XVIII, 18–5).
35 Dazu KELLER 2003.
36 Vgl. KERSTING 1987, S. 22–23 und 87–93; DIETHELM 1988, S. 184–187; HAMBURGER 1998a, S. 243–246.
37 „Und betütend die wissen rosen sin luterkeit und die roten rosen sin gedultekeit in menigvaltigem liden, daz er muoz erliden." SEUSE 1907b, S. 64 (*Vita*, XXII, 9–10), dt. Übersetzung: SEUSE 1966 (1999), S. 91.
38 „Es betütet liden und aber liden, und och liden und aber und och liden, daz dir got will geben." SEUSE 1907b, S. 64 (*Vita*, XXII, 31–33), dt. Übersetzung: SEUSE 1966 (1999), S. 92.
39 Vgl. KERSTING 1987, S. 26 und 111–122; DIETHELM 1988, S. 198–201; HAMBURGER 1998a, S. 258–262.
40 „Do sich der diener eines males hate zu got gekeret mit grossem ernste und in bat, daz in lerti liden, do erschein im vor in einer geischlichen gesihte ein glichnús des gekrúzigeten Cristus in eines Serafins bilde, und daz selb engelschlich Serafin hate VI vetchen: mit zwain vetchen bedacht es daz hobt, mit zwein die fuesse. Und mit zwein flog es. An den zwei nidresten vetchen stůnd geschriben: *enpfah liden willeklich*; an den mitlesten stund also: *trag liden gedulteklich*; an den obresten stund: *lern liden cristformklich*." SEUSE 1907b, S. 144–145 (*Vita*, XLIII, 24–4), dt. Übersetzung: SEUSE 1966 (1999), S. 165–166.
41 Vgl. HAMBURGER 1998a, S. 258–262.
42 Bezeichnenderweise ist die Erscheinung des Seraph-Christus auch im Text der *Vita* der Auslegung durch eine dritte Instanz bedürftig: Der Diener zieht eine „fromme Freundin" zu Rate, die ihm das Gesehenen als konkrete Prophetie auslegt, vgl. SEUSE 1907b, S. 145 (*Vita*, XLIII, 5–13).
43 Vgl. KERSTING 1987, S. 29–31 und 145–173; DIETHELM 1988, S. 231–249; KRÜGER 2001, S. 15–19; LENTES 2004, S. 51–64.
44 Ich weiche damit von der gängigen Lesart ab, hier ein Ausspucken des Rings durch den gestürzten Luzifer zu sehen, vgl. KERSTING 1987, S. 154–155; DIETHELM 1988, S. 234; LENTES 2004, S. 54. In diesem Fall wäre hier eine weitere zusätzliche Szene in das Bild integriert. Da ansonsten jede Szene durch eine eigene Beischrift erläutert ist, halte ich die Verknüpfung des Dämons mit der Szene unten rechts für plausibler.
45 Vgl. DIETHELM 1988, S. 243–244. Vgl. die Traum- und Visionslehre in Kapitel 51 der *Vita*, SEUSE 1907b, S. 183 (*Vita*, LI, 3–30): Einerseits vertritt der Diener eine klare Hierarchie von „bildrich vision" und mittelosem schowen", andererseits beurteilt er Schlaf und Traum als wichtige Möglichkeit zur Entpersonalisierung der Seele.
46 „Ut per exteriora signa interior fragilis humana iuvaretur memoria." SEUSE 1977, S. 597 (25–26).
47 DIETHELM 1988, S. 233 sieht die rote Linie als Verdeutlichung des „Prozesshaften des mystischen Weges".
48 Vgl. PARK 1998, S. 257–266.
49 Deutschland, um 1350. München, Bayerische Staatsbibliothek, Clm. 527. Pergament, 64 Blatt. Inhalt: Sammelhandschrift mit naturphilosophischen und medizinischen Schriften. Vgl. HALM 1892, S. 149; PARK 1998, S. 260–261.

12 Spuren am inneren Körper
Die Stigmata Katharinas von Siena

Als Katharina, Tochter des Sieneser Wollfärbers Jacopo di Benincasa, 1380 in Rom verstarb, glaubten viele ihrer Zeitgenossen den *odor sanctitatis* verspüren zu können, der von der Toten ausging. Zu den ersten Bildzeugnissen der bald einsetzenden Verehrung der Verstorbenen gehörte das Fresko Andrea Vannis aus den frühen 1380er Jahren *(Abb. 133)*.[1] Katharina ist dort im Habit der dominikanischen *mantellate* zu sehen, einer Gläubigen die Segenshand zum Kuss reichend. Klein, aber doch deutlich erkennbar sind in den Handrücken der Rechten ebenso wie der Linken rote Wundmale eingetragen. Bereits zu diesem frühen Zeitpunkt also wurde Katharina als Trägerin von Stigmata betrachtet. Wie und wann aber waren ihr diese höchsten Insignien echter Heiligkeit verliehen worden?

12.1 Unsichtbare Wunden
Der Innenraum des Körpers in der frühen Hagiographie

Wir wissen nicht, was man sich damals in Siena und andernorts über den Ursprung der Stigmata Katharinas erzählte. Die 15 Jahre nach dem Tode verfasste *Legenda maior* ihres Beichtvaters, des Dominikanergenerals Raimund von Capua, lässt jedenfalls eine besondere Vorsicht in der Behandlung des Phänomens erkennen.[2] Die Einprägung der Stigmata, so ist dort zu lesen, habe sich 1375 in Pisa im Beisein Raimunds und einer Reihe weiterer Personen abgespielt. Der Hergang des Geschehens wird zunächst aus der äußeren Perspektive der Anwesenden beschrieben. Nach der Messfeier in der Kirche Santa Christina, bei der sie die Hostie aus den Händen ihres Beichtvaters empfängt, verfällt Katharina in eine ihrer häufigen Ekstasen:

> *Doch plötzlich sahen wir, wie sich ihr Körperchen, das niedergestreckt auf dem Boden lag, langsam erhob. Sie kniete sich hin und breitete ihre Arme weit aus, während ihr Gesicht wie von Feuerschein errötet zu glühen begann. So verharrte sie lange, völlig starr und die Augen geschlossen, bis sie jählings vor unseren Augen umfiel, als ob sie tödlich getroffen wäre. Kurz darauf kam sie jedoch wieder zu Bewusstsein.*[3]

Abb. 133 Andrea Vanni, Katharina von Siena mit mantellata, um 1385, Siena, San Domenico, Cappella delle Volte

Was Raimund und die übrigen Begleiter sehen, ist eine Sequenz von Körperhaltungen und Körperzuständen Katharinas, aber nicht die Einprägung körperlicher Zeichen. Diese werden erst in einem anschließenden Gespräch Katharinas mit ihrem Beichtvater thematisiert, in dem Katharina ihre Ekstase aus einer Innenperspektive schildert: „Wisset, mein Vater, der Herr Jesus hat sich über mich erbarmt, so dass ich schon seine Wundmale in meinem Leibe trage."[4] Auf die Nachfrage Raimunds gibt sie an, über sich eine Erscheinung des Gekreuzigten gesehen zu haben, von dessen Wunden rote Strahlen auf sie zugekommen seien. Sie jedoch habe inständig darum gebeten, dass diese Erscheinung keine äußerlich sichtbaren Spuren auf ihrem Körper hinterlasse: „Ach Herr mein Gott, ich flehe dich an, dass keine Narben äußerlich auf meinem Körper erscheinen. Es reicht mir, sie innerlich zu haben."[5] Die Farbe der Strahlen veränderte sich daraufhin von Rot nach Weiß.[6] Im weiteren Verlauf der Unterredung klärt sich, dass die Strahlen zwischen den Gliedmaßen diagonal, also seitenrichtig verliefen, derjenige aus der Seitenwunde Christi aber „in direkter Linie nach links" zielte und „über dem Herz" auf den Körper der Heiligen traf. Was Katharina von dieser Erscheinung zurückblieb, war ein intensiver Schmerz an den Körperpartien, die von den Strahlen „durchbohrt" wurden.[7]

Raimunds in zwei Perspektiven angelegte Erzählung ist sehr darauf bedacht, die Stigmatisierung Katharinas nicht als den höchstmöglichen Grad an Gotteserfahrung schlechthin hinzustellen, sie aber auch nicht zu einem bloß imaginären Erlebnis herabsinken zu lassen. Die flüchtige *christoformitas* der Außenperspektive, das transitorische Ausbreiten der Arme, steht gegen die dauerhafte Christusähnlichkeit der Innenperspektive, gegen die Spuren am inneren Körper. Für den Leser der *Legenda maior* handelte es sich dabei nicht um jenen absoluten Kulminationspunkt des gesamten Lebens, der die Stigmata des Franziskus seit der *Vita prima* Celanos gewesen waren, sondern um eine von zahlreichen Auszeichnungen körperlicher Nähe, welche Christus seiner Sponsa gewährte: mystische Verlobung, Verleihung der Dornenkrone, Trinken an der Seitenwunde, Tausch der Herzen, Durchbohrung der Rechten mit einem Nagel.[8] All diesen Erlebnissen war gemeinsam, dass sie körperliche Realität besaßen, aber nach außen unsichtbar blieben.[9]

Traditionell wäre die Verortung der Stigmata im Inneren Katharinas gleichbedeutend mit ihrer Lokalisierung im Modus der geistigen Schau gewesen. Tatsächlich mussten die Verfechter der Stigmata Katharinas immer wieder gegen die Vermutung ankämpfen, die Wundmale seien nur imaginierte Zeichen. Man kann sich daher fragen, was die Dominikaner bewog, eine derart angreifbare Position einzunehmen. Raimunds Darstellung lässt verschiedene Motive hierfür erkennen: eine bereits bei Seuse zu beobachtende Fokussierung des Herzens als Schnittstelle von Körper und Seele, eine Akzentverschiebung vom Sehen zum Fühlen der schmerzhaften Male, und nicht zuletzt das günstige Licht äußerster *humilitas*, da Katharina großzügig auf das von Christus gemachte Angebot äußerlicher *signa sanctitatis* verzichtet hatte. Gerade diese ostentative Demut bot keine schlechte Ausgangsposition, um den mehr als ein Jahrhundert lang erfolgreich von den Franziskanern vertretenen Anspruch auf alleinigen Besitz der Wundmale Christi ins Wanken zu bringen.

Wundmale allüberall
Die Stigmatologie im Libellus Tommasos da Siena

Ihren engagiertesten Anwalt fanden die Stigmata Katharinas im Dominikanerprediger Tommaso d'Antonio da Siena, einem engen Mitarbeiter Raimunds, der seit dem späten 14. Jahrhundert von Venedig aus eine dichte publizistische Aktivität entfaltete. Zwischen 1410 und 1420 verfasste er zwei Kurzversionen der Katharinen-Vita (die sog. *Legendae minores*) und den für unsere Fragestellung besonders aufschlussreichen *Libellus de supplemento*, gewissermaßen eine Folge von Plädoyers für die heiligmäßigen Qualitäten Katharinas.[10] In rhetorisch geschickter Auseinandersetzung mit der franziskanischen Anschauung entwickelte Tommaso im 7. Traktat von Buch 2 des *Libellus* eine umfassende „Stigmatologie". Wer von Stigmata reden wolle, müsse das ursprüngliche Bedeutungsfeld des Begriffs *stigma* berücksichtigen, das sehr viel weiter gefasst sei, als die Franziskaner glauben machen wollten:

Was zuallererst erwogen werden muss, ist dass der Begriff stigma, allgemein gesprochen, für jedwede Narbe oder jedwedes Mal im menschlichen Körper gebraucht werden kann, sei es sichtbar oder unsichtbar, sei es außen oder innen zurückgeblieben, als Folge jeder beliebigen Wunde oder Verbrennung, jedes beliebigen Abdrucks oder Schlags, oder jeder anderen Weise, die dazu ausreicht, dem Körper selbst eine Verletzung beizubringen.[11]

Stigmata in diesem Sinne können das Resultat der unterschiedlichsten Handlungen sein: Selbstgeißelung, Geißelung durch andere, Geißelung durch himmlisches Personal und durch Dämonen, wundersame Markierungen des Herzens bis hin zum Martyrium. Auf diesen ersten „Sprengsatz", der das Stigmata-Phänomen in eine kaum mehr überschaubare Kasuistik zerbröseln lässt, folgt ein zweiter, der näher am Modell Franziskus ansetzt: Der höchste Rang, so konzediert Tommaso, gebühre jenen Stigmatisierungen, welche den fünf Wunden des Kreuzestodes nachgebildet seien und so eine nicht zu übertreffende *conformitas* mit Christus hervorbrächten. Dass die perfekte *conformitas* indes keineswegs Franziskus allein vorbehalten sei, stehe schon in der Bibel, genauer im Galaterbrief des Paulus: „Ich trage die Wundmale Jesu Christi in meinem Leib" (Gal 6, 17) – eine Bibelstelle, die nicht ohne Grund bereits Raimunds Katharina im Munde führte. Und so wie Paulus möglicherweise bereits die fünf Wundmale des Gekreuzigten am Körper getragen habe, so habe es in jüngerer Zeit gleich vier Personen gegeben, von denen sich dies mit unbezweifelbarer Gewissheit sagen lasse: Franziskus, Helena von Ungarn, Walter von Straßburg und Katharina von Siena. Jeder dieser Fälle sei einzigartig im Hinblick auf die auslösende visionäre Erscheinung, auf den Übertragungsweg der Stigmata und deren (sichtbare oder unsichtbare) Beschaffenheit. Katharina aber zeichnet sich innerhalb dieses Quartetts dadurch aus, dass sie mit Ausnahme des Martyriums das gesamte Programm der Stigmatisierung absolviert: Sie geißelt sich selbst, bittet eine Mitschwester, sie zu züchtigen, wird von einem Engel gepeitscht, erhält von Christus die Dornenkrone und dessen gebrochenes Herz, bis sie schließlich die fünf Kreuzmale empfängt.

12.2 Mediale Paradoxien
(Rück)Übertragung der Stigmata ins Bild

Die *inventio* der Stigmata gestaltete sich bei Katharina nicht minder langwierig und komplex als bei Franziskus. Auch in diesem Fall waren Bilder von Beginn an ebenso in sie involviert wie die hagiographischen Texte. Wie bereits Vannis Fresko in San Domenico lehrt, geschah dies aus einer prinzipiell eigenständigen Warte, denn die Stigmata sind dort äußerlich sichtbare Zeichen *(Abb. 133)*. Nochmals erhöht wurde das Gewicht der Bilder im Fall Katharina durch eine intermediale Brechung der hagiographischen Texte. Raimunds Erzählung von der Stigmatisierungsvision orientiert sich weniger an den schriftlichen Franziskus-Legenden als an den gemalten Franziskus-Bildern, sie transkribiert, wie Meiss und Frugoni herausgearbeitet haben, bestimmte Bildformulare der Franziskus-Ikonographie in das Medium der Sprache:

Pate stand die in Assisi eingeführte Lösung, die visionäre Erscheinung und den Körper des Visionärs mittels gerader Linien zu verknüpfen, die von Wundmal zu Wundmal gezogen sind.[12] Wenn Raimunds Katharina von Strahlen spricht, die von der Erscheinung des Gekreuzigten ausgehen, wenn sie deren Farbe als anfänglich blutrot, später hell leuchtend beschreibt, wenn sie im Dialog mit ihrem Beichtvater die Richtung bestimmt, welche die Strahlen nehmen, dann setzt dies eine genaue Kenntnis von Bildtypen der Franziskus-Ikonographie voraus, die nunmehr der hagiographischen Legende selbst schon ihren Stempel aufprägen.[13]

Die Herausforderung, die von Katharinas Stigmatisierung für eine Bildgeschichte der Vision ausgeht, besteht darin, dass es sich um einen Vorgang auf einer somatischen Ebene handeln soll, der nach außen hin aber keine Spuren hinterlässt. Auch wenn das Geschehen in Pisa die Züge einer Bildbetrachtung trägt, soll die Unsichtbarkeit der Spuren eben gerade nicht verwechselt werden mit einer rein imaginären Erfahrung vor dem inneren Auge.[14] Doch genau dadurch verkompliziert sich der Diskurs über Katharinas Stigmata auf so unentwirrbare Weise, dass er sich der bildlichen Darstellbarkeit letztlich entzieht. Bereits Tommasos *Tractatus de stigmatibus virginis* verwickelt sich diesbezüglich in erhebliche Widersprüche. Um ein interpikturales Verfließen der Stigmatisierungen des Franziskus und Katharinas zu verhindern, soll die Textreferenz der jeweiligen *Legendae* als einziges Gültigkeitskriterium dienen. Die bildliche Angleichung Katharinas an Franziskus dürfe daher nicht über das bei Raimund vorgegebene Maß hinausgehen:

Wo die selige Katharina von Siena mit fünf sichtbaren Stigmata an den Händen und Füßen gemalt würde und mit einer seraphischen Erscheinung, da ist dies nicht recht getan, da weder aus ihrer Legende noch aus etwas anderem belegt werden kann, dass dies so war.[15]

Umgekehrt sei der gleiche Maßstab aber auch an die Franziskus-Ikonographie anzulegen, welche aus einer textkonformen Erzählperspektive von bestimmten gängigen Elementen zu bereinigen sei:

Genauso scheint es auch nicht wohl getan, wo der selige Franziskus mit blutigen Stigmata an Händen und Füßen gemalt wird und mit einer Erscheinung blutiger Strahlen, die zu den fünf Orten seines Körpers führen, da von dem Gesagten weder in der Legende noch andernorts etwas erwähnt wird.[16]

Tommasos Versuch, unterschiedliche Erscheinungsformen der Stigmatisierung gegeneinander abzugrenzen, betrifft zwei Komponenten der Visionsdarstellung: die Gestalt der Erscheinung, die sich den Visionären zeigt, und die Spuren der Vision, wie sie auch von Außenstehenden verifiziert werden können. In die eine Kategorie gehören die Strahlen, welche allein in den Texten zu Katharina, nicht aber in denen zu Franziskus erwähnt werden, in die andere fällt die äußere Sichtbarkeit der Wundmale, die Franziskus, aber nicht Katharina zusteht.[17]

Franziskus-Bilder als Messlatte
Die Zeichnungen in den Manuskripten des Libellus

Die Forderung einer trennscharfen Separierung der Bildformeln erweist sich schon in den beiden Abschriften des *Libellus*, die in Tommasos venezianischem Skriptorium entstanden, als unerfüllbar.[18] Zahlreiche Federzeichnungen, mit denen der *Tractatus de stigmatibus* versehen ist, sollen die Argumentation des Textes stützen.[19] Höhepunkt dieses Zyklus ist eine Bildseite, welche die vier zweifelsfreien Fälle einer christuskonformen Stigmatisation nebeneinanderstellt *(Abb. 134)*. Aufgabe dieser Darstellungen, so Tommaso, sei es, Gemeinsamkeiten wie Unterschiede der vier Stigmatisierungen zu demonstrieren und so ihre historische Wahrheit zum Vorschein zu bringen: die Gestalt des Visionsbildes, das Aussehen und die Lokalisierung der Wundmale, den Schauplatz und das Publikum des Geschehens.[20] Die von Cristoforo Cortese geschaffenen Zeichnungen indes verfahren mit Tommasos Kriterien sehr frei. So sind in der älteren Sieneser Handschrift links oben die von Tommaso gerügten Strahlen zu sehen, welche den Seraph-Christus und Franziskus verbinden. Noch erstaunlicher ist, dass die Strahlen im vierten Bildfeld, das Katharinas Stigmatisierung zeigt, vollständig fehlen, während die Stigmata, die Tommaso zufolge unsichtbar bleiben müssten, gut erkennbar auf den Handflächen eingetragen wurden.[21]

Worauf sind diese unübersehbaren Differenzen zwischen Zeichnung und Text zurückzuführen? An Kommunikationsproblemen zwischen Tommaso und Cortese kann es jedenfalls kaum gelegen haben. Das Sieneser Manuskript ist vom Autor sorgfältig durchkorrigiert. Kurz darauf wurde mit dem heute in Bologna aufbewahrten Manuskript eine Reinschrift erstellt, in der Cortese die „Irrtümer" seiner ersten Version weitgehend beibehalten durfte *(Abb. 135)*.[22] Die einzige signifikante Änderung wurde am vierten Bild vorgenommen: Auch Katharina wird jetzt über Strahlen mit der Erscheinung des Gekreuzigten verbunden.

Corteses Änderung der Katharinen-Szene zeigt, dass die Bilder des *Libellus* gerade nicht die zu erwartenden textkonformen Ikonographien der Stigmatisierung bieten, sondern eigene Argumente zum Verhältnis von Katharina und Franziskus beisteuern. In den Bildern des Sieneser Manuskripts scheint es das vordringliche Ziel gewesen zu sein, Franziskus und Katharina als idealtypische Beispiele einer äußeren und einer inneren Stigmatisierung möglichst weit auseinanderzuhalten. Wenn Katharina die Strahlen an Franziskus „abgeben" musste, dann offenkundig deshalb, weil diese zu sehr mit der Vorstellung einer Transformation des äußeren Körpers verknüpft waren. Das Unsichtbarmachen der Strahlen bedeutet aber nicht, dass die gesamte innere Seite der Stigmatisierung Katharinas ausgeblendet worden wäre: Mit der Erscheinung des Gekreuzigten wie auch den Stigmata selbst bekommen die Betrachter ja zwei Elemente zu sehen, die nach Raimunds Bericht den anwesenden Zeugen verborgen geblieben waren. Entscheidendes Ziel Corteses war es also, die Verbindung zu kappen, die von der Erscheinung zum Körper Katharinas führte. Bei der Konzeption des Bologneser Manuskripts war man gleichwohl unzufrieden mit der Abtretung der Strahlen. Katharina sollte jetzt in wesentlichen Zügen dem üblichen Bildtypus der Franziskus-Ikono-

Abb. 134 Cristoforo Cortese, Franziskus, Helena von Ungarn, Walter von Straßburg und Katharina von Siena, Libellus de supplemento, 1411/17, Siena, Biblioteca Communale, Ms. T. I. 2, p. 81

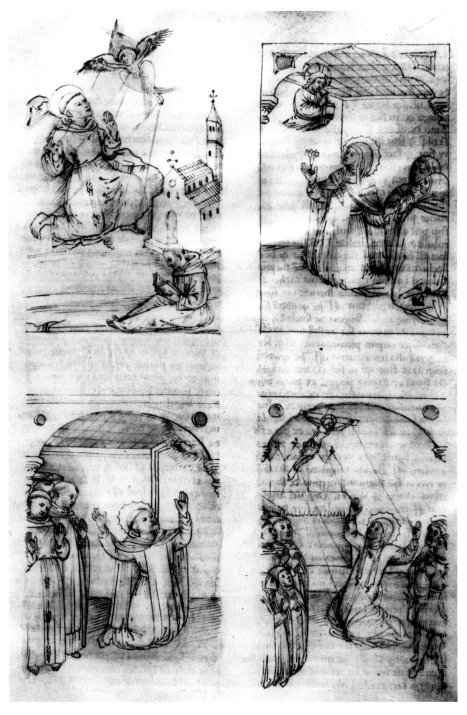

Abb. 135 Cristoforo Cortese, Franziskus, Helena von Ungarn, Walter von Straßburg und Katharina von Siena, Libellus de supplemento, um 1420, Bologna, Biblioteca Universitaria, Ms. 1574, fol. 29r

graphie angenähert werden. Die beiden restlichen Bildfelder mit Helena von Ungarn und Walter von Straßburg unterstreichen dann durch ihre gänzliche Andersartigkeit noch den exklusiven Charakter dieser Parallele.

Unterschiedliche Sichtbarkeitsmodelle

In gewisser Hinsicht umkreisen alle Bilder der Stigmatisierung Katharinas dieses Paradox, welches mit dem Verhältnis zwischen dem innerlich erfahrenen Visionsbild und der Ebene des äußerlich Beobachtbaren zu tun hat. Die von Tommaso angestoßene Bildproduktion jedenfalls deckt nahezu die komplette Bandbreite möglicher Lösungen ab. So präsentieren die ältesten Abschriften der *Legenda maior*, die das sog. Caffarini-Skriptorium fertigte, Katharina in gesteigerter Franziskus-Ähnlichkeit: Die rot-goldenen Strahlen zwischen der Erscheinung des Gekreuzigten und der Seligen verlaufen alle in diagonaler Überkreuzung, so dass der mittlere Strahl rechts und nicht links auf Katharinas Brust trifft *(Taf. LX)*.[23]

Mit dem entgegengesetzten Extrem konfrontiert uns das Polyptychon der fünf seligen *mantellate* in Murano *(Abb. 136)*.[24] Wie Gaudenz Freuler vermutet, handelt es sich um ein Altarbild für das Dominikanerinnenkloster Corpus Christi in Venedig, das Tommaso beim Sieneser Maler Andrea di Bartolo bestellte. Da Katharina die Mitte der Fünfergruppe einnehmen darf, erhält auch die ihr zugeordnete Stigmatisierung in der Predellenzone einen besonders herausgehobenen Platz. Umso mehr überrascht die Zurückhaltung, mit der das Ereignis in Pisa geschildert wird: Das Visionsbild bleibt auf die schwebende Christusfigur beschränkt, auf die Darstellung der verbindenden Strahlen wurde ebenso verzichtet wie auf die der Wundmale.

Dass es hier überhaupt um eine Stigmatisierung gehen sollte, konnten Betrachter lediglich der Haltung Katharinas entnehmen, die auf die Franziskus-Ikonographie zurückgreift. Zugleich wird das visuelle Verknüpfungspotential der Bildfelder innerhalb des Polyptychons genutzt, um die wahre Bedeutung des partiell unsichtbaren Geschehens zu erhellen. Die drei mittleren Szenen der Predellenzone, die sich in nahezu identisch aufgebauten Innenräumen abspielen, können als sukzessive Annäherung an das Ideal körperlich-seelischer *christoformitas* gelesen werden: Vanna da Orvieto (links) wird beim Gebet vor einem Kruzifix in eine kreuzähnliche Körperstarre versetzt. Margherita da Città di Castello (rechts) weist dem Bild des Gekreuzigten ihr Herz vor, in dem man posthum kleine Bilder der Geburt Christi entdeckte.[25] Bei Katharina schließlich scheint das Kruzifix von seinem Standort auf dem Altar in einen rahmenüberschreitenden Schwebezustand versetzt.[26] Die Verlebendigung des Altarbildes ist das sichtbare Echo der für den Betrachter unsichtbaren Einprägung der Wundmale.

Im Hauptbild über der Predella wird die Spannung um die Unsichtbarkeit der Stigmata nochmals in eine andere Richtung gelenkt: Katharina hält dort zwei Schriftstücke (ihre *Dialoghi* und ihre Briefe) so in ihren Händen, dass die Handinnenseiten verdeckt werden. In einer eigentümlichen Ostentation werden die Hände als Träger

Abb. 136 Andrea di Bartolo, Polyptychon mit Katharina, Giovanna da Firenze, Vanna da Orvieto, Margherita di Città di Castello, Daniela da Orvieto, um 1395, Murano, Museo Civico Vetrario

der Wundmale vorgezeigt, diese selbst aber dem Einblick der Betrachter entzogen. Der eigentliche Abdruck, den Gott in Katharina hinterlassen hatte, so konnten die Betrachterinnen der Tafel folgern, waren die Schriften der von einer Geisttaube inspirierten Autorin.[27]

12.3 Bildkonzepte im Umbruch
Stigmata-Bilder nach der Heiligsprechung

Hält man sich an die Gesamtzahl der erhaltenen Darstellungen, dann verpuffte Tommasos Bildoffensive weitgehend wirkungslos.[28] Eine Produktion von Stigmatisierungsbildern in größerem Stil kam erst mit der lange ersehnten Kanonisation durch den aus Siena gebürtigen Pius II. Piccolomini in Gang, der am 29. Juni 1461 die kultische Verehrung Katharinas offiziell bestätigte. Aus verschiedenen Gründen jedoch war gerade dieses Datum der Auslöser für einen hartnäckigen Streit um die Stigmata, den die Dominikaner bis ins 17. Jahrhundert gegen die Franziskaner und verschiedene Päpste auszufechten hatten.[29] Im Zentrum dieser Kontroverse standen Bilder, die Katharina nicht nur als Heilige, sondern auch als Stigmatisierte darstellen.

Bereits am Tag der Heiligsprechung selbst startete der franziskanische Bischof Roberto Caracciolo da Lecce in der Grablege Katharinas, der römischen Kirche Santa Maria sopra Minerva, einen Frontalangriff auf die Wundmale der neuen Heiligen:

Nähme man Raimunds *Legenda maior* und vergleichbare Schriften zum Maßstab, so führte er in seiner Festpredigt aus, dann könne man für Katharina höchstens von einer Stigmatisierung niederen Grades sprechen.[30] In den hagiographischen Texten sei nur vom Schmerz die Rede, den sie in ihrer Ekstase empfand, nicht aber von jenen äußeren Zeichen, die am Körper des Franziskus sichtbar wurden.[31] Die Kritik des Predigers galt daher in erster Linie den Bildern, welche Katharina trotzdem mit körperlichen Wundmalen auszeichnen:

> *Im Hinblick auf diese Vision ließen einige vielerorts die selige Katharina malen, wie sie die Stigmata von Christus empfängt. Dies wäre vielleicht hinnehmbar, wenn sie es mit der Absicht getan hätten, dass durch Sichtbares das Unsichtbare erkannt werde und mit Hilfe jenes sichtbaren Gemäldes der unsichtbare, aber fühlbare Schmerz bezeichnet würde, obgleich daraus der Irrtum folgt, zu glauben, dass sie die Stigmata sichtbar empfangen habe. Aber wenn es geschieht, damit sie so dem seligen Franziskus angeglichen werde, dem bis heute allein auf einzigartige Weise die Wundmale von der Gottheit eingedrückt wurden, dann ist es allerdings tadelnswert. Denn wie ich schon in der Predigt über die heiligen Wundmale des seligen Franziskus sagte [...]: Ihm wurden die Stigmata sowohl sichtbar wie spürbar von Christus eingedrückt. [...] Die höchsten Päpste Gregor IX. [...] und andere, die die Stigmata anerkannten, legten jeweils Zeugnis davon ab, dass diese durch ein Wunder auf die Füße, die Hände und die Seite des Franziskus gemalt worden sind, von jenem weisesten der Künstler, der Himmel und Erde geschaffen hat.[32]*

In seiner polemischen Absicht scheint Fra Roberto nicht viel mehr zu bieten als eine Neuauflage von Tommasos Paragone der Stigmatisierten unter umgekehrten Vorzeichen. Deutlicher als alle Autoren vor ihm spricht er jedoch die zentrale Crux aller Stigmatisierungsbilder an: Das eine ist die Natur der Stigmata selbst, die für den äußeren Betrachter sichtbar oder unsichtbar sein können. Das andere sind die Bilder, welche den Vorgang der Stigmatisierung auf eine visionäre Erscheinung zurückführen. Das jahrhundertealte Grundprinzip mittelalterlicher Visionsdarstellungen „durch Sichtbares das Unsichtbare" erkennbar zu machen, wird in diesem Fall zum Problem, weil nunmehr zwei Sichtbarkeitsebenen und zwei Bildkonzepte miteinander kollidieren: die Ebene der unsichtbaren Visionserfahrung, die vom Gemälde in Gestalt eines Lageplans künstlich sichtbar gemacht wird, und die Ebene der körperlich sichtbaren Realität, die vom Gemälde aus der Perspektive eines Augenzeugen simuliert wird.

Zwischen Anpassung und Provokation
Bildproduktion und Bilderstreit

Blickt man auf die Bilder, die anlässlich der Kanonisation in Siena in Auftrag gegeben wurden, gewinnt man den Eindruck, dass sich selbst die Anhänger des Katharinen-Kults unsicher über die künftigen Strategien der Bildproduktion waren. Vecchiettas monumentales Fresko im politischen Zentrum der Stadt, der Sala del Mappamondo des Palazzo Pubblico, bietet eine gleichermaßen selbstbewusste wie elegante Lösung

Abb. 137 Vecchietta, Katharina von Siena, 1460/61, Siena, Palazzo Pubblico, Sala del Mappamondo

für die Darstellung des stigmatisierten Heiligenkörpers *(Abb. 137)*.³³ Katharina trägt unübersehbar große, rot strahlende Wundmale, und dies (im Hinblick auf die Position der Brustwunde) in völliger Konformität mit Franziskus und Christus. Im Gegensatz zu den Wundmalen des Franziskus ist ihr edelsteinartiges Funkeln auch an den Körperpartien sichtbar, die vom Gewand und den Schuhen bedeckt sind. Trotz der roten Farbe handelt es sich also nicht um äußerliche Körperzeichen, sondern um innere Male, die durch die sie bedeckenden Kleidungsstücke hindurchleuchten.

Bei Ereignisbildern der Stigmatisierung, dies haben wir oben sehen können, lagen die Dinge ungleich komplizierter. Gleichwohl überrascht es, wie zurückhaltend der erste Katharinen-Zyklus Sienas in diesem Punkt agiert *(Abb. 138)*.³⁴ Giovanni di Paolo, der die Bildfolge im Auftrag der Zunft der Pizzicaiuoli für das Ospedale di Santa Maria della Scala schuf, machte in der Stigmatisierungsszene weder die Strahlen noch die Wundmale sichtbar. Analog zu der bereits von Andrea di Bartolo eingeschlagenen Linie verlagerte er die Andeutung des visionären Geschehens ganz auf die Ebene der szenischen Dynamik, genauer auf die gestische Angleichung Katharinas an den Gekreuzigten und auf die scheinbare Lebendigkeit des Christus-Körpers, die durch den Kontrast mit dem unfigürlichen Kreuz aus leblosem Metall noch einmal akzentuiert wird.

Abb. 138 Giovanni di Paolo, Stigmatisierung Katharinas (aus der Pala dei Pizzicaiuoli), nach 1461, New York, Metropolitan Museum, Robert Lehman Collection, Inv. Nr. 1975.1.34

Abb. 139 Stigmatisierung Katharinas, Legenda maior, 1466, Berlin, Kupferstichkabinett, Ms. 78 A 14, fol. 39r

Die Zurückhaltung, die man sich in den italienischen Zentren des Katharinen-Kults auferlegte, ist zusammenzusehen mit der wesentlich offensiveren Behandlung des Themas nördlich der Alpen. So nahm die in Nürnberg entstandene Handschrift mit der deutschen Übersetzung der *Legenda maior* eine Angleichung an die Franziskus-Ikonographie vor, wie sie in Italien nie denkbar gewesen wäre *(Abb. 139)*:[35] Provozierend an dieser Darstellung waren nicht allein die (sichtbaren) Stigmata und die (blutroten) Strahlen, auch die visionäre Erscheinung des Gekreuzigten in Gestalt des Seraphs und die Kulisse der Szene wurden vollständig in jenen Bereich transferiert, der bisher ausschließlich Franziskus vorbehalten war – in all diesen „Verstößen" entsprach diese Darstellung ziemlich genau dem, was Tommaso als „falsche" Darstellung des Ereignisses verurteilt hatte.

Es ist für uns nicht mehr nachvollziehbar, ob es Bilder von der Art der Nürnberger Miniatur waren, welche in den letzten Jahrzehnten des 15. Jahrhunderts für eine nochmalige Verschärfung des Streits um die Stigmata sorgten. Fest steht, dass der Franziskaner Sixtus IV. sich in den 1470er Jahren das Interesse seines Ordens zu eigen machte und mehrfach ein Verbot aller Bilder dekretierte, welche Katharina mit sichtbaren Wundmalen zeigten.[36] 1478 mussten sich die Dominikaner diesem Druck beugen und in ihrem Generalkapitel zusichern, keine derartigen Darstellungen mehr in Auftrag zu geben.[37] Da die Folge päpstlicher Dekrete auch unter Innozenz VIII.

Abb. 140 Guidoccio Cozzarelli, Bicchernen-Tafel mit Stigmatisierung Katharinas, 1499, Siena, Archivio di Stato, Biccherna Nr. 47

nicht abriss, dürfte der Erfolg dieser Verbote eher begrenzt gewesen sein. Gleichwohl ist auffällig, dass die Zahl der Darstellungen erst gegen Ende des 15. Jahrhunderts sprunghaft zunahm, als sich das Klima unter Alexander VI. merklich zu entspannen begann.[38]

Rückeroberung verlorenen Terrains
Sienesische Katharinenbilder um 1500

Um 1500 entschlossen sich die Anhänger Katharinas in Siena zu einer offensiveren Gangart, welche die Stigmatisierungsbilder von den bisherigen Restriktionen emanzipierte. Zwar entfalteten die offiziellen kirchlichen Vorbehalte weiter dahingehend Wirkung, dass die meisten Darstellungen nach wie vor auf die Sichtbarmachung der Wundmale verzichteten. Doch im Gegenzug griff man das lange verpönte Strahlenschema auf, das die direkte Einwirkung des Visionsbildes auf den Visionärskörper sichtbar machen konnte. In Verbindung damit entschied man sich, die visionäre Erscheinung konsequent als Verlebendigung eines Kruzifixus zu inszenieren, der sich Katharina vom Altartisch entgegenneigte. Nach und nach kristallisierte sich so ein Bildformular heraus, das bei aller Nähe zur Franziskus-Ikonographie ein klares eigenes Profil aufwies.

Spuren am inneren Körper 343

Abb. 141 Bernardino Fungai, Stigmatisierung Katharinas, 1495/97, Siena, Santa Casa di Santa Caterina, Oratorio della Cucina

Abb. 142 Giacomo Pacchiarotti, Stigmatisierung des Franziskus, frühes 16. Jahrhundert, Siena, Pinacoteca Nazionale, Inv. Nr. 406

Bemerkenswert wegen ihrer apologetischen Züge ist eine Bicchernen-Tafel von 1499 *(Abb. 140).*[39] Sie bietet hinter und neben Katharina externe Instanzen der Beglaubigung auf, welche die Faktizität der Stigmatisierung bestätigen sollen: zwei *mantellate*, die als Augenzeugen des wundersamen Geschehens fungieren, und auf einer zweiten Darstellungsebene die Nischenfigur Pius' II., die dem Betrachter ein Spruchband mit den Worten STIMATA PASSA FUIT entgegenhält.[40] Die Leerstellen der Stigmata sollen gewissermaßen mit dieser autoritativen Aussage aufgefüllt werden. In ungewöhnlicher Deutlichkeit wird die Autorität des Piccolomini-Papstes gegen diejenige seiner Nachfolger ausgespielt, die sich Katharina weniger wohlgesonnen zeigten.[41]

Im Auftrag der Compagnia di Santa Caterina schuf Bernardino Fungai 1495/97 das erste Retabel mit der Stigmatisierung im Hauptfeld *(Abb. 141).*[42] Dass der Empfang der Stigmata als Gegenstand für das wichtigste Bild im Versammlungsraum der Bruderschaft ausgewählt wurde, ist ein wichtiges Indiz dafür, dass dieses Ereignis jetzt im Brennpunkt des sienesischen Katharinenkultes stand. Auch in diesem Fall ist eine autorisierende Instanz in das Bild eingefügt: Im Bogenfeld des Gemäldes schwebt die Stadtpatronin Maria mit einer Reihe von Heiligen. Sie ist hier als ein zweites Visionsbild gegeben, das in erster Linie dazu da ist, den Betrachter zu adressieren und ihm die Wahrheit von Katharinas Körper-Vision zu bestätigen. Für das grundsätzliche Darstellungsproblem von Körper-Visionen ist jedoch eine andere Zutat bedeutsam, die Fungai als Kompensation für die unsichtbar bleibenden Stigmata anzubieten hat: Die Rückwand des Kapellenraumes ist bis auf eine niedrige Brüstung komplett niedergelegt und gibt den Blick auf eine hügelig zum Meer hin

Abb. 143 Giacomo Pacchiarotti, Stigmatisierung Katharinas, frühes 16. Jahrhundert, Siena, Pinacoteca Nazionale, Inv. Nr. 406

abfallende Landschaft frei. Diese Öffnung der Bildbühne in einen Außenraum steht in deutlichem Widerspruch nicht nur zum Bericht der *Legenda maior*, sondern auch zu den Gepflogenheiten der Bildtradition. Gerade die aus „realistischer" Perspektive unmotivierte und viel zu niedrige Brüstung hinter Katharina kann deshalb als Schwelle in den Bereich eines anderen Sehens aufgefasst werden, der wie ein „Bild im Bild" die innere, dem äußeren Blick verborgene Seite der Stigmatisierung sichtbar macht. Bereits in der Geschichte der Franziskus-Ikonographie war der Außenraum ein wichtiges Element für die Neudefinition der *visio corporalis* gewesen. Auch bei Fungai, so scheint es, ist die Landschaft dazu da, die körperliche Realität der Vision anzuzeigen, die nun allerdings auf eine Sichtbarkeitsebene verlegt wird, die dem Blick des Augenzeugen entzogen ist. Die entscheidende Qualität dieses von einem erhöhten Standpunkt gesehenen Küstenpanoramas ist nicht ein irgendwie geartetes ikonographisches Sinnangebot (etwa der anonymen Nebenszenen im Mittelgrund), sondern die Eröffnung eines Tiefenraumes, der den Blick in weit entfernte Regionen schweifen lässt – bis hin zum Horizont, der hier wohl nicht von ungefähr auf eine Linie mit den Augen Katharinas gebracht ist.[43]

Die Erweiterung des Bildraumes um einen Landschaftsausblick stimulierte alle wichtigen Darstellungen der nächsten Jahrzehnte. In einem Paar von Predellentafeln, die eine Pietà flankieren, entwarf Giacomo Pacchiarotti eine Gegenüberstellung mit dem „Urbild" der Stigmatisierung des Franziskus, die in ihrer didaktischen Eindeutigkeit äußerst instruktiv ist *(Abb. 142–143)*:[44] Hier die freischwebende Erscheinung, dort das verlebendigte Artefakt des Gekreuzigten, hier die blutroten, dort die leuchtenden Strahlen, hier die seitenrichtige, dort die spiegelverkehrte Zuordnung der Wundmale, hier schließlich auch die freie Landschaft, dort der Landschaftsausblick aus einem Innenraum. Gerade in der Kontrastierung mit Franziskus wird deutlich, dass die Landschaft jenseits des Innenraums als metaphorische Repräsentation derjenigen Prozesse aufgefasst werden soll, welche die Wundmale von innen her in den Körper Katharinas eindrücken. Während die Landschaft der Franziskus-Szene die schon auf den frühen Bildtafeln zu beobachtenden Qualitäten des Wilden, Zerklüfteten, Unwirtlichen behalten hat, wird durch die fünf (!) Arkaden hinter Katharina eine sanfte Ebene sichtbar, die in der perspektivischen Abstufung baumbestandener Hügel einen sich in weite Ferne dehnenden Raum eröffnet.

Anzeichen der Ekstase
Ein neues Körperkonzept bei Domenico Beccafumi

Die mit Abstand avancierteste Umsetzung des Themas jedoch gelang zweifellos Domenico Beccafumi mit seinem großformatigen Retabel für den Benediktinerkonvent Monte Oliveto Maggiore *(Taf. LXI)*.[45] Die Stigmatisierungsszene ist hier in einen Rahmen gestellt, der dem Bildtyp der *sacra conversazione* entlehnt ist: eine offene Loggia, vor deren Pfeilern Benedikt und Hieronymus postiert sind.[46] In Verbindung mit der Marienerscheinung in der Gewölbezone sorgen diese Elemente erneut für eine offiziöse Einfassung der Stigmatisierung, die hier sehr stark auf die Schriftautorität männlicher Kirchenvertreter abgestellt ist.[47] Von diesem statischen Umfeld hebt sich das in den Mittelgrund gerückte Visionsgeschehen durch seine dramatische Intensität ab. Jedes Detail ist sorgfältig eingeplant und hat seine eigene Bedeutsamkeit: eine Beleuchtungssituation, die das Kruzifix in tiefes Dunkel taucht und Katharina hell anstrahlt, der zu Boden geglittene Mantel, der die Erregung der Heiligen anzeigt, die zum Altar mit dem vornüber geneigten Kruzifix hindrängende Haltung, die den starren Orans-Gestus der älteren Bilder hinter sich lässt. Zwischen dem Körper der Heiligen und dem Kruzifix besteht keine sichtbare Verbindung. Der eigentliche Clou aber ist die Anordnung der Handflächen, die dem Einblick des Betrachters geschickt entzogen werden. Die Unsichtbarkeit der Stigmata wird hier zu einer perspektivischen Leerstelle, es bleibt dem Rezipienten überlassen, sich die Stigmata in derjenigen Ausprägung vorzustellen, die er für angemessen hält.

Auch bei der Entfaltung des metaphorischen Potentials der Hintergrundlandschaft beschritt Beccafumi neue Wege: Nicht nur verliert sich die Landschaft in einem duftig gemalten *sfumato* und nimmt so Qualitäten des „Wolkigen" und Unbestimmbaren an, ihr wird in Gestalt einer zweiten, hinter der Loggia am Boden kauernden *mantellata* eine Figur zugeordnet, die es den Betrachtern erleichtern soll, den Stellenwert der Landschaft einzuordnen: Schlafend, den Kopf in Traumpose in den Arm gestützt, leitet sie dazu an, die dunstig verfließende Flusslandschaft als Visualisierung eines im Schlaf geschauten Bildes wahrzunehmen, das die verborgene innere Seite des Visionsgeschehens offenbart.[48] Auf diese Träumerin hat Beccafumi die außergewöhnlich niedrige Augenhöhe des Bildes abgestimmt, so dass Katharinas Körper von der

Abb. 144 Rutilio Manetti, Stigmatisierung Katharinas, 1630, Siena, Oratorio del Santissimo Crocefisso

Waagerechten des Horizonts in zwei Hälften geteilt und die Vision selbst als Erfahrung an der Grenze zwischen Erde und Himmel fassbar gemacht wird.

Beccafumis Interpretation des so schwierigen Themas der unsichtbaren Stigmatisierung deutet Tendenzen der frühen Neuzeit an, die uns helfen können, im Blick zurück die spezifischen Merkmale der mittelalterlichen Körper-Vision zu definieren. Klar ist, dass die Darstellung der Vision hier ganz und gar auf die Außenperspektive eines Augenzeugen ausgerichtet wird und deshalb auf potentiell missverständliche Elemente wie Stigmata und Strahlen verzichten kann. Als Supplement dieser Simulation eines äußeren Blicks, der bei Raimund nur eine von zwei Erzählperspektiven war, erweitert die dunstige Hintergrundslandschaft die Darstellung um eine zweite, metaphorische Sehebene. Zukunftsweisend ist Beccafumis Tafel aber darin, dass sie den Körper Katharinas selbst wie eine Landschaft modelliert, die als Ausdrucksträger des Visionserlebnisses dient.

Die 1630 von Urban VIII. ausgesprochene Anerkennung der Stigmata Katharinas war letzten Endes ein verspäteter Erfolg, der die Dominikaner, etwas überspitzt ausgedrückt, mit einem Privileg ausstattete, dessen die Visionskunst der Zeit gar nicht mehr bedurfte. So zeigt die offizielle Standarte Rutilio Manettis *(Abb. 144)* anlässlich des Ereignisses natürlich die jetzt endlich zugestandenen Wundmale, die durch Strahlen mit der *croce dipinta* aus Pisa verbunden sind, der man nunmehr die Stigmatisierung zuschrieb.[49] Doch die hauptsächliche Aufmerksamkeit des Malers gilt den Symptomen der Ekstase, die auf der Oberfläche von Katharinas Körper (einschließlich ihrer Gewandung) zu beobachten sind.[50] Bezeichnenderweise schenkt die *mantellata* an Katharinas Seite weder dem Visionsbild noch den von ihm ausgehenden Strahlen und Stigmata Beachtung, sondern allein dem Antlitz Katharinas, in dem die geschlossenen Lider und der halb geöffnete Mund einen Zustand der geistigen Entrückung an der Grenze zwischen Leben und Tod indizieren. Der dauerhaften Spuren in Gestalt der Wundmale bedarf es in dieser Konzeption letztlich gar nicht mehr, die Funktion der Beglaubigung wird von der überzeugenden Darstellung des Visionsaktes übernommen.[51]

Anmerkungen

1 Siena, San Domenico, Cappella delle Volte. Fresko, 139 x 61,5 cm. Vor 1667 befand sich das Fresko neben der Cappella delle Volte an der Langhauswand. Die genaue Datierung ist umstritten. Diega Giunta nimmt eine Entstehung unmittelbar nach dem Tod Katharinas an, wobei sie sich auf eine Zeugenaussage im *Processo Castellano* stützt, vgl. DIES., L'affresco di Andrea Vanni, in: BIANCHI/GIUNTA 1988, S. 155–158. Ingeborg Bähr bringt das Fresko mit der testamentarischen Verfügung Giovanna Piccolominis vom August 1383 in Verbindung, welche die Errichtung eines Altars zu Ehren Katharinas in San Domenico vorsah. Da Andrea Vanni 1383–85 in Neapel arbeitete, plädiert sie für eine Entstehung in der zweiten Hälfte der 1380er Jahre, vgl. BÄHR 1984; DIES., Fresko im Bildtabernakel, in: KIRCHEN VON SIENA 1985ff, Bd. 2 (1992), S. 546–547.

2 Eine kritische Edition liegt nicht vor, im Folgenden wird zitiert nach der neuen zweisprachigen Edition der Nürnberger Handschrift Cent. IV, 75 (RAIMUND 2004). Zu Raimunds Rolle als Hagiograph Katharinas vgl. BOESCH GAJANO/REDON 1982; SCOTT 1999.

3 „Subito nobis uidentibus corpusculum eius, quod prostratum iacuerat, se pauliper erexit et super genua stans brachia extendit et manus facie rutilante. Cumque sic diu staret totaliter rigidum et oculis clausis, tandem, acsi fuisset quasi letaliter uulneratum, nobis cernentibus cecidit quodammodo ininstanti. Et post paruam moram reducta est anima eius ad sensus corporeos." RAIMUND 2004, S. 272 (II.6.194, 36–40), dt. Übersetzung: ebd., S. 273–275.

4 „Noueritis pater, quod stigmata Domini Ihesu sua misericordia iam ego in corpore meo porto." RAIMUND 2004, S. 274 (II.6.195, 1–3), dt. Übersetzung: ebd., S. 275 (verändert).

5 „Ha, domine, Deus meus, non appareant, obsecro, cicatrices in corpore meo exterius, sufficit michi habere interius!" RAIMUND 2004, S. 274 (II.6.195, 10–12), dt. Übersetzung: Verf.

6 „Tunc ad huc me loquente, antequam dicti radij peruenissent adme, colorem sanguineum mutauerunt in splendidum et in forma pure lucis peruenerunt ad quinque loca corporis mei, manus scilicet et pedes et ad cor." RAIMUND 2004, S. 274 (II.6.195, 12–15). Gänzlich unerwähnt bleiben die Strahlen in Beschreibungen der Stigmatisierung, welche die Zeugen im sog. Processo Castellano (Venedig, 1415) liefern: Katharina empfängt die Stigmata „mirabili modo" (Agostino da Pisa, PROCESSO CASTELLANO 1942, S. 362), „invisibili modo" (Bartolomeo da Ferrara, ebd., S. 15), „ut […] nulla de his apparerent exterius signa in oculorum visione" (Bartolomeo Dominici, ebd., S. 314).

7 „Tunc ego: *Igitur non peruenit aliquis illorum radiorum ad latus dextrum?* At illa, *non*, inquit, *sed ad sinistrum directissime supra cor meum, nam linea illa lucida procedens a latere suo dextro non transuersaliter, sed recto tramite me percussit.* […] *Tantus et dolor, quem sensibiliter pacior in omnibus quinque locis, sed specialiter circa cor, quod […] non uidetur michi possibile uitam corpoream stare posse cum tanto dolore* […]." RAIMUND 2004, S. 274 (II.6.195, 16–23). Chiara Frugoni (FRUGONI 1992, S. 67–68; FRUGONI 1993, S. 118–121) liest diese Passage so, dass sich mit der Farbe auch die Richtung aller Strahlen von einem diagonalen zu einem geradlinigen Verlauf ändere – auf die Franziskus-Ikonographie bezogen: einen Wechsel von Giottos Fresko der Cappella

Bardi zurück zum Assisi-Schema. Gerade der mittlere Strahl, von dem die *Vita maior* ausschließlich spricht, kann jedoch keinesfalls *pars pro toto* für die anderen Strahlen genommen werden, wie gerade das Fresko in Assisi und die *Louvre-Pala* belegen.

8   Zur Verlobung vgl. RAIMUND 2004, S. 160–164 (I.12.114–117); zur Dornenkrone ebd., S. 224–226 (II.4.158); zur Seitenwunde ebd., S. 230–232 (II.4.163), S. 266 (II.6.187), S. 270 (II.6.191); zum Herzenstausch ebd., S. 256–258 (II.6.179–180); zum Nagel ebd., S. 272 (II.6.193).

9   Lediglich vom Herzenstausch bleibt Katharina eine kleine Narbe zurück, vgl. RAIMUND 2004, S. 258 (II.6.180).

10   Zu den *Legendae minores* vgl. JUNGMAYR 2004, S. xxxiii–xxxvi. Zum *Libellus* vgl. die Edition TOMMASO CAFFARINI 1974.

11   „Quantum ad primum est sciendum quod stigma, generaliter loquendo, potest accipi [...] pro qualibet cicatrice vel signo in corpore humano visibiliter vel invisibiliter, seu ad extra vel ad intra relictis, ex quovis vulnere, adustione, impressione, percussione, vel quovis alio modo ipsi corpori valente lesionem inferre [...]." TOMMASO CAFFARINI 1974, S. 122 (II.VII, 2966–2975). Zur Stigmatologie des *Libellus* vgl. BISOGNI 1999; MOERER 2003, S. 65–74.

12   Vgl. MEISS 1951 (1999), S. 200–207; FRUGONI 1992, S. 65–68; FRUGONI 1993, S. 216–222.

13   Vgl. auch ergänzend zur *Legenda maior* die Zeugenaussage des Bartolomeo Dominici im *Processo Castellano*: „visa est a circumstantibus manus et pedes extendere, sicut depingi consuevit B. Franciscus cum sacra stigmata scribitur recepisse." PROCESSO CASTELLANO 1942, S. 314.

14   Anders als in der Literatur mitunter dargestellt (vgl. u.a. MEISS 1951, S. 116; MOERER 2003, S. 1–2 und 36–38), enthält das frühe legendarische Material zu Katharinas Stigmatisierung keinen Hinweis darauf, dass die Vision vor einem Bild stattgefunden habe. Die Tradition, wonach die Kreuztafel aus Santa Cristina, welche 1565 nach Siena in das Oratorio di Santa Catarina in Fontebranda überführt wurde, die Vision der Stigmatisierung ausgelöst habe, bildete sich erst im Laufe des 15. Jhs. aus, vgl. Julia Schade/Matthias Quast, Baugeschichte. Das Oratorium des SS. Crocefisso, in: KIRCHEN VON SIENA 1985ff, Bd. 2 (1992), S. 102–117, hier S. 103. Zur Kreuztafel vgl. STEIN-KECKS 1990; Dies., Tafelkreuz, in: KIRCHEN VON SIENA 1985ff, Bd. 2 (1992), S. 260–262.

15   „Ubi beata Catherina de Senis depingeretur cum quinque stigmatibus visibilibus in manibus et in pedibus et cum apparitione seraphica non est bene factum, cum nec ex legenda sua aut ex alio quod ita fuerit reperiatur." TOMMASO CAFFARINI 1974, S. 156 (II.VII.2, 3959–3961).

16   „Ita consimiliter ubi beatus Franciscus depingatur cum stigmatibus sanguinolentis in manibus et in pedibus et apparitione radiorum sanguinolentorum ad quinque sui corporis loca pertingentium, etiam non videtur bene factum, pro quanto de dictis nec in legenda nec alibi fit aliqua mentio." TOMMASO CAFFARINI 1974, S. 156 (II.VII.2, 3963–3968).

17   Vgl. zur Abgrenzung der unterschiedlichen Modi der Stigmatisierung: „Quoniam dictus sanctus Franciscus illa recepit [...] nulla mentione facta de lineis, sive radiis sanguineis aut radiosis, sive de quavis locutione ad Crucifixum, recipendo illa comparentia et visibilia ad extra in quinque locis sui corporis. [...] Sed beata Catherina recepit illa [...] cum lineis primo deinde radiosis pertingentibus ad quinque loca sui corporis [...] absque tamen stigmatum comparentia visibili ad extra [...]." TOMMASO CAFFARINI 1974, S. 177–178 (II.VII.3, 4621–4638).

18   Siena, Biblioteca Communale, Ms. T. I. 2. Pergament, 29,5 x 22,0 cm, 112 Blatt. Inhalt: *Libellus de supplemento* (S. 1–192); Massimino da Salerno, *Legenda admirabilis beate Katherine de Senis* (S. 193–224). Vgl. FORALOSSO 1974, S. LV–LVII. Bologna, Biblioteca Universitaria, Ms. 1574, Pergament, 33,0 x 22,7 cm, 67 Blatt. Inhalt: *Libellus de supplemento* (fol. 1–67). Vgl. FORALOSSO 1974, S. LIX–LXVIII.

19   Zu den Zeichnungen vgl. FREULER 1987, S. 575–576; FRUGONI 1992, S. 70; BISOGNI 1999, S. 256–267; GIUNTA 1999, S. 329–333; MOERER 2003, S. 45–74 und 177–203. Zur Zuschreibung an Cristoforo Cortese vgl. HUTER 1980, S. 14.

20   „Et ideo, ut pateat modus decens depingendi iuxta supradicta scripta de eisdem, immediate post, has prefatas quattuor personas beatas duxi modo prefato hic depingendas, pro maiori evidentia veritatis." TOMMASO CAFFARINI 1974, S. 181 (II.VII.2, 4737–4741).

21   Dieser Widerspruch bereits bemerkt von FRUGONI 1992, S. 70 und BISOGNI 1999, S. 262, während GIUNTA 1999, S. 329–333 und MOERER 2003, S. 70 auf der Konformität mit dem Text beharren.

22   Zum Verhältnis der beiden Manuskripte aus paläographischer Sicht vgl. FORALOSSO 1974, S. LIX–LXVIII.

23   Venedig, 1405. Nürnberg, Stadtbibliothek, Cent. IV, 75. Pergament, 27 x 19,7 cm, 228 Blatt. Aufbau: Dominikanische Heiligenviten, die Ende des 15. Jhs. vorgebunden wurden (fol. 1–96r); *Legenda maior* (fol. 97r–198v); Tommaso Caffarini, *Tractatus de ordine poenitentia* (fol. 199r–218r). Zur Handschrift vgl. SCHNEIDER 1967, S. 278–280; JUNGMAYR 2004, S. xliii–xlv; zur Miniatur vgl. GIUNTA 1999, S. 333–334. Vgl. auch die etwas frühere Initialminiatur aus dem Caffarini-Skriptorium mit durchgängig roten Strahlen: Rom, Santa Sabina,

Archivio Generalizio dei Domenicani, Ms. XIV.24, fol. 55r. Vgl. Jungmayr 2004, S. xlvii mit Lit.; Giunta 1999, S. 334 mit Abb. 190.

24 Um 1395. Murano, Museo Civico Vetrario. Holz, 56 x 97 cm. Zu Lokalisierung, Datierung und Zuschreibung vgl. Gilbert 1983, S. 116; Freuler 1987; Freuler 1992, S. 490–494. Eine spätere Datierung ungefähr gleichzeitig mit den Manuskripten des *Libellus* in Siena und Bologna wird vertreten von Sergio Guarino, Ignoto italiano, in: Bianchi/Giunta 1988, S. 239–240 (Nr. 121). Vgl. auch Giunta 1999, S. 334.

25 Zu Margherita vgl. Laurent 1940, S. 127–128; Frugoni 1984, S. 214–215; Park 1998, S. 254–255.

26 Vgl. die Deutung als Bildwunder bei Krüger 1989, S. 189.

27 Freuler 1987, S. 573 und 576–577 weist darauf hin, dass die Originalmanuskripte der Briefe und der *Dialoghi* Teil des Reliquienschatzes bildeten, den Tommaso 1398 aus Siena nach Corpus Christi brachte.

28 Unter den erhaltenen Werken sind mir nur zwei weitere Fälle vor 1461 bekannt: die Abschrift des *Geistlichen Rosengartens* (deutsche Übersetzung der *Legenda Aurea*) Paris, Bibliothèque nationale, Ms. all. 34, die Hamburger 2005, S. 2 um 1430 datiert – die Stigmatisierung ist in der Eingangsinitiale von fol. 1 und auf fol. 57r dargestellt; ferner das Freskofragment eines unbekannten lombardischen Meisters um 1430/50 aus Santa Caterina in Brescia, heute Brescia, Pinacoteca Tosio Martinengo, vgl. Giunta 1999, S. 334.

29 Vgl. Giunta 1988, S. 79–80; Giunta 1999, S. 319–324.

30 Vgl. Cappelluti 1981, S. 504–507; Giunta 1999, S. 319–321.

31 „Inspexi legi et quidem sepius omnia quae scripta erant de laudibus huius sanctae, nihil aliud invenire potui, nisi quod superius expressum est de illo dolore quem tulit absque signis in suo exstacito [sic!] raptu. Et si nomine stigmatum dolorem illum intellegi volumus, non tamen in illo continentur et includuntur conditiones miracolose stigmatum beati francisci." Caracciolo 1490, S. 369.

32 „Ex visione peracta in plerisque locis nonnulli sanctam Katherinam suscipientem stigmata a Christo depingi fecerunt; quae si ea intentione id egerint, ut per visibilia invisibilia cognoscantur et per picturam illam visibilem dolor eius invisibilis licet sensibilis designetur; forte non obstante errore inde sequente, quo credi posset stigmata eam visibilia suscepisse, tolerari utique posset. Sed si hec facta sunt: ut sic equiparetur beato francisco cui soli usque in praesens singulari modo stigmata divinitate sunt impressa utique reprehensibile est. Nam ut dixi in sermone de sacris stigmatibus beati francisci. […] Fuerunt quippe stigmata et visibiliter et sensibiliter a Christo sibi impressa. […] Summi pontifici Gregor nonus […] et alii illa approbantes fatuntur singuli miraculo in Francisci pedibus, manibus et latere fuisse depicta, ab eo artifice sapientissimo qui creavit celum et terram." Caracciolo 1490, S. 369.

33 1460/61. Siena, Palazzo Pubblico, Sala del Mappamondo. Fresko. Vgl. Paola Puglisi, Lorenzo di Pietro, detto „il Vecchietta", in: Bianchi/Giunta 1988, S. 252–253 (Nr. 142); Moerer 2003, S. 124–125. Eine ähnliche Auffassung legt ein florentinischer Holzschnitt der 1460er Jahre an den Tag: London, British Museum, Department Prints and drawings. Papier, 24,9 x 18,8 cm. Vgl. Daniela Pagliai, Ignoto Fiorentino, in: Bianchi/Giunta 1988, S. 305 (Nr. 228).

34 Nach 1461. New York, Metropolitan Museum, Robert Lehman Collection, Inv. Nr. 1975.1.34. Holz, 27,8 x 20 cm. Gemeinsam mit 9 weiteren Katharinen-Szenen Teil eines in einzelne Bildfelder zerlegten Zyklus, dessen Rekonstruktion umstritten ist: Die ältere Forschung hält ihn aufgrund eines Quellenberichts aus dem 18. Jh. für die (nachträglich hinzugefügte) Predella der großen Pala, welche die Arte dei Pizzicaiuoli 1447 für Santa Maria della Scala in Auftrag gab, die neuere Literatur diskutiert aufgrund von Untersuchungen am Bildträger die Zugehörigkeit zu einem Vitenretabel. Vgl. Pope-Hennessy 1937, S. 56–58 und 130–133; Os 1984–90, Bd. 2, S. 123–125; Carl Brandon Strehlke, The Saint Catherine of Siena Series, in: Ausst. Kat. New York 1988, S. 218–224; Moerer 2003, S. 127–172.

35 Augsburg, 1466. Berlin, Kupferstichkabinett, Ms. 78 A 14. Papier, 110 Blatt. Vgl. Giunta 1999, S. 346.

36 „A paucis annis citra nonnulli religiosi quasdam sanctas et maxime S. Catharinam de Senis in regionibus ultramontanis et diversis aliis partibus sine consensu et approbatione dictae Sedis, et, ut creditur, sine rei veritate, cum Stigmatibus Christi, ad instar B. Francisci depingunt, et in publicis predicationibus asserunt eamdem S. Catharinam a Christo recepisse et verius quam ipse B. Franciscus, in praeiudicium veritatis et honoris praelibatae Sedis ac in derisum multorum populorum." Bulle *Spectat ad Romani* (6. September 1472), zit. nach: Bullarium franciscanum 1949, S. 138 (Nr. 331). Die Bestimmungen der Bulle werden wiederholt am 6. Juli 1475 (ebd., S. 355, Nr. 758) und am 28. Juli 1475 (ebd., S. 365, Nr. 769). Am 5. Februar 1476 werden die Verstöße gegen dieses Verbot bis zum Generalkapitel von Perugia straffrei gestellt (ebd., S. 414, Nr. 838).

37 Vorausgegangen war eine Aufforderung des Papstes, eine solche Entscheidung zu fällen (10. April 1478, Bullarium franciscanum 1949, S. 523–524). In einem Schreiben vom 3. Oktober 1478 zeigt sich Sixtus zufrieden mit dem Beschluss des Kapitels (ebd., S. 542, Nr. 1106), muss aber nur zwei Jahre später sein Verbot nochmals erneuern (19. Oktober 1480, ebd., S. 668, Nr. 1342). 1490 stellt ein Breve Innozenz' VIII. die bisherigen Verstöße

gegen Sixtus' Anordnung nochmals straffrei, bekräftigt aber das Verbot für die Zukunft (16. Juli, BULLARIUM FRANCISCANUM 1990, S. 706, Nr. 1887). Vgl. GIUNTA 1988, S. 80; GIUNTA 1999, S. 322.

38 Im Zusammenhang mit der von Alexander untersuchten und schließlich offiziell approbierten Stigmatisierung der Dominikaner-Nonne Lucia da Narni. Lucia, die ihre Stigmata am 24. Februar 1496 erhielt, erklärte während der Untersuchung, dass „S. Caterina da Siena con preghiere e suppliche aveva ottenuto dal N.S. Gesù Cristo che stimate di essa Lucia fossero visibili e palpabili, per fede e testimonianza delle stimate della medesima S. Caterina." GIUNTA 1999, S. 323 nach der mir nicht zugänglichen Monographie G. Brugnola, *La Beata Lucia da Narni del Terz'Ordine Domenicano*, Mailand 1935, S. 59–60.

39 1499. Siena, Archivio di Stato, Nr. 47. Holz, 50,4 x 38,5 cm. Vgl. Enzo Carli, Le stimmate di santa Caterina, in: BORGIA u.a. 1984, S. 200; Cecilia Alessi, Guidoccio Cozzarelli, in: AUSST. KAT. AVIGNON 1992, S. 278–279 (Nr. 128); GIUNTA 1999, S. 336–337.

40 Die Inschrift zitiert ein Gedicht, das Pius II. auf Katharina verfasste, vgl. GIUNTA 1999, S. 336.

41 Die Initiative zur Wahl des Bildmotivs wie auch seiner Gestaltung dürfte von Iacomo und Antonio Piccolomini ausgegangen sein, deren Wappen und Namen auf der Tafel erscheinen.

42 Um 1495/97. Siena, Santa Casa di Santa Caterina, Oratorio della Cucina. Holz, heutige Maße des gesamten Retabels 469 x 339 cm. Vgl. BACCI 1947, S. 47–83; Peter Anselm Riedl, Altarbilder, in: KIRCHEN VON SIENA 1985ff, Bd. 2, S. 203–206; GIUNTA 1999, S. 337.

43 Allgemein zur „Poesie der Ferne" in der italienischen Malerei vgl. KRÜGER 2001.

44 Frühes 16. Jh. Siena, Pinacoteca Nazionale, Inv. Nr. 406. Holz, Maße der Predella 37 x 193,5 cm. Die gesamte Predella umfasst drei Szenen, in der Mitte die Pietà, links die Stigmatisierung des Franziskus, rechts diejenige Katharinas. Die Predella gehörte zu einem Retabel für die Kirche Santo Spirito in Siena, im Hauptfeld befand sich die Himmelfahrt Mariens zwischen Franziskus und Katharina. Vgl. ANNA MARIA GUIDUCCI, Giacomo Pacchiarotti, in: AUSST. KAT. AVIGNON 1992, S. 238–239 (Nr. 66); FRUGONI 1993, S. 220–221.

45 1514/14. Siena, Pinacoteca Nazionale, Inv. Nr. 417. Holz, 212 x 162 cm. Hauptbild eines Retabels für den Altar des hl. Benedikt in der Kirche des Benediktinerklosters Monte Oliveto Maggiore bei Siena. In der Predella drei weitere Katharinen-Szenen: Mystische Vermählung, Katharina empfängt die Kommunion von einem Engel, Katharina empfängt das Gewand der *mantellate*. Vgl. Michele Maccherini, Stigmate di Santa Caterina da Siena, in: AUSST. KAT. SIENA 1990, S. 110–112 (Nr. 9); GORDLEY 1992; TORRITI 1998, S. 72–74 (Nr. P11).

46 Vgl. GORDLEY 1992, S. 403.

47 Zu weiteren Implikationen der Hieronymus-Figur vgl. GORDLEY 1992, S. 404–408.

48 Bereits Barbara Gordley nennt den Ausblick hinter der Loggia „a metaphorical landscape" (GORDLEY 1992, S. 403), worunter sie allerdings eine auf den ersten Blick verborgene ikonographische Bedeutung einzelner Bestandteile, vor allem von Fluss und Brücke versteht, die sie auf Passagen aus Katharinas *Dialoghi* bezieht.

49 1630. Siena, Santa Casa di Santa Caterina. Vgl. Alessandro Bagnoli, Rutilio Manetti, in: AUSST. KAT. AVIGNON 1992, S. 237–238 (Nr. 65); GIUNTA 1999, S. 344–345.

50 Auch die Franziskus-Ikonographie kennt seit dem späten 15. Jh. Tendenzen, die in die hier diskutierte Richtung weisen. Prominente Beispiele hierfür sind Giovanni Bellinis Tafel von ca. 1480, New York, Frick Collection, vgl. MEISS 1964; DAVIDSON 1998, S. 119–121; WOHL 1999; sowie Caravaggios Gemälde von ca. 1594, Hartfort, Wadsworth Atheneum, vgl. MARINI 1974, S. 98–99 (Nr. 9).

51 Die Fokussierung des Visionsaktes in der barocken Visionsdarstellung am Beispiel von Velàzquez' *Johannes auf Patmos* (1619, London, National Gallery) herausgearbeitet von STOICHITA 1995 (1997), S. 116.

13 Abdruck und Virtualität
Die Gregorsmesse

In der zweiten Hälfte des 15. Jahrhunderts lief ein neuer Bildtypus schnell allen anderen Körper-Visionen, einschließlich der Stigmatisierung des Franziskus, den Rang ab: die um 1400 erfundene Gregorsmesse, zunächst vor allem auf Epitaphien vertreten, fand in den Medien des Einblattdrucks und des Retabels massenhafte Verbreitung.[1] Jüngere Untersuchungen zur Entstehungsgeschichte haben zeigen können, dass wir es – wie bei der Wurzel Jesse – mit einer genuinen Bilderfindung zu tun haben, die ihre Sprachfähigkeit daraus gewann, dass sie bereits eingeführte Bildvokabeln zu einer neuen Einheit kompilierte. Wichtigster unter diesen Bausteinen war die *imago pietatis*, ein Bildformular, das den von Wunden gezeichneten Körper Christi zum Gegenstand eindringlicher Betrachtung werden ließ. Mit der Erfindung der Gregorsmesse wurde aus dem Schmerzensmann das Bild einer Körper-Vision, einer Erscheinung, die zwar keine Spuren am Körper des Visionärs hinterließ, aber die Darstellung selbst, das Gemälde oder Relief mit heilswirksamer *virtus* begabte.[2] Eine bereits an Seuses *Exemplar* zu beobachtende Tendenz, die körperliche Dimension visionärer Erfahrung an das Darstellungsmedium zurückzubinden, fand in den Bildern der Gregorsmesse eine breite und langanhaltende Fortsetzung.

13.1 Der beglaubigte Körper
Die Anfänge der Gregorsmesse

Zahlreiche Epitaphien und Einblattdrucke, auf denen die Gregorsmesse dargestellt ist, sind mit lateinischen oder volkssprachlichen Subtexten ausgestattet. In erstaunlich standardisierter Form bieten sie den Betrachtern der Bilder zweierlei: eine Handlungsanweisung, die erklärt, wie man durch verschiedene Gebete „vor diser figur" zu einem bestimmten Ablass seiner Sündenstrafen gelangt, und eine Erzählung, die in knappen Worten vom Ursprung dieses Ablassinstituts berichtet. Möchte man Hintergrundinformationen zum Bildgegenstand der Gregorsmesse beziehen, muss man zunächst auf diese Erzählung rekurrieren. Die Rede ist dort zuallererst von einer „Erscheinung" Christi vor den Augen des Papstes Gregor, dem sich die Einrichtung des Ablasses verdankt.[3] Auf einem beliebig herausgegriffenen Holzschnitt um 1460/70 liest sich das Ganze folgendermaßen:

Vnnser herr ih[esu]s cr[istu]s erschin zu rom sant gregorien in der kirchen die da haist porta crucis vnd erschin im ob dem altar ierusalem vnd vmb der uberflüssigen frod wegen die er empfie[n]g gab vnd verlich all denen di knieent mit andacht in der er cristi vnd andachtenklich sprechent ain p[ate]r n[oste]r vnd ain aue maria vor diser figur allen aplas der da gehort zu der obgenante[n] kirchen [...].[4]

Die relative Gleichförmigkeit, mit der dieser Text seit ca. 1430 überliefert wurde, lässt eine weit kursierende Erzähltradition vermuten, von der sowohl die Produzenten wie die Rezipienten von Gregorsmessen eine generelle Kenntnis besessen haben dürften.[5] Einer genauen Lektüre kann allerdings nicht entgehen, dass die Ablassversprechen keine Bildbeschreibung einer Gregorsmesse liefern. Wie die *figur* beschaffen ist, vor der man das Gebet rezitieren soll, wird offengelassen.[6] Aus diesem Grund kann das beigefügte Bildformular ganz unterschiedlich aussehen. In einigen Fällen zeigen die Bilder nur einen Ausschnitt dessen, was üblicherweise auf einer Gregorsmesse zu sehen ist: allein Christus in Gestalt des Schmerzensmannes, nicht aber den heiligen Papst.[7]

Um beim Gebet in den Genuss des Ablassversprechens zu kommen, genügte es offenkundig, eine Darstellung der *imago pietatis* vor Augen zu haben. Für unser Verständnis der Gregorsmesse lässt sich daraus eine grundlegende Einsicht ableiten: Indem sie Papst Gregor als Gegenüber des Schmerzensmannes ins Bild rückt, hält die Gregorsmesse immer schon einen Überschuss bereit, der über die Anforderungen des Ablassversprechens hinausweist. Geboten und vom Betrachter wohl auch gefordert wird hier eine eigene, bildliche Erzählung vom Ursprung des Ablassinstituts.

Die Hinzufügung Papst Gregors lässt das Körper-Bild des Schmerzensmannes zum Gegenstand einer Körper-Vision werden. Doch aufgrund ihrer Genese als Ablassbild unterscheidet sich die Gregorsmesse von den anderen Körper-Visionen des Spätmittelalters. Im Folgenden geht es mir um eine systematische Bestimmung dieser Doppelnatur. Welche Strukturelemente sind es, welche die körperliche Dimension der Christuserscheinung konstituieren, und welche bringen die Funktion des Bildes als Ablass-Medium für den betenden Betrachter ins Spiel?

Doppelte Dialogizität

Zur Einführung in unsere Problemstellung eignet sich vorzüglich das frühe, um 1400 entstandene Wandbild im schweizerischen Schlans *(Abb. 145)*.[8] Im Zentrum des oberen Bildstreifens finden wir die wichtigsten Elemente versammelt, die in der Ursprungserzählung der Ablassstiftung eine Rolle spielen: Christus, einen Altar und Papst Gregor.[9] Die Anordnung dieser drei Komponenten bietet den Betrachtern ein rudimentäres topologisches Modell des Visionshergangs: Der Altar definiert den Ort, an dem die Vision stattfindet, als „heilig", das Gerät auf dem Altar – Buch, Kelch und Leuchter – stellt diesen Ort in den Kontext einer heiligen Handlung (der Messe). Die Haltung Gregors verkörpert eine besondere mentale Disposition des Visionärs (das

Gebet), während das Wolkenpodest, auf dem der Körper Christi ruht, eine Schwelle vor dem Visionsbild einzieht. All diese Merkmale kennzeichnen die besonderen Zugangsbedingungen, denen Gregor das Privileg einer Christus-Vision verdankt. Doch ist damit nur eine höchst fragmentarische Beschreibung des Schlanser Wandgemäldes geleistet. In die Vision über dem Altar mischen sich in großer Zahl verschiedene Fremdkörper: die über die gesamte Breite des Bildfeldes verteilten *arma Christi*.

Die Anordnung der *arma* um eine Christusfigur war den Schlanser Kirchgängern des späten 14. Jahrhunderts möglicherweise von anderen Bildern geläufig, die mit der Erscheinung vor Gregor überhaupt nichts zu tun hatten. Im Zentrum dieser Bilder stand der von Wunden gezeichnete, halb tote, halb lebendige Körper des Schmerzensmannes. Genau in dieser Gestalt hat auch der Maler der Gregorsmesse die Figur Christi dargestellt. Dabei hat er sich jenes erweiterten Katalogs der *arma* bedient, der neben den eigentlichen Werkzeugen der Passion – Kreuz, Rock, Säule, Lanze, Schwammstab, Leiter etc. – abbreviaturhaft auch verschiedene Akteure des Passionsgeschehens umfasst: Judas, der Christus küsst, Petrus mit dem Hahn der Verleugnungsszene, mehrere Schlaghände, einen Schergen, der Christus bespuckt usw.[10]

Die Komposition des Schlanser Wandbildes, so ist festzuhalten, resultiert aus einer Überlagerung zweier Bildmuster, denen zwei verschiedene Bildkonzepte zugrunde liegen: Das Bildmuster „Vision am Altar" folgt dem Bildkonzept des heilsgeschichtlichen Ereignisbildes, das Bildmuster „Schmerzensmann inmitten der *arma*" dem des memorativen Imaginationsbildes, beide konstituieren zwei verschiedene Zeitebenen. Doch keine der beiden Ebenen vermag die andere wie ein Rahmen vollständig in sich einzuschließen: Der Schmerzensmann wird zwar durch das Wolkenpodest zum Visionsbild, doch sind die *arma* hier und in vielen anderen Gregorsmessen kein Teil der Vision. Die Verbindung der beiden Formulare ist also nicht hierarchisch abgestuft, sondern parataktisch angelegt.[11] Ohne erkennbares Gefälle greifen zwei Systeme der Blickführung ineinander, die in der Figur des *vir dolorum* ihren Schnittpunkt finden: auf der einen Seite der Blick des Papstes auf Christus, der die visionäre Präsenz des Schmerzensmannes erfährt; auf der anderen Seite der Blick des Betrachters auf Christus, der eine imaginative Vergegenwärtigung der Passion vornimmt.[12]

Himmelsbild und Vera Icon

Die gängige Vorstellung vom Bildtyp Gregorsmesse ist von Darstellungen des späten 15. und des frühen 16. Jahrhunderts geprägt, als das Thema seine große Blüte in der Druckgraphik und der Retabelkunst erlebte. Für das Verständnis der spezifischen Visionskonzeption bieten jedoch gerade die frühen Beispiele, in denen die Erscheinung Gregors erstmals bildliche Gestalt annahm, den ergiebigeren Zugang. Vorwiegend handelt es sich um Wandgemälde oder Steinreliefs in Epitaphfunktion, die etwa zwischen 1390 und 1460 datieren. Ein lokaler Schwerpunkt der Bildproduktion jener Zeit liegt in Franken mit Zentrum Nürnberg.

Abdruck und Virtualität 355

Abb. 145 Rhäzünser Meister, Gregorsmesse, um 1400, Schlans, Sankt Georg

Als zentrales Merkmal der frühen Gregorsmessen fällt die Art und Weise ins Auge, in der Christus die Bühne des Bildes betritt: Die Mehrzahl der Darstellungen zeigt den Schmerzensmann als Halbfigur, deren unteren Abschluss ein Wolkensaum bildet *(Abb. 145–146, 148–149)*.[13] Christus wird so die Position eines schwebenden Darüber zugewiesen, das vom Unten der irdischen Sphäre klar distanziert ist. Neben der offenen Tumba bzw. neben einem Altar knien dort Gregor und meist auch ein Bischof im Gebet. Der Schwebezustand Christi kann sich auch auf Elemente wie die Begleitfiguren Maria und Johannes übertragen, die in der Frühzeit noch häufig an der Seite des Schmerzensmannes zu finden sind.[14] Im *Münnerstadter Epitaph* ist sogar der steinerne Sarkophag Christi von der Schwerkraft befreit, für Gregor und den Bischof bleibt ein Altarblock am Boden zurück *(Abb. 146)*.[15]

Der Wolkensaum, welcher hierbei eine so „tragende" Rolle übernimmt, ist in der spätmittelalterlichen Bildsprache das gängigste Mittel, um zwischen dem Bildort und dem Schauplatz einer visionären Erscheinung eine „Niveau-Abstufung" zu etablieren.[16] Das wellenförmige Wolkenband übernimmt die Funktion eines semiotischen Rahmens, der die Vision als ein Bild deklariert. Das derart Gerahmte, die Figur des Schmerzensmannes, war in der Bildkunst lange als eigenständiges Motiv präsent gewesen, bevor die ersten Gregorsmessen geschaffen wurden. Für eine bildtheoretische Bewertung ist damit zuallererst folgende Frage zu beantworten: Was macht den Unterschied zwischen dem älteren Bildtypus (Schmerzensmann allein) und dem jüngeren (Schmerzensmann als Vision vor Gregor)?[17]

Abb. 146 Gregorsmesse, Familien-Epitaph, um 1430, Münnerstadt, St. Maria Magdalena, Schunter-Kapelle

Charakteristisch für die autonome *imago pietatis* ist eine Perspektive des „close up", wie sie sich am stärksten in den halbfigurigen Formaten artikuliert *(Abb. 147).*[18] Der vom Kreuz Herabgenommene präsentiert sich den Betrachtern in quasi greifbarer Gegenwart. Die Nähe des Christus-Körpers erlaubt eine direkte Form der Ansprache, die zur Empathie in die Schmerzen der Passion einlädt.[19] Der Anblick des zugleich toten und lebendigen Christus sollte die Vergangenheit der Heilsgeschichte in die Gegenwart zurückholen und Betrachtern so einen direkten Zugang zum Gnadenpotential des Opfertodes ermöglichen.[20] Dieses nahsichtige Kommunikationsmodell trug den autonomen Darstellungen des Schmerzensmannes in der älteren Forschung die Klassifizierung als „Andachtsbild" ein.[21] Im Bildtypus der Gregorsmesse macht sich demgegenüber von Beginn an eine Distanzierung geltend. Der uns interessierende Wolkensaum hält die Figur des Schmerzensmannes in einer Position an der Schwelle zwischen Diesseits und Jenseits. Die Betrachter stehen vor einer Erscheinung, deren erster Adressat der im Bild dargestellte Gregor ist.

Das eben beschriebene Verhältnis innerbildlicher Adressierung lässt den Papst zum Zeugen und Verwalter jener Gnadenquelle werden, welche den Betrachtern in anderen Bildern (autonomer Schmerzensmann) unmittelbar zugänglich ist. In dieser dreistelligen Konstellation von Schmerzensmann, Papst und Betrachter ist jenes Strukturpotential angelegt, welches die Gregorsmesse zu einem der attraktivsten Ablassbilder des späten Mittelalters werden ließ: Sinn der Ablassversprechen, wie sie vielen Gregorsmessen beigefügt sind, war ja, dem Betrachter eine Reduzierung

Abdruck und Virtualität 357

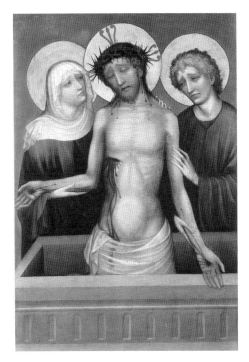 

Abb. 147 Meister des Bamberger Altars, Schmerzensmann mit Maria und Johannes, um 1420, Nürnberg, Germanisches Nationalmuseum, Inv. Nr. Gm 116
Abb. 148 Gregorsmesse, um 1415/30, Sossau, Kr. Straubing-Bogen, Wallfahrtskirche Mariä Himmelfahrt, Vorhalle

der Sündenstrafen als Gegenleistung dafür in Aussicht zu stellen, ein bestimmtes Gebet vor dem Bild zu rezitieren.[22] Was die Gregorsmesse von anderen Ablassbildern unterscheidet – ich habe es eingangs schon angedeutet – ist der bildinterne Hinweis auf den päpstlichen Urheber der Indulgenz. Der auf den Schmerzensmann blickende Gregor firmiert als bildlicher Garant des Ablassversprechens.

Die Erweiterung des Schmerzensmannbildes durch ein Visionsformular, so könnte man festhalten, hatte in erster Linie die Funktion, den Kontakt zwischen Schmerzensmann und Betrachter mit einer zusätzlichen autoritativen Beglaubigung zu versehen. Mit dieser Absicherung durch den päpstlichen Visionär handelten sich die Besteller und Benutzer der Gregorsmessen jedoch eine größere Distanz zum Körper des Schmerzensmanns ein: Die Erscheinung in Santa Croce war ein räumlich und zeitlich weit entfernter Vorgang. Hier und jetzt waren die Betrachter mit einer künstlichen Darstellung des damaligen Geschehens konfrontiert. Wie konnte die aktuelle Gegenwart der Gnadenwirkung garantiert werden, mit der das Bild verknüpft sein sollte? Ein Blick auf die frühen Gregorsmessen zeigt, dass dieses Distanzproblem zusätzliche bildliche Strategien mobilisierte, welche die Ferne zwischen dem Christus-Körper und der Gegenwart der Betrachter kompensieren sollten.

Abb. 149 Gregorsmesse, Epitaph der Barbara Hutten, um 1422, Nürnberg, Moritzkapelle (im Krieg zerstört)

Die erste dieser Maßnahmen betrifft das Kompositionsschema und die Proportionierung der Figuren. Zieht man andere Visionsdarstellungen der Zeit zum Vergleich heran, fällt an den frühen Gregorsmessen ein extremes Ungleichgewicht zwischen oben und unten auf, die Christus-Erscheinung ist stark vergrößert und in Frontalansicht auf der Mittelachse angeordnet, der Papst muss mit einem Platz auf der Seite vorlieb nehmen *(Abb. 146, 148–150)*.[23] Die Erscheinung für Gregor, so wird hier signalisiert, ist zugleich eine Repräsentation für den Betrachter. Entscheidend für den argumentativen Zusammenhang, in dem sich die frühen Gregorsmessen bewegen, dürfte jedoch sein, dass diese Fokussierung des Schmerzensmannes durch ein weiteres Element abgestützt wird, das später nie wieder vergleichbare Aufmerksamkeit für sich reklamieren durfte. Direkt unterhalb von Christus hängt vom Sarkophag bzw. vom Altar das Schweißtuch der Veronika mit der darauf eingeprägten *vera icon* herab. Das Sichtbarwerden Christi ist also ein doppeltes, das Bild der Erscheinung ist eng mit dem Bild des Abdrucks auf dem *sudarium* korreliert *(Abb. 148–150)*.[24]

An der Genese dieses Arrangements dürften unterschiedliche Faktoren beteiligt gewesen sein.[25] Aus unserer Perspektive ist zunächst die Polarität von visionärem und materiellem Bild herauszustreichen, die damit in den Visionsbericht der Gregorsmesse eingeführt wird. Das Schweißtuch tritt in Kontrast zur flüchtigen Epiphanie Christi, es birgt eine materielle Spur, welche dauerhaft auf Erden zurückbleibt. Insofern macht es jenes Problem kenntlich, das dann entsteht, wenn eine Erscheinung in einem ma-

Abb. 150 Gregorsmesse, um 1400, Heilsbronn, ehemalige Zisterzienserkirche, Tympanon des Südquerhauses

teriellen Bildträger repräsentiert werden soll, ohne an Gnadenkraft einzubüßen. Die *vera icon* scheint genau mit der Absicht eingefügt, dem Bild der Gregorsmesse die konservierende Kraft eines solchen materiellen Abdrucks zuzusprechen.

Ein weiteres kommt hinzu: Wie verschiedentlich betont wurde, konnte das *sudarium* Christi auf eine höchst autoritative Tradition als päpstliches Ablassbild zurückblicken.[26] In diesem Zusammenhang ist es auffällig, dass das Tuch in mehreren Kompositionen jener Bildzone zugeteilt wird, in welcher der Papst und der Bischof knien. Im zerstörten Relief der Moritzkapelle in Nürnberg ist der textile Bildträger der *vera icon* derart in die Länge gezogen, dass er regelrecht zu einer Brücke wird, die den Kontakt zwischen dem oberen und dem unteren Register herstellt *(Abb. 149)*.[27] Der Abdruck auf dem Schweißtuch wird damit als Speichermedium qualifiziert, welches das flüchtige Sichtbarwerden Christi dauerhaft für die unten Knienden festhält.[28] Über die beiden Kirchenmänner, die hier für die Gnadenverwaltung der Kirche einstehen, kann die erlösende Kraft dieses Anblicks auch auf die Stifter übergehen.

Auf der anderen Seite ist nicht zu übersehen, dass zwischen Schmerzensmannvision und *vera icon* immer auch ein paragonales Verhältnis besteht, das den Betrachtern die besondere Leistungsfähigkeit zweier Christus-Medien vor Augen führt: Während der Abdruck auf dem Tuch allein die *sancta facies* Christi wiedergibt, zeigt die Vision Christus in körperlicher Gestalt. Wo die *vera icon* in erster Linie einen authentischen Anblick Christi bietet, suggeriert der Schmerzensmann eine quasi taktile Präsenz.[29]

In verschiedenen plastischen Gregorsmessen ist diese Differenz durch eine Abstufung zwischen flach reliefierter und rundplastischer Behandlung des Steins herausgearbeitet. Das Tympanon der Zisterzienserkirche Heilsbronn (um 1400) spitzt die Dialektik der Christus-Medien noch weiter zu *(Abb. 150)*:[30] Beim Durchschreiten des Portals richtet sich den Kirchenbesuchern über dem Türsturz das Antlitz auf dem *sudarium* entgegen. Im oberen Teil des Reliefs halten zahlreiche Engel ein sehr viel größer dimensioniertes Tuch hinter dem Oberkörper des Schmerzensmannes gespannt. Eher als um ein kleines Schweiß- handelt es sich um ein Grabtuch, das zur Umhüllung des gesamten Körpers bestimmt ist. In ihm scheinen die Engel nun das Bild der Schmerzensmannvision einzudrücken und so die irdische um eine himmlische *vera icon* zu ergänzen. Die Wertigkeit der beiden Christus-Bilder schlägt hier zugunsten der lebendigen Erscheinung des Schmerzensmannes um, die über dem toten Abdruck der *vera icon* schwebt.[31]

13.2 Zweierlei Imagination
Der doppelte Blick der Betrachter

Zwischen dem zweiten und dem dritten Viertel des 15. Jahrhunderts lässt sich ein signifikanter Umbau des Bildtypus Gregorsmesse beobachten. Im Hinblick auf die Topologie des Visionsgeschehens besteht die augenfälligste Neuerung darin, dass der Ort der Christuserscheinung nun direkt auf den Altar verlegt wird. Die gängigste Lösung dafür sieht so aus, dass auf dem hinteren Rand des Altartisches die Tumba steht, in welcher Christus in Halb- oder Dreiviertelfigur sichtbar wird. Die Verklammerung von Altar und Sarkophag kann als Explikation einer Messauslegung gelten, die in der Ostkirche besondere Verbreitung gefunden hatte: Der Ort, an dem die Messe zelebriert wird, repräsentiert liturgisch das Grab Christi.[32] Ebenfalls sehr zahlreich vertreten ist die Darstellung des unmittelbar auf dem Altartisch stehenden Schmerzensmannes in Ganzfigur. Der Sarkophag ist in diesem Fall meist weggelassen. Statt des Grabes ist es hier Christus selbst, der ein direktes Berührungsverhältnis mit dem Altartisch eingeht.[33]

Der Ortswechsel der Christuserscheinung ist nur der Kern eines umfangreicheren Sets von Veränderungen, welche den doppelten Dialog der Gregorsmesse auf elementare Weise umstrukturieren. Zunächst zum bildinternen Zwiegespräch zwischen Christus und Gregor: Die in den frühen Formulierungen des Themas wichtige Distanzierung des Christus-Körpers als eines himmlischen Bildes weicht einem irdischen Auftritt *sub specie corporis*, einer nirgendwo mehr zurückgenommenen leiblichen Präsenz, welche die Grenze zwischen dem Visionsbild und dem Ort des Visionärs einebnet. Zu dieser Einebnung gehört auch, dass Gregor im Körpermaßstab nunmehr Christus angeglichen wird. Zwischen der Körperlichkeit Christi und derjenigen Gregors besteht kein erkennbarer Unterschied mehr.

Mit der simulierten Gegenwart Christi auf dem Altar ist für die Betrachter der Appell verbunden, imaginär am Hier und Jetzt der Visionshandlung teilzunehmen.

Diese Teilhabe am Visionsgeschehen wird dort besonders stark gemacht, wo die Bilder den Ort des Altars in einen bildumspannenden Raum integrieren. Die Etablierung einer Bildsprache, welche nach den Kriterien räumlicher Ansichtigkeit organisiert ist, lässt den Betrachter zu einem imaginären Augenzeugen des wunderbaren Geschehens werden. Aus dem Raum vor dem Bild tritt der Betrachter imaginär in den Raum des Visionsberichts ein. Eine solche Augenzeugenperspektive kann sehr stark auf ein Mit- und Nacherleben der visionären Erfahrung Gregors gerichtet sein.

Komplementär zu dieser Strategie der Simulation halten die Bilder aber noch eine andere Form imaginärer Betrachteransprache bereit. Die Mehrzahl der Darstellungen umgibt Christus nun mit einem mehr oder weniger umfangreichen Katalog von *arma*, die *vera icon* büßt ihre herausgehobene Position ein.[34] Die Logik dieser Verschiebung ist klar: Während die *vera icon* dafür einsteht, das wahre Abbild Christi als materiellen Abdruck festzuhalten, appellieren die *arma* an die menschliche Imagination als Speicher des wahren Christus-Bildes. Werkzeuge wie Akteure der Passion implizieren jeweils eine bestimmte Handlung, welche die Leiden Christi vermehrt. Aufgrund des isolierten und fragmentierten Darstellungsmodus der *arma* bedarf es jedoch der Erinnerungs- und Vorstellungskraft des Betrachters, um die gemeinten Handlungen vor dem inneren Auge zu komplettieren. „Im Zusammenwirken von Superimago und Subimagines", so Jochen Berns, sind die *arma* gleichsam die äußeren Antriebsräder für einen „inneren Film", der als „Erinnerungsfluss der gesamten Passionshistorie im Betrachter zustande kommt".[35] Die scheinbare Gegenwart Christi gerät somit in ein Kraftfeld fragmentarischer Evokationen der Vergangenheit. Die *arma* fordern den Betrachter dazu auf, das äußere Bild des Gemarterten ins Innere zu holen und dort mit der Fülle seines vergangenen Leidens zu überblenden.

Die Spannung zwischen Körper-Präsenz und Erinnerungs-Bild, zwischen Entäußerung in die Gegenwart und Verinnerlichung des Vergangenen wurde von den Gregorsmessen der zweiten Generation auf höchst vielfältige Weise verarbeitet. Aus der großen Fülle unterschiedlicher Lösungen möchte ich im Folgenden drei Aspekte herausgreifen: die Medialisierung des visionären Kontakts, die Lokalisierung der *arma* im Gehäuse des Erzählraumes und die visionäre Verortung des Christus-Körpers durch integrierte Altarbilder.[36]

Geborgte Christus-Ähnlichkeit

Der erste Nutznießer der Verlegung der Vision vom Himmel auf den Altar ist der Visionär selbst. Die Erscheinung des Schmerzensmannes findet nun im priesterlichen Hoheitsbereich des Papstes statt. Gregor übernimmt damit eine neue Rolle innerhalb des Visionsgeschehens: Von einer passiven Instanz der Beglaubigung steigt er auf zu einem aktiven Mitspieler, dessen Handeln das Zustandekommen der Vision überhaupt erst ermöglicht.

Der Verzicht auf jegliche Distanzierung Christi aus der irdischen Sphäre des Altarbereichs rückt die Gregorsmesse in die Nähe anderer Bilder spätmittelalterlicher Körper-

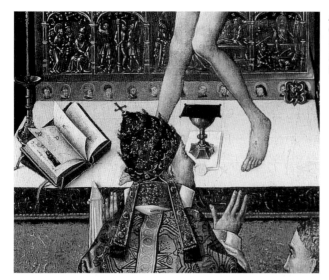

Abb. 151 Nachfolge des Robert Campin (Kopie), Gregorsmesse (Detail), um 1500/10, Brüssel, Musées Royaux des Beaux-Arts, Inv. Nr. 6298

Visionen, die dem Prinzip räumlicher Entgrenzung von Visionär und Erscheinung verpflichtet sind – neben den Stigmatisierungen Franziskus' und Katharinas wären als populäre Beispiele hierfür die *Lactatio* und der *Amplexus Bernardi* zu nennen.[37] In den Gregorsmessen der zweiten Generation wird die Strategie der Entgrenzung offenkundig aufgegriffen – wenn auch, wie zu zeigen sein wird, auf charakteristische Weise modifiziert.

Durchweg wird Gregor in den Darstellungen aus Phase II direkt vor den Altartisch gerückt. Gegenüber den übrigen Teilnehmern der Messhandlung befindet er sich damit in größerer Nähe zur Christus-Erscheinung. Elemente wie die seitlich vorgezogenen Velen können dazu beitragen, den Altartisch als ausgegrenzten Bereich zu markieren, zu dem der Papst privilegierte Zugangsrechte besitzt – in mehreren Fällen wird diese Grenze durch die Figur eines „Spions" hervorgehoben, der den Vorhang zur Seite schiebt *(Taf. LXIII–LXIV)*. Doch die Situierung der Vision inmitten eines öffentlichen Raumes, der von zahlreichen Akteuren besetzt ist, sorgt dafür, dass das Privileg der Christus-Nähe eine relative Größe bleibt. Was nicht stattfindet, ist der qualitative Sprung von der Nähe zu einem direkten Kontakt mit Christus, wie er Franziskus, Katharina und Bernhard vergönnt war. Verschiedene Gregorsmessen-Retabel aus dem Kölner Raum, auf deren Außenseiten der *Amplexus Bernardi* dargestellt ist, führen dieses Gefälle zwischen einer nur approximativen und einer erfüllten Nähe Christi unübersehbar vor Augen.[38] Für die bildtheoretische Bewertung sind damit mehrere Fragen aufgeworfen: Warum wird in der Gregorsmesse Nähe einerseits hergestellt, aber nicht für einen direkten Kontakt fruchtbar gemacht? Und wie ist es zu erklären, dass die Gregorsmesse trotz dieses „Mangels" alle anderen Visionsdarstellungen der Zeit an Popularität und Wertschätzung übertreffen konnte?

Es lohnt sich, im Hinblick auf diese Fragen noch einmal diejenige Zone in den Blick zu nehmen, in der die Begegnung zwischen dem Papst und Christus stattfindet. Die Berührung, welche Gregor auf einer körperlichen Ebene versagt bleibt, kann als

Abb. 152 Bernd Notke, Gregorsmesse (Detail), um 1500, Lübeck, Marienkirche (1942 verbrannt)

visueller Kontakt auf der Fläche des Altartischs inszeniert werden. So benutzt die in verschiedenen Kopien überlieferte, ursprünglich wohl um 1440/50 entstandene Komposition der Campin-Werkstatt die trapezförmige Fläche der Mensa als Zone einer Einschreibung, in die von allen Teilnehmern der Messhandlung einzig und allein der Kopf Gregors vordringen darf *(Abb. 151, Taf. LXII)*.[39] In einer überaus beziehungsreichen Konstellation sind der Mund und das Auge des Papstes den eucharistischen Gaben auf dem Korporaltuch angenähert, während mit nicht minder großer Sorgfalt die Hände Gregors und die Füße Christi durch das Schwarz-Weiß der Altarkante auf Abstand gehalten werden. Im Zentrum der kleinen Tafel steht folglich die Erzählung eines Kontakts, der in doppelter Hinsicht ein vermittelter ist: Zum einen werden die eucharistischen Gaben als Medien definiert, welche die Distanz zwischen dem Papst und Christus überbrücken. Zum anderen können Betrachter bemerken, dass das Gemälde der Gregorsmesse selbst ein solches Medium ist: Einzig und allein die Flächenprojektion des Bildes ist es ja, welche Gregor und den Ort, an dem Christus erscheint, in Berührung kommen lässt.

Das Prinzip eines solchen medialen Kontaktes in sakramentaler wie in bildlicher Hinsicht finden wir in zahlreichen Gregorsmessen durchgespielt. Bernd Notke zirkelt in seinem monumentalen Gemälde aus der Lübecker Marienkirche das tonsurierte Haupt des Papstes exakt in die obere Ecke der Mensafläche *(Abb. 152–153)*.[40] Diese ist auch der Ort, auf dem Christus steht. Um die Füße Christi zieht das Altartuch mehrere Falten, die das materielle Berührungsverhältnis zwischen der Körper-Vision und der Altarmensa unterstreichen. Die Unmittelbarkeit dieser „Fußspuren" verschärft noch einmal die Spannung zwischen der körperlich greifbaren Präsenz Christi und der bloß mittelbaren Partizipation des Papstes – in diesem Fall sind es die betenden Hände Gregors, welche über die Patene und das Korporale in Beziehung zu den eucharistischen Gaben treten.

Abb. 153 Bernd Notke, Gregorsmesse, um 1500, Lübeck, Marienkirche (1942 verbrannt)

Eine Stufe höher transponiert ist die Vermittlung zwischen Christus und Gregor in dem kleinformatigen Tafelbild, das dem Meister des Bartholomäus-Altars zugeschrieben wird *(Taf. LXIII)*.[41] Der Blickpunkt der perspektivischen Konstruktion liegt hier etwas unterhalb des Altartisches und damit noch tiefer als derjenige Gregors. Der Zwischenraum zwischen Schmerzensmann und Visionär wird diesmal durch die Grabkufe definiert, welche als dunkle Folie Gregors Profil hinterfängt, während Christus von oben seine Linke in sie eintaucht. Genau zwischen den beiden Akteuren ist der Kelch abgestellt, der damit erneut als entscheidender Mittler zwischen Christus und dem Papst ausgewiesen ist. Ein weiteres Mal lässt sich hier eine künstlerische Strategie beobachten, welche die körperliche Begegnung ausbremst und den Kontakt auf einer medialen Ebene hält.

Eine zweite, nicht minder aufschlussreiche Strategie der Annäherung zielt auf die gestische Assimilierung des Papstes an Christus. Die Handhaltung Gregors tendiert innerhalb des deutsch-niederländischen Raumes häufig in Richtung eines Orans-Gestus: Beide Hände sind erhoben und nach außen gespreizt.[42] In einen expliziten Diskurs über die Christus-Ähnlichkeit mündet dies überall da, wo der Gestus des Papstes sein Urbild in der wundenweisenden Haltung des Schmerzensmannes findet – etwa im Kirchenväterretabel des Sippenmeisters aus dem Zisterzienserkloster Heisterbach *(Taf. LXIV)*.[43] Durch gestische Spiegelung wird in den Visionsbericht der Gregorsmesse das Prinzip einer körperlichen *imitatio Christi* eingeführt.

Wenn Gregor mit ausgebreiteten Armen die Haltung Christi spiegelt, so scheint er damit eine Angleichung an Christus zu erreichen, die derjenigen des Franziskus in nichts nachsteht. Eine direkte Konfrontation der beiden Heiligen wird in mehreren Werken dadurch herbeigeführt, dass Gregorsmesse und Stigmatisierung in unmittelbare Bild-Nachbarschaft geraten – als Beispiel sei der kleine Flügelaltar der Kalkarer Nikolai-Kirche erwähnt, der die Gregorsmesse auf der Mitteltafel, die Stigmatisierung dagegen auf dem rechten Seitenflügel zeigt.[44]

Schnell wird bei einer solchen Gegenüberstellung deutlich, dass die Angleichung an Christus bei Gregor in eine andere Richtung läuft als beim Gründer des Franziskanerordens. Erfolgt die Bestätigung der *christoformitas* im Fall von Franziskus über Strahlen aus Licht oder Blut, die sich seit 1300 von den Wundmalen Christi zu den entsprechenden Punkten des Heiligenkörpers ziehen, so finden wir in zahlreichen Gregorsmessen ebenfalls von Christus ausgehende Blutbahnen, die hier aber einen anderen Zielpunkt ansteuern *(Abb. 153, 156, Taf. LXII)*: Das Blut Christi trifft nicht auf den Körper des Visionärs, sondern in das Innere des Messkelchs – um von dort eventuell Richtung Fegefeuer weitergeleitet zu werden. Die gezielte Lenkung der Blutbahn(en) ist besonders evident bei Notke, wo das Blut der Fußwunden gegen alle Gesetze der Schwerkraft in gerader Linie zum Kelch aufsteigt *(Abb. 153)*. Die körperliche Angleichung Gregors an Christus bleibt damit auf halber Strecke stecken, am Ende steht der materielle Kontakt zwischen dem Göttlichen und dem Altarsakrament. Der Kelch mit dem gewandelten Wein ist dasjenige Medium, welches eine Weiterleitung der göttlichen Gnade in ein Außen (Seelen im Fegefeuer) ermöglicht – wiederum gilt diese mediale Leistung auch für das Verhältnis zwischen dem Bild und seinen Betrachtern.

Der Altar der Gregorsmesse lässt sich damit als ein Ort charakterisieren, an dem die leibliche Präsenz der Erscheinung und die mediale Repräsentanz unterschiedlicher Zeichenträger aufeinandertreffen: allen voran natürlich die eucharistischen Gaben, aber auch das Missale, das in verschiedenen Fällen den Blick Gregors bindet, sowie das Altarbild, von dem weiter unten noch die Rede sein soll. Nicht zuletzt aber kann der Körper des Papstes selbst einen medialen Status erhalten mittels der Kasel, welche rückwärtig oft mit einem Kruzifix verziert ist *(Abb. 153, 156, 158, Taf. LXIV)*. Die figürliche Füllung des Kaselkreuzes unterstreicht den Anspruch des Papstes auf *imitatio Christi*, gibt dieser jedoch eine institutionelle Ausrichtung: Anders als Franziskus, dessen Körper selbst christusähnlich gemacht wurde, erwirbt Gregor seine Christusähnlichkeit lediglich, indem er den fest kodifizierten Habit des Priesters überstreift.[45] Seine Christusähnlichkeit haftet dem Körper nicht an, sondern ist ein qua Amt verliehenes Zeichen.

Halten wir fest: Charakteristisch für die Gregorsmessen ab etwa 1440/50 ist das Spannungsfeld zwischen einer Rhetorik der Nähe und dem Aufklaffen einer unüberschreitbaren Distanz. In räumlicher wie in körperlicher Hinsicht wird die Annäherung zwischen Christus und Gregor von der medial besetzten Schwelle des Altars aufgefangen. Diese Unterbrechung einer sich anbahnenden Vereinigung bringt auf vielfältige Weise die Funktion von Kirche als Vermittlungsinstanz ins Spiel: Gregor ist nicht persönlicher Nutznießer der Gnadenquelle Christus-Vision, sondern hält diese gleichsam auf „Standby". Damit eröffnen die Bilder dem Betrachter die Option, selbst in einen Dialog mit dem Schmerzensmann einzutreten.

Dispositive der Rezeption
Mono- und bifokale Blickführung

Aus rezeptionsästhetischer Sicht ist die wichtigste Neuerung der Gregorsmessen in Phase II die Einrichtung ansichtiger Raumgefüge, welche die Position eines imaginären Augenzeugen entwerfen. Den Schöpfern der Bilder bot sich damit die Möglichkeit, das Visionsgeschehen aus unterschiedlichen Blickwinkeln zu präsentieren. Idealtypisch lassen sich zwei Modelle der Orientierung zur Vision unterscheiden:

- Die althergebrachte frontale Präsentation von Altar und Erscheinung wird beibehalten, aber nunmehr entlang einer Raumachse entwickelt, die in die Tiefe des Bildraumes vorstößt. Das zentrale Anliegen war dabei die Versammlung aller Dialogpartner der Gregorsmesse entlang der Mittelachse des Bildes: Gregor, der in den frühen Gregorsmessen seitlich kniete, wird als Rückenfigur ins Zentrum des Bildes gerückt und damit zu einer subjektiven Identifikationsfigur für den hinter ihm stehenden, parallel zu ihm blickenden Betrachter stilisiert.
- Als neuer Blickwinkel wird eine laterale Sicht auf den Dialog zwischen Christus und dem heiligen Papst eingeführt. Die Blickachse des Betrachters und die Blickachse Gregors stehen – annähernd – im rechten Winkel zueinander. Das Ergebnis ist eine stärkere „Objektivierung" des Visionsberichts, den der Betrachter aus einer distanzierten Position verfolgt.[46]

An der unterschiedlichen Handhabung des Blickwinkels lässt sich aufzeigen, dass die neuen Gehäuse, welche das Visionsgeschehen umfassen, immer mehr sind als ein Spiel mit der Augenzeugenrolle des Betrachters, mit der Simulation eines äußerlich beobachtbaren Geschehens: Sie fungieren zugleich als innere Räume, welche dem Betrachter Modelle seiner eigenen Imaginationstätigkeit zur Verfügung stellen.[47] Besonders konsequent wird diese Polyvalenz der Raumstrukturen in einer Reihe von Gregorsmessen genutzt, welche die *arma* in einer eigenen Raumzone bündeln. Es entstehen auf diese Weise mimetisch nicht näher bestimmbare „Bild-Schirme": leere Flächen, auf denen die Mehrzahl der *arma* sichtbar werden, ohne dass sich eindeutig entscheiden ließe, ob sie vor einem offenen Durchblick schweben oder ob sie auf einen festen Hintergrund angeheftet oder aufgemalt sind. Prägnante Lösungen für die Verwendung dieser Projektionsfläche lassen sich im druckgraphischen Oeuvre Israhel van Meckenems beobachten.[48]

Ein Blatt mittleren Formats veranschaulicht jenes Modell, welches man das monofokale nennen könnte *(Abb. 154)*.[49] Die gesamte Komposition ist streng axialsymmetrisch aufgebaut, ein von Kreuzrippen überspannter Saal fluchtet genau in

Abb. 154 Israhel van Meckenem, Gregorsmesse, um 1480

der Figur Christi. Als Projektionsfläche für die *arma* dient ein großes Bogenfeld an der Rückseite, das sich in die architektonische Logik des übrigen Raumes nicht recht einfügen will. Im Gegensatz zu jenen konservativen Lösungen, welche die *arma* ohne räumliche Eingrenzung über die gesamte Breite des Bildfeldes verteilen, bewirkt die Verengung der Projektionsfläche bei Meckenem eine starke Fokussierung auf den Schmerzensmann, ein Konvergieren in Christus, das auch von den Fluchtlinien mitgetragen wird.

Der gesamte Raum des irdischen Bildpersonals ist gegenüber dem Bogenfeld mit der Christusfigur als sekundärer Bereich ausgewiesen. Der Eindruck einer Abstufung zwischen Sphären unterschiedlicher Wertigkeit wird im hohen Maße dadurch begünstigt, dass die Beschaffenheit des „Bild-Schirms" mimetisch nicht näher spezifiziert wird. Weil die Projektionsfläche der *arma* dem Schattenwurf des übrigen Kirchenraumes enthoben ist, bleibt ihr genauer Ort letztlich ungreifbar.[50]

Abb. 155 Israhel van Meckenem, Gregorsmesse, 3. Drittel 15. Jahrhundert

Die Tatsache, dass sich der Körper des Schmerzensmannes sowohl inner- wie außerhalb des Bogenfeldes befindet, stiftet ein Moment wechselseitiger Grenzüberschreitung zwischen den Bildsphären. Von unten her, wo er klar im kubischen Aufbau von Sarkophag und Altar verankert ist, partizipiert der Körper Christi an der dreidimensionalen Realität des Kircheninneren. Von oben her kreisen die *arma* seine Gestalt ein und holen sie kraft ihres Fragmentcharakters zurück in eine Sphäre des unwiederbringlich Vergangenen. Die geschlossene Einfassung setzt das Innere des Bogenfeldes in Analogie zu einem gerahmten Bild. Die Zeichen der Passion werden damit dem Bereich der visionären Erscheinung zugewiesen, dem sie nicht genuin angehören. So ist der Körper Christi kunstvoll als Kippfigur inszeniert, wobei der Blutstrahl aus der Seitenwunde eine Brücke schlägt, welche die Vergangenheit des Passionsgeschehens mit der Gegenwart des Kirchenraumes verbindet.

Abb. 156 Meister des Ulmer Hostienmühlen-Retabels, Gregorsmesse, um 1480, Ulm, Ulmer Museum, Inv. Nr. 1983.9160

Eine zweite elementare Option im Verhältnis Christus/*arma* spielt ein kleineres Blatt Meckenems durch *(Abb. 155)*.[51] Sieht man einmal vom Wechsel des Schmerzensmann-Typus ab, bietet der Stich ein Rearrangement der gleichen Grundbausteine innerhalb veränderter räumlicher Koordinaten: Der Altar mit Christus und dem Zelebranten ist wie mit dem Schwenk einer Drehbühne um 90° nach links rotiert, die Kardinäle mit Tiara und Tragekreuz sind vor die Altarstufe getreten, alle anderen Assistenzfiguren eliminiert. Hinter den beiden Purpurträgern ist wieder ein bogenförmiges Feld in der Rückwand des Raumes ausgespart. Noch eindeutiger als im ersten Beispiel gibt dieses sich hier als Schauöffnung zu erkennen, die nur dem einen Zweck dient, dem Betrachter Einblick in ein sonst Verborgenes freizugeben.

Während sich das visionäre Geschehen am Altar nun parallel zur Bildfläche entfaltet, ist die Projektionsfläche der *arma* wie im ersten Stich frontal auf den Betrachter ausgerichtet. Das derart geschaffene bifokale Dispositiv zielt auf eine stärkere Unterscheidung zwischen dem lange zurückliegenden Ereignis der Erscheinung vor Gregor und seiner Wiederaufführung im Rahmen eines ablasskräftigen Bildes.[52] Die Christusfigur auf der Mensa spielt aktiv bei dieser Wiederaufführung mit, ihr doppelter Verweisgestus – mit der einen Hand auf die Seitenwunde, mit der anderen auf die *arma* zeigend – ist letztlich Handlungsanweisung für den Betrachter, sich imaginativ in die Erinnerungszeichen der Passion zu versenken. Letztere jedoch sind klar von der Erscheinung ausgegrenzt, die Gregor zuteil wird.[53]

Zwischen der Vision Gregors und der Imagination im Inneren der Betrachter wird ein klarer Trennstrich gezogen: Der Appell Christi weist dem Betrachter einen Weg zur Gnadenkraft der Erscheinung, der merklich abweicht von demjenigen, den der Visionär Gregor einschlägt. Das bifokale Dispositiv trifft demnach eine ganz andere Aussage über das Verhältnis des Betrachters zu Gregor als die monofokale Anordnung: Die dort angelegte Gleichgerichtetheit der Blickachsen suggeriert ja die Möglichkeit eines direkten Nachvollzugs der visionären Erfahrung Gregors und damit ein Verfließen von imaginativer Vorstellungsleistung und visionärer Schau.[54]

Die Arbeit mit mehreren Raumöffnungen und Blickmodi hielt zahlreiche Künstler mit Experimenten der unterschiedlichsten Art beschäftigt. Ebenfalls einem „gespaltenen" Blick ist eine Reihe von Bildern verpflichtet, welche das visionäre Geschehen gemeinsam mit den *arma* zur Seite drehen und quer dazu Durchblicke nach Außen freigeben – ein schönes Beispiel hierfür ist das Tafelbild vom Meister der Ulmer Hostienmühlen *(Abb. 156)*.[55] Erkennbar werden auch hier unterschiedliche Arten von Schauöffnung gegeneinander ausgespielt: rechts der Blick auf eine opake Projektionsfläche, welche die Vergangenheit der Heilsgeschichte in fragmentierter Form sichtbar macht, links der Blick auf einen Stadt- oder Landschaftsraum, der sich in perfekter Transparenz und optischer Zugänglichkeit darbietet. Die Projektionsfläche der *arma* setzt das Prinzip der allgemeinen Durchsichtigkeit des vom Maler simulierten Tiefenraumes außer Kraft und wird so zum visuellen Gegenmodell der Wandöffnungen auf der linken Seite. Liefern diese einen Ausblick auf die Außenwelt des Kirchengebäudes, bietet jene einen Anblick, der nur in der Imagination durchdrungen werden kann.[56] Der Schauplatz des Visionärs ist dann die Schnittstelle, an der beide Sphären zusammenkommen. Dass dieser Diskurs über unterschiedliche Sichtbarkeiten eine Leistung der gemalten Bildtafel ist, macht die dritte Bogenöffnung deutlich, welche zwischen die Betrachter und den Bildraum gelegt ist. Die Darstellung der Gregorsmesse wird so noch einmal als ganze zur Füllung einer Schauöffnung erklärt, an deren Schwelle der betende Stifter mit seinem Spruchband kniet.

Vision und Artefakt
Die Erscheinung als lebendiges Bild

Komplementär zu den eben beschriebenen Verfahren der Raumkonstruktion kann die Abgrenzung zwischen unterschiedlichen Daseinssphären auch von einem Element übernommen werden, welches den Körper Christi mit einem semiotischen Rahmen umgibt: Viele Bilder, die den Schmerzensmann in Ganzfigur zeigen, schließen den Altartisch rückwärts mit einem Retabel ab.[57] Die Erscheinung Christi wird durch eine solche Hinterlegung mit einem gemalten oder skulptierten Artefakt auf neuartige Weise als Visions-Bild definiert.[58]

Das älteste Werk, welches mit einem Retabel hinter dem Schmerzensmann operiert, ist die lediglich in Gestalt späterer Kopien überlieferte Erfindung der Campin-Werkstatt *(Taf. LXII)*. Das für privaten Gebrauch bestimmte Tafelbild bietet ein sehr weitgefächertes Spektrum jenes „einbettenden" Erzählens, das zu den wichtigsten bildsprachlichen Entdeckungen der altniederländischen Malerei gehört.[59] Bilder in unterschiedlichen Techniken (Glasmalerei in den Fenstern, Skulptur in den Kapitellen) säumen bereits den Aufgang zu der kleinen Kapelle, in der die Papstmesse zelebriert wird. Den Endpunkt dieses Bilderweges markiert der Altartisch mit dem illuminierten Missale und dem in kostbarer Goldschmiedearbeit gefertigten Retabel.

Die große Gemeinsamkeit sämtlicher eingebetteter Artefakte der Campin-Tafel ist ihre fragmentarische Sichtbarkeit: Die Medaillons der Fenster werden von einer der Säulen überschnitten, die Kapitelle kehren nur einen Teil ihrer rundum eingemeißelten Szenen dem Betrachter zu, auf dem Missale ist die Miniatur der Kreuzigung von einer Textseite verdeckt.[60] Während die Fragmentierung all dieser Darstellungen ausschließlich auf der kontingenten Entscheidung für einen bestimmten Betrachterstandpunkt beruht, verhält es sich beim Retabel anders: Seine partielle Unsichtbarkeit ist dem Sichtbarwerden derjenigen Person geschuldet, die zugleich der Protagonist der goldenen Bildreliefs ist.[61] Trotz der Lücke im dritten und vierten Bildfeld bleibt erkennbar, dass das Retabel verschiedene Stationen aus der Passionsgeschichte Christi erzählt – das Verhör vor Pilatus, die Geißelung, die Kreuzigung, die Grablegung und die Auferstehung.

Die Folge der Passionsszenen weist der Erscheinung des Schmerzensmannes einen historischen Ort zwischen Kreuzigung und Grablegung zu. Kraft seines Darstellungsmodus ist Christus aber klar von der *narratio* seiner Leidensstationen geschieden: Im Kontrast zu den kleinen, metallglänzenden Passionsszenen verspricht die Figur des lebensgroßen, fleischfarbenen Passionskörpers eine Aktualisierung der heilsgeschichtlichen Vergangenheit. Das Sichtbarwerden des Christus-Körpers auf dem Altar kann zugleich als Überbietung aller von Menschenhand gemachten Christus-Bilder ausgelegt werden, womit der Bildstatus der Christus-Vision auf neue Weise definiert wäre – das alte Thema des Acheiropoietons kehrt hier unter den Vorzeichen einer mimetischen Bildsprache zurück.

Zusätzlich verkompliziert wird die Schilderung der Christus-Erscheinung dadurch, dass oberhalb des Retabels die vertrauten Signets der *arma* erscheinen, welche das

Abb. 157 Israhel van Meckenem, Imago Pietatis, um 1495, Wien, Albertina, Inv. Nr. 1926.1016

Abb. 158 Israhel van Meckenem, Gregorsmesse, um 1495, Wien, Albertina, Inv. Nr. 1927.0153

unten dargestellte Passionsgeschehen noch einmal in Erinnerung rufen. Der Grund für diese Verdoppelung scheint weniger ein Verlangen nach Anhäufung von Redundanzen als der Wunsch nach Abgrenzung unterschiedlicher Repräsentationsmodelle zu sein: Die *arma* partizipieren an der Lebensgröße und Lebensnähe der Schmerzensmannfigur, sind also Teil der visionären Erscheinung. Die sehr viel radikalere Form der Fragmentierung, der sie im Vergleich zu dem verdeckten Retabel unterworfen sind, verlangt dem Betrachter eine Vervollständigungsleistung ab, welche die einzelnen Etappen der Passion in der eigenen Imagination neu entstehen lässt. Man kann daraus den Schluss ziehen, dass die Darstellungen in Goldschmiedearbeit und die *arma* unterschiedliche Modi von Memoria verkörpern: Die einen repräsentieren jene äußere Faktizität der Leidensgeschichte, die unwiederbringlich der Vergangenheit angehört, die anderen hingegen jene innere Wirklichkeit, die sich mit der Vision wiederholt und vom Betrachter imaginativ aktualisiert werden kann.[62]

Im Bild der Campin-Werkstatt wird die Entfernung, welche zwischen dem Jetzt der Christus-Erscheinung und dem Damals der Kreuzigung liegt, mit jenem unüberbrückbaren Abstand verglichen, der eine lebende Person von einer bildlich dargestellten Figur trennt. Der semiotische Status der Christus-Vision verschiebt sich dadurch vom Nicht-Irdischen zum Nicht-Artifiziellen: Der Schmerzensmann ist ein Bild, das sich gerade dadurch auszeichnet, dass es beweglich und körperlich präsent ist. Nur wer genauer hinsieht, wird eine gewisse mimetische Anomalie bemerken:

Abdruck und Virtualität

Inmitten eines Bildraumes, dessen Beleuchtungsverhältnisse sorgsam studiert sind, heben sich Christus und die *arma* durch das Fehlen von Schlagschatten ab. Bei aller Präsenzsuggestion bleiben der Schmerzensmann und die Passionswerkzeuge am Ende ungreifbar und flüchtig – Bilder, die keine Spur hinterlassen.[63]

Die Idee eines Retabels mit zyklischer Passionsdarstellung wird in der Folge höchst selten aufgegriffen, was sich gerade an der intensiven Rezeption der Campin-Tafel in Deutschland detailliert aufzeigen ließe.[64] Kurz vor Ende des Jahrhunderts finden wir das Retabel mit Passionszyklus noch einmal bei Meckenem reaktiviert *(Abb. 158)*.[65] In seiner mit Abstand monumentalsten Version des Themas zieht der Künstler alle Register dessen, was in einer Gregorsmesse aufgeboten werden konnte: Ort des Geschehens ist eine Hallenkirche mit Umgangschor, in dem eine große Menge kirchlicher Würdenträger und Laien versammelt ist. Auf dem Altartisch staffeln sich übereinander der Sarkophag mit quergestelltem Deckel und ein aufgeklapptes Triptychon mit fünf Passionsszenen von der Kreuztragung bis zur Auferstehung. Im Sarkophag und vor dem Altarbild steht der halbfigurige Schmerzensmann exakt in der Haltung seines Urbilds, der Mosaikikone von Santa Croce, wie sie Meckenem auf einem eigenen Blatt publiziert hatte *(Abb. 157)*.[66] Die Beischrift dieser Darstellung spricht davon, dass Gregor die Ikone gemäß einer von ihm geschauten Vision habe malen lassen.[67]

Das Thema von Körper-Vision und Artefakt ist auch in Meckenems großer Gregorsmesse von zentraler Bedeutung und in vielfacher, verbal kaum angemessen zu beschreibender Weise ausdifferenziert. Die Vorstellung, ein menschliches Artefakt – die Ikone von Santa Croce – habe seinen Ursprung in einer göttlichen Erscheinung, wird dabei genau umgedreht: Das von Menschenhand gefertigte Retabel wird zum Ort bzw. zur Folie für die Erscheinung Christi. Genauer gesagt ist es eine Analogie zwischen dem Gemälde und dem darunter befindlichen Grab, über die Meckenem den Diskurs des Visionären entfaltet, wobei als *tertium comparationis* der Vorgang des Öffnens dient: Sowohl der Sarkophag wie das Retabel sind aufgeklappt worden.[68] Die Differenz zwischen der flächigen Darstellung des Passionsretabels und dem dreidimensionalen Körper des Schmerzensmannes konnte die Betrachter des 15. Jahrhunderts an das Sichtbarwerden eines plastischen Kultbildes im Inneren eines geöffneten Klappretabels erinnern.

Meckenems Entscheidung, das Haupt Christi unmittelbar vor dem Retabel zu platzieren, führt zu einer einzigartigen Verdichtung des Wechselspiels von Bild und Vision – anders als im Gemälde der Campin-Werkstatt, wo die semiotische Distanz überwiegt. Das geneigte Haupt und die halb geschlossenen Augen, die der Künstler aus seiner Kopie der Ikone übernimmt, werden im Zusammenspiel mit den gemalten Szenen zu Symptomen einer nach innen gerichteten Schau, welche sich die Stationen des eigenen Leidens halb träumend halb wachend noch einmal vergegenwärtigt. Das Retabel als innere Rückblende der Passionsereignisse lässt Christus selbst zu einer Figur der Imagination werden, die das verkörpert, was der Betrachter vor dem Bild tun soll. Auf vielfältige Weise ist Christus in die engmaschige Sequenz der gemalten „Traumbilder" einbezogen – unter anderem dergestalt, dass die sich entkleidende Christus-Figur der Mitteltafel dem Toten im Sarkophag ihren Rock weiterzureichen scheint, der dann mit den zugehörigen Würfeln unterhalb des Retabels abgelegt ist, also tatsächlich die Realitätsebene gewechselt hat.

Umgekehrt ist nicht zu übersehen, dass die Erscheinung des Schmerzensmannes eine tiefe Zäsur im narrativen Gefüge des Altarbildes verursacht – allein schon dadurch, dass sie die zentrale Kreuzigungsszene unsichtbar macht. Mehr noch: Während die Campin-Tafel gerade Christus vom Prinzip der Schattenprojektion ausnimmt, wirft Meckenems Schmerzensmann einen kräftigen Schlagschatten auf die gemalte Szene der Kreuzannagelung: Demonstration von Dreidimensionalität und „wirklicher Präsenz", aber auch Erzeugung eines Christus-Bildes qua Schattenwurf und damit neue Variante des Acheiropoietons, die gegen das traditionelle Formular der *vera icon* über dem Kreuz gesehen werden will.[69]

Kompositorisch ist Meckenems Inszenierung von einer Opposition von Horizontale und Vertikale geprägt, an deren Schnittpunkt der visionäre Christus-Körper steht. Visualisiert wird so nicht nur der Gegensatz zwischen einer narrativ-historischen (Retabel) und einer zeichenhaft-sakramentalen Achse des Passionsgedächtnisses,[70] sondern auch der Gegensatz zwischen dem, was Christus als interne Imaginationsfigur bereits an Vergegenwärtigung der Passion geleistet hat, und dem, was dem Betrachter anhand der *arma* an Imaginationsarbeit aufgegeben ist. Die leeren Kreuzbalken ragen wie eine Aufforderung in die Zone der *arma*, den Körper Christi dort oben ebenso „real" Gegenwart werden zu lassen, wie es unten in der Vision bereits geschehen ist.

Meckenems Kupferstich kündet von einem Wandel des Bildkonzepts, dem die Visionserzählung unterliegt. Die Präsenz des Schmerzensmannes wird nunmehr bevorzugt über die Opposition Körper vs. Artefakt inszeniert und somit vollständig in die Simulation des ansichtigen Tiefenraums integriert. Die Illusion der Augenzeugenperspektive obsiegt damit über den memorativen Appell der Arma-Zeichen. In diesem Sinne kann die Projektionsfläche der *arma* selbst zum Artefakt erklärt werden, das hinter Christus aufgestellt ist. Auf Bernt Notkes zerstörter Tafel aus der Lübecker Marienkirche ist ein weißes Fastentuch mit Arma-Dekor vor das seitlich und unten noch sichtbare Retabel gehängt *(Abb. 153)*. Das mehrschichtige Hintereinander von Fastentuch, Retabel und Fensteröffnung erinnert an die Differenzierung von Blickmodi, die andere Gregorsmessen betreiben. Die weiße Projektionsfläche der *arma* ist bei Notke jedoch als materielles, von Menschenhand hergestelltes Bild im Bild ausgewiesen, so dass die Unsichtbarkeit von Fenster und Retabel zum Resultat menschlicher Handlungen des Aufstellens und Verhängens wird. So dient der fragmentarische Charakter der Passionszeichen nunmehr lediglich als Kontrastfolie, welche dem Schmerzensmann leibhaftige Präsenz unterstellt. Die Lebendigkeit des Körpers auf dem Altartuch wird von den leblosen Zeichen geschieden, mit denen das Tuch bemalt ist.[71]

Gegenstrategien zu einer solchen Stillstellung des imaginativen Potentials der *arma* entwickeln um die Jahrhundertwende einige Maler aus dem Kölner Raum: Die *arma* streifen ihren abbreviaturhaften Status ab und fügen sich zu einem *tableau vivant*, das die Christusfigur von allen Seiten szenisch bedrängt und attackiert *(Abb. 159, Taf. LXIV)*.[72] Seitlich des Altars scheint sich die Versammlung der Peiniger und Verräter Christi in einer Gruppe von Zuschauern fortzusetzen, deren „Logen" vom

Abb. 159 Meister des Aachener Altars, Gregorsmesse, Utrecht, Museum Caterijneconvent, Inv. Nr. 215

Meister des Aachener Altars ähnlich gestaltet werden wie die Sarkophagwandung. Die Betrachterstellvertreter verfolgen das Geschehen am Altar aus solch großer Nähe, dass sie quasi selbst zu Peinigern Christi werden.

Mit der Erscheinung findet hier eine Reaktualisierung und Redynamisierung des Passionsgeschehens statt, die *arma* werden, wie Andreas Gormans ausführt, zu *imagines agentes*. Genau damit ist der Betrachter jedoch der traditionellen Aufgabe enthoben, die Dramatik der Passion selbst vor dem inneren Auge zu vergegenwärtigen. Das Gedränge um Christus füllt jene Leerstellen, welche die Arma-Darstellung alten Typs bestimmt hatten, mit einem dichten Netz von innerbildlichen Handlungsbezügen aus.

13.3 Die Rückkehr der Wolken
Späte Gregorsmessen

Die zuletzt betrachteten Beispiele führen recht deutlich vor Augen, wie sehr die bildliche Suggestion der Präsenz Christi innerhalb der zweiten Phase in den Sog mimetisch ausgestalteter Raumillusion gerät. Die direkte Verankerung des Christus-Körpers unmittelbar auf dem Altartisch konnte unter diesen Vorzeichen leicht missverstanden werden. Aus der Perspektive unserer Fragestellung ist daher zu vermuten, dass das abrupte Ende, an welches die Geschichte der Gregorsmesse gegen 1520/30 gelangte, mit dem Totlaufen der imaginären Dialogebene zwischen Christus und dem Betrachter zu tun hat.[73] Eine Möglichkeit, die Ursachenforschung zu vertiefen, besteht darin, die letzten Exemplare auf Anzeichen einer Zurücknahme oder Selbstkritik zu befragen. Bevor die Gregorsmesse sang- und klanglos aufgegeben wurde, weil sie nicht mehr in einen veränderten Kontext passte, unternahmen einige ihrer späten Exemplare den Versuch einer letzten Wandlung.

Bereits um 1500 lässt sich in der flämischen wie der rheinländischen Bildproduktion eine Tendenz erkennen, den Hyper-Realismus der leiblichen Präsenz Christi auf dem Altar durch eine Lichtaureole in Schranken zu weisen.[74] Ein kreisförmiger Halo stattet die Vision aus Fleisch und Blut mit jener transzendenten Aura aus, die viele Gregorsmessen der zweiten Phase gezielt unterdrücken. Ein Beispiel hierfür ist die kleine Tafel vom Meister des Bartholomäus-Altars *(Taf. LXIII)*. Der aus dem Sarkophag zu Gregor sich herabbeugende Christus ist von einem dunstigen Lichtkreis umgeben, der auf den dunklen Projektionsgrund der *arma* abstrahlt. Diese wirken nicht wie auf eine Fläche geblendet, sondern wie Emanationen, die aus einer vom übrigen Sakralraum abgesonderten Sphäre aufscheinen.

Die Aureole um Christus wird besonders in Flandern zum Ausgangspunkt für eine Rückkehr der Wolken, die aus dem Visionsgeschehen der Gregorsmesse seit längerer Zeit ausgeschieden waren. Verschiedene Antwerpener Retabel umschließen den Lichtglanz hinter dem Schmerzensmann mit einem Wolkensaum *(Abb. 160)*.[75] Die nach wie vor fest auf dem Altar verankerte Christusfigur wird dadurch an einen jenseitigen Ursprung rückgebunden. Wolken als Anführungszeichen der visionären Erscheinung finden wir auch in verschiedenen Werken deutscher Provenienz, deren gemeinsamen Anknüpfungspunkt Dürers Holzschnitt von 1511 bildet. In den Gemälden für Kardinal Albrecht von Brandenburg etwa, deren Anfertigung bereits mitten in die Zeit der konfessionellen Kontroversen fällt, schwebt über dem Tumba-Christus ein großer Wolkenhaufen, der von geflügelten Puttenköpfen gesäumt wird *(Abb. 161)*.[76] Im Inneren der Wolke werden die Arma-Akteure sichtbar, deren fragmentarische Präsentationsform hier eine neuartige syntaktische Einordnung erfährt: Den Puttenköpfen gleich sind die Passionszeichen als Bestandteile eines himmlischen Bildes zu deuten, das die irdische Erscheinung des Schmerzensmannes in der Grabkufe vervollständigt.

Die Erscheinung Christi vor Gregor ist durch den Einbruch von Wolkenelementen einer extremen Polarisierung zwischen unten und oben, leiblicher Präsenz auf dem Altar und ätherischer Erscheinung im Himmel ausgesetzt. Im Passionsretabel des Zisterzienserklosters Ihlow wird diese Spannung dadurch aufgebrochen, dass der Körper des Schmerzensmannes vom Altar abgezogen wird *(Abb. 162)*.[77] Geschickt spielt der entwerfende Künstler mit den Sehgewohnheiten der Zeit, indem er über der genau axialsymmetrisch angeordneten Kombination aus Altartisch und Tumba nicht die Vision des Passions-Christus, sondern das Artefakt einer Kreuzigungsgruppe platziert. Die

Abb. 160 Antwerpener Künstler, Gregorsmesse, Flügelretabel, 1525, Xanten, Dom St. Viktor

Rahmenleisten des realen Retabels verdecken die Mitte dieses gemalten Altarbildes, vom Gekreuzigten sind nur die Arme sichtbar. Die Erscheinung selbst spielt sich in der oberen Etage des Retabelauszugs ab, Christus schwebt hoch über dem Altar und wendet sich von dort zu dem unten knienden Papst herab. Ein ovales, mehrfach von den Rahmenleisten überschnittenes Wolkenband bindet den Altartisch, die Kreuzigungsgruppe und Christus zusammen. Mit in diese visionäre Sphäre eingeschlossen sind die Signets der *arma*. So wird der Ort der Vision hier zerdehnt in einen himmlischen Bildraum und den Altar, der bloß noch als irdischer Bezugspunkt, als Lokalität der Vision fungiert. Interessanterweise wird genau in diesem Moment der Rückkehr zum Konzept der himmlischen Erscheinung das *sudarium* der Veronika aufgewertet, das ein Engel im linken Flügel des Auszugs dem Betrachter entgegenhält.

Der Befund ist eindeutig: In mehreren späten Gregorsmessen artikuliert sich eine Selbstzurücknahme der Rhetorik der Präsenz. Positiv formuliert könnte man sagen, dass die Gregorsmesse in den betrachteten Fällen den üblichen Standards bildlicher Visionsdarstellung angeglichen wird. Der erscheinende Christus wird wieder stärker

Abdruck und Virtualität

Abb. 161 Lucas Cranach d.Ä. (Umkreis), Gregorsmesse, um 1525, Aschaffenburg, Staatsgalerie, Inv. Nr. 6271

aus dem irdischen Raum der Messhandlung ausgegrenzt, in letzter Konsequenz sogar vom Altartisch gelöst. Späte Darstellungen des Themas um 1550 durchschneiden gewissermaßen noch jenes letzte Band, welches im Ihlower Retabel unten und oben miteinander verknüpfte: etwa ein Retabel Jan II. van Coninxloos[78] oder das Triptychon, das Pieter Pourbus für die Sakramentsbruderschaft der Brüsseler Salvator-Kirche schuf *(Abb. 163)*.[79] Pourbus nutzt die Zweiteilung der Außenflügel, um eine strikte Trennung zwischen dem eigentlichen Visionsgeschehen und dem Publikum der Messfeier zu etablieren. Gregor setzt gerade zur Elevation der Hostie an, als die Erscheinung des Schmerzensmannes in den Raum der Kirche einbricht. Der Sarkophag mit dem Kreuz steht nicht auf dem Altar, sondern schwebt einige Zentimeter über ihm. Christus, der Gregor mit erhobenen Händen entgegenschreitet, setzt seine Füße auf einen schmalen Wolkensaum, ohne das Tuch über dem Altartisch zu berühren. Gerade die Subtilität, mit der Pourbus die Erscheinung in Wolken nur minimal von der üblichen Verknüpfung von Christus und Mensa abgrenzt, wirkt wie ein *distinguo*, das die Differenz der neuen Darstellungsweise hervorkehrt.

Abb. 162 Antwerpener Künstler, Gregorsmesse, Flügelretabel, um 1510, Aurich, Lambertikirche

Der Eindruck, gerade das Ineinander von Visionsbild und Präsenzsuggestion sei im Zeitalter von Reformation und Konfessionalisierung zunehmend als problematisch empfunden worden, verfestigt sich, wenn wir gegen Ende des 16. Jahrhunderts nach Italien blicken. Spätestens ab dem Pontifikat Gregors XIII. ist dort ein wahres *Gregorian revival* zu beobachten.[80] Gregor I. wird zum vorbildlichen Kirchenlehrer schlechthin erklärt, die protestantische Kritik an diesem Papst genau in ihr Gegenteil umgedeutet. Im Zuge des neuen Gregor-Kults entsteht auch eine Reihe neuer Gregorsmessen, bei denen sich während einer von Gregor gefeierten Messe eine visionäre Erscheinung einstellt – als Beispiel mag ein Gemälde Dionys Calvaerts für die Bologneser Kirche Santa Maria delle Grazie dienen *(Abb. 164)*.[81] Das Schweben der Erscheinung über dem Altar greift gewissermaßen das von Pourbus verwendete Argument noch einmal auf. Dass nicht der Passions-Christus, sondern Maria mit dem Kind vor Gregor sichtbar wird, gibt der Vision jedoch eine ganz andere, stärker auf Fürbitte hin angelegte

Abdruck und Virtualität 381

Abb. 163 Pieter Pourbus, Gregorsmesse, Triptychon der Sakramentsbruderschaft, 1559, Brügge, Sint-Salvatorskathedraal

Bedeutung. Genau in diese Richtung weist auch die gestische Aktivität des Papstes, die nicht Autorisierung, sondern Interzession artikuliert. Die Gewährung der göttlichen Gnade bleibt im Ungewissen, denn sie wird in einen Raum zurückverlagert, der noch hinter der schwebenden Marienerscheinung angesiedelt ist.

Die in den Werkbeispielen vor und nach der Reformation punktuell zutage tretenden Auflösungserscheinungen werfen noch einmal ein Schlaglicht auf die Motivation, welche die Nachfrage nach Gregorsmessen im Spätmittelalter stimulierte. Das Aussterben der Gregorsmesse hat so gut wie nichts mit der genuin visionären Dimension des Themas zu tun, wohl aber mit jener spezifischen Kombination von Körper-Vision und Imaginationsappell, welche die Gregorsmesse von anderen Visionsdarstellungen der Zeit grundlegend unterschied. Die visionäre Schau des Papstes sollte die Gnadenwirkung des Christus-Körpers autorisieren, der imaginäre Dialog mit dem Betrachter dieses Gnadenpotential abrufen. Im Übergang vom Spätmittelalter zur frühen Neuzeit

Abb. 164 Denys Calvaert, Gregor und Augustinus als Fürbitter für die Armen Seelen, um 1600, Imola, Chiesa del Suffragio

etablierte sich ein neues Bildkonzept, welches den Betrachter unterschwellig zum Augenzeugen des dargestellten Geschehens werden ließ. Damit eröffneten sich neue Möglichkeiten, die unterschiedlichen Blickbeziehungen des doppelten Dialogs vor Augen zu stellen. Das Bild wurde zum Schauraum, der virtuell betreten werden konnte. Das Bildkonzept einer imaginären Verinnerlichung des Leidens Christi büßte dabei langfristig seine Plausibilität ein. Die körperliche Gegenwart Christi auf dem Altar war zu einer hochgradig missverständlichen und angreifbaren Konfiguration geworden.

Anmerkungen

1 Der folgende Text wurde geringfügig verändert als Aufsatz publiziert, vgl. GANZ 2007. Zu jüngeren ausführlichen Darstellungen des Bildtyps vgl. die Beiträge von Esther Meier und Heike Schlie in WELZEL/LENTES/SCHLIE 2003, BYNUM 2006; MEIER 2006; GORMANS/LENTES 2007.
2 Dass es sich bei allen Gregorsmessen, so unterschiedlich sie gestaltet sein mögen, um Visionsdarstellungen handelt, ist in der Forschung schon wiederholt thematisiert worden. UWE WESTFEHLING spricht in AUSST. KAT. KÖLN 1982, S. 16, von der „Vision" als Kern des Geschehens. Vgl. auch BERLINER 1955, S. 65–70; BERTELLI 1967, S. 52; KELBERG 1983.
3 Vgl. MEIER 2007.
4 Zit. nach ROTH 2000, S. 292 (Nr. 4).
5 Zu einem Überblick über die Subtexte von Epitaphien und Einblattdrucken vgl. ROTH 2000. Das älteste bis heute bekannt gewordene Beispiel ist das Epitaph in Münnerstadt von 1428 (vgl. Anm. 15), auf das bereits ENDRES 1917, S. 150 aufmerksam machte. Ein früher Niederschlag der Legende ist möglicherweise der Traktat des Johannes de Eugubio über die Wunderhostien des Klosters Andechs (1390), vgl. VETTER 1972, S. 217–218. Im Pilgerbericht Nikolaus Muffels (nach 1452) wird „s. Gregoryerscheinung" (von Muffel nach San Gregorio Magno verlegt) bereits als stehende Wendung gebraucht, vgl. VOGT 1876. Zu weiteren Belegen dieses Begriffs vgl. MEIER 2007.
6 Präziser ist der Bezug in der lateinischen Fassung: Christus sei erschienen „sub effigie pietatis", das Gebet sei zu sprechen „coram imagine pietatis", d.h. vor jeder Darstellung eines Schmerzensmannes, vgl. ROTH 2000, S. 284. Auch die englischen Manuskripte des 15. Jhs., die LEWIS 1992, diskutiert, stellen einen direkten Bezug her zwischen der Erscheinung Christi und dem zu verehrenden Bild: „sanctus Gregorius [...], quando voluit consecrare corpus Domini nostri, apparuit sibi dominus noster ihesus christi in tali effigie sicut videtur hic depicta." (S. 184).
7 Beispiele finden sich in England (Manuskripte des 15. Jhs.) und Umbrien (Fresko des Domenico da Leonessa, 1466, San Salvatore in Campi bei Norcia; Umbrische Ablasstafel, letztes Viertel 15. Jh., Köln, Wallraf-Richartz-Museum. Inv. Nr. 744). Vgl. LEWIS 1992, S. 183–184; VETTER 1972, S. 215; Frank Günther Zehnder, Christus als Schmerzensmann, umgeben von den Arma Christi, in: AUSST. KAT. ZÜRICH 1994, S. 240 (Nr. 55).
8 Rhäzünser Meister, um 1400. Schlans, St Georg, Turmaußenwand (1671 in den Neubau der Kirche integriert). Secco, 150 x 280 cm. Im unteren Register die Darstellung eines Feiertags-Christus. Vgl. RAIMANN 1985, S. 381–382. Eng verwandt die ungefähr zeitgleiche Gregorsmesse im nahegelegenen Rhäzüns, die ebenfalls die Kombination mit dem Feiertags-Christus vornimmt, vgl. ebd. S. 339.
9 Mit einer gewissen Wahrscheinlichkeit ist davon auszugehen, dass die Papstfigur bereits in den frühesten Beispielen als Darstellung Gregors intendiert ist, auch wenn spezifische Attribute fehlen und eine schriftliche Benennung erst in Münnerstadt (vgl. Anm. 15) bezeugt ist.
10 Zu Zusammenstellung und Bildtradition der *arma* ausführlich BERLINER 1955; SUCKALE 1977, S. 177–208.
11 Dies als Einwand gegen das herkömmliche Verständnis der Gregorsmesse als Erweiterung bzw. „Umbauung" des Schmerzensmannbildes, welche dazu tendiert, die *arma* pauschal dem Visionsbild zuzuschlagen, vgl. zu dieser Diskussion exemplarisch die in Anm. 19 genannte Literatur.
12 Zum Appell der Schmerzensmannbilder an den Betrachter vgl. BELTING 1981, S. 105–140.
13 Weitere Beispiele: bemalte Holztür der Sakramentsnische, um 1440, Dausenau, Ev. Pfarrkirche St. Kastor; Holzschnitt, um 1430/50, vgl. SCHREIBER 1926–30, Bd. 3, S. 108 (Nr. 1466); Holzschnitt, um 1455/70, vgl. ebd., S. 108–109 (Nr. 1468). Nach 1460 ist diese Darstellungsform nur noch zweimal belegt.
14 Vgl. neben den im Folgenden diskutierten Beispielen das *Tondoerffer-Epitaph* vom Meister der Lorcher Kreuztragung, um 1425, Nürnberg, St. Lorenz. Vgl. REDSLOB 1907, S. 18; KELBERG 1983, S. 197 (Nr. 127); Rainer Kahsnitz, Tondoerffer-Epitaph, in: AUSST. KAT. NÜRNBERG 1986, S. 149–151 (Nr. 27); BAUER 1988.
15 Fränkisch, um 1430. Münnerstadt, St. Maria Magdalenen, Schunter-Kapelle. Vgl. ENDRES 1917, S. 151; KELBERG 1983, S. 190 (Nr. 112); ROTH 2000, S. 291.
16 Vgl. RINGBOM 1980.
17 Die Sprachfähigkeit des Bildtyps betont vor allem BELTING 1981, S. 105–141. Vgl. als neuere Diskussionsbeiträge RIDDERBOS 1998; SCHMIDT 2003.
18 Meister des Bamberger Altars, um 1420. Nürnberg, Germanisches Nationalmuseum, Inv. Nr. Gm 116 (Rückseite der Mittelafel des *Imhoff-Altars* aus St. Lorenz). Fichtenholz, 116 x 74 cm. Vgl. Kurt Löcher, Schmerzensmann mit Maria und Johannes, in: AUSST. KAT. NÜRNBERG 1986, S. 152–154 (Nr. 29).
19 BERLINER 1955, S. 65, beschreibt die Erweiterung des Schmerzensmannbildes zur Gregorsmesse als „Rationalisierung [...] im Rahmen einer Vision". Die übrige Diskussion zu diesem Thema sieht die Gregorsmesse

hauptsächlich als Rückführung des Schmerzensmannbildes auf die Ikone in Santa Croce, vgl. ENDRES 1917, S. 153–155; BERTELLI 1967, S. 46–55; VETTER 1972, S. 214–231; WOLF 2002, S. 162–170; SCHLIE 2007.

20 Dabei war von Beginn an ein sakramentales Verständnis im Spiel, vgl. PANOFSKY 1927, S. 261–308, hier S. 284–285; VETTER 1972, S. 210–214; BELTING 1981, S. 109–114; PANOFSKY 1927, S. 160–163; GÄRTNER 2007.

21 Vgl. RINGBOM 1965; BELTING 1981, S. 69–104.

22 Durchweg handelt es sich um unechte Ablaßversprechen, die auf Gregor und ergänzend manchmal noch auf andere Päpste zurückgeführt werden. Zum Thema Gregorsmesse und Ablass vgl. AUSST. KAT. KÖLN 1982, S. 25–30; D'HAINAUT-ZVENY 1992–93, S. 43–49; LEWIS 1992. Allgemein zu Ablassbildern vgl. BOOCKMANN 1983; DÜNNINGER 1985.

23 Um 1415/30. Sossau (Kr. Straubing-Bogen), Wallfahrtskirche Mariä Himmelfahrt, Vorhalle. Stein, 110 x 75 cm (mit Rahmen). Vgl. KELBERG 1983, S. 214 (Nr. 165); LENTES 2007, S. 21–22. Gegenüber von Gregor ist hier und in anderen frühen Gregorsmessen die Figur eines Bischofs platziert, von dem keine der überlieferten Quellen etwas weiß.

24 Zur prominenten Rolle der Veronika in Darstellungen der Gregorsmesse ähnliche Überlegungen bei LENTES 2007. Im Gegensatz zu Lentes sehe ich die unterschiedliche Behandlung der *vera icon* stärker als Anhaltspunkt für eine diachrone Differenzierung von Bildformularen der Gregorsmesse. Allgemein zur *vera icon* vgl. zuletzt DIDI-HUBERMAN 1997 (1999), S. 46–54; HAMBURGER 1998b, S. 317–382; WOLF 2000; KRUSE 2002; WOLF 2002, S. 43–145.

25 Vergleichbare Verbindungen mit der *vera icon* sind auch in „autonomen" Schmerzensmann-Darstellungen anzutreffen, vgl. WOLF 2002, S.182–185.

26 Vgl. WOLF 1998, S. 170–179.

27 Fränkisch, um 1422. Nürnberg, Moritzkapelle (im Krieg zerstört). Sandstein, 135 x 112 cm. Vgl. REDSLOB 1907, S. 17; KELBERG 1983, S. 198–199 (Nr. 129); LENTES 2007, S. 21–22.

28 Vgl. den Beginn des Ablassgebets für die Verehrung des Schweißtuches der Veronika, das Matthew Paris in den *Chronica maiora* für das Jahr 1216 überliefert: „Deus qui nobis [...] memoriale tuum ad instantiam Veronicae sudario impressam imaginem relinquere voluisti" (zit. nach: WOLF 2002, S. 48, Anm. 165).

29 Wolf beschreibt diesen Kontrast als Opposition von „vera icon" und „verum corpus", vgl. AUSST. KAT. ROM 2000, S. 185.

30 Um 1400. Heilsbronn, Ev. Pfarrkirche (ehem. Kirche des Zisterzienserklosters), Tympanon des Südquerhauses. Vgl. KELBERG 1983, S. 170 (Nr. 65); LENTES 2007, S. 20–21.

31 Das Heilsbronner Tympanon scheint an eine Tradition anzuknüpfen, das Bild der *vera icon* über dem Türsturz von Klosterportalen anzubringen, vgl. HAMBURGER 1998b, S. 346–347. Eine vergleichbare Transformation der Schmerzensmannvision in eine himmlische *vera icon* ist auch in Schlans zu beobachten.

32 Vgl. BRAUN 1924, S. 753.

33 Beide Modelle fußen auf unterschiedlichen Traditionen der Schmerzensmannikonographie, vgl. BORCHGRAVE D'ALTENA 1959, S. 6; KELBERG 1983, S. 22–39.

34 Zur Vermehrung der *arma* nach 1450 vgl. KELBERG 1983, S. 73–74.

35 BERNS 2000, S. 36. Vgl. auch BERNS 1993, S. 51–54.

36 Weitgehend unberücksichtigt bleiben wird für das Folgende jener große Teil der Darstellungen, der an einem traditionellen Bildaufbau festhält und die mimetische Kohärenz des Visionsgeschehens auf den gemeinsamen Mittelpunkt der Altarzone beschränkt. Zahlreiche Beispiele hierfür finden sich im Einblattdruck, etwa die vielfach aufgelegte Komposition SCHREIBER 1926–30, Bd. 3, S. 110–111 (Nr. 1471–73).

37 Zu Franziskus und Katharina vgl. Kapitel 10 und 12. Zu Bernhard vgl. DUPEUX 1993, S. 152–166; STOICHITA 1995 (1997), S. 134–163; WIPFLER 2003, S. 167–172.

38 Beispiele: Rheinisch (Zuschreibung umstritten), Triptychon, um 1480, ehemals Kloster Sankt Agatha Köln, heute Bamberg, Staatsgalerie, Inv. Nr. WAF 646; Meister der Heiligen Sippe (Werkstatt), Gregoriusretabel, um 1495/1505 (vgl. Anm. 43).

39 Kopie nach einem Werk aus dem Umkreis Robert Campins, um 1500. Brüssel, Musées Royaux des Beaux-Arts, Inv. Nr. 6298. Eichenholz, 85,1 x 72,2 cm. Vgl. STROO/SYFER-D'OLNE 1996–2001, Bd. 1 (1996), S. 65–75 (Nr. 3). Zur Zuschreibung des verlorenen Originals vgl. KEMPERDICK 1997, S. 144 (Umkreis Rogier van der Weydens); THÜRLEMANN 2002, S. 332–333 (Werkstatt Campins). Zur Bedeutung der Komposition für die Entwicklung des Bildtypus vgl. AUSST. KAT. KÖLN 1982, S. 41–42.

40 Bernt Notke, um 1500. Lübeck, Marienkirche (1942 verbrannt). Eichenholz, 250 x 375 cm. Vgl. AUSST. KAT. KÖLN 1982, S. 45–46; EIMER 1985, S. 143–159, S. 187 (Nr. 23); PETERMANN 2000, S. 249–251 (Nr. 11); BOOCKMANN 2001.

41 Meister des Bartholomäus-Altars, um 1500/05. Trier, Bischöfliches Dom- und Diözesanmuseum, Inv. Nr. M 64.

Eichenholz, 28 x 19,5 cm. Vgl. AUSST. KAT. KÖLN 1982, S. 52; KELBERG 1983, S. 175 (Nr. 76); Reinhard Karrenbrock, Die Messe des hl. Gregor, in: AUSST. KAT. KÖLN 2001, Köln 2001, S. 448.

42 Anders als in Frankreich, wo der Gestus der Elevation dominiert, vgl. AUSST. KAT. KÖLN 1982, S. 43. Zur Deutung des Orans-Gestus mit abgespreizten Armen als *imitatio crucifixi* in der Messauslegung vgl. SUNTRUP 1978, S. 172–178.

43 Um 1495. Ehemals Zisterzienserkloster Heisterbach, heute Wallraf-Richartz-Museum Köln, Inv. Nr. 167. Eichenholz, 183,5 x 211,5 cm. Die Seitenflügel heute in den Bayerischen Staatsgemäldesammlungen Bamberg (WAF 662, linker Flügel) und in der Alten Pinakothek München (WAF 663, rechter Flügel). Äußere Wandlung: Amplexus-Vision Bernhards und Buße des Hieronymus. Innere Wandlung: im Zentrum die Gregorsmesse, auf den Flügeln die Kirchenväter. Vgl. AUSST. KAT. KÖLN 1982, S. 58–59 (Nr. 3); KELBERG 1983, S. 174 (Nr. 75); ZEHNDER 1990, S. 308–314; GORMANS 2007.

44 Meister der Hl. Sippe (Werkstatt), Triptychon, Ende 15. Jh., Kalkar, Pfarrkirche St. Nikolai (Gregorsmesse auf der Mitteltafel, auf den Flügeln Buße des Hieronymus und Stigmatisierung des Franziskus). Die Stigmatisierung ist die häufigste hagiographische Szene in Kombination mit Gregorsmessen, weitere Beispiele: Meister von Schöppingen, Einzeltafel, um 1455/60, Münster, Landesmuseum, Inv. Nr. 1966; verschiedene Rosenkranzbilder, die LENTES 2003a diskutiert.

45 WOLF 2002, S. 170, spricht diesbezüglich von „Dialektik der Christusrepräsentanz des Papstes".

46 Wie konsequent diese Anordnung als „Schwenk" des gesamten Bildformulars durchgeführt werden konnte, belegt etwa der Außenflügel Hans Trauts d.J. vom Dreikönigsretabel der Zisterzienserkirche Heilsbronn (1502/03, Heilsbronn, Münster). Das alte Nürnberger Schema, welches Gregor einen anonymen Bischof zur Seite stellte, wird hier entlang einer seitlichen Achse rekomponiert.

47 Vgl. Kapitel 9.

48 Differenzen in der Anordnung der *arma* beobachten bereits BERLINER 1955, S. 68–69 und KELBERG 1983, S. 71.

49 3. Drittel 15. Jh. Papier, 21,5 x 14,2 cm. Vgl. LEHRS 1908–1934, Bd. 9, S. 288 (Nr. 353); HOLLSTEIN GERMAN 1954ff, Bd. 24, hrsg. von Tilman Falk, Amsterdam 1986, S. 139 (Nr. 353). Ablasstext: „Quicu[m]q[ue] deuote septe[m] or[ati]ones ap[osto]licas cora[m] cr[ist]i armis lege[r]it et septem p[ate]r n[oste]r / aue m[ari]a subiu[n]xe[ri]t quocie[n]s id fece[ri]t de indulge[n]cia XX miliu[m] an[n]oru[m] gaudebit." Zit. nach ROTH 2000, S. 300 (Nr. 31).

50 Während das unverbundene Neben- und Übereinander der Passionszeichen durchaus an eine gemeinsame Maloder Befestigungsfläche denken ließe, deutet die Überschneidung der Kreuzarme darauf hin, dass sich hinter der Kirche ein offener Leerraum erstreckt.

51 3. Drittel 15. Jh. Papier, 9,7 x 7,6 cm. Vgl. LEHRS 1908–1934, Bd. 9, S. 283 (Nr. 348); HOLLSTEIN GERMAN 1954ff, Bd. 24 (1986), S. 137 (Nr. 348).

52 Bereits BERLINER 1955, S. 68, beschreibt den hier diskutierten Fall als Herauslösung „aus dem Blickfeld des Papstes", welche die *arma* „als nicht zur Vision gehörend" definiere, kann aber keinen Sinn in dieser Lösung entdecken, bei welcher den *arma* „manchmal noch eine gleichsam dekorative Funktion angewiesen ist" (S. 69).

53 Andere Beispiele: Derick Baegert, Ende 15. Jh., Bingen, Rochus-Kapelle; Niedersächsisch, Dreikönigsaltar, um 1490, Greene, Ev. Kirche; Maler des Bützower Altars, Retabel, um 1500, Lübeck, St. Annen-Museum. Weitere Beispiele finden sich in Frankreich, z.B. Simon Marmion, Einzeltafel, 1460/65, Toronto, Art Gallery of Ontario; Lateinisches Stundenbuch, Mitte 15. Jh., London Sotheby's 6. Dezember 1983, Lot 94; Lateinisches Stundenbuch, London, Sotheby's 6. Dezember 1983, Lot 90, fol. 224v.

54 Zu bedenken ist auch die Kehrseite der monofokalen Anordnung: Durch Einbeziehung der *arma* in die visionäre Erscheinung wird die Vision selbst schon an den Akt imaginativer Vergegenwärtigung angeglichen, den der Betrachter zu leisten hat.

55 Um 1480. Ulm, Ulmer Museum, Inv. Nr. 1983.9160. Holz, 117,5 x 81 cm. Andere Beispiele: Michael Wolgemut, *Hehel-Epitaph*, um 1481, Nürnberg, St. Lorenz; Rheinisch, Einzeltafel, um 1500, Darmstadt, Sammlung Steinmetz; Meister der Heiligen Sippe, Einzeltafel, um 1500, Brüssel, Musées Royaux des Beaux-Arts, Inv. Nr. 2582; Braunschweiger Meister, Retabel, 1506, ehemals Braunschweiger Dom, Braunschweig, Herzog Anton Ulrich-Museum, Inv. Nr. 33; Barthel Bruyn d.Ä., Einzeltafel, um 1515, Bösensell, Haus Alvinghof, Sammlung von und zur Mühlen.

56 Diese Konstellation ist den Fällen vergleichbar, die diskutiert werden von KRÜGER 2000.

57 Zu dieser Verknüpfung bereits BORCHGRAVE D'ALTENA 1959, S. 6.

58 GÖTTLER 2001, S. 133–135 spricht von „perceptual plays". Eine aufgrund ihrer fehlenden methodischen Kriterien wenig überzeugende Analyse unterschiedlicher Fiktionsebenen in Bildern der Gregorsmesse bietet MARTENS 1987–88.

59 Zum Prinzip des „embedding" vgl. KEMP 1995.

60 Stroo/Syfer-d'Olne 1996-2001, Bd. 1 (1996), S. 71 identifizieren einen Teil der Kapitellreliefs als Szenen aus der Christus-Vita, welche den Passionszyklus des Retabels präludieren (links: Anbetung der Könige, Kindermord, Flucht nach Ägypten; rechts: Eherne Schlange, Einzug nach Jerusalem, Ölberg), versehen die Bildgegenstände wegen der schlechten Lesbarkeit aber selbst mit Fragezeichen.

61 In anderen Gregorsmessen der Zeit wird diese Überschneidung durch den Schmerzensmann zu einer regelrechten Bildlöschung ausgeweitet, welche das gesamte Gemälde auf dem Altar zum Verschwinden bringt. Vgl. die Rezeption der Campin-Tafel durch den Meister von 1473 (Sippenaltar, 1473, Soest, St. Maria zur Wies). Weitere Beispiele finden sich vornehmlich in der Druckgraphik: Johannes zu Brünn, Holzschnitt, 2. Hälfte 15. Jh., vgl. Schreiber 1926–30, Bd. 3, Nr. 1455; Israhel van Meckenem, Kupferstich, 3. Drittel 15. Jh., vgl. Lehrs 1908–1934, Bd. 9, S. 134–135 (Nr. 118); Hollstein German 1954ff, Bd. 24 (1986), S. 50 (Nr. 118).

62 Topologisch gewendet könnte man sagen: Das goldene Polyptychon fungiert als Darstellungsraum, die weiße Rückwand, die Martens 1987–88, S. 54 zu Recht „quasi-gerahmt" nennt, als Vorstellungsraum.

63 An diesem Punkt wäre die bildtheoretische Diskussion des Schattenproblems in der frühen Neuzeit zu berücksichtigen, vgl. Stoichita 1997 (1999), S. 54–88; Belting 2001, S. 189–211.

64 In den meisten Fällen begnügte man sich mit dem Einzelbild der Kreuzigung, welche das Zusammenspiel zwischen Passionserzählung und Passionszeichen weniger strapazierte. Anhand eines Stichs von Zwolle exemplarisch diskutiert bei Göttler 1995. Zur Rezeption der Campin-Tafel in Deutschland vgl. u.a. Rheinischer Meister (früher dem Meister der Georgslegende zugeschrieben), Fragmente eines Retabels, um 1460/70, Privatbesitz (unbekannt); Meister von 1473, Sippenaltar, 1473, Soest, St. Maria zur Wies; Rheinischer Meister, Tafelbild, um 1470/90, Koblenz, Mittelrhein-Museum, Inv. Nr. M 35. Zeitgleich mit Meckenems Stich datiert die Außenseite von Boschs *Bronchorst-Triptychon* (Madrid, Prado), vgl. Belting/Kruse 1994, S. 270 (Nr. 252–253); Falkenburg 2007.

65 Um 1490/95. Papier, 46,8 x 29,4 cm. Von zwei Platten gedruckt. Vgl. Lehrs 1908–1934, Bd. 9, S. 289–290 (Nr. 354), Hollstein German 1954ff, Bd. 24 (1986), S. 140 (Nr. 354). Ablasstext: „Quociens q[ui]s cora[m] armis cr[ist]i qui[n]cq[ue] or[ati]ones ap[osto]licas cu[m] qui[n]cq[ue] p[ate]r n[oste]r [et] aue ma[r]ia deuote dixe[r]it XX milib[us] an[n]oru[m] a penis purgatorij exoneratus erit." Zit. nach Roth 2000, S. 302 (Nr. 32). Zur Interpretation vgl. Wolf 1995a; Lentes 2007, S. 28–33

66 Um 1495. Wien, Albertina, Inv. Nr. 1926/1016. Papier, 16,8 x 11,2 cm. Vgl. Hollstein German 1954ff, Bd. 24 (1986), S. 75 (Nr. 167); Wolf 1995b. Ein weiteres, etwas kleineres Blatt Meckenems mit der gleichen Beischrift steht dem Figurentypus der Mosaikikone deutlich näher, vgl. Hollstein German 1954ff, Bd. 24 (1986), S. 74 (Nr. 166).

67 „Hec ymago contrefacta est ad instar et similitudinem illius prime ymaginis pietatis [...] quam fecerat depingi sanctissimus gregorius pontifex magnus propter habitam ac sibi ostensam desuper visionem". Zit. nach Endres 1917, S. 154.

68 Dabei besteht eine enge Entsprechung zwischen der Tumba und dem Mittelschrein sowie zwischen der quer dazu gedrehten Grabplatte und dem Außenmaß der aufgeklappten Flügel.

69 An diesem Punkt wäre auf den kunsttheoretischen Diskurs des Meckenem-Stiches einzugehen, etwa das Spiel mit den Künstler-Initialen I und M, welche die Namen „jhesus" und „maria" auf der Bordüre des Altartisches einfassen, vgl. Wolf 1995a, S. 276; Lentes 2007, S. 33.

70 Wolf 1995a, S. 278.

71 Weitere Beispiele: Meister der Georgslegende, Tafelbild mit Gregorsmesse, um 1470/80, Köln, Pfarrkirche St. Kunibert; Rheinisch (Zuschreibung umstritten), Triptychon, um 1480, ehemals Kloster Sankt Agatha Köln, heute Bamberg, Staatsgalerie, Inv. Nr. WAF 646; Schwäbisch, Einzeltafel, um 1480, Augsburg, Bayerische Gemäldesammlungen, Inv. Nr. 4633.

72 Utrecht, Museum Catharijneconvent, Inv. Nr. 215. Holz, 164 x 82 cm. Vgl. zu Bildern dieses Typs Gormans 2007.

73 Die Ursachen für diese plötzliche Verabschiedung sind in den letzten Jahren unter Gesichtspunkten wie Abendmahlskontroverse, Bilderstreit, Ablass- oder Papstkritik diskutiert worden, vgl. Berns 1993, S. 54; D'Hainaut-Zveny 1992–93, S. 60–61; Göttler 2001, S. 136–137. Ein ausführlicher Überblick zum Ende der Gregorsmesse zuletzt in Meier 2006, S. 246–277. Ihrer Auffassung nach war die fehlende Textreferenz und damit der Mangel an *veritas historica* das Hauptmotiv für die Abwendung von der Gregorsmesse im katholischen Bereich.

74 Diese Tendenz bereits angesprochen bei Ausst. Kat. Köln 1982, S. 36. Eine vergleichbare Entwicklung lässt sich am Bildtypus der Lukas-Madonna beobachten, vgl. Kruse 2003, S. 248-258.

75 Um 1525. Xanten, Dom St. Viktor. Holz, Maße im aufgeklappten Zustand 450 x 340 cm. Vgl. Kelberg 1983, S. 223–224 (Nr. 189); Meier 2003b, S. 187–188. Weitere Beispiele: Schnitzretabel, um 1510/20, Botkyrka (Schweden); Schnitzretabel, um 1520, Danzig, Marienkirche; Schnitzretabel, um 1520/30, Süggerath, Pfarrkirche Hl. Kreuz.

76 Aschaffenburg, Staatsgalerie, Inv. Nr. 627. Holz, 147 x 107 cm. Vgl. KELBERG 1983, S. 150 (Nr. 8). Andere Beispiele: Nikolaus Glockendon, Gebetbuch des Wolfgang Schlaudersbach, 1513, Admont, Stiftsbibliothek, Hs. 876/b, fol. 40v; Hans Hesse, Hochaltarretabel, um 1520, Annaberg-Buchholz, Stadtkirche St. Katharinen; Nikolaus Glockendon, Missale Hallense des Kardinals Albrecht von Brandenburg, um 1523/24, Aschaffenburg, Hofbibliothek, Ms. 10, fol. 371r; Hans Sebald Beham, Beicht- und Gebetbuch des Kardinals Albrecht von Brandenburg, 1531, Aschaffenburg, Hofbibliothek, Ms. 8, fol. 63v. Vgl. zu diesen Werken WEGMANN 2007.

77 Antwerpen, um 1510. Ehemals Zisterzienserkloster Ihlow, heute Aurich, Ev. Lambertikirche. Holz, Maße im aufgeklappten Zustand 213 x 216 cm. Äußere Wandlung: Abraham und Melchisedck, Gregorsmesse, Abendmahl. Innere Wandlung: Passionszyklus mit Kreuzigung im Zentrum. Vgl. MEIER 2003b, S. 186; BYNUM 2005, S. 218–219.

78 1552. Brüssel, Musées Royaux des Beaux-Arts de Belgique, Inv. Nr. 334, vgl. D'HAINAUT-ZVENY 1992–93, S. 56.

79 1559. Brügge, Sint-Salvatorskathedraal. Eichenholz, Maße pro Flügel 150,5 x 82 cm (mit Rahmen). Innere Wandlung: Abraham und Melchisedek, Speisung des Elija, im Zentrum das Abendmahl, vgl. AUSST. KAT. BRÜGGE 1984, S. 160–166; AUSST. KAT. BRÜGGE 1998, S. 204.

80 Zahlreiche Belege in GÖTTLER 1996; MÜHLEN 1990.

81 Um 1600. Imola, Chiesa del Suffragio, 2. Altar links. Leinwand, 310 x 210 cm. Ehemals Retabel des *altare privilegiatum* der Hieronymitenkirche Santa Maria delle Grazie in Bologna. Vgl. GÖTTLER 1996, S. 119; TWIEHAUS 2002, S. 76–79 und 223–224 (Nr. A 27). Zur Popularität von Heiligen-Messen in der nachtridentinischen Bildtradition Italiens vgl. CROPPER 2005, S. 78-93.

Schluss

Am Anfang dieses Buches stand die Frage nach dem medialen Status visionärer Erfahrungen in der mittelalterlichen Bildkunst. Im Durchgang durch drei übergeordnete bild- und mediengeschichtliche Paradigmen der mittelalterlichen Visionsdarstellung ist deutlich geworden, wo entscheidende Umbruchmomente in der mehrsträngigen Geschichte unseres Themas liegen. Abschließend geht es mir noch einmal darum, die in den drei Teilen des Buches gewonnenen Ergebnisse zusammenzuführen und danach zu fragen, welche weiterreichende Perspektive sich daraus für die Bild-, Medien- und Visualitätsgeschichte des Mittelalters entwickeln lässt.

Um nochmals zum Ausgangspunkt zurückzukehren: Das in verschiedenen Religionen bekannte Wahrnehmungsmuster der Vision, so könnte man aus Sicht heutiger Wahrnehmungs- und Kognitionstheorie formulieren, hat sein Fundament in der Fähigkeit der menschlichen Imagination, erkenntnisstiftende Evidenzen und Suggestionen von Nähe zu produzieren, die über die Grenzen des bloßen Augenscheins hinausreichen. Dieses Potential einer erweiterten Anschauung wird im Visions-Diskurs einer transzendenten, außerhalb des menschlichen Subjekts verorteten Bild-Quelle zugewiesen und so mit dem Anspruch auf absolute Verbindlichkeit verknüpft. Für das jüdisch-christliche Weltbild ist die Annahme eines solchen bildhaften „Kanals" der Offenbarung, um mit Birgitta zu sprechen, deshalb ein fundamentales Prinzip, weil es davon ausgeht, dass Gott in einer Sphäre des Unsichtbaren agiert und sich von dort aus den Menschen offenbarend mitteilt. Genau in diesem Zusammenhang dürfte ein wichtiger Anreiz schon für das frühe Christentum bestanden haben, nicht allein auf Schrift als kanonisches Aufzeichnungs- und Verbreitungsmedium zu setzen, sondern auch auf die visuelle Evidenz materieller Bilder.[1] Der besondere Status von Visionsdarstellungen besteht in dieser Perspektive darin, dass sie sich auf eine selbst schon bildliche Offenbarung beziehen und so die Möglichkeit bieten, das Verhältnis zwischen der Medialität der Vision und derjenigen der materiellen Bilder zu definieren.

Die Repräsentation visionärer Erfahrung ist in allen Phasen des Mittelalters ein wichtiger Bestandteil der Bildpraxis. Die ältere Forschungsmeinung, erst mit dem 12./13. Jahrhundert beginne so etwas wie ein „visionäres Zeitalter", in dem erstmals das bildkünstlerische Interesse an der Vision als Bild-Medium greifbar werde, möchte ich entschieden in Zweifel ziehen.[3] Setzt man neben dem äußeren und dem inneren Blick die göttliche Schau als dritten Sehmodus an, dann tritt auch schon an den frühmittelalterlichen Darstellungen einer *visio prophetica* ein überaus reflektierter Umgang mit der Medialität visionärer Offenbarung zutage. Deutlich wurde, dass Werke wie die Bamberger Kommentare oder die Beatus-Handschriften nicht das Zeugnis einer Bevormundung von „Bildern" durch „Schrift", von „Sehen" durch „Glauben" oder von „Kunst" durch „Theologie" im Frühmittelalter sind.[3] Dem Betrachter werden hier vielmehr bildliche Lagepläne des Visionären vor Augen gestellt, in denen der Blick des Visionärs topologisch gesehen in ein Verhältnis des Einschlusses in die „Vorsehung" Gottes gesetzt wird.

Die Veränderungen im Übergang zum Hochmittelalter lassen sich dann als signifikante Neujustierungen im Verhältnis der drei Sehmodi beschreiben, die in zwei große Richtungen auseinanderlaufen. Auf der einen Seite rückt die Aktivität der menschlichen *imaginatio*, rückt das Innere des Visionärs als Ort der Deutung, Speicherung und auch Koproduktion visionärer Bilder in den Mittelpunkt des Interesses. Obwohl Gott weiterhin als transzendente Bild-Quelle angenommen wird, kann visionäre Aktivität dann zunehmend in Analogie zu Imaginationsleistungen gesehen werden, die auch der betende Gläubige oder der Betrachter gemalter Bilder erbringen kann. Wie sich etwa an den „montierten" Quasi-Visionen der spätmittelalterlichen Gebetsdiptychen oder an den Gehäuse-Bildern „unionalen Typs" gut nachvollziehen lässt, können Visionen in dieser Konstellation schneller in den Verdacht einer bloß subjektiven Einbildung geraten. Aus einer systematischen Perspektive wird so nachvollziehbar, warum sich zeitlich parallel zur metaphorischen Abgrenzung der Visionärs-Seele das neue Paradigma des „Körper-Zeichens" etabliert. Über Spuren am Körper, die in einer bildhaften Beziehung zur visionären Erscheinung selbst stehen, sollen einzelne Visionäre mit einem Offenbarungsanspruch ausgestattet werden, der sich im Gegensatz zur „Masse" rein imaginärer Visionserlebnisse extern verifizieren lässt.[4]

Insgesamt haben wir es vom 12. und 13. Jahrhundert an mit einem Wandel hin zu einem vielseitigeren Visions-Diskurs der Bilder zu tun, dessen gemeinsamer Nenner eine zunehmende Fokussierung der Grenze zwischen dem Innen und dem Außen des visionären Subjekts ist. Je mehr die Trennlinie zwischen beiden Bereichen ein unabhängiges Profil gegenüber dem allumfassenden Sehen Gottes erlangt, desto mehr bedarf es externer Instanzen der Beglaubigung, die gegen den Verdacht subjektiver Einbildung den Offenbarungscharakter visionärer Erlebnisse bestätigen können. Stellen die gemalten Visionen des Früh- und Hochmittelalters den Betrachtern in erster Linie Lagepläne vor Augen, welche das Verhältnis von menschlicher Evidenz und göttlichem Auge, von Körper, Seele und Transzendenz ausmaßen und seine topologischen Relationen bestimmen, so können wir an den Visionsdarstellungen des Spätmittelalters eine allmähliche (aber zu keinem Zeitpunkt komplette) Verlagerung hin zur Simulation des Offenbarungsgeschehens feststellen, dessen äußerlich verborgene Seite dann über visuelle Metaphern sichtbar gemacht werden muss.

Die Bildgeschichte visionärer „Körper-Zeichen" lehrt, wie die Künstler für die externe Instanz eines vor dem Bild postierten Augenzeugen eine neue, auf dem Prinzip der Projektion basierende Bildsyntax entwickeln müssen, die gerade in ihrer Fiktionalität die Verifizierbarkeit der Offenbarung zu einem unlösbaren Problem werden lässt. Inwiefern die neuen bildsprachlichen Möglichkeiten, die körperliche

Dimension visionärer Erfahrung zu visualisieren, auch auf den vielbeschworenen Paradigmenwechsel der mittelalterlichen Optik von der Extra- zur Intromissionstheorie zurückzuführen sind, ist im Rahmen dieser Studie hingegen weitgehend ausgeklammert geblieben. In einigen Fällen, etwa beim Strahlenschema der Stigmatisierung seit Assisi, aber auch beim Rahmen-Fenster der englischen Apokalypsen, ist evident, dass eine Grundannahme der Optiktheorien, die geradlinige Ausbreitung von Sehstrahlen, in die Dispositive des Visionären eingeflossen ist.[5] Ein wichtiges Argument gegen die Engführung von Visions- und Optikgeschichte ist jedoch die Tatsache, dass Optik zuallererst eine Theorie des äußeren Gegenstands-Sehens und nicht einer imaginären Schau offenbarender Bilder ist.[6] Dass die Neuerungen der Optiktheorie ein universales „skopisches Regime" der spätmittelalterlichen Kultur hervorgebracht hätten, erscheint damit mehr als fraglich.

Ausgehend vom Paradigma „Körper-Zeichen" wird auch ein Ausblick über die Epochenschwelle zwischen Mittelalter und Früher Neuzeit möglich. An Bildern der Stigmatisierung Katharinas wie der Gregorsmesse lässt sich gut verfolgen, wo einige elementare Kontinuitäten zwischen der Visionskunst des ausgehenden Mittelalters und derjenigen der Renaissance und des Barock liegen. So deutet vieles darauf hin, dass die große Karriere, die der Visionsdarstellung gerade in der Malerei und Skulptur des (katholischen) Barock beschieden ist, ihren Ausgangspunkt im spätmittelalterlichen Modell der „Körper-Zeichen" hat, das nunmehr aber nach den wirkungsästhetischen Kriterien eines rhetorischen Bildkonzepts transformiert wird: Wo visionäre Offenbarung über den Blick auf den Körper der Visionäre simuliert wird, geht es in der frühen Neuzeit nicht mehr um äußere Spuren der göttlichen Erscheinung selbst, sondern um überzeugend geschilderte Anzeichen eines inneren Ekstasezustands.[7] Den gleichen Anforderungen einer stimmigen Simulation des Visionären für einen Augenzeugen wird, wie eingangs diskutiert, das Visionsbild selbst unterworfen, das jetzt im Modus negativer Analogie zur Darstellung gelangt.[8]

Bild- bzw. mediengeschichtlich ist ein wichtiges Resultat der Studie, dass eine Rekonstruktion der Medienkonzepte mittelalterlicher Visionsdarstellungen nur über eine Öffnung des Bildbegriffs möglich wird, die von der herkömmlichen Vorstellung des Einzelbildes wegführt in Richtung auf plurale Dispositive der jeweiligen Trägermedien: Visionsbücher, mehrteilige Bildsysteme, klappbare Bucheinbände und Altarretabel verbinden die Visionsbilder mit anderen Visionsbildern, mit einer übergreifenden Narration oder mit Elementen anderer Zeichensysteme wie der Schrift. Diese relative Offenheit der materiellen Dispositive ist an Rezeptionssituationen gekoppelt, in denen die Betrachtung der Visionsbilder einen zeitlich gestaffelten Verlauf annimmt: Das Auge des Benutzers wandert von Bild zu Bild, wechselt zwischen Bild- und Schriftelementen hin und her, erlebt, wie die Bilder selbst durch Vorgänge des Umblätterns, Auf- und Zuklappens ihre visuelle Struktur verändern. Diese äußeren Präsentationsbedingungen korrespondieren auf der Ebene der bildlichen Darstellung mit in sich komplexen Dispositiven, welche die Topologie visionärer Offenbarung als Korrelation differenter, nicht auf einen einzigen Betrachterstandpunkt reduzierbarer Blickwinkel und Handlungssphären entfalten. Die Geschichte mittelalterlicher

Visionsdarstellungen gibt so nicht nur wertvollen Aufschluss über den hohen Stellenwert bildgestützter Kommunikation in der kulturellen Praxis einer vorgeblichen „Schriftreligion", sie fördert auch eine wichtige Vorgeschichte jener offenen Bild- und Medienkonzepte zutage, die das geschlossene, auf Mimesis basierende *tableau* der Neuzeit seit der Moderne wieder ablösen.

Anmerkungen

1   Vgl. hierzu die Grundsatzüberlegungen in Kemp 1994, S. 9–20.
2   In diese Richtung argumentieren Nolan 1977 und Klein 1998.
3   Zu letztem Punkt vgl. den aktuellen Diskussionsbeitrag von Hamburger 2006.
4   Zur Popularisierung von Visionserfahrung im Spätmittelalter, insbesondere unter Laien, vgl. Newman 2005, S. 25–33.
5   Dagegen halte ich die These von Aili/Svanberg 2003, S. 64 und 68, die aus dem Himmel herabfließenden Spruchbänder in den Revelaciones Birgittas von Schweden seien gewissermaßen gemalte Intromissionstheorie, für wenig plausibel: Gott als Quelle der Visionsbilder ist ja konstitutiv für das Konzept von Vision überhaupt.
6   Zu diesem Wechsel vgl. Lindberg 1976, S. 58–146. Eine differenzierte Darstellung der unterschiedlichen Positionen im späten 13. und frühen 14. Jh. bei Tachau 1988. Sehr hoch bewertet wird dieser Anteil von Camille 2000; Hamburger 2000; Biernoff 2002.
7   Vgl. Stoichita 1995 (1997), S. 124–199. Zur rhetorischen Dimension des körperlichen Sichtbarmachens innerer Seelenzustände vgl. Brassat 2003.
8   Vgl. Stoichita 1995 (1997), S. 80–122; Rosen 2004.

Dank

Mein erster Dank für das Zustandekommen dieser Studie gebührt Thomas Lentes, der es mir ermöglicht hat, mein Visions-Projekt als Mitarbeiter der Münsteraner Forschungsgruppe für Theologie und Kulturgeschichte des Christentums unter in jeder Hinsicht optimalen Rahmenbedingungen voranzutreiben und zum Abschluss zu bringen. Ohne seine vorbehaltlose Unterstützung über fünf für mich sehr ertragreiche Jahre hinweg hätte dieses Buch nicht geschrieben werden können. Das interdisziplinäre Gespräch, das innerhalb der Münsteraner Gruppe in angenehmer Offenheit gepflegt wurde, hat mir eine Fülle von Anregungen beschert, für die ich Andreas Gormans, Georg Henkel, Joseph Imorde, Susan Marti, Andreas Matena, Esther Meier, Heike Schlie, Elija Timmermann und Susanne Wegmann herzlich danken möchte. Danken möchte ich an dieser Stelle auch der VolkswagenStiftung, aus deren Mitteln nicht nur meine Stelle, sondern eine umfangreiche Bildbeschaffungskampagne finanziert wurde, die den Grundstock für den Abbildungsteil dieses Buches gelegt hat. Und schließlich möchte ich auch Annett Jansen in meinen Dank einschließen, die sich im Sekretariat des Instituts für Lehrerausbildung um alle verwaltungs- und finanztechnischen Belange meiner Arbeit gekümmert hat.

Im Wintersemester 2005/06 wurde die Arbeit am Fachbereich Literaturwissenschaft der Universität Konstanz als Habilitationsschrift angenommen. Tatkräftig und engagiert haben sich Felix Thürlemann und die übrigen Gutachter, Wolfgang Brassat, Mireille Schnyder und Silke Tammen, dafür eingesetzt, dass das gesamte Verfahren ebenso zügig wie unkompliziert abgeschlossen werden konnte. Ihnen allen habe ich für wichtige Ratschläge und kritische Hinweise zu danken, von denen die Endfassung des Manuskripts stark profitiert hat.

Dank für hilfreiche Informationen, klärende Gespräche und sonstige Unterstützung meiner Visions-Studien seit ihren Anfängen Mitte der 1990er Jahre schulde ich Arnold Angenendt, Klaus Gereon Beuckers, Vera Beyer, Steffen Bogen, Beate Fricke, Reinhard Hoeps, Volker Honemann, Richard Hoppe-Sailer, Elisabeth Keller, Wolfgang Kemp, Valerie Möhle, Bernd Mohnhaupt, Monika E. Müller, Nigel F. Palmer, Ursula Peters, Marius Rimmele, Valeska von Rosen sowie den Teilnehmern verschiedener Vortrags- und Seminarveranstaltungen, denen ich meine Überlegungen zur Diskussion stellen durfte. Danken möchte ich an dieser Stelle auch den Mitarbeiterinnen und Mitarbeitern zahlreicher Bibliotheken und Museen, die mich während meiner Recherchen mit großer Hilfsbereitschaft unterstützt haben.

Die Drucklegung des Manuskripts wäre in der jetzigen Ausstattung nicht möglich gewesen ohne einen größeren Zuschuss meines Vaters Hans-Jürgen Ganz, der sich zudem der Mühe unterzogen hat, das ganze Manuskript vor dem Druck noch einmal Korrektur zu lesen. Beate Behrens danke ich für ihre Bereitschaft, das Buch in das Programm des Dietrich Reimer-Verlags aufzunehmen, wo es in den Bänden der Reihe KultBild eine thematisch passende Nachbarschaft finden wird, Nicola Willam für die sorgfältige Gestaltung des Layouts.

Ein besonderer Dank geht an Ulrike Ganz, die die ausdauerndste und kritischste Leserin der einzelnen Kapitel in ihren verschiedenen Arbeitsstadien war. Ihr und unseren Kindern Charlotte, Johann und Julius ist dieses Buch gewidmet.

Konstanz, im Dezember 2007

Literaturverzeichnis

I. Quellentexte

ACTA ET PROCESSUS 1924–31 – *Acta et processus canonizacionis beate Birgitte*, hrsg. von Isak Collijn, Uppsala 1924–31

ALEXANDER 1955 – Alexander Minorita, *Expositio in apocalypsim*, hrsg. von Alois Wachtel, Weimar 1955 (Monumenta Germaniae Historica. Quellen zur Geistesgeschichte des Mittelalters, Bd. 1)

ALKUIN 1863a – Alkuin, Compendium in canticum canticorum, in: PL 100, Paris 1863, Sp. 639–664

ALKUIN 1863b – Alkuin, Epistola ad Gislam et Richtrudam, in: PL 100, Paris 1863, Sp. 740–744

AMALAR 1948–50 – Amalar von Metz, *Opera liturgica omnia*, hrsg. von Johann Michael Hanssens, 3 Bde., Rom 1948–50

AUGUSTINUS 1894 – Aurelius Augustinus, *De genesi ad litteram libri duodecim*, hrsg. von Joseph Zycha, Wien/Prag/Leipzig 1894 (Corpus Scriptorum Ecclesiasticorum Latinorum, Bd. 28)

AUGUSTINUS 1955 – Aurelius Augustinus, *Confessiones – Bekenntnisse. Lateinisch und deutsch*, hrsg. und übers. von Joseph Bernhart, München 1955

AUGUSTINUS 1956 – Aurelius Augustinus, *Enarrationes in psalmos I–L*, hrsg. von Eligius Dekkers/Johannes Frapoint, Turnhout 1956 (Corpus Christianorum Series Latina, Bd. 38)

AUGUSTINUS 1964 – Aurelius Augustinus, *Über den Wortlaut der Genesis. Der große Genesiskommentar in zwölf Büchern*, übers. von Carl Johann Perl, 2 Bde., Paderborn 1964

AUGUSTINUS 1968 – Aurelius Augustinus, *De trinitate libri XV*, hrsg. von W. J. Montain, Turnhout 1968 (Corpus Christianorum Series Latina, Bd. 50)

AUGUSTINUS 1969 – Aurelius Augustinus, *De fide rerum invisibilium. Enchiridion ad Laurentium de fide et spe et caritate. De catechizandis rudibus. Sermo de disciplina christiana. Sermo de utilitate ieiunii. Sermo de excidio urbis Romae. De haeresibus*, hrsg. von Michael P. J. van den Hout, Turnhout 1969 (Corpus Christianorum Series Latina, Bd. 46)

BEATUS 1985 – Beatus von Liébana, *Commentarius in Apocalypsin*, hrsg. von Eugenio Romero-Pose, 2 Bde., Rom 1985

BEDA 1862 – Beda Venerabilis, In cantica canticorum allegorica expositio, in: PL 91, Paris 1862, Sp. 1065–1234

BERENGAUDUS 1845 – Berengaudus, Expositio super septem visiones libri apocalipsis, in: PL 17, Paris 1845, Sp. 766–970

BIBLIA SACRA 1994 – *Biblia sacra iuxta Vulgatam versionem*, hrsg. von Robert Weber/Roger Gryson, 4. verb. Auflage, Stuttgart 1994

BIRGITTA 1956 – Birgitta von Schweden, *Reuelaciones extrauagantes*, hrsg. von Lennart Hollmar, Uppsala 1956

BIRGITTA 1971 – Birgitta von Schweden, *Revelaciones Liber V Liber questionum*, hrsg. von Birger Bergh, Uppsala 1971

BIRGITTA 1977 – Birgitta von Schweden, *Revelaciones Liber I cvm prologo magistri Mathie*, hrsg. von Carl-Gustaf Undhagen, Stockholm 1977

BIRGITTA 1991 – Birgitta von Schweden, *Revelaciones Liber VI,* hrsg. von Birger Bergh, Stockholm 1991

BIRGITTA 2002 – Birgitta von Schweden, *Revelaciones Liber VIII Liber celestis imperatoris ad reges*, hrsg. von Hans Aili, Stockholm 2002
BONAVENTURA 1926–41a – Bonaventura, Legenda maior s. Francisci, hrsg. von Michael Bihl, in: *Analecta Franciscana* 10 (1926–41), S. 557–652
BONAVENTURA 1926–41b – Bonaventura, Legenda minor s. Francisci, hrsg. von Michael Bihl, in: *Analecta Franciscana* 10 (1926–41), S. 655–678
BULLARIUM FRANCISCANUM 1949 – *Bullarium franciscanum, tom. 3. Continens constitutiones epistolas diplomata romani pontificis Sixti IV ad tres ordines s. p. n. Francisci spectantia (1471–1484)*, hrsg. von Joseph M. Pou y Marti, Quaracchi 1949
BULLARIUM FRANCISCANUM 1990 – *Bullarium franciscanum, tom. 4-2. Continens bullas brevia supplicationes tempore romani pontificis Innocentii VIII pro tribus ordinibus s. p. n. Francisci obtenta (1489–1492)*, hrsg. von Cesare Cenci, Grottaferrata 1990
CARACCIOLO 1490 – Fra Roberto Caracciolo, *Sermones de Laudibus sanctorum*, Basel 1490
CASSIODORUS 1958 – Magnus Aurelius Cassiodorus, *Expositio psalmorum I–LXX*, hrsg. von Marc Adriaen, Turnhout 1958 (Corpus Christianorum Series Latina, Bd. 97)
CASSIODORUS 2003 – Magnus Aurelius Cassiodorus, *Institutiones divinarum et saecularium litterarum. Einführung in die geistlichen und weltlichen Wissenschaften*, hrsg. und übers. von Wolfgang Bürsgens, 2 Bde., Freiburg 2003 (Fontes Christiani, Bd. 31)
DE SEX ALIS 1855 – De sex alis cherubim, in: PL 210, Paris 1855, Sp. 269–280
DIONYSIUS AREOPAGITA 1857 – Dionysius Areopagita, De divinis nominibus, in: Jacques Paul Migne (Hrsg.), *Patrologiae cursus completus. Series graeca*, Bd. 3, Paris 1857, Sp. 585–996
ELIA 1926–1941 – Elia von Cortona, Epistola encyclica de transitu s. Francisci, hrsg. von Michael Bihl, in: *Analecta Franciscana* 10 (1926–41), S. 523–528
ERIUGENA 1853 – Iohannes Scottus Eriugena, De divisione naturae, in: PL 122, Paris 1853, Sp. 439–1022
ERIUGENA 1969 – Iohannes Scottus Eriugena, *Vox spiritualis*, hrsg. von Édouard Jeauneau, Paris 1969 (Sources Chrétiennes, Bd. 151)
ERIUGENA 1996 – Iohannes Scottus Eriugena, *Periphyseon*, hrsg. von Édouard Jeauneau, 5 Bde., Turnhout 1996 (Corpus Christianorum Continuatio Medievalis, Bd. 156)
GREGOR 1849 – Gregor der Große, XL homiliarum in evangelia libri duo, in: PL 76, Paris 1849, Sp. 1075–1312
GREGOR 1924 – Gregor der Große, *Dialogi Libri IV*, hrsg. von Umberto Moricca, Rom 1924 (Fonti per la storia d'Italia)
GREGOR 1971 – Gregor der Große, *Homiliae in Hiezechihelem prophetam*, hrsg. von Marc Adriaen, Turnhout 1971 (Corpus Christianorum Series Latina, Bd. 142)
GREGOR 1979 – Gregor der Große, *Moralia in Iob*, hrsg. von Marc Adriaen, 3 Bde., Turnhout 1979 (Corpus Christianorum Series Latina, Bd. 143)
GREGOR 1983 – Gregor der Große, *Homilien zu Ezechiel*, übers. von Georg Bürke, Einsiedeln 1983 (Christliche Meister, Bd. 21)
HEILIGE SCHRIFT 1972 – *Die Heilige Schrift des Alten und des Neuen Testaments* (Zürcher Bibel), hrsg. vom Kirchenrat des Kantons Zürich, Zürich 1931, Nachdruck Stuttgart 1972
HIERONYMUS 1963 – Hieronymus, *Commentariorum in Esaiam libri I–XI*, hrsg. von Marc Adriaen, Turnhout 1963 (Corpus Christianorum Series Latina, Bd. 73)
HIERONYMUS 1964 – Hieronymus, *Commentariorum in Danielem libri III <IV>*, hrsg. von Franciscus Glorie, Turnhout 1964 (Corpus Christianorum Series Latina, Bd. 75)
HILDEGARD 1978 – Hildegard von Bingen, *Scivias*, hrsg. von Adelgundis Führkötter/Angela Carlevaris, 2 Bde., Turnhout 1978 (Corpus Christianorum Continuatio Medievalis, Bd. 43)
HILDEGARD 1991 – Hildegard von Bingen, *Scivias. Wisse die Wege. Eine Schau von Gott und Mensch in Schöpfung und Zeit*, übers. von: Walburga Storch, Augsburg 1991
HILDEGARD 1991–2001 – Hildegard von Bingen, *Epistolarium*, hrsg. von Lieven van Acker/Monika Klaes-Hachmöller, 3 Bde., Turnhout 1991–2001 (Corpus Christianorum Continuatio Medievalis, Bd. 91)

HILDEGARD 1996 – Hildegard von Bingen, *Liber divinorum operum*, hrsg. von Albert Derolez/Peter Dronke, Turnhout 1996 (Corpus Christianorum Continuatio Medievalis, Bd. 92)

HUGO ST. VIKTOR 1879 – Hugo von St. Viktor, Summa sententiarum, in: PL 176, Paris 1879, Sp. 41–172

ISIDOR 1850 – Isidor von Sevilla, Etymologiarum libri XX, in: PL 82, Paris 1850, Sp. 9–728

ISIDOR 1862a – Isidor von Sevilla, De ordine creaturarum, in: PL 83, Paris 1862, Sp. 913–954

ISIDOR 1862b – Isidor von Sevilla, In libros veteris ac novi testamenti prœmia, in: PL 83, Paris 1862, Sp. 155–180

JOHANNES XXII. 1973 – Johannes XXII., *Les sermons de Jean XXII sur la vision béatifique*, hrsg. von Marc Dykmans, Rom 1973 (Miscellanea Historiae Pontificiae, Bd. 34)

JOHANNES WORCESTER 1998 – Johannes von Worcester, *Chronicon*, hrsg. und ins Engl. übers. von Patrick McGurk, Oxford 1998 (Oxford Medieval Texts)

LIBRI CAROLINI 1998 – *Libri carolini*, hrsg. von Ann Freeman, Hannover 1998 (Monumenta Germaniae Historica. Concilia, Bd. 2, Supplement 1)

MATTHEW PARIS 1872–83 – Matthew Paris, *Chronica majora*, hrsg. von Henry Richards Luard, 7 Bde., London 1872–83 (Rerum Britannicarum medii aevi scriptores, Bd. 57)

MEISTER ECKHART 1993 – Meister Eckhart, *Werke. Texte und Übersetzungen*, hrsg. von Niklaus Largier, 2 Bde., Frankfurt a. M. 1993 (Bibliothek des Mittelalters, Bd. 20/21)

NICOLAUS CUSANUS 2000 – Nicolaus Cusanus, *De visione Dei*, hrsg. von Adelaida Dorothea Riemann, Hamburg 2000 (Nicolai de Cusa. Opera omnia, Bd. 6)

PETRUS DAMIANI 1853 – Petrus Damiani, Vita sancti Rodulphi episcopi eugubini et s. Dominici loricati, in: PL 144, Paris 1853, Sp. 1007–1024

PL – *Patrologiae cursus completus. Series latina*, hrsg. von Jacques Paul Migne, 221 Bde., Paris 1844–80

PROCESSO CASTELLANO 1942 – *Il Processo Castellano. Con appendice sul Culto e la Canonizzazione di S. Caterina da Siena*, hrsg. von Marie-Hyacinthe Laurent, Mailand 1942 (Fontes vitae S. Catherinae Senensis historici, Bd. 9)

RAIMUND 2004 – Raimund von Capua, *Legenda maior (Vita Catharinae Senensis)*, hrsg. und übers. von Jörg Jungmayr, 2 Bde., Berlin 2004

RICHARD ST. VIKTOR 1880 – Richard von St. Viktor, In apocalypsim Joannis libri septem, in: PL 196, Paris 1880, Sp. 683–886

RICHEÔME 1598 – Louis Richeôme, *Trois discours pour la religion catholique. Les Miracles, les Saincts, les Images*, Bordeaux 1598

ROBERT ANJOU 1970 – Robert von Anjou, *De visione beata ad Johannem Papam XXII*, hrsg. von Marc Dykmans, Rom 1970 (Miscellanea Historiae Pontificiae, Bd. 30)

RUPERT DEUTZ 1985 – Rupert von Deutz, *Os meum aperui. Die Autobiographie Ruperts von Deutz*, übers. von Walter Berschin, Köln 1985 (Schriftenreihe des Zentrums patristischer Spiritualität Koinonia Oriens im Erzbistum Köln, Bd. 18)

SEUSE 1907a – Heinrich Seuse, *Deutsche Schriften*, hrsg. von Karl Bihlmeyer, Stuttgart 1907

SEUSE 1907b – Heinrich Seuse, *Exemplar*, in: SEUSE 1907a, S. 1–401

SEUSE 1966 (1999) – Heinrich Seuse, *Deutsche mystische Schriften. Aus dem Mittelhochdeutschen übertragen und herausgegeben von Georg Hofmann*, Darmstadt/Düsseldorf 1966. Neuausgabe Zürich/Düsseldorf 1999

SEUSE 1977 – Heinrich Seuse, *Horologium sapientiae*, hrsg. von Pius Künzle, Fribourg 1977 (Spicilegium Friburgense. Texte zur Geschichte des kirchlichen Lebens, Bd. 23)

SULPICIUS SEVERUS 1967 – Sulpicius Severus, *Vita sancti Martini*, hrsg. von Jacques Fontaine, 2 Bde., Paris 1967 (Sources Chrétiennes, Bd. 133)

THOMAS AQUIN 1961 – Thomas von Aquin, *Summa Theologiae*, Madrid 1961 (Biblioteca de Autores Cristianos)

THOMAS CELANO 1926–41a – Thomas von Celano, Legenda ad usum chori, hrsg. von Michael Bihl, in: *Analecta Franciscana* 10 (1926–41), S. 118–126

THOMAS CELANO 1926–41b – Thomas von Celano, Tractatus de miraculis b. Francisci, hrsg. von Michael Bihl, in: *Analecta Franciscana* 10 (1926–41), S. 271–330

THOMAS CELANO 1926–41c – Thomas von Celano, Vita prima s. Francisci, hrsg. von Michael Bihl, in: *Analecta Franciscana* 10 (1926–41), S. 1–115

TOMMASO CAFFARINI 1974 – Tommaso d'Antonio da Siena „Caffarini", *Libellus de supplemento legende prolixe virginis beate Catherine de Senis*, hrsg. von Iuliana Cavallini/Imelda Foralosso, Rom 1974 (Testi Cateriniani, Bd. 3)

VASARI 1550/1568 (1966–76) – Giorgio Vasari, *Le Vite de' più eccellenti Pittori Scultori e Architettori*, Florenz 1550 und 1568. Neuausgabe hrsg. von Paola Barocchi, 5 Bde., Florenz 1966–76

VITA HILDEGARDIS 1998 – *Vita sanctae Hildegardis (Leben der heiligen Hildegard von Bingen). Canonizatio sanctae Hildegardis (Kanonisation der heiligen Hildegard)*, hrsg. und übers. von Monika Klaes, Freiburg/Basel/Wien 1998 (Fontes Christiani, Bd. 29)

II. Forschungsliteratur

ACTAS BEATO DE LIÉBANA 1978–80 – *Actas del Simposio para el estudio de los códices del „Comentario al Apocalipsis" de Beato de Liébana*, 3 Bde., Madrid 1978–80

AHLGREN 1993 – Gilian T. W. Ahlgren, Visions and Rhetorical Strategy in the Letters of Hildegard of Bingen, in: Karen Cherewatuk/Ulrike Wiethaus (Hrsg.), *Dear Sister. Medieval Women and the Epistolary Genre*, Philadelphia 1993, S. 46–63

AILI/SVANBERG 2003 – Hans Aili/Jan Svanberg, *Imagines Sanctae Birgittae. The Earliest Illuminated Manuscripts and Panel Paintings Related to the Revelations of St. Birgitta of Sweden*, 2 Bde., Stockholm 2003

AKBARI 2004 – Suzanne Conklin Akbari, *Seeing through the Veil. Optical Theory and Medieval Allegory*, Toronto 2004

ALEXANDER 1978 – Johanthan J.G. Alexander, *Initialen aus großen Handschriften*, München 1978 (Die großen Handschriften der Welt)

ALPERS 1983 (1985) – Svetlana Alpers, *The Art of Describing. Dutch Art in the Seventeenth Century*, Chicago 1983. Dt. Ausgabe: *Kunst als Beschreibung. Holländische Malerei des 17. Jahrhunderts. Mit einem Vorwort von Wolfgang Kemp*, übers. von: Hans Udo Davitt u.a., Köln 1985

ALTMAN 1975 – Charles F. Altman, Two Types of Opposition and the Structure of Latin Saint's Lives, in: *Mediaevalia et Humanistica* 6 (1975), S. 1–11

ALTROCK/ZIEGELER 2001 – Stephanie Altrock/Hans-Joachim Ziegeler, Vom „diener der ewigen wisheit" zum Autor Heinrich Seuse. Autorschaft und Medienwandel in den illustrierten Handschriften und Drucken von Heinrich Seuses „Exemplar", in: Ursula Peters (Hrsg.), *Text und Kultur. Mittelalterliche Literatur 1150–1450*, Stuttgart/Weimar 2001, S. 150–181

ÁLVAREZ CAMPOS 1978 – Sergio Álvarez Campos, Fuentes literarias de Beato de Liébana, in: ACTAS BEATO DE LIÉBANA 1978–80, Bd. 1, S. 119–162

ANDREWS 1995 – Lew Andrews, *Story and Space in Renaissance Art. The Rebirth of Continuous Narrative*, Cambridge/New York 1995

ANGENENDT 1997 – Arnold Angenendt, *Geschiche der Religiosität im Mittelalter*, Darmstadt 1997

APOCALYPSE DE JEAN 1979 – *L'Apocalypse de Jean. Traditions exégétiques et iconographiques. IIIe–XIIIe siècles. Actes du Colloque de la Fondation Hardt 29 février – 3 mars 1976*, Genf 1979

ARASSE 1999 – Daniel Arasse, *L'annonciation italienne. Une histoire de perspective*, Paris 1999

ASSMANN/ASSMANN 1998 – Aleida Assmann/Jan Assmann, Geheimnis und Offenbarung, in: Aleida Assmann/Jan Assmann/Theo Sundermeier (Hrsg.), *Schleier und Schwelle. Band 2. Geheimnis und Offenbarung*, München 1998 (Archäologie der literarischen Kommunikation, Bd. 5), S. 7–14

ASSMANN 1993 – Jan Assmann (Hrsg.), *Die Erfindung des inneren Menschen. Studien zur religiösen Anthropologie*, Gütersloh 1993 (Studien zum Verstehen fremder Religionen, Bd. 6)

ASSMANN 1995 – Jan Assmann, Text und Kommentar, in: Jan Assmann/Burkhard Gladigow (Hrsg.), *Text und Kommentar*, München 1995 (Archäologie der literarischen Kommunikation, Bd. 4), S. 9–33

AUKT. KAT. LONDON 1983 – Christopher De Hamel, *Catalogue of single leaves and miniatures from western illuminated manuscripts*, Aukt. Kat. Sotheby's London 24. 4. 1983, London 1983

AUSST. KAT. AVIGNON 1992 – *Catherine de Sienne*, Ausst. Kat. Grande Chapelle du Palais des Papes Avignon, Avignon 1992

AUSST. KAT. BAMBERG 2000 – Gude Suckale-Redlefsen/Bernhard Schemmel (Hrsg.), *Das Buch mit 7 Siegeln. Die Bamberger Apokalypse*, Ausst. Kat. Staatsbibliothek Bamberg, Luzern 2000

AUSST. KAT. BAMBERG 2002 – Josef Kirmeier u.a. (Hrsg.), *Kaiser Heinrich II. 1002–1024*, Ausst. Kat. Haus der Bayerischen Geschichte Bamberg, Augsburg 2002

AUSST. KAT. BERLIN 2003 – Peter Jörg Becker/Eef Overgaauw (Hrsg.), *Aderlass und Seelentrost. Die Überlieferung deutscher Texte im Spiegel Berliner Handschriften und Inkunabeln*, Ausst. Kat. Staatsbibliothek Berlin/Staatliche Museen Berlin, Mainz 2003

AUSST. KAT. BONN/ESSEN 2005 – Kunst- und Ausstellungshalle der Bundesrepublik Deutschland Bonn/Ruhrlandmuseum Essen (Hrsg.), *Krone und Schleier. Kunst aus mittelalterlichen Frauenklöstern*, Ausst. Kat. Kunst- und Ausstellungshalle der Bundesrepublik Deutschland Bonn/Ruhrlandmuseum Essen, München 2005

AUSST. KAT. BRÜGGE 1984 – Paul Huvenne, *Pieter Pourbus meester-schilder. 1524–1584*, Ausst. Kat. Memlingmuseum Brügge, Brügge 1984

AUSST. KAT. BRÜGGE 1998 – Maximiliaan P. J. Martens (Hrsg.), *Memling und seine Zeit. Brügge und die Renaissance*, Ausst. Kat. Memlingmuseum Brügge, Stuttgart 1998

AUSST. KAT. CAMBRIDGE 2005 – PAUL BINSKI/STELLA PANAYOTOVA (Hrsg.), *The Cambridge Illuminations. Ten Centuries of Book Production in the Medieval West*, Ausst. Kat. Fitzwilliam Museum/University Library Cambridge, London/Turnhout 2005

AUSST. KAT. FLORENZ 2000 – Angelo Tartuferi (Hrsg.), *Giotto. Bilancio critico dopo sessant'anni di studi e ricerche*, Ausst. Kat. Galleria dell'Accademia Florenz, Florenz 2000

AUSST. KAT. HILDESHEIM 1988 – Michael Brandt (Hrsg.), *Der Schatz von St. Godehard*, Ausst. Kat. Diözesan-Museum Hildesheim, Hildesheim 1988

AUSST. KAT. HILDESHEIM 1993 – Michael Brandt/Arne Eggebrechts (Hrsg.), *Bernward von Hildesheim und das Zeitalter der Ottonen*, Ausst. Kat. Dom- und Diözesanmuseum Hildesheim, 2 Bde., Hildesheim/Mainz 1993

AUSST. KAT. HILDESHEIM 1999 – Ulrich Knapp (Hrsg.), *Buch und Bild im Mittelalter*, Ausst. Kat. Dom- und Diözesanmuseum Hildesheim, Hildesheim 1999

AUSST. KAT. KÖLN 1982 – Uwe Westfehling, *Die Messe Gregors des Grossen. Vision – Kunst – Realität*, Ausst. Kat. Schnütgen-Museum Köln, Köln 1982

AUSST. KAT. KÖLN 1985 – Anton Legner (Hrsg.), *Ornamenta Ecclesiae. Kunst und Künstler der Romanik.*, Ausst. Kat. Schnütgen-Museum Köln, 3 Bde., Köln 1985

AUSST. KAT. KÖLN 1991 – Anton von Euw (Hrsg.), *Vor dem Jahr 1000. Abendländische Buchkunst zur Zeit der Kaiserin Theophanu*, Ausst. Kat. Schnütgen-Museum Köln, Köln 1991

AUSST. KAT. KÖLN 2001 – Rainer Budde/Roland Krischel (Hrsg.), *Genie ohne Namen. Der Meister des Batholomäus-Altars*, Ausst. Kat. Wallraf-Richartz-Museum Köln, Köln 2001

AUSST. KAT. LONDON 1984 – George Zarnecki/Janet Holt/Tristram Holland (Hrsg.), *English Romanesque Art 1066–1200*, Ausst. Kat. Hayward Gallery London, London 1984

AUSST. KAT. MAINZ 1998 – Hans-Jürgen Kotzur (Hrsg.), *Hildegard von Bingen 1098–1179*, Ausst. Kat. Bischöfliches Dom- und Diözesanmuseum Mainz, Mainz 1998

AUSST. KAT. MÜNCHEN 1994 – Hermann Fillitz/Rainer Kahsnitz/Ulrich Kuder, *Zierde für ewige Zeit. Das Perikopenbuch Heinrichs II.*, Ausst. Kat. Bayerisches Nationalmuseum München, Frankfurt a. M. 1994

AUSST. KAT. NANCY 1984 – *Écriture et enluminure en Lorraine au Moyen Âge. Catalogue de l'exposition „La plume et le parchemin"*, Ausst. Kat. Musée Historique Lorrain Nancy, Nancy 1984

AUSST. KAT. NEW YORK 1988 – Keith Christiansen/Laurence B. Kanter/Carl Brandon Strehlke (Hrsg.), *Painting in Renaissance Siena 1420–1500*, Ausst. Kat. Metropolitan Museum New York, New York 1988

AUSST. KAT. NÜRNBERG 1986 – Rainer Kahsnitz/William D. Wixom (Hrsg.), *Nürnberg 1300–1550. Kunst der Gotik und der Renaissance*, Ausst. Kat. Germanisches Nationalmuseum Nürnberg, München 1986

AUSST. KAT. ROM 2000 – Giovanni Morello/Gerhard Wolf (Hrsg.), *Il volto di Cristo*, Ausst. Kat. Palazzo delle Esposizioni Rom, Mailand 2000

AUSST. KAT. SIENA 1990 – Monte dei Paschi di Siena/Comune di Siena (Hrsg.), *Domenico Beccafumi e il suo tempo*, Ausst. Kat. Chiesa di Sant'Agostino und Palazzo Bindi Sergardi Siena, Mailand 1990

AUSST. KAT. STUTTGART 1977 – Reiner Haussherr (Hrsg.), *Die Zeit der Staufer. Geschichte – Kunst – Kultur*, Ausst. Kat. Württembergisches Landesmuseum Stuttgart, 4 Bde., Stuttgart 1977

AUSST. KAT. WIEN 1995 – Christoph Geissmar-Brandi/Eleonora Louis (Hrsg.), *Glaube Hoffnung Liebe Tod,* Ausst. Kat. Kunsthalle Wien, Klagenfurt 1995

AUSST. KAT. ZÜRICH 1994 – Peter Jezler (Hrsg.), *Himmel Hölle Fegefeuer. Das Jenseits im Mittelalter*, Ausst. Kat. Schweizerisches Landesmuseum Zürich, Zürich 1994

AUZAS U.A. 1985 – Pierre-Marie Auzas u.a., *Die Apokalypse von Angers. Ein Meisterwerk mittelalterlicher Teppichwirkerei. Aus dem Französischen übersetzt von Roswitha Beyer*, München 1985

AYRES 1974 – Larry M. Ayres, The Work of the Morgan Master at Winchester and English Painting of the Early Gothic Period, in: *Art Bulletin* 56 (1974), S. 201–223

BABILAS 1968 – Wolfgang Babilas, *Untersuchungen zu den Sermoni Subalpini. Mit einem Exkurs über die Zehn-Engelchor-Lehre*, München 1968 (Münchner Romanistische Arbeiten, Bd. 24)

BACCI 1947 – Peleo Bacci, *Bernardino Fungai*, Siena 1947

BACKHAUS 2001 – Knut Backhaus, Die Vision vom ganz Anderen. Geschichtlicher Ort und theologische Mitte der Johannes-Offenbarung, in: Ders., *Theologie als Vision. Studien zur Johannes-Offenbarung*, Stuttgart 2001 (Stuttgarter Bibelstudien 191), S. 10–53

BÄHR 1984 – Ingeborg Bähr, Das Katherinenfresko in San Domenico in Siena. Eine Stiftung aus dem Schülerkreis der Heiligen?, in: *Mitteilungen des Kunsthistorischen Institutes in Florenz* 28 (1984), S. 385–388

BAILLET 1912 – Louis Baillet, Les Miniatures du „Scivias" de Sainte Hildegarde conservé à la Bibliothèque de Wiesbaden, in: *Monuments et Mémoires publiés par l'Académie des Inscriptions et Belles Lettres* 19 (1912), S. 49–149

BALDWIN 1984 – Robert Baldwin, Marriage as a Sacramental Reflection of the Passion. The Mirror in Jan van Eyck's „Arnolfini Wedding", in: *Oud Holland* 98 (1984), S. 57-75

BALTHASAR 1996 – Hans Urs von Balthasar, *Thomas und die Charismatik. Kommentar zu Thomas von Aquin Summa theologica quaestiones II II 171–182: Besondere Gnadengaben und die zwei Wege menschlichen Lebens*, Einsiedeln/Freiburg 1996

BARBERO 1983 – Alessandro Barbero, *Il mito angioino nella cultura italiana e Provenzale fra Duecento e Trecento*, Turin 1983

BAUDRY 1970 (1993) – Jean-Louis Baudry, Effets idéologiques produits par l'appareil de base, in: *Cinéthique* 7/8 (1970), S. 1–8. Dt. Ausgabe: Ideologische Effekte erzeugt vom Basisapparat, in: *Eikon* 5 (1993), S. 36–43

BAUDRY 1975 (1994) – Jean-Louis Baudry, Le dispositif. Approches métapsychologiques de l'impresion de réalité, in: *Communications* 23 (1975), S. 56–72. Dt. Ausgabe: Das Dispositiv. Metapsychologische Betrachtungen des Realitätseindrucks, in: *Psyche. Zeitschrift für Psychoanalyse und ihre Anwendungen* 48 (1994), S. 1047–1074

BAUER 1973 – Gerhard Bauer, *Claustrum Animae. Untersuchungen zur Geschichte der Metapher vom Herzen als Kloster*, Bd. 1 (Entstehungsgeschichte) 1973

BAUER 1988 – Sofie Bauer, Anmerkungen zum Tondoerffer-Epitaph in der St. Lorenzkirche zu Nürnberg und zur mittelrheinischen Tonplastik, in: *Anzeiger des Germanischen Nationalmuseums* (1988), S. 151–158

BÄUMER 2001 – Änne Bäumer, Hildegard von Bingen in der Tradition biblischer Prophetie, in: Dies. (Hrsg.), *Hildegard von Bingen in ihrem Umfeld. Mystik und Visionsformen in Mittelalter und früher Neuzeit. Katholizismus und Protestantismus im Dialog*, Würzburg 2001, S. 63–88

BAUMGÄRTEL-FLEISCHMANN 2000 – Renate Baumgärtel-Fleischmann, Zur Geschichte der Handschrift, in: AUSST. KAT. BAMBERG 2000, S. 35–42

BÄUMLER 1983 – Susanne Bäumler, *Studien zum Adorationsdiptychon. Entstehung, Frühgeschichte und Entwicklung eines privaten Andachtsbildes mit Adorantendarstellung*, Diss. Univ. München 1983

BEDAUX 1986 – Jan Baptist Bedaux, The reality of symbols. The question of disguised symbolism in Jan van Eyck's „Arnolfini portrait", in: Simiolus 16 (1986), S. 5–28

BELING 2000 – Marcus Beling, Der Körper als Pergament der Seele. Gedächtnis, Schrift und Körperlichkeit bei Mechthild von Magdeburg und Heinrich Seuse, in: Clemens Wischermann/Stefan Haas (Hrsg.), *Körper mit Geschichte. Der menschliche Körper als Ort der Selbst- und Weltdeutung*, Stuttgart 2000 (Studien zur Geschichte des Alltags, Bd. 17), S. 109–132

BELLINATI 1989 – Claudio Bellinati, Iconografia e teologia degli affreschi del battistero,Triest 1989, S. 41–82

BELTING 1977 – Hans Belting, *Die Oberkirche von San Francesco in Assisi. Ihre Dekoration als Aufgabe und die Genese einer neuen Wandmalerei*, Berlin 1977

BELTING 1981 – Hans Belting, *Das Bild und sein Publikum im Mittelalter. Form und Funktion früher Bildtafeln der Passion*, Berlin 1981

BELTING 1990 – Hans Belting, *Bild und Kult. Eine Geschichte des Bildes vor dem Zeitalter der Kunst*, München 1990

BELTING 1999 – Hans Belting, Der Ort unserer Bilder, in: BREIDBACH/CLAUSBERG 1999, S. 287–297

BELTING 2001 – Hans Belting, *Bild-Anthropologie. Entwürfe für eine Bildwissenschaft*, München 2001

BELTING 2006 – Hans Belting, Franziskus. Der Körper als Bild, in: MAREK u.a. 2006, S. 21–36

BELTING/KAMPER/SCHULZ 2002 – Hans Belting/Dietmar Kamper/Martin Schulz (Hrsg.), *Quel Corps? Eine Frage der Repräsentation*, München 2002

BELTING/KRUSE 1994 – Hans Belting/Christiane Kruse, *Die Erfindung des Gemäldes. Das erste Jahrhundert der niederländischen Malerei*, München 1994

BENZ 1934 – Ernst Benz, *Ecclesia spiritualis. Kirchenidee und Geschichtstheologie der franziskanischen Reformation*, Stuttgart 1934

BENZ 1969 – Ernst Benz, *Die Vision. Erfahrungsform und Bilderwelt*, Stuttgart 1969

BERGMANN 1987 – Rolf Bergmann, Die Bamberger Glossenhandschriften. Mit besonderer Berücksichtigung von Ms. Bibl. 22 und Ms. Bibl. 76, in: Ders. (Hrsg.), *Althochdeutsch*, Heidelberg 1987, S. 545–560

BERLINER 1955 – Rudolf Berliner, Arma Christi, in: *Münchner Jahrbuch der Bildenden Kunst* 6 (1955), S. 35–152

BERNS 1993 – Jörg Jochen Berns, Umrüstung der Mnemotechnik im Kontext von Reformation und Gutenbergs Erfindung, in: Jörg Jochen Berns/Wolfgang Neuber (Hrsg.), *Ars memorativa. Zur kulturgeschichtlichen Bedeutung der Gedächtniskunst 1400–1750*, Tübingen 1993, S. 35–72

BERNS 2000 – Jörg Jochen Berns, *Film vor dem Film. Bewegende und bewegliche Bilder als Mittel der Imaginationssteuerung in Mittelalter und Früher Neuzeit*, Marburg 2000

BERTELLI 1967 – Carlo Bertelli, The Image of Pity in Santa Croce in Gerusalemme, in: Douglas Fraser/Howard Hibbard/Milton Joseph Lewine (Hrsg.), *Essays in the History of Art presented to Rudolf Wittkower*, London 1967, S. 40–55

BETTINI 1960 – Sergio Bettini, *Le pitture di Giusto de' Menabuoi nel Battistero del Duomo di Padova*, 2 Bde., Venedig 1960

BEUCKERS 2002a – Klaus Gereon Beuckers, Das Otto-Mathilden-Kreuz im Essener Münsterschatz. Überlegungen zu Charakter und Funktion des Stifterbildes, in: Katrinette Bodarwé/Thomas Schilp (Hrsg.), *Herrschaft, Liturgie und Raum. Studien zur mittelalterlichen Geschichte des Frauenstifts Essen*, Essen 2002 (Essener Forschungen zum Frauenstift, Bd. 1), S. 51–80

BEUCKERS 2002b – Klaus Gereon Beuckers, Das ottonische Stifterbild. Bildtypen, Handlungsmotive und Stifterstatus in ottonischen und frühsalischen Stifterdarstellungen, in: BEUCKERS/CRAMER/IMHOF 2002, S. 63–102

BEUCKERS/CRAMER/IMHOF 2002 – Klaus Gereon Beuckers/Johannes Cramer/Michael Imhof (Hrsg.), *Die Ottonen. Kunst – Architektur – Geschichte*, Petersberg 2002

BEUMER 1968 – Johannes Beumer, *Die Inspiration der Heiligen Schrift*, Freiburg u.a. 1968 (Handbuch der Dogmengeschichte, Bd. 1, Faszikel 3b)

BEYER 2007 – Vera Beyer, Le cadre doré. Relique d'un incorporation?, in: *Images re-vues* 3 (2007) [URL: http://www.imagesrevues.org/Sommaire_archives.php?num_numero=3]

BIANCHI/GIUNTA 1988 – Lidia Bianchi/Diega Giunta (Hrsg.), *Iconografia di S. Caterina da Siena. 1. L'Immagine*, Rom 1988

BIERNOFF 2002 – Suzannah Biernoff, *Sight and Embodiment in the Middle Ages*, New York 2002

BIHLMEYER 1907 – Karl Bihlmeyer, Einleitung, in: SEUSE 1907a, S. 1*–163*

BISOGNI 1999 – Fabio Bisogni, Il „Libellus" di Tommaso d'Antonio Caffarini e gli inizi dell'iconografia di Caterina, in: TRENTI/KLANGE ADDABBO 1999, S. 253–267

BITEL 1991 – Lisa M. Bitel, „In visu noctis". Dreams in European Hagiography and Histories, 450–900, in: *History of Religions* 31 (1991), S. 39–59

BLUM 1969 – Shirley Neilsen Blum, *Early Netherlandish Triptychs. A Study in Patronage*, Berkeley/Los Angeles 1969 (California Studies in the History of Art, Bd. 13)

BLUME 1983 – Dieter Blume, Wandmalerei als Ordenspropaganda. Bildprogramme im Chorbereich franziskanischer Konvente Italiens bis zur Mitte des 14. Jahrhunderts, Worms 1983 (Heidelberger Kunstgeschichtliche Abhandlungen, N.F. Bd. 17)

BLUMRICH 1994 – Rüdiger Blumrich, Die Überlieferung der deutschen Schriften Seuses. Ein Forschungsbericht, in: Ders./Philipp Kaiser (Hrsg.), *Heinrich Seuses Philosophia spiritualis. Quellen, Konzept, Formen und Rezeption. Tagung Eichstätt 2.–4. Oktober 1991*, Wiesbaden 1994 (Wissensliteratur im Mittelalter, Bd. 17), S. 189–201

BOESCH GAJANO/REDON 1982 – Sofia Boesch Gajano/Odile Redon, La „Legenda Maior" di Raimondo da Capua, costruzione di una santa, in: Domenico Maffei/Paolo Nardi (Hrsg.), *Atti del Simposio Internazionale Cateriniano-Bernardiniano. Siena, 17–20 aprile 1980*, Siena 1982, S. 15–35

BOEHM 1997 – Gottfried Boehm, Sehen. Hermeneutische Reflexionen, in: KONERSMANN 1997a, S. 272–298

BOESPFLUG 1992 – François Boespflug, Un étrange spectacle. Le Buisson ardent comme théophanie dans l'art occidental, in: *Revue de l'art* 97 (1992), S. 11–31

BOGEN 1999a – Steffen Bogen, Die Schauöffnung als semiotische Schwelle. Ein Vergleich der Rolin-Madonna mit Bildfeldern des Franziskuszyklus in Assisi, in: KRUSE/THÜRLEMANN 1999, S. 53–72

BOGEN 1999b – Steffen Bogen, Wolkenreiter und Doppelpfeil. Bildtheoretische und kunsthistorische Überlegungen zu einem Tafelbild Mantegnas, in: Klaus Sachs-Hombach/Klaus Rehkämper (Hrsg.), *Bildgrammatik. Interdisziplinäre Forschungen zur Syntax bildlicher Darstellungsformen*, Magdeburg 1999, S. 187–206

BOGEN 2001 – Steffen Bogen, *Träumen und Erzählen. Selbstreflexion der Bildkunst vor 1300*, München 2001

BOGEN 2004 – Steffen Bogen, Träumt Jesse? Eine ikonographische Erfindung im Kontext diagrammatischer Bildformen des 12. Jahrhunderts, in: GANZ/LENTES 2004, S. 219–239

BOGEN 2005 – Steffen Bogen, Schattenriss und Sonnenuhr. Überlegungen zu einer kunsthistorischen Diagrammatik, in: *Zeitschrift für Kunstgeschichte* 68 (2005), S. 153–176

BOGEN 2006 – Steffen Bogen, Der Körper des Diagramms. Präsentationsfiguren, mnemonische Hände, vermessene Hände, in: MAREK u.a. 2006, S. 61–81.

BOGEN/THÜRLEMANN 2003 – Steffen Bogen/Felix Thürlemann, Jenseits der Opposition von Text und Bild. Überlegungen zu einer Theorie des Diagramms und des Diagrammatischen, in: PATSCHOVSKY 2003a, S. 1–22

BOLER 1963 – John F. Boler, *Charles Peirce and Scholastic Realism. A Study of Peirce's Relation to John Duns Scotus*, Seattle 1963

BOLOGNA 1969 – Ferdinando Bologna, *I pittori alla corte angioina di Napoli. 1266–1414*, Rom 1969 (Saggi e studi di storia dell'arte, Bd. 2)

BOOCKMANN 2001 – Andrea Boockmann, Das zerstörte Gemälde der „Gregorsmesse" von Bernt Notke in der Marienkirche und der Aufenthalt des Kardinals Raimundus Peraudi in Lübeck 1503, in: *Zeitschrift des Vereins für Lübeckische Geschichte und Altertumskunde* 81 (2001), S. 105–122

BOOCKMANN 1983 – Hartmut Boockmann, Über Ablaß-„Medien", in: *Geschichte in Wissenschaft und Unterricht* 34 (1983), S. 709–721

BORCHGRAVE D'ALTENA 1959 – Joseph Borchgrave d'Altena, La messe de St-Grégoire, in: *Bulletin (Musées Royaux des Beaux-Arts de Belgique Bruxelles)* 8 (1959), S. 3–34

BORGIA u.a. 1984 – Luigi Borgia u.a. (Hrsg.), *Le Biccherne. Tavole dipinte delle magistrature senesi (secoli XIII–XVIII)*, Rom 1984

BORNSTEIN/TINKLE 1998 – George Bornstein/Teresa Tinkle (Hrsg.), *The Iconic Page in Manuscript, Book, and Digital Culture*, Ann Arbor 1998

BRAET 1989 – Hermann Braet, Der Roman der Rose, Raum im Blick, in: PARAVICINI BAGLIANI/STABILE 1989, S. 183–192

BRASSAT 1992 – Wolfgang Brassat, *Tapisserien und Politik. Funktionen, Kontexte und Rezeption eines repräsentativen Mediums*, Berlin 1992

BRASSAT 2003 – Wolfgang Brassat, *Das Historienbild im Zeitalter der Eloquenz. Von Raffael bis Le Brun*, Berlin 2003 (Schriften aus dem Warburg-Haus, Bd. 6)

BRAUN 1924 – Josef Braun, *Der christliche Altar*, 2 Bde., München 1924

BRAUNS 2003 – Jörg Brauns, „Schauplätze". *Überlegungen zur Theorie und Geschichte des Dispositivs visueller Medien*, Diss. Univ. Weimar 2003

BREDER 1960 – Günter Breder, *Die lateinische Vorlage des altfranzösischen Apokalypsenkommentars des 13. Jahrhunderts (Paris, B. N., Ms. Fr. 403)*, Münster 1960 (Forschungen zur romanischen Philologie, Bd. 9)

BREIDBACH/CLAUSBERG 1999 – Olaf Breidbach/Karl Clausberg (Hrsg.), *Video, ergo sum. Repräsentation nach innen und außen zwischen Kunst- und Neurowissenschaften*, Hamburg 1999 (Interface, Bd. 4)

BRENK 1994 – Beat Brenk, Schriftlichkeit und Bildlichkeit in der Hofschule Karls d. Gr., in: TESTO E IMMAGINE 1994, Bd. 2, S. 631–682

BRENNINKMEYER-DE ROOY 1971 – Beatrijs Brenninkmeyer-De Rooy, The Miniatures of the Egmond Gospels, in: *Simiolus* 5 (1971), S. 150–171

BROWE 1938 – Peter Browe, *Die eucharistischen Wunder des Mittelalters*, Breslau 1938 (Breslauer Studien zur historischen Theologie, N. F. Bd. 4)

BROWN 1999 – Peter Brown, Images as Substitutes for Writing, in: Evangelos Chrysos/Ian Wood (Hrsg.), *East and West. Modes of Communication*, Leiden 1999, S. 15–34

BRUBAKER 1999 – Leslie Brubaker, *Vision and Meaning in Ninth-Century Byzantium. Image as Exegesis in the Homilies of Gregory of Nazianzus*, Cambridge/New York 1999 (Cambridge Studies in Palaeography and Codicology, Bd. 6)

BRUDERER EICHBERG 1998 – Barbara Bruderer Eichberg, *Les neuf chœurs angéliques. Origine et évolution du thème dans l'art du Moyen Âge*, Poitiers 1998 (Civilisation Médiévale, Bd. 6)

BRUDERER EICHBERG 1999 – Barbara Bruderer Eichberg, Die theologisch-politische Bedeutung des Allerheiligenbildes im panegyrischen Lobgedicht an Robert von Neapel. Ein Beitrag zur spätmittelalterlichen Herrscherikonographie, in: *Concilium medii aevi* 2 (1999), S. 29–57

BRUNS 1997 – Bernhard Bruns, Das Widmungsbild im Kostbaren Evangeliar des hl. Bernward, in: *Die Diözese Hildesheim in Vergangenheit und Gegenwart* 65 (1997), S. 29–55

BRUNZEMA 1997 – Manya Brunzema, *Der Lukasaltar des Hinrik Bornemann und sein Werkstattkreis. Untersuchungen zur Hamburger Malerei um 1500*, Bern u.a. 1997 (Vestigia Bibliae, Bd. 17)

BRUZELIUS 1995 – Caroline Bruzelius, Queen Sancia of Mallorca and the Convent Church of Sta. Chiara in Naples, in: *Memoirs of the American Academy in Rome* 40 (1995), S. 69–100

BRYSON 1983 (2001) – Norman Bryson, *Vision and Painting. The Logic of the Gaze*, New Haven/London 1983. Dt. Ausgabe: *Das Sehen und die Malerei. Die Logik des Blicks*, übers. von: Heinz Jatho, München 2001

BURNETT/DRONKE 1998 – Charles Burnett/Peter Dronke (Hrsg.), *Hildegard of Bingen. The Context of her Thought and Art*, London 1998

BURR 1981 – David Burr, Olivi's Apocalyptic Timetable, in: *Journal of Medieval and Renaissance Studies* 11 (1981), S. 237–260

BURR 1985 – David Burr, Olivi, Apocalyptic Expectation, and Visionary Experience, in: *Traditio* 41 (1985), S. 273–288

BURR 1993 – David Burr, *Olivi's Peaceable Kingdom. A Reading of the Apocalypse Commentary*, Philadelphia 1993 (Middle Age Series)

BURR 2001 – David Burr, *The Spiritual Franciscans. From Protest to Persecution in the Century after Saint Francis*, University Park 2001

BÜTTNER 1983 – Frank O. Büttner, *Imitatio Pietatis. Motive der christlichen Ikonographie als Modelle zur Verähnlichung*, Berlin 1983

BÜTTNER 2000 – Frank O. Büttner, „Reiecta sindone nudus profugit" (Mc 14:52). Das Entweichen unter Zurücklassung der Hülle. Ikonographische Redaktionen des markinischen Erzählsplitters, in: Markus Hörsch/Elisabeth Oy-Marra (Hrsg.), *Kunst – Politik – Religion. Studien zur Kunst in Süddeutschland, Österreich, Tschechien und der Slowakei. Festschrift für Franz Matsche zum 60. Geburtstag*, Petersberg 2000, S. 9–25

BYNUM 1984 – Caroline W. Bynum, Women mystics and eucharistic devotion in the thirteenth century, in: *Women's Studies* 11 (1984), S. 179–214

BYNUM 1995 – Caroline W. Bynum, *The Resurrection of the Body in Western Christianity. 200–1336*, New York 1995 (Lectures on the History of Religions, Bd. 15)

BYNUM 2006 – Caroline W. Bynum, Seeing and Seeing Beyond. The Mass of St. Gregory in the Fifteenth Century, in: HAMBURGER/BOUCHÉ 2006, S. 208–240

CACIOLA 2003 – Nancy Caciola, *Discerning Spirits. Divine and Demonic Possession in the Middle Ages*, Ithaca 2003

CAHN 1982 – Walter Cahn, *Die Bibel in der Romanik*, München 1982

CAHN 1996 – Walter Cahn, *Romanesque Manuscripts. The Twelfth Century*, 2 Bde., London 1996 (A Survey of Manuscripts Illuminated in France)

CAILLETEAU 1987 – Jacques Cailleteau (Hrsg.), *La tenture de l'Apocalypse d'Angers. Deuxième edition revue et augmentée*, Paris 1987 (Cahiers de l'Inventaire, Bd. 4)

CALDERONI MASETTI/DALLI REGOLI 1973 – Anna Rosa Calderoni Masetti/Gigetta Dalli Regoli, *Sanctae Hildegardis Revelationes. Manoscritti 1942*, Lucca 1973(Cicli lucchesi, Bd. 1)

CALDWELL 1991 – E. Caldwell, An Architecture for the Self. New Metaphors for Monastic Enclosure, in: *Essays in Medieval Studies* 8 (1991), S. 15–24

CAMILLE 1985 – Michael Camille, Seeing and reading. Some Visual Implications of Medieval Literacy and Illiteracy, in: *Art History* 8 (1985), S. 26–49

CAMILLE 1987 – Michael Camille, „Him Whom You Have Ardently Desired You May See". Cistercian Exegesis and the Prefatory Pictures in a French Apocalypse, in: M. P. Lillich (Hrsg.), *Studies in Cistercian Art and Architecture*, Kalamazoo 1987, S. 137–60

CAMILLE 1989 – Michael Camille, *The Gothic Idol. Ideology and Image-Making in Medieval Art*, Cambridge 1989

CAMILLE 1992A – Michael Camille, *Image on the Edge. The Margins of Medieval Art*, London 1992

CAMILLE 1992B – Michael Camille, Visionary Perception and Images of the Apocalypse in the Later Middle Ages, in: EMMERSON/MCGINN 1992, S. 276–289

CAMILLE 1998 – Michael Camille, Sensations of the Page. Imaging Technologies and Medieval Illuminated Manuscripts, in: BORNSTEIN/TINKLE 1998, S. 33–53

CAMILLE 2000 – Michael Camille, Before the Gaze. The Internal Senses and Late Medieval Practices of Seeing, in: NELSON 2000, S. 197–223

CAPPELLUTI 1981 – Gerardo Cappelluti, S. Caterina da Siena in alcuni „sermones" del secolo XV, in: *Atti del Congresso Internazionale di Studi Cateriniani (nel VI centenario della morte di S. Caterina da Siena 1380–1980), Siena/Roma 24–29 aprile 1980*, Rom 1981, S. 483–522

CAROZZI 1989 – Claude Carozzi, Die drei Stände gegen den König. Mythos, Traum, Bild, in: PARAVICINI BAGLIANI/STABILE 1989, S. 149–160

CARRUTHERS 1990 – Mary Carruthers, *The Book of Memory. A Study of Memory in Medieval Culture*, Cambridge/New York 1990

CARRUTHERS 1998 – Mary Carruthers, *The Craft of Thought. Meditation, Rhetoric and the Making of Images. 400–1200*, Cambridge/New York 1998

CARRUTHERS 2006 – Mary Carruthers, Moving Images in the Mind's Eye, in: Hamburger/Bouché 2006, S. 287–205

CARTY 1991 – Carolyn Marie Carty, *Dreams in Early Medieval Art*, Ph. D. Diss. Univ. of Michigan, Ann Arbor 1991

CASTELFRANCHI 1983–84 – Liana Castelfranchi, Le storie apoclittiche di Stoccarda e quelle di Giusto da Padova, in: *Prospettiva* 33–36 (1983–84), S. 33–44

CAVINESS 1983 – Madeline H. Caviness, Images of Divine Order and the Third Mode of Seeing, in: *Gesta* 22 (1983), S. 99–120

CAVINESS 1998a – Madeline H. Caviness, Artist: „To See, Hear, and Know All at Once", in: Barbara Newman (Hrsg.), *Voice of the Living Light. Hildegard of Bingen an Her World*, Berkeley/Los Angeles 1998, S. 110–124

CAVINESS 1998b – Madeline H. Caviness, Hildegard as Designer of the Illustrations of Her Works, in: BURNETT/DRONKE 1998, S. 29–42

CERTEAU 1990 – Michel de Certeau, Nikolaus Kusanus. Das Geheimnis eines Blicks, in: Volker Bohn (Hrsg.), *Bildlichkeit*, Frankfurt a.M. 1990 (Poetik. Internationale Beiträge, Bd. 3), S. 325–353

CHAZELLE 1986 – Celia Chazelle, Matter, Spirit and Image in the Libri Carolini, in: *Recherches augustiniennes* 21 (1986), S. 163–184

CHAZELLE 1995 – Celia Chazelle, „Not in Painting but in Writing". Augustine and the Supremacy of the Word in the Libri Carolini, in: Edward Englisch (Hrsg.), *Reading and Wisdom. The De doctrina Christiana of Augustine in the Middle Ages*, Notre Dame/London 1995, S. 1–22

CHRISTE 1974 – Yves Christe, Les représentations médiévales d'Ap IV(–V) en visions de Secondes Parousies. Origines, textes et contexte, in: *Cahiers Archéologiques* 23 (1974), S. 61–72

CHRISTE 1979 – Yves Christe, Traditions littéraires et iconographiques dans l'interprétation des images apocalyptiques, in: APOCALYPSE DE JEAN 1979, S. 109–134

CHRISTE 1996 – Yves Christe, *L'Apocalypse de Jean. Sens et développements de ses visions synthétiques*, Paris 1996

CHRISTE 1997a – Yves Christe, L'Apocalypse dans les Bibles moralisées de la première moitié du XIIIe siècle, in: *Bulletin archéologique du Comité des travaux historiques et scientifiques. Moyen Âge, Renaissance, Temps modernes* 25 (1997), S. 7–46

CHRISTE 1997b – Yves Christe, L'Apocalypse de Memling, in: *Arte medievale* 10 (1997), S. 141–147

CLARK 1992 – Anne L. Clark, *Elisabeth of Schönau. A Twelfth-Century Visionary*, Philadelphia 1992

CLAUSBERG 1980 – Karl Clausberg, *Kosmische Visionen. Mystische Weltbilder von Hildegard von Bingen bis heute*, Köln 1980

COHEN 2000 – Adam Seth Cohen, *The Uta Codex. Art, Philosophy, and Reform in Eleventh-Century Germany*, University Park 2000

COLLEDGE/MARLER 1984 – Edmund Colledge/J. C. Marler, „Mystical" Pictures in the Suso „Exemplar" MS Strasbourg 2929, in: *Archivum Fratrum Praedicatorum* 54 (1984), S. 293–354

COLLIN-ROSET 1963 – Simon Collin-Roset, Le „Liber thesauri occulti" de Pascalis Romanus. Un traité d'interprétation des songes du XIIe siècle, in: *Archives d'histoire doctrinale et littéraire du Moyen Âge* 38 (1963), S. 111–198

COOK 1999 – William R. Cook, *Images of St Francis of Assisi in Painting, Stone and Glass from the Earliest Images to ca. 1320 in Italy. A Catalogue*, Florenz 1999 (Italian Medieval and Renaissance Studies, Bd. 7)

CORNELIUS 1930 – Roberta D. Cornelius, *The Figurative Castle. A Study in the Mediæval Allegory of the Edifice with Especial Reference to Religious Writings*, Bryn Mawr 1930

COURCELLE 1967 – Pierre Courcelle, *La Consolation de Philosophie dans la Tradition Littéraire. Antécédents et Postérité de Boèce*, Paris 1967

CRARY 1990 (1996) – Jonathan Crary, *Techniques of the Observer. Vision and Modernity in the Nineteenth Century*, Cambridge/London 1990. Dt. Ausgabe: *Techniken des Betrachters. Sehen und Moderne im 19. Jahrhundert*, übers. von: Anne Vonderstein, Dresden/Basel 1996

DAMISCH 1971 – Hubert Damisch, Figuration et représentation. Le problème de l'apparition, in: *Annales. Économies Sociétés Civilisations* 26 (1971), S. 664–680

DAVIDSON 1998 – Arnold Davidson, Miracles of Bodily Transformation, or, How St. Francis Received the Stigmata, in: JONES/GALISON 1998, S. 101–124

DE FLORIANI 1992 – Anna De Floriani, Un'aggiunta al „Maestro del Liber Celestium Revelationum", in: *Studi di storia dell'arte Todi* 3 (1992), S. 219–237

DE HAMEL 1984 – Christopher De Hamel, *Glossed books of the Bible and the origins of the Paris booktrade*, Woodbridge 1984

DE NIE/MORRISON/MOSTERT 2005 – Giselle De Nie/Karl F. Morrison/Marco Mostert (Hrsg.), *Seeing the Invisible in Late Antiquity and the Early Middle Ages*. Papers from „Verbal and Pictorial Imaging. Representing and Accessing Experience of the Invisible. 400–1000". Utrecht 11–13 december 2003, Turnhout 2005 (Utrecht Studies in Medieval Literacy)

DE VOS 1994 – Dirk De Vos, *Hans Memling. Het volledige oeuvre*, Antwerpen 1994

DE WINTER 1983 – Patrick M. De Winter, Visions of the Apocalypse in Medieval England and France, in: *Cleveland Museum of Art Bulletin* 70 (1983), S. 396–417

DELISLE 1907 – Léopold Delisle, *Recherches sur la librairie de Charles V, roi de France, 1337–1380*, 2 Bde., Paris 1907

DELISLE/MEYER 1900–01 – Léopold Delisle/Paul Meyer, *L'Apocalypse en français au XIIIe siècle (Bibl. Nat. Fr. 403)*, 2 Bde. (Faksimile und Kommentar), Paris 1900–01

DEROLEZ 1998 – Albert Derolez, The Manuscript Transmission of Hildegard of Bingen's Writings. The State of the Problem, in: BURNETT/DRONKE 1998, S. 17–28

DEROLEZ/DRONKE 1996 – Albert Derolez/Peter Dronke, Introduction, in: HILDEGARD VON BINGEN 1996, S. VII–CXX

DESHMAN 1974 – Robert Deshman, Anglo-Saxon Art after Alfred, in: *Art Bulletin* 56 (1974), S. 176–200

DESHMAN 1976 – Robert Deshman, Christus rex et magi reges. Kingship and Christology in Ottonian and Anglo-Saxon Art, in: *Frühmittelalterliche Studien* 10 (1976), S. 367–405

DESHMAN 1997a – Robert Deshman, Another Look at the Disappearing Christ. Corporeal and Spiritual Vision in Early Medieval Images, in: *Art Bulletin* 89 (1997), S. 518–549

DESHMAN 1997b – Robert Deshman, The Galba Psalter. Pictures, text and context in an early medieval prayerbook, in: *Anglo-Saxon England* 26 (1997), S. 109–136

DESPRES 1993 – Denise Despres, *Ghostly Sights. Visual Meditation in Late-Medieval Literature*, Norman 1993

DETERING 1996 – Heinrich Detering, Zum Verhältnis von „Mythos", „mythischem Analogon" und „Providenz" bei Clemens Lugowski, in: Matias Martinez (Hrsg.), *Formaler Mythos. Beiträge zu einer Theorie ästhetischer Formen*, Paderborn 1996, S. 63–79

D'HAINAUT-ZVENY 1992–93 – Brigitte D'Hainaut-Zveny, Les messes de saint Grégoire dans les retables des Pays-Bas. Mise en perspective historique d'une image polémique, dogmatique et utilitariste, in: *Bulletin (Musées Royaux des Beaux-Arts de Belgique Bruxelles)* 41–42 (1992–93), S. 35–61

DIDI-HUBERMAN 1990 (1995) – Georges Didi-Huberman, *Fra Angelico. Dissemblance et Figuration*, Paris 1990. Dt. Ausgabe: *Fra Angelico. Unähnlichkeit und Figuration*, übers. von: Andreas Knop, München 1995 (Bild und Text)

DIDI-HUBERMAN 1997 (1999) – Georges Didi-Huberman, *L'Empreinte*, Paris 1997. Dt. Ausgabe: *Ähnlichkeit und Berührung. Archäologie, Anachronismus und Modernität des Abdrucks*, übers. von: Christoph Hollender, Köln 1999

DIEBOLD 2000 – William J. Diebold, *Word and Image. An Introduction to Early Medieval Art*, Boulder/Oxford 2000

DIEDRICHS 2001 – Christof L. Diedrichs, *Vom Glauben zum Sehen. Die Sichtbarkeit der Reliquie im Reliquiar. Ein Beitrag zur Geschichte des Sehens*, Berlin 2001

DIETHELM 1988 – Anna Maria Diethelm, *Durch sin selbs unerstorben vichlichkeit hin zuo grosser loblichen heilikeit. Körperlichkeit in der Vita Heinrich Seuses*, Bern u.a. 1988 (Deutsche Literatur von den Anfängen bis 1700, Bd. 1)

DIETSCHE 1960 – Bernward Dietsche, Der Seelengrund nach den deutschen und lateinischen Predigten, in: Udo M. Nix/Raphael Öchslin (Hrsg.), *Meister Eckhart der Prediger. Festschrift zum Eckhart-Gedenkjahr*, Freiburg/Basel/Wien 1960, S. 200–258

DINZELBACHER 1981 – Peter Dinzelbacher, *Vision und Visionsliteratur im Mittelalter*, Stuttgart 1981

DINZELBACHER 1993a – Peter Dinzelbacher, Die hl. Birgitta und die Mystik ihrer Zeit, in: *Santa Brigida Profeta dei tempi nuovi. Atti dell'Incontro Internazionale di Studio, Roma, 3–7 ottobre 1991 (Saint Bridget Prophetess of New Ages. Proceedings of the International Study Meeting Rome october 3–7, 1991)*, Rom 1993, S. 267–302

DINZELBACHER 1993b – Peter Dinzelbacher, Il corpo nelle visioni dell'aldilà, in: *Micrologus. Natura, scienze e società medievali* 1 (1993), S. 300–326

DINZELBACHER 2002 – Peter Dinzelbacher, *Himmel, Hölle, Heilige. Visionen und Kunst im Mittelalter*, Darmstadt 2002

DONDAINE 1952 – H.-F. Dondaine, L'„objet" et le „medium" de la vision béatifique chez les théologiciens du XIIIe siécle, in: *Recherches de théologie ancienne e médiévale* 19 (1952), S. 60–129

DONOVAN 1993 – Claire Donovan, *The Winchester Bible*, London 1993

DRACHENBERG/MAERCKER/SCHMIDT 1976 – Erhard Drachenberg/Karl-Joachim Maercker/Christa Schmidt, *Die mittelalterliche Glasmalerei in den Ordenskirchen und im Angermuseum zu Erfurt*, Berlin 1976 (Corpus Vitrearum Medii Aevi. Deutsche Demokratische Republik, Bd. 1. Die mittelalterliche Glasmalerei in Erfurt, Teil 1)

DS 1937–95 – Marcel Viller (Hrsg.), *Dictionnaire de spiritualité. Ascétique et mystique. Doctrine et histoire*, 20 Bde., Paris 1937–95

DULAEY 1973 – Martine Dulaey, *Le rêve dans la vie et la pensée de saint Augustin*, Paris 1973

DÜNNINGER 1985 – Hans Dünninger, Ablassbilder. Zur Klärung der Begriffe „Gnadenbild" und „Gnadenstätte", in: *Jahrbuch für Volkskunde* 80 (1985), S. 51–90

DUPEUX 1993 – Cécile Dupeux, Saint Bernard dans l'iconographie mèdièvale. L'exemple de la lactation, in: Patrick Arabeyre/Jacques Berlioz/Philippe Poirrier (Hrsg.), *Vies et légendes de Saint Bernard de Clairvaux. Création, diffusion, réception (XIIe–XXe siècles)*, Cîteaux 1993, S. 152–166

DUTTON 2005 – Paul Edward Dutton, Carolingian Invisibles and Eriugena's Lost „Vision of God", in: DE NIE/MORRISON/MOSTERT 2005, S. 463–478

DUTTON/JEAUNEAU 1983 – Paul Edward Dutton/Édouard Jeauneau, The Verses of the Codex Aureus of Saint-Emmeram, in: *Studi medievali* 24 (1983), S. 75–120

DYNES 1973 – Wayne Dynes, The Medieval Cloister as Portico of Salomon, in: *Gesta* 10 (1973), S. 61–70

EBERLEIN 1995 – Johann Konrad Eberlein, *Miniatur und Arbeit. Das Medium Buchmalerei*, Frankfurt a. M. 1995

EDGERTON 1991 (2003) – Samuel Y. Edgerton, *The Heritage of Giotto's Geometry. Art and Science on the Eve of the Scienific Revolution*, Ithaca/London 1991. Dt. Ausgabe: *Giotto und die Erfindung der dritten Dimension. Malerei und Geometrie am Vorabend der wissenschaftlichen Revolution*, übers. von Fritz Böhler/Jürgen Reuß/Rainer Höltschl, München 2003 (Bild und Text)

EIMER 1985 – Gerhard Eimer, *Bernt Notke. Das Wirken eines niederdeutschen Künstlers im Ostseeraum*, Bonn 1985

ELLIOTT 1997 – Dyan Elliott, The Physiology of Rapture and Female Spirituality, in: Peter Biller/Alastair J. Minnis (Hrsg.), *Medieval Theology and the Natural Body*, Suffolk 1997, S. 141–173

ELLIOTT 2004 – Dyan Elliott, *Proving woman. Female Spirituality and Inquisitional Culture in the Later Middle Ages*, Princeton 2004

ELLIOTT/WARR 2004 – Janis Elliott/Cordelia Warr, Introduction, in: Dies. (Hrsg.), *The Church of Santa Maria Donna Regina. Art, Iconography and Patronage in Fourteenth-Century Naples*, Aldershot/Burlington 2004, S. 1–12

ELLIS 1993 – Roger Ellis, The Divine Message and its Human Agents. St. Birgitta and her Editors, in: James Hogg (Hrsg.), *Studies in St. Birgitta and the Birgittine Order*, 2 Bde., New York 1993 (Spiritualität heute und gestern, Bd. 19), Bd. 1, S. 209–233

EMMERSON/LEWIS 1984–86 – Richard K. Emmerson/Suzanne Lewis, Census and Bibliography of Medieval Manuscripts containing Apocalypse Illustrations, ca. 800–1500, in: *Traditio* 40–42 (1984–86), S. 337–379; 367–409; 443–472

EMMERSON/MCGINN 1992 – Richard K. Emmerson/Bernard McGinn (Hrsg.), *The Apocalypse in the Middle Ages*, Ithaca/London 1992

ENDRES 1917 – Joseph Anton. Endres, Die Darstellung der Gregoriusmesse im Mittelalter, in: *Zeitschrift für christliche Kunst* 30 (1917), S. 146–156

ENDRES/WITTMANN/WOLF 2005 – Johannes Endres/Barbara Wittmann/Gerhard Wolf (Hrsg.), *Ikonologie des Zwischenraums. Der Schleier als Medium und Metapher*, München 2005 (Bild und Text)

ERBACH-FÜRSTENAU 1905 – Adalbert Graf zu Erbach-Fürstenau, Pittura e miniatura a Napoli nel secolo XIV, in: *L'Arte* 8 (1905), S. 1–17

ERBACH-FÜRSTENAU 1937 – Adalbert Graf zu Erbach-Fürstenau, Die Apokalypse von Santa Chiara, in: *Jahrbuch der Preußischen Kunstsammlungen* 58 (1937), S. 81–106

ERICH 1935 – Oswald Erich, Zur Darstellung der Seele und des Geistes in der christlichen Kunst, in: *Das Siebente Jahrzehnt. Festschrift zum 70. Geburtstag von Adolph Goldschmidt. Adolph Goldschmidt zu seinem siebenzigsten Geburtstag am 15. Januar 1933 dargebracht von allen seinen Schülern, die in den Jahren 1922 bis 1933 bei ihm gehört und promoviert haben*, Berlin 1935, S. 51–54

ERNST 1991 – Ulrich Ernst, *Carmen figuratum. Geschichte des Figurengedichts von den antiken Ursprüngen bis zum Ausgang des Mittelalters*, Köln/Weimar 1991 (Pictura et poesis, Bd. 1)

ERNST 1994 – Ulrich Ernst, Farbe und Schrift im Mittelalter unter Berücksichtigung antiker Grundlagen und neuzeitlicher Rezeptionsformen, in: TESTO E IMMAGINE 1994, Bd. 1, S. 343–415

ESMEIJER 1978 – Anna C. Esmeijer, *Divina Quaternitas. A Preliminary Study in the method and application of Visual Exegesis*, Assen/Amsterdam 1978

ESSER 1989 – Kajetan Esser, *Die Opuscula des hl. Franziskus von Assisi. Neue textkritische Edition. Zweite, erweiterte und verbesserte Auflage besorgt von Engelbert Grau*, Grottaferrata 1989 (Spicilegium Bonaventurianum, Bd. 13)

EUW/PLOTZEK 1979 – Anton von Euw/Joachim M. Plotzek (Hrsg.), *Die Handschriften der Sammlung Ludwig*, Köln 1979

EWALD/KLAPPROTH/RETTICH 1992 – Gerhard Ewald/Rüdiger Klapproth/Edeltraud Rettich: *Alte Meister. Staatsgalerie Stuttgart*, Stuttgart 1992

FAKS. BAMBERGER APOKALYPSE 2000 – *Die Bamberger Apokalypse. Faksimile-Ausgabe der Handschrift Msc. Bibl. 140 der Staatsbibliothek Bamberg*, 2 Bde. (Faksimile und Kommentar), Kommentarband hrsg. von Gude Suckale-Redlefsen/Bernhard Schemmel, Luzern 2000

FAKS. EVANGELIAR OTTOS III. 1978 – *Das Evangeliar Ottos III. Clm 4453 der Bayerischen Staatsbibliothek München*, 2 Bde. (Faksimile und Kommentar), Kommentarband bearb. von Fridolin Dressler/Florentine Mütherich/Helmut Beumann, Frankfurt a. M. 1978

FAKS. FACUNDUS-BEATUS 1994 – *El Beato de Liébana. Códice de Fernando I y doña Sancha*, 2 Bde. (Faksimile und Kommentar), Kommentarband bearb. von Manuel Sánchez Mariana/Joaquin Yarza Luaces, Barcelona 1994

FAKS. HEIDELBERGER SCIVIAS 2002 – *Liber Scivias. Farbmikrofiche-Edition der Handschrift Heidelberg, Universitätsbibliothek, Cod. Sal. X 16* (Kommentarband mit Farbmikrofiches), Kommentarband bearb. von Antje Kohnle, München 2002

FAKS. LAMBETH-APOKALYPSE 1990 – *Die Lambeth-Apokalypse. Faksimile-Ausgabe von Ms 209 der Lambeth Palace Library London*, 2 Bde. (Faksimile und Kommentar), Kommentarband bearb. von Ruth Mettler/Nigel Morgan/Michelle Brown, Stuttgart 1990

FAKS. LEKTIONAR DES DESIDERIUS 1981 – *Lektionar zu den Festen der Heiligen Benedikt, Maurus und Scholastika. Vat. Lat. 1202. Handschrift aus Montecassino entstanden unter Abt Desiderius (1058–1086)*, 2 Bde. (Faksimile und Kommentar), Zürich 1981

FAKS. LOTHRINGISCHE APOKALYPSE 1982 – *Lothringische Apokalypse. Das Manuskript OC 50 aus dem Bestand der sächsischen Landesbibliothek Dresden*, 2 Bde. (Faksimile und Kommentar), Leipzig 1982

FAKS. METZER SAKRAMENTAR 1972 – *Sakramentar von Metz. Fragment. Ms. lat. 1141, Bibliothèque nationale, Paris. Vollständige Faksimile-Ausgabe*, 2 Bde. (Faksimile und Kommentar), Kommentarband bearb. von Florentine Mütherich, Graz 1972

FAKS. OSMA-BEATUS 1992 – *Apocalypsis Beati Liebanensis Burgi Oxomenensis*, 2 Bde. (Faksimile und Kommentar), Valencia 1992

FAKS. PERIKOPENBUCH HEINRICHS II. 1994 – *Das Perikopenbuch Heinrichs II. Clm 4452 der Bayerischen Staatsbibliothek München*, 2 Bde. (Faksimile und Kommentar), Kommentarband bearb. von Florentine Mütherich/Karl Dachs, Frankfurt a. M. 1994

FAKS. TRIERER APOKALYPSE 1974–75 – *Trierer Apokalypse. Vollständige Faksimileausgabe im Originalformat des Codex 31 der Stadtbibliothek Trier*, 2 Bde. (Faksimile und Kommentar), Kommentarband bearb. von Peter K. Klein/Richard Laufner, Graz 1974–75

FAKS. TRINITY-APOKALYPSE 2004 – *Die Trinity-Apokalypse. MS.R.16.2, Trinity College, Cambridge*, 2 Bde. (Faksimile und Kommentar), Kommentarband bearb. von David McKitterick u.a., Luzern 2004

FALKENBURG 2007 – Reindert Falkenburg, Hieronymus Bosch's Mass of St. Gregory and „sacramental vision", in: GORMANS/LENTES 2007, S. 178–206

FAURE 1990 – Philippe Faure, Vie et mort du séraphin de saint Francois d'Assise, in: *Revue Mabillon* n.s. 1 (1990), S. 143–177

FAURE 1993 – Philippe Faure, Corps de l'homme et corps du Christ. L'iconographie de la stigmatisation de S. Francois en France et Angleterre (XIVe et XVe siècle), in: *Micrologus. Natura, scienze e società medievali* 1 (1993), S. 327–346

FAUSER 1958 – Alois Fauser, *Die Bamberger Apokalypse*, Wiesbaden 1958

FELD 1994 – Helmut Feld, *Franziskus von Assisi und seine Bewegung*, Darmstadt 1994

FERRARI 1999 – Michele Camillo Ferrari, *Il „Liber sanctae crucis" di Rabano Mauro. Testo – immagine – contesto*, Bern/Berlin/Frankfurt a. M. 1999 (Lateinische Sprache und Literatur des Mittelalters, Bd. 30)

FICHTE 1996 – Joerg O. Fichte, Providentia – Fatum – Fortuna, in: *Das Mittelalter. Perspektiven mediävistischer Forschung* 1 (1996), S. 5–20

FIGGE 2000 – Valerie Figge, *Das Bild des Bischofs. Zu Bischofsviten in Bilderzählungen des 9. bis 13. Jahrhunderts*, Weimar 2000 (Marburger Schriften zur Kunst- und Kulturgeschichte, Bd. 1)

FISCHER 1926 – Hans Fischer, *Reichenauer Schule I. (Msc. Bibl. 76: Isaias. – Bibl. 22: Hohes Lied. Daniel)*, 2 Bde., Bamberg 1926 (Mittelalterliche Miniaturen aus der Staatlichen Bibliothek Bamberg, Bd. 1)

FLANAGAN 1989 – Sabina Flanagan, *Hildegard of Bingen, 1098–1179. A Visionary Life*, London/New York 1989

FLASCH 1989 – Kurt Flasch, *Aufklärung im Mittelalter? Die Verurteilung von 1277. Das Dokument des Bischofs von Paris*, Mainz 1989 (Excerpta classica, Bd. 6)

FONTAINE 1980 – Jacques Fontaine, Fuentes y tradiciones paleocristianas en el método espiritual de Beato, in: ACTAS BEATO DE LIÉBANA 1978–80, Bd. 1, S. 77–101

FONTANILLE 1989 – Jacques Fontanille, Les espaces subjectifs. Introduction à la sémiotique de l'observateur, Paris 1989

FORALOSSO 1974 – Imelda Foralosso, Introduzione, in: TOMMASO CAFFARINI 1974, S. VII–LXXI

FORSTER 1997 – Edeltraud Forster (Hrsg.): *Hildegard von Bingen. Prophetin durch die Zeiten. Zum 900. Geburtstag*, Freiburg/Basel/Wien 1997

FORSTER 1992 – Paul D. Forster, Peirce and the Threat of Nominalism, in: *Transactions of the Charles S. Peirce Society* 28 (1992), S. 691–724

FREEDBERG 1999 – David Freedberg, Images dans les rêves, in: Olivier Christin/Dario Gamboni (Hrsg.), *Krisen religiöser Kunst. Vom 2. Nicaeanum bis zum 2. Vatikanischen Konzil. Crises de l'image religieuse. De Nicée II à Vatican II*, Paris 1999, S. 33–53

FREEMAN 1994 – Ann Freeman, Scripture and Images in the Libri Carolini, in: TESTO E IMMAGINE 1994, Bd. 1, S. 163–188

FREI/BÜHLER 2003 – Urs-Beat Frei/Fredy Bühler (Hrsg.), *Der Rosenkranz. Andacht, Geschichte, Kunst*, Bern 2003

FREITAG 1998 – Werner Freitag, Heinrich II. – ein Kaiser der letzten Tage?, in: *Historische Anthropologie* 6 (1998), S. 217–241

FRENSCHKOWSKI 1998 – Marco Frenschkowski, Traum und Traumdeutung im Matthäusevangelium. Einige Beobachtungen, in: *Jahrbuch für Antike und Christentum* 41 (1998), S. 5–47

FREULER 1987 – Gaudenz Freuler, Andrea di Bartolo, Fra Tommaso d'Andrea Caffarini and Sienese Dominicans in Venice, in: *Art Bulletin* 69 (1987), S. 570–586

FREULER 1992 – Gaudenz Freuler, Presenze artistiche toscane a Venezia alla fine del Trecento. Lo scriptorium dei camaldolesi e dei domenicani, in: Mauro Lucco (Hrsg.), *La pittura nel Veneto. Il Trecento*, Mailand 1992, S. 480–502

FREYHAN 1955 – Robert Freyhan, Joachism and the English Apocalypse, in: *Journal of the Warburg and Courtauld Institutes* 18 (1955), S. 211–244

FRIED 1989 – Johannes Fried, Endzeiterwartung um die Jahrtausendwende, in: *Deutsches Archiv* 45 (1989), S. 381–473

FRIED 1998 – Johannes Fried, Der hl. Adalbert und Gnesen, in: *Archiv für mittelrheinische Kirchengeschichte* 50 (1998), S. 41–70

FRIED 2001 – Johannes Fried, *Aufstieg aus dem Untergang. Apokalyptisches Denken und die Entstehung der modernen Naturwissenschaft im Mittelalter*, München 2001

FRIEDL 1950 – Antonin Friedl, *Mistr Karlštejnské Apokalypsy*, Prag 1950

FRIEDMAN 1977 – Jane B. Friedman, *An Iconological Examination of the Half-Length Devotional Portrait Diptych in the Netherlands. 1460–1530*, Ann Arbor 1977

FRUGONI 1984 – Chiara Frugoni, Su un „immaginario" possibile di Margherita da Città di Castello, in: Roberto Rusconi (Hrsg.), *Im movimento religioso femminile in Umbria nei secoli XIII–XIV. Atti del Convegno internazionale di studio, Città di Castello 27–28–29 ottobre 1982*, Florenz/Perugia 1984, S. 203–216

FRUGONI 1992 – Chiara Frugoni, Des stigmates, in: AUSST. KAT. AVIGNON 1992, S. 55–78

FRUGONI 1993 – Chiara Frugoni, *Francesco e l'invenzione delle stimmate. Una storia per parole e immagini fino a Bonaventura e Giotto*, Turin 1993

FÜHRKÖTTER/CARLEVARIS 1978 – Adelgundis Führkötter/Angela Carlevaris, Einleitung, in: HILDEGARD VON BINGEN 1978, S. X–LX

GABORIT-CHOPIN 1978 (1978) – Danielle Gaborit-Chopin, *Ivoires du Moyen Age*, Fribourg 1978. Dt. Ausgabe: *Elfenbeinkunst im Mittelalter*, übers. von: Gisela Bloch/Roswitha Beyer, Berlin 1978

GANZ 2003a – David Ganz, *Barocke Bilderbauten. Erzählung, Illusion und Institution in römischen Kirchen 1580–1700*, Petersberg 2003

GANZ 2003b – David Ganz, Ein „krentzlein" aus Bildern. Der Englische Gruß des Veit Stoß und die Entstehung spätmittelalterlicher Bild-Rosarien, in: FREI/BÜHLER 2003, S. 153–169

GANZ 2004 – David Ganz, Bild und Buch als Pforten des Auges. Exklusive Sichtbarkeit in Filippo Lippis Cappella Carafa, in: GANZ/LENTES 2004, S. 261–290

GANZ 2006 – David Ganz, „Oculus interior". Orte der inneren Schau in mittelalterlichen Visionsdarstellungen, in: PHILIPOWSKI/PRIOR 2006, S. 113–144

GANZ 2007 – David Ganz, Christus im Doppelblick. Die Vision Papst Gregors und die Imagination der Betrachter, in: GORMANS/LENTES 2007, S. 208–257

GANZ 2008 – David Ganz, San Giovanni a Pathmos, tra Quattro- e Seicento, in: *Apocalisse. L'ultima rivelazione*, Ausst. Kat. Illegio/Rom, Musei Vaticani, Mailand 2008 (im Druck)

GANZ/LENTES 2004 – David Ganz/Thomas Lentes (Hrsg.), *Ästhetik des Unsichtbaren. Bildtheorie und Bildgebrauch in der Vormoderne*, Berlin 2004 (KultBild. Religion und Visualität, Bd. 1)

GARDNER 1982 – Julian Gardner, The Louvre Stigmatization and the problem of the narrative Altarpiece, in: *Zeitschrift für Kunstgeschichte* 45 (1982), S. 217–247

GÄRTNER 2007 – Claudia Gärtner, Die Gregorsmesse als Bestätigung der Transsubstantiationslehre? Zur Theologie des Bildsujets, in: GORMANS/LENTES 2007, S. 124–153

GEDDES 2005 – Janes Geddes, *Der Albani-Psalter. Eine englische Prachthandschrift des 12. Jahrhunderts für Christina von Markyate. Im Auftrag der Dombibliothek Hildesheim übersetzt und herausgegeben von Jochen Bepler*, Regensburg 2005

GILBERT 1983 – Creighton E. Gilbert, Tuscan Observants and Painters in Venice ca. 1400, in: David Rosand (Hrsg.), *Interpretazioni veneziane. Studi di storia dell'arte in onore di Michelangelo Muraro*, Venedig 1983, S. 109–120

GILKÆR 1993 – Hans Torben Gilkær, *The Political Ideas of St. Birgitta and her Spanish Confessor, Alfonso Pecha. Liber Celestis Imperatoris ad Reges: A Mirror of Princes*, Odense 1993 (Odense University Studies in History and Social Sciences, Bd. 163)

GIUNTA 1988 – Diega Giunta, L'immagine di S. Caterina da Siena dagli ultimi decenni del Trecento ai nostri giorni, in: BIANCHI/GIUNTA 1988, S. 63–148

GIUNTA 1999 – Diega Giunta, La questione delle stimmate alle origini della iconografia cateriniana e la fortuna del tema nel corso dei secoli, in: TRENTI/KLANGE ADDABBO 1999, S. 319–347

GIURESCU 1997 – Ena Giurescu, *Trecento Family Chapels in Santa Maria Novella and Santa Croce. Achitecture, Patronage, and Competition*, Ph. D. Diss. New York Univ., Ann Arbor 1997

GOFFEN 1988 – Rona Goffen, *Spirituality in Conflict. Saint Francis and Giotto's Bardi Chapel*, University Park/London 1988

GOLDSCHMIDT 1914–18 – Adolph Goldschmidt, *Die Elfenbeinskulpturen aus der Zeit der karolingischen und sächsischen Kaiser. VIII.–XI. Jahrhundert*, 2 Bde., Berlin 1914–18 (Denkmäler der deutschen Kunst)

GORDLEY 1992 – Barbara Pike Gordley, A Dominican Saint for the Benedictines. Beccafumi's „Stigmatization of St. Catherine", in: *Zeitschrift für Kunstgeschichte* 55 (1992), S. 394–412

GORMANS 2007 – Andreas Gormans, Zum Greifen nahe. Die Gregorsmesse – ein gemalter mnemotechnischer Traktat des Spätmittelalters, in: GORMANS/LENTES 2007, 258–301

GORMANS/LENTES 2007 – Andreas Gormans/Thomas Lentes (Hrsg.), *Das Bild der Erscheinung. Die Gregorsmesse im Mittelalter*, Berlin 2007 (KultBild. Religion und Visualität, Bd. 3)

GÖTTLER 1995 – Christine Göttler, Seelen-Imbiß, in: AUSST. KAT. WIEN 1995, S. 288–289

GÖTTLER 1996 – Christine Göttler, *Die Kunst des Fegefeuers nach der Reformation. Schenkungen, Ablaß und Almosen in Antwerpen und Bologna*, Berlin 1996 (Berliner Schriften zur Kunst, Bd. 7)

GÖTTLER 2001 – Christine Göttler, Is Seeing Believing? The Use of Evidence in Representations of the Miraculous Mass of Saint Gregory, in: *The Germanic Review* 76 (2001), S. 120–142

GRAF 2001 – Katrin Graf, Les portraits d'auteur de Hildegarde de Bingen. Une ètude iconographique, in: *Scriptorium* 55 (2001), S. 179–196

GRAF 2002 – Katrin Graf, *Bildnisse schreibender Frauen im Mittelalter. 9. bis Anfang 13. Jahrhundert*, Basel 2002

GRAPE 1974 – Wolfgang Grape, Karolingische Kunst und Ikonoklasmus, in: *Aachener Kunstblätter* 45 (1974), S. 49–58

GRAU 2001 – Oliver Grau, *Virtuelle Kunst in Geschichte und Gegenwart. Visuelle Strategien*, Berlin 2001

GREEN 1946 – Rosalie B. Green, A Tenth-Century Ivory with the Response „Aspiciens a longe", in: *Art Bulletin* 28 (1946), S. 112–114

GREGORY 1963 – Tullio Gregory, Note sulla dottrina delle „teofanie" in Giovanni Scoto Eriugena, in: *Studi medievali. Serie terza* 4 (1963), S. 75–91

GREIMAS/COURTÉS 1979–86 – Algirdas Julien Greimas/Joseph Courtés, *Sémiotique. Dictionnaire raisonné de la théorie du langage*, 2 Bde., Paris 1979–86

GRONEMEYER 2004 – Nicole Gronemeyer, *Optische Magie. Zur Geschichte der visuellen Medien in der Frühen Neuzeit*, Bielefeld 2004

GROTE 1971 – Ludwig Grote, Die Vierundzwanzig Alten, in: *Wallraf-Richartz-Jahrbuch* 33 (1971), S. 85–98

GUERREAU-JALABERT 1996 – Anita Guerreau-Jalabert, L'Arbre de Jessé et l'ordre chrétien de la parenté, in: Dominique Iogna-Prat/Eric Palazzo/Daniel Russo (Hrsg.), *Marie. Le culte de la Vierge dans la societé médiévale*, Paris 1996, S. 137–170

GUTBERLET 1935 – Helena Gutberlet, *Die Himmelfahrt Christi in der bildenden Kunst von den Anfängen bis ins hohe Mittelalter. Versuch zur geistesgeschichtlichen Erfassung einer ikonographischen*

Frage, 2 Aufl., Straßburg/Leipzig/Zürich 1935 (Akademische Abhandlungen zur Kulturgeschichte III, Bd. 3)

GUTBROD 1965 – Jürgen Gutbrod, *Die Initiale in Handschriften des achten bis dreizehnten Jahrhunderts*, Stuttgart 1965

HAAS 1995 – Alois M. Haas, *Kunst rechter Gelassenheit. Themen und Schwerpunkte von Heinrich Seuses Mystik*, Bern u.a. 1995

HAHN 1993 – Cynthia Hahn, Absent no longer. The Saint and the Sign in Late Medieval Pictorial Hagiography, in: KERSCHER 1993, S. 152–175

HAHN 2000 – Cynthia Hahn, Visio Dei. Changes in Medieval Visuality, in: Nelson 2000, S. 169–196

HAHN 2001 – Cynthia Hahn, *Portrayed on the Heart. Narrative Effect in Pictorial Lives of Saints from the Tenth through the Thirteenth Century*, Berkeley/Los Angeles/London 2001

HALM 1892 – Karl Halm, *Catalogus codicum latinorum bibliothecae regiae monacensis. Tomi I pars I. Codices num. 1–2329 complectens*, 2. verb. Aufl., München 1892

HAMBURGER 1989 (1998) – Jeffrey F. Hamburger, The Use of Images in the Pastoral Care of Nuns. The Case of Heinrich Suso and the Dominicans, in: Art Bulletin 71 (1989), S. 20–46. Wiederabdruck in: HAMBURGER 1998b, S. 197–232

HAMBURGER 1990 – Jeffrey F. Hamburger, *The Rothschild-Canticles. Art and Mysticism in Flanders and the Rhineland circa 1300*, New Haven 1990

HAMBURGER 1997 – Jeffrey F. Hamburger, *Nuns as Artists. The Visual Culture of a Medieval Convent*, Berkeley/Los Angeles/London 1997

HAMBURGER 1998a – Jeffrey F. Hamburger, Medieval Self-Fashioning. Authorship, Authority and Autobiography in Suso's Exemplar, in: HAMBURGER 1998b, S. 233–278

HAMBURGER 1998b – Jeffrey F. Hamburger, *The Visual and the Visionary. Art and Female Spirituality in Late Medieval Germany*, New York 1998

HAMBURGER 2000a – Jeffrey F. Hamburger, Seeing and Believing. The Suspicion of Sight and the Authentication of Vision in Late Medieval Art and Devotion, in: KRÜGER/NOVA 2000, S. 47–69

HAMBURGER 2000b – Jeffrey F. Hamburger, Speculations on Speculation. Vision and Perception in the Theory and Practice of Mystical Devotion, in: HAUG/SCHNEIDER-LASTIN 2000, S. 353–408

HAMBURGER 2002 – Jeffrey F. Hamburger, *St. John the Divine. The Deified Evangelist in Medieval Art and Theology*, Berkeley/Los Angeles/London 2002

HAMBURGER 2004 – Jeffrey F. Hamburger, Body vs. Book. The Trope of Visibility in Images of Christian-Jewish Polemic, in: GANZ/LENTES 2004, S. 113–145

HAMBURGER 2005 – Jeffrey F. Hamburger, Un jardin de roses spirituel. Une vie enluminée de Catherine de Sienne, in: *Art de l'enluminure* 1 (2005), S. 2–75

HAMBURGER 2006 – Jeffrey F. Hamburger, The Place of Theology in Medieval Art History. Problems, Positions, Possibilities, in: HAMBURGER/BOUCHÉ 2006, S. 11–31

HAMBURGER/BOUCHÉ 2006 – Jeffrey F. Hamburger/Anne-Marie Bouché (Hrsg.), *The Mind's Eye. Art and Theological Argument in the Middle Ages*, Princeton 2006

HAMPE 1910 – Karl Hampe, Altes und Neues über die Stigmatisation des hl. Franz von Assisi, in: *Archiv für Kulturgeschichte* 7 (1910), S. 257–290

HANEY 1995 – Kristine E. Haney, The St Albans Psalter. A reconsideration, in: *Journal of the Warburg and Courtauld Institutes* 58 (1995), S. 1–28

HANSEN 1999 – Dorothee Hansen, Der Lukasaltar des Hamburger Maleramtes, in: Volker Plagemann (Hrsg.), *Aufsätze zur Kulturgeschichte*, Hamburg 1999 (Die Kunst des Mittelalters in Hamburg, Bd. 3), S. 238–248

HARNISCHFEGER 1981 – Ernst Harnischfeger, *Die Bamberger Apokalypse*, Stuttgart 1981

HARRIS 2002 – Jennifer A. Harris, Peter Damian and the Architecture of the Self, in: MELVILLE/SCHÜRER 2002, S. 131–157

HASE 1856 – Karl von Hase, *Franz von Assisi. Ein Heiligenbild*, Leipzig 1856

HAUG/SCHNEIDER-LASTIN 2000 – Walter Haug/Wolfram Schneider-Lastin (Hrsg.), *Deutsche Mystik im abendländischen Zusammenhang. Neu erschlossene Texte, neue methodische Ansätze, neue theoretische Konzepte. Kolloquium Kloster Fischingen*, Tübingen 2000

HAVERKAMP 2000 – Alfred Haverkamp (Hrsg.), *Hildegard von Bingen in ihrem historischen Umfeld*, Mainz 2000

HAUSMANN/KREFT 2004 – Albrecht Hausmann/Annelie Kreft, *Übertragungen. Formen und Konzepte von Reproduktion in Mittelalter und Früher Neuzeit. Begleitheft zur Tagung der Forschernachwuchsgruppe „Stimme – Zeichen – Schrift in Mittelalter und Früher Neuzeit"*, Göttingen 18.–20.6.2004, URL: http://www.gwdg.de/~zmf

HECK 1997 – Christian Heck, *L'échelle céleste dans l'art du Moyen Âge. Une image de la quête du ciel*, Paris 1997

HECK 1998 – Christian Heck, Du songe de Jacob aux visions de saint dans l'art médiéval. Théophanie et géographie sacrée, in: *Micrologus. Natura, scienze e società medievali* 6 (La visione e lo sguardo nel Medio Evo II, 1998), S. 43–57

HENDERSON 1967 – George Henderson, Studies in English Manuscript Illumination 2. The English Apocalypse I, in: *Journal of the Warburg and Courtauld Institutes* 30 (1967), S. 104–137

HENDERSON 1968 – George Henderson, Studies in English Manuscript Illumination 3. The English Apocalypse II, in: *Journal of the Warburg and Courtauld Institutes* 31 (1968), S. 103–147

HENDERSON 1985 – George Henderson, The manuscript model of the Angers "Apocalypse" tapestries, in: *Burlington Magazine* 127 (1985), S. 209–218

HEUCKELUM 1912 – Mercedes von Heuckelum, *Spiritualistische Strömungen an den Höfen von Aragon und Anjou während der Höhe des Armutsstreites*, Berlin/Leipzig 1912 (Abhandlungen zur Mittleren und Neueren Geschichte, Bd. 38)

HICK 1999 – Ulrike Hick, *Geschichte der optischen Medien*, München 1999

HOFFMANN 1986 – Hartmut Hoffmann, *Buchkunst und Königtum im ottonischen und frühsalischen Reich*, Stuttgart 1986 (Monumenta Germaniae Historica. Schriften, Bd. 30.1)

HOFFMANN 1995 – Hartmut Hoffmann, *Bamberger Handschriften des 10. und 11. Jahrhunderts*, Hannover 1995 (Monumenta Germaniae Historica. Schriften, Bd. 39)

HOFFMANN 1965 – Konrad Hoffmann, Die Evangelistenbilder des Münchener Otto-Evangeliars (CLM 4453), in: *Zeitschrift des deutschen Vereins für Kunstwissenschaft* 19 (1965), S. 17–46

HOFFMANN 1968 – Konrad Hoffmann, *Taufsymbolik im mittelalterlichen Herrscherbild*, Düsseldorf 1968 (Bonner Beiträge zur Kunstwissenschaft, Bd. 9)

HOLLÄNDER 1986 – Hans Holländer, Bild, Vision und Rahmen, in: Joerg O. Fichte/Karl Heinz Göller/ Bernhard Schimmelpfennig (Hrsg.), *Zusammenhänge, Einflüsse, Wirkungen. Kongressakten zum ersten Symposium des Mediävistenverbandes in Tübingen 1984*, Berlin/New York 1986, S. 71–94

HOLLSTEIN GERMAN 1954ff– F. W. H. Hollstein (Hrsg.), *German engravings, etchings and woodcuts. Ca. 1400–1700*, Amsterdam 1954ff

HOMMEL-STEENBAKKERS 2001 – Nelly de Hommel-Steenbakkers, *Een openbaring. Parijs, Bibliothèque nationale, Ms. néerlandais 3*, Nijmegen 2001 (Nijmeegse Kunsthistorische Studies, Bd. 9)

HONTOY 1946–47 – Mariette Hontoy, Les miniatures de l'Apocalypse flamande de Paris (Bibl. nat. Fonds Néerl. No. 3), in: *Scriptorium* 1 (1946–47), S. 289–309

HOOD 1993 – William Hood, *Fra Angelico at San Marco*, New Haven/London 1993

HORSTKOTTE/LEONHARD 2006 – Silke Horstkotte/Karin Leonhard (Hrsg.), *Lesen ist wie Sehen. Intermediale Zitate in Bild und Text*, Köln u.a. 2006

HULL 1981 – Vida Joyce Hull, *Hans Memlinc's Paintings for the Hospital of Saint John at Bruges*, New York/London 1981

HUTER 1980 – Carl Huter, Cristoforo Cortese in the Bodleian Library, in: *Apollo* 111 (1980), S. 11–17

ILLICH 1991 – Ivan Illich, *Im Weinberg des Textes. Als das Schriftbild der Moderne entstand. Ein Kommentar zu Hugos „Didaskalion"*. Aus dem Englischen übers. von Ylva Eriksson-Kuchenbuch, Frankfurt a. M. 1991

IMDAHL 1988 – Max Imdahl, *Giotto. Arenafresken. Ikonographie, Ikonologie, Ikonik*, 2. erw. Aufl., München 1988

IMORDE 2004 – Joseph Imorde, Die Wolke als Medium, in: GANZ/LENTES 2004, S. 171–196

JÄGER 2002 – Ludwig Jäger, Transkriptivität. Zur medialen Logik der kulturellen Semantik, in: Ders./ Georg Stanitzek (Hrsg.), *Transkribieren. Medien/Lektüre*, München 2002, S. 19–41

JAGER 2000 – Eric Jager, *The Book of the Heart*, Chicago/London 2000
JAKOBI-MIRWALD 1998 – Christine Jakobi-Mirwald, *Text – Buchstabe – Bild. Studien zur historisierten Initiale im 8. und 9. Jahrhundert*, Berlin 1998
JAKOBI-MIRWALD 2004 – Christine Jakobi-Mirwald, *Das mittelalterliche Buch. Funktion und Ausstattung*, Stuttgart 2004
JAY 1988 – Martin Jay, Scopic Regimes of Modernity, in: Hal Foster (Hrsg.), *Vision and Visuality*, Seattle 1988 (Discussions in contemporary culture, Bd. 2), S. 3–28
JAY 1993 – Martin Jay, *Downcast Eyes. The Denigration of Vision in Twentieth-Century French Thought*, Berkeley/Los Angeles 1993
JONES/GALISON 1998 – Caroline A. Jones/Peter Galison (Hrsg.), *Picturing Science, Producing Art*, New York 1998
JÖNSSON 1989 – Arne Jönsson, *Alfonso of Jaén. His Life and Works, with Critical Edition of the „Epistola Solitarii", the „Informaciones" and the „Epistola Serui Christi"*, Lund 1989 (Studia Graeca et Latina Lundensia, Bd. 1)
JOUBERT 1981 – Fabienne Joubert, L'Apocalypse d'Angers et les débuts de la tapisserie historiée, in: *Bulletin Monumental* 139 (1981), S. 125–140
JUCKER-SCHERRER 1956 – Ines Jucker-Scherrer, *Der Gestus des Aposkopein. Ein Beitrag zur Gebärdensprache in der antiken Kunst*, Zürich 1956
JUNGMANN 1962 – Josef Andreas Jungmann, *Missarum Sollemnia. Eine genetische Erklärung der römischen Messe*, 5. verb. Aufl., Wien u.a. 1962
JUNGMAYR 2004 – Jörg Jungmayr, Einleitung, in: RAIMUND 2004, Bd. 1, S. vii–xcix
KAHSNITZ 1993 – Rainer Kahsnitz, Inhalt und Aufbau der Handschrift. Die Bilder, in: Michael Brandt (Hrsg.), *Das Kostbare Evangeliar des Heiligen Bernhard*, München 1993, S. 18–55
KAHSNITZ 1997 – Rainer Kahsnitz, Coronas aureas in capite. Zum Allerheiligenbild des Reichenauer Kollektars in Hildesheim, in: Annelies Amberger u.a. (Hrsg.), *Per assiduum studium scientiae adipisci margaritam. Festgabe für Ursula Nilgen zum 65. Geburtstag*, St. Ottilien 1997, S. 61–97
KAHSNITZ/MENDE/RÜCKER 1982 – Rainer Kahsnitz/Ursula Mende/Elisabeth Rücker, *Das Goldene Evangelienbuch von Echternach. Eine Prunkhandschrift des 11. Jahrhunderts*, Frankfurt a.M. 1982
KALINOWSKA 1982 – Janina Kalinowska, Akwizgran. Przyczynek do poznania pierwotnego programu ikonograficznego dekoracji mozaikowej kaplicy palocowej karola wielkiego (mit französischer Zusammenfassung), in: *Folia Historiae Artium* 18 (1982), S. 5–23
KAMLAH 1935 – Wilhelm Kamlah, *Apokalypse und Geschichtstheologie. Die mittelalterliche Auslegung der Apokalypse vor Joachim von Fiore*, Berlin 1935 (Historische Studien, Bd. 285)
KAMPHAUSEN 1975 – Hans Joachim Kamphausen, *Traum und Vision in der lateinischen Poesie der Karolingerzeit*, Frankfurt a. M./Bern 1975
KASPERSEN 1981 – Soeren Kaspersen, Majestas Domini – Regnum et Sacerdotium. Zu Entstehung und Leben des Motivs bis zum Investiturstreit, in: *Hafnia* 8 (1981), S. 83–146
KAUFFMANN 1975 – Claus M. Kauffmann, *Romanesque Manuscripts 1066–1190*, London 1975 (A Survey of Manuscripts Illuminated in the British Isles, Bd. 3)
KEELER 1998 – Mary Keeler, Iconic Indeterminacy and Human Creativity in C. S. Peirce's Manuscripts, in: BORNSTEIN/TINKLE 1998, S. 157–193
KELBERG 1983 – Karsten Kelberg, *Die Darstellung der Gregorsmesse in Deutschland*, Diss. Univ. Münster 1983
KELLER 1985 – Hagen Keller, Herrschaftsbild und Herrschaftslegitimation. Zur Deutung der ottonischen Denkmäler, in: *Frühmittelalterliche Studien* 19 (1985), S. 290–311
KELLER 1993: Hildegard Elisabeth Keller, *Wort und Fleisch. Körperallegorien, mystische Spiritualität und Dichtung des St. Trudperter Hoheliedes im Horizont der Inkarnation*, Bern u.a. 1993
KELLER 1999 – Hildegard Elisabeth Keller, In uera uisione uidi. Ein visionsgeschichtlicher Längsschnitt von der „Feder im Schatten" zum „Engel des Herrn im Küchenschurz", in: *Zeitschrift für Germanistik. Neue Folge* 3 (Visualität. Sichtbarkeit und Imagination im Medienwandel) (1999), S. 598–615
KELLER 2000 – Hildegard Elisabeth Keller, Absonderungen. Mystische Texte als literarische Inszenierung von Geheimnis, in: HAUG/SCHNEIDER-LASTIN 2000, S. 195–221

KELLER 2002 – Hildegard Elisabeth Keller, Kolophon im Herzen. Von beschrifteten Mönchen an den Rändern der Paläographie, in: *Das Mittelalter. Perspektiven mediävistischer Forschung* 7 (2002), S. 157–182

KELLER 2003 – Hildegard Elisabeth Keller, Rosen-Metamorphosen. Von unfesten Zeichen in spätmittelterlichen Texten. Heinrich Seuses „Exemplar" und das Mirakel „Maria Rosenkranz", in: FREI/BÜHLER 2003, S. 49–67

KELLER 1933 – Hiltgard L. Keller, *Mittelrheinische Buchmalereien in Handschriften aus dem Kreis der Hiltgart von Bingen*, Diss. Univ. Stuttgart 1933

KELLY 1999 – Samantha Kelly, King Robert of Naples (1309–1343) and the Spiritual Franciscans, in: *Cristianesimo nella storia* 20 (1999), S. 41–80

KELLY 2003 – Samantha Kelly, *The New Solomon. Robert of Naples (1309–1343) and Fourteenth Century Kingship*, Leiden/Boston 2003 (The Medieval Mediterrean. Peoples, Economies and Cultures 400–1500, Bd. 48)

KEMP 1987 – Wolfgang Kemp, *Sermo Corporeus. Die Erzählung der mittelalterlichen Glasfenster*, München 1987

KEMP 1993 – Wolfgang Kemp, Zweimal die Wurzel Jesse. Eine Bildformel im Spannungsfeld der Interessenbildung, in: Joachim Heinzle (Hrsg.), *Literarische Interessenbildung im Mittelalter. DFG-Symposion 1991*, Stuttgart/Weimar 1993 (Germanistische Symposien. Berichtsbände, Bd. 14), S. 165–179

KEMP 1994 – Wolfgang Kemp, *Christliche Kunst. Ihre Anfänge. Ihre Strukturen*, München/Paris/London 1994

KEMP 1995 – Wolfgang Kemp, Praktische Bildbeschreibung. Über Bilder in Bildern, besonders bei van Eyck und Mantegna, in: Gottfried Boehm/Helmut Pfotenhauer (Hrsg.), *Kunstbeschreibung – Beschreibungskunst. Ekphrasis von der Antike bis zur Gegenwart*, München 1995, S. 99–119

KEMP 1996 – Wolfgang Kemp, *Die Räume der Maler. Zur Bilderzählung seit Giotto*, München 1996

KEMPERDICK 1997 – Stephan Kemperdick, *Der Meister von Flémalle. Die Werkstatt Robert Campins und Rogier van der Weyden*, Turnhout 1997

KERMER 1967 – Wolfgang Kermer, *Studien zum Diptychon in der sakralen Malerei. Von den Anfängen bis zur Mitte des sechzehnten Jahrhunderts. Mit einem Katalog*, Diss. Univ. Tübingen 1967

KERSCHER 1993 – Gottfried Kerscher (Hrsg.), *Hagiographie und Kunst. Der Heiligenkult in Schrift, Bild und Architektur*, Berlin 1993

KERSTING 1987 – Martin Kersting, *Text und Bild im Werk Heinrich Seuses. Untersuchungen zu den illustrierten Handschriften des Exemplars*, Diss. Univ. Mainz 1987

KESSLER 1957–59 – Clemencia Hand Kessler, A Problematic Illumination of the Heidelberg „Liber Scivias", in: *Marsyas. Studies in the History of Arts* 8 (1957–59), S. 7–21

KESSLER 1989A – Herbert L. Kessler, Caput et Speculum Omnium Ecclesiarum. Old St. Peter's and Church Decoration in Medieval Latium, in: William Tronzo (Hrsg.), *Italian Church Decoration of the Middle Ages and Early Renaissance. Function, Forms and Regional Traditions. Ten Contributions to a Colloquium held at the Villa Spelman, Florence*, Bologna 1989, S. 119–145

KESSLER 1989B – Herbert L. Kessler, Diction in the „Bibles of the Illiterate", in: Irving Lavin (Hrsg.), *World Art. Themes of Unity and Diversity. Acts of the 26th International Congress of the History of Art*, University Park/London 1989, S. 297–308

KESSLER 1993 (2000) – Herbert L. Kessler, Medieval Art as Argument, in: Brendan Cassidy (Hrsg.), *Iconography at the Crossroads*, Princeton 1993, S. 59–70. Wiederabdruck in: KESSLER 2000, S. 53–63

KESSLER 1994 (2000) – Herbert L. Kessler, „Facies bibliothecae revelata". Carolingian Art as Spiritual Seeing, in: TESTO E IMMAGINE 1994, S. 533–594. Wiederabdruck in: KESSLER 2000, S. 149–189

KESSLER 1995 (2000) – Herbert L. Kessler, Gazing at the Future. The Parousia Miniature in Vatican Cod. gr. 699, in: Doula Mouriki u.a. (Hrsg.), *Byzantine East, Latin West. Art Historical Studies in Honor of Kurt Weitzmann*, Princeton 1995, S. 365–371. Wiederabdruck in: KESSLER 2000, S. 88–103

KESSLER 1998 (2000) – Herbert L. Kessler, Real Absence. Early Medieval Art and the Metamorphosis of Vision, in: Centro Italiano di Studi sull'Alto Medioevo (Hrsg.), *Morfologie sociali e culturali in Europa fra tarda antichità e alto medioevo*, Spoleto 1998, S. 1157–1211. Wiederabdruck in: KESSLER 2000, S. 104–148

KESSLER 2000 – Herbert L. Kessler, *Spiritual Seeing. Picturing God's Invisibility in Medieval Art*, Philadelphia 2000

KESSLER 2005 – Herbert L. Kessler, „Hoc Visibile Imaginatum Figurat Illud Invisibile Verum". Imaging God in Pictures of Christ, in: DE NIE/MORRISON/MOSTERT 2005, S. 291–325

KESSLER/WOLF 1998 – Herbert L. Kessler/Gerhard Wolf (Hrsg.), *The Holy Face and the Paradox of Representation. Papers from a Colloquium held at the Bibliotheca Hertziana, Rome and the Villa Spelman, Florence, 1996*, Bologna 1998

KIECKHEFER 1984 – Richard Kieckhefer, *Unquiet Souls. Fourteenth-Century Saints and their Religious Milieu*, Chicago/London 1984

KING 1977 – Donald King, How many Apocalypse tapestries?, in: Veronika Gervers (Hrsg.), *Studies in Textile History. In Memory of Harold B. Burnham*, Toronto 1977, S. 160–167

KIRCHEN VON SIENA 1985ff – Peter Anselm Riedl/Max Seidel (Hrsg.), *Die Kirchen von Siena*, München 1985ff

KLAPISCH-ZUBER 1993 – Christiane Klapisch-Zuber, La genèse de l'arbre généalogique, in: Michel Pastoureau (Hrsg.), *L'arbre. Historie naturelle et symbolique de l'arbre, du bois et du fruit au Moyen Âge*, Paris 1993, S. 41–81

KLEIN 1976 – Peter K. Klein, *Der ältere Beatus-Kodex Vitr. 14-1 der Biblioteca Nacional zu Madrid. Studien zur Beatus-Illustration und der spanischen Buchmalerei des 10. Jahrhunderts*, Hildesheim/New York 1976 (Studien zur Kunstgeschichte, Bd. 8)

KLEIN 1979 – Peter K. Klein, Les cycles de l'Apocalypse du Haut Moyen Âge (IXe–XIIIe s.), in: APOCALYPSE DE JEAN 1979, S. 135–186

KLEIN 1981 – Peter K. Klein, Les Apocalypses romanes et la tradition exégétique, in: *Cahiers de Saint-Michel de Cuxa* 12 (1981), S. 123–140

KLEIN 1983 – Peter K. Klein, *Endzeiterwartung und Ritterideologie. Die englische Bilderapokalypsen der Frühgotik und MS Douce 180*, Graz 1983

KLEIN 1984 – Peter K. Klein, Zu einigen Reichenauer Handschriften Heinrichs II. für Bamberg, in: *Historischer Verein für die Pflege des ehemaligen Fürstbistums Bamberg. Bericht* 120 (1984), S. 417–422

KLEIN 1985 – Peter K. Klein, Zum Weltgerichtbild der Reichenau, in: Katharina Bierbrauer/Peter K. Klein (Hrsg.), *Studien zur mittelalterlichen Kunst 800–1250. Festschrift Florentine Mütherich*, München 1985, S. 107–124

KLEIN 1987 – Peter K. Klein, „Et videbit eum omnis oculus et qui eum pupugerunt". Zur Deutung des Tympanons von Beaulieu, in: Per Bjurström/Nils-Göran Hökby/Florentine Mütherich (Hrsg.), *Florilegium in Honorem Carl Nordenfalk Octoginarii contextum*, Stockholm 1987, S. 123–144

KLEIN 1988–89 – Peter K. Klein, Die Apokalypse Ottos III. und das Perikopenbuch Heinrichs II. Bildtradition und imperiale Ideologie um das Jahr 1000, in: *Aachener Kunstblätter* 56–57 (1988–89), S. 5–52

KLEIN 1992 – Peter K. Klein, The Apocalypse in Medieval Art, in: EMMERSON/MCGINN 1992, S. 159–199

KLEIN 1998 – Peter K. Klein, From the Heavenly to the Trivial. Vision and Visual Perception in Early and High Medieval Apocalypse Illustration, in: KESSLER/WOLF 1998, S. 247–278

KLEIN 2000A – Peter K. Klein, Initialen als „Marginal Images". Die Figureninitialen der Getty-Apokalypse, in: *Cahiers archéologiques* 48 (2000), S. 105–123

KLEIN 2000B – Peter K. Klein, Stellung und Bedeutung des Bamberger Apokalypse-Zyklus, in: AUSST. KAT. BAMBERG 2000, S. 105–136

KLEIN 2000–01 – Peter K. Klein, Otto III. oder Heinrich II., ein Streit um des Kaisers Bart? Zum Problem der historischen Einordnung der Bamberger Apokalypse, in: *Zeitschrift des deutschen Vereins für Kunstwissenschaft* 54–55 (2000–01), S. 35–61

KLEMM 2004 – Elisabeth Klemm, Die Darstellung von Heiligen als Thema der Psalterillustration, in: Frank O. Büttner (Hrsg.), *The Illuminated Psalter. Studies in the Content, Purpose and Placement of its Images*, Turnhout 2004, S. 362–376

KÖHLER/MILCHSACK 1913 – Franz Köhler/Gustav Milchsack, *Die Gudischen Handschriften*, Wolfenbüttel 1913 (Die Handschriften der Herzoglichen Bibliothek zu Wolfenbüttel, Bd. 4)

Literaturverzeichnis

KONERSMANN 1988 – Ralf Konersmann, *Spiegel und Bild. Zur Metaphorik neuzeitlicher Subjektivität*, Würzburg 1988 (Epistemata. Würzburger Wissenschaftliche Schriften. Reihe Philosophie, Bd. 44)

KONERSMANN 1997a – Ralf Konersmann (Hrsg.), Kritik des Sehens, Leipzig 1997

KONERSMANN 1997b – Ralf Konersmann, Die Augen des Philosophen. Zur historischen Semantik und Kritik des Sehes, in: KONERSMANN 1997a, S. 9–47

KÖNIG 1989 – Eberhard König, „Atant fu jourz, et je m'esveille". Zur Darstellung des Traums im Rosenroman, in: PARAVICINI BAGLIANI/STABILE 1989, S. 171–181

KORGER 1962 – Matthias E. Korger, Grundprobleme der Augustinischen Erkenntnislehre, in: *Recherches augustiniennes* 2 (1962), S. 33–57

KÖRNER 1956 – Franz Körner, Deus in homine videt. Das Subjekt des menschlichen Erkennens nach der Lehre Augustins, in: *Philosophisches Jahrbuch der Görres-Gesellschaft* 64 (1956), S. 166–217

KÖRNTGEN 2001 – Ludger Körntgen, *Königsherrschaft und Gottes Gnade. Zu Kontext und Funktion sakraler Vorstellungen in Historiographie und Bildzeugnissen der ottonisch-frühsalischen Zeit*, Berlin 2001

KORTEWEG 1985 – Anne S. Korteweg, Thierry II, count of Holland, and his wife Hildegard and their donations to Edmond Abbey, in: Victoria D. van Aalst/Krijnie Nelly Ciggaar (Hrsg.), *Byzantium and the Low Countries in the Tenth Century. Aspects of Art and History in the Ottonian Era*, Hernen 1985, S. 146–164

KRAMER/BYNUM 2002 – Susan R. Kramer/Caroline W. Bynum, Revisiting the Twelfth-Century Individual. The Inner Self and the Christian Community, in: MELVILLE/SCHÜRER 2002, S. 57–85

KRAUT 1986 – Gisela Kraut, *Lukas malt die Madonna. Zeugnisse zum künstlerischen Selbstverständnis der Malerei*, Worms 1986

KREMER 1988 – Klaus Kremer, Das Seelenfünklein (scintilla animae) bei Meister Eckhart. Geschaffen oder ungeschaffen? Ein kontroverses Kapitel der Meister Eckhart-Forschung, in: *Trierer Theologische Zeitschrift* 97 (1988), S. 8–38

KRETSCHMAR 1985 – Georg Kretschmar, *Die Offenbarung des Johannes. Die Geschichte ihrer Auslegung im 1. Jahrtausend*, Stuttgart 1985

KRÖLL 1994 – Kathrin Kröll, Die Komik des grotesken Körpers in der christlichen Bildkunst des Mittelalters, in: Kathrin Kröll/Hugo Steger (Hrsg.), *Mein ganzer Körper ist Gesicht. Groteske Darstellungen in der europäischen Kunst und Literatur des Mittelalters*, Freiburg 1994, S. 11–93

KROSS 1992 – Matthias Kross, Gian Lorenzo Bernini. Die Verzückung der Heiligen Theresia, in: Wolfgang Kemp (Hrsg.), *Der Betrachter ist im Bild. Kunstwissenschaft und Rezeptionsästhetik*, Berlin 1992, S. 137–153

KRÜGER 1989 – Klaus Krüger, Bildandacht und Bergeinsamkeit. Der Eremit als Rollenspiel in der städtischen Gesellschaft, in: Hans Belting/Dieter Blume (Hrsg.), *Malerei und Stadtkultur in der Dantezeit*, München 1989, S. 187–200

KRÜGER 1992 – Klaus Krüger, *Der frühe Bildkult des Franziskus in Italien. Gestalt und Funktionswandel des Tafelbildes im 13. und 14. Jahrhundert*, Berlin 1992

KRÜGER 2000 – Klaus Krüger, Malerei als Poesie der Ferne im Cinquecento, in: KRÜGER/NOVA 2000, S. 99–121

KRÜGER 2001 – Klaus Krüger, *Das Bild als Schleier des Unsichtbaren. Ästhetische Illusion in der Kunst der frühen Neuzeit in Italien*, München 2001

KRÜGER/NOVA 2000 – Klaus Krüger/Alessandro Nova (Hrsg.), *Imagination und Wirklichkeit. Zum Verhältnis von mentalen und realen Bildern in der frühen Neuzeit*, Mainz 2000

KRUGER 1992 – Steven F. Kruger, *Dreaming in the Middle Ages*, Cambridge 1992

KRUSE 1999 – Christiane Kruse, Rogiers Replik. Ein gemalter Dialog über Ursprung und Medialität des Bildes, in: KRUSE/THÜRLEMANN 1999, S. 167–185

KRUSE 2002 – Christiane Kruse, Vera Icon – oder die Leerstellen des Bildes, in: BELTING/KAMPER/SCHULZ 2002, S. 105–129

KRUSE 2003 – Christiane Kruse, *Wozu Menschen malen. Historische Begründungen eines Bildmediums*, München 2003

Kruse/Thürlemann 1999 – Christiane Kruse/Felix Thürlemann (Hrsg.), *Porträt – Landschaft – Interieur. Jan van Eycks Rolin-Madonna im ästhetischen Kontext*, Tübingen 1999

Kuder 1992 – Ulrich Kuder, Der spekulative Gehalt der vier ersten Bildseiten des Utacodex, in: *St. Emmeram in Regensburg. Geschichte – Kunst – Denkmalpflege. Beiträge des Regensburger Herbstsymposiums vom 15.–24. November 1991*, Kallmünz 1992 (Thurn und Taxis-Studien, Bd. 18), S. 163–178

Kuder 1998 – Ulrich Kuder, Die Ottonen in der ottonischen Buchmalerei. Identifikation und Ikonographie, in: Gerd Althoff/Ernst Schubert (Hrsg.), *Herrschaftsrepräsentation im ottonischen Sachsen*, Sigmaringen 1998, S. 137–218

Kühne 1999 – Udo Kühne, Die Konstruktion des prophetischen Sprechens. Hildegards Sicht der eigenen Rolle als Autorin, in: *Freiburger Zeitschrift für Philosophie und Theologie* 46 (1999), S. 67–78

Kühnel 2003 – Bianca Kühnel, *The End of Time in the Order of Things. Science and Eschatology in Early Medieval Art*, Regensburg 2003

Kunisch 1929 – Hermann Kunisch, *Das Wort „Grund" in der Sprache der deutschen Mystik des 14. und 15. Jahrhunderts*, Osnabrück 1929

Küsters 1985 – Urban Küsters, *Der verschlossene Garten. Volkssprachliche Hohelied-Auslegung und monastische Lebensform im 12. Jahrhundert*, Düsseldorf 1985

Küsters 1997 – Urban Küsters, Zeichen auf der Haut in der religiösen Kultur des Mittelalters, in: Günter Krause (Hrsg.), *Literalität und Körperlichkeit. Littéralité et Corporalité*, Tübingen 1997 (Kultur-Kreise/Aires Culturelles, Bd. 1), S. 47–53

Küsters 1999 – Urban Küsters, Narbenschriften. Zur religiösen Literatur des Spätmittelalters, in: Müller/Wenzel 1999, S. 81–109

Küsters 2001 – Urban Küsters, Der lebendige Buchstabe. Christliche Traditionen der Körperschrift im Mittelalter, in: Horst Wenzel/Wilfried Seipel/Gotthart Wunberg (Hrsg.), *Audiovisualität vor und nach Gutenberg. Zur Kulturgeschichte der medialen Umbrüche*, Wien/Mailand 2001 (Schriften des Kunsthistorischen Museums, Bd. 6), S. 107–117

Largier 1997 – Niklaus Largier, Figurata locutio. Hermeneutik und Philosophie bei Eckhart von Hohenheim und Heinrich Seuse, in: Klaus Jacobi (Hrsg.), *Meister Eckhart. Lebensstationen – Redesituationen*, Berlin 1997 (Quellen und Forschungen zur Geschichte des Dominikanerordens. NF, Bd. 7), S. 303–332

Largier 1999a – Niklaus Largier, Der Körper der Schrift. Bild und Text am Beispiel einer Seuse-Handschrift des 15. Jahrhunderts, in: Müller/Wenzel 1999, S. 241–271

Largier 1999b – Niklaus Largier, Spiegelungen. Zu einer Geschichte der Spekulation, in: *Zeitschrift für Germanistik. Neue Folge* 3 (Visualität. Sichtbarkeit und Imagination im Medienwandel) (1999), S. 616–636

Laurent 1940 – Marie-Hyacinthe Laurent, La plus ancienne légende de la B. Marguerite de Città di Castello, in: *Archivum Fratrum Praedicatorum* 10 (1940), S. 109–131

LCI 1968–76 – Engelbert Kirschbaum (Hrsg.), *Lexikon der christlichen Ikonographie*, 8 Bde., Freiburg/Rom 1968–76

Le Goff 1985 – Jacques Le Goff, Le christianisme et les rêves (IIe–VIIe siècles), in: Tullio Gregory (Hrsg.), *I sogni nel medioevo. Seminario internazionale, Roma 2–4 ottobre 1983*, Rom 1985, S. 171–218

Leclercq 1957 – Jean Leclercq, *L'amour des lettres et le désir de dieu. Initiation aux auteurs monastiques du Moyen Âge*, Paris 1957

Ledos 1889 – G. Ledos, Fragment de l'Inventaire des joyaux de Louis Ier, Duc d'Anjou, in: *Bibliothèque de l'École des Chartes* 50 (1889), S. 468–479

Lefèvre 1925 – Louis-Eugène Lefèvre, Les sept églises d'Asie et leur évêques dans la tapisserie de l'Apocalypse a Angers, in: *Gazette des Beaux-Arts* 67 (1925), S. 206–224

Lehrs 1908–1934 – Max Lehrs (Hrsg.), *Geschichte und kritischer Katalog des deutschen, niederländischen und französischen Kupferstichs im XV. Jahrhundert*, 10 Bde., Wien 1908–1934

Leisch-Kiesl 1993 – Monika Leisch-Kiesl, Irritationen des Göttlichen. Zur Frage des Zusammenwirkens von Text und Bild am Beispiel des Wiesbadener Scivias Hildegards von Bingen, in: Theodor Schneider/Helen Schlüngel-Straumann (Hrsg.), *Theologie zwischen Zeiten und Kontinenten. Für Elisabeth Gössmann*, Freiburg/Basel/Wien 1993, S. 84–97

Literaturverzeichnis

LEITSCHUH/FISCHER 1895–1912 – Friedrich Leitschuh/Hans Fischer, *Katalog der Handschriften der königlichen Bibliothek zu Bamberg*, 3 Bde., Bamberg/Leipzig 1895–1912

LENTES 1993 – Thomas Lentes, Die Gewänder der Heiligen. Ein Diskussionsbeitrag zum Verhältnis von Gebet, Bild und Imagination, in: KERSCHER 1993, S. 120–151

LENTES 1995 – Thomas Lentes, Der Körper als Ort des Gedächtnisses – Der Körper als Text, in: AUSST. KAT. WIEN 1995, S. 76–79

LENTES 1998 – Thomas Lentes, „Vita Perfecta" zwischen „Vita Communis" und „Vita Privata". Eine Skizze zur klösterlichen Einzelzelle, in: Gert Melville/Peter von Moos (Hrsg.), *Das Öffentliche und das Private in der Vormoderne*, Köln 1998, S. 125–164

LENTES 2000 – Thomas Lentes, Auf der Suche nach dem Ort des Gedächtnisses. Thesen zur Umwertung der symbolischen Formen in Abendmahlslehre, Bildtheorie und Bildandacht des 14.–16. Jahrhunderts, in: KRÜGER/NOVA 2000, S. 21–46

LENTES 2002 – Thomas Lentes, Inneres Auge, äußerer Blick und heilige Schau. Ein Diskussionsbeitrag zur visuellen Praxis in Frömmigkeit und Moraldidaxe des späten Mittelalters, in: SCHREINER/MÜNTZ 2002, S. 179–219

LENTES 2003a – Thomas Lentes, Bildertotale des Heils. Himmlischer Rosenkranz und Gregorsmesse, in: FREI/BÜHLER 2003, S. 69–89

LENTES 2003b – Thomas Lentes, Soweit das Auge reicht. Sehrituale im Spätmittelalter, in: WELZEL/LENTES/SCHLIE 2003, S. 241–258

LENTES 2004 – Thomas Lentes, Der mediale Status des Bildes. Bildlichkeit bei Heinrich Seuse – statt einer Einleitung, in: GANZ/LENTES 2004, S. 13–73

LENTES 2005 – Thomas Lentes, „Textus Evangelii". Materialität und Inszenierung des „textus" in der Liturgie, in: Ludolf Kuchenbuch/Uta Kleine (Hrsg.), *„Textus" im Mittelalter. Komponenten und Situationen des Wortgebrauchs im schriftsemantischen Feld*, Göttingen 2005, S. 133–148

LENTES 2007 – Thomas Lentes, Verum Corpus und Vera Imago. Kalkulierte Bildbeziehungen in der Gregorsmesse, in: GORMANS/LENTES 2007, S. 12–35

LERCHNER 1993 – Karin Lerchner, *Lectulus floridus. Zur Bedeutung des Bettes in Literatur und Handschriftenillustration des Mittelalters*, Köln 1993 (Pictura et Poesis, Bd. 6)

LERNER 1994 – Robert E. Lerner, Himmelsvision oder Sinnendelirium? Franziskaner und Professoren als Traumdeuter im Paris des 13. Jahrhunderts, in: *Historische Zeitschrift* 259 (1994), S. 337–369

LEVIN 1988 – David Michael Levin, *The Opening of Vision. Nihilism and the Postmodern Situation*, New York/London 1988

LEWIS 1992 – Flora Lewis, Rewarding Devotion. Indulgences and the promotion of Images, in: Diana Wood (Hrsg.), *The Church and the Arts*, Oxford 1992, S. 179–194

LEWIS 1987 – Suzanne Lewis, *The Art of Matthew Paris in the Chronica majora*, Berkeley/Los Angeles/London 1987

LEWIS 1990a – Suzanne Lewis, The Apocalypse of Isabella of France. Paris, Bibl. Nat. Ms Fr. 13096, in: *Art Bulletin* 72 (1990), S. 224–260

LEWIS 1990b – Suzanne Lewis, The Enigma of Fr. 403 and the Compilation of a Thirteenth-Century English Illustrated Apocalypse, in: *Gesta* 29 (1990), S. 31–43

LEWIS 1991 – Suzanne Lewis, The English Gothic illuminated Apocalypse, lectio divina, and the art of memory, in: *Word & Image* 7 (1991), S. 1–32

LEWIS 1992a – Suzanne Lewis, Beyond the Frame. Marginal Figures and Historiated Initials in the Getty Apocalypse, in: *The J. Paul Getty Museum Journal* 20 (1992), S. 53–76

LEWIS 1992b – Suzanne Lewis, Exegesis and Illustration in Thirteenth-Century English Apocalypses, in: EMMERSON/MCGINN 1992, S. 259–275

LEWIS 1992c – Suzanne Lewis, Images of opening, penetration and closure in the Roman de la Rose, in: *Word & Image* 8 (1992), S. 215–242

LEWIS 1995 – Suzanne Lewis, *Reading Images. Narrative Discourse and Reception in the Thirteenth-Century Illuminated Apocalypse*, Cambridge/New York 1995

LEWIS 2001 – Suzanne Lewis, Parallel Tracks – Then and Now. The Cambridge Alexander Apocalypse, in: Paul Binski/William Noel (Hrsg.), *New Offerings, Ancient Treasures. Studies in Medieval Art for George Henderson*, Stroud 2001, S. 367–388

LEWIS 1999 – Warren Lewis, Peter John Olivi, Author of the „Lectura super Apocalipsim". Was he heretical?, in: Alain Boureau/Sylvain Piron (Hrsg.), *Pierre de Jean Olivi (1248–1298). Pensée scholastique, dissidence spirituelle et société. Actes du colloque de Narbonne (mars 1998)*, Paris 1999, S. 135–156

LINDBERG 1976 (1987) – David C. Lindberg, Theories of vision from Al-Kindi to Kepler, Chicago 1976. Dt. Ausgabe: *Auge und Licht im Mittelalter. Die Entwicklung der Optik von Alkindi bis Kepler*, übers. von Matthias Althoff, Frankfurt a. M. 1987

LINDGREN 1993 – Mereth Lindgren, Ett återupptäckt Birgittamanuskript (A rediscovered Bridget manuscript), in: *ICO – Iconographisk post* (1993), S. 1–15

LUBAC 1999 – Henri de Lubac, *Typologie, Allegorie, geistiger Sinn. Studien zur Geschichte der christlichen Schriftauslegung. Aus dem Französischen übertragen und eingeleitet von Rudolf Vorderholzer*, Freiburg (CH) 1999 (Theologia Romanica, Bd. 23)

LUGOWSKI 1932 (1976) – Clemens Lugowski, *Die Form der Individualität im Roman*, Berlin 1932. Neuausgabe hrsg. von Heinz Schlaffer, Frankfurt a. M. 1976

LUTZ 1983 – Eckart Conrad Lutz, „In niun schar onsunder geordent gar". Gregorianische Angelologie, Dionysius-Rezeption und volkssprachliche Dichtungen des Mittelalters, in: *Zeitschrift für deutsche Philologie* 102 (1983), S. 335–376

LYNCH 1988 – Kathryn Lynch, *The High Medieval Dream Vision. Poetry, Philosophy, and Literary Form*, Stanford 1988

MÂLE 1924 – Emile Mâle, *L'art religieux du XIIe siècle en France*, Paris 1924

MANN 1994 – Jill Mann, Allegorical Buildings in Medieval Literature, in: *Medium Aevum* 63 (1994), S. 191–210

MANSELLI 1955 – Raoul Manselli, *La „Lectura super apocalypsim" di Pietro di Giovanni Olivi. Ricerche sull'escatologismo medioevale*, Rom 1955 (Studi storici, fasc. 19–21)

MAREK u.a. 2006 – Kristin Marek u.a. (Hrsg.), *Bild und Körper im Mittelalter*, München 2006

MARINI 1974 – Maurizio Marini, *Michelangelo da Caravaggio*, Rom 1974

MARKUS 1981 – R. A. Markus, The Eclipse of a Neo-Platonic Theme. Augustine and Gregory the Great on Visions and Prophecies, in: Henry J. Blumenthal/R. A. Markus (Hrsg.), *Neoplatonism and Early Christian Thought. Essays in Honour of A. H. Armstrong*, London 1981, S. 204–211

MARTENS 1987–88 – Didier Martens, Espace et niveaux de réalité dans une messe de saint Grégoire due au Maître de saint Barthélémy, in: *Wallraf-Richartz-Jahrbuch* 48/49 (1987–88), S. 45–64

MARTI/MONDINI 1994 – Susan Marti/Daniela Mondini, „Ich manen dich der brüsten min, Das du dem sünder wellest milte sin!" Marienbrüste und Marienmilch im Heilsgeschehen, in: AUSST. KAT. ZÜRICH 1994, S. 79–90

MARTYN 2002 – David Martyn, Der Geist, der Buchstabe und der Löwe. Zur Medialität des Lesens bei Paulus und Mendelssohn, in: Ludwig Jäger/Georg Stanitzek (Hrsg.), *Transkribieren. Medien/Lektüre*, München 2002, S. 43–71

MATTER 1992 – E. Ann Matter, The Apocalypse in Early Medieval Exegesis, in: EMMERSON/MCGINN 1992, S. 38–50

MAYR-HARTING 1999 – Henri Mayr-Harting, *Ottonian Book Illumination. An Historical Study*, 2. überarb. Aufl., 2 Bde., London 1999

MCGINN 1986 – Bernard McGinn, The Human Person II. Western Christianity, in: Ders./John Meyendorff (Hrsg.), *Christian Spirituality, Bd. 2. Origins to the Twelfth Century*, London 1986, S. 312–330

MCGINN 1992 – Bernard McGinn, Introduction. John's Apocalypse and the Apocalyptic Mentality, in: EMMERSON/MCGINN 1992, S. 3–19

MCGINN 1994 (1996) – Bernard McGinn, *The presence of God, Bd.2: The Growth of Mysticism. Gregory the Great through the Twelfth Century*, New York 1994. Dt. Ausgabe: *Die Mystik im Abendland, Bd. 2: Entfaltung*, übers. von: Wolfgang Scheuermann, Freiburg/Basel/Wien 1996

MCGINN 2000 – Bernard McGinn, Hildegard of Bingen as Visionary and Exegete, in: HAVERKAMP 2000, S. 321–350

MCKITTERICK 2005 – David McKitterick (Hrsg.), *The Trinity Apocalypse. Trinity College Cambridge, MS R.16.2*, London/Toronto 2005 (British Library Studies in Medieval Culture)

MEER 1938 – Frits van der Meer, *Maiestas Domini. Théophanies de l'Apocalypse dans l'Art Chrétien. Études sur les origines d'une iconographie spéciale du Christ*, Rom/Paris 1938

MEER 1978 – Frits van der Meer, *Apokalypse. Die Visionen des Johannes in der europäischen Kunst*, Freiburg/Basel/Wien 1978

MEIER 1978 – Christel Meier, Zwei Modelle von Allegorie im 12. Jahrhundert. Das allegorische Verfahren Hildegards von Bingen und Alans von Lille, in: Walter Haug (Hrsg.), *Formen und Funktionen der Allegorie*, Stuttgart 1978, S. 70–89

MEIER 1979 – Christel Meier, Zum Verhältnis von Text und Illustration im überlieferten Werk Hildegards von Bingen, in: Anton Philipp Brück (Hrsg.), *Hildegard von Bingen. 1179–1979. Festschrift zum 800. Todestag der Heiligen*, Mainz 1979, S. 159–169

MEIER 1985 – Christel Meier, Eriugena im Nonnenkloster? Überlegungen zu Prophetentum und Werkgestalt in den figmenta prophetica Hildegards von Bingen, in: *Frühmittelalterliche Studien* 19 (1985), S. 466–497

MEIER 1987 – Christel Meier, Scientia Divinorum Operum. Zu Hildegard von Bingens visionär-künstlerischer Rezeption Eriugenas, in: Werner Beierwaltes (Hrsg.), *Eriugena Redivivus. Zur Wirkungsgeschichte seines Denkens im Mittelalter und im Übergang zur Neuzeit*, Heidelberg 1987, S. 89–141

MEIER 1990 – Christel Meier, Malerei des Unsichtbaren. Über den Zusammenhang von Erkenntnistheorie und Bildstruktur im Mittelalter, in: Wolfgang Harms (Hrsg.), *Text und Bild, Bild und Text. DFG-Symposion 1988*, Stuttgart 1990, S. 36–65

MEIER 1997 – Christel Meier, Calcare caput draconis. Prophetische Bildkonfigurationen in Visionskontext und Illustrationen. Zur Vision „Scivias" II, 7, in: FORSTER 1997, S. 359–405

MEIER 2000 – Christel Meier, Ecce Autor. Beiträge zur Ikonographie literarischer Urheberschaft im Mittelalter, in: *Frühmittelalterliche Studien* 34 (2000), S. 338–392

MEIER 2003a – Christel Meier, Die Quadratur des Kreises. Die Diagrammatik des 12. Jahrhunderts als symbolische Denk- und Darstellungsform, in: PATSCHOVSKY 2003a, S. 23–53

MEIER 2004a – Christel Meier, Autorschaft im 12. Jahrhundert. Persönliche Identität und Rollenkonstrukt, in: Peter von Moos (Hrsg.), *Unverwechselbarkeit. Persönliche Identität und Identifikation in der vormodernen Gesellschaft*, Köln/Weimar/Wien 2004 (Norm und Struktur, Bd. 23), S. 207–266

MEIER 2004b – Christel Meier, Per visibilia ad invisibilia. Mittelalterliche Visionsikonographie zwischen analoger, negativer und „analytischer" Ästhetik, in: Andreas Bihrer/Elisabeth Stein (Hrsg.), *Nova de veteribus. Mittel- und neulateinische Studien für Paul Gerhard Schmidt*, München/Leipzig 2004, S. 476–503

MEIER 2003b – Esther Meier, Die Gregorsmesse im Bildprogramm der Antwerpener Schnitzretabel, in: WELZEL/LENTES/SCHLIE 2003, S. 181–199

MEIER 2006 – Esther Meier, *Die Gregorsmesse. Funktionen eines spätmittelalterlichen Bildtypus*, Köln 2006

MEIER 2007 – Esther Meier, Ikonographische Probleme. Von der „Erscheinung Gregorii" zur „Gregorsmesse", in: GORMANS/LENTES 2007, S. 38–57

MEISS 1951 (1999) – Millard Meiss, *Painting in Florence and Siena after the Black Death. The Arts, Religion, and Society in the Mid-Fourteenth Century*, Princeton 1951. Dt. Ausgabe: *Malerei in Florenz und Siena nach der Schwarzen Pest. Künste, Religion und Gesellschaft in der Mitte des 14. Jahrhunderts*, übers. von Sabine Russ, Dresden 1999

MEISS 1964 – Millard Meiss, *Giovanni Bellini's St. Francis in the Frick Collection*, New York 1964

MEISS 1967 – Millard Meiss, *French Painting in the Time of Jean de Berry. Bd. 1. The late fourteenth Century and the Patronage of the Duke*, 2 Bde., London 1967 (Studies in the History of European Art)

MELVILLE/SCHÜRER 2002 – Gert Melville/Markus Schürer (Hrsg.), *Das Eigene und das Ganze. Zum Individuellen im mittelalterlichen Religiosentum*, Münster 2002 (Vita regularis. Ordnungen und Deutungen religiosen Lebens im Mittelalter, Bd. 16)

MENKE 2004 – Bettine Menke, Nachträglichkeiten und Beglaubigungen, in: MENKE/VINKEN 2004, S. 25–43

MENKE/VINKEN 2004 – Bettine Menke/Barbara Vinken (Hrsg.), *Stigmata. Poetiken der Körperinschrift*, München 2004

MENNINGHAUS 1986 – Winfried Menninghaus, *Schwellenkunde. Walter Benjamins Passage des Mythos*, Frankfurt a. M. 1986

MENTRÉ 1984 (1996) – Mireille Mentré, *La Peinture „Mozarabe"*, Paris 1984. Engl. Ausgabe: *Illuminated Manuscripts of Medieval Spain*, übers. von: Jennifer Wakelyn, London 1996

MÉRINDOL 1987 – Christian de Mérindol, Emblèmatique, art, histoire, in: CAILLETEAU 1987, S. 43–51

MERKT 1910 – Josef Merkt, *Die Wundmale des heiligen Franziskus von Assisi*, Leipzig/Berlin 1910 (Beiträge zur Kulturgeschichte des Mittelalters und der Renaissance, Bd. 5)

MESSERER 1952 – Wilhelm Messerer, *Der Bamberger Domschatz in seinem Bestande bis zum Ende der Hohenstaufen-Zeit*, München 1952

MESSERER 1961 – Wilhelm Messerer, Zum Juvenianus-Codex der Biblioteca Vallicelliana, in: Harald Keller (Hrsg.), *Miscellanea Bibliothecae Hertzianae*, München 1961, S. 58–68

METZLER LEXIKON KUNSTWISSENSCHAFT 2003 – Ulrich Pfisterer (Hrsg.), *Metzler Lexikon Kunstwissenschaft. Ideen, Methoden, Begriffe*, Stuttgart/Weimar 2003

MEYER 1961 – Hans Bernhard Meyer, Zur Symbolik frühmittelalterlicher Majestasbilder, in: *Das Münster* 14 (1961), S. 73–88

MICHAEL 1988 – F. Michael, Two Forms of Scholastic Realism in Peirce's Philosophy, in: *Transactions of the Charles S. Peirce Society* 24 (1988), S. 317–348

MILES 1983 – Margaret Miles, Vision. The Eye of the Body and the Eye of the Mind in Saint Augustine's „De trinitate" and „Confessions", in: *The Journal of Religion* 63 (1983), S. 125–142

MILLER 1994 – Patricia Cox Miller, *Dreams in Late Antiquity. Studies in the Imagination of a Culture*, Princeton 1994

MINNIS 1984 – Alastair J. Minnis, *Medieval Theory of Authorship. Scholastic and Litterary Attitudes in the Later Middle Ages*, London 1984

MITCHELL 1971 – Charles Mitchell, The Imagery of the Upper Church at Assisi, in: *Giotto e il suo tempo. Atti del congresso internazionale per la celebrazione del VII centenario della nascita di Giotto 24 settembre–10 ottobre 1967 Assisi/Padova/Firenze*, Rom 1971, S. 113–134

MLLM 2002 – J. F. Niermeyer/C. Van de Kieft (Hrsg.), *Mediae Latinitatis Lexicon Minus*, 2. Aufl. bearb. von J. W. J. Burger, 2 Bde., Darmstadt 2002

MOERER 2003 – Emily Ann Moerer, *Catherine of Siena and the Use of Images in the Creation of a Saint 1347–1461*, Diss. Univ. of Virginia 2003 (Microfiche)

MOHNHAUPT 2000 – Bernd Mohnhaupt, *Beziehungsgeflechte. Typologische Kunst des Mittelalters*, Bern u.a. 2000 (Vestigia Bibliae, Bd. 22)

MOHNHAUPT 2004 – Bernd Mohnhaupt, Auf Augenhöhe. Ottonische Bilder und ihre Betrachter, in: Achim Hubel/Bernd Schneidmüller (Hrsg.), *Aufbruch ins zweite Jahrtausend. Innovation und Kontinuität in der Mitte des Mittelalters*, Ostfildern 2004, S. 183–203

MOHNHAUPT 2006 – Bernd Mohnhaupt, Initialzündungen. Die Kontamination von Bildern und Buchstaben in der mittelalterlichen Buchmalerei, in: HORSTKOTTE/LEONHARD 2006, S. 35–49.

MOORMAN 1968 – John Moorman, *A History of the Franciscan Order from its Origins to the Year 1517*, Oxford 1968

MORGAN 1988 – Nigel Morgan, *Early Gothic Manuscripts – II. 1250–1285*, New York/Oxford 1988 (A survey of Manuscripts illuminated in the British Isles, Bd. 4)

MORRIS 1982 – Bridget Morris, The monk-on-the-ladder in Book V of St Birgitta's Revelaciones, in: *Kyrkohistorisk årsskrift* (1982), S. 95–107

MORRIS 1993 – Bridget Morris, Labyrinths of the Urtext, in: A. Härdelin/Mereth Lindgren (Hrsg.), *Heliga Birgitta – budskapet och förbilden. Proceedings of the Symposium at Vadstena 3–7 october 1991*, Västervik 1993, S. 23–33

MORRIS 1999 – Bridget Morris, *St. Birgitta of Sweden*, Woodbridge 1999 (Studies in Medieval Mysticism, Bd. 1)

MUEL 1987 – Francis Muel, L'œuvre, in: CAILLETEAU 1987, S. 53–86

MÜHLEN 1990 – Ilse von zur Mühlen, Nachtridentinische Bildauffassungen. Cesare Baronio und Rubens' Gemälde für S. Maria in Vallicella in Rom, in: *Münchner Jahrbuch der Bildenden Kunst* 41 (1990), S. 23–49

MÜHLEN 1998 – Ilse von zur Mühlen, *Bild und Vision. Peter Paul Rubens und der „Pinsel Gottes"*, Frankfurt a. M./Berlin/Bern 1998 (Europäische Hochschulschriften. Reihe 28 Kunstgeschichte, Bd. 334)

MÜLLER/WENZEL 1999 – Jan-Dirk Müller/Horst Wenzel (Hrsg.), *Mittelalter. Neue Wege durch einen alten Kontinent*, Stuttgart 1999

MUSTO 1985 – Ronald G. Musto, Queen Sancia of Naples (1286–1345) and the Spiritual Franciscans, in: Julius Kirshner/Suzanne F. Wemple (Hrsg.), *Women of the Medieval World. Essays in Honor of John H. Mundy*, Oxford/New York 1985, S. 179–214

MUSTO 1997 – Ronald G. Musto, Franciscan Joachimism at the Court of Naples, 1309–1345. A new appraisal, in: *Archivum Franciscanum Historicum* 90 (1997), S. 419–486

MÜTHERICH/DACHS 2001 – Florentine Mütherich/Karl Dachs (Hrsg.), *Das Evangeliar Ottos III.*, München 2001

NELSON 2000 – Robert S. Nelson (Hrsg.), *Seeing as others saw. Visuality before and beyond the Renaissance*, Cambridge 2000

NEUNER/PICHLER 2005 – Stefan Neuner/Wolfram Pichler, Tintorettos Schwellenkunde, in: ENDRES/WITTMANN/WOLF 2005, S. 253–286

NEUNHEUSER 1983 – Burkhard Neunheuser, *Taufe und Firmung*, Freiburg u.a. 1983 (Handbuch der Dogmengeschichte, Bd. 4, Faszikel 2)

NEUSS 1912 – Wilhelm Neuss, *Das Buch Ezechiel in Theologie und Kunst bis zum Ende des XII. Jahrhunderts. Mit besonderer Berücksichtigung der Gemälde in Schwarzrheindorf*, Münster 1912 (Beiträge zur Geschichte des alten Mönchstums und des Benediktinerordens, Bd. 1–2)

NEUSS 1922 – Wilhelm Neuss, *Die katalanische Bibelillustration im die Wende des ersten Jahrtausends und die altspanische Buchmalerei. Eine neue Quelle zur Geschichte des Auslebens der altchristlichen Kunst und zur frühmittelalterlichen Stilgeschichte*, Bonn/Leipzig 1922 (Veröffentlichungen des romanischen Auslandsinstituts der rheinischen Friedrich Wilhelms-Universität Bonn, Bd. 3)

NEUSS 1931 – Wilhelm Neuss, *Die Apokalypse des hl. Johannes in der altspanischen und altchristlichen Bibel-Illustration (Das Problem der Beatus-Handschriften)*, 2 Bde., Münster 1931 (Spanische Forschungen der Görresgesellschaft, Bde. 2–3)

NEWMAN 1985 – Barbara Newman, Hildegard of Bingen. Visions and Valididation, in: *Church History* 54 (1985), S. 163–175

NEWMAN 1987 – Barbara Newman, *Sister of Wisdom. St. Hildegard's Theology of the Feminine*, Berkeley/Los Angeles 1987

NEWMAN 1997 – Barbara Newman, Seherin – Prophetin – Mystikerin. Hildegard-Bilder in der hagiographischen Tradition, in: FORSTER 1997, S. 126–152

NEWMAN 2005 – Barbara Newman, What Did it Mean to Say „I Saw"? The Clash between Theory and Practice in Medieval Visionary Culture, in: *Speculum* 80 (2005), S. 1–43

NEWMAN 1963 – Francis X. Newman, *Somnium. Medieval Theories of Dreaming and the Form of Vision Poetry*, Ph. D. Diss. Princeton Univ. 1963

NOLAN 1977 – Barbara Nolan, *The Gothic Visionary Perspective*, Princeton 1977

NORDENFALK 1961 – Carl Nordenfalk, Saint Bridget of Sweden As Represented in Illuminated Manuscripts, in: Millard Meiss (Hrsg.), *De Artibus Opuscula XL. Essays in Honor of Erwin Panofsky*, New York 1961, S. 371–393

NORDENFALK 1970 – Carl Nordenfalk, *Die spätantiken Zierbuchstaben (Die Bücherornamentik der Spätantike Band II.)*, 2 Bde., Stockholm 1970

NORDENFALK 1983 – Carl Nordenfalk, Der inspirierte Evangelist, in: *Wiener Jahrbuch für Kunstgeschichte* 36 (1983), S. 175–190

NORDSTRÖM 1976 – Carl-Otto Nordström, Text and myth in some Beatus miniatures, in: *Cahiers archéologiques* 26 (1976), S. 7–37, 117–136

NYBERG 1985 – Tore Nyberg, Birgitta von Schweden. Die aktive Gottesschau, in: Peter Dinzelbacher/Dieter R. Bauer (Hrsg.), *Frauenmystik im Mittelalter*, Ostfildern 1985, S. 275–289

OAKESHOTT 1945 – Walter Fraser Oakeshott, *The Artists of the Winchester Bible*, London 1945
OBRIST 1986 – Barbara Obrist, Image et Prophétie au XIIe siècle. Hugues de Saint-Victor et Joachim de Flore, in: *Mélanges de l'École Française de Rome. Moyen âge, temps modernes* 98 (1986), S. 35–63
OHLY 1958 – Friedrich Ohly, *Hohelied-Studien. Grundzüge einer Geschichte der Hoheliedauslegung des Abendlandes bis um 1200*, Wiesbaden 1958
OHLY 1958 (1977) – Friedrich Ohly, Vom geistigen Sinn des Wortes im Mittelalter, in: *Zeitschrift für deutsches Altertum und deutsche Literatur* 89 (1958), S. 1–23. Wiederabdruck in: OHLY 1977, S. 1–31
OHLY 1970 (1977) – Friedrich Ohly, Cor amantis non angustum. Vom Wohnen im Herzen, in: Dietrich Hofmann/Willy Sanders (Hrsg.), *Gedenkschrift für William Foerste*, Köln/Wien 1970, S. 454–476. Wiederabdruck in: OHLY 1977, S. 128–155
OHLY 1977 – Friedrich Ohly, *Schriften zur mittelalterlichen Bedeutungsforschung*, Darmstadt 1977
OHLY 1993 – Friedrich Ohly, Metaphern für die Inspiration, in: *Euphorion* 87 (1993), S. 119–171
OPENSHAW 1985 – Kathleen M. Openshaw, The Daniel Cycle in the Roda Bible. An Expression of its Age, in: *Transactions of the Royal Society of Canada* 23 (1985), S. 157–172
OS 1984–90 – Henk van Os, *Sienese Altarpieces 1215–1460. Form, Content, Function*, 2 Bde., Groningen 1984–90 (Mediaevalia Groningana)
OTAKA/FUKUI 1981 – Yorio Otaka/Hideka Fukui, *Apocalypse. Bibliotheque Nationale, Fonds Français 403*, Osaka 1981
OTTO 1976–77 – Rita Otto, Zu den gotischen Miniaturen einer Hildegardhandschrift in Lucca, in: *Mainzer Zeitschrift* 71–72 (1976–77), S. 110–126
PÄCHT 1984 – Otto Pächt, *Buchmalerei des Mittelalters. Eine Einführung. Herausgegeben von Dagmar Thoss und Ulrike Jenni*, München 1984
PÄCHT/DODWELL/WORMALD 1960 – Otto Pächt/C. R. Dodwell/Francis Wormald, *The St. Albans Psalter (Albani Psalter)*, London 1960 (Studies of the Warburg Institute, Bd. 25)
PAECH 1991 – Joachim Paech, Nähe durch Distanz. Anmerkungen zur dispositiven Struktur technischer Bilder, in: Kurt Lüscher/Joachim Paech/Albrecht Ziemer (Hrsg.), *HDTV – ein neues Medium? Interdisziplinäre Tagung an der Universität Konstanz*, Mainz 1991 (ZDF Schriftenreihe, Bd. 41), S. 43–53
PAECH 1997 – Joachim Paech, Überlegungen zum Dispositv als Theorie medialer Topik, in: *Medienwissenschaft* (1997), S. 400–420
PALAZZO 1994 – Eric Palazzo, *Les sacramentaires de Fulda. Étude sur l'iconographie et la liturgie à l'époque ottonienne*, Münster 1994 (Liturgiewissenschaftliche Quellen und Forschungen, Bd. 77)
PALAZZO 1999 – Eric Palazzo, *L'Évêque et son Image. L'illustration du Pontifical au Moyen Âge*, Turnhout 1999
PANOFSKY 1927 – Erwin Panofsky, „Imago Pietatis". Ein Beitrag zur Typengeschichte des „Schmerzensmannes" und der „Maria mediatrix", in: *Festschrift für Max J. Friedländer zum 60. Geburtstage*, Leipzig 1927, S. 261–308
PANOFSKY 1953 – Erwin Panofsky, *Early Netherlandish Painting. Its Origins and Character*, 2 Bde., Cambridge 1953
PANOFSKY 1955 – Erwin Panofsky, *The Life and Art of Albrecht Dürer*, Princeton 1955. Dt. Ausgabe: *Das Leben und die Kunst Albrecht Dürers*, übers. von Liese Lotte Möller, Darmstadt 1977
PAPE 1997 – Helmut Pape, *Die Unsichtbarkeit der Welt. Eine visuelle Kritik neuzeitlicher Ontologie*, Frankfurt a. M. 1997
PARAVICINI BAGLIANI/STABILE 1989 – Agostino Paravicini Bagliani/Giorgio Stabile (Hrsg.), *Träume im Mittelalter. Ikonologische Studien*, Stuttgart/Zürich 1989
PARK 1998 – Katharine Park, Impressed Images. Reproducing Wonders, in: JONES/GALISON 1998, S. 254–271
PARKES 1991 – Malcolm B. Parkes, The Influence of the Concepts of Ordinatio and Compilatio on the Development of the Book, in: Ders. (Hrsg.), *Scribes, Scripts and Readers. Studies in the Communication, Presentation and Dissemination of Medieval Texts*, London 1991, S. 35–70

PARMA 1971 – Christian Parma, *Pronoia und Providentia. Der Vorsehungsbegriff Plotins und Augustins*, Leiden 1971 (Studien zur Problemgeschichte der antiken und mittelalterlichen Philosophie, Bd. 6)

PATSCHOVSKY 2003a – Alexander Patschovsky (Hrsg.), *Die Bildwelt der Diagramme Joachims von Fiore. Zur Medialität religiös-politischer Programme im Mittelalter*, Ostfildern 2003

PATSCHOVSKY 2003b – Alexander Patschovsky, Die Trinitätsdiagramme Joachims von Fiore († 1202). Ihre Herkunft und semantische Struktur im Rahmen der Trinitätsikonographie, von deren Anfängen bis ca. 1200, in: PATSCHOVSKY 2003a, S. 55–114

PEIRCE 1986–93 – Charles Sanders Peirce, *Semiotische Schriften*, hrsg. von Christian Kloesel/Helmut Pape, 3 Bde., Frankfurt a. M. 1986–93

PETERMANN 2000 – Kerstin Petermann, *Bernt Notke. Arbeitsweise und Werkstattorganisation im späten Mittelalter*, Berlin 2000

PEZZINI 2000 – Domenico Pezzini, The Italian Reception of Birgittine Writings, in: Bridget Morris/Veronica O'Mara (Hrsg.), *The Translation of the Works of St Birgitta of Sweden into the Medieval European Vernaculars*, Turnhout 2000 (The Medieval Translator, Bd. 7), S. 186–212

PFISTERER 2004 – Ulrich Pfisterer, „Visio" und „veritas". Augentäuschung und Erkenntnisweg in der nordalpinen Malerei am Übergang von Spätmittelalter zu Früher Neuzeit, in: Gabriele Wimböck (Hrsg.), *Das Bild als Autorität. Die normierende Kraft des Bildes*, Münster 2004 (Pluralisierung & Autorität, Bd. 4), S. 157–204

PHILIPOWSKI/PRIOR 2006 – Katharina Philipowski/Anne Prior (Hrsg.), *„Anima" und „sêle". Darstellungen und Systematisierungen von Seele im Mittelalter*, Berlin 2006 (Philologische Studien und Quellen, Bd. 197)

PIPPAL 2000 – Martina Pippal, Das Herrscherbild und die christologischen Miniaturen im Evangelistar-Teil, in: AUSST. KAT. BAMBERG 2000, S. 143–148

PLANCHENAULT 1953 – René Planchenault, L'Apocalypse d'Angers. Élements pour un nouvel essai de restitution, in: *Bulletin Monumental* 111 (1953), S. 209–262

PLANCHENAULT 1966 – René Planchenault, *L'Apocalypse d'Angers*, Paris 1966

PLOTZEK 1979A – Joachim M. Plotzek, Apokalypse, in: EUW/PLOTZEK 1979, S. 183–190

PLOTZEK 1979B – Joachim M. Plotzek, Apokalypse. Mit Kommentar des Berengaudus. England, St. Albans, um 1250, in: EUW/PLOTZEK 1979, S. 191–198

POESCHKE 2003 – Joachim Poeschke, *Wandmalerei der Giottozeit in Italien 1280–1400*, München 2003

POPE-HENNESSY 1937 – John Pope-Hennessy, *Giovanni di Paolo 1403–1483*, London 1937

POTESTÀ 2003 – Gian Luca Potestà, Geschichte als Ordnung in der Diagrammatik Joachims von Fiore, in: PATSCHOVSKY 2003a, S. 115–145

PREIMESBERGER 1991 – Rudolf Preimesberger, Zu Jan van Eycks Diptychon der Sammlung Thyssen-Bornemisza, in: *Zeitschrift für Kunstgeschichte* 54 (1991), S. 459–489

PROCHNO 1929 – Joachim Prochno, *Das Schreiber- und Dedikationsbild in der deutschen Buchmalerei. I. Teil. Bis zum Ende des 11. Jahrhunderts (800–1100)*, Leipzig/Berlin 1929 (Die Entwicklung des menschlichen Bildnisses, Bd. 2)

PRYDS 2000 – Darleen N. Pryds, *The King embodies the Word. Robert d'Anjou and the Politics of Preaching*, Leiden/Boston/Köln 2000 (Studies in the History of Christian Thought, Bd. 93)

PURTLE 1997 – Carol Purtle (Hrsg.), *Rogier van der Weyden. St. Luke drawing the Virgin*, Turnhout 1997

PUTATURO MURANO 1984 – Antonella Putaturo Murano, Il Maestro del Seneca di Girolamini di Napoli, in: *Studi di Storia dell'Arte in memoria di Mario Rotili*, Benevent 1984, S. 261–273

RAC 1950ff – Theodor Klauser/Ernst Dassmann (Hrsg.), *Reallexikon für Antike und Christentum. Sachwörterbuch zur Auseinandersetzung des Christentums mit der antiken Welt*, Stuttgart 1950ff

RAGUIN 2004 – Virgina Chieffo Raguin, Medieval tropes for spiritual experience. Verification of St Francis' seraphic vision through Erfurt's stained glass, in: Hartmut Scholz/Ivo Rauch/Daniel Hess (Hrsg.), *Glas, Malerei, Forschung. Internationale Studien zu Ehren von Rüdiger Becksmann*, Berlin 2004, S. 77–83

RAGLAND/MILOVANOVIC 2004 – Ellie Ragland/Dragan Milovanovic (Hrsg.), *Lacan. Topologically Speaking*, New York 2004

RAHNER 1958 (1989) – Karl Rahner, *Visionen und Prophezeiungen. Zur Mystik und Transzendenzerfahrung. Um einen Anhang erweiterte, unveränderte Neuausgabe der zweiten, unter Mitarbeit von Th. Baumann ergänzten Auflage (1958)*, Freiburg/Basel/Wien 1989

RAIMANN 1985 – Alfons Raimann, *Gotische Wandmalereien in Graubünden. Die Werke des 14. Jahrhunderts im nördlichen Teil Graubündens und im Engadin*, 2. Aufl., Disentis 1985

RAMONAT 2000 – Oliver Ramonat, Otto III. Christianisierung und Endzeiterwartung, in: WIECZOREK/HINZ 2000, Bd. 2, S. 792–797

RANDALL 1966 – Lilian M. C. Randall, *Images in the Margins of Gothic Manuscripts*, Berkeley/Los Angeles 1966 (California Studies in the History of Art, Bd. 4)

RAVE 1999 – August Bernhard Rave, *Frühe italienische Tafelmalerei. Vollständiger Katalog der italienischen Gemälde der Gotik. Mit Beiträgen von Ralph Melcher*, Stuttgart 1999

RAW 1997 – Barbara C. Raw, *Trinity and incarnation in Anglo-Saxon Art and Thought*, Cambridge 1997 (Cambridge Studies in Anglo-Saxon England, Bd. 21)

RDK 1937ff – Zentralinstitut für Kunstgeschichte München (Hrsg.), *Reallexikon zur Deutschen Kunstgeschichte*, Stuttgart/München 1937ff

RECHT 1980 – Roland Recht, Strasbourg et Prague, in: Anton Legner (Hrsg.), *Die Parler und der Schöne Stil 1350–1400*, Köln 1980, S. 106–117

REDSLOB 1907 – Edwin Redslob, Die fränkischen Epitaphien im vierzehnten und fünfzehnten Jahrhundert, in: *Mitteilungen aus dem Germanischen Nationalmuseum Nürnberg* (1907), S. 3–30 und 53–76

REEVES 1993 – Marjorie Reeves, *The Influence of Prophecy in the Later Middle Ages. A Study in Joachimism*, Oxford 1969, 2. Aufl., Notre Dame/London 1993

REEVES 2001 – Marjorie Reeves, Joachim of Fiore and the Images of the Apocalypse according to St John, in: *Journal of the Warburg and Courtauld Institutes* 63 (2001), S. 281–295

REEVES/HIRSCH-REICH 1972 – Marjorie Reeves/Beatrice Hirsch-Reich, *The „Figurae" of Joachim of Fiore*, Oxford 1972 (Oxford Warburg Studies)

REHM 2002 – Ulrich Rehm, Der Körper der Stimme. Überlegungen zur historisierten Initiale karolingischer Zeit, in: *Zeitschrift für Kunstgeschichte* 65 (2002), S. 441–459

RICHSTÄTTER 1924 – Karl Richstätter, *Die Herz-Jesu-Verehrung des deutschen Mittelalters. Nach gedruckten und ungedruckten Quellen*, Regensburg 1924

RICKLIN 1998 – Thomas Ricklin, *Der Traum der Philosophie im 12. Jahrhundert. Traumtheorien zwischen Constantinus Africanus und Aristoteles*, Leiden/Boston/Köln 1998 (Mittellateinische Studien und Texte, Bd. 24)

RIDDERBOS 1998 – Bernhard Ridderbos, The Man of Sorrows. Pictorial Images and Metaphorical Statements, in: Alasdair A. MacDonald/Herman N. B. Ridderbos/Rita M. Schlusemann (Hrsg.), *The Broken Body. Passion Devotion in Late Medieval Culture*, Groningen 1998 (Medievalia Groningana, Bd. 21), S. 145–181

RIEDMAIER 1994 – Josef Riedmaier, *Die „Lambeth-Bibel". Struktur und Bildaussage einer englischen Bibelhandschrift des 12. Jahrhunderts*, Frankfurt a. M. u.a. 1994 (Europäische Hochschulschriften. Reihe 28 Kunstgeschichte, Bd. 218)

RINGBOM 1965 – Sixten Ringbom, *Icon to Narrative. The Rise of the Dramatic Close-Up in Fifteenth-Century Devotional Painting*, Abo 1965

RINGBOM 1980 – Sixten Ringbom, Some pictorial conventions for the recounting of thoughts and experiences in late medieval art, in: F. G. Andersen/E. Nyholm/M. Powell (Hrsg.), *Medieval Iconography and Narrative. A Symposium*, Odense 1980, S. 38–69

RINGBOM 1992 – Sixten Ringbom, Direkte und indirekte Rede im Bild, in: *Zeitschrift für Semiotik* 14 (1992), S. 29–40

RINGLEBEN 1996 – Joachim Ringleben, Gott als Schriftsteller. Zur Geschichte eines Topos, in: B. Gajek (Hrsg.), *Johann Georg Hamann. Autor und Autorschaft*, Frankfurt a. M. 1996 (Regensburger Beiträge zur deutschen Sprach- und Literaturwissenschaft, Bd. 61), S. 215–275

RIVIÈRE 1987 – J. Rivière, Réflexions sur les „Saint Luc peignant la Vierge" flamandes. De Campin à Van Heemskerck, in: *Jaarboek van het Koninklijk Museum voor Schone Kunsten Antwerpen* (1987), S. 25–92

ROHLFS-VON WITTICH 1955 – Anna Rohlfs-von Wittich, Das Innenraumbild als Kriterium für die Bildwelt, in: *Zeitschrift für Kunstgeschichte* 18 (1955), S. 109–135

ROHLMANN 1995 – Michael Rohlmann, Raffaels Sixtinische Madonna, in: *Römisches Jahrbuch der Bibliotheca Hertziana* 30 (1995), S. 221–248

ROLAND 2000 – Martin Roland, Apokalypse-Zyklus einer neapolitanischen Bibel, in: Hans Petschar (Hrsg.), *Alpha & Omega. Geschichten vom Ende und Anfang der Welt*, Wien 2000, S. 186–193

ROMANO 2001 – Serena Romano, *La basilica di San Francesco ad Assisi. Pittori, botteghe, strategie narrative*, Rom 2001

ROSEN 2004 – Valeska von Rosen, Die Semantisierung der malerischen Faktur in El Grecos Visionsdarstellungen, in: Jutta Held (Hrsg.), *Kirchliche Kultur und Kunst des 17. Jahrhunderts in Spanien*, Frankfurt a. M./Madrid 2004 (Ars Iberica et Americana, Bd. 9), S. 63–87

ROTH 2000 – Gunhild Roth, Die Gregoriusmesse und das Gebet „Adoro te in cruce pendentem" im Einblattdruck. Legendenstoff, bildliche Verarbeitung und Texttradition am Beispiel des Monogrammisten d. Mit Textabdrucken, in: Volker Honemann u.a. (Hrsg.), *Einblattdrucke des 15. und frühen 16. Jahrhunderts. Probleme, Perspektiven, Fallstudien*, Tübingen 2000, S. 277–324

ROUSE/ROUSE 1989 – Richard H. Rouse/Mary A. Rouse, Wax Tablets, in: *Language and Communication* 9 (1989), S. 175–191

RUAIS 1987 – Antoine Ruais, Jalons pour l'histoire de la tenture, in: CAILLETEAU 1987, S. 31–41

RUF 1974 – Gerhard Ruf, *Franziskus und Bonaventura. Die heilsgeschichtliche Deutung der Fresken im Langhaus der Oberkirche von San Francesco in Assisi*, Assisi 1974

RUH 1964 – Kurt Ruh, Zur Grundlegung einer Geschichte der franziskanischen Mystik, in: Ders. (Hrsg.), *Altdeutsche und altniederländische Mystik*, Darmstadt 1964 (Wege der Forschung, Bd. 23), S. 240–274

RUH 1990 – Kurt Ruh, *Geschichte der abendländischen Mystik, Bd. 1. Die Grundlegung durch die Kirchenväter und die Mönchstheologie des 12. Jahrhunderts*, München 1990

RUSKIN 1958 – John Ruskin, *The Diaries of John Ruskin*, hrsg. von Joan Evans/John Howard Whitehouse, Bd. 2 (1848–1873), Oxford 1958

RÜTZ 1991 – Jutta Rütz, *Text im Bild. Funktion und Bedeutung der Beischriften in den Miniaturen des Uta-Evangelistars*, Frankfurt a. M. u.a.1991 (Europäische Hochschulschriften. Reihe 28 Kunstgeschichte, Bd. 119)

SACHS-HOMBACH 1995 – Klaus Sachs-Hombach (Hrsg.), *Bilder im Geiste. Zur kognitiven und erkenntnistheoretischen Funktion piktorialer Repräsentationen*, Amsterdam/Atlanta 1995

SAHLIN 2001 – Claire L. Sahlin, *Birgitta of Sweden and the Voice of Prophecy*, Woodbridge 2001 (Studies in Medieval Mysticism, Bd. 3)

SANSY 1990 – Danièle Sansy, Iconographie de la Prophétie. L'Image d'Hildegarde de Bingen dans le Liber divonorum operum, in: *Mélanges de l'École Française de Rome. Moyen âge, temps modernes* 102 (1990), S. 405–416

SAUER 1996 – Christine Sauer, *Katalog der illuminierten Handschriften der Württembergischen Landesbibliothek Stuttgart, Bd. 3: Die gotischen Handschriften, Teil 1: Vom späten 12. bis zum frühen 14. Jahrhundert*, Stuttgart 1996

SAUERLÄNDER 1994 – Willibald Sauerländer, *Initialen. Ein Versuch über das verwirrte Verhältnis von Schrift und Bild im Mittelalter*, Wolfenbüttel 1994 (Wolfenbütteler Hefte, Bd. 16)

SAURMA-JELTSCH 1997 – Lieselotte Saurma-Jeltsch, Die Rupertsberger „Scivias"-Handschrift. Überlegungen zu ihrer Entstehung, in: FORSTER 1997, S. 340–358

SAURMA-JELTSCH 1998 – Lieselotte Saurma-Jeltsch, *Die Miniaturen im „Liber Scivias" der Hildegard von Bingen. Die Wucht der Visionen und die Ordnung der Bilder*, Wiesbaden 1998

SAURMA-JELTSCH 2000 – Lieselotte Saurma-Jeltsch, Nähe und Ferne. Zur Lesbarkeit von Raum in der ottonischen Buchmalerei, in: WIECZOREK/HINZ 2000, Bd. 2, S. 813–818

SAWICKA 1938 – Stanislawa Sawicka, Les principaux manuscrits à peintures de la Bibliothèque Nationale de Varsovie, in: *Bulletin de la Société française de reproductions de manuscrits à peintures* 19 (1938), S. 86–96

SCHÄFFNER 2004 – Wolfgang Schäffner, Die Wunder des San Francesco d'Assisi und der Therese Neumann. Elemente einer Mediengeschichte des Stigmas, in: MENKE/VINKEN 2004, S. 181–195

SCHAPIRO 1943 – Meyer Schapiro, The Image of the Disappearing Christ. The Ascension in English Art Around the Year 1000, in: *Gazette des Beaux-Arts* 23 (1943), S. 133–152

SCHAPIRO 1954 (1977) – Meyer Schapiro, Two Romanesque Drawings in Auxerre and Some Iconographic Problems, in: Dorothy Miner (Hrsg.), *Studies in Art and Literature for Belle Da Costa Greene*, Princeton 1954, S. 331–349. Wiederabdruck in: SCHAPIRO 1977, S. 306–327

SCHAPIRO 1977 – Meyer Schapiro, *Romanesque Art (Selected Papers I)*, New York 1977

SCHARDT 1938 – Alois Schardt, *Das Initial. Phantasie und Buchstabenmalerei des frühen Mittelalters*, Berlin 1938

SCHELIHA 1999 – Arnulf von Scheliha, *Der Glaube an die göttliche Vorsehung. Eine religionssoziologische, geschichtsphilosophische und theologiegeschichtliche Untersuchung*, Stuttgart 1999

SCHILLER 1960–91 – Gertrud Schiller, *Ikonographie der christlichen Kunst*, 5 Bde., Gütersloh 1960–91

SCHLEUSENER-EICHHOLZ 1985 – Gudrun Schleusener-Eichholz, *Das Auge im Mittelalter*, 2 Bde., München 1985

SCHLIE 2003 – Heike Schlie, *Der Blick und die Zugänglichkeit der Offenbarung. Zu Spiegelungen und Perspektiven in der nordalpinen Malerei des 15. Jahrhunderts*, Unpubliziertes Vortragsmanuskript, gehalten am 24. 2. 2003 an der Universität Münster

SCHLIE 2004a – Heike Schlie, Bildraum – Referenzraum – Räumlicher Kontext. Graduierungen des Öffentlichen und Privaten im Bild des Spätmittelalters, in: Caroline Emelius (Hrsg.), *Offen und Verborgen. Kulturelle Strategien zur Imagination von „Öffentlichkeit" und „Privatheit" in Mittelalter und Früher Neuzeit*, Göttingen 2004, S. 83–108

SCHLIE 2004b – Heike Schlie, Wandlung und Offenbarung. Zur Medialität von Klappretabeln, in: *Das Mittelalter* 9 (Medialität im Mittelalter, 2004), S. 23–43

SCHLIE 2007 – Heike Schlie, Erscheinung und Bildvorstellung im spätmittelalterlichen Kulturtransfer. Die Rezeption der Imago Pietatis als Selbstoffenbarung Christi in Rom, in: GORMANS/LENTES 2007, S. 58–121

SCHMIDT 2003 – Peter Schmidt, Inneres Bild und äußeres Bildnis. Porträt und Devotion im späten Mittelalter, in: Martin Büchsel/Peter Schmidt (Hrsg.), *Das Porträt vor der Erfindung des Porträts*, Mainz 2003, S. 219–239

SCHMIDT 1938 – Wieland Schmidt, *Die vierundzwanzig Alten Ottos von Passau*, Leipzig 1938 (Palaestra, Bd. 212)

SCHMITT 1970 – Annegrit Schmitt, Die Apokalypse des Robert von Anjou, in: *Pantheon* 28 (1970), S. 475–503

SCHMITT 1989 – Jean-Claude Schmitt, Bildhaftes Denken. Die Darstellung biblischer Träume in mittelalterlichen Handschriften, in: PARAVICINI BAGLIANI/STABILE 1989, S. 9–24

SCHMITT 1990 (1992) – Jean-Claude Schmitt, *La raison des gestes dans l'Occident médiéval*, Paris 1990. Dt. Ausgabe: *Die Logik der Gesten im europäischen Mittelalter*, Stuttgart 1992

SCHMITT 1994 – Jean-Claude Schmitt, Rituels de image et récits de vision, in: TESTO E IMMAGINE 1994, Bd. 1, S. 419–459

SCHMITT 2000 – Jean-Claude Schmitt, Hildegard von Bingen oder die Zurückweisung des Traums, in: HAVERKAMP 2000, S. 351–373

SCHMOLINSKY 1992 – Sabine Schmolinsky, *Der Apokalypsenkommentar des Alexander Minorita. Zur frühen Rezeption Joachims von Fiore in Deutschland*, Hannover 1992

SCHMUCKI 1991 – Octavian Schmucki, *The Stigmata of St. Francis of Assisi. A Critical Investigation in the Light of Thirteenth-Century Sources*, New York 1991 (Franciscan Institute Publications. History Series, Bd. 6)

SCHNEIDER 1888a – Friedrich Schneider, Les ivoires du Bas-Rhin et de la Meuse au Musée de Darmstadt, in: *Revue de l'art chrétien* 38 (1888), S. 430–439

SCHNEIDER 1888b – Friedrich Schneider, Ein Diptychon des X. Jahrhunderts, in: *Zeitschrift für christliche Kunst* 1 (1888), S. Sp. 15–26

SCHNEIDER 1967 – Karin Schneider, *Die Handschriften der Stadtbibliothek Nürnberg. Band 2: Die lateinischen mittelalterlichen Handschriften. 1. Theologische Handschriften*, Wiesbaden 1967

SCHNEIDER 1988 – Wolfgang Christian Schneider, *Ruhm, Heilsgeschehen, Dialektik. Drei kognitive Ordnungen in Geschichtsschreibung und Buchmalerei der Ottonenzeit*, Hildesheim 1988 (Historische Texte und Studien, Bd. 9)

SCHNEIDER 2000a – Wolfgang Christian Schneider, Geschlossene Bücher – offene Bücher. Das Öffnen von Sinnräumen im Schließen der Codices, in: *Historische Zeitschrift* 271 (2000), S. 561–592

SCHNEIDER 2000b – Wolfgang Christian Schneider, Imperator Augustus und Christomimetes. Das Selbstbild Ottos III. in der Buchmalerei, in: WIECZOREK/HINZ 2000, Bd. 2, S. 798–808

SCHNEIDER 2002 – Wolfgang Christian Schneider, Die „Aufführung" von Bildern beim Wenden der Blätter in mittelalterlichen Codices. Zur performativen Dimension von Werken der Buchmalerei, in: *Zeitschrift für Ästhetik und Allgemeine Kunstwissenschaft* 47 (2002), S. 7–35

SCHNEIDMÜLLER 2000 – Bernd Schneidmüller, Das Herrscherbild, zwei Kaiser und die Bamberger Kirchengründungen, in: AUSST. KAT. BAMBERG 2000, S. 11–30

SCHNITZLER 1964 – Hermann Schnitzler, Das Kuppelmosaik der Aachener Pfalzkapelle, in: *Aachener Kunstblätter* 29 (1964), S. 17–44

SCHNITZLER 2002 – Norbert Schnitzler, Illusion, Täuschung und schöner Schein. Probleme der Bilderverehrung im späten Mittelalter, in: SCHREINER/MÜNTZ 2002, S. 221–239

SCHOMER 1937 – Josef Schomer, *Die Illustrationen zu den Visionen der hl. Hildegard als künstlerische Neuschöpfung. Das Verhältnis der Illustrationen zueinander und zum Texte*, Bonn 1937

SCHRADE 1930 – Hubert Schrade, Zur Ikonographie der Himmelfahrt Christi, in: Fritz Saxl (Hrsg.), *Vorträge der Bibliothek Warburg. Vorträge 1928–1929. Über die Vorstellung von der Himmelsreise der Seele*, Leipzig/Berlin 1930, S. 66–190

SCHRADE 1965 – Hubert Schrade, Zum Kuppelmosaik der Pfalzkapelle und zum Theoderich-Denkmal in Aachen, in: *Aachener Kunstblätter* 30 (1965), S. 25–37

SCHRAMM/MÜTHERICH 1962–78 – Percy Ernst Schramm/Florentine Mütherich, *Denkmale der deutschen Kaiser und Könige*, 2 Bde., München 1962–78

SCHREIBER 1926–30 – Wilhelm Ludwig Schreiber (Hrsg.), *Handbuch der Holz- und Metallschnitte des XV. Jahrhunderts*, Leipzig 1926–30

SCHREINER 1966a – Klaus Schreiner, „Discrimen veri ac falsi". Ansätze und Formen der Kritik in der Heiligen- und Reliquienverehrung des Mittelalters, in: *Archiv für Kulturgeschichte* 48 (1966), S. 1–53

SCHREINER 1966b – Klaus Schreiner, Zum Wahrheitsverständnis im Heiligen- und Reliquienwesen des Mittelalters, in: *Saeculum* 17 (1966), S. 131–169

SCHREINER 1971 – Klaus Schreiner, „Wie Maria geleicht einem puch". Beiträge zur Buchmetaphorik des hohen und späten Mittelalters, in: *Archiv für die Geschichte des Buchwesens* 11 (1971), Sp. 1437–1464.

SCHREINER 1990 – Klaus Schreiner, Marienverehrung, Lesekultur, Schriftlickeit. Bildungs- und frömmigkeitsgeschichtliche Studien zur Auslegung und Darstellung von „Mariä Verkündigung", in: *Frühmittelalterliche Studien* 24 (1990), S. 314–368

SCHREINER/MÜNTZ 2002 – Klaus Schreiner/Marc Müntz (Hrsg.), *Frömmigkeit im Mittelalter. Politisch-soziale Kontexte, visuelle Praxis, körperliche Ausdrucksformen*, München 2002

SCHULMEISTER 1971 – Rolf Schulmeister, *Aedificatio und Imitatio. Studien zur intentionalen Poetik der Legende und Kunstlegende*, Hamburg 1971 (Geistes- und sozialwissenschaftliche Dissertationen, Bd. 16)

SCHUPISSER 1993 – Fritz Oskar Schupisser, Schauen mit den Augen des Herzens. Zur Methodik der spätmittelalterlichen Passionsmeditation, besonders in der Devotio moderna und bei den Augustinern, in: Walter Haug (Hrsg.), *Die Passion Christi in Literatur und Kunst des Spätmittelalters*, Tübingen 1993, S. 169–210

SCHWARZ 2002 – Michael Viktor Schwarz, *Visuelle Medien im christlichen Kult. Fallstudien aus dem 13. bis 16. Jahrhundert*, Wien 2002

SCOTT 1999 – Karen Scott, Mystical Death, Bodily Death. Catherine of Siena and Raymond of Capua on the Mystic's Encounter with God, in: Catherine M. Mooney (Hrsg.), *Gendered Voices. Medieval Saints and Their Interpreters*, Philadelphia 1999, S. 136–167

SHIN 2002 – Sun-Joo Shin, *The Iconic Logic of Peirce's Graphs*, Cambridge/London 2002

SKAUG 2001 – Erling Skaug, St. Bridget's vision of the Nativity and Niccolò di Tommaso's late period, in: *Arte cristiana* 89 (2001), S. 195–209

SKUBISZEWSKI 1985 – Piotr Skubiszewski, Ecclesia, Christianitas, Regnum et Sacerdotium dans l'art des Xe–XIe s. Idées et structures des images, in: *Cahiers de civilisation médiévale* 28 (1985), S. 133–179

SKUBISZEWSKI 1995 – Piotr Skubiszewski, Une «Vita sancti Martini» illustrée de Tours (Bibliothèque Municipale, ms. 1018), in: *Le culte des saints au IXe–XIIIe siècles. Actes du Colloque tenu à Poitiers les 15–16–17 septembre 1993*, Poitiers 1995 (Civilisation Médiévale, Bd. 1), S. 109–136

SMALLEY 1964 – Beryl Smalley, *The Study of the Bible in the Middle Ages*, Notre Dame 1964

SMART 1983 – Alastair Smart, *The Assisi Problem and the Art of Giotto. A Study of the „Legend of St. Francis" in the Upper Church of San Francesco Assisi*, Oxford 1971, 2 Aufl. New York 1983

SMEYERS 1993 – Maurits Smeyers, Een Middelnederlandse Apocalyps van oomstreeks 1400 (Parjis, Bibliothèque nationale, ms. néerl. 3). Hoogtepunt van het pre-Eyckiaans realisme, in: *Academiae analecta. Mededelingen van de Koninklijke Academie voor Wetenschappen, Letteren en Schone Kunsten van Belgie. Klasse der Schone Kunsten* 53 (1993), S. 13–44

SMITH 1997 – Lesley Smith, Scriba, Femina. Medieval Depictions of Women Writing, in: Dies./Jane H. M. Taylor (Hrsg.), *Women and the Book. Assessing the Visual Evidence*, London/Toronto 1997, S. 21–44

SOSKICE 1996 – Janet Martin Soskice, Sight and Vision in Medieval Christian Thought, in: Teresa Brennan/Martin Jay (Hrsg.), *Vision in Context. Historical and Contemporary Perspectives on Sight*, New York/London 1996, S. 29–43

SPANILY 2002 – Claudia Spanily, *Autorschaft und Geschlechterrolle. Möglichkeiten weiblichen Literatentums im Mittelalter*, Frankfurt a. M. u.a. 2002 (Tradition – Reform – Innovation. Studien zur Modernität des Mittelalters, Bd. 5)

SPITZ 1972 – Hans-Jörg Spitz, *Die Metaphorik des geistigen Schriftsinns. Ein Beitrag zur allegorischen Bibelauslegung des ersten christlichen Jahrtausends*, München 1972 (Münstersche Mittelalter-Schriften, Bd. 12)

SPOERRI 1999 – Bettina Spoerri, Schrift des Herzens. Zum vierten Kapitel der „Vita" Heinrich Seuses, in: Claudia Brinker-von der Heyde/Niklaus Largier (Hrsg.), *Homo medietas. Aufsätze zur Religiosität, Literatur und Denkformen des Menschen vom Mittelalter bis in die Neuzeit. Festschrift für Alois Maria Haas zum 65. Geburtstag*, Bern u.a. 1999, S. 299–315

STANGE 1978 – Alfred Stange, *Kritisches Verzeichnis der deutschen Tafelbilder vor Dürer. Norbert Lieb (Hrsg.), Peter Strieder/Hanna Härtle (Bearb.), III. Band. Franken*, München 1978 (Bruckmanns Beiträge zur Kunstwissenschaft)

STAUBACH 1993 – Nikolaus Staubach, *Rex Christianus. Hofkultur und Herrschaftspropaganda im Reich Karls des Kahlen. Teil II: Die Grundlegung der „religion royale"*, Köln/Weimar/Wien 1993 (Pictura et poesis, Bd. 2.2)

STEENBOCK 1965 – Frauke Steenbock, *Der kirchliche Prachteinband im frühen Mittelalter. Von den Anfängen bis zum Beginn der Gotik*, Berlin 1965

STEINEN 1965 – Wolfram von den Steinen, *Homo Caelestis. Das Wort der Kunst im Mittelalter*, Bern/München 1965

STEIN-KECKS 1990 – Heidrun Stein-Kecks, Der „crocifisso delle stimmate" der hl. Katharina von Siena, in: Ronald G. Kecks (Hrsg.), *Musagetes. Festschrift für Wolfram Prinz zu seinem 60. Geburtstag am 5. Februar 1989*, Berlin 1990, S. 123–137

STOCK 2004 – Alex Stock, *Poetische Dogmatik. Gotteslehre. 1. Orte*, Paderborn 2004

STOICHITA 1994 – Victor I. Stoichita, Image and apparition. Spanish painting of the Golden Age and New World popular devotion, in: *Res* 26 (1994), S. 32–46

STOICHITA 1995 (1997) – Victor I. Stoichita, *Visionary Experience in the Golden Age of Spanish Art*, London 1995. Dt. Ausgabe: *Das mystische Auge. Vision und Malerei im Spanien des Goldenen Zeitalters*, übers. von Andreas Knop, München 1997 (Bild und Text)

STOICHITA 1997 (1999) – Victor I. Stoichita, *A short history of the shadow*, London 1997. Dt. Ausgabe: *Eine kurze Geschichte des Schattens*, übers. von Heinz Jatho, München 1999 (Bild und Text)

STROO/SYFER-D'OLNE 1996–2001 – Cyriel Stroo/Pascale Syfer-d'Olne, *The Flemish Primitives (Catalogue of Early Netherlandish Painting in the Royal Museum of Fine Arts of Belgium)*, 3 Bde., Turnhout 1996–2001

SUCKALE 1977 – Robert Suckale, Arma Christi. Zur Zeichenhaftigkeit mittelalterlicher Andachtsbilder, in: *Städel-Jahrbuch* 6 (1977), S. 177–208

SUCKALE 1984 – Robert Suckale, Hans Pleydenwurff in Bamberg, in: *Historischer Verein für die Pflege des ehemaligen Fürstbistums Bamberg. Bericht* 120 (1984), S. 423–438

SUCKALE-REDLEFSEN 2000a – Gude Suckale-Redlefsen, Beschreibung der Miniaturen, in: AUSST. KAT. BAMBERG 2000, S. 61–73

SUCKALE-REDLEFSEN 2000b – Gude Suckale-Redlefsen, Datierung und Lokalisierung, in: AUSST. KAT. BAMBERG 2000, S. 93–100

SUCKALE-REDLEFSEN 2000c – Gude Suckale-Redlefsen, Der Buchschmuck, in: AUSST. KAT. BAMBERG 2000, S. 75–92

SUCKALE-REDLEFSEN 2000d – Gude Suckale-Redlefsen, Der Werkprozess, in: AUSST. KAT. BAMBERG 2000, S. 43–50

SUCKALE-REDLEFSEN 2000e – Gude Suckale-Redlefsen, Kodikologische Tabelle, in: AUSST. KAT. BAMBERG 2000, S. 51–59

SUNTRUP 1978 – Rudolf Suntrup, *Die Bedeutung der liturgischen Gebärden und Bewegungen in lateinischen und deutschen Auslegungen des 9. bis 13. Jahrhunderts*, München 1978 (Münstersche Mittelalter-Schriften, Bd. 37)

SUZUKI 1995 – Keiko Suzuki, Zum Strukturproblem in den Visionsdarstellungen der Rupertsberger „Scivias"-Handschrift, in: *Sacris erudiri. Jaarboek voor Godsdienstwetenschapen* 35 (1995), S. 221–291

SUZUKI 1997 – Keiko Suzuki, *Bildgewordene Visionen oder Visionserzählungen. Vergleichende Studie über die Visionsdarstellungen in der Rupertsberger „Scivias"-Handschrift und im Luccheser „Liber divinorum operum"-Codex der Hildegard von Bingen*, Bern/Berlin/Frankfurt a. M. 1997

SVANBERG/AILI 1994 – Jan Svanberg/Hans Aili, Två tidiga Birgittahandskrifter – en återfunnen och en brunnen (Two early St. Birgitta manuscripts – one of them lost and rediscovered and the other partly burnt), in: *ICO – Iconographisk post* (1994), S. 28–42

SWARZENSKI 1973 – Hans Swarzenski, Comments on the Figural Illustrations, in: Albert Derolez (Hrsg.), *Liber Floridus Colloquium. Papers Read at the International Meeting held at the University Library Ghent 1967*, Gent 1973, S. 21–30

TACHAU 1988 – Katherine H. Tachau, *Vision and Certitude in the Age of Ockham. Optics, Epistemology and the Foundations of Semantics 1250–1345*, Leiden u.a. 1988 (Studien und Texte zur Geistesgeschichte des Mittelalters, Bd. 22)

TAMMEN 2002 – Silke Tammen, Schluss und Genese eines Buches im Zeichen der Apokalypse. Medien der Offenbarung und Lehre auf dem letzten Blatt der Bible moralisée (Codex 1179 der Österreichischen Nationalbibliothek in Wien), in: Jan A. Aertsen/Martin Pickavé (Hrsg.), *Ende und Vollendung. Eschatologische Perspektiven im Mittelalter*, Berlin/New York 2002, S. 321–347

TAMMEN 2006 – Silke Tammen, Blick und Wunde, Blick und Form. Zur Deutungsproblematik der Seitenwunde Christi in der spätmittelalterlichen Buchmalerei, in: MAREK u.a. 2006, S. 85–114

TESTO E IMMAGINE 1994 – *Testo e immagine nell'alto medioevo*, 2 Bde., Spoleto 1994 (Settimane di studio del Centro italiano di studi sull'alto medioevo, Bd. 41)

THÜRLEMANN 1985 – Felix Thürlemann, Die narrative Sequenz mit doppelter Figurenidentität. Zur Erzählstruktur der Rota Fortunae, in: Adolf Reinle/Ludwig Schmugge/Peter Stotz (Hrsg.), *Variorum munera florum. Latinität als prägende Kraft mittelalterlicher Literatur*, Sigmaringen 1985, S. 141–156

Thürlemann 1990 – Felix Thürlemann, Der Blick hinaus auf die Welt. Zum Raumkonzept des Mérode-Triptychons von Robert Campin, in: Peter Frölicher/Georges Güntert/Felix Thürlemann (Hrsg.), *Espaces du texte. Recueil d'hommages pour Jacques Geninasca*, Neuchâtel 1990, S. 383–396

Thürlemann 1997 – Felix Thürlemann, *Robert Campin. Das Mérode-Triptychon. Ein Hochzeitsbild für Peter Engelbrecht und Gretchen Schrinmechers aus Köln*, Frankfurt a. M. 1997 (Fischer Kunststück)

Thürlemann 2002 – Felix Thürlemann, *Robert Campin. Eine Monographie mit Werkkatalog*, München 2002

Thürlemann 2006 – Felix Thürlemann, *Rogier van der Weyden. Leben und Werk*, München 2006 (Beck Wissen)

Tintori/Borsook 1965 – Leonetto Tintori/Eve Borsook, *Giotto. La Cappella Peruzzi*, Turin 1965

Torrell 1977 – Jean-Pierre Torrell, *Théorie de la prophétie et philosophie de la connaissance aux environs de 1230. La contribution d'Hugues de Saint-Cher (Ms. Douai 434, Question 481). Édition critique avec introduction et commentaire*, Löwen 1977

Torriti 1998 – Piero Torriti, *Beccafumi. L'opera completa*, Mailand 1998

Toubert 1990 – Hélène Toubert, *Un art dirigé. Réforme grégorienne et iconographie*, Paris 1990

Trenti/Klange Addabbo 1999 – Luigi Trenti/Bente Klange Addabbo (Hrsg.), *Con l'occhio e col lume. Atti del Corso seminariale di studi su S. Caterina da Siena (25 settembre – 7 ottobre 1995)*, Siena 1999

Trexler 2002 – Richard C. Trexler, The Stigmatized Body of Francis of Assisi. Conceived, Processed, Disappeared, in: Schreiner/Müntz 2002, S. 463–497

Trottmann 1995 – Christian Trottmann, *La vision béatifique des disputes scolastiques à sa définition par Benoît XII*, Rom 1995 (Bibliothèque des Ècoles Françaises d'Atènes et de Rome, Bd. 289)

Trottmann 1997 – Christian Trottmann, „Facies" et „essentia" dans les conceptions médiévales de la vision de Dieu, in: *Micrologus. Natura, scienze e società medievali* 5 (La visione e lo sguardo nel Medio Evo I, 1997), S. 3–18

Twiehaus 2002 – Simone Twiehaus, *Dionisio Calvaert (um 1540–1619). Die Altarwerke*, Berlin 2002

Tyler 1984 – Stephen A. Tyler, The Vision Quest in the West, or What the Mind's Eye sees, in: *Journal of Anthropological Research* 40 (1984), S. 23–40

Undhagen 1977a – Carl-Gustaf Undhagen, General Introduction, in: Birgitta von Schweden 1977, S. 1–37

Undhagen 1977b – Carl-Gustaf Undhagen, Special Introduction, in: Birgitta von Schweden 1977, S. 38–226

Vauchez 1968 – André Vauchez, Les stigmates de saint Francois et leurs détracteurs dans les derniers siècles du moyen âge, in: Mélanges d'archéologie et d'histoire 80 (1968), S. 597–625

Vauchez 1988 (2005) – André Vauchez, *La sainteté en Occident aux derniers siècles du Moyen Age*, Rom 1988. Engl. Ausgabe: *Sainthood in the Later Middle Ages*, übers. von Jean Birrell, Cambridge 2005

Vetter 1972 – Ewald M. Vetter, *Die Kupferstiche der Psalmodia Eucaristica des Melchor Prieto von 1622*, Münster 1972 (Spanische Forschungen der Görresgesellschaft)

Visser 1996 – Derk Visser, *Apocalypse as Utopian Expectation (800–1500). The Apocalypse Commentary of Berengaudus of Ferrières and the Relationship between Exegesis, Liturgy, and Iconography*, Leiden/New York/Köln 1996 (Studies in the History of Christian Thought, Bd. 73)

Voaden 1999 – Rosalynn Voaden, *God's Words, Women's Voices. The Discernment of Spirits in the Writing of Late-Medieval Women Visionaries*, Suffolk 1999

Vöge 1891 – Wilhelm Vöge, *Eine deutsche Malerschule um die Wende des ersten Jahrtausends. Kritische Studien zur Malerei in Deutschland im 10. und 11. Jahrh.*, Trier 1891

Vogt 1876 – Wilhelm Vogt, *Nikolaus Muffels Beschreibung der Stadt Rom*, Tübingen 1876

Volbach 1987 – Wolfgang Fritz Volbach, *Il Trecento – Firenze e Siena. Catalogo della Pinacoteca Vaticana*, Rom 1987

Volfing 1994 – Annette Volfing, The authorship of John the Evangelist as presented in medieval German sermons and Meisterlieder, in: *Oxford German Studies* 23 (1994), S. 1–44

Waetzoldt 1964 – Stephan Waetzoldt, *Die Kopien des 17. Jahrhunderts nach Mosaiken und Wandmalereien in Rom*, Wien/München 1964

Wagner 1996 – Peter Wagner, Introduction. Ekphrasis, Iconotexts and Intermediality – the State(s) of the Art(s), in: Ders. (Hrsg.), *Icons, Texts, Iconotexts. Essays on Ekphrasis and Intermediality*, Berlin/New York 1996, S. 1–40.

Waldmann 1995 – Susann Waldmann, *Der Künstler und sein Bildnis im Spanien des 17. Jahrhunderts. Ein Beitrag zur spanischen Porträtmalerei*, Frankfurt a.M. 1995 (Ars Iberica, Bd.1)

Walz 2002 – Dorothea Walz, Thomas von Celano und Bonaventura. Der Wandel des Franziskusbildes, in: Dies. (Hrsg.), *Scripturus vitam. Lateinische Biographie von der Antike bis zur Gegenwart. Festgabe für Walter Berschin zum 65. Geburtstag*, Heidelberg 2002, S. 531–552

Wandhoff 2003 – Haiko Wandhoff, *Ekphrasis. Kunstbeschreibungen und virtuelle Räume in der Literatur des Mittelalters*, Berlin/New York 2003 (Trends in Medieval Philology, Bd. 3)

Wandhoff 2006 – Haiko Wandhoff, In der Klause des Herzens. Allegorische Konzepte des inneren Menschen in mittelalterlichen Architekturbeschreibungen, in: Philipowski/Prior 2006, S. 145–173

Watson 1934 – Arthur Watson, *The Early Iconography of the Tree of Jesse*, London 1934

Wegmann 2007 – Susanne Wegmann, Passionsandacht und Messerklärung. Die Verwendung der „Visio Gregorii" im Buch, in: Gormans/Lentes 2007, S. 402–446

Welzel/Lentes/Schlie 2003 – Barbara Welzel/Thomas Lentes/Heike Schlie (Hrsg.), *Das „Goldene Wunder" in der Dortmunder Petrikirche. Bildgebrauch und Bildproduktion im Mittelalter*, Gütersloh 2003 (Dortmunder Mittelalter-Forschungen, Bd. 2)

Wenderholm 2005 – Iris Wenderholm, Aura, Licht und schöner Schein. Wertungen und Umwertungen des Goldgrundes, in: Stefan Weppelmann (Hrsg.), *Geschichten auf Gold. Bilderzählungen in der frühen italienischen Malerei*, Ausst. Kat. Gemäldegalerie Staatliche Museen zu Berlin, Berlin/Köln 2005, S. 100–113

Wenzel 1991 – Horst Wenzel, Walther von der Vogelweide, Jesus Christ, and Jeff Wall. The Portrait of the Author in European Tradition, in: *Studies in Medievalism* 3 (1991), S. 453–466

Wenzel 1995 – Horst Wenzel, *Hören und Sehen, Schrift und Bild. Kultur und Gedächtnis im Mittelalter*, München 1995

Wenzel 1998 – Horst Wenzel, Autorenbilder. Zur Fixierung von Autorenfunktionen in mittelalterlichen Miniaturen, in: Elizabeth Andersen u.a. (Hrsg.), *Autor und Autorschaft im Mittelalter. Kolloquium Meißen 1995*, Tübingen 1998, S. 1–28

Wenzel 2003 – Horst Wenzel, Von der Gotteshand zum Datenhandschuh. Über den Zusammenhang von Bild, Schrift, Zahl, in: Sybille Krämer/Horst Bredekamp (Hrsg.), *Bild, Schrift, Zahl*, München 2003 (Bild, Schrift, Zahl), S. 25–56

Werckmeister 1963 – Otto Karl Werckmeister, *Der Deckel des Codex Aureus von St. Emmeram. Ein Goldschmiedewerk des 9. Jahrhunderts*, Baden Baden/Straßburg 1963 (Studien zur deutschen Kunstgeschichte, Bd. 332)

Werckmeister 1967 – Otto Karl Werckmeister, *Irisch-northumbrische Buchmalerei des 8. Jahrhunderts und monastische Spiritualität*, Berlin 1967

Werckmeister 1973 – Otto Karl Werckmeister, Pain and Death in the Beatus of Saint-Sever, in: *Studi medievali* 14 (1973), S. 565–626

Werckmeister 1980 – Otto Karl Werckmeister, The First Romanesque Beatus Manuscripts and the Liturgy of Death, in: Actas Beato de Liébana 1978–80, Bd. 2, S. 165–192

Westman 1913 – K. B. Westman, Två handskrifter af Birgittas Revelationer, in: *Kyrkohistorisk Årsskrift* 14 (1913), S. 21–23

Whitehead 1998 – Christiania Whitehead, Making a Cloister of the Soul in Medieval Religious Treatises, in: *Medium Aevum* 67 (1998), S. 1–29

Wieczorek/Hinz 2000 – Alfred Wieczorek/Hans-Martin Hinz (Hrsg.), *Europas Mitte um 1000. Handbuch zur Ausstellung*, 2 Bde., Stuttgart 2000

Wilde 2000 – Mauritius Wilde, *Das neue Bild vom Gottesbild. Bild und Theologie bei Meister Eckhart*, Fribourg 2000 (Dokimion, Bd. 24)

Williams 1992 – John Williams, Las ilustraciones del Beato de Burgo de Osma (The Illustrations of the Beatus of Burgo de Osma), in: Faks. Osma-Beatus 1992, Bd. 2, S. 109–150 (105–144)

WILLIAMS 1994–2003 – John Williams, *The Illustrated Beatus. A Corpus of the Illustrations of the Commentary on the Apocalypse*, 5 Bde., London 1994–2003

WILLIAMS/SHAILOR 1991 – John Williams/Barbara Shailor, *Beatus-Apokalypse der Pierpont Morgan Library. Ein Hauptwerk der spanischen Buchmalerei des 10. Jahrhunderts*, Stuttgart 1991

WIMBÖCK 2002 – Gabriele Wimböck, *Guido Reni (1575–1642). Funktion und Wirkung des religiösen Bildes*, Regensburg 2002

WINTERER 2002 – Christoph Winterer, Monastische Meditatio versus fürstliche Repräsentation? Überlegungen zu zwei Gebrauchsprofilen ottonischer Buchmalereien, in: BEUCKERS/CRAMER/IMHOF 2002, S. 103–129

WIPFLER 2003 – Esther Wipfler, „Corpus Christi" in Liturgie und Kunst der Zisterzienser im Mittelalter, Münster 2003 (Vita regularis. Ordnungen und Deutungen religiosen Lebens im Mittelalter, Bd. 18)

WITTMER-BUTSCH 1990 – Maria Elisabeth Wittmer-Butsch, *Zur Bedeutung von Schlaf und Traum im Mittelalter*, Krems 1990

WOHL 1999 – Hellmut Wohl, The subject of Giovanni Bellini's St. Francis in the Frick Collection, in: Ornella Francisci Osti (Hrsg.), *Mosaics of friendship. Studies in art and history for Eve Borsook*, Florenz 1999, S. 187–198

WOLF 1995a – Gerhard Wolf, Die Papstmesse in der Wohnstube, in: AUSST. KAT. WIEN 1995, S. 277–279

WOLF 1995b – Gerhard Wolf, Imago Pietatis. Israhel van Meckenems Konterfei eines Abbildes einer Erscheinung, in: AUSST. KAT. WIEN 1995, S. 274–276

WOLF 1998 – Gerhard Wolf, From Mandylion to Veronica. Picturing the „Disembodied" Face and Disseminating the True Image of Christ in the Latin West, in: KESSLER/WOLF 1998, S. 153–179

WOLF 2000 – Gerhard Wolf, Or fu sì fatta la sembianza vostra? Sguardi alla „vera icona" e alle sue copie artistiche, in: AUSST. KAT. ROM 2000, S. 103–114

WOLF 2002 – Gerhard Wolf, *Schleier und Spiegel. Traditionen des Christusbildes und die Bildkonzepte der Renaissance*, München 2002

WOLFF 1996 – Ruth Wolff, *Der heilige Franziskus in Schriften und Bildern des 13. Jahrhunderts*, Berlin 1996

WÖLFFLIN 1918 – Heinrich Wölfflin, *Die Bamberger Apokalypse. Eine Reichenauer Bilderhandschrift vom Jahre „1000"*, München 1918

WUNDERLE 1995 – Elisabeth Wunderle, *Katalog der lateinischen Handschriften der Bayerischen Staatsbibliothek München. Die Handschriften aus St. Emmeram in Regensburg – Bd. 1. Clm 14000–14130*, Wiesbaden 1995

WÜNSCHE 2000 – Peter Wünsche, Das Evangelistar in seinem liturgischen Gebrauch, in: AUSST. KAT. BAMBERG 2000, S. 149–157

WYSER 1958 – Paul Wyser, Der Seelengrund in Taulers Predigten, in: *Lebendiges Mittelalter. Festgabe für Wolfgang Stammler. Herausgegeben von der Philosophischen Fakultät der Universität Freiburg Schweiz*, Fribourg 1958, S. 203–311

YIU 2001 – Yvonne Yiu, *Jan van Eyck. Das Arnolfini-Doppelbildnis. Reflexionen über die Malerei*, Frankfurt a. M./Basel 2001

ZALUSKA 1991 – Yolanta Zaluska, *Manuscrits enluminés de Dijon*, Paris 1991 (Corpus des manuscrits enluminés des collections publiques des départements)

ZANARDI 1996 – Bruno Zanardi, *Il cantiere di Giotto. Le Storie di san Francesco ad Assisi. Introduzione di Federico Zeri. Note storico-iconografiche di Chiara Frugoni*, Mailand 1996

ZANARDI 2002 – Bruno Zanardi, *Giotto e Pietro Cavallini. La questione di Assisi e il cantiere medievale della pittura a fresco*, Mailand 2002

ZEHNDER 1990 – Frank Günther Zehnder, *Katalog der Altkölner Malerei*, Köln 1990 (Kataloge des Wallraf-Richartz-Museums, Bd. 11)

ZCHOMELIDSE 2003 – Nino Zchomelidse, Das Bild im Busch. Zu Theorie und Ikonographie der alttestamentlichen Gottesschau im Mittelalter, in: Bernd Janowski/Nino Zchomelidse (Hrsg.), *Die Sichtbarkeit des Unsichtbaren. Zur Korrelation von Text und Bild im Wirkungskreis der Bibel*, Stuttgart 2003 (Arbeiten zur Geschichte und Wirkung der Bibel, Bd. 3), S. 165–189

Bildnachweis

Aachen, Domkapitel: 4
Bamberg, Bayerische Staatsbibliothek: 3, 5, 12–14, 16–20, I–XI, XXX
Basel, Kunstmuseum: 51
Berlin, Bildarchiv Preußischer Kulturbesitz: 38, 45
Berlin, Staatsbibliothek: 46–47, 68, 115
Bologna, Biblioteca Universitaria: 135
Brüssel, Bibliothèque royale, Cabinet d'Estampes: 1
Brüssel, Musées royaux des Beaux-Arts: 151, LXII
Cambridge, Corpus Christi College: XLIII, ILb
Carpentras, Bibliothèque Inguimbertine: 118
Darmstadt, Hessische Landes- und Hochschulbibliothek: 6
Darmstadt, Hessisches Landesmuseum: 44
Den Haag, Koninklijke Bibliotheek: XXXIV–XXXV
Dijon, Musée des Beaux-Arts: 55
Dijon, Bibliothèque Municipale: XVIII–XX
Dresden, Sächsische Landesbibliothek: 95–102
Florenz, Biblioteca Nazionale Centrale: 110
Heidelberg, Universitätsbibliothek: 32, XVI–XVII, XXVI–XXVII
Köln, Rheinisches Bildarchiv: LXIV
Leipzig, Universitätsbibliothek: 48
London, Bridgeman Art Library: XXII–XXIII
London, British Library: 37
Los Angeles: J. Paul Getty Museum: 66–67, XXXIX–XLII
Madrid, Biblioteca Nacional: 22–25, XII–XV
Marburg, Bildarchiv Foto Marburg: 30–31
München, Bayerische Staatsbibliothek: 21, 43, 132
München, Bayerische Staatsgemäldesammlungen: 161
New York, Pierpont Morgan Library: 26-27, XXVIII–XXIX
Nürnberg, Germanisches Nationalmuseum: 52
Nürnberg, Stadtbibliothek: LX
Oxford, Bodleian Library: 59–64, XXXVI–XXXVIII
Paris, Bibliothèque Nationale: 84–85, 117, XXXII–XXXIII, XLVI–XLVIII
Rom, Biblioteca Apostolica Vaticana: 42
Rom, Pinacoteca Apostolica Vaticana: 111
Siena, Archivio di Stato: 140
Siena, Sopraintendenza B.A.S.: 141–143
Straßburg, Bibliothèque Nationale et Universitarie: 129–131, LVI–LIX
Stuttgart, Staatsgalerie: 77–83, XLIV–XLV
Trier, Bischöfliches Dom- und Diözesanmuseum: LXIII

Wien, Graphische Sammlung Albertina: 157–158
Wien, Österreichische Nationalbibliothek: XXI
Wolfenbüttel, Herzog August Bibliothek: 57

Alle übrigen Aufnahmen stammen aus dem Archiv des Autors

Der Autor

David Ganz, Kunsthistoriker, geboren 1970. 2000 Promotion an der Universität Hamburg. 2000–2005 Mitarbeiter der VW-Forschungsgruppe Kulturgeschichte und Theologie des Bildes im Christentum an der Universität Münster. 2006 Habilitation an der Universität Konstanz, danach Gastprofessuren an den Universitäten Bochum und Jena. Seit 2007 Heisenbergstipendiat der DFG und Mitglied im Zukunftskolleg der Universität Konstanz.

REIMER

Christine Jakobi-Mirwald
Buchmalerei
Ihre Terminologie in der Kunstgeschichte
Dritte, überarbeitete und erweiterte Auflage
ca. 280 Seiten mit 353 Zeichnungen, Literaturverzeichnis und Wortindex
Broschiert / ISBN 978-3-496-01375-4

Hans Jantzen
Ottonische Kunst
Zweite Auflage
221 Seiten mit 26 Fig. und 52 Abbildungen
Broschiert / ISBN 978-3-496-01069-2

Hans Jantzen
Kunst der Gotik
Klassische Kathedralen Frankreichs
Chartres, Reims, Amiens
Zweite Auflage
241 Seiten mit 68 Abbildungen und
49 Strichzeichnungen
Broschiert / ISBN 978-3-496-00898-9

Bruno Klein / Bruno Boerner (Hg.)
Stilfragen zur Kunst des Mittelalters
Eine Einführung
286 Seiten mit 78 s/w-Abbildungen
Broschiert / ISBN 978-3-496-01319-8

Johann Konrad Eberlein /
Christine Jakobi-Mirwald
Grundlagen der mittelalterlichen Kunst
Eine Quellenkunde
Zweite, überarbeitete Auflage
260 Seiten mit 19 s/w-Abbildungen
Broschiert / ISBN 978-3-496-01297-9

REIMER

REIMER

Thomas Lentes (Hg.)
KultBild
Visualität und Religion
in der Vormoderne

Band 1
David Ganz / Thomas Lentes (Hg.)
Ästhetik des Unsichtbaren
Bildtheorie und Bildgebrauch
in der Vormoderne
376 Seiten mit 125 s/w-Abbildungen
Broschiert / ISBN 978-3-496-01311-2

Band 2
David Ganz / Georg Henkel (Hg.)
Rahmen-Diskurse
Kultbilder im konfessionellen Zeitalter
376 Seiten mit 129 s/w-Abbildungen
Broschiert / ISBN 978-3-496-01312-9

Band 3
Andreas Gormans / Thomas Lentes (Hg.)
Das Bild der Erscheinung
Die Gregorsmesse im Mittelalter
452 Seiten mit 149 s/w-Abbildungen
Broschiert / ISBN 978-3-496-01313-6

Band 4
Thomas Lentes (Hg.)
Religion und Sehen
in der Vormoderne
ca. 320 Seiten mit ca. 100 s/w-Abbildungen
Broschiert / ISBN 978-3-496-01314-3

REIMER